Der Schutz älterer Menschen vor Übervorteilung im rechtsgeschäftlichen Verkehr

Europäische Hochschulschriften Recht

European University Studies in Law

Publications Universitaires Européennes de Droit

Band/Volume 6702

Lukas Heber

Der Schutz älterer Menschen vor Übervorteilung im rechtsgeschäftlichen Verkehr

– Zugleich eine Einführung in das *Elder Law* –

PETER LANG

Bibliografische Information der Deutschen Nationalbibliothek
Die Deutsche Nationalbibliothek verzeichnet diese Publikation in der Deutschen Nationalbibliografie; detaillierte bibliografische Daten sind im Internet über http://dnb.d-nb.de abrufbar.

Zugl.: Frankfurt (Main), Univ., Diss., 2022

D 30
ISSN 0531-7312
ISBN 978-3-631-89017-2 (Print)
E-ISBN 978-3-631-89029-5 (E-PDF)
E-ISBN 978-3-631-89030-1 (EPUB)
DOI 10.3726/b20203

Peter Lang – Berlin · Bern · Bruxelles · New York · Oxford · Warszawa · Wien

Diese Publikation wurde begutachtet.

www.peterlang.com

Inhaltsübersicht

Inhaltsverzeichnis

Literaturverzeichnis

Ackermann, Andreas: Selbstständigkeit und Kompetenz, in: Gerontologie, Medizinische, psychologische und sozialwissenschaftliche Grundbegriffe, hrsg. v. Wolf D. Oswald, Ursula Lehr, Cornel Sieber und Johannes Kornhuber, 3. Aufl., Stuttgart 2006, S. 322–327 (zit.: *Ackermann*, in: Oswald/Lehr/Sieber/Kornhuber, Gerontologie)

Adler, Reiner: Die ehrenamtliche Betreuung – eine Erfolgsgeschichte? Evaluation aus betreuungssoziologischer Perspektive, in: FPR 2012, S. 36–41

Aebi-Müller, Regina E.: Der urteilsunfähige Patient – eine zivilrechtliche Auslegeordnung, in: Jusletter 22. September 2014

Aebi-Müller, Regina E.: Das neue Erwachsenenschutzrecht der Schweiz – Patientenverfügung, Vertretung bei medizinischen Maßnahmen, fürsorgerische Unterbringung, Aufenthalt in Wohn- oder Pflegeeinrichtungen, in: BtPrax 2013, S. 180–185

Albee, David T. / Hunter, Meredith Rucker: AARP, in: Encyclopedia of Gerontology and Population Aging, hrsg. v. Danan Gu und Matthew E. Dupre, 2021, S. 1–4 (zit.: *Albee/Hunter*, in: Gu/Dupre, Encyclopedia of Gerontology and Population Aging)

Alexander, Christian: Überblick und Anmerkungen zum Referentenentwurf eines Gesetzes zur Stärkung des Verbraucherschutzes im Wettbewerbs- und Gewerberecht, in: WRP 2021, S. 136–145

Alexander, Christian: New Deal for Consumer, in: WRP 2019, I, Nr 01

Alexander, Christian: Mehr Verbraucherschutz bei unerwünschter Telefonwerbung? Aktuelle Initiativen und unionsrechtliche Entwicklungen, in: ZRP 2018, S. 166–170

Alexander, Christian: Neuregelungen zum Schutz vor Kostenfallen im Internet, in: NJW 2012, S. 1985–1990

Alexander, Christian: Nutzen und Zukunft der Gewinnabschöpfung in der Diskussion, in: WRP 2012, S. 1190–1197

Alexander, Christian: Die strafbare Werbung in der UWG-Reform, in: WRP 2004, S. 407–421

Altenmüller, Eckart: Es ist nie zu spät: Mechanismen der Hirnplastizität beim Musikunterricht im Alter, in: Was hält uns jung? Neuronale Perspektiven für den Umgang mit Neuem, hrsg. v. Helmut Fink und Rainer Rosenzweig, Nürnberg 2020, S. 65–84 (zit.: *Altenmüller*, in: Fink/Rosenzweig, Was hält uns jung?)

Alternativkommentar zum Bürgerlichen Gesetzbuch, Band 1, Allgemeiner Teil (§§ 1–240), hrsg. v. Rudolf Wassermann (Gesamtherausgeber), Neuwied et al. 1987 (zit.: AK-BGB/*Bearbeiter*)

Alzheimer Europe: Dementia in Europe Yearbook 2019, Estimating the prevalence of dementia in Europe, Luxemburg 2019, https://www.alzheimer-europe.org/sites/default/files/alzheimer_europe_dementia_in_europe_yearbook_2019.pdf, zuletzt besucht am 13. August 2022 (zit.: Alzheimer Europe, Dementia in Europe Yearbook 2019)

Asp, Erik / Manzel, Kenneth / Koestner, Bryan / Cole, Catherine A. / Denburg, Natalie L. / Tranel, Daniel: A neuropsychological test of belief and doubt: damage to ventromedial prefrontal cortex increases credulity for misleading advertising, in: Front. Neurosci. Vol. 6 (2012) Art. 100

Augenhofer, Susanne: Die neue Verbandsklagen-Richtlinie – effektiver Verbraucherschutz durch Zivilprozessrecht?, in: NJW 2021, S. 113–118

Augenhofer, Susanne: Die Reform des Verbraucherrechts durch den „New Deal" – ein Schritt zu einer effektiven Rechtsdurchsetzung?, in: EuZW 2019, S. 5–13

Baltes, Paul B. / Baltes, Margret M.: Gerontologie: Begriff, Herausforderung und Brennpunkte, in: Alter und Altern: Ein interdisziplinärer Studientext zur Gerontologie, hrsg. v. Paul B. Baltes, Jürgen Mittelstraß und Ursula M. Staudinger, Berlin 1994, S. 1–34 (zit.: *Baltes/Baltes*, in: Baltes/Mittelstraß/Staudinger, Alter und Altern)

Baltes, Paul B. / Mayer, Karl Ulrich / Helmchen, Hanfried / Steinhagen-Thiessen, Elisabeth: Die Berliner Altersstudie (BASE): Überblick und Einführung, in: Die Berliner Altersstudie, hrsg. v. Ulman Lindenberger, Jacqui Smith, Karl Ulrich Mayer und Paul B. Baltes, 3. Aufl., Berlin 2010, S. 25–58 (zit.: *Baltes et al.*, in: Lindenberger/Smith/Mayer/Baltes, Die Berliner Altersstudie)

Baltes, Paul B. / Mittelstraß, Jürgen / Staudinger, Ursula M.: Alter und Altern: Ein interdisziplinärer Studientext zur Gerontologie, Berlin 1994 (zit.: *Baltes/Mittelstraß/Staudinger*, Alter und Altern)

Beater, Axel: Der Gesetzesbegriff von § 134 BGB – zur Anwendbarkeit der Vorschrift auf Verfassungs- und Satzungsnormen, allgemeine Rechtsgrundsätze und Gesetzesumgehungen, in: AcP 197 (1997), S. 505–528

Becker, Ulrich: Einführung, in: Recht der Älteren, hrsg. v. Ulrich Becker und Markus Roth, Berlin et al. 2013, S. 3–26 (zit.: *Becker*, in: Becker/Roth, Recht der Älteren)

Becker, Ulrich: Die alternde Gesellschaft – Recht im Wandel, in: JZ 2004, S. 929–938

BeckOK BGB, Beck'scher Online-Kommentar BGB, hrsg. v. Wolfgang Hau und Roman Poseck, 62. Edition, Stand: 1. Mai 2022, München 2022 (zit.: BeckOK BGB/*Bearbeiter*)

BeckOK GG, Beck'scher Online-Kommentar GG, hrsg. v. Volker Epping und Christian Hillgruber, 51. Edition, Stand: 15. Mai 2022, München 2022 (zit.: BeckOK GG/*Bearbeiter*)

BeckOK Sozialrecht, Beck'scher Online-Kommentar Sozialrecht, hrsg. v. Christian Rolfs, Richard Giesen, Miriam Meßling und Peter Udsching, 65. Edition, Stand: 1. September 2022, München 2022 (zit.: BeckOK SozR/*Bearbeiter*)

Bell, Raoul / Giang, Trang / Mund, Iris / Buchner, Axel: Memory for Reputational Trait Information: Is Social-Emotional Information Processing Less Flexible in Old Age?, in: Psychology and Aging 2013, Vol. 28 No. 4, S. 984–995

Benecke, Martina: Rechtsvergleich der europäischen Systeme zum Antidiskriminierungsrecht, hrsg. v. der Antidiskriminierungsstelle des Bundes, Berlin 2010 (zit.: *Benecke*, Antidiskriminierungsrecht)

Bergmann, Jan (Hrsg.): Handlexikon der Europäischen Union, 6. Aufl., Baden-Baden 2022

Berliner Morgenpost: Berliner Morgenpost vom 6. August 2016, „Verbraucher: Muss ich unbestellte Ware zurücksenden?", https://www.morgenpost.de/ratgeber/verbraucherschutz/article208007305/Verbraucher-Muss-ich-unbestellte-Ware-zuruecksenden.html, zuletzt besucht am 13. August 2022

Bernat, Erwin: Zwischen Autonomie und Paternalismus: die Stellung des Demenzkranken im Prozess des Selbstverlustes – ein deutsch-österreichischer Rechtsvergleich, in: ZfRV 2005, S. 163–172

Boehm, Laura: Der demenzkranke Erblasser, zugleich Diss. iur. (Düsseldorf 2016), Baden-Baden 2017 (zit.: *Boehm*, Der demenzkranke Erblasser)

Boemke, Burkhard / Ulrici, Bernhard: BGB Allgemeiner Teil, 2. Aufl., Berlin et al. 2014 (zit.: *Boemke/Ulrici*, BGB AT)

Boemke, Christiane: Werberecht im Internet (Teil 11), in: Handbuch Multimedia-Recht, Rechtsfragen des elektronischen Geschäftsverkehrs, hrsg. v. Thomas Hoeren, Ulrich Sieber und Bernd Holznagel, Stand: September 2021 (57. Ergänzungslieferung), München 2022, Teil 11 (zit.: *Boemke*, in: Hoeren/Sieber/Holznagel, HdB Multimedia-Recht)

Boemke, Christiane: Werberecht im Internet (Teil 11), in: Handbuch Multimedia-Recht, Rechtsfragen des elektronischen Geschäftsverkehrs, hrsg. v. Thomas Hoeren, Ulrich Sieber und Bernd Holznagel, Stand: Oktober 2020 (54. Ergänzungslieferung), München 2021, Teil 11 (zit.: *Boemke*, in: Hoeren/Sieber/Holznagel, HdB Multimedia-Recht (2020))

Boente, Walter: Reform des Erwachsenenschutzes in der Schweiz, in: BtPrax 2013, S. 175–179

Bogutz, Allan D.: Elder Law: A Personal Perspective (Chapter 1), in: Theories on Law and Ageing, The Jurisprudence of Elder Law, hrsg. v. Israel Doron, Berlin et al. 2009, S. 1–9 (zit.: *Bogutz*, in: Doron, Theories on Law and Ageing)

Bonefeld, Michael: Schutz vor Erbschleicherei, in: ZErb 2014, S. 241–247

Borchardt, Klaus-Dieter: Die rechtlichen Grundlagen der Europäischen Union, Eine systematische Darstellung für Studium und Praxis, 7. Aufl., Wien 2020 (zit.: *Borchardt*, Die rechtlichen Grundlagen der Europäischen Union)

Bork, Reinhard: Allgemeiner Teil des Bürgerlichen Gesetzbuchs, 4. Aufl., Tübingen 2016 (zit.: *Bork*, BGB AT)

Brammsen, Joerg: Lauterkeitsstrafrecht, Sonderband zum Münchener Kommentar Lauterkeitsrecht (§§ 16–20 UWG), Stand vor Inkrafttreten des Gesetzes zum Schutz von Geschäftsgeheimnissen, Kommentar, München 2020 (zit.: *Brammsen*, Lauterkeitsstrafrecht)

Brand, Matthias / Markowitsch, Hans J.: Frontalhirn und Gedächtnis im Alter, in: NeuroGer 2004, S. 9–20

Brandis, Peter / Heuermann, Bernd (Hrsg.): Ertragsteuerrecht, Kommentar zum Einkommensteuergesetz, Körperschaftsteuergesetz, Gewerbesteuergesetz, Außensteuergesetz, Investmentsteuergesetz, Umwandlungssteuergesetz und Nebengesetze, Band 2: §§ 9–25 EStG, Stand: März 2022 (161. Ergänzungslieferung), München 2022 (zit.: Brandis/Heuermann/*Bearbeiter*)

Brönneke, Tobias: Perspektiven für die Einführung behördlicher Instrumente der Rechtsdurchsetzung im deutschen Recht, in: Neue Wege zur Durchsetzung des Verbraucherrechts, hrsg. v. Hans Schulte-Nölke und Bundesministerium der Justiz und für Verbraucherschutz, Deutschland 2017, S. 127–188 (zit.: *Brönneke*, in: Schulte-Nölke/BMJV, Neue Wege zur Durchsetzung des Verbraucherrechts)

Brucker, Uwe: Finanzieller Missbrauch alter und pflegebedürftiger Menschen – Kein Thema – Kein Problem? Teil 2, in: BtPrax 2016, S. 221–226

Büttner, Gerhard / Brandenburg, Janin / Fischbach, Anne / Klesczewski, Julia / Poloczek, Sebastian / Hasselhorn, Marcus: Arbeitsgedächtnis: Funktionsweise, Entwicklungsveränderungen und Störungen, in: Entwicklungsverläufe verstehen – Kinder mit Bildungsrisiken wirksam fördern, Forschungsergebnisse des Frankfurter IDeA-Zentrums, hrsg. v. Ulrike Hartmann, Marcus Hasselhorn und Andreas Gold, Stuttgart 2017, S. 141–157 (zit.: *Büttner et al.*, in: Hartmann/Hasselhorn/Gold, Entwicklungsverläufe verstehen)

Bundesamt für Justiz: Vertragsstaaten des Haager Übereinkommens vom 13. Januar 2000 über den internationalen Schutz von Erwachsenen (ErwSÜ), Stand: 24.

November 2020, https://www.bundesjustizamt.de/SharedDocs/Downloads/DE/ErwSUE/Vertragsstaatenliste.pdf?__blob=publicationFile&v=1, zuletzt besucht am 13. August 2022 (zit.: BfJ, Vertragsstaaten des Haager Übereinkommens)

Bundesinstitut für Arzneimittel und Medizinprodukte (Hrsg.): ICD-10-GM Version 2022, Systematisches Verzeichnis, Internationale statistische Klassifikation der Krankheiten und verwandter Gesundheitsprobleme, 10. Revision, German Modification, Stand: 17. September 2021, Bonn, https://www.bfarm.de/SharedDocs/Downloads/DE/Kodiersysteme/klassifikationen/icd-10-gm/version2022/icd10gm2022syst-pdf_zip.html;jsessionid=7C46E838D1CDE0B136EF355579A638DC.intranet232?nn=841246&cms_dlConfirm=true&cms_calledFromDoc=841246, zuletzt besucht am 13. August 2022 (zit.: BfArM, ICD-10-GM)

Bundesministerium der Justiz (Hrsg.): Handbuch der Rechtsförmlichkeit, Empfehlungen zur Gestaltung von Rechtsvorschriften nach § 42 Absatz 4 der Gemeinsamen Geschäftsordnung der Bundesministerien, Stand: 22. September 2008, 3. Aufl., Köln 2008, (zit.: BMJ, HdB Rechtsförmlichkeit)

Bundesministerium der Justiz und für Verbraucherschutz: Anteile der Arten der Betreuung* in Deutschland im Jahr 2010, Erhebung durch das Bundesamt für Justiz, veröffentlicht durch Spiegel, Nr. 23, 4. Juni 2012, S. 54, Statista 2022, https://de.statista.com/statistik/daten/studie/232799/umfrage/arten-der-betreuung-in-deutschland/, zuletzt besucht am 13. August 2022 (zit.: BMJV, Betreuung in Deutschland im Jahr 2010)

Bundesministerium der Justiz und für Verbraucherschutz (Hrsg.): Betreuungsrecht, Mit ausführlichen Informationen zur Vorsorgevollmacht, Stand: August 2021, Berlin 2021, https://www.bmjv.de/SharedDocs/Publikationen/DE/Betreuungsrecht.pdf?__blob=publicationFile&v=34, zuletzt besucht am 13. August 2022 (zit.: BMJV, Betreuungsrecht)

Bundesministerium der Justiz und für Verbraucherschutz: Pressemitteilung vom 24. Januar 2020, BMJV veröffentlicht Entwurf eines Gesetzes für fairere Verbraucherverträge, https://www.bmj.de/SharedDocs/Archiv/DE/Pressemitteilungen/2020/012420_Faire_Verbrauchervertraege.html, zuletzt besucht am 13. August 2022 (zit.: BMJV, Pressemitteilung vom 24. Januar 2020)

Bundesministerium für Familie, Senioren, Frauen und Jugend (Hrsg.): Sechster Bericht zur Lage der älteren Generation in der Bundesrepublik Deutschland – Altersbilder in der Gesellschaft, Bericht der Sachverständigenkommission, Berlin 2010 (zit.: BMFSFJ, Sechster Altenbericht)

Bundesministerium für Familie, Senioren, Frauen und Jugend (Hrsg.): Fünfter Bericht zur Lage der älteren Generation in der Bundesrepublik Deutschland, Potenziale des Alters in Wirtschaft und Gesellschaft. Der Beitrag älterer Menschen zum Zusammenhalt der Generationen, Bericht der Sachverständigenkommission, Berlin 2005 (zit.: BMFSFJ, Fünfter Altenbericht)

Bundesministerium für Familie, Senioren, Frauen und Jugend (Hrsg.): Die Lebenslage älterer Menschen mit rechtlicher Betreuung, Abschlussbericht zum Forschungs- und Praxisprojekt der Akademie für öffentliches Gesundheitswesen in Düsseldorf, 2004, https://www.bmfsfj.de/resource/blob/78932/459d4a01148316eba579d64cae9e1604/abschlussbericht-rechtliche-betreuung-data.pdf, zuletzt besucht am 13. August 2022 (zit.: BMFSFJ, Die Lebenslage älterer Menschen mit rechtlicher Betreuung)

Bundesministerium für Familie, Senioren, Frauen und Jugend (Hrsg.): Vierter Bericht zur Lage der älteren Generation, Vierter Altenbericht zur Lage der älteren Generation in der Bundesrepublik Deutschland: Risiken, Lebensqualität und Versorgung Hochaltriger – unter besonderer Berücksichtigung demenzieller Erkrankungen, Berlin 2002 (zit.: BMFSFJ, Vierter Altenbericht)

Bundesministerium für Familie, Senioren, Frauen und Jugend (Hrsg.): Dritter Bericht zur Lage der älteren Generation, Alter und Gesellschaft, Dritter Altenbericht, Stellungnahme der Bundesregierung, Bericht der Sachverständigenkommission, Berlin 2001 (zit.: BMFSFJ, Dritter Altenbericht)

Bundesministerium für Wirtschaft und Technologie / Bundesministerium für Familie, Senioren, Frauen und Jugend: Wirtschaftsfaktor Alter – Eine Initiative des BMWi und des BMFSFJ, Demografischer Wandel: Perspektiven für Anbieter und Märkte ausloten, Wirtschaftsfaktor Alter, Faktenblatt 1, April 2010, https://docplayer.org/20276632-Wirtschaftsfaktoralter.html, zuletzt besucht am 13. August 2022 (zit.: BMWi/BMFSFJ, Wirtschaftsfaktor Alter)

Bundesnetzagentur: Pressemitteilung vom 14. Januar 2022, Beschwerden zu unerlaubten Werbeanrufen auf Höchststand, https://www.bundesnetzagentur.de/SharedDocs/Downloads/DE/Allgemeines/Presse/Pressemitteilungen/2022/20220114_UE.pdf?__blob=publicationFile&v=3, zuletzt besucht am 13. August 2022 (zit.: BNetzA, Pressemitteilung vom 14. Januar 2022)

Bundesverband Direktvertrieb Deutschland e.V.: Pressemitteilung vom 23. April 2015 (10:30), Direktvertrieb punktet mit Kundennähe gegenüber dem Online-Handel, Widerrufsquote von Kundenbestellungen bei den BDD-Mitgliedsunternehmen auf Rekordtief, https://www.presseportal.de/pm/68635/3004044, zuletzt besucht am 13. August 2022 (zit.: BDD, Pressemitteilung vom 23. April 2015)

Bundesverband freier Berufsbetreuer e.V.: Stellungnahme des BVfB (Bundesverband freier Berufsbetreuer e.V.) zum Gesetz zur Anpassung der Betreuer- und Vormündervergütung (BT-Drucksache 19/8694), Anhörung im Ausschuss für Recht- und Verbraucherschutz des Bundestages am 6. Mai 2019, Berlin 2019, https://www.bundestag.de/resource/blob/640034/104c8af71049414945beb459034cb84c/klitschka_bvfb-data.pdf, zuletzt besucht am 13. August 2022 (zit.: BVfB, Stellungnahme)

Burandt, Wolfgang / Rojahn, Dieter (Hrsg.): Erbrecht, Beck'sche Kurz-Kommentare, Band 65, 4. Aufl., München 2022 (zit.: Burandt/Rojahn/*Bearbeiter*)

Busch, Klaus-Peter: Testierfähigkeit und Demenz, in: ErbR 2014, S. 90–94

Busch, Nicola: Der Reifegrad Minderjähriger als Maßstab im Zivilrecht, zugleich Diss. iur. (Augsburg 2001), München 2001 (zit.: *Busch*, Der Reifegrad Minderjähriger)

Calliess, Christian / Ruffert, Matthias (Hrsg.): EUV/AEUV, Das Verfassungsrecht der Europäischen Union mit Europäischer Grundrechtecharta, Kommentar, 6. Aufl., München 2022 (zit.: Calliess/Ruffert/*Bearbeiter*)

Canaris, Claus-Wilhelm: Wandlungen des Schuldvertragsrechts – Tendenzen zu seiner "Materialisierung", in: AcP 200 (2000), S. 273–364

Canaris, Claus-Wilhelm: Verstöße gegen das verfassungsrechtliche Übermaßverbot im Recht der Geschäftsfähigkeit und im Schadensersatzrecht, in: JZ 1987, S. 993–1004

Canaris, Claus-Wilhelm: Grundrechte und Privatrecht, in: AcP 184 (1984), S. 201–246

Castle, Elizabeth / Eisenberger, Naomi I. / Seeman, Teresa E. / Moons, Wesley G. / Boggero, Ian A. / Grinblatt, Mark S. / Taylor, Shelley E.: Neural and behavioral bases of age differences in perceptions of trust, in: PNAS Vol. 109 (2012) No. 51, 20848–20852

Chiusi, Tiziana J.: Geschäftsfähigkeit im Recht der Stellvertretung, in: JURA 2005, S. 532–537

Christl, Gerhard: Überforderung ehrenamtlicher Betreuer?, in: FamRZ 2019, S. 422–427

Clemens, Wolfgang: Stichwort: Alter, in: ZfE 2001, S. 489–511

Coeppicus, Rolf: Magische Zahlen im Betreuungsrecht – Zum Gesetz zur Stärkung der Funktionen der Betreuungsbehörde, in: NJW 2014, S. 3703–3709

Coester-Waltjen, Dagmar: Die Inhaltskontrolle von Verträgen außerhalb des AGBG, in: AcP 190 (1990), S. 1–33

Colello, Kirsten J.: The Elder Justice Act: Background and Issues for Congress, Congressional Research Service, 15. Juni 2020, https://sgp.fas.org/crs/misc/R43707.pdf, zuletzt besucht am 13. August 2022 (zit.: *Colello*, The Elder Justice Act)

Colello, Kirsten J. / Napili, Angela: Older Americans Act: Overview and Funding, Congressional Research Service, 23. Juni 2022, https://crsreports.congress.gov/product/pdf/R/R43414?__cf_chl_jschl_tk__=pmd_CEeOGv5I0xl8z8f0umeB n46stXW.aC28OqGWrmMAWKc-1630087679-0-gqNtZGzNAiWjcnBszQpR, zuletzt besucht am 13. August 2022 (zit.: *Colello/Napili*, Older Americans Act)

Cording, Clemens: Kriterien zur Feststellung der Testier(un)fähigkeit, in: ZEV 2010, S. 115–121

Cording, Clemens: Die Begutachtung der Testier(un)fähigkeit, in: Fortschr Neurol Psychiat 2004, S. 147–159

Cording, Clemens / Roth, Gerhard: Zivilrechtliche Verantwortlichkeit und Neurobiologie – ein Widerspruch?, in: NJW 2015, S. 26–31

Czeguhn, Ignacio: Geschäftsfähigkeit, beschränkte Geschäftsfähigkeit, Geschäftsunfähigkeit, Grundlagen – Rechtsfolgen – Sonderfragen, Berlin 2003 (zit.: *Czeguhn*, Geschäftsfähigkeit)

Deinert, Horst: Betreuungszahlen 2015, in: BtPrax 2016, S. 218–220

Deinert, Horst: Betreuungszahlen 2004, in: BtPrax 2006, S. 65–72

Delius, Julia A. M. / Düzel, Sandra / Gerstorf, Denis / Lindenberger, Ulman: Berlin Aging Studies (BASE and BASE-II), in: Encyclopedia of Geropsychology, hrsg. v. Nancy A. Pachana, Singapur 2017, S. 386–395 (zit.: *Delius et al.*, in: Pachana, Encyclopedia of Geropsychology)

Deutsche Rentenversicherung: Rentenversicherung in Zahlen 2021, Stand: 5. Juli 2021, Berlin, https://www.deutsche-rentenversicherung.de/DRV/DE/Experten/Zahlen-und-Fakten/Statistiken-und-Berichte/statistiken-und-berichte_node.html, zuletzt besucht am 13. August 2022 (zit.: DRV, Rentenversicherung in Zahlen 2021)

Deutsches Aktieninstitut e.V.: Deutschland und die Aktie, Weiter auf hohem Niveau, Aktionärszahlen des Deutschen Aktieninstituts 2021, Frankfurt a.M. 2022, https://www.dai.de/fileadmin/user_upload/220119_Aktionaerszahlen_2021_Deutsches_Aktieninstitut.pdf, zuletzt besucht am 13. August 2022 (zit.: Deutsches Aktieninstitut, Aktionärszahlen 2021)

Di Fabio, Udo: Form und Freiheit, DNotZ 2006, S. 342–350

Die Bundesregierung: Verbraucherpolitischer Bericht der Bundesregierung 2020, https://www.bmjv.de/SharedDocs/Downloads/DE/News/PM/071520_Verbraucherpol_Bericht_2020.pdf;%20jsessionid=DCF7C1E57E740D575163ACC8B86CD532.1_cid324?__blob=publicationFile&v=1), zuletzt besucht am 13. August 2022 (zit.: Die Bundesregierung, Verbraucherpolitischer Bericht 2020)

Dittschar, Frank: Gewinnabschöpfung nach § 10 UWG: Innovativ, aber unausgereift?, zugleich Diss. iur. (Köln 2007), Düsseldorf 2007 (zit.: *Dittschar*, Gewinnabschöpfung)

Dodegge, Georg: Selbstbestimmung trotz Einwilligungsvorbehalt, in: FuR 2008, S. 381–385

Dornis, Tim W.: Der „Anschein eines besonders günstigen Angebots" i.S. des § 16 I UWG, Von Kaffeefahrten, Zeitschriftenwerbern und der Auslegung lauterkeitsrechtlicher Strafnormen, in: GRUR 2008, S. 742–749

Doron, Israel: A Multi-Dimensional Model of Elder Law (Chapter 5), in: Theories on Law and Ageing, The Jurisprudence of Elder Law, hrsg. v. Israel Doron, Berlin et al. 2009, S. 59–74 (zit.: *Doron*, in: Doron, Theories on Law and Ageing)

Dreier, Horst (Hrsg.): Grundgesetz, Band I, Präambel, Artikel 1–19, Kommentar, 3. Aufl., Tübingen 2013 (zit.: Dreier GG/*Bearbeiter*)

Dreßing, Harald / Foerster, Klaus / Leygraf, Johannes / Schneider, Frank: Begutachtung der Geschäfts- und Testierfähigkeit, in: Der Nervenarzt 2014, S. 1441–1450

Dreßing, Harald / Leygraf, Johannes / Schneider, Frank: Begutachtung der Geschäfts- und Testierfähigkeit: Komplexe Aufgabe für den Arzt, in: Dtsch Arztebl 2014, S. 1202–1204

Dürig/Herzog/Scholz Grundgesetz, Grundgesetz, Band I, Texte, Art. 1–5, Kommentar, hrsg. v. Roman Herzog, Rupert Scholz, Matthias Herdegen und Hans H. Klein, Stand: November 2021 (96. Ergänzungslieferung), München 2022 (zit.: Dürig/Herzog/Scholz/*Bearbeiter*)

Durwen, Herbert F.: Nicht jede Demenz ist irreversibel, Bessere Heilungschancen bei früher Diagnose, in: Geriatrie-Report 2019 (4), S. 26–29

Duttge, Gunnar: Die Funktion von Altersgrenzen: Medizinrechtliche Probleme, in: Pro-Age oder Anti-Aging?, Altern im Fokus der modernen Medizin, hrsg. v. Silke Schicktanz und Mark Schweda, Frankfurt a.M. 2012, S. 87–105 (zit.: *Duttge*, in: Schicktanz/Schweda, Altern im Fokus der modernen Medizin)

Edelmann, Hervé: Anlageberatung und Anlagevermittlung (§ 3), in: Handbuch des Kapitalanlagerechts, hrsg. v. Heinz-Dieter Assmann, Rolf A. Schütze und Petra Buck-Heeb, 5. Aufl., München 2020, § 3 (zit.: *Edelmann*, in: Assmann/Schütze/Buck-Heeb, KapAnlR-HdB)

Eggert, Kurt: Lashed to the mast and crying for help: How self-limitation of autonomy can protect elders from predatory lending, in: Loy. L.A. L. Rev. 36 (2003), S. 693–775

Eidenmüller, Horst: Die Rechtfertigung von Widerrufsrechten, in: AcP 210 (2010), S. 67–104

Eidenmüller, Horst: Der homo oeconomicus und das Schuldrecht: Herausforderungen durch Behavioral Law and Economics, in: JZ 2005, S. 216–224

Engels, Dietrich: Einkommen und Vermögen im Alter, in: Handbuch Soziale Arbeit und Alter, hrsg. v. Kirsten Aner und Ute Karl, 2. Aufl., Wiesbaden 2020, S. 351–368 (zit.: *Engels*, in: Aner/Karl, HdB Soziale Arbeit und Alter)

Erfurter Kommentar zum Arbeitsrecht, Beck'sche Kurz-Kommentare, Band 51, hrsg. v. Rudi Müller-Glöge, Ulrich Preis und Ingrid Schmidt, 22. Aufl., München 2022 (zit.: ErfK/*Bearbeiter*)

Erman BGB, Handkommentar mit AGG, EGBGB, ErbbauRG, LPartG, ProdHaftG, VBVG, VersAusglG, WEG und ausgewählten Rechtsquellen des IPR, hrsg. v. Barbara Grunewald, Georg Maier-Reimer und Harm Peter Westermann, 16. Aufl., Köln 2020 (zit.: Erman/*Bearbeiter*)

Europäischer Verbraucherverband: Kollektiver Rechtsschutz: Hin zu einem kohärenten europäischen Ansatz, Konsultation der Europäischen Kommission, Stellungnahme, Brüssel 2011, https://www.beuc.eu/publications/2011-00352-01-d.pdf, zuletzt besucht am 13. August 2022 (zit.: Europäischer Verbraucherverband, Stellungnahme Kollektiver Rechtsschutz)

European Securities and Markets Authority: Investorenwarnung, 07/02/2014, Risiken bei Anlagen in komplexe Produkte, https://www.esma.europa.eu/sites/default/files/library/2015/11/investor_warning_-_complex_products_-_de.pdf, zuletzt besucht am 13. August 2022 (zit.: ESMA, Investorenwarnung vom 7. Februar 2014)

Falk, Juliane: Basiswissen Demenz, Lern- und Arbeitsbuch für berufliche Kompetenz und Versorgungsqualität, 3. Aufl., Weinheim et al. 2015 (zit.: *Falk*, Demenz)

Faust, Florian: Bürgerliches Gesetzbuch Allgemeiner Teil, 7. Aufl., Baden-Baden 2021 (zit.: *Faust*, BGB AT)

Feder, Jody: The Age Discrimination in Employment Act (ADEA): A Legal Overview, Congressional Research Service, 23. Juni 2010, https://www.llsdc.org/assets/source book/crs-rl34652.pdf, zuletzt besucht am 13. August 2022 (zit.: *Feder*, ADEA)

Fehlemann, Sascha: Die Verfolgung von Streuschädigungen durch Abschöpfungsansprüche der Verbände im deutschen Lauterkeits- und Kartellrecht, zugleich Diss. iur. (Münster 2008), Frankfurt 2009 (zit.: *Fehlemann*, Die Verfolgung von Streuschädigungen)

Felser, Georg: Konsum im Alter, Das höhere Lebensalter und seine Relevanz für den Verbraucherschutz, Wiesbaden 2018 (zit.: *Felser*, Konsum im Alter)

Fezer, Karl-Heinz: Zweckgebundene Verwendung von Unrechtserlösen und Kartellbußen zur Finanzierung der Verbraucherarbeit, Juristische Expertise für das Ministerium für Klimaschutz, Umwelt, Landwirtschaft, Natur- und

Verbraucherschutz des Landes Nordrhein-Westfalen (Hrsg.), Düsseldorf 2012 (zit.: *Fezer*, Zweckgebundene Verwendung von Unrechtserlösen)

Fezer, Karl-Heinz / Büscher, Wolfgang / Obergfell, Eva Inés (Hrsg.): Lauterkeitsrecht, Kommentar zum Gesetz gegen den unlauteren Wettbewerb (UWG), Band 1, Internationales Lauterkeitsrecht, Lauterkeitsrechtliche Spezialthemen, Geschichte – Systematik – Grundlagen, §§ 1 bis 3 UWG, 3. Aufl., München 2016 (zit.: Fezer/Büscher/Obergfell/*Bearbeiter*)

Fischinger, Philipp S.: Der Grundrechtsverzicht, in: JuS 2007, S. 808–813

Flessner, Melanie J.: Ältere Menschen, demographische Alterung und Recht, Das Recht der Vereinigten Staaten als Beispiel, zugleich Diss. iur. (Frankfurt a.M. 1995/1996), Baden-Baden 1996 (zit.: *Flessner*, Ältere Menschen, demographische Alterung und Recht)

Flume, Werner: Allgemeiner Teil des Bürgerlichen Rechts, Zweiter Band, Das Rechtsgeschäft, 4. Aufl., Berlin et al. 1992 (zit.: *Flume*, BGB AT)

Frankfurter Allgemeine Zeitung: Frankfurter Allgemeine Zeitung vom 26. Juli 2013, „Ermittlungen zu Kaffeefahrten – Teure ‚Wundermittel' angedreht", https://www.faz.net/aktuell/rhein-main/ermittlungen-zu-kaffeefahrten-teure-wundermittel-angedreht-12306829.html, zuletzt besucht am 13. August 2022

Franzen, Martin: Rechtsgeschäfte erwachsener Geschäftsunfähiger nach § 105a BGB zwischen Rechtsgeschäftslehre und Betreuungsrecht, in: JR 2004, S. 221–226

Franzen, Martin / Gallner, Inken / Oetker, Hartmut (Hrsg.): Kommentar zum europäischen Arbeitsrecht, 4. Aufl., München 2022 (zit.: Franzen/Gallner/Oetker/*Bearbeiter*)

Fries, Martin: Nachlassende Testierfähigkeit, Zum rechtlichen Umgang mit einem schwindenden letzten Willen, in: AcP 216 (2016), S. 421–458

Frieser, Andreas: Vorsicht Erbschleicher! – Grenzen der Testierfreiheit, in: ErbR 2010, S. 370–380

Gärtner, Olaf: Der Gewinnabschöpfungsanspruch gemäß § 10 UWG – Leitfaden für eine effektive Anwendung in der Praxis, in: GRUR Int 2008, S. 817–822

Gärtner, Olaf: Der Gewinnabschöpfungsanspruch nach § 10 UWG, Analyse unter rechtsvergleichender Heranziehung der amerikanischen lauterkeitsrechtlichen Abschöpfungsinstitute des consumer redress und des disgorgement gemäß Sec. 19 (b) und Sec. 13 (b) des Federal Trade Commission Act, zugleich Diss. iur. (München 2006), München 2006 (zit.: *Gärtner*, Gewinnabschöpfungsanspruch)

Ganner, Michael: Stand und Perspektiven des Erwachsenenschutzes in rechtsvergleichender Sicht (Teil 1), in: BtPrax 2013, S. 171–175

Ganner, Michael: Stand und Perspektiven des Erwachsenenschutzes in rechtsvergleichender Sicht – Teil 2, in: BtPrax 2013, S. 222–225

Ganner, Michael: Stand und Perspektiven des Erwachsenenschutzes in rechtsvergleichender Sicht, in: Perspektiven und Reform des Erwachsenenschutzes, 11. Göttinger Workshop zum Familienrecht 2012, hrsg. v. Dagmar Coester-Waltjen, Volker Lipp, Eva Schumann und Barbara Veit, Göttingen 2013, S. 41–62 (zit.: *Ganner*, in: Coester-Waltjen/Lipp/Schumann/Veit, Perspektiven und Reform des Erwachsenenschutzes)

Ganner, Michael: Selbstbestimmung im Alter, Privatautonomie für alte und pflegebedürftige Menschen in Österreich und Deutschland, zugleich Habilitationsschrift (Innsbruck 2005), Wien 2005 (zit.: *Ganner*, Selbstbestimmung im Alter)

Gareis, Sven Bernhard / Varwick, Johannes: Die Vereinten Nationen, Aufgaben, Instrumente und Reformen, 5. Aufl., Opladen et al. 2014 (zit.: *Gareis/Varwick*, Die Vereinten Nationen)

Gebauer, Gerhard: Die Lehre von der Teilgeschäftsunfähigkeit und ihre Folgen, in: AcP 153 (1954), S. 332–372

Gensicke Thomas / Geiss, Sabine: Hauptbericht des Freiwilligensurveys 2009, Zivilgesellschaft, soziales Kapital und freiwilliges Engagement in Deutschland 1999 – 2004 – 2009, Ergebnisse der repräsentativen Trenderhebung zu Ehrenamt, Freiwilligenarbeit und Bürgerschaftlichem Engagement, hrsg. v. Bundesministerium für Familie, Senioren, Frauen und Jugend, Berlin Oktober 2010 (zit.: *Gensicke/Geiss*, Hauptbericht des Freiwilligensurveys 2009)

Gerling, Vera / Naegele, Gerhard / Scharfenorth, Karin: Der private Konsum älterer Menschen – „Wirtschaftskraft Alter" als ein neues Feld für Konzeptualisierung und Weiterentwicklung der These von der „Altersproduktivität", in: Sozialer Fortschritt 2004, S. 293–301

Görgen, Thomas / Meier, Bernd-Dieter / Megler, Marcella / Peikert, Andreas David / Wegmann, Janna: Vermögensdelikte in Betreuungsverhältnissen, Bericht an das Bundesministerium der Justiz und für Verbraucherschutz, Münster et al. Februar 2019, https://www.bmjv.de/SharedDocs/Downloads/DE/Service/Fachpublikationen/Bericht_Vermoegensdelikte_Betreuungsverhaeltnisse.pdf?__blob=publicationFile&v=2, zuletzt besucht am 13. August 2022 (zit.: *Görgen et al.*, Vermögensdelikte in Betreuungsverhältnissen)

Görgen, Thomas / Wagner, Daniel / Nowak, Sabine / Kraus, Benjamin / Nägele, Barbara / Kotlenga, Sandra / Lüttschwager, Nora / Binninger, Markus / Fisch, Sarah: Sicherheitspotenziale im höheren Lebensalter, Ein Projekt zur Förderung sicherheitsbezogenen Handels im Alter und zur Prävention betrügerischer Vermögensdelikte an älteren Menschen, Bericht an das Bundesministerium für Familie, Senioren, Frauen und Jugend, Münster

Oktober 2014, https://publikationen.uni-tuebingen.de/xmlui/bitstream/handle/10900/66168/Goergen_et_al_Sicherheitspotenziale_Bericht.pdf?sequence=1&isAllowed=y, zuletzt besucht am 13. August 2022 (zit.: *Görgen et al.*, Sicherheitspotenziale)

Gofferjé, Eva Franziska Sophia: Vertragsschluss und Vertragsbindung bei Verbraucherverträgen, Zugleich eine Untersuchung der Schutzmechanismen bei Internetgeschäften anhand von § 312j Abs. 2 bis 4 BGB, zugleich Diss. iur. (Augsburg 2016), Berlin 2016 (zit.: *Gofferjé*, Vertragsschluss und Vertragsbindung bei Verbraucherverträgen)

Grammes, Jennifer / Kubiak, Thomas: Depression und Demenz, in: Der Diabetologe 2020, S. 104–110

von der Groeben, Hans / Schwarze, Jürgen / Hatje, Armin (Hrsg.): Europäisches Unionsrecht, Vertrag über die Europäische Union, Vertrag über die Arbeitsweise der Europäischen Union, Charta der Grundrechte der Europäischen Union, Kommentar, 7. Aufl., Baden-Baden 2015 (zit.: von der Groeben/Schwarze/Hatje/*Bearbeiter*)

Grube/Wahrendorf/Flint SGB XII, SGB XII, Sozialhilfe mit Eingliederungshilfe (SGB IX Teil 2) und Asylbewerberleistungsgesetz, Kommentar, hrsg. v. Thomas Flint, 7. Aufl., München 2020 (zit.: Grube/Wahrendorf/Flint/*Bearbeiter*)

Gsell, Beate / Rübbeck, Johannes: Beseitigung als Folgenbeseitigung? – Kollektivklagen der Verbraucherverbände auf Rückzahlung unrechtmäßig erzielter Gewinne, in: ZfPW 2018, S. 409–429

Gurkmann, Jutta: Consumer Protection in Germany – the View of the Vzbv, in: EuCML 2019, S. 125–127

Gutch, Elizabeth: Die Geschäftsfähigkeit Erwachsener in Deutschland und in der Schweiz, Ein Plädoyer für die Anerkennung einer relativen Geschäfts(un)-fähigkeit, zugleich Diss. iur. (Göttingen 2018), Baden-Baden 2019 (zit.: *Gutch*, Geschäftsfähigkeit)

Haan, Peter / Stichnoth, Holger / Blömer, Maximilian / Buslei, Hermann / Geyer, Johannes / Krolage, Carla / Müller, Kai-Uwe: Entwicklung der Altersarmut bis 2036, Trends, Risikogruppen und Politikszenarien, im Auftrag der Bertelsmann Stiftung, Gütersloh 2017 (zit.: *Haan et al.*, Entwicklung der Altersarmut bis 2036)

Habermeyer, Elmar / Saß, Henning: Voraussetzungen der Geschäfts(-un) fähigkeit – Anmerkungen aus psychopathologischer Sicht, in: MedR 2003, S. 543–546

Habermeyer, Elmar / Saß, Henning: Ein am Willensbegriff ausgerichteter, symptomorientierter Ansatz zur Prüfung der Geschäftsfähigkeit, in: Fortschr Neurol Psychiat 2002, S. 5–10

Häberle, Peter: Das Grundgesetz zwischen Verfassungsrecht und Verfassungspolitik, Ausgewählte Studien zur vergleichenden Verfassungslehre in Europa, Baden-Baden 1996 (zit.: *Häberle*, Das Grundgesetz zwischen Verfassungsrecht und Verfassungspolitik)

Hagen, Horst: Die Form als „Schwester der Freiheit", in: DNotZ 2010, S. 644–655

Hahn, Christoph: Die Auswirkungen des Betreuungsrechts auf das Erbrecht, in: FamRZ 1991, S. 27–29

Halfmeier, Axel: Anmerkung zu BGH, Urt. v. 13.9.2018, I ZR 26/17, in: WuB 2019, S. 28–30

Halfmeier, Axel / Rott, Peter: Verbandsklage mit Zähnen? – Zum Vorschlag einer Richtlinie über Verbandsklagen zum Schutz der Kollektivinteressen der Verbraucher, in: VuR 2018, S. 243–251

Hall, Margaret I.: Equity Theory: Responding to the Material Exploitation of the Vulnerable but Capable (Chapter 8), in: Theories on Law and Ageing, The Jurisprudence of Elder Law, hrsg. v. Israel Doron, Berlin et al. 2009, S. 107–119 (zit.: *Hall*, in: Doron, Theories on Law and Ageing)

Hamburger Abendblatt: Hamburger Abendblatt vom 29. Dezember 2016, „Wenn Betrüger Senioren abzocken – Das raten Experten", von Hannah-Lotte Mikuteit, https://www.abendblatt.de/hamburg/article209111123/Wenn-Betrueger-Senioren-abzocken-Das-raten-Experten.html, zuletzt besucht am 13. August 2022

Harte-Bavendamm, Henning / Henning-Bodewig, Frauke / Goldmann, Michael / Tolkmitt, Jan (Hrsg.): Gesetz gegen den unlauteren Wettbewerb (UWG), Mit Preisangabenverordnung und Geschäftsgeheimnisgesetz, Kommentar, 5. Aufl., München 2021 (zit.: Harte-Bavendamm/Henning-Bodewig/*Bearbeiter*)

Heiderhoff, Bettina / Rademacher, Friederike: Das Betreuungsrecht der §§ 1896 ff. BGB – zur schwierigen Balance zwischen Autonomie und Fürsorge, in: JURA 2018, S. 851–859

Helms, Tobias: Reform des internationalen Betreuungsrechts durch das Haager Erwachsenenschutzabkommen, in: FamRZ 2008, S. 1995–2002

Henning-Bodewig, Frauke: Die Gewinnabschöpfung nach § 10 UWG – ein Flop?, in: GRUR 2015, S. 731–739

Herbold, Nele Marie: Anmerkung zu OLG Schleswig, Urt. v. 14.2.2019, 2 U 4/18, in: VuR 2019, S. 273–275

Herring, Jonathan: Older People in Law and Society, New York 2009

Herring, Jonathan: Older People and the Law, in: Current Legal Problems (2007) 60 (1), S. 148–173

Herzberg, Julia: Die Gewinnabschöpfung nach § 10 UWG, Status quo ante, de lege lata et de lege ferenda, zugleich Diss. iur. (Bonn 2012), Baden-Baden 2013 (zit.: *Herzberg*, Gewinnabschöpfung)

Historisch-kritischer Kommentar zum BGB, Band I, Allgemeiner Teil, §§ 1–240, hrsg. v. Mathias Schmoeckel, Joachim Rückert und Reinhard Zimmermann, Tübingen 2003 (zit.: HKK-BGB/*Bearbeiter*)

Höfling, Wolfram: Selbstbestimmung im Alter aus verfassungsrechtlicher Perspektive, in: Recht der Älteren, hrsg. v. Ulrich Becker und Markus Roth, Berlin et al. 2013, S. 85–99 (zit.: *Höfling*, in: Becker/Roth, Recht der Älteren)

Höhne, Michael: Das Widerrufsrecht bei Kaufverträgen im Spannungsverhältnis von Opportunismus und Effektivität, Die Rückabwicklung nach Widerruf unter besonderer Berücksichtigung der Verhaltensökonomik, zugleich Diss. iur. (Frankfurt a.M. 2016), Tübingen 2016 (zit.: *Höhne*, Widerrufsrecht)

Hoeppner, Sven: The unintended consequence of doorstep consumer protection: surprise, reciprocation, and consistency, in: Eur J Law Econ 38 (2014), S. 247–276

Hörmann, Günter: Massenschäden in der Praxis – aus Sicht der Verbraucherzentralen, in: VuR 2016, S. 81–82

Hoffmann, Falk / Schmiemann, Guido / Dörks, Michael: Untersuchungen zu Polypharmazie: Eine Frage der Definition und der verwendeten Daten, in: ZEFQ 2016 (Vol. 113), S. 27–35

Holtfreter, Kristy / Reisig, Michael D. / Mears, Daniel P. / Wolfe, Scott E.: Financial Exploitation of the Elderly in a Consumer Context, März 2014, https://www.ojp.gov/pdffiles1/nij/grants/245388.pdf, zuletzt besucht am 13. August 2022 (zit.: *Holtfreter et al.*, Financial Exploitation of the Elderly)

Holzhauer, Heinz: Empfiehlt es sich das Entmündigungsrecht, das Recht der Vormundschaft und der Pflegschaft über Erwachsene sowie das Unterbringungsrecht neu zu ordnen?, Gutachten B (Juristisches Teilgutachten), in: Verhandlungen des Siebenundfünfzigsten Deutschen Juristentages, Band I (Gutachten), Teil B/C, hrsg. v. der Ständigen Deputation des Deutschen Juristentages, München 1988 (zit.: *Holzhauer*, Gutachten 57. DJT)

Hufen, Friedhelm: Nudging, Rechtsformen, Möglichkeiten und Grenzen der sanften Beeinflussung des Menschen durch den Staat, in: JuS 2020, S. 193–199

Huxhold, Oliver / Engstler, Heribert: Soziale Isolation und Einsamkeit bei Frauen und Männern im Verlauf der zweiten Lebenshälfte, in: Frauen und Männer in der zweiten Lebenshälfte, Älterwerden im sozialen Wandel, hrsg. v. Claudia Vogel, Markus Wettstein und Clemens Tesch-Römer, Wiesbaden 2019,

S. 71–89 (zit.: *Huxhold/Engstler*, in: Vogel/Wettstein/Tesch-Römer, Frauen und Männer in der zweiten Lebenshälfte)

IfD Allensbach: Senioren (70 Jahre und älter) in Deutschland nach der Nutzungshäufigkeit des Internets im Vergleich mit der Bevölkerung im Jahr 2022, Allensbacher Markt- und Werbeträger Analyse – AWA 2022, Erhebung und Veröffentlichung durch IfD Allensbach, Statista 2022, https://de.statista.com/statistik/daten/studie/1035162/umfrage/senioren-in-deutschland-nach-der-nutzungshaeufigkeit-des-internets/, zuletzt besucht am 13. August 2022 (zit.: IfD Allensbach, Senioren und Nutzungshäufigkeit des Internets 2022)

Igl, Gerhard: Recht und Alter – ein diffuses Verhältnis, – Fragen – Befunde – Thesen –, in: Festschrift für Werner Thieme zum 70. Geburtstag, hrsg. v. Bernd Becker, Hans Peter Bull und Otfried Seewald, Köln et al. 1993, S. 747–767 (zit.: *Igl*, in: FS Thieme)

Igl, Gerhard: Das „Recht der älteren Menschen" – Ist es wünschenswert, für die älteren Menschen besondere rechtliche Vorkehrungen zu treffen?, in: Z Gerontol 1990, S. 62–67

Igl, Gerhard / Klie, Thomas: Recht der älteren Menschen (§ 1), in: Das Recht der älteren Menschen, hrsg. v. Gerhard Igl und Thomas Klie, Baden-Baden 2007, S. 17–47 (zit.: *Igl/Klie*, in: Igl/Klie, Das Recht der älteren Menschen)

Initiative D21 e.V. (Hrsg.): D21 Digital Index 2021/2022, Jährliches Lagebild zur Digitalen Gesellschaft, https://initiatived21.de/app/uploads/2022/02/d21-digital-index-2021_ 20 22.pdf, zuletzt besucht am 13. August 2022 (zit.: Initiative D21, Digital Index 2021/2022)

Janda, Constanze: Grundfragen der Einschränkung der zivilrechtlichen Handlungsfähigkeit – Das Rechtsinstitut der Betreuung im Spiegel der allgemeinen Regeln zu Geschäftsfähigkeit und gesetzlicher Vertretung –, in: FamRZ 2013, S. 16–22

Jauernig Bürgerliches Gesetzbuch mit Rom-I-VO, Rom-II-VO, Rom-III-VO, EG-UnthVO/HUntProt und EuErbVO, Kommentar, hrsg. v. Rolf Stürner, 18. Aufl., München 2021 (zit.: Jauernig/*Bearbeiter*)

Jestaedt, Clemens: Die Auswirkungen der Geschäftsunfähigkeit auf die Lösungsmöglichkeiten vom gemeinschaftlichen Testament und vom Erbvertrag, zugleich Diss. iur. (Mainz 2014), Bonn 2015 (zit.: *Jestaedt*, Auswirkungen der Geschäftsunfähigkeit)

Jolls, Christine / Sunstein, Cass R. / Thaler, Richard: A Behavioral Approach to Law and Economics, in: Stan. L. Rev. 50 (1998), S. 1471–1550

Jürgens, Andreas (Hrsg.): Betreuungsrecht, Kommentar, 6. Aufl., München 2019 (zit.: Jürgens/*Bearbeiter*) juris Praxiskommentar BGB, Band 1, Allgemeiner Teil, hrsg. v. Maximilian Herberger, Michael Martinek, Helmut Rüßmann, Stephan Weth und Markus Würdinger, Bandherausgeber: Klaus Vieweg, Stand der verwendeten Kommentierungen: 15. März 2021 (§ 104 BGB), 1. Mai 2020 (§ 105 BGB) bzw. 4. Februar 2021 (§ 138 BGB), 9. Aufl., Saarbrücken 2020 (zit.: jurisPK-BGB/*Bearbeiter*)

juris Praxiskommentar UWG, Gesetz gegen den unlauteren Wettbewerb, hrsg. v. Dirk Seichter, Stand der verwendeten Kommentierungen: 13. April 2022 (Anh. zu § 3 Abs. 3 UWG (Nr. 13)), 12. Mai 2022 (§ 4a UWG), 29. April 2022 (§ 5 UWG) bzw. 25. Juni 2021 (§ 5a UWG), 5. Aufl., Saarbrücken 2021 (zit.: jurisPK-UWG/*Bearbeiter*)

juris Praxiskommentar UWG, Gesetz gegen den unlauteren Wettbewerb, hrsg. v. Eike Ullmann, Stand der verwendeten Kommentierungen: 1. Mai 2016, 4. Aufl., Saarbrücken 2016 (zit.: jurisPK-UWG (2016)/*Bearbeiter*)

Kiehnle, Arndt: Das Selbsteintrittsrecht des Kommissionärs (§ 400 HGB) und das Verbot des Selbstkontrahierens (§ 181 BGB), in: AcP 212 (2012), S. 875–919

Kirchhof, Gregor: Nudging – zu den rechtlichen Grenzen informalen Verwaltens, in: ZRP 2015, S. 136–137

Kirchhof, Paul / Seer, Roman (Hrsg.): Einkommensteuergesetz, Kommentar, 21. Aufl., Köln 2022 (zit.: Kirchhof/Seer/*Bearbeiter*)

Klatt, Matthias / Meister, Moritz: Der Grundsatz der Verhältnismäßigkeit, in: JuS 2014, S. 193–199

Klie, Thomas: Das Recht und die Lebensphase Alter, in: Z Gerontol Geriat 2017, S. 275–280

Klie, Thomas: Konturen eines Rechts der älteren Menschen, in: Alternsforschung am Beginn des 21. Jahrhunderts, Alterns- und Lebenslaufkonzeptionen im deutschsprachigen Raum, hrsg. v. Hans-Werner Wahl und Heidrun Mollenkopf, Berlin 2007, S. 237–248 (zit.: *Klie*, in: Wahl/Mollenkopf, Alternsforschung)

Klie, Thomas: Rechtsfragen, in: Gerontologie, Medizinische, psychologische und sozialwissenschaftliche Grundbegriffe, hrsg. v. Wolf D. Oswald, Ursula Lehr, Cornel Sieber und Johannes Kornhuber, 3. Aufl., Stuttgart 2006, S. 306–311 (zit.: *Klie*, in: Oswald/Lehr/Sieber/Kornhuber, Gerontologie)

Klockgether, Thomas: Biologie und Klinik der Demenz, in: Demenz und Recht, Bestimmung der Geschäfts- und Testierfähigkeit, hrsg. v. Mathias Schmoeckel, Baden-Baden 2010, S. 25–30 (zit.: *Klockgether*, in: Schmoeckel, Demenz und Recht)

Kloster-Harz, Doris: Zur Testierfähigkeit gem. § 2229 Abs. 4 BGB, in: ZAP 2005, S. 171–176

Köhler, Helmut: Der wettbewerbsrechtliche Beseitigungsanspruch – ein Folgenbeseitigungsanspruch?, in: WRP 2019, S. 269–276

Köhler, Helmut: Gewerblich finanzierte Gewinnabschöpfungsprozesse: Ende eines Geschäftsmodells, Zugleich Besprechung von BGH, 13.09.2018 – I ZR 26/17 – Prozessfinanzierer, Abgedruckt in WRP 2018, 1452 ff., in: WRP 2019, S. 139–145

Köhler, Helmut: Neue Regelungen zum Verbraucherschutz bei Telefonwerbung und Fernabsatzverträgen, in: NJW 2009, S. 2567–2572

Köhler, Helmut: UWG-Reform und Verbraucherschutz, in: GRUR 2003, S. 265–272

Köhler, Helmut / Bornkamm, Joachim / Feddersen, Jörn / Alexander, Christian: Gesetz gegen den unlauteren Wettbewerb, GeschGehG, PAngV, UKlaG, DL-InfoV, P2B-VO, Beck'sche Kurz-Kommentare, Band 13a, 40. Aufl., München 2022 (zit.: Köhler/Bornkamm/Feddersen/*Bearbeiter*)

Köhler, Helmut / Bornkamm, Joachim / Feddersen, Jörn / Alexander, Christian: Gesetz gegen den unlauteren Wettbewerb, GeschGehG, PAngV, UKlaG, DL-InfoV, Beck'sche Kurz-Kommentare, Band 13a, 39. Aufl., München 2021 (zit.: Köhler/Bornkamm/Feddersen (2021)/*Bearbeiter*)

Köller, Regine / Engels, Dietrich: Ausgabenmonitoring und Expertisen zum Betreuungsrecht, in: BtPrax Sonderheft 2011, S. 4–18

Kohler, Jürgen: Die Kunst, ein nicht vorhandenes Problem nicht zu lösen – oder: die Smartiesgesetzgebung, in: JZ 2004, S. 348–349

Kohte, Wolfhard: „Mehr Rechtsdurchsetzung – auch im Verbraucherrecht", in: VuR 2018, S. 321–322

Kommunalverband für Jugend und Soziales Baden-Württemberg (KVJS), Betreuungsstatistik der örtlichen Betreuungsbehörden in Baden-Württemberg, Betreuungsstatistik 2019 und Entwicklungen bis 2019, https://www.kvjs.de/fileadmin/dateien/soziales/btr/Entwicklung_in_Schaubildern_bis_2019.pdf, zuletzt besucht am 13. August 2022 (zit.: KVJS, Betreuungsstatistik Baden-Württemberg 2019)

Kostorz, Peter: Schutz dementer Personen im bürgerlichen Recht – Geschäfts(un)fähigkeit, Betreuung, Einwilligungsvorbehalt und Unterbringung nach dem BGB, in: PflR 2011, S. 447–455

Kotter-Grühn, Dana / Kleinspehn-Ammerlahn, Anna / Hoppmann, Christiane A. / Röcke, Christina / Rapp, Michael A. / Gerstorf, Denis / Ghisletta, Paolo: Veränderungen im hohen Alter: Zusammenfassung längsschnittlicher Befunde der Berliner Altersstudie, in: Die Berliner Altersstudie, hrsg. v. Ulman Lindenberger, Jacqui Smith, Karl Ulrich Mayer und Paul B. Baltes, 3. Aufl., Berlin 2010,

S. 659–689 (zit.: *Kotter-Grühn et al.*, in: Lindenberger/Smith/Mayer/Baltes, Die Berliner Altersstudie)

Krammer, Norbert: Übergangsphase vom Sachwalterrecht zum Erwachsenenschutzrecht, in: ÖZPR 2018, S. 22–25

Kratz, Benita: Drei Aspekte des diagnostischen Konzepts der leichten kognitiven Beeinträchtigung im Alter, Niedrige Testleistung, Selbstwahrnehmung und Volumenminderung im Hippocampusbereich, zugleich Diss. phil. (Heidelberg 2003) (zit.: *Kratz*, Drei Aspekte des diagnostischen Konzepts der leichten kognitiven Beeinträchtigung im Alter)

Kropp, Gabriela: Die Vorsorgevollmacht, in: FPR 2012, S. 9–13

Kruse, Andreas: Psychologische Alternstheorien in: Gerontologie, Medizinische, psychologische und sozialwissenschaftliche Grundbegriffe, hrsg. v. Wolf D. Oswald, Ursula Lehr, Cornel Sieber und Johannes Kornhuber, 3. Aufl., Stuttgart 2006, S. 31–36 (zit.: *Kruse*, in: Oswald/Lehr/Sieber/Kornhuber, Gerontologie)

Kruse, Andreas / Lehr, Ursula: Intelligenz, Lernen und Gedächtnis im Alter, in: Handbuch der Gerontologie, Band 5, Neurologie, Psychiatrie, hrsg. v. Dieter Platt und Klaus Oesterrcich, Stuttgart et al. 1989, S. 391–417 (zit.: *Kruse/Lehr*, in: Platt, HdB Gerontologie)

Land, René: 3. Bundesfachtagung Gewerberecht, in: GewArch 2012, S. 153–157

Langenscheidt Online-Wörterbuch, Deutsch-Englisch Übersetzung für "elder law", Stuttgart 2022, https://de.langenscheidt.com/deutsch-englisch/search?term=elder+law&q_cat=%2F%2F#sense-2.1.1, zuletzt besucht am 13. August 2022 (zit.: Langenscheidt Online-Wörterbuch)

Langheid, Theo / Rixecker, Roland / Gal, Jens / Grote, Joachim / Muschner, Jens: Versicherungsvertragsgesetz mit Einführungsgesetz und VVG-Informationspflichtenverordnung, Kommentar, 7. Aufl., München 2022 (zit.: Langheid/Rixecker/*Bearbeiter*)

Lehr, Ursula: Vorwort, in: Medien und höheres Lebensalter, Theorie – Forschung – Praxis, hrsg. v. Bernd Schorb, Anja Hartung und Wolfgang Reißmann, Wiesbaden 2009, S. 9–10 (zit.: *Lehr*, in: *Schorb/Hartung/Reißmann*, Medien und höheres Lebensalter)

Lehr, Ursula: Psychologie des Alterns, 11. Aufl., Wiebelsheim 2007

Lehr, Ursula / Lenz, Ursula: Entwicklung der Seniorenarbeit und Seniorenpolitik in Deutschland, in: Altern mit Zukunft, hrsg. v. Stefan Pohlmann, Wiesbaden 2012, S. 237–254 (zit.: *Lehr/Lenz*, in: Pohlmann, Altern mit Zukunft)

Lenz, Ursula: „Für Ihre Gesundheit sollte Ihnen nichts zu teuer sein!", in: BAGSO-Nachrichten 2/99, S. 8–10

Levine, Martin: Research in Law and Aging, in: The Gerontologist 20 (1980), S. 163–167

von Lewinski, Kai / Burbat, Daniela: Haushaltsgrundsätzegesetz, Kommentar, Baden-Baden 2013

Lichtenwimmer, Andrea: Die Feststellung der Geschäfts- und Testierfähigkeit durch den Notar, in: MittBayNot 2002, S. 240–244

Lipp, Volker: Die alternde Gesellschaft und das Grundgesetz, in: 60 Jahre Grundgesetz, Vortragsreihe, hrsg. v. Institut für Wirtschaftsrecht der Universität Kassel, Kassel 2010, S. 189–209 (zit.: *Lipp*, in: IWR Universität Kassel, 60 Jahre Grundgesetz)

Lipp, Volker: Freiheit und Fürsorge: Der Mensch als Rechtsperson, Zu Funktion und Stellung der rechtlichen Betreuung im Privatrecht, zugleich Habilitationsschrift (Mannheim 1999), Tübingen 2000 (zit.: *Lipp*, Freiheit und Fürsorge)

Löhnig, Martin: Probleme der Vorsorgevollmacht nach deutschem Recht, in: Vorsorgevollmacht und Erwachsenenschutz in Europa, hrsg. v. Martin Löhnig, Dieter Schwab, Dieter Henrich, Peter Gottwald und Inge Kroppenberg, Bielefeld 2011, S. 15–26 (zit.: *Löhnig*, in: *Löhnig/Schwab/Henrich/Gottwald/Kroppenberg*, Vorsorgevollmacht und Erwachsenenschutz in Europa)

Löhnig, Martin / Schärtl, Christoph: Zur Dogmatik des § 105a BGB, in: AcP 204 (2004), S. 25–58

Lorenz, Stephan: Der Schutz vor dem unerwünschten Vertrag, Eine Untersuchung von Möglichkeiten und Grenzen der Abschlusskontrolle im geltenden Recht, zugleich Habilitationsschrift (München 1996/1997), München 1997 (zit.: *Lorenz*, Der Schutz vor dem unerwünschten Vertrag)

Lühmann, Tobias: Der Vorschlag einer europäischen Verbandsklage, Ein weiteres Instrument des kollektiven Rechtsschutzes, in: NJW 2019, S. 570–575

Lurger, Brigitta: Die Grenzen der Selbstbestimmung im Alter aus privatrechtlicher Sicht, in: Alter und Recht, hrsg. v. WiR – Studiengesellschaft für Wirtschaft und Recht, Wien 2012, S. 87–111 (zit.: *Lurger*, in: WiR, Alter und Recht)

Luzak, Joasia A.: To Withdraw Or Not To Withdraw? Evaluation of the Mandatory Right of Withdrawal in Consumer Distance Selling Contracts Taking Into Account Its Behavioural Effects on Consumers, in: J Consum Policy 37 (2014), S. 91–111

Lyons (ohne Vornamen): Protecting Older People, An Overview of Selected International Legislation, hrsg. v. National Centre for the Protection Of Older People (NCPOP), Review 4, Januar 2011 (zit.: *Lyons*, Protecting Older People)

Maaßen, Stefan: UWG-Ansprüche für Verbraucher – zu § 9 II UWG-E, in: GRUR-Prax 2021, S. 7–10

Mahler, Claudia: Menschenrechte: Keine Frage des Alters?, Berlin 2013

v. Mangoldt/Klein/Starck Grundgesetz, Band 1, Präambel, Artikel 1–19, Kommentar, hrsg. v. Peter M. Huber und Andreas Voßkuhle, 7. Aufl., München 2018 (zit.: v. Mangoldt/Klein/Starck/*Bearbeiter*)

Martell, Frederik: Der Schutz des Verbrauchers im Heimrecht, zugleich Diss. iur. (Göttingen 2012), Hamburg 2012

Martin, Mike / Kliegel, Matthias: Psychologische Grundlagen der Gerontologie, 4. Aufl., Stuttgart 2014

Martinek, Michael: Außerhalb von Geschäftsräumen geschlossene Verträge (§ 312b BGB), in: Handbuch des Vertriebsrechts, hrsg. v. Michael Martinek, Franz-Jörg Semler und Eckhard Flohr, 4. Aufl., München 2016, § 9 (zit.: *Martinek*, in: Martinek/Semler/Flohr, HdB Vertriebsrechts)

Matta, Vanita / Engels, Dietrich / Köller, Regine / Schmitz, Alina / Maur, Christine / Brosey, Dagmar / Kosuch, Renate / Engel, Alexander: Qualität in der rechtlichen Betreuung, Abschlussbericht, hrsg. v. Bundesministerium der Justiz und für Verbraucherschutz, Köln 2018 (zit.: *Matta et al.*, Qualität in der rechtlichen Betreuung)

Meller-Hannich, Caroline: Stellungnahme zum Entwurf eines Gesetzes zur Einführung einer zivilprozessualen Musterfeststellungsklage BT-Drucksache 19/2439 und 19/2507 sowie zum Entwurf eines Gesetzes zur Einführung von Gruppenverfahren BT-Drucksache 19/243 vom 7. Juni 2018, https://www.bundestag.de/resource/blob/558748/7fd3b668ffe333ea6512b5f9a3a320e4/meller-hannich-data.pdf, zuletzt besucht am 13. August 2022 (zit.: *Meller-Hannich*, Stellungnahme)

Meller-Hannich, Caroline: Sammelklagen, Gruppenklagen, Verbandsklagen – bedarf es neuer Instrumente des kollektiven Rechtsschutzes im Zivilprozess?, in: NJW-Beil 2018, S. 29–32

Meller-Hannich, Caroline: Kollektiver Rechtsschutz in der „Dieselaffaire“, in: BRJ 2017, S. 119–122

Meller-Hannich, Caroline: Bestandsaufnahme und Bewertung der Ansprüche aus Gewinnzusagen, in: NJW 2006, S. 2516–2520

Meller-Hannich, Caroline / Höland, Armin: Gutachten Evaluierung der Effektivität kollektiver Rechtsschutzinstrumente, Bearbeitungszeitraum: 16. November 2009 bis 15. November 2010, hrsg. v. Bundesministerium für Ernährung, Landwirtschaft und Verbraucherschutz, Bonn (zit.: *Meller-Hannich/Höland*, Gutachten)

Menning, Sonja / Hoffmann, Elke: Funktionale Gesundheit und Pflegebedürftigkeit, in: Beiträge zur Gesundheitsberichterstattung des Bundes, Gesundheit und Krankheit im Alter, hrsg. v. Karin Böhm, Clemens Tesch-Römer und

Thomas Ziese, Berlin 2009, S. 62–78 (zit.: *Menning/Hoffmann*, in: Böhm/Tesch-Römer/Ziese, Gesundheit und Krankheit im Alter)

Meyer, Jürgen / Hölscheidt, Sven (Hrsg.): Charta der Grundrechte der Europäischen Union, Kommentar, 5. Aufl., Baden-Baden et al. 2019 (zit.: Meyer/Hölscheidt/*Bearbeiter*)

Micklitz, Hans-W. / Reisch, Lucia: Verbraucherpolitik und Verbraucherschutz für das Alter, in: Produkte, Dienstleistungen und Verbraucherschutz für ältere Menschen, hrsg. v. Deutsches Zentrum für Altersfragen, Berlin 2006, S. 221–281 (zit.: *Micklitz/Reisch*, in: DZA, Produkte, Dienstleistungen und Verbraucherschutz für ältere Menschen)

Motive zu dem Entwurfe eines Bürgerlichen Gesetzbuches für das Deutsche Reich, Band I., Allgemeiner Teil, Berlin et al. 1888 (zit.: Mot. I BGB)

Mubarak, Jill / Sapienza, Diane / Shimane, Robert: Gerontology and the Law: A Selected Bibliography, in: Law Library Journal 73 (1980), S. 255–335

Mückenheim, Kai: Rechtsgeschäfte alter Menschen in besonderen Zwangslagen, zugleich Diss. iur. (Hamburg 1997), Frankfurt a.M. 1997

Müller, Gabriele: Betreuung und Geschäftsfähigkeit, zugleich Diss. iur. (Würzburg 1996), Bielefeld 1998

Müller, Thomas: Alter und Recht, Das menschliche Alter und seine Bedeutung für das Recht unter besonderer Berücksichtigung des europäischen und nationalen Antidiskriminierungsrechts, zugleich Diss. iur. (Göttingen 2010), Frankfurt a.M. et al. 2011 (zit.: *Müller*, Alter und Recht)

v. Münch, Ingo: Die Zeit im Recht, in: NJW 2000, S. 1–7

Münchener Kommentar zum Bürgerlichen Gesetzbuch, Band 1 (§§ 1–240 BGB, AllgPersönlR, ProstG, AGG), Band 2 (§§ 241–310 BGB), Band 3 (§§ 311–432 BGB), Band 11 (§§ 1922–2385 BGB, §§ 27–35 BeurkG), hrsg. v. Franz Jürgen Säcker, Roland Rixecker, Hartmut Oetker und Bettina Limperg, 9. Aufl., München 2021/2022 (zit.: MüKoBGB/*Bearbeiter*)

Münchener Kommentar zum Bürgerlichen Gesetzbuch, Band 4 (§§ 433–534 BGB, Finanzierungsleasing, CISG), Band 6 (§§ 631–704 BGB), Band 10 (§§ 1589–1921 BGB, SGB VIII), hrsg. v. Franz Jürgen Säcker, Roland Rixecker, Hartmut Oetker und Bettina Limperg, 8. Aufl., München 2019/2020 (zit.: MüKoBGB/*Bearbeiter*)

Münchener Kommentar zum Lauterkeitsrecht, Band 2 (§§ 7a–20 UWG), hrsg. v. Peter W. Heermann und Jochen Schlingloff, 3. Aufl., München 2022 (zit.: MüKoUWG/*Bearbeiter*)

Münchener Kommentar zur Zivilprozessordnung mit Gerichtsverfassungsgesetz und Nebengesetzen, Band 3 (§§ 946–1120, EGZPO, GVG, EGGVG, UKlaG,

Internationales und Europäisches Zivilprozessrecht), hrsg. v. Wolfgang Krüger und Thomas Rauscher, 6. Aufl., München 2022 (zit.: MüKoZPO/*Bearbeiter*)

Münchener Vertragshandbuch, Band 6, Bürgerliches Recht II, hrsg. v. Sebastian Herrler, 8. Aufl., München 2020 (zit.: MVHdB VI BürgerlR II/*Bearbeiter*)

Musielak, Hans-Joachim / Voit, Wolfgang (Hrsg.): Zivilprozessordnung mit Gerichtsverfassungsgesetz, Kommentar, 19. Aufl., München 2022 (zit.: Musielak/Voit/*Bearbeiter*)

Naegele, Gerhard: Arbeitnehmer im Alter, in: Gerontologie, Medizinische, psychologische und sozialwissenschaftliche Grundbegriffe, hrsg. v. Wolf D. Oswald, Ursula Lehr, Cornel Sieber und Johannes Kornhuber, 3. Aufl., Stuttgart 2006, S. 109–113 (zit.: *Naegele*, in: Oswald/Lehr/Sieber/Kornhuber, Gerontologie)

NDR Fernsehen: Reportagesendung „Markt" des NDR Fernsehen vom 1. Februar 2016 zum Thema „Senioren-Abzocke: Unnötige Mobilfunkverträge" (u.a.), weitere Informationen zu der Sendung unter: https://programm.ard.de/?sendung=2822616750006057, zuletzt besucht am 13. August 2022

Neuhausen, Matthias: Rechtsgeschäfte mit Betreuten, in: RNotZ 2003, S. 158–182

Neuner, Jörg: Allgemeiner Teil des Bürgerlichen Rechts, 12. Aufl., München 2020 (zit.: *Neuner*, BGB AT)

N.N.: Riskanter Deal im Altersheim, in: Finanztest 11/2016, S. 28–33

N.N.: Alte sind oft leichte Beute, in: Finanztest 7/2010, S. 34–36

Nolting, Hans-Dieter / Zich, Karsten / Tisch, Thorsten / Braeseke, Grit: Umsetzung des Erforderlichkeitsgrundsatzes in der betreuungsrechtlichen Praxis im Hinblick auf vorgelagerte „andere Hilfen", Zentrale Ergebnisse der rechtstatsächlichen Untersuchung im Auftrag des Bundesministeriums der Justiz und für Verbraucherschutz, Berlin Oktober 2017 (zit.: *Nolting et al.*, Umsetzung des Erforderlichkeitsgrundsatzes)

Nomos Kommentar, BGB, Allgemeiner Teil / EGBGB, Band 1, hrsg. v. Thomas Heidel, Rainer Hüßtege, Heinz-Peter Mansel und Ulrich Noack, 4. Aufl., Baden-Baden 2021 (zit.: NK-BGB AT/*Bearbeiter*)

Nomos Kommentar, BGB, Schuldrecht, ProdHaftG / UKlaG, Band 2: §§ 241–853, hrsg. v. Barbara Dauner-Lieb und Werner Langen, 4. Aufl., Baden-Baden 2021 (zit.: NK-BGB/*Bearbeiter*)

Ohly, Ansgar: Gegen die Bestätigungslösung bei Folgeverträgen unzulässiger Telefonwerbung, in: GRUR-Prax 2011, S. 366–368

Ohly, Ansgar / Sosnitza, Olaf: Gesetz gegen den unlauteren Wettbewerb mit Preisangabenverordnung, Kommentar, 7. Aufl., München 2016 (zit.: Ohly/Sosnitza/*Bearbeiter*)

O'Shaughnessy, Carol V.: The Basics, The Elder Justice Act: Addressing Elder Abuse, Neglect, and Exploitation, hrsg. v. National Health Policy Forum, Washington 30. November 2010, https://www.cecentral.com/assets/3618/Basics_ElderJustice_11-30-10.pdf, zuletzt besucht am 13. August 2022 (zit.: *O'Shaughnessy*, The Elder Justice Act)

Oswald, Wolf D.: Gedächtnis, in: Gerontopsychologie, Grundlagen und klinische Aspekte zur Psychologie des Alterns, hrsg. v. Wolf D. Oswald, Gerald Gatterer und Ulrich M. Fleischmann, 2. Aufl., Wien 2008, S. 43–58 (zit.: *Oswald*, in: Oswald/Gatterer/Fleischmann, Gerontopsychologie)

Oswald, Wolf D.: Gedächtnis, in: Gerontologie, Medizinische, psychologische und sozialwissenschaftliche Grundbegriffe, hrsg. v. Wolf D. Oswald, Ursula Lehr, Cornel Sieber und Johannes Kornhuber, 3. Aufl., Stuttgart 2006, S. 178–182 (zit.: *Oswald*, in: Oswald/Lehr/Sieber/Kornhuber, Gerontologie)

Oswald, Wolf D. / Kaiser, Heinz Jürgen: Gerontopsychologie, in: Gerontologie, Medizinische, psychologische und sozialwissenschaftliche Grundbegriffe, hrsg. v. Wolf D. Oswald, Ursula Lehr, Cornel Sieber und Johannes Kornhuber, 3. Aufl., Stuttgart 2006, S. 210–214 (zit.: *Oswald/Kaiser*, in: Oswald/Lehr/Sieber/Kornhuber, Gerontologie)

Parapatits, Felicitas / Perner, Stefan: Die Neuregelung der Geschäftsfähigkeit im 2. Erwachsenenschutz-Gesetz, in: iFamZ 2017, S. 160–168

Pawlowski, Hans-Martin: Rechtsfähigkeit im Alter?, in: JZ 2004, S. 13–18

Pawlowski, Hans-Martin: Willenserklärungen und Einwilligungen in personenbezogene Eingriffe, in: JZ 2003, S. 66–73

Payk, Theo R.: Demenz, München 2010

Pfirrmann, Oliver / Klose, Georg / Pfeiffer, Iris / Münch, Claudia / Schindler, Eva / Eschenbach, Rüdiger / Heinrich, Stephan / Thamling, Nils / Offermann, Ruth / Weinert, Carsten / Wölbing, Ronny / Kamfenkel, Felix / Anders, Natalia: Gutachten zur Lage der Verbraucherinnen und Verbraucher in Deutschland, Endbericht, im Auftrag der Bundesanstalt für Landwirtschaft und Ernährung, Berlin 2. Juli 2012, https://www.google.com/url?sa=t&rct=j&q=&esrc=s&source=web&cd=&cad=rja&uact=8&ved=2ahUKEwjvjf_fuJTvAhUZOwKHRunAeMQFjAAegQIBBAD&url=https%3A%2F%2Fservice.ble.de%2Fptdb%2Findex2.php%3Fdetail_id%3D22896%26site_key%3D145%26zeilenzahl_zaehler%3D590%26NextRow%3D260%26pId%3D22896%26dId%3D114162&usg=AOvVaw3N2IoiZm3bQQDEdRsJR2FS, zuletzt besucht am 13. August 2022 (zit.: *Pfirrmann et al.*, Gutachten)

Pitschas, Rainer: Zur rechtlichen Verfassung der Lebenslage „Alter" – Ein persönlichkeitsrechtliches Strukturkonzept der seniorenpolitischen Aktivbürgerschaft in einer Gesellschaft des langen Lebens –, in: Festschrift für Otto

Ernst Krasney zum 65. Geburtstag, hrsg. v. Wolfgang Gitter, Bertram Schulin und Hans F. Zacher, München 1997, S. 355–383 (zit.: *Pitschas*, in: FS Krasney)

Podszun, Rupprecht / Busch, Christoph / Henning-Bodewig, Frauke: Consumer Law in Germany: A Shift to Public Enforcement?, in: EuCML 2019, S. 75–82

Podszun, Rupprecht / Busch, Christoph / Henning-Bodewig, Frauke: Behördliche Durchsetzung des Verbraucherrechts? Darstellung und Systematisierung von Möglichkeiten und Defiziten der privaten Durchsetzung des Verbraucherschutzes sowie Einbeziehung der Kartellbehörden zu dessen Durchsetzung, Studie im Auftrag des Bundesministeriums für Wirtschaft und Energie, Februar 2018, https://www.bmwi.de/Redaktion/DE/Publikationen/Studien/behoerdliche-durchsetzung-des-verbraucherrechts.pdf?__blob=publicationFile&v=10, zuletzt besucht am 13. August 2022 (zit.: *Podszun/Busch/Henning-Bodewig*, Behördliche Durchsetzung des Verbraucherrechts)

Pohlmann, Stefan: Das Alter im Spiegel der Gesellschaft, Idstein 2004

Posner, Richard A.: Aging and Old Age, Chicago et al. 1995

van Raay, Anne: Gewinnabschöpfung als Präventionsinstrument im Lauterkeitsrecht, Möglichkeiten und Grenzen effektiver Verhaltenssteuerung durch den Verbandsanspruch nach § 10 UWG, Untersuchung unter vergleichender Heranziehung insbesondere der Verletzergewinnhaftung im Rahmen der dreifachen Schadensberechnung nach Immaterialgutsverletzungen, zugleich Diss. iur. (Freiburg 2011), Karlsruhe 2012 (zit.: *van Raay*, Gewinnabschöpfung)

Radebold, Hartmut: Psychotherapie, in: Gerontologie, Medizinische, psychologische und sozialwissenschaftliche Grundbegriffe, hrsg. v. Wolf D. Oswald, Ursula Lehr, Cornel Sieber und Johannes Kornhuber, 3. Aufl., Stuttgart 2006, S. 296–301 (zit.: *Radebold*, in: Oswald/Lehr/Sieber/Kornhuber, Gerontologie)

Rademacher, Friederike: Rechtsschutz zugunsten älterer Verbraucher am Beispiel unerlaubter Telefonwerbung, zugleich Diss. iur. (Münster 2020), Baden-Baden 2020 (zit.: *Rademacher*, Rechtsschutz zugunsten älterer Verbraucher)

Rauscher, Thomas: Familienrecht, 2. Aufl., Heidelberg et al. 2008

Reich, Norbert: Abzahlungsrecht und Verbraucherschutz, Die Neuerungen der 2. Novelle zum Abzahlungsgesetz und ihre Auswirkungen auf die Struktur des Abzahlungsgeschäfts, in: JZ 1975, S. 550–555

Reischies, Friedel M.: Demenz, in: Neuropsychologie, hrsg. v. Hans-Otto Karnath und Peter Thier, 2. Aufl., Heidelberg 2006, S. 678–686 (zit.: *Reischies*, in: Karnath/Thier, Neuropsychologie)

Reischies, Friedel M. / Lindenberger, Ulman: Grenzen und Potentiale kognitiver Leistungsfähigkeit im Alter, in: Die Berliner Altersstudie, hrsg. v. Ulman Lindenberger, Jacqui Smith, Karl Ulrich Mayer und Paul B. Baltes, 3. Aufl.,

Berlin 2010, S. 375–401 (zit.: *Reischies/Lindenberger*, in: Lindenberger/Smith/Mayer/Baltes, Die Berliner Altersstudie)

Renner, Thomas: Prüfung der Geschäftsfähigkeit de lege lata und de lege ferenda, in: notar 2017, S. 218–225

Rönnmar, Mia: Elder Law, in: RdA 2015, S. 329–336

Ross, Michael / Grossmann, Igor / Schryer, Emily: Contrary to Psychological and Popular Opinion, There Is No Compelling Evidence That Older Adults Are Disproportionately Victimized by Consumer Fraud, in: Perspectives on Psychological Science 2014, Vol. 9(4), S. 427–442

Rossiter, Wendy Chung: No Protection for the Elderly: The Inadequacy of the Capacity Doctrine in Avoiding Unfair Contracts Involving Seniors, in: Or. L. Rev. 78 (1999), S. 807–826

Roth, Markus: Die internationale Entwicklung des Rechts der Älteren, in: Recht der Älteren, hrsg. v. Ulrich Becker und Markus Roth, Berlin et al. 2013, S. 69–82 (zit.: *Roth*, in: Becker/Roth, Recht der Älteren)

Roth, Markus: Elder Law und Elder Law Attorney als Vorbild für das deutsche Recht? Vorbild USA: Der Fachanwalt für das „Recht der Älteren", in: AnwBl 2011, S. 671–675

Roth, Markus: Die Rechtsgeschäftslehre im demographischen Wandel, Stärkung der Autonomie sowie Schutzkonzepte bei Älteren und Minderjährigen, in: AcP 208 (2008), S. 451–489

Rott, Peter: Alter und Verbraucherschutz, in: Handbuch Soziale Arbeit und Alter, hrsg. v. Kirsten Aner und Ute Karl, 2. Aufl., Wiesbaden 2020, S. 337–347 (zit.: *Rott*, in: Aner/Karl, HdB Soziale Arbeit und Alter)

Ruppert, Stefan: Die Geschichte des Rechts der Älteren, in: Recht der Älteren, hrsg. v. Ulrich Becker und Markus Roth, Berlin et al. 2013, S. 27–48 (zit.: *Ruppert*, in: Becker/Roth, Recht der Älteren)

Sachs, Michael (Hrsg.): Grundgesetz, Kommentar, 9. Aufl., München 2021 (zit.: Sachs/*Bearbeiter*)

Sack, Rolf: Anmerkung zu LG Trier, Urt. v. 9.10.1973, 1 S 210/71, in: NJW 1974, S. 564–565

Schäfer, Mathias: Der Demenzkranke im Familienrecht, in: NZFam 2014, S. 676–682

Scharf, Melanie: Die Kosten der gesetzlichen Betreuung, Was kostet die Betreuung und wer muss zahlen?, in: FPR 2012, S. 32–36

Schellhammer, Kurt: Schuldrecht nach Anspruchsgrundlagen, samt BGB Allgemeiner Teil, 10. Aufl., Heidelberg 2018 (zit.: *Schellhammer*, Schuldrecht)

Scherer, Inge: Gewerbliche Prozessfinanzierung, in: VuR 2020, S. 83–87

Scherer, Inge: Die Neuregelung der aggressiven geschäftlichen Handlungen in § 4a UWG, in: GRUR 2016, S. 233–242

Schiemann, Gottfried: Das Rechtsgeschäft (D.), in: Staudinger, Eckpfeiler des Zivilrechts, hrsg. v. Carsten Herresthal, Dagmar Kaiser und Markus Stoffels, 7. Aufl., Berlin 2020 (zit.: *Schiemann*, in: Staudinger, Eckpfeiler des Zivilrechts)

Schirmbacher, Martin: Fernabsatzgeschäfte (§ 9), in: Verbraucherrecht, Rechtliches Umfeld, Vertragstypen, Rechtsdurchsetzung, hrsg. v. Marina Tamm, Klaus Tonner und Tobias Brönneke, 3. Aufl., Baden-Baden 2020, § 9 (zit.: *Schirmbacher*, in: Tamm/Tonner/Brönneke, Verbraucherrecht)

Schirmbacher, Martin / Schmidt, Stephanie: Verbraucherrecht 2014 – Handlungsbedarf für den E-Commerce, Eine komprimierte Darstellung der wesentlichen Neuregelungen, in: CR 2014, S. 107–119

Schmidt, Hubert: Einbeziehung von AGB im Verbraucherverkehr, in: NJW 2011, S. 1633–1639

Schmidt, Jan Peter: Grundlagen der Testierfähigkeit in Deutschland und Europa, in: RabelsZ 76 (2012), S. 1022–1050

Schmoeckel, Mathias: Die Geschäfts- und Testierfähigkeit von Demenzerkrankten, in: NJW 2016, S. 433–439

Schulte-Nölke, Hans / Henning-Bodewig, Frauke / Podszun, Rupprecht: Evaluierung der verbraucherschützenden Regelungen im Gesetz gegen unseriöse Geschäftspraktiken, Schlussbericht, im Auftrag des Bundesministeriums der Justiz und für Verbraucherschutz, 3. Februar 2017, https://www.bmjv.de/SharedDocs/Downloads/DE/Service/StudienUntersuchungenFachbuecher/Evaluierung_unserioese_Geschaeftspraktiken_Schlussbericht.pdf?__blob=publicationFile&v=1, zuletzt besucht am 13. August 2022 (zit.: *Schulte-Nölke/Henning-Bodewig/Podszun*, Evaluierung der verbraucherschützenden Regelungen im Gesetz gegen unseriöse Geschäftspraktiken)

Schulze, Reiner (Schriftleitung): Bürgerliches Gesetzbuch, Handkommentar, 11. Aufl., Baden-Baden 2022 (zit.: Schulze HK-BGB/*Bearbeiter*)

Schwab, Dieter: Probleme des materiellen Betreuungsrechts, in: FamRZ 1992, S. 493–507

Schwab, Dieter: Referat, Empfiehlt es sich, das Entmündigungsrecht, das Recht der Vormundschaft und der Pflegschaft über Erwachsene sowie das Unterbringungsrecht neu zu ordnen?, in: Verhandlungen des Siebenundfünfzigsten Deutschen Juristentages, Band II (Sitzungsberichte), hrsg. v. der Ständigen Deputation des Deutschen Juristentages, München 1988, K 8–K 41 (zit.: *Schwab*, Verhandlungen 57. DJT)

Schwolow, Peter: Anmerkung zu OLG Koblenz, Beschl. v. 29.1.2015, 5 U 1389/14, in: NZFam 2015, S. 383

Sedlmeier, Kathleen: Rechtsgeschäftliche Selbstbestimmung im Verbrauchervertrag, zugleich Diss. iur. (Leipzig 2010), Tübingen 2012

Seger, Wolfgang / Gaertner, Thomas: Multimorbidität, Eine besondere Herausforderung, in: Dtsch Arztebl 2020, S. 2092–2096

Seibert, Ann: Testierfähigkeit und Willensfreiheit, Die Problematik der beweisrechtlichen Vermutung der Testierfähigkeit, zugleich Diss. iur. (Heidelberg 2015), Hamburg 2015 (zit.: *Seibert*, Testierfähigkeit und Willensfreiheit)

Sieme, Stefan: Der Gewinnabschöpfungsanspruch nach § 10 UWG und die Vorteilsabschöpfung gem. §§ 34, 34a GWB, zugleich Diss. iur. (Münster 2008), Berlin 2009 (zit.: *Sieme*, Gewinnabschöpfungsanspruch)

Singer, Tania / Verhaeghen, Paul / Ghisletta, Paolo / Lindenberger, Ulman / Baltes, Paul B.: The Fate of Cognition in Very Old Age: Six-Year Longitudinal Findings in the Berlin Aging Study (BASE), in: Psychology and Aging 2003, S. 318–331

Smith, Jacqui / Baltes, Paul B.: Altern aus psychologischer Perspektive: Trends und Profile im hohen Alter, in: Die Berliner Altersstudie, hrsg. v. Ulman Lindenberger, Jacqui Smith, Karl Ulrich Mayer und Paul B. Baltes, 3. Aufl., Berlin 2010, S. 245–274 (zit.: *Smith/Baltes*, in: Lindenberger/Smith/Mayer/Baltes, Die Berliner Altersstudie)

Soergel BGB, Bürgerliches Gesetzbuch mit Einführungsgesetz und Nebengesetzen (BGB), Band 2: Allgemeiner Teil 2: §§ 104–240 BGB, Kommentar, hrsg. v. Wolfgang Siebert, 13. Aufl., Stuttgart et al. 1999 (zit.: Soergel/*Bearbeiter*)

Solf, Peter: Strafbare Werbung (17. Kapitel), in: Handbuch Wirtschafts- und Steuerstrafrecht, hrsg. v. Heinz-Bernd Wabnitz, Thomas Janovsky und Lothar Schmitt, 5. Aufl., München 2020, Kap. 17 (zit.: *Solf*, in: Wabnitz/Janovsky/Schmitt, WirtschaftsStrafR-Hdb)

Spickhoff, Andreas (Hrsg.): Medizinrecht, Beck'sche Kurz-Kommentare, Band 64, 3. Aufl., München 2018 (zit.: Spickhoff/*Bearbeiter*)

Spickhoff, Andreas: Selbstbestimmungsfähigkeiten, in: Recht der Älteren, hrsg. v. Ulrich Becker und Markus Roth, Berlin et al. 2013, S. 101–125 (zit.: *Spickhoff*, Selbstbestimmungsfähigkeiten, in: Becker/Roth, Recht der Älteren)

Spickhoff, Andreas: Grundstrukturen und Grundzüge des Betreuungsrechts (einschließlich Patientenverfügung), in: Recht der Älteren, hrsg. v. Ulrich Becker und Markus Roth, Berlin et al. 2013, S. 247–284 (zit.: *Spickhoff*, Betreuungsrecht, in: Becker/Roth, Recht der Älteren)

Spickhoff, Andreas: Autonomie und Heteronomie im Alter, in: AcP 208 (2008), S. 345–415

Spickhoff, Andreas: Selbstbestimmung im Alter – Möglichkeiten und Grenzen, in: ZfRV 2008, S. 33–41

Stadler, Astrid: Anmerkung zu BGH, Urt. v. 13.9.2018, I ZR 26/17, in: JZ 2019, S. 203–206

Starck, Christian: Die notwendige gesetzliche Neujustierung des Versandhandels mit apothekenpflichtigen Medikamenten, in: DÖV 2008, S. 388–394

Starke, Christian Paul: Der herausgeschobene Beginn der Widerrufsfrist – eine europarechtskonforme Alternative zur sog. „Bestätigungslösung" für telefonisch geschlossene Verbraucherverträge?, in: VuR 2018, S. 211–216

Statistisches Bundesamt (Destatis): Durchschnittliches Sterbealter: Deutschland, Jahre, Geschlecht, 2022, https://www-genesis.destatis.de/genesis/online?sequenz=tabelleErgebnis&selectionname=12613-0007#abreadcrumb, zuletzt besucht am 13. August 2022 (zit.: Statistisches Bundesamt, Durchschnittliches Sterbealter)

Statistisches Bundesamt (Destatis): Schwerbehinderte Menschen in Deutschland nach Geschlecht und Altersgruppen, Stand: 22. Juni 2022, https://www.destatis.de/DE/Themen/Gesellschaft-Umwelt/Gesundheit/Behinderte-Menschen/Tabellen/schwerbehinderte-alter-geschlecht-quote.html, zuletzt besucht am 13. August 2022 (zit.: Statistisches Bundesamt, Schwerbehinderte Menschen in Deutschland)

Statistisches Bundesamt (Destatis) (Hrsg.): Sterbetafel 2018/2020, Ergebnisse aus der laufenden Berechnung von Periodensterbetafeln für Deutschland und die Bundesländer, 2021, https://www.destatis.de/DE/Themen/Gesellschaft-Umwelt/Bevoelkerung/Sterbefaelle-Lebenserwartung/Publikationen/Downloads-Sterbefaelle/periodensterbetafel-erlaeuterung-5126203207004.pdf;jsessionid=0981B79FCD41E1DCA5AA6B28715FA4CC.live731?__blob=publicationFile, zuletzt besucht am 13. August 2022 (zit.: Statistisches Bundesamt, Sterbetafel)

Statistisches Bundesamt (Destatis): Wirtschaftsrechnungen, LEBEN IN EUROPA (EU-SILC), Einkommen und Lebensbedingungen in Deutschland und der Europäischen Union, 2019, Fachserie 15 Reihe 3, 2021, https://www.destatis.de/DE/Themen/Gesellschaft-Umwelt/Einkommen-Konsum-Lebensbedingungen/Lebensbedingungen-Armutsgefaehrdung/Publikationen/Downloads-Lebensbedingungen/einkommen-lebensbedingungen-2150300197004.pdf?__blob=publicationFile, zuletzt besucht am 13. August 2022 (zit.: Statistisches Bundesamt, Einkommen und Lebensbedingungen in Deutschland und der Europäischen Union)

Statistisches Bundesamt (Destatis): Pflegestatistik, Pflege im Rahmen der Pflegeversicherung, Deutschlandergebnisse, 2019, 2020, https://www.destatis.de/DE/Themen/Gesellschaft-Umwelt/Gesundheit/Pflege/Publikationen/Downloads-Pflege/pflege-deutschlandergebnisse-5224001199004.pdf?__blob=publicationFile, zuletzt besucht am 13. August 2022 (zit.: Statistisches Bundesamt, Pflegestatistik 2019)

Statistisches Bundesamt (Destatis) (Hrsg.): Bevölkerung im Wandel, Annahmen und Ergebnisse der 14. koordinierten Bevölkerungsvorausberechnung, Wiesbaden 2019, https://www.destatis.de/DE/Presse/Pressekonferenzen/2019/Bevoelkerung/pressebroschuere-bevoelkerung.pdf?__blob=publicationFile, zuletzt besucht am 13. August 2022 (zit.: Statistisches Bundesamt, Bevölkerungsvorausberechnung)

Staudinger BGB, J. von Staudingers Kommentar zum Bürgerlichen Gesetzbuch mit Einführungsgesetz und Nebengesetzen, Buch 1 §§ 90–124; §§ 130–133 (Sachbegriff, Geschäftsfähigkeit, Willenserklärung, Anfechtung, Auslegung) Neubearbeitung 2021 (Updatestand: 4. Februar 2022), Buch 1 §§ 134–138; ProstG (Gesetzliches Verbot, Verfügungsverbot, Sittenwidrigkeit) Neubearbeitung 2021 (Updatestand: 3. März 2022), Buch 1 §§ 164–240 (Stellvertretung, Zustimmung, Fristen, Verjährung, Selbsthilfe, Sicherheitsleistung) Neubearbeitung 2019 (Updatestand: 18. April 2022), Buch 2 §§ 241–243 (Treu und Glauben) Neubearbeitung 2019 (Updatestand: 31. August 2022), Buch 5 §§ 2229–2264 (Errichtung und Aufhebung eines Testaments) Neubearbeitung 2018, begründet von Julius von Staudinger, Berlin (zit.: Staudinger/*Bearbeiter*)

Staudinger, Ursula M. / Häfner, Heinz: Was ist Alter(n)? Neue Antworten auf eine scheinbar einfache Frage, Berlin et al. 2008 (zit.: *Staudinger/Häfner*, Was ist Alter(n)?)

Stöhr, Alexander: Die Vertragsbindung, Legitimation, Herkunft, Grenzen, in: AcP 214 (2014), S. 425–458

Streinz, Rudolf (Hrsg.): EUV/AEUV, Vertrag über die Europäische Union, Vertrag über die Arbeitsweise der Europäischen Union, Charta der Grundrechte der Europäischen Union, Beck'sche Kurz-Kommentare, Band 57, 3. Aufl., München 2018 (zit.: Streinz/*Bearbeiter*)

Sturm, Fritz / Sturm, Gudrun: Ein weiterer Schritt auf dem Weg zu einem neuen schweizerischen Erwachsenenschutz: VE ZGB 2003, in: Festschrift für Heinz Holzhauer, Recht als Erbe und Aufgabe, hrsg. v. Stefan Chr. Saar, Andreas Roth und Christian Hattenhauer, Berlin 2005, S. 459–473 (zit.: *Sturm/Sturm*, in: FS Holzhauer)

Süddeutsche Zeitung: Süddeutsche Zeitung vom 25. Februar 2016, „Grauzone Haustürgeschäfte – Eine Puchheimerin unterschreibt einem Vertreter einen Fernsehvertrag und schöpft später Verdacht", von Lena von Holt und Stefan Salger, https://www.sueddeutsche.de/muenchen/fuerstenfeldbruck/anzeige-wegen-betrugsverdacht-grauzone-haustuergeschaefte-1.2880113, zuletzt besucht am 13. August 2022

Tamm, Marina: Das Wohn- und Betreuungsvertragsgesetz (WBVG): Zivilrechtlicher Verbraucherschutz für Heimbewohner, in: VuR 2016, S. 370–381

Tamm, Marina: Verbraucherschutzrecht, Europäisierung und Materialisierung des deutschen Zivilrechts und die Herausbildung eines Verbraucherschutzprinzips, zugleich Habilitationschrift (Berlin 2010), Tübingen 2011 (zit.: *Tamm*, Verbraucherschutzrecht)

Tamm, Marina / Gaedtke, Enrico: Gewinnzusagen nach § 661a BGB: materiell- und prozessrechtliche Probleme im europarechtlichen Kontext, in: VuR 2006, S. 169–177

Tesch-Römer, Clemens: Soziale Beziehungen alter Menschen, Stuttgart 2010

Tesch-Römer, Clemens / Wurm, Susanne: Theoretische Positionen zur Gesundheit und Alter, in: Beiträge zur Gesundheitsberichterstattung des Bundes, Gesundheit und Krankheit im Alter, hrsg. v. Karin Böhm, Clemens Tesch-Römer und Thomas Ziese, Berlin 2009, S. 7–20 (zit.: *Tesch-Römer/Wurm*, in: Böhm/Tesch-Römer/Ziese, Gesundheit und Krankheit im Alter)

Thaler, Richard H. / Sunstein, Cass R.: Nudge, Wie man kluge Entscheidungen anstößt, aus dem Amerikanischen von Christoph Bausum, Titel der Originalausgabe: Nudge. Improving Decisions About Health, Wealth and Happiness, 15. Aufl., Berlin 2019 (zit.: *Thaler/Sunstein*, Nudge)

Thieme, Frank: Alter(n) in der alternden Gesellschaft, Eine soziologische Einführung in die Wissenschaft vom Alter(n), Wiesbaden 2008 (zit.: *Thieme*, Alter(n) in der alternden Gesellschaft)

Thier, Andreas: Entmündigung, Betreuung und Handlungsfähigkeit: Rechtshistorische Perspektiven, in: Demenz und Recht, Bestimmung der Geschäfts- und Testierfähigkeit, hrsg. v. Mathias Schmoeckel, Baden-Baden 2010, S. 75–87 (zit.: *Thier*, in: Schmoeckel, Demenz und Recht)

Thorun, Christian / Diels, Jana: Zugang zum Recht für Verbraucherinnen und Verbraucher in Nordrhein-Westfalen, Bestandsaufnahme und Handlungsempfehlungen, ConPolicy Institut für Verbraucherpolitik, Berlin 10. Februar 2016, https://www.umwelt.nrw.de/fileadmin/redaktion/PDFs/verbraucherschutz/abschlussbericht_zugang_zum_recht.pdf, zuletzt besucht am 13. August 2022 (zit.: *Thorun/Diels*, Zugang zum Recht)

Thüsing, Gregor: Angemessenheit durch Konsens, Zu den Grenzen der Richtigkeitsgewähr arbeitsvertraglicher Vereinbarungen, in: RdA 2005, S. 257–270

Tonner, Klaus: Europäisches Verbraucherschutzrecht (§ 3), in: Verbraucherrecht, Rechtliches Umfeld, Vertragstypen, Rechtsdurchsetzung, hrsg. v. Marina Tamm, Klaus Tonner und Tobias Brönneke, 3. Aufl., Baden-Baden 2020, § 3 (zit.: *Tonner*, in: Tamm/Tonner/Brönneke, Verbraucherrecht)

Tonner, Klaus: Das Gesetz zur Umsetzung der Verbraucherrechterichtlinie – unionsrechtlicher Hintergrund und Überblick, in: VuR 2013, S. 443–448

Uekert, Brenda K. / Dibble, Thomas: Guardianship of the Elderly, Past Performance and Future Promises, in: The Court Manager Vol. 23 Issue 4, S. 9–15

Unger, Oliver: Die Richtlinie über die Rechte der Verbraucher – Eine systematische Einführung, in: ZEuP 2012, S. 270–304

Vaupel, Christian: Die Kompensation von Ungleichgewichtslagen im Arbeits- und Verbraucherrecht, zugleich Diss. iur. (Gießen 2006), Herbolzheim 2006

Verbraucherzentrale Bundesverband e.V. (Hrsg.): Recht durchsetzen – Verbraucher stärken, Möglichkeiten und Grenzen kollektiver Klageinstrumente, Berlin September 2015, https://www.vzbv.de/sites/default/files/downloads/Recht-durchsetzen-Verbraucher-staerken-Broschuere_vzbv.pdf, zuletzt besucht am 13. August 2022 (zit.: VZBV, Recht durchsetzen)

Verbraucherzentrale Bundesverband e.V.: Ältere Menschen als Verbraucher – Potenziale, Risiken und Hürden/Hindernisse, Eine Untersuchung auf der Grundlage des 5. und 6. Berichts zur Lage der älteren Generation in der Bundesrepublik Deutschland, Berlin September 2012, https://www.vzbv.de/sites/default/files/downloads/Altenberichte-Untersuchung-Potenziale-Risiken-vzbv-2012.pdf, zuletzt besucht am 13. August 2022 (zit.: VZBV, Ältere Menschen als Verbraucher)

Verbraucherzentrale Nordrhein-Westfalen e.V. (Hrsg.): Zielgruppenorientierte Verbraucherarbeit für und mit Senioren, Ergebnisse und Handlungsempfehlungen, Düsseldorf Mai 2005, http://ernaehrungsdenkwerkstatt.de/fileadmin/user_upload/EDWText/TextElemente/Ernaehrungskommunikation/Verbraucheraufklaerung_Senioren_Projekt_VZ_NRW__2005.pdf, zuletzt besucht am 13. August 2022 (zit.: VZ NRW, Zielgruppenorientierte Verbraucherarbeit)

Voelcker-Rehage, Claudia / Godde, Ben / Staudinger, Ursula M.: Bewegung, körperliche und geistige Mobilität im Alter, in: Bundesgesundheitsbl – Gesundheitsforsch – Gesundheitsschutz 2006, S. 558–566

Wahl, Hans-Werner / Heyl, Vera: Gerontologie – Einführung und Geschichte, 2. Aufl., Stuttgart 2015 (zit.: *Wahl/Heyl*, Gerontologie)

Weber, Rechtswörterbuch, hrsg. v. Klaus Weber, 28. Edition, Stand: 1. Mai 2022, München 2022 (zit.: Weber/*Bearbeiter*)

Wedemann, Frauke: Ältere Menschen im Zivilrecht, in: AcP 214 (2014), S. 664–694

Wedemann, Frauke: Ältere Menschen – eine besondere Herausforderung für Rechtsprechung, Gesetzgebung und Beratung, in: NJW 2014, S. 3419–3424

Wedemann, Frauke: Schutz alter Menschen bei Anlagegeschäften, in: ZBB 2014, S. 54–69

Wedemann, Frauke: Die Geschäftsunfähigkeit, in: JURA 2010, S. 587–594

Wedemann, Frauke: Die Rechtsfolgen der Geschäftsunfähigkeit, in: AcP 209 (2009), S. 668–705

Weinert, Franz E.: Altern in psychologischer Perspektive, in: Alter und Altern: Ein interdisziplinärer Studientext zur Gerontologie, hrsg. v. Paul B. Baltes, Jürgen Mittelstraß und Ursula M. Staudinger, Berlin 1994, S. 180–203 (zit.: *Weinert*, in: Baltes/Mittelstraß/Staudinger, Alter und Altern)

Weitbrecht, Walter-Uwe: Erkrankungen mit Demenz, in: FuR 1994, S. 289–292

Wellenhofer, Marina: Die Inhaltskontrolle von Eheverträgen und die gestörte Vertragsparität, in: NZFam 2020, S. 229–233

Wellenhofer, Marina: Zivilrechtliche Fragen der Pflege von Angehörigen, in: Festschrift für Dagmar Coester-Waltjen zum 70. Geburtstag, hrsg. v. Katharina Lugani, Dominique Jakob und Gerald Mäsch, Bielefeld 2015, S. 311–322 (zit.: *Wellenhofer*, in: FS Coester-Waltjen)

Wendelstein, Christoph / Zander, Georg: Das neue Verbraucherrecht nach der Umsetzung der Verbraucherrechterichtlinie, in: JURA 2014, S. 1191–1208

Wetterling, Tilman: Freier Wille und neuropsychiatrische Erkrankungen, Ein Leitfaden zur Begutachtung der Geschäfts- und Testierfähigkeit, 2. Aufl., Stuttgart 2020 (zit.: *Wetterling*, Freier Wille und neuropsychiatrische Erkrankungen)

Wetterling, Tilman: Krankheitsbedingte Auswirkungen auf die Testierfähigkeit – eine Darstellung aus medizinischer Sicht, in: ErbR 2014, S. 94–104

Wetterling, Tilman: Psychopathologische Auffälligkeiten bei Demenz und deren Auswirkungen auf die Willensbildung – aus Sicht eines Neuropsychiaters, in: Demenz und Recht, Bestimmung der Geschäfts- und Testierfähigkeit, hrsg. v. Mathias Schmoeckel, Baden-Baden 2010, S. 31–42 (zit.: *Wetterling*, in: Schmoeckel, Demenz und Recht)

Wiebe, Gerhard: Unternehmerfreiheit versus Verbraucherschutz?!, Das Verhältnis zwischen Unternehmerfreiheit und Verbraucherschutz im Spiegel des öffentlichen Verbraucherschutzrechts, zugleich Diss. iur. (Bielefeld 2017), Baden-Baden 2017 (zit.: *Wiebe*, Unternehmerfreiheit)

Wieser, Eberhard: Verstößt § 105 BGB gegen das verfassungsrechtliche Übermaßverbot? – Eine Stellungnahme zu der These von Claus-Wilhelm Canaris in JZ 1987, S. 993 ff. –, in: JZ 1988, S. 493–494

Wimmer, Renate: Organisierte Wirtschaftskriminalität (7. Kapitel), in: Handbuch Wirtschafts- und Steuerstrafrecht, hrsg. v. Heinz-Bernd Wabnitz, Thomas Janovsky und Lothar Schmitt, 5. Aufl., München 2020, Kap. 7 (zit.: *Wimmer*, in: Wabnitz/Janovsky/Schmitt, WirtschaftsStrafR-Hdb)

Wolf, Christian / Flegler, Nadja: Anmerkung zu BGH, Urt. v. 13.9.2018, I ZR 26/17, in: NJW 2018, S. 3586

Wurm, Susanne / Schöllgen, Ina / Tesch-Römer, Clemens: Gesundheit, in: Altern im Wandel, Befunde des Deutschen Alterssurveys (DEAS), hrsg. v. Andreas Motel-Klingebiel, Susanne Wurm und Clemens Tesch-Römer, Stuttgart 2010, S. 90–117 (zit.: *Wurm/Schöllgen/Tesch-Römer*, in: Motel-Klingebiel/Wurm/Tesch-Römer, Altern im Wandel)

Yankova, Silviya / Hören, Henrike: Besondere Schutzbedürftigkeit von Senioren nach dem UWG?, in: WRP 2011, S. 1236–1241

Zacher, Hans F.: Sozialrecht, in: Alter und Altern: Ein interdisziplinärer Studientext zur Gerontologie, hrsg. v. Paul B. Baltes, Jürgen Mittelstraß und Ursula M. Staudinger, Berlin 1994, S. 305–329 (zit.: *Zacher*, in: Baltes/Mittelstraß/Staudinger, Alter und Altern)

Zenz, Gisela: Editorial, Alter, Recht und Wissenschaft, in: KritV 2004, S. 213–218

Zimmermann, Theodor: Juristische und psychiatrische Aspekte der Geschäfts- und Testierfähigkeit, in: BWNotZ 2000, S. 97–108

Zimprich, Daniel: Kognitive Leistungsfähigkeit im Alter, in: Enzyklopädie der Gerontologie, Alternsprozesse in multidisziplinärer Sicht, hrsg. v. Andreas Kruse und Mike Martin, Bern et al. 2004, S. 289–303 (zit.: *Zimprich*, in: Kruse/Martin, Enzyklopädie der Gerontologie)

Abkürzungsverzeichnis

a.A.	anderer Ansicht
AARP	American Association of Retired Persons
Abb.	Abbildung
ABGB	Allgemeines bürgerliches Gesetzbuch (Österreich)
ABl.	Amtsblatt
Abs.	Absatz
AcP	Archiv für die Civilistische Praxis (Zeitschrift)
AEUV	Vertrag über die Arbeitsweise der Europäischen Union
a.F.	alte Fassung
AG	Amtsgericht
AGB	Allgemeine Geschäftsbedingungen
AGBG	Gesetz zur Regelung des Rechts der Allgemeinen Geschäftsbedingungen
AGG	Allgemeines Gleichbehandlungsgesetz
AK-BGB	Alternativkommentar Bürgerliches Gesetzbuch
Alt.	Alternative
Anh.	Anhang
Anm.	Anmerkung
AnwBl	Anwaltsblatt (Zeitschrift)
Art.	Artikel
AT	Allgemeiner Teil
ATG	Altersteilzeitgesetz
Aufl.	Auflage
BAG	Bundesarbeitsgericht
BAGSO	Bundesarbeitsgemeinschaft der Seniorenorganisationen e.V.
BASE	Berliner Altersstudie
BauO LSA	Bauordnung des Landes Sachsen-Anhalt
BauO NRW 2018	Landesbauordnung 2018 Nordrhein-Westfalen
BayBO	Bayerische Bauordnung
BayObLG	Bayerisches Oberstes Landesgericht
BayObLGZ	Entscheidungen des Bayerischen Obersten Landesgerichts in Zivilsachen
BB	Betriebs-Berater (Zeitschrift)
BbgBO	Brandenburgische Bauordnung
BDD	Bundesverband Direktvertrieb Deutschland e.V.

BeckOK	Beck'scher Online-Kommentar
Begr.	Begründer
Beschl.	Beschluss
BetrVG	Betriebsverfassungsgesetz
BeurkG	Beurkundungsgesetz
BfArM	Bundesinstitut für Arzneimittel und Medizinprodukte
BfJ	Bundesamt für Justiz
BGB	Bürgerliches Gesetzbuch
BGB-E	Bürgerliches Gesetzbuch Entwurf
BGBl.	Bundesgesetzblatt
BGE	Entscheidungen des Schweizerischen Bundesgerichts
BGer	Schweizerisches Bundesgericht
BGH	Bundesgerichtshof
BKartA	Bundeskartellamt
BlnBauO	Bauordnung für Berlin
BMFSFJ	Bundesministerium für Familie, Senioren, Frauen und Jugend
BMJ	Bundesministerium der Justiz
BMJV	Bundesministerium der Justiz und für Verbraucherschutz
BMWi	Bundesministerium für Wirtschaft und Technologie
BNetzA	Bundesnetzagentur
BR-Drucks.	Drucksache des Bundesrats
BrBO	Bremische Landesbauordnung
BRJ	Bonner Rechtsjournal (Zeitschrift)
BSG	Bundessozialgericht
BSGE	Entscheidungssammlung des Bundessozialgerichts
BT-Drucks.	Drucksache des Bundestags
BtG	Gesetz zur Reform des Rechts der Vormundschaft und Pflegschaft für Volljährige (Betreuungsgesetz)
BtOG	Betreuungsorganisationsgesetz
BtPrax	Betreuungsrechtliche Praxis (Zeitschrift)
BürgerlR	Bürgerliches Recht
Bundesgesundheitsbl – Gesundheitsforsch – Gesundheitsschutz	Bundesgesundheitsblatt – Gesundheitsforschung – Gesundheitsschutz (früher: Bundesgesundheitsblatt) (Zeitschrift)
BVerfG	Bundesverfassungsgericht

BVerfGE	Entscheidungssammlung des Bundesverfassungsgerichts
BVerwG	Bundesverwaltungsgericht
BVfB	Bundesverband freier Berufsbetreuer e.V.
BWLBO	Landesbauordnung für Baden-Württemberg
BWNotZ	Zeitschrift für das Notariat in Baden-Württemberg (Zeitschrift)
bzw.	beziehungsweise
ca.	circa
COM	Vorschläge und andere im Rahmen eines Gesetzgebungsverfahrens angenommene Akte der Europäischen Kommission
CPC-VO 2017	Verordnung (EU) 2017/2394 des Europäischen Parlaments und des Rates vom 12. Dezember 2017 über die Zusammenarbeit zwischen den für die Durchsetzung der Verbraucherschutzgesetze zuständigen nationalen Behörden und zur Aufhebung der Verordnung (EG) Nr. 2006/2004 (ABl. L 345 S. 1)
CR	Computer und Recht (Zeitschrift)
CRPD	Übereinkommen über die Rechte von Menschen mit Behinderungen
ders.	derselbe
d.h.	das heißt
dies.	dieselbe(-n)
Diss.	Dissertation
DJT	Deutscher Juristentag
DM	Deutsche Mark
DNotZ	Deutsche Notar-Zeitschrift (Zeitschrift)
DÖV	Die Öffentliche Verwaltung (Zeitschrift)
DRV	Deutsche Rentenversicherung
DSR	Deutscher Senioren Ring e.V.
Dtsch Arztebl	Deutsches Ärzteblatt (Zeitschrift)
DZA	Deutsches Zentrum für Altersfragen
EG	Europäische Gemeinschaft
EGBGB	Einführungsgesetz zum Bürgerlichen Gesetzbuche
EnWG	Gesetz über die Elektrizitäts- und Gasversorgung (Energiewirtschaftsgesetz)
ErbR	Zeitschrift für die gesamte erbrechtliche Praxis (Zeitschrift)
ErfK	Erfurter Kommentar
ESMA	European Securities and Markets Authority
EStG	Einkommensteuergesetz
et al.	et alii

etc.	et cetera
EU	Europäische Union
EuCML	Journal of European Consumer and Market Law (Zeitschrift)
Eur J Law Econ	European Journal of Law and Economics (Zeitschrift)
EUV	Vertrag über die Europäische Union
EuZW	Europäische Zeitschrift für Wirtschaftsrecht (Zeitschrift)
e.V.	eingetragener Verein
EWG	Europäische Wirtschaftsgemeinschaft
f.	folgende (Einzahl, z.B. Seite)
FamFG	Gesetz über das Verfahren in Familiensachen und in den Angelegenheiten der freiwilligen Gerichtsbarkeit
FamRZ	Zeitschrift für das gesamte Familienrecht (Zeitschrift)
ff.	folgende (Mehrzahl, z.B. Seiten)
Fn.	Fußnote
Fortschr Neurol Psychiat	Fortschritte der Neurologie – Psychiatrie (Zeitschrift)
Front. Neurosci.	Frontiers in Neuroscience (Zeitschrift)
FS	Festschrift
FuR	Familie und Recht (Zeitschrift)
GDS	Global Deterioration Scale
GewArch	Gewerbearchiv, Zeitschrift für Gewerbe- und Wirtschaftsverwaltungsrecht (Zeitschrift)
GewO	Gewerbeordnung
GG	Grundgesetz
GM	German Modification
GRC	Grundrechtecharta
GRCh	Charta der Grundrechte der Europäischen Union
GRUR	Gewerblicher Rechtsschutz und Urheberrecht (Zeitschrift)
GRUR Int	Gewerblicher Rechtsschutz und Urheberrecht, Auslands- und internationaler Teil (Zeitschrift)
GRUR-Prax	Gewerblicher Rechtsschutz und Urheberrecht, Praxis im Immaterialgüter- und Wettbewerbsrecht (Zeitschrift)
HaushGrG	Haushaltsgrundsätzegesetz

HaustürWG	Gesetz über den Widerruf von Haustürgeschäften und ähnlichen Geschäften
HbgBauO	Hamburgische Bauordnung
HBO	Hessische Bauordnung
HdB	Handbuch
HeimG	Heimgesetz
HGrG	Gesetz über die Grundsätze des Haushaltsrechts des Bundes und der Länder
HK-BGB	Handkommentar Bürgerliches Gesetzbuch
HKK-BGB	Historisch-kritischer Kommentar zum Bürgerlichen Gesetzbuch
Hrsg.	Herausgeber
hrsg. v.	herausgegeben von
Hs.	Halbsatz
HWG	Gesetz über die Werbung auf dem Gebiete des Heilwesens (Heilmittelwerbegesetz)
ICD-10	Internationale statistische Klassifikation der Krankheiten und verwandter Gesundheitsprobleme, 10. Revision
ICF	Internationale Klassifikation der Funktionsfähigkeit, Behinderung und Gesundheit
iFamZ	Interdisziplinäre Zeitschrift für Familienrecht, Beratung – Unterbringung – Rechtsfürsorge (Zeitschrift)
IfD	Institut für Demoskopie
ILCS	Illinois Compiled Statutes
i.S.d.	im Sinne des
i.S.v.	im Sinne von
iur.	iuris
i.V.m.	in Verbindung mit
IWR	Institut für Wirtschaftsrecht
J Consum Policy	Journal of Consumer Policy (Zeitschrift)
JR	Juristische Rundschau (Zeitschrift)
JURA	Juristische Ausbildung (Zeitschrift)
juris-PK	Juris-Praxiskommentar
JuS	Juristische Schulung (Zeitschrift)
JZ	JuristenZeitung (Zeitschrift)
Kap.	Kapitel
KapAnlR	Kapitalanlagerecht
k.F.	künftige Fassung

KritV	Kritische Vierteljahresschrift für Gesetzgebung und Rechtswissenschaft (Zeitschrift)
KSchG	Kündigungsschutzgesetz
KVJS	Kommunalverband für Jugend und Soziales Baden-Württemberg
LG	Landgericht
Loy. L.A. L. Rev.	Loyola of Los Angeles Law Review (Zeitschrift)
MDR	Monatsschrift für Deutsches Recht (Zeitschrift)
MedR	Medizinrecht (Zeitschrift)
MittBayNot	Mitteilungen der Bayerischen Notarkammer (Zeitschrift)
MüKo	Münchener Kommentar
MVHdB	Münchener Vertragshandbuch
MVLBauO	Landesbauordnung Mecklenburg-Vorpommern
m.w.N.	mit weiteren Nachweisen
NBauO	Niedersächsische Bauordnung
NDR	Norddeutscher Rundfunk
NeuroGer	Neurogeriatrie (Zeitschrift)
NJOZ	Neue Juristische Online-Zeitschrift (Zeitschrift)
NJW	Neue Juristische Wochenschrift (Zeitschrift)
NJW-Beil	Neue Juristische Wochenschrift, Beilage (Zeitschrift)
NJW-RR	Neue Juristische Wochenschrift, NJW-Rechtsprechungs-Report Zivilrecht (Zeitschrift)
NK-BGB	Nomos Kommentar Bürgerliches Gesetzbuch
N.N.	nomen nescio
No.	number
notar	Monatsschrift für die gesamte notarielle Praxis (Zeitschrift)
Nr.	Nummer
NVwZ	Neue Zeitschrift für Verwaltungsrecht (Zeitschrift)
NZA	Neue Zeitschrift für Arbeitsrecht (Zeitschrift)
NZFam	Neue Zeitschrift für Familienrecht (Zeitschrift)
NZKart	Neue Zeitschrift für Kartellrecht (Zeitschrift)
NZM	Neue Zeitschrift für Miet- und Wohnungsrecht (Zeitschrift)
ÖZPR	Österreichische Zeitschrift für Pflegerecht (Zeitschrift)
OGH	Der Oberste Gerichtshof
OLG	Oberlandesgericht
Or. L. Rev.	Oregon Law Review (Zeitschrift)
PflR	Fachzeitschrift PflegeRecht (Zeitschrift)
PharmR	Pharma-Recht, Fachzeitschrift für das Gesamte Arzneimittelrecht (Zeitschrift)

PNAS	Proceedings of the National Academy of Sciences of the United States of America (Zeitschrift)
pt	„Punkt", Maßeinheit eines Schriftgrades
RabelsZ	Rabels Zeitschrift für ausländisches und internationales Privatrecht (Zeitschrift)
RdA	Recht der Arbeit (Zeitschrift)
REFIT	Regulatory Fitness and Performance Programme
RL	Richtlinie
RL 93/13/EWG	Richtlinie 93/13/EWG des Rates vom 5. April 1993 über mißbräuchliche Klauseln in Verbraucherverträgen (ABl. L 95 S. 29)
RL 2000/78/EG	Richtlinie 2000/78/EG des Rates vom 27. November 2000 zur Festlegung eines allgemeinen Rahmens für die Verwirklichung der Gleichbehandlung in Beschäftigung und Beruf (ABl. L 303 S. 16)
RL 2005/29/EG	Richtlinie 2005/29/EG des Europäischen Parlaments und des Rates vom 11. Mai 2005 über unlautere Geschäftspraktiken von Unternehmen gegenüber Verbrauchern im Binnenmarkt und zur Änderung der Richtlinie 84/450/EWG des Rates, der Richtlinien 97/7/EG, 98/27/EG und 2002/65/EG des Europäischen Parlaments und des Rates sowie der Verordnung (EG) Nr. 2006/2004 des Europäischen Parlaments und des Rates (Richtlinie über unlautere Geschäftspraktiken) vom 11. Mai 2005 (ABl. L 149 S. 22, ber. ABl. 2009 L 253 S. 18)
RL 2011/83/EU	Richtlinie 2011/83/EU des Europäischen Parlaments und des Rates vom 25. Oktober 2011 über die Rechte der Verbraucher (ABl. L 304 S. 64)
RL (EU) 2019/2161	Richtlinie (EU) 2019/2161 des Europäischen Parlaments und des Rates vom 27. November 2019 zur Änderung der Richtlinie 93/13/EWG des Rates und der Richtlinien 98/6/EG, 2005/29/EG und 2011/83/EU des Europäischen Parlaments und des Rates zur besseren Durchsetzung und Modernisierung der Verbraucherschutzvorschriften der Union (ABl. L 328 vom 18. Dezember 2019, S. 7–28)
RL (EU) 2020/1828	Richtlinie (EU) 2020/1828 des Europäischen Parlaments und des Rates vom 25. November 2020 über Verbandsklagen zum Schutz der Kollektivinteressen der Verbraucher

	und zur Aufhebung der Richtlinie 2009/22/EG (ABl. L 409 vom 4. Dezember 2020, S. 1–27)
Rn.	Randnummer(-n)
RNotZ	Rheinische Notar-Zeitschrift (Zeitschrift)
RpfLBauO	Landesbauordnung Rheinland-Pfalz
RPflG	Rechtspflegergesetz
S.	Seite(-n)
SaarLBO	Landesbauordnung Saarland
SaBO	Sächsische Bauordnung
SchRModG	Gesetz zur Modernisierung des Schuldrechts
Sec.	section
SGB VI	Sozialgesetzbuch (SGB) Sechstes Buch (VI) – Gesetzliche Rentenversicherung
SGB IX	Sozialgesetzbuch Neuntes Buch – Rehabilitation und Teilhabe von Menschen mit Behinderungen – (Neuntes Buch Sozialgesetzbuch – SGB IX)
SGB XI	Sozialgesetzbuch (SGB) Elftes Buch (XI) – Soziale Pflegeversicherung
SGB XII	Sozialgesetzbuch (SGB) Zwölftes Buch (XII) – Sozialhilfe
SHLBO	Landesbauordnung für das Land Schleswig-Holstein
sog.	so genannte(-n/-r/-s)
SozR	Sozialrecht
Stan. L. Rev.	Stanford Law Review (Zeitschrift)
StGB	Strafgesetzbuch
StVO	Straßenverkehrs-Ordnung
ThürBO	Thüringer Bauordnung
TzBfG	Gesetz über Teilzeitarbeit und befristete Arbeitsverträge (Teilzeit- und Befristungsgesetz)
u.	und
u.a.	unter anderem
UAbs.	Unterabsatz
u.Ä.	und Ähnlichem
UKlaG	Gesetz über Unterlassungsklagen bei Verbraucherrechts- und anderen Verstößen (Unterlassungsklagengesetz)
UN-BRK	Übereinkommen über die Rechte von Menschen mit Behinderungen
UNO	Vereinte Nationen
Urt.	Urteil
USA	United States of America

U.S.C.	United States Code
UWG	Gesetz gegen den unlauteren Wettbewerb (UWG)
UWG-E	Gesetz gegen den unlauteren Wettbewerb Entwurf
v.	von, vom, versus
VBRefG	Gesetz zur Reform des Vormundschafts- und Betreuungsrechts
VBVG	Gesetz über die Vergütung von Vormündern und Betreuern (Vormünder- und Betreuervergütungsgesetz)
VE ZGB	Zivilgesetzbuch Vorentwurf (Schweiz)
vgl.	vergleiche
Vol.	volume
Vorb.	Vorbemerkung
VuR	Verbraucher und Recht, Zeitschrift für Wirtschafts- und Verbraucherrecht (Zeitschrift)
VVG	Gesetz über den Versicherungsvertrag (Versicherungsvertragsgesetz)
VZ NRW	Verbraucherzentrale Nordrhein-Westfalen e.V.
VZBV	Verbraucherzentrale Bundesverband e.V.
WBVG	Gesetz zur Regelung von Verträgen über Wohnraum mit Pflege- oder Betreuungsleistungen (Wohn- und Betreuungsvertragsgesetz)
WHO	World Health Organization
WiR	Studiengesellschaft für Wirtschaft und Recht
WirtschaftsStrafR-Hdb	Handbuch Wirtschafts- und Steuerstrafrecht
WRP	Wettbewerb in Recht und Praxis (Zeitschrift)
WuB	Entscheidungsanmerkungen zum Wirtschafts- und Bankrecht (Zeitschrift)
Z Gerontol	Zeitschrift für Gerontologie (Zeitschrift)
Z Gerontol Geriat	Zeitschrift für Gerontologie und Geriatrie (Zeitschrift)
ZAP	Zeitschrift für die Anwaltspraxis (Zeitschrift)
z.B.	zum Beispiel
ZBB	Zeitschrift für Bankrecht und Bankwirtschaft (Zeitschrift)
ZEFQ	Zeitschrift für Evidenz, Fortbildung und Qualität im Gesundheitswesen (Zeitschrift)
ZErb	Zeitschrift für die Steuer- und Erbrechtspraxis (Zeitschrift)
ZEuP	Zeitschrift für europäisches Privatrecht (Zeitschrift)

ZEV	Zeitschrift für Erbrecht- und Vermögensnachfolge (Zeitschrift)
ZfE	Zeitschrift für Erziehungswissenschaft (Zeitschrift)
ZfPW	Zeitschrift für die gesamte Privatrechtswissenschaft (Zeitschrift)
ZfRV	Zeitschrift für Europarecht, Internationales Privatrecht und Rechtsvergleichung (Zeitschrift)
ZGB	Schweizerisches Zivilgesetzbuch
zit.	zitiert
ZPO	Zivilprozessordnung
ZRP	Zeitschrift für Rechtspolitik (Zeitschrift)

1. *Kapitel* Einführung

A. Problemaufriss

Es ist allgemein bekannt, dass der sog. demografische Wandel auch in Deutschland ein entscheidendes sowie tagesaktuelles Thema ist. Laut dem Statistischen Bundesamt lebten im Jahre 2018 ca. 5,4 Millionen Menschen in Deutschland, die mindestens 80 Jahre alt waren.[1] Die Anzahl der Hochbetagten wird in den kommenden Jahrzehnten kontinuierlich steigen, so dass im Jahre 2050 zwischen 8,9 Millionen und 10,5 Millionen Menschen mindestens 80 Jahre alt sein werden.[2] Im Jahre 2060 wird der Bevölkerungsanteil der Gruppe der Hochaltrigen ab 80 Jahren zwischen 9 % und 13 % liegen.[3] Dieser Prozess der zunehmenden Alterung der deutschen Bevölkerung beruht sowohl auf dem medizinischen Fortschritt, dessen Folge eine höhere Lebenserwartung ist, als auch auf der lange Zeit gesunkenen und immer noch niedrigen Geburtenrate.[4]

Ebenfalls nicht unbekannt ist, dass die Prozesse der Wahrnehmung und Denkfähigkeit stark von neuronalen Prozessen abhängen und mit zunehmendem Alter einem biologischen Abbau unterliegen.[5] Derartige altersbezogene Verluste kognitiver Fähigkeiten zeigen sich insbesondere in den Leistungsbereichen der Geschwindigkeit der Informationsverarbeitung und der Fähigkeit zur Lösung neuartiger kognitiver Probleme.[6]

Setzt man diese beiden Umstände miteinander in Verbindung, ergibt sich, dass in den kommenden Jahrzehnten eine Vielzahl von Menschen mit reduzierten kognitiven Fähigkeiten am Rechtsverkehr teilnehmen wird. Dies ist umso dramatischer, als bereits im Jahre 2004 von ca. 5 Millionen betreuungsbedürftigen Menschen (Schätzungen der Dunkelziffer) auszugehen war, die Zahl der tatsächlich Betreuten allerdings nur bei knapp über 1 Millionen lag.[7]

---

1 Siehe Statistisches Bundesamt, Bevölkerungsvorausberechnung, S. 25.

2 Statistisches Bundesamt, Bevölkerungsvorausberechnung, S. 25.

3 Statistisches Bundesamt, Bevölkerungsvorausberechnung, S. 26.

4 Vgl. auch *Becker*, in: Becker/Roth, Recht der Älteren, S. 3, 6.

5 Vgl. *Tesch-Römer/Wurm*, in: Böhm/Tesch-Römer/Ziese, Gesundheit und Krankheit im Alter, S. 7, 8.

6 BMFSFJ, Dritter Altenbericht, S. 59.

7 Siehe zur hohen Dunkelziffer der Betreuungsbedürftigen *Igl/Klie*, in: Igl/Klie, Das Recht der älteren Menschen, S. 17, 20 f.; *Klie*, in: Wahl/Mollenkopf, Alternsforschung, S. 237, 240; *ders.*, in: Oswald/Lehr/Sieber/Kornhuber, Gerontologie, S. 306, 307 f. (dort

In Anbetracht dessen, dass die derzeitigen Regelungen zur Geschäftsfähigkeit von Volljährigen nur die Geschäftsfähigkeit oder die Geschäftsunfähigkeit kennen („harte Entweder-Oder-Entscheidung“[8]), erscheint diese zukünftige Entwicklung durchaus problematisch. Denn für das Zwischenstadium, in welchem den betroffenen Personen zwar die Geschäftsfähigkeit nicht abgesprochen werden kann und im Rahmen einer restriktiven Handhabung der Möglichkeit einer Entziehung der Geschäftsfähigkeit aufgrund ihrer zentralen Bedeutung für die Ausübung so gut wie aller Grundrechte auch möglichst nicht abgesprochen werden soll, kognitive Einbußen aber bereits festgestellt werden können, fehlt es mutmaßlich an Schutzmöglichkeiten für diese Personen vor Übervorteilung.[9] Dies gilt insbesondere vor dem Hintergrund, dass seit dem Jahre 1900 die Vorschriften des Allgemeinen Teils des BGB, d.h. u.a. die Regelungen über die Geschäftsfähigkeit, sowohl redaktionell als auch dem Verständnis nach größtenteils unverändert geblieben sind.[10] Dass der Gesetzgeber bei einer damaligen durchschnittlichen Lebenserwartung von unter 50 Jahren die negativen Auswirkungen eines kognitiven Altersabbaus auf die Teilnahme am Geschäftsverkehr noch nicht als bedeutendes Problem sehen konnte, ist nachvollziehbar; so treten geistige Beeinträchtigungen im Alter überwiegend erst in einem höheren Lebensalter auf.[11] Es ist außerdem zu vermuten, dass einige ältere Menschen neben oder anstelle von Einschränkungen im Bereich der kognitiven Kompetenzen auch sonstige „alterstypische“ rechtsgeschäftsrelevante Einschränkungen, wie z.B. ein Informationsdefizit oder eine Geschäftsunerfahrenheit, aufweisen und es auch insofern an Schutzmöglichkeiten vor einer Übervorteilung fehlt.[12]

Die Gefahr, Opfer einer Übervorteilung im hohen Alter zu werden, ist auch nicht von rein theoretischer Natur. Immer wieder gibt es Berichte einschlägiger Nachrichtenagenturen über die Übervorteilung älterer Menschen bei z.B.

---

auch zur Zahl der Betreuungen im Jahre 2004). Siehe zur Zahl der Betreuungen im Jahre 2004 auch *Deinert*, BtPrax 2006, 65 f. Siehe zum hohen Anteil älterer Menschen unter den Betreuungsbedürftigen noch S. 101.

8 So zur Frage der Geschäfts(un)fähigkeit im Falle einer sich langsam entwickelnden Demenz *Schmoeckel*, NJW 2016, 433, 434.

9 Siehe zur zentralen Bedeutung der Geschäftsfähigkeit Staudinger/*Klumpp* BGB Vorb. §§ 104 ff. Rn. 14.

10 Vgl. *Gutch*, Geschäftsfähigkeit, S. 3.

11 Siehe zur Lebenserwartung im Jahre 1900 in Deutschland Statistisches Bundesamt, Sterbetafel, S. 14. Siehe zum Zeitpunkt des Auftretens geistiger Beeinträchtigungen im Alter noch Fn. 375.

12 Siehe zum Begriff der rechtsgeschäftsrelevanten Einschränkungen S. 105.

Haustürgeschäften oder Kaffeefahrten.[13] Auch eine umfassende Interviewstudie u.a. mit Experten aus Polizei, Staatsanwaltschaft und Verbraucher- und Opferschutzorganisationen sowie mit Opfern zeigt auf, dass eine große Zahl von Geschäftspraktiken von mindestens fragwürdiger Seriosität gegenüber älteren Menschen praktiziert wird.[14] Bei diesen Geschäftspraktiken handelt es sich z.B. um das Unterschieben von Abonnement-Verträgen, um falsche Gewinnbenachrichtigungen und um Kaffeefahrten.[15] Mitarbeiter von Verbraucherzentralen und Angehörige von kognitiv eingeschränkten Menschen berichteten sogar, dass manche älteren Menschen durch Gewinnbenachrichtigungen und andere Anschreiben ihre gesamten Lebensersparnisse verloren hätten.[16]

B. Ziel der Untersuchung

Die Bearbeitung soll überprüfen, ob „altersspezifische" Einschränkungen hochaltriger Menschen im Hinblick auf die Beteiligung am Geschäftsverkehr hinreichend Berücksichtigung finden. Doch nicht nur das mögliche Fehlen hinreichend effektiver rechtlicher Schutzmöglichkeiten, sondern auch der Umstand, dass das Recht den Anspruch hat, gesellschaftliche Entwicklungen normativ zu steuern und der Gesellschaft Stabilität zu vermitteln, dient als Hintergrund der vorliegenden Untersuchung.[17] Denn aufgrund der Steuerungsfunktion muss sich das Recht an gesellschaftliche Veränderungen, wozu der demografische Wandel gehört, anpassen.[18] Nur so kann man dem Verständnis des Rechts als dynamische Materie gerecht werden. Die erarbeiteten Ergebnisse sollen daher letztlich auch der Anpassung des Rechts an den demografischen Wandel dienen.

---

13 Z.B. Süddeutsche Zeitung vom 25. Februar 2016, „Grauzone Haustürgeschäfte – Eine Puchheimerin unterschreibt einem Vertreter einen Fernsehvertrag und schöpft später Verdacht"; Frankfurter Allgemeine Zeitung vom 26. Juli 2013, „Ermittlungen zu Kaffeefahrten – Teure ‚Wundermittel' angedreht".

14 Siehe *Görgen et al.*, Sicherheitspotenziale, S. 299 u. 330.

15 Siehe *Görgen et al.*, Sicherheitspotenziale, S. 330.

16 Siehe *Görgen et al.*, Sicherheitspotenziale, S. 332.

17 Zum genannten Anspruch des Rechts *Becker*, JZ 2004, 929, 930; vgl. dazu auch *ders.*, in: Becker/Roth, Recht der Älteren, S. 3, 5.

18 Vgl. *Becker*, JZ 2004, 929, 930.

C. Besonderheit der Untersuchung

Ein erhebliches Problem liegt darin, dass die kognitiven Fähigkeiten älterer Menschen unterschiedlich ausgeprägt sind; die interindividuelle Variabilität des Alterungsprozesses ist sehr groß.[19] Einige ältere Menschen weisen erhebliche kognitive Mängel auf, andere hingegen lassen, trotz eines besonders hohen Alters, noch bis zu ihrem Tode keinerlei kognitive Einschränkungen erkennen. Gleiches gilt im Hinblick auf sonstige „alterstypische" rechtsgeschäftsrelevante Einschränkungen. Insoweit sei vorweggenommen, dass es den per se rechtsgeschäftsrelevant geschwächten älteren Menschen nicht gibt. Wenn in der Untersuchung daher von „älteren Menschen" die Rede ist, soll damit keinesfalls zum Ausdruck kommen, dass das in dem Zusammenhang Gesagte auf jeden Menschen, der sich in einem hohen Lebensalter befindet, zutrifft. Allein die Bestimmung des chronologischen Alters, ab welchem ein Mensch als alt zu bezeichnen wäre, ist ungeklärt und lässt sich wohl auch nicht klären.[20] Es gibt auch kein Testverfahren, mit welchem die Fähigkeit, sachgemäß am Geschäftsverkehr teilzunehmen und nicht übervorteilt zu werden, allgemeingültig und zutreffend festgestellt werden kann. Der Einzelfall ist entscheidend: Die Ausprägung der kognitiven Mängel und die Schwierigkeit des Geschäfts seien beispielhaft in diesem Zusammenhang genannt. Dementsprechend gibt es auch nicht den einen Geschäftstyp oder den einen Geschäftsbereich, bei dem per se mit einer Übervorteilung eines älteren Menschen zu rechnen ist. Daraus ergibt sich die besondere Schwierigkeit der Untersuchung.

D. Gang der Untersuchung

Zur besseren Einordnung der vorgestellten Problematik, und zwar der rechtlichen Befassung mit „hochaltersspezifischen" Einschränkungen, aber auch aufgrund des Umstands, dass in Deutschland kaum Forschung im Bereich des *Elder Law* im Allgemeinen existiert,[21] wird zunächst dieser Begriff näher beleuchtet werden. Hierdurch wird bezweckt, die Aufmerksamkeit der Gesellschaft vermehrt in Richtung der Beschäftigung mit rechtlichen Themen, die insbesondere

---

19 Siehe zur interindividuellen Variabilität des Alterungsprozesses hier nur *Voelcker-Rehage/Godde/Staudinger*, Bundesgesundheitsbl – Gesundheitsforsch – Gesundheitsschutz 2006, 558, 561. Ausführlich hierzu und zum Folgenden S. 106 ff.

20 Vgl. hierzu nur *Baltes/Baltes*, in: Baltes/Mittelstraß/Staudinger, Alter und Altern, S. 1, 15.

21 Vgl. *Zenz*, KritV 2004, 213, 215.

ältere Menschen betreffen, zu lenken. Neben der Erläuterung des Begriffs *Elder Law* wird auf dessen geschichtliche Entwicklung und die derzeitige Verbreitung des Themas „Alter und Recht" im Ausland eingegangen (*2. Kapitel*).[22] In dem darauf folgenden *3. Kapitel* werden Vorschriften des deutschen Rechts mit Bezug zu älteren Menschen vorgestellt. Hierbei erfolgt eine Unterteilung in Verfassungsrecht und einfachgesetzliches Recht, wobei bei Letzterem wiederum eine Unterteilung nach Normen mit ausdrücklichem Bezug (z.B. Rentenrecht) und Normen mit typischem Bezug (z.B. Betreuungsrecht) zu älteren Menschen vorgenommen wird.

Im anschließenden *4. Kapitel* wird aufgezeigt, dass einige – freilich nicht alle – älteren Menschen bestimmte rechtsgeschäftsrelevante Einschränkungen aufweisen. Die Demenzerkrankung wird ausführlich vorgestellt. Ferner werden die Auswirkungen von den herausgearbeiteten rechtsgeschäftsrelevanten Einschränkungen auf die Teilnahme am Geschäftsverkehr dargestellt und erläutert, inwiefern durch diese Einschränkungen eine Übervorteilung droht. Außerdem werden typische Geschäftsarten (z.B. außerhalb von Geschäftsräumen geschlossene Verträge) und typische Geschäftsinhalte (z.B. Kauf von Heilmitteln) behandelt. Anschließend erfolgen Ausführungen zur Bedeutung wirtschaftlich nachteiliger Geschäfte im Alter. Das Kapitel schließt mit einer Zusammenfassung der gefundenen Ergebnisse.

Im *5. Kapitel* wird überprüft, ob das derzeitige Recht rechtsgeschäftsrelevante Einschränkungen im Alter im Hinblick auf einen Schutz vor Übervorteilung hinreichend berücksichtigt. Zunächst wird ausführlich auf die Regelungen über die Geschäftsfähigkeit und die rechtliche Betreuung eingegangen. Anschließend werden (weitere) Vorschriften aus dem Allgemeinen Teil des BGB (§§ 134, 138 BGB sowie §§ 119 ff. BGB) einer Überprüfung unterzogen. Ferner werden die §§ 312 ff. BGB überprüft. Auch einige Vorschriften aus dem UWG werden beleuchtet, dies nicht zuletzt deshalb, da das Alter in § 4a Abs. 2 S. 2 UWG, womit zumindest vom Wortlaut des Gesetzes auch ein hohes Alter erfasst wäre, ausdrücklich als zu berücksichtigender schutzwürdiger Umstand genannt wird.

22 Auf eine ausführliche Eingehung auf den Begriff des „Alters" soll allerdings wegen den diesbezüglich bereits in erheblicher Anzahl bestehenden wissenschaftlichen Ausführungen verzichtet werden. Derartige Ausführungen finden sich beispielsweise bei *Müller*, Alter und Recht, S. 33 ff.; *Pohlmann*, Das Alter im Spiegel der Gesellschaft, S. 11 ff.; *Clemens*, ZfE 2001, 489. Empfehlenswert ist auch *Staudinger/Häfner*, Was ist Alter(n)?. Forschungsbeiträge aus verschiedenen Fachdisziplinen finden sich bei *Baltes/Mittelstraß/Staudinger*, Alter und Altern, S. 95 ff.

Außerdem erfolgt eine Analyse des § 241 Abs. 2 BGB (i.V.m. § 311 Abs. 2 BGB), des § 241a BGB, der §§ 305 ff. BGB, des § 661a BGB und des § 56a GewO im Hinblick auf einen Schutz im Falle rechtsgeschäftsrelevanter Einschränkungen im Alter vor Übervorteilung im Geschäftsverkehr. Die zukünftigen Änderungen im Verbraucherschutzrecht durch den „*New Deal for Consumers*" des europäischen Gesetzgebers werden ebenfalls überprüft. Das Kapitel schließt mit einer Zusammenfassung der gefundenen Ergebnisse.

Anschließend werden Möglichkeiten zur Verbesserung des Schutzes von älteren Menschen mit rechtsgeschäftsrelevanten Einschränkungen vor Übervorteilung im Geschäftsverkehr vorgestellt und ihre Umsetzungsfähigkeit überprüft (*6. Kapitel*). Es werden konkrete Gesetzesänderungen bzw. -neueinführungen empfohlen und erläutert. Vorgestellt und ausführlich überprüft wird, neben der Einführung einer beschränkten Geschäftsfähigkeit entsprechend der §§ 107 ff. BGB für ältere Menschen, insbesondere die Einführung der sog. relativen Geschäfts(un)fähigkeit. Als Exkurs finden sich zudem Ausführungen zur Änderung der rigiden Nichtigkeitsfolge des § 105 Abs. 1 BGB. Einen weiteren Schwerpunkt nimmt die Überprüfung von Verbesserungsmöglichkeiten im Bereich des Verbraucherschutzrechts ein. Hierdurch könnten nämlich übermäßige Belastungen der Betroffenen durch Einschränkungen ihrer Geschäftsfähigkeit vermieden werden.

Das abschließende *7. Kapitel* enthält ein Fazit und eine zusammenfassende Darstellung der gefundenen Ergebnisse.

2. *Kapitel* Zum Begriff und Entwicklung des *Elder Law*

A. Allgemeines

Der englische Begriff *Elder Law* bedeutet ins Deutsche übersetzt das „Recht der Älteren".[23] Recht im objektiven Sinne ist die Gesamtheit der Rechtsnormen, durch die das Verhältnis einer Gruppe von Menschen zueinander oder zu den übergeordneten Hoheitsträgern oder zwischen diesen geregelt ist.[24] Unter subjektivem Recht ist die Befugnis zu verstehen, die sich für den Berechtigten aus dem objektiven Recht unmittelbar ergibt oder die aufgrund des objektiven Rechts erworben wird.[25] Demzufolge handelt es sich bei dem „Recht der Älteren" um alle Rechtsnormen und die sich aus diesen ergebenden oder aufgrund dieser erworbenen Befugnisse, die einen besonderen Bezug zu älteren Menschen aufweisen.

Zur Bestimmung des Begriffs der älteren Menschen werden verschiedene Altersgrenzen bzw. Ansatzpunkte vorgeschlagen. Vielfach wird mit dem Terminus „älterer Mensch" ein Mensch ab einem Alter von 65 Jahren bezeichnet.[26] Dies hat wohl auch für den explizit von den Rechten älterer Menschen sprechenden Art. 25 der Charta der Grundrechte der europäischen Union zu gelten.[27] Ebenfalls möglich wäre es, ältere Menschen als solche zu definieren, die das Renteneintrittsalter erreicht haben.[28] In diesem Sinn hat das BSG entschieden, nach dem jedenfalls beim Erreichen der Altersgrenze zum Bezug

---

23 Vgl. Langenscheidt Online-Wörterbuch. *Elder Law* als „Recht der Älteren" übersetzend auch *Roth*, in: Becker/Roth, Recht der Älteren, S. 69, 70; *ders.*, AnwBl 2011, 671.

24 Weber/*Groh*, Stichwort: „Recht".

25 Weber/*Groh*, Stichwort: „Recht".

26 *Flessner*, Ältere Menschen, demographische Alterung und Recht, S. 18; vgl. auch *Rademacher*, Rechtsschutz zugunsten älterer Verbraucher, S. 39; *Becker*, in: Becker/Roth, Recht der Älteren, S. 3, 18. Menschen ab einem Alter von 65 Jahren als „ältere Menschen" bezeichnend z.B. *Rademacher*, Rechtsschutz zugunsten älterer Verbraucher, S. 38 f. u. 345, siehe auch S. 175 (Fn. 700); *Tesch-Römer/Wurm*, in: Böhm/Tesch-Römer/Ziese, Gesundheit und Krankheit im Alter, S. 7, 11, die dabei noch zwischen den 65- bis 84-Jährigen als die Gruppe der „jungen Alten" und den mindestens 85-Jährigen als die Gruppe der „alten Alten" differenzieren.

27 Siehe dazu Meyer/Hölscheidt/*Hölscheidt* GRC Art. 25 Rn. 15.

28 Siehe *Wedemann*, ZBB 2014, 54, 55; *Herring*, Older People in Law and Society, S. 3.

einer Regelaltersrente von einem alten Menschen i.S.d. § 71 Abs. 1 S. 1 SGB XII auszugehen ist.[29] Der Gesetzgeber knüpft an das (regelmäßige) altersbedingte Ausscheiden aus dem Erwerbsleben den Eintritt in die vorgesehenen Alterssicherungssysteme und geht ab diesem Zeitpunkt von einer besonderen sozialen Schutzbedürftigkeit unter dem Gesichtspunkt des Alters aus.[30] Es darf aber nicht außer Acht gelassen werden, dass Arbeitnehmer zum Teil schon ab einem Alter von 45 Jahren als „älter" gelten.[31] *Herring* befürwortet die Einstufung von Menschen als „ältere Menschen", wenn sie von der Gesellschaft als solche behandelt werden würden.[32] Wann ein Mensch „alt" ist, hängt für andere davon ab, ob die Person durch altersbedingte körperliche und geistige Beschwerden Schwierigkeiten bei der Anpassung im gesellschaftlichen Leben hat.[33] *Mahler* schlägt wiederum vor, darauf abzustellen, ob sich der Mensch im letzten Abschnitt seines Lebens befindet, da in diesem Lebensabschnitt das Risiko körperlicher, sensorischer oder mentaler Beeinträchtigungen wächst, die in Wechselwirkung mit verschiedenen Barrieren in der Umwelt die volle, wirksame und gleichberechtigte Teilhabe an der Gesellschaft behindern können.[34]

Die unterschiedlichen Altersgrenzen bzw. Ansatzpunkte stehen im Einklang mit der gerontologischen Forschung. Als einer der wichtigsten Befunde in der Gerontologie hat sich ergeben, dass ältere Menschen sehr verschieden voneinander sind und sehr unterschiedlich altern.[35] Aufgrund der in diesem Forschungsbereich festgestellten Komplexität und Heterogenität des Alterns ist es daher noch nicht gelungen, einen einzigen Indikator zu finden, der so weitgehend mit dem chronologischen Alter korreliert, dass er als hinreichend legitimierte Markierung des Beginn des Alters als Lebenszeit gelten könnte.[36]

---

29 Siehe BSG, Urteil vom 24. Februar 2016 – B 8 SO 11/14 R –, juris.

30 BSG, Urteil vom 24. Februar 2016 – B 8 SO 11/14 R –, juris.

31 Vgl. *Becker*, in: Becker/Roth, Recht der Älteren, S. 3, 18.

32 Siehe *Herring*, Older People in Law and Society, S. 3. Kritisch hierzu unter Berufung auf die hierdurch entstehende Rechtsunsicherheit *Wedemann*, AcP 214 (2014), 664, 674; *dies.*, ZBB 2014, 54, 57.

33 Siehe BeckOK SozR/*Kaiser* SGB XII § 71 Rn. 2 (im Rahmen von § 71 Abs. 1 S. 1 SGB XII). Kritisch hierzu unter Berufung auf die hierdurch entstehende Rechtsunsicherheit *Wedemann*, AcP 214 (2014), 664, 674; *dies.*, ZBB 2014, 54, 57.

34 Siehe *Mahler*, Menschenrechte: Keine Frage des Alters?, S. 13.

35 *Baltes/Baltes*, in: Baltes/Mittelstraß/Staudinger, Alter und Altern, S. 1, 14. Siehe ausführlich hierzu auch noch S. 106 ff.

36 Vgl. *Baltes/Baltes*, in: Baltes/Mittelstraß/Staudinger, Alter und Altern, S. 1, 15.

Auch wenn die nachfolgend genannten Regelungen nicht ausschließlich für ältere Menschen – unabhängig von dem jeweiligen Definitionsansatz – relevant sind, wird wenig Streit darüber bestehen, dass diese Vorschriften zum Bereich des *Elder Law* zu zählen sind. Dies gilt beispielsweise für die Regelungen über Rentenleistungen im Bereich der Rente wegen des Alters, da hier das durchschnittliche Rentenzugangsalter z.B. im Jahre 2020 immerhin bei 64,2 Jahren lag.[37] Auch die Regelungen zur Altenpflege sind dem Bereich des *Elder Law* zuzuordnen, da z.B. Ende 2019 ca. 80 % der Pflegebedürftigen mindestens 65 Jahre alt waren.[38] Eine Zuordnung zum „Recht der Älteren" ergibt sich auch für Fragen hinsichtlich der Geschäftsfähigkeit von Demenzerkrankten, da z.B. im Jahre 2018 nur vier bis fünf Prozent der Erkrankten ein Lebensalter von unter 65 Jahren aufwiesen.[39] Dementsprechend gehören auch die häufig damit einhergehenden Fragen der Testierfähigkeit zum vom Begriff des *Elder Law* umfassten Bereich.

Zu einer vergleichbaren Einbeziehung bestimmter Rechtsmaterien kommt z.B. die amerikanische *National Elder Law Foundation*, nach welcher u.a. die rechtlichen Aspekte der Gesundheit, der Geschäftsfähigkeit, der Nachlassverwaltung oder auch der Gewährung öffentlicher Vorteile in den vom *Elder Law* umfassten Bereich fallen.[40] Aus Sicht der Rechtswissenschaft kann *Elder Law* als ein interdisziplinärer rechtswissenschaftlicher Forschungsbereich von erheblicher gesellschaftlicher Bedeutung beschrieben werden, welcher sich auf die rechtliche Situation älterer Menschen bezieht.[41]

---

37 Siehe zum Rentenzugangsalter DRV, Rentenversicherung in Zahlen 2021, S. 66.

38 Siehe zum Alter der Pflegebedürftigen Statistisches Bundesamt, Pflegestatistik 2019, S. 21.

39 Siehe zum Alter der Demenzerkrankten Alzheimer Europe, Dementia in Europe Yearbook 2019, S. 42.

40 Siehe https://nelf.org/page/NELFFactSheet, zuletzt besucht am 13. August 2022: „*Elder law' is the legal practice of counseling and representing older person and persons with special needs, their representatives about the legal aspects of health and long-term care planning, public benefits, surrogate decision-making, legal capacity, the conservation, disposition and administration of estates and the implementation of their decisions concerning such matters, giving due consideration to the applicable tax consequences of the action, or the need for more sophisticated tax expertise.*". Siehe auch *Roth*, in: Becker/Roth, Recht der Älteren, S. 69, 75; *ders.*, AnwBl 2011, 671, 672.

41 Vgl. *Rönnmar*, RdA 2015, 329, 330.

B. *Elder Law* als Gebiet der Rechtswissenschaft

I. Die Anfänge des *Elder Law* in den USA

Die USA nahm bei der Entwicklung des *Elder Law* eine Vorreiterrolle ein.[42] Dort hat sich bereits in der zweiten Hälfte des 20. Jahrhunderts ein „Rechtsbereich" etabliert, der die rechtlichen Interessen älterer Menschen in ihrer Gesamtheit beleuchtet.[43] Seit den 70er Jahren wurden vermehrt Gesetze oder einzelne Bestimmungen speziell zum Schutz älterer Menschen und ihrer Interessen erlassen.[44] Für die Entwicklung des *Elder Law* als eigenständiges Rechtsgebiet konstitutiv waren der *Older Americans Act* von 1965 sowie der *Age Discrimination in Employment Act 1967*.[45] Ferner ist als maßgeblicher Rechtsakt auf bundesstaatlicher Ebene der *Older Worker Benefits Act 1990* zu nennen.[46]

Abgesehen davon begann die rechtswissenschaftliche Bibliothek der *University of Southern California* im Jahre 1979 mit der regelmäßigen Herausgabe einer Bibliographie zum Thema „*Gerontology and the Law*".[47] Von besonderer Bedeutung kann zudem die Gründung des *Elder Law Journal* im Jahre 1993 angesehen werden.[48] *Levine* zufolge hat sich die rechtswissenschaftliche Forschung im Bereich „*gerontology and law*" seit 1975 jedes Jahr mehr als verdoppelt.[49]

Als entscheidende Entwicklungspunkte in der Rechtsprechung lassen sich zwei Entscheidungen des amerikanischen Supreme Court anführen. In *Massachusetts Bd. of Retirement v. Murgia* (1976) und *Vance v. Bradley* (1979) hat der Supreme Court erstmals von dem „*Constitutional law of the elderly*" und damit vom verfassungsrechtlich garantierten „Recht der Älteren" gesprochen.[50] In beiden Verfahren ging es um die Verfassungsmäßigkeit gesetzlicher Rentenaltersgrenzen für besondere Arbeitnehmergruppen (Polizisten bzw. Mitarbeiter des Auswärtigen Dienstes). Im Kontext der rechtspraktischen Entwicklung ist weiterhin die im Jahre 1987 erfolgte Gründung der *National Academy of Elder*

---

42 *Igl/Klie*, in: Igl/Klie, Das Recht der älteren Menschen, S. 17, 18.

43 *Roth*, AnwBl 2011, 671.

44 *Flessner*, Ältere Menschen, demographische Alterung und Recht, S. 16.

45 *Roth*, in: Becker/Roth, Recht der Älteren, S. 69, 71; *ders.*, AnwBl 2011, 671, 672.

46 Vgl. *Roth*, in: Becker/Roth, Recht der Älteren, S. 69, 71; *ders.*, AnwBl 2011, 671, 672.

47 Vgl. *Flessner*, Ältere Menschen, demographische Alterung und Recht, S. 17. Siehe zum Jahr der Ersterscheinung *Mubarak/Sapienza/Shimane*, Law Library Journal 73 (1980), 255, 257.

48 Vgl. auch *Roth*, in: Becker/Roth, Recht der Älteren, S. 69, 72; *ders.*, AnwBl 2011, 671.

49 Siehe *Levine*, The Gerontologist 20 (1980), 163.

50 Vgl. *Levine*, The Gerontologist 20 (1980), 163.

Law Attorneys zu erwähnen.[51] Dabei handelt es sich um einen Berufsverband von Rechtsanwälten, die eine Verbesserung der juristischen Beratung von älteren Menschen anstreben.[52]

II. Internationale Entwicklung

In den letzten Jahren hat sich gezeigt, dass das *Elder Law* nicht nur eine in den USA behandelte Thematik darstellt. Eine rechtliche Auseinandersetzung mit den Interessen älterer Menschen findet sich auch in anderen Rechtsordnungen des *Common Law*, vereinzelt sogar in zwischenstaatlichen Zusammenschlüssen wie z.B. den Vereinten Nationen. Wenn auch die Verbreitung im kontinentaleuropäischen *Civil Law* noch nicht in vergleichbarer Weise vorangeschritten ist, lassen sich hier gleichwohl Gesetzesentwicklungen im Kontext von „Alter und Recht" erkennen.

1. Zwischenstaatliche Organisationen

a) Vereinte Nationen

Die Bemühungen der Vereinten Nationen (UNO) zum Schutz von älteren Menschen begannen bereits im Jahre 1982 mit dem *Vienna International Plan of Action on Ageing*.[53] Im Jahre 2002 wurde eine *Political Declaration* und der *Madrid International Plan of Action on Ageing* verabschiedet.[54] Diese Bemühungen sind von lediglich politischem Charakter; rechtliche Qualität haben sie bislang nicht.[55] Immerhin wird im Madrid-Abkommen das Altern der Gesellschaft als ein globales Phänomen, das einen gesamtgesellschaftlichen Handlungsdruck erzeugt, deutlich herausgestellt.[56] In Zukunft wird daher wohl mit weiteren Bemühungen zur Behandlung der Altersproblematik seitens der Vereinten Nationen zu rechnen sein.

---

51 Siehe zum Zusammenschluss der Rechtsberatungs- sowie der akademischen Szene zu Vereinigungen im Bereich des *Elder Law* auch *Igl/Klie*, in: Igl/Klie, Das Recht der älteren Menschen, S. 17, 42.

52 Vgl. https://www.naela.org/Web/About/ImportTemp/About_NAELA_New.aspx?hkey=feb0efd3-bd62-4508-9ca4-20de373d4784, zuletzt besucht am 13. August 2022.

53 *Roth*, in: Becker/Roth, Recht der Älteren, S. 69, 77; *ders.*, AnwBl 2011, 671, 673.

54 Siehe *Political Declaration and Madrid International Plan of Action on Ageing* (2002); siehe auch *Roth*, in: Becker/Roth, Recht der Älteren, S. 69, 77.

55 *Roth*, in: Becker/Roth, Recht der Älteren, S. 69, 77; *ders.*, AnwBl 2011, 671, 673.

56 Vgl. *Zenz*, KritV 2004, 213.

Nach Art. 25 Abs. 1 der Internationalen Menschenrechtscharta der Vereinten Nationen hat jeder ein Recht auf Sicherheit im Alter. Doch auch die UN-Menschenrechtscharta entfaltet keine rechtlich bindenden Wirkungen gegenüber den Mitgliedstaaten der Vereinten Nationen.[57] Die Weltgesundheitsorganisation (WHO), welche eine Sonderorganisation der Vereinten Nationen darstellt,[58] beschäftigt sich in ihrem *Global status report on violence prevention 2014* mit der Problematik des *Elder Abuse* und somit mit dem Problem der Gewalt gegen ältere Menschen.

Das Übereinkommen über die Rechte von Menschen mit Behinderungen (UN-Behindertenrechtskonvention) vom 13. Dezember 2006 befasst sich zwar nicht ausdrücklich mit älteren Menschen.[59] Menschen mit Behinderungen befinden sich allerdings mehrheitlich in einem fortgeschrittenen Lebensalter.[60] Zweck dieses Übereinkommens ist es, den vollen und gleichberechtigten Genuss aller Menschenrechte und Grundfreiheiten durch alle Menschen mit Behinderungen zu fördern, zu schützen und zu gewährleisten und die Achtung der ihnen innewohnenden Würde zu fördern (Art. 1 Abs. 1 UN-BRK). Die UN-Behindertenrechtskonvention enthält in Art. 4 Abs. 1 einige absolute Verpflichtungen und entfaltet rechtlich bindende Wirkungen gegenüber den Vertragsstaaten (Art. 43 UN-BRK).[61]

b) Europarat

Auf europäischer Ebene war der Europarat der erste sozialrechtliche und sozialpolitische Akteur, der mit der Europäischen Sozialcharta das wohl wichtigste europäische sozialstandardbildende Instrument geschaffen hat.[62] In Art. 23 der revidierten Europäischen Sozialcharta heißt es: *„Every elderly person has the right to social protection"*. Somit haben alle älteren Menschen ein Recht auf sozialen Schutz. Bei der Verletzung der Sozialcharta fehlt es allerdings an der Möglichkeit einer formalen Staatsklage oder an dem Recht auf eine individuelle

---

57 Vgl. *Gareis/Varwick*, Die Vereinten Nationen, S. 188.

58 Siehe *Gareis/Varwick*, Die Vereinten Nationen, S. 278.

59 Ebenfalls betrachtet *Roth*, in: Becker/Roth, Recht der Älteren, S. 69, 77; *ders.*, AnwBl 2011, 671, 673, die UN-Behindertenrechtskonvention als im vorliegenden Kontext erwähnenswert.

60 Die Mehrheit der im Jahre 2021 in Deutschland lebenden schwerbehinderten Menschen war älter als 60 Jahre, siehe Statistisches Bundesamt, Schwerbehinderte Menschen in Deutschland.

61 Franzen/Gallner/Oetker/*Denecke* CRPD Art. 4 Rn. 1 u. 2.

62 *Igl/Klie*, in: Igl/Klie, Das Recht der älteren Menschen, S. 17, 28.

Beschwerde.[63] Es ist ohnehin umstritten, ob aus der Europäischen Sozialcharta überhaupt unmittelbare Rechte abgeleitet werden können.[64] Jedenfalls wird aber durch diese Art von Dokumenten die internationale Diskussion erheblich geprägt und auch ein gewisser Einfluss auf die nationale Politik ausgeübt.[65]

2. *Die Europäische Union*

Auch in der Europäischen Union setzt man sich mit den rechtlichen Interessen älterer Menschen auseinander. Die Entwicklung vollzog sich jedoch sehr langsam. Dies ist darauf zurückzuführen, dass im Recht der Europäischen Gemeinschaft und später im Recht der Europäischen Union die Sozialpolitik und das Sozialrecht zunächst keine Rolle spielten, da es sich um eine Wirtschaftsgemeinschaft und eben nicht um eine Sozialgemeinschaft handelte.[66] Mittlerweile stehen den Organen der Europäischen Union aber Möglichkeiten zur Eingehung auf die rechtlichen Bedürfnisse älterer Menschen zur Verfügung. Der Rat der Europäischen Union kann gemäß Art. 19 Abs. 1 AEUV unter bestimmten Voraussetzungen geeignete Vorkehrungen treffen, um Diskriminierungen aus Gründen des Alters zu bekämpfen. Auf Art. 19 Abs. 1 AEUV wurden bereits drei Richtlinien gestützt, so auch die Richtlinie 2000/78/EG des Rates vom 27. November 2000 zur Festlegung eines allgemeinen Rahmens für die Verwirklichung der Gleichbehandlung in Beschäftigung und Beruf.[67] Gemäß Art. 2 Abs. 1 i.V.m. Art. 1 RL 2000/78/EG ist nun eine Diskriminierung aufgrund des Alters in Beschäftigung und Beruf verboten.

Auch die GRCh beinhaltet ein Diskriminierungsverbot wegen des Alters, Art. 21 Abs. 1 GRCh, und gewährt zudem in Art. 34 Abs. 1 GRCh das Recht auf Zugang zu den Leistungen der sozialen Sicherheit und zu den sozialen Diensten, die im Alter Schutz gewährleisten sollen. Nach Art. 25 GRCh anerkennt und achtet die Union das Recht älterer Menschen auf ein würdiges und unabhängiges Leben und auf Teilnahme am sozialen und kulturellen Leben. In den Verfassungen der Mitgliedstaaten der Europäischen Union, und damit auch im Grundgesetz, findet sich keine mit diesem Artikel vergleichbare Regelung.[68] Der

---

63 Vgl. *Bergmann*, Handlexikon der Europäischen Union, Europäische Sozialcharta Punkt IV.

64 Vgl. von der Groeben/Schwarze/Hatje/*Langer* AEUV Art. 151 Rn. 55.

65 Vgl. BMFSFJ, Dritter Altenbericht, S. 273.

66 Vgl. *Igl/Klie*, in: Igl/Klie, Das Recht der älteren Menschen, S. 17, 29.

67 Streinz/*Streinz* AEUV Art. 19 Rn. 24.

68 Ausführlicher hierzu Meyer/Hölscheidt/*Hölscheidt* GRC Art. 25 Rn. 3 ff.

Unionsgesetzgeber hat älteren Menschen allerdings – im Gegensatz zu Kindern (siehe Art. 24 Abs. 1 S. 1, Abs. 3 GRCh) – kein Recht bzw. keinen Anspruch eingeräumt.[69] Auch der Entwurf einer europäischen Verfassung enthielt Aussagen zum Schutz von älteren Menschen.[70] Art. II-85 des Vertrags über eine Verfassung für Europa entsprach dem derzeitigen Art. 25 GRCh. Aufgrund mangelnder Ratifizierung aller Mitgliedstaaten der Europäischen Union ist die Verfassung allerdings nie in Kraft getreten.[71]

Im Gegensatz zu den Regelungen der zuvor genannten zwischenstaatlichen Zusammenschlüsse entfalten die Richtlinien der Europäischen Union sowie auch die in der GRCh enthaltenen Rechte und Programme rechtliche Wirkungen. Für die Richtlinien der Europäischen Union ergibt sich dies aus Art. 288 Abs. 3 AEUV. Danach ist eine Richtlinie für jeden Mitgliedstaat, an den sie gerichtet wird, hinsichtlich des zu erreichenden Ziels verbindlich. Dem Wortlaut entsprechend ergibt sich daraus zwar nur eine Verbindlichkeit für den jeweiligen Mitgliedstaat, doch hat der EuGH auch Richtlinienvorschriften bei Erfüllung bestimmter Voraussetzungen unmittelbare Wirkung zuerkannt.[72] Aus Art. 51 Abs. 1 GRCh ist die Verbindlichkeit der in der Charta enthaltenen Rechte und Programme zu folgern. Danach gilt die Charta für die Union als Institution sowie für die Mitgliedstaaten bei der Durchführung des Rechts der Union. Es sollen die Rechte geachtet, die Grundsätze eingehalten und zugleich deren Anwendung gefördert werden.

3. *Sonstige multilaterale Auseinandersetzung mit dem „Recht der Älteren“*

Als sonstige multilaterale Auseinandersetzung mit dem „Recht der Älteren“ kann das Übereinkommen über den internationalen Schutz von Erwachsenen genannt werden.[73] Dieses gilt im Verhältnis zu Deutschland derzeit in Belgien, Estland, Finnland, Frankreich, Lettland, Monaco, Österreich, Portugal, Schottland, Schweiz, der Tschechischen Republik und Zypern.[74] Gemäß Art. 1 Abs. 1 dieses Übereinkommens ist es bei internationalen Sachverhalten auf den Schutz

69 Vgl. Meyer/Hölscheidt/*Hölscheidt* GRC Art. 25 Rn. 10.
70 Siehe auch *Igl/Klie*, in: Igl/Klie, Das Recht der älteren Menschen, S. 17, 29.
71 Siehe zu den negativen Referenden in Frankreich und den Niederlanden *Borchardt*, Die rechtlichen Grundlagen der Europäischen Union, S. 51.
72 Vgl. Calliess/Ruffert/*Ruffert* AEUV Art. 288 Rn. 48.
73 Ausführlich zum Inhalt des Übereinkommens *Helms*, FamRZ 2008, 1995.
74 Siehe BfJ, Vertragsstaaten des Haager Übereinkommens.

von Erwachsenen anzuwenden, die aufgrund einer Beeinträchtigung oder der Unzulänglichkeit ihrer persönlichen Fähigkeiten nicht in der Lage sind, ihre Interessen zu schützen.

4. USA

Für die Entwicklung des *Elder Law* war der *Older Americans Act* von 1965 konstitutiv. Der *Older Americans Act* unterstützt eine große Vielfalt an sozialen Programmen und Serviceleistungen für Menschen, die bereits ein Alter von 60 Jahren erreicht haben.[75] Ziel des *Older Americans Act* ist, das Leben der älteren Menschen zu verbessern.[76] Es sollen u.a. ein angemessenes Einkommen im Ruhestand sichergestellt und erwerbswirtschaftliche Beschäftigungsmöglichkeiten gefördert werden.[77] Vom *Older Americans Act* werden auch Programme zur Verhinderung von Missbrauch, Vernachlässigung und Ausbeutung älterer Menschen unterstützt.[78]

Bezüglich der Problematik der Gewalt gegen ältere Menschen wurde in den USA mittlerweile ein eigenes Gesetz erlassen. Der *Elder Justice Act*, welcher am 23. März 2010 als Teil des *Patient Protection and Affordable Care Act* verabschiedet wurde, enthält Bestimmungen, die der Vermeidung von Missbrauch, Vernachlässigung und Ausbeutung älterer Menschen dienen, und solche, die sich auf die Vorgehensweise im Falle des Eintritts von Gewalt gegen ältere Menschen beziehen.[79]

In den USA gibt es überdies gesetzliche Vorschriften zum Schutz vor Altersdiskriminierung. Der *Age Discrimination in Employment Act 1967* verbietet eine Vielzahl von möglichen Varianten von Altersdiskriminierung im Arbeitsleben.[80] Eine Folge dieses Gesetzes ist insbesondere, dass die automatische Beendigung von Arbeitsverhältnissen wegen Erreichens des Rentenalters unzulässig ist; die Zwangspensionierung ist damit abgeschafft.[81] Die Möglichkeit des Verzichts auf die Rechte des *Age Discrimination in Employment Act* ist im *Older Worker Benefits Act 1990*

75 *Colello/Napili*, Older Americans Act, S. 1.

76 Vgl. *Colello/Napili*, Older Americans Act, S. 2.

77 *Colello/Napili*, Older Americans Act, S. 2.

78 Siehe *Colello/Napili*, Older Americans Act, S. 1.

79 *O'Shaughnessy*, The Elder Justice Act, S. 1; siehe auch *Colello*, The Elder Justice Act, Einleitung.

80 Vgl. *Feder*, ADEA, S. 3. Ausführlicher zum *Age Discrimination in Employment Act 1967* auch *Ruppert*, in: Becker/Roth, Recht der Älteren, S. 27, 46 f.

81 Vgl. *Flessner*, Ältere Menschen, demographische Alterung und Recht, S. 146.

geregelt.[82] Der *Equal Credit Opportunity Act* untersagt, Kreditnehmer wegen ihres Alters zu benachteiligen.[83] Interessant ist, dass die Bevorzugung älterer Menschen bei Kreditgeschäften indes erlaubt ist.[84] Auch in einigen Bundesstaaten gibt es Antidiskriminierungsvorschriften bezüglich des Alters.[85]

In *Title XVIII Part A* des *Social Security Act* ist eine Art Krankenversicherung („Krankenhausversicherung") speziell für ältere Menschen geregelt. *Title II* des *Social Security Act* enthält in *Sec. 202. [42 U.S.C. 402]* Ausführungen zu einer Altersrente. Der *Social Security Act* ist bezogen auf die Bedeutung für ältere Menschen das wichtigste Gesetz in den USA.[86]

In den USA befasst man sich unter dem Begriff „*Guardianship*" mit der rechtlichen Vertretung von aufgrund geistiger Mängel hilfsbedürftigen Erwachsenen.[87] In den einzelnen Bundesstaaten gibt es gesetzliche Regelungen zum „*Guardianship*", wobei diese inhaltlich unterschiedlich sein können.[88] Ein weiteres Gesetz mit Bezug zu älteren Menschen ist der *Federal Nursing Home Reform Act*. Mit diesem sollten nationale Minimalstandards hinsichtlich der Pflege und bestimmte Rechte von in zertifizierten Pflegeheimen lebenden Menschen sichergestellt werden.[89] Darüber hinaus ist in *Title 12 Sec. 1701q.* des *United States Code* geregelt, dass es älteren Menschen ermöglicht werden soll, in Würde und Unabhängigkeit zu leben, indem die Versorgung mit unterstützendem Wohnraum ausgebaut wird. Der *Supreme Court* hat von dem „*Constitutional law of the elderly*" und damit vom verfassungsrechtlich garantierten „Recht der Älteren" gesprochen.

Ein Beispiel für bundesstaatliches *Elder Law* ist der *Illinois Act on the Aging (20 ILCS 105/)*. Gemäß *Sec. 2.* ist Ziel dieses Gesetzes u.a. die Bereitstellung eines umfassenden und koordinierten Dienstleistungssystems für die alternde Bevölkerung von Illinois. Ein weiteres Beispiel ist *Sec. 368.* des *Penal Code of California*, durch welchen der Missbrauch älterer Menschen ausdrücklich unter Strafe gestellt wird. Überdies existiert in den USA eine ernstzunehmende rechtswissenschaftliche Forschung im Bereich des *Elder Law*. Es gibt akademische Rechtslehrer, die ihre Forschung auf das Gebiet des *Elder Law* konzentrieren, darauf ausgerichtete akademische Abschlüsse

82 *Roth*, in: Becker/Roth, Recht der Älteren, S. 69, 71; *ders.*, AnwBl 2011, 671, 672.
83 *Flessner*, Ältere Menschen, demographische Alterung und Recht, S. 145.
84 Vgl. *Flessner*, Ältere Menschen, demographische Alterung und Recht, S. 147.
85 Vgl. *Flessner*, Ältere Menschen, demographische Alterung und Recht, S. 146.
86 *Posner*, Aging and Old Age, S. 298.
87 Siehe *Uekert/Dibble*, The Court Manager Vol. 23 Issue 4, 9.
88 Vgl. *Uekert/Dibble*, The Court Manager Vol. 23 Issue 4, 9 u. 13.
89 Vgl. *Lyons*, Protecting Older People, S. 14.

können erworben werden und es existiert eine umfassende Fachliteratur zum *Elder Law*. Auch wurden entsprechende Vereinigungen gegründet.

5. *Hinweise zur Rechtsentwicklung in einzelnen europäischen Ländern*

Die nachfolgenden Ausführungen enthalten nur einzelne Beispiele zur Rechtsentwicklung im Bereich des *Elder Law* in einigen europäischen Staaten und dienen lediglich als kurzer Überblick ohne einen Anspruch auf Vollständigkeit zu begründen. In einigen europäischen Staaten, wie z.B. in Portugal, werden ältere Menschen mit eigenen Rechten von Verfassungsrang ausgestattet.[90] Nach Art. 72 der Verfassung von Portugal (2005) haben ältere Menschen das Recht auf wirtschaftliche Sicherheit und auf eine Wohnung sowie auf familiäre und gemeinschaftliche Lebensbedingungen, die ihre persönliche Autonomie achten und Isolation oder soziale Marginalisierung vermeiden bzw. überwinden. Zu dem „Recht der Älteren“ gehören außerdem die mit dem deutschen Betreuungsrecht vergleichbaren Regelungen der anderen europäischen Länder. Dazu zählt z.B. das österreichische Sachwalterrecht (seit dem 1. Juli 2018: Erwachsenenschutzrecht).[91] In den Mitgliedstaaten der EU bestehen überdies die Umsetzungsgesetze der RL 2000/78/EG.[92] In Österreich gibt es seit dem 1. Juli 1998 ein Bundesgesetz über die Förderung von Anliegen der älteren Generation (Bundes-Seniorengesetz). Nach diesem Gesetz ist ein Bundesseniorenbeirat zu errichten, der als Gesprächsforum zwischen den politischen Entscheidungsträgern und Vertretern der Seniorenorganisationen in seniorenspezifischen Fragen, die von allgemeiner österreichischer Bedeutung sind, dient (siehe §§ 4 Abs. 1 S. 1, 11 Abs. 1 Bundes-Seniorengesetz). Der Bundesseniorenbeirat kann außerdem Stellungnahmen zu Gesetzesentwürfen, die die Interessen der Senioren berühren können, abgeben (§ 11 Abs. 2 Nr. 3 Bundes-Seniorengesetz). Nicht nur in den USA haben sich Anwälte zusammengeschlossen, um auf dem Gebiet des *Elder Law* Beratung anzubieten, sondern auch im Vereinigten Königreich.[93] In England gibt es zudem einige praxisorientierte Literatur.[94] Die akademische Auseinandersetzung mit der Thematik ist allerdings nicht sehr verbreitet.[95]

---

90 Siehe hierzu auch *Häberle*, Das Grundgesetz zwischen Verfassungsrecht und Verfassungspolitik, S. 755.

91 Vgl. auch *Spickhoff*, ZfRV 2008, 33, 35. Siehe zum Übergang vom Sachwalterrecht zum Erwachsenenschutzrecht *Krammer*, ÖZPR 2018, 22.

92 Eine ausführliche Übersicht zu den umgesetzten Antidiskriminierungsregeln in den einzelnen Mitgliedstaaten findet sich bei *Benecke*, Antidiskriminierungsrecht, S. 8 ff.

93 *Igl/Klie*, in: Igl/Klie, Das Recht der älteren Menschen, S. 17, 42.

94 Vgl. *Herring*, Older People in Law and Society, S. 4.

95 Vgl. *Herring*, Older People in Law and Society, S. 4 f.

3. *Kapitel Elder Law* in Deutschland

A. Einführung

Alter, Altern und alte Menschen stehen immer mehr im Mittelpunkt des wissenschaftlichen und auch des gesellschaftlichen Interesses.[96] Auch rechtliche Themen, wie z.B. die Achtung des Selbstbestimmungsrechts im Alter, treten seit geraumer Zeit vermehrt in den Fokus der Wissenschaft und der Gesellschaft. An einer umfassenden wissenschaftlichen Auseinandersetzung mit der Thematik „Recht und hohes Lebensalter" fehlt es indes.[97] Wenn sich schon die Wissenschaft lediglich stiefmütterlich mit der Thematik „Recht und hohes Lebensalter" auseinandersetzt, verwundert es nicht, dass sich der deutsche Gesetzgeber mit der Schaffung von Regelungen mit ausschließlichem Bezug zu älteren Menschen zurückhält. Das deutsche Recht beinhaltet zwar ein Mutterschutz- und ein Jugendarbeitsschutzgesetz sowie Regelungen für Schwerbehinderte, also mehrere ausschließlich auf bestimmte schutzbedürftige Personengruppen bezogene Gesetze.[98] An einem entsprechenden „Altenschutzgesetz" mangelt es jedoch.[99]

Die hiesige Kritik an der fehlenden Auseinandersetzung mit der Thematik „Recht und hohes Lebensalter" ist nicht neu. Bereits 1994 wurde das Fehlen einer umfassenden systematischen Erörterung der Thematik „Recht und hohes Lebensalter" bemängelt.[100] Immerhin werden altersspezifische Fragen bereits teilweise in übergreifenden Fachgebieten mitbearbeitet.[101] Fragen der Alterssicherung werden im Rahmen des Sozialrechts und Problematiken der Selbstbestimmung im Alter werden im familienrechtlichen Betreuungsrecht thematisiert.[102] Die Auseinandersetzung mit den Herausforderungen der demografischen Alterung für das Recht steckt hierzulande gleichwohl noch „in den Kinderschuhen".[103]

96 Vgl. *Wahl/Heyl*, Gerontologie, S. 11.

97 Siehe auch *Rademacher*, Rechtsschutz zugunsten älterer Verbraucher, S. 27.

98 Vgl. auch *Häberle*, Das Grundgesetz zwischen Verfassungsrecht und Verfassungspolitik, S. 762.

99 Ebenso bereits *Häberle*, Das Grundgesetz zwischen Verfassungsrecht und Verfassungspolitik, S. 762.

100 Siehe *Zacher*, in: Baltes/Mittelstraß/Staudinger, Alter und Altern, S. 305, 326.

101 Vgl. *Zenz*, KritV 2004, 213, 215.

102 *Zenz*, KritV 2004, 213, 215.

103 Ebenso bereits *Wedemann*, AcP 214 (2014), 664, 666; *dies.*, ZBB 2014, 54.

Die Entwicklung des *Elder Law* ist in den USA um einiges vorangeschrittener, da sich dort viel früher intensiv mit der Thematik „Recht und hohes Lebensalter“ auseinandergesetzt wurde. Dies ist auf verschiedene Umstände zurückzuführen: die frühere politische Präsenz älterer Menschen, die frühere Einordnung älterer Menschen als diskriminierte Gruppe und die frühere Entdeckung der älteren Bevölkerung als lukrativer Markt.[104] Im Vergleich zu den Vereinigten Staaten hatten ältere Menschen in Deutschland lange Zeit kaum etablierte Interessengruppen, die altersspezifische Fragen thematisierten und auch politisch erfolgreich durchsetzen konnten; deutschen Interessengruppen fehlte es regelmäßig an bedeutsamen Einflussmöglichkeiten.[105] Erst im Jahre 1986 wurde der Deutsche Senioren Ring e.V. (DSR) gegründet, welcher gemeinsam mit einigen weiteren Verbänden und Selbsthilfeorganisationen 1987 und 1988 die ersten Deutschen Seniorentage durchführte.[106] Die Bundesarbeitsgemeinschaft der Seniorenorganisationen e.V. (BAGSO) als Zusammenschluss aller Seniorenorganisationen auf Bundesebene, um die Interessen der Älteren in der Öffentlichkeit besser vertreten zu können („Senioren-Lobby“), wurde erst im Jahre 1989 gegründet.[107] Die Gründung der *American Association of Retired Persons* (*AARP*) als größte gemeinnützige Seniorenorganisation in den USA mit derzeit ca. 38 Millionen Mitgliedern erfolgte hingegen bereits im Jahre 1958.[108] Ein wichtiger Grund für die frühere Formierung einer „Senioren-Lobby“ war, dass in den USA – anders als in Deutschland – eine nur unzulängliche öffentliche Absicherung älterer Menschen existierte.[109] Die Einordnung älterer Menschen als diskriminierte Minderheit erfolgte u.a. im Rahmen des *Age Discrimination in Employment Act 1967*.[110] In der Europäischen Union entwickelt sich das Recht gegen Altersdiskriminierung auf gesetzlicher Ebene hingegen erst etwa seit den Neunzigerjahren.[111] Das AGG wurde sogar erst am 14. August 2006 erlassen.[112]

---

104 Vgl. auch *Flessner*, Ältere Menschen, demographische Alterung und Recht, S. 18.

105 Vgl. auch *Flessner*, Ältere Menschen, demographische Alterung und Recht, S. 154 f. Siehe zu einigen ersten Erfolgen während der Anfänge der Seniorenorganisationen in Deutschland aber *Lehr/Lenz*, in: Pohlmann, Altern mit Zukunft, S. 237.

106 Siehe *Lehr/Lenz*, in: Pohlmann, Altern mit Zukunft, S. 237 f.

107 Siehe *Lehr/Lenz*, in: Pohlmann, Altern mit Zukunft, S. 237, 238.

108 Siehe *Albee/Hunter*, in: Gu/Dupre, Encyclopedia of Gerontology and Population Aging, S. 1.

109 Vgl. auch *Flessner*, Ältere Menschen, demographische Alterung und Recht, S. 155.

110 Siehe zum *Age Discrimination in Employment Act 1967* auch bereits S. 10 u. 16.

111 Siehe *Ruppert*, in: Becker/Roth, Recht der Älteren, S. 27, 44.

112 Siehe BGBl. 2006 Teil I Nr. 39, S. 1897.

Auch die Hinwendung zum älteren Menschen als Faktor einer möglichen wirtschaftlichen Entwicklung und somit die Erkenntnis, dass die ältere Bevölkerung einen lukrativen Markt darstellt, fand in Deutschland sehr zögerlich und insbesondere später als in den USA statt.[113] Dass sich daher bisher nur wenig mit Fragen des speziellen Schutzes älterer Verbraucher beschäftigt wurde, ist naheliegend. Auch im Jahre 2004 hieß es noch, dass die sich aus der wachsenden wirtschaftlichen Bedeutung des privaten Konsums älterer Menschen ergebenden neuen Märkte in weiten Teilen noch nicht ausreichend entwickelt sind.[114] Erst 2008 wurde von der Bundesregierung die Initiative „Wirtschaftsfaktor Alter" gestartet.[115] Immerhin ist mittlerweile von einer ausgeprägten Erkenntnis, dass ältere Menschen als lukrativer Markt anzusehen sind, auszugehen.

Ein weiterer Aspekt für die frühere intensive Auseinandersetzung mit der Thematik „Recht und hohes Lebensalter" in den USA liegt darin, dass die dortige Versorgung älterer Menschen durch öffentliche Leistungen weniger stark ausgeprägt war.[116] Dieser Mangel an Regelungen des öffentlichen Sektors wurde zum Auslöser für privatrechtliche Vorschriften; die kostenneutrale Privatrechtsgesetzgebung wurde zum Ersatz für Sozialpolitik.[117] Die Unübersichtlichkeit privatversicherungsrechtlicher Lösungen hat zu einem erhöhten Beratungsbedarf über diese Materie geführt.[118] Vor diesem Hintergrund erscheint die frühe Herausbildung des Rechtsbereichs *Elder Law* verständlich.

B. Verfassungsrechtliche Verankerung

I. Grundgesetz

Das Grundgesetz enthält keinen Artikel, der sich ausdrücklich mit der rechtlichen Stellung älterer Menschen befasst.[119] Daraus darf aber nicht der Schluss

---

113 Vgl. auch *Flessner*, Ältere Menschen, demographische Alterung und Recht, S. 154 f.

114 Siehe *Gerling/Naegele/Scharfenorth*, Sozialer Fortschritt 2004, 293.

115 Siehe dazu BMWi/BMFSFJ, Wirtschaftsfaktor Alter, S. 1.

116 Vgl. *Igl/Klie*, in: Igl/Klie, Das Recht der älteren Menschen, S. 17, 42; *Flessner*, Ältere Menschen, demographische Alterung und Recht, S. 155. Ähnlich im Zusammenhang mit einer speziellen Antidiskriminierungsgesetzgebung zugunsten älterer Menschen *Ruppert*, in: Becker/Roth, Recht der Älteren, S. 27, 45.

117 Vgl. *Flessner*, Ältere Menschen, demographische Alterung und Recht, S. 155.

118 Vgl. *Igl/Klie*, in: Igl/Klie, Das Recht der älteren Menschen, S. 17, 42.

119 Ebenso *Lipp*, in: IWR Universität Kassel, 60 Jahre Grundgesetz, S. 189, 192; ähnlich *Müller*, Alter und Recht, S. 384. Siehe auch *Igl/Klie*, in: Igl/Klie, Das Recht der älteren Menschen, S. 17 f.; *Klie*, in: Wahl/Mollenkopf, Alternsforschung, S. 237, 238

gezogen werden, dass es keine verfassungsrechtlichen Vorgaben zur rechtlichen Stellung des Menschen im Alter gäbe.[120]

1. Menschenwürde, Art. 1 Abs. 1 GG

Die Menschenwürde (Art. 1 Abs. 1 GG) begründet als Verfassungsprinzip das Zusammenleben im politischen Gemeinwesen für jeden Menschen unabhängig von seinem Alter.[121] Der Verfassungsstaat hat einen spezifischen rechtlich umzusetzenden Schutzauftrag in Bezug auf die Menschenwürde von jedermann; der alte und der junge Mensch sind ihm gleich viel wert.[122] Die Menschenwürde spielt insbesondere bei der Problematik der Ausübung von Gewalt an älteren Menschen, bei minderwertiger Pflegeleistung und bei Fragen hinsichtlich eines selbstbestimmten Lebens und Sterbens eine Rolle.

2. Persönliche Freiheitsrechte, Art. 2 GG

Jeder Mensch, und damit auch der Hochbetagte, hat das Recht auf die freie Entfaltung seiner Persönlichkeit sowie das Recht auf Leben und körperliche Unversehrtheit (vgl. Art. 2 Abs. 1 u. 2 S. 1 GG).[123] Die in Art. 2 Abs. 1 GG verankerte allgemeine Handlungsfreiheit ist besonders im Rahmen der Anordnung einer rechtlichen Betreuung nach den §§ 1896 ff. BGB von Bedeutung. Durch die Einrichtung einer Betreuung wird der Betreute nämlich in seiner Handlungsfreiheit aus Art. 2 Abs. 1 GG ganz oder teilweise in den vom Gericht bestimmten Angelegenheiten eingeschränkt.[124] Die Einrichtung einer Betreuung hat für den Betroffenen zudem stigmatisierende Wirkung, da mit ihr die Einschätzung verbunden ist, dass der Betreute seine Angelegenheiten nicht mehr hinreichend

---

f.; *ders.*, in: Oswald/Lehr/Sieber/Kornhuber, Gerontologie, S. 306; *Igl*, in: FS Thieme, S. 747, 761.

120 Vgl. *Lipp*, in: IWR Universität Kassel, 60 Jahre Grundgesetz, S. 189, 192.

121 Vgl. *Häberle*, Das Grundgesetz zwischen Verfassungsrecht und Verfassungspolitik, S. 773.

122 *Häberle*, Das Grundgesetz zwischen Verfassungsrecht und Verfassungspolitik, S. 773.

123 Siehe zum persönlichen Schutzbereich des Rechts auf allgemeine Handlungsfreiheit (Art. 2 Abs. 1 GG) z.B. BeckOK GG/*Lang* GG Art. 2 Rn. 19 f.; Dürig/Herzog/Scholz/*Di Fabio* GG Art. 2 Abs. 1 Rn. 10. Die sich in diesem Zusammenhang aus Art. 2 Abs. 1 GG ergebende allg. Handlungsfreiheit beinhaltet auch die Freiheit sich durch Verträge zu binden (siehe ErfK/*Schmidt* GG Art. 2 Rn. 2) und ist daher im weiteren Verlauf der Bearbeitung von besonderer Bedeutung.

124 Vgl. BVerfG NJW 2010, 3360, 3361.

selbstständig besorgen bzw. unter Umständen sogar keinen freien Willen mehr bilden kann, wodurch letztlich in das Grundrecht auf Schutz der Persönlichkeit aus Art. 2 Abs. 1 i.V.m. Art. 1 Abs. 1 GG eingegriffen wird.[125] Für ältere Menschen können überdies Fragen zum selbstbestimmten Sterben (Patientenverfügung, Abbruch lebenserhaltender Maßnahmen, Suizid) von besonderer Relevanz sein.

Art. 2 Abs. 2 GG und darüber hinaus Art. 1 i.V.m. Art. 2 Abs. 1 GG sind insbesondere auch in der Diskussion über die Fähigkeit zur Einwilligung in medizinische Behandlungsmaßnahmen von Bedeutung.[126] Es geht dabei um die anderen gegenüber erteilte Erlaubnis, in eigene Rechte oder Rechtsgüter, vor allem in die körperliche Integrität, einzugreifen.[127] Das Grundrecht auf Leben und körperliche Unversehrtheit gewährt allerdings nicht nur ein subjektives Abwehrrecht gegen staatliche Eingriffe in diese Rechtsgüter, sondern stellt zugleich eine objektive Wertentscheidung der Verfassung dar, welche eine staatliche Schutzpflicht begründet.[128] Insbesondere pflegebedürftige ältere Menschen profitieren von dieser Schutzpflicht, da sie demgemäß die Bereitstellung von Maßnahmen zur Sicherstellung ihrer Gesundheit verlangen können.

Von erhöhter Relevanz für ältere Menschen ist auch das Recht auf Unverletzlichkeit der Freiheit der Person aus Art. 2 Abs. 2 S. 2 GG. Es kann nämlich schon von einer freiheitsentziehenden Maßnahme gesprochen werden, wenn die Haustür versperrt wird, um den Demenzkranken am Ausgang zu hindern, damit die Angehörigen Besorgungen machen können.[129] Gleiches gilt für die Ruhigstellung des Pflegebedürftigen durch Medikamente oder durch das Verwenden von Bettgittern oder Fixierungsgurten, um zu verhindern, dass der Betroffene aus dem Bett oder vom Stuhl fällt.[130]

Pitschas zufolge kann aus der Auffangnorm des Art. 2 Abs. 1 GG sogar ein speziell älteren Menschen dienender Schutzanspruch hergeleitet werden.[131] Aus der interpretativen Verbindung des Art. 2 Abs. 1 GG und Art. 1 Abs. 1 S. 2 u. Abs. 2 GG sei die Ableitung eines grundrechtsgleichen Menschenrechts auf altersbezogene Selbstbestimmung möglich.[132] Dadurch könne älteren Menschen neben

---

125 Vgl. BVerfG NJW 2010, 3360, 3361.
126 Vgl. *Spickhoff*, AcP 208 (2008), 345, 385.
127 Vgl. *Spickhoff*, AcP 208 (2008), 345, 385.
128 Siehe BVerfG NJW 2017, 53, 55.
129 Vgl. *Wellenhofer*, in: FS Coester-Waltjen, S. 311, 316.
130 Vgl. *Wellenhofer*, in: FS Coester-Waltjen, S. 311, 316.
131 Siehe *Pitschas*, in: FS Krasney, S. 355, 368 f.
132 So *Pitschas*, in: FS Krasney, S. 355, 368.

einem Abwehranspruch gegenüber staatlichen Eingriffen auch ein Schutz- und Entfaltungsanspruch im Sinne eines verfassungsprinzipiellen Optimierungsgebotes objektiver und kompensatorischer Gewährleistung von altersbezogener Selbstbestimmung gewährt werden.[133]

3. Gleichheitsgrundsätze, Art. 3 GG

Das Benachteiligungsverbot für Menschen mit Behinderung, welches in Art. 3 Abs. 3 S. 2 GG verankert ist, soll nach *Igl* und *Klie* für ältere Menschen von großer Bedeutung sein.[134] Alterstypische Einschränkungen der Leistungsfähigkeit oder auch die Pflegebedürftigkeit sollen stets eine Behinderung im Sinne der ICF, die in § 2 SGB IX zum verbindlichen Maßstab für Behinderungen im rechtlichen Sinne wurde, darstellen.[135] Unter Bezugnahme auf die vom BVerfG entwickelte Definition des Begriffs der Behinderung, wonach diese eine „nicht nur vorübergehende[n] Funktionsbeeinträchtigung, die auf einem regelwidrigen körperlichen, geistigen oder seelischen Zustand beruht"[136], ist, lehnt *Duttge* eine implizite Erfassung älterer Menschen durch das Merkmal der Behinderung nach Art. 3 Abs. 3 S. 2 GG ab, denn das Entstehen altersbedingter Funktionsbeeinträchtigungen kann nicht als „regelwidrig" verstanden werden.[137] Sofern eine Erfassung der älteren Menschen unter Art. 3 Abs. 3 S. 2 GG somit nicht als überzeugend erachtet wird, kann ein Bezug zu älteren Menschen zumindest mit dem subsidiären Allgemeinen Gleichheitssatz aus Art. 3 Abs. 1 GG hergestellt werden.[138] Denn auch der Allgemeine Gleichheitssatz wirkt mit dem beinhalteten Diskriminierungsverbot auf die spezifischen Belange älterer Menschen ein,

---

133 So *Pitschas*, in: FS Krasney, S. 355, 368 f.

134 Siehe *Igl/Klie*, in: Igl/Klie, Das Recht der älteren Menschen, S. 17, 18; *Klie*, in: Wahl/Mollenkopf, Alternsforschung, S. 237, 239; *ders.*, in: Oswald/Lehr/Sieber/Kornhuber, Gerontologie, S. 306. Ausführlicher zur grundgesetzlichen Schutzgewährung von stark eingeschränkten älteren Menschen durch Gleichstellung mit behinderten Menschen *Müller*, Alter und Recht, S. 242 f., der dieser Folgerung allerdings nur eingeschränkt zustimmt.

135 So *Klie*, in: Oswald/Lehr/Sieber/Kornhuber, Gerontologie, S. 306; siehe auch *Igl/Klie*, in: Igl/Klie, Das Recht der älteren Menschen, S. 17, 18; *Klie*, in: Wahl/Mollenkopf, Alternsforschung, S. 237, 239.

136 Siehe BVerfG NJW 1998, 131.

137 Siehe *Duttge*, in: Schicktanz/Schweda, Altern im Fokus der modernen Medizin, S. 87, 90.

138 Siehe zum Konkurrenzverhältnis der verschiedenen Gleichheitssätze BeckOK GG/*Kischel* GG Art. 3 Rn. 1 f.

da es sich um ein allgemeines, und daher auch für das Alter geltendes, Diskriminierungsverbot handelt.[139]

4. *„Alterssicherungsfunktion", Art. 6 Abs. 1 GG*

Zum Teil wird aus der Garantiefunktion der Familie (Art. 6 Abs. 1 GG), wonach die Familie unter dem besonderen Schutze der staatlichen Ordnung steht, eine „Alterssicherungsfunktion" abgeleitet.[140] Die Familie stellt die primäre Institution dar, die dem alten Menschen seit jeher und auch nach Vorstellung des Grundgesetzes Sicherheit bieten kann und dies – trotz Inkrafttretens der Pflegeversicherung – auch zukünftig noch immer weitgehend leisten soll.[141] Die Familie ist ein „Basiselement" der gesellschaftlichen Eigenverantwortung.[142] Das Institut der Familie wird (daher) durch Art. 6 Abs. 1 GG gewährleistet (Institutsgarantie).[143] Der Staat hat die Aufgabe, die Familie nicht nur vor Beeinträchtigungen durch andere Kräfte zu bewahren, sondern auch durch geeignete Maßnahmen zu fördern.[144]

5. *Berufsfreiheit, Art. 12 GG*

Altersgrenzen, die den Betroffenen dazu zwingen, aus dem Erwerbsleben auszuscheiden, stellen einen Eingriff in Art. 12 GG dar.[145] Darüber hinaus ist darin eine Ungleichbehandlung von Älteren im Hinblick auf Art. 3 Abs. 1 GG zu sehen.[146] Das BAG hat in einer neueren Entscheidung den Betriebsparteien, entsprechend der ständigen bundesarbeitsgerichtlichen Rechtsprechung, die Berechtigung zugestanden, eine Altersgrenze für die Befristung von Arbeitsverhältnissen zu regeln, die auf das Erreichen der Regelaltersgrenze in der gesetzlichen Rentenversicherung abstellt.[147] Hintergrund ist, dass die über Art. 12 GG geschützten Interessen der Betroffenen durch die Bestimmungen des TzBfG, deren Anforderungen die Altersgrenzenregelung genügen muss, hinreichend berücksichtigt werden.[148]

---

139 Vgl. *Müller*, Alter und Recht, S. 384; *Ganner*, Selbstbestimmung im Alter, S. 79.
140 Siehe *Pitschas*, in: FS Krasney, S. 355, 368.
141 *Pitschas*, in: FS Krasney, S. 355, 368.
142 *Pitschas*, in: FS Krasney, S. 355, 368.
143 Vgl. BVerfGE 6, 55, 72.
144 BVerfGE 6, 55, 76.
145 *Müller*, Alter und Recht, S. 390.
146 Vgl. *Müller*, Alter und Recht, S. 390.
147 Siehe BAG NZA 2017, 738 f.
148 Siehe BAG NZA 2017, 738, 739.

6. *Eigentumsgarantie und Erbrecht, Art. 14 GG*

Aufgrund dessen, dass die Eigentumsgarantie des Art. 14 GG auch sozialversicherungsrechtliche Ansprüche schützt, sind auch die sich daraus ergebenden Anforderungen bei den Reformen der gesetzlichen Alterssicherung zu beachten.[149] Art. 14 Abs. 1 S. 1 GG gewährleistet überdies das Erbrecht. Das Erbrecht hat die Funktion, das Privateigentum mit dem Tode des Eigentümers nicht untergehen zu lassen, sondern seinen Fortbestand im Wege der Rechtsnachfolge zu sichern.[150] Der besondere Berührungspunkt mit älteren Menschen ergibt sich aus dem für gewöhnlich hohen Sterbealter der in Deutschland lebenden Menschen.[151]

7. *Anspruch auf Grundversorgung, Art. 20 Abs. 1 i.V.m. Art. 1 Abs. 1 GG*

Aus Art. 20 Abs. 1 i.V.m. Art. 1 Abs. 1 GG lässt sich für pflegebedürftige, behinderte und alte Menschen ein verfassungsrechtlicher Anspruch auf eine Grundversorgung in materieller und medizinisch-pflegerischer Hinsicht ableiten.[152] Dem BVerfG zufolge ist der Staat nach Art. 20 Abs. 1 i.V.m. Art. 1 Abs. 1 GG verpflichtet, ein „Existenzminimum zu gewähren, das ein menschenwürdiges Dasein überhaupt erst ausmacht“.[153]

II. Landesverfassungen

Einige Landesverfassungen enthalten spezifische Regelungen für ältere Menschen, die allerdings als *„soft law“* im Wesentlichen nur von programmatischer Qualität sind.[154] Als landesverfassungsrechtliche Vorschriften mit ausdrücklicher Bezugnahme auf ältere Menschen ließen sich u.a. Art. 45 Abs. 1 S. 1 der Brandenburgischen Verfassung anführen, nach welchem ein Recht auf soziale Sicherheit auch im Alter begründet wird, oder auch Art. 17a S. 1 der

149 *Lipp*, in: IWR Universität Kassel, 60 Jahre Grundgesetz, S. 189, 191.

150 BVerfG NJW 1995, 2624, 2625.

151 Im Jahre 2021 lag das durchschnittliche Sterbealter in Deutschland bei 79,27 Jahren, siehe Statistisches Bundesamt, Durchschnittliches Sterbealter.

152 *Ganner*, Selbstbestimmung im Alter, S. 80.

153 Siehe BVerfG NJW 1977, 1525, 1526.

154 *Klie*, in: Oswald/Lehr/Sieber/Kornhuber, Gerontologie, S. 306; siehe auch *Igl/Klie*, in: Igl/Klie, Das Recht der älteren Menschen, S. 17, 18; *Klie*, in: Wahl/Mollenkopf, Alternsforschung, S. 237, 239.

Verfassung von Mecklenburg-Vorpommern, nach welchem alten Menschen besonderer Schutz zu gewähren ist.[155]

C. Einfachgesetzliches Recht mit Bezug zu älteren Menschen[156]

I. Normen mit ausdrücklichem Bezug zu älteren Menschen

1. Rentenrecht

Die Normen mit ausdrücklichem Bezug zu älteren Menschen mit der praktisch größten Relevanz sind die Regelungen über die Rente wegen des Alters (§§ 35 ff. SGB VI). Es handelt sich dabei um Vorschriften, die die soziale Absicherung im Alter in Form von finanzieller Unterstützung regeln. Derzeit wird die Regelaltersgrenze mit Vollendung des 67. Lebensjahres erreicht, § 35 S. 2 SGB VI. Das durchschnittliche Rentenzugangsalter im Bereich der Rente wegen des Alters lag im Jahre 2020 bei 64,2 Jahren.[157]

2. Altenhilfe

Gemäß § 71 Abs. 1 S. 1 SGB XII soll alten Menschen Altenhilfe gewährt werden. Die Altenhilfe soll dazu beitragen, Schwierigkeiten, die durch das Alter entstehen, zu verhüten, zu überwinden oder zu mildern und alten Menschen die Möglichkeit zu erhalten, selbstbestimmt am Leben in der Gemeinschaft teilzunehmen und ihre Fähigkeit zur Selbsthilfe zu stärken (§ 71 Abs. 1 S. 2 SGB XII). Es ist Aufgabe der Altenhilfe, zu verhindern, dass alte Menschen vom Leben in der Gemeinschaft ausgeschlossen werden.[158] Als Leistungen der Altenhilfe kommt z.B. die Beratung und Unterstützung im Vor- und Umfeld von Pflege, insbesondere in allen Fragen des Angebots an Wohnformen bei Unterstützungs-,

---

155 Siehe zu sonstigen derartigen landesverfassungsrechtlichen Vorschriften BMFSFJ, Vierter Altenbericht, S. 320 f.

156 Die Darstellung wird unterteilt nach Normen mit ausdrücklichem Bezug zu älteren Menschen und Normen mit typischem Bezug zu älteren Menschen. Eine ähnliche Aufteilung findet sich bei *Igl*, in: FS Thieme, S. 747, 749 ff., der danach unterteilt, ob die Regelungen ausschließlich für ältere Menschen einschlägig sind und dabei die Beschreibung „das Recht reagiert spezifisch bzw. unspezifisch" verwendet. Einige der nachfolgend aufgeführten Vorschriften bzw. Rechtsbereiche werden dementsprechend dort gleichermaßen thematisiert.

157 Siehe DRV, Rentenversicherung in Zahlen 2021, S. 66.

158 Grube/Wahrendorf/Flint/*Deckers* SGB XII § 71 Rn. 2.

Betreuungs- oder Pflegebedarf sowie an Diensten, die Betreuung oder Pflege leisten, in Betracht (§ 71 Abs. 2 Nr. 3 SGB XII). Ein Anspruch auf Altenhilfe wird aber nicht allein aufgrund des Erreichens eines hohen Lebensalters ausgelöst. Der Tatbestand der Altenhilfe setzt neben einem älteren Menschen im Sinne der Vorschrift das Bestehen von Bedarfen wegen „altersbedingter Schwierigkeiten" voraus.[159] Altersbedingte Schwierigkeiten sind z.B. eine Vereinsamung, Isolation oder körperliche/geistige Schwäche.[160]

3. *Arbeitsrecht*

Im Arbeits- und Arbeitsförderungsrecht gibt es eine Vielzahl von Bestimmungen, die explizit den Schutz älterer Arbeitnehmer bezwecken.[161] Nach § 41 S. 1 SGB VI kann das Bestehen eines Anspruchs auf Rente wegen Alters nicht als Grund angesehen werden, der die Kündigung eines Arbeitsverhältnisses durch den Arbeitgeber nach dem KSchG bedingen kann. Eine Begünstigung älterer Menschen im Arbeitsleben enthält ebenso § 10 Abs. 2 KSchG.[162] Hiernach erhöht sich der Betrag einer dem Arbeitnehmer infolge der Beendigung des Arbeitsverhältnis nach § 9 Abs. 1 KSchG zu zahlenden Abfindung erheblich, sofern der Arbeitnehmer mindestens das 50. Lebensjahr vollendet hat. Aus der Erhöhung der Abfindungszahlung älterer Arbeitnehmer ergibt sich nicht nur eine finanzielle Begünstigung, sondern zugleich ein faktischer Schutz auf Bestehenbleiben des Arbeitsverhältnisses. Denn von dem Antrag zur Auflösung des Arbeitsverhältnisses nach § 9 Abs. 1 S. 2 KSchG wird der Arbeitgeber möglicherweise absehen, wenn die Summe der zu zahlenden Abfindung besonders hoch ist. Ältere Arbeitnehmer werden zudem durch das ATG begünstigt, indem diesen durch die Möglichkeit der Altersteilzeitarbeit ein gleitender Übergang vom Erwerbsleben in die Altersrente ermöglicht wird (vgl. § 1 Abs. 1 ATG). Ältere Arbeitnehmer sind dabei gemäß § 2 Abs. 1 Nr. 1 ATG Arbeitnehmer, die das 55. Lebensjahr vollendet haben. Schutz vor Benachteiligungen im Allgemeinen wird älteren Arbeitnehmern über § 75 Abs. 1 BetrVG gewährleistet.[163] Hiernach haben der Arbeitgeber und der Betriebsrat darüber zu wachen, dass alle im Betrieb tätigen Personen nach den Grundsätzen von Recht und Billigkeit

---

159 BSG, Urteil vom 24. Februar 2016 – B 8 SO 11/14 R –, juris.
160 Grube/Wahrendorf/Flint/*Deckers* SGB XII § 71 Rn. 2.
161 Vgl. auch *Flessner*, Ältere Menschen, demographische Alterung und Recht, S. 23.
162 Siehe auch *Flessner*, Ältere Menschen, demographische Alterung und Recht, S. 23.
163 Siehe auch *Flessner*, Ältere Menschen, demographische Alterung und Recht, S. 23.

behandelt werden und demzufolge auch jede Benachteiligung von Personen aus Gründen ihres Alters unterbleibt.

4. *Antidiskriminierungsrecht (AGG)*

Ziel des AGG ist es, Benachteiligungen aus verschiedenen personenbezogenen Gründen, insbesondere aus Gründen des Alters, zu verhindern oder zu beseitigen (vgl. § 1 AGG). Zwar werden Benachteiligungen sowohl wegen zu niedrigen Alters als auch wegen zu hohen Alters erfasst.[164] Praktisch wird es in der Regel aber um den Schutz älterer Menschen gehen.[165] Das AGG enthält einen eigenen Abschnitt nur mit Vorschriften zum Schutz von Beschäftigten vor Benachteiligung (Abschnitt 2, §§ 6–18) und bietet somit, wie das angesprochene betriebsverfassungsrechtliche Benachteiligungsverbot, ebenfalls älteren Arbeitnehmern einen besonderen Schutz (vgl. § 7 AGG). Ferner enthält Abschnitt 3 des AGG (§§ 19–21) Vorschriften zum Schutz vor Benachteiligungen im allgemeinen Zivilrechtsverkehr. Nach § 19 Abs. 1 Nr. 1 Alt. 1 AGG ist eine Benachteiligung aus Gründen des Alters bei der Begründung, Durchführung und Beendigung zivilrechtlicher Schuldverhältnisse, die typischerweise ohne Ansehen der Person zu vergleichbaren Bedingungen in einer Vielzahl von Fällen zustande kommen (sog. Massengeschäfte), unzulässig. Eine Verletzung des Benachteiligungsverbots ist aber nicht gegeben, wenn für die unterschiedliche Behandlung ein sachlicher Grund vorliegt (§ 20 Abs. 1 S. 1 AGG).

5. *Vorschriften zur Förderung der Teilhabe am allgemeinen Sozialleben*

Es gibt gesetzliche Vorschriften, die verhindern sollen, dass ältere Menschen aufgrund altersbedingter Ausfallerscheinungen (z.B. Mobilitätseinschränkungen)[166] an der Teilhabe am allgemeinen Sozialleben behindert werden. Beispielsweise müssen nach § 52 Abs. 2 S. 1 HbgBauO bauliche Anlagen, die öffentlich zugänglich sind, in den dem allgemeinen Besucherverkehr dienenden Teilen so

---

164 Vgl. BeckOK BGB/*Horcher* AGG § 1 Rn. 64; Erman/*Armbrüster* AGG § 1 Rn. 13.

165 Vgl. Erman/*Armbrüster* AGG § 1 Rn. 13. Bereits in der Begründung des Gesetzesentwurfs zum AGG wurde davon ausgegangen, dass der Schutz älterer Menschen vor Benachteiligung ein Schwerpunkt des Anwendungsbereichs des Merkmals „Alter“ sein wird, siehe BT-Drucks. 16/1780, S. 31.

166 Es wurde festgestellt, dass die körperliche Funktionsfähigkeit, insbesondere die Mobilität, bei vielen Menschen im höheren Alter abnimmt, siehe *Wurm/Schöllgen/Tesch-Römer*, in: Motel-Klingebiel/Wurm/Tesch-Römer, Altern im Wandel, S. 90, 101.

errichtet und instand gehalten werden, dass sie von alten Menschen barrierefrei erreicht und ohne fremde Hilfe zweckentsprechend genutzt werden können.[167] Nach § 52 Abs. 2 S. 2 HbgBauO zählen dazu nicht nur „notwendige" Einrichtungen wie die des Gesundheitswesens (Nr. 3), sondern auch Verkaufs-, Gaststätten und Beherbergungsbetriebe (Nr. 5).

6. *Heimrecht (WBVG)*

Mit dem HeimG wurde am 7. August 1974 ein Gesetz zum Schutz von Heimbewohnern geschaffen.[168] Das HeimG verband ordnungsrechtliche mit verbraucherschutzrechtlichen Belangen.[169] Infolge der Föderalismusreform wurde am 1. Oktober 2009 das WBVG verabschiedet, mit welchem die vertragsrechtlichen Vorschriften des HeimG aufgehoben und in anderer Form und an anderer Stelle weiterentwickelt wurden.[170] Ziel dieser Neuregelung war es, insbesondere auch ältere Menschen bei Abschluss und Durchführung von Verträgen über die Überlassung von Wohnraum mit Pflege- oder Betreuungsleistungen vor Benachteiligungen zu schützen, um so eine möglichst selbstständige und selbstbestimmte Lebensführung zu fördern.[171] Mit dem WBVG hat der Gesetzgeber eine Sondervertragsmaterie für den Schutz des alten, pflege- und betreuungsbedürftigen Verbrauchers geschaffen.[172] Das WBVG stellt ein sich ausdrücklich auf ältere Menschen beziehendes (vgl. § 1 Abs. 1 S. 1 WBVG) Verbraucherschutzgesetz dar.[173] Bei den pflegebedürftigen Menschen, also denjenigen Menschen, die als potenzielle Verbraucher i.S.d. § 1 Abs. 1 S. 1 WBVG in Betracht kommen, war zum Jahresende 2019 die überwiegende Anzahl (80 %) älter als 65 Jahre.[174] Insgesamt handelte es sich bei diesen älteren Pflegebedürftigen Ende 2019 um ca.

---

167 Vergleichbare Vorschriften zum barrierefreien Bauen finden sich auch in den anderen Bundesländern: § 39 BWLBO, § 48 BayBO, § 50 BlnBauO, § 50 BbgBO, § 50 BrBO, § 54 HBO, § 50 MVLBauO, § 49 NBauO, § 49 BauO NRW 2018, § 51 RpfLBauO, § 50 SaarLBO, § 50 SaBO, § 49 BauO LSA, § 52 SHLBO, § 50 ThürBO.

168 *Klie*, Z Gerontol Geriat 2017, 275, 279.

169 *Klie*, Z Gerontol Geriat 2017, 275, 279.

170 Vgl. *Tamm*, VuR 2016, 370.

171 Vgl. BT-Drucks. 16/12409, S. 10.

172 *Tamm*, VuR 2016, 370, 380.

173 Vgl. *Tamm*, VuR 2016, 370, 380.

174 Siehe zum Anteil der Über-65-Jährigen an den am Jahresende 2019 in Deutschland lebenden pflegebedürftigen Menschen Statistisches Bundesamt, Pflegestatistik 2019, S. 21.

3,3 Millionen Menschen.[175] Von diesen Menschen wurden am Jahresende 2019 ca. 758.000 vollstationär in Heimen gepflegt.[176]

7. *Steuerrecht*[177]

Ältere Menschen erfahren mittels des sog. Altersentlastungsbetrags (§ 24a EStG) steuerliche Begünstigungen. Bei der Berechnung des zu versteuernden Einkommens ist der Altersentlastungsbetrag ein in Abzug zu stellender Betrag (vgl. § 2 EStG, insbesondere Abs. 3). Der Altersentlastungsbetrag wird einem Steuerpflichtigen gewährt, der vor dem Beginn des Kalenderjahres, in dem er sein Einkommen bezogen hat, das 64. Lebensjahr vollendet hatte (§ 24a S. 3 EStG). § 24a EStG dient der Harmonisierung der Besteuerung der Altersbezüge.[178] Ältere Menschen werden außerdem durch Freibeträge bei der Veräußerung ihres Gewerbebetriebs (§ 16 Abs. 4 EStG) steuerlich begünstigt. Zur Einkommensteuer eines Steuerpflichtigen, der das 55. Lebensjahr bereits vollendet hat, wird der Gewinn aus der Veräußerung eines Gewerbebetriebs auf Antrag nur herangezogen, soweit er 45.000 Euro übersteigt (§ 16 Abs. 4 S. 1 EStG). Die Inhaber sollen den Gewinn ungeschmälert für ihre Altersversorgung verwenden können.[179]

8. *Straßenverkehrsrecht (StVO)*[180]

Nach § 3 Abs. 2a StVO muss sich ein Fahrzeugführer nicht nur gegenüber Kindern und Hilfsbedürftigen, sondern insbesondere auch gegenüber älteren Menschen so verhalten, dass eine Gefährdung dieser Verkehrsteilnehmer ausgeschlossen ist. Die Schutzvorschrift des § 3 Abs. 2a StVO greift gegenüber erkennbar älteren Menschen ein, wenn diese sich in einer Verkehrssituation befinden, in der nach der Lebenserfahrung damit gerechnet werden muss, dass sie auf Grund ihres Alters das Geschehen nicht mehr voll werden übersehen und meistern können.[181]

---

175 Siehe Statistisches Bundesamt, Pflegestatistik 2019, S. 21.

176 Siehe Statistisches Bundesamt, Pflegestatistik 2019, S. 21.

177 Auch *Igl*, Z Gerontol 1990, 62, 64, nennt die §§ 16 Abs. 4, 24a EStG im Rahmen seiner Bestandsaufnahme von Rechtsnormen, die alte Menschen betreffen.

178 Kirchhof/Seer/*Mellinghoff* EStG § 24a Rn. 1.

179 Brandis/Heuermann/*Schallmoser* EStG § 16 Rn. 667.

180 Auch *Müller*, Alter und Recht, S. 89; *Flessner*, Ältere Menschen, demographische Alterung und Recht, S. 24, nennen § 3 Abs. 2a StVO im Zusammenhang mit Vorschriften zum Schutz älterer Menschen.

181 BGH NJW 1994, 2829.

II. Normen mit typischem Bezug zu älteren Menschen

1. § 105a BGB[182]

Nach § 105a BGB gilt ein von einem volljährigen Geschäftsunfähigen getätigtes Geschäft des täglichen Lebens, das mit geringwertigen Mitteln bewirkt werden kann, in Ansehung von Leistung und, soweit vereinbart, Gegenleistung als wirksam, sobald Leistung und Gegenleistung bewirkt sind und durch das Geschäft keine erhebliche Gefahr für die Person oder das Vermögen des Geschäftsunfähigen eintritt. § 105a BGB stellt nicht auf die Abgabe einer Willenserklärung des Geschäftsunfähigen ab, sondern fingiert lediglich einen wirksamen, erfüllten Vertrag hinsichtlich der bewirkten Leistung und deren Gegenleistung.[183] § 105a BGB bezweckt, die Rechtsstellung volljähriger Geschäftsunfähiger zu verbessern, deren soziale Emanzipation zu fördern und ihre Fähigkeit zu rechtsgeschäftlichem Handeln zu stärken.[184] Durch § 105a BGB soll vor allem alten Menschen ein Spielraum autonomer Gestaltung erhalten bleiben.[185] Die Regelung lehnt sich an die insbesondere aus dem anglo-amerikanischen Rechtskreis bekannte Wirksamkeit von *necessaries*-Verträgen an.[186]

Unter ein Geschäft des täglichen Lebens fallen in erster Linie alle Geschäfte zur Deckung des persönlichen täglichen Bedarfs des Geschäftsunfähigen.[187] Dazu zählt z.B. der Erwerb von Nahrungsmitteln oder die Inanspruchnahme einfacher Dienstleistungen wie ein Friseurbesuch oder die Nutzung des öffentlichen Verkehrs.[188] Ein existenznotwendiges Geschäft im engsten Sinn ist nicht Voraussetzung.[189] Entscheidend ist, ob die Verkehrsauffassung das Geschäft zu den alltäglichen Geschäften zählt.[190]

Soweit ersichtlich, ist die praktische Bedeutung des § 105a BGB gering.[191] Es gibt kaum gerichtliche Entscheidungen, die sich mit § 105a BGB beschäftigen.[192]

---

182 Im Zusammenhang mit der Teilnahme älterer Menschen am Rechtsverkehr thematisiert auch *Roth*, AcP 208 (2008), 451, 461 ff., die Regelung des § 105a BGB.

183 BT-Drucks. 14/9266, S. 43.

184 MüKoBGB/*Spickhoff* BGB § 105a Rn. 1.

185 Spickhoff/*Spickhoff* BGB §§ 104–105a Rn. 8.

186 BT-Drucks. 14/9266, S. 43.

187 Erman/*Müller* BGB § 105a Rn. 5.

188 Vgl. Erman/*Müller* BGB § 105a Rn. 5.

189 *Boemke/Ulrici*, BGB AT, S. 165.

190 *Boemke/Ulrici*, BGB AT, S. 165.

191 Vgl. auch Staudinger/*Klumpp* BGB § 105a Rn. 9.

192 Staudinger/*Klumpp* BGB § 105a Rn. 9.

Das verwundert freilich nicht.[193] Die Vorschrift des § 105a BGB trifft auf praktische Gegebenheiten, bei denen es in der Regel zum sofortigen Leistungsaustausch kommt, bei dem kaum ein Beteiligter nach der rechtlichen Stabilität fragt, denn jeder erhält das, was er will.[194]

2. *Betreuungsrecht*

Mit dem Betreuungsrecht (§§ 1896 ff. BGB) soll insbesondere den Belangen älterer Menschen Rechnung getragen werden.[195] Viele der Menschen, die von einer Betreuung betroffen sind, sind auch tatsächlich in einem hohen Lebensalter.[196] Die durch das BtG vom 12. September 1990 bewirkte Reform des Vormundschafts- und Pflegschaftsrecht sollte den rechtlichen Status der in ihrer Rechtsgeschäftsfähigkeit geminderten Personen besser und angepasster sichern, als dies mit dem harten Instrument der Entmündigung möglich war.[197] Nach § 1896 Abs. 1 S. 1 BGB kann für einen Volljährigen, der auf Grund einer psychischen Krankheit oder einer körperlichen, geistigen oder seelischen Behinderung seine Angelegenheiten ganz oder teilweise nicht besorgen kann, ein Betreuer bestellt werden. Gemäß § 1901 Abs. 1 BGB umfasst die Betreuung alle Tätigkeiten, die erforderlich sind, um die Angelegenheiten des Betreuten rechtlich zu besorgen. Soweit es zur Abwendung einer erheblichen Gefahr für die Person oder das Vermögen des Betreuten erforderlich ist, ordnet das Betreuungsgericht an, dass der Betreute zu einer Willenserklärung, die den Aufgabenkreis des Betreuers betrifft, dessen Einwilligung bedarf (§ 1903 Abs. 1 S. 1 BGB). Durch das VBRefG vom 4. Mai 2021 wird das Betreuungsrecht erneut grundlegend modernisiert.[198] Es werden der Vorrang sozialrechtlicher Hilfen vor rechtlicher Betreuung, die Qualität der Betreuung sowie Auswahl und Kontrolle der Betreuer, das Selbstbestimmungsrecht der Betroffenen sowie die Finanzierung der Betreuungsvereine gestärkt.[199]

---

193 Ebenso Staudinger/*Klumpp* BGB § 105a Rn. 9.

194 Staudinger/*Klumpp* BGB § 105a Rn. 9.

195 Vgl. *Igl*, in: FS Thieme, S. 747, 751.

196 Vgl. BMJV, Betreuungsrecht, S. 8. Am 1. November 2001 waren 52,2 % aller rechtlich betreuten Menschen 60 Jahre oder älter, siehe BMFSFJ, Die Lebenslage älterer Menschen mit rechtlicher Betreuung, S. 64. In Baden-Württemberg waren im Jahre 2019 etwas über 60 % der Neubetreuten 61 Jahre oder älter, siehe KVJS, Betreuungsstatistik Baden-Württemberg 2019, S. 3.

197 Vgl. *Igl*, in: FS Thieme, S. 747, 751.

198 Vgl. BT-Drucks. 19/24445, S. 1.

199 Vgl. BT-Drucks. 19/24445, S. 1 f.

3. *Pflegeversicherungsrecht*

Die Pflegeversicherung hat nach § 1 Abs. 4 SGB XI die Aufgabe, pflegebedürftigen Menschen Hilfe zu leisten, die wegen der Schwere der Pflegebedürftigkeit auf solidarische Unterstützung angewiesen sind. Pflegebedürftig sind dabei Personen, die gesundheitlich bedingte Beeinträchtigungen der Selbstständigkeit oder der Fähigkeiten aufweisen und deshalb der Hilfe durch andere bedürfen (siehe § 14 Abs. 1 S. 1 SGB XI). Zum Jahresende 2019 waren 80 % der pflegebedürftigen Menschen mindestens 65 Jahre alt.[200] Das Pflegeversicherungsrecht ist neben dem Rentenrecht die Rechtsmaterie, die für die besonders alten Menschen oftmals von größter Bedeutung ist, handelt es sich dabei doch um die Sicherstellung lebenselementarer Umstände.

III. Sonstiges

Ein Mieter hat die Möglichkeit, gegen eine Kündigung zu widersprechen, wenn die Beendigung des Mietverhältnisses für den Mieter, seine Familie oder einen anderen Angehörigen seines Haushalts eine Härte bedeuten würde, die auch unter Würdigung der berechtigten Interessen des Vermieters nicht zu rechtfertigen ist (§ 574 Abs. 1 S. 1 BGB).[201] Nach Ansicht des BGH rechtfertigen ein hohes Alter eines Mieter und/oder eine lange Mietdauer mit einer damit einhergehenden langjährigen Verwurzelung im bisherigen Umfeld zwar nicht zwangsläufig eine Härte i.S.d. § 574 Abs. 1 S. 1 BGB.[202] Jedoch sind diese Umstände im Rahmen der gebotenen Interessenabwägung zu berücksichtigen.[203]

D. Ergebnis zum *Elder Law* in Deutschland

Die Thematik „Recht und hohes Lebensalter" steht (bisher) nicht im Fokus der Rechtswissenschaft und der Gesetzgebung. Die Gesetzesauswertung hat gezeigt, dass es nur eine geringe Anzahl an Vorschriften gibt, die ausdrücklich oder zumindest typischerweise ältere Menschen betreffen. Dazu zählen das Recht zur Rente wegen des Alters, die Altenhilfe nach § 71 SGB XII, einige

---

200 Siehe Statistisches Bundesamt, Pflegestatistik 2019, S. 21.

201 Auch *Müller*, Alter und Recht, S. 88 f.; *Flessner*, Ältere Menschen, demographische Alterung und Recht, S. 24; *Igl*, Z Gerontol 1990, 62, 63 f., nenen die Möglichkeit des Widerspruchs einer Kündigung wegen unbilliger Härte im Zusammenhang mit Vorschriften zum Schutz älterer Menschen.

202 Siehe BGH NJW 2019, 2765.

203 Vgl. BGH NJW 2019, 2765 ff.; BGH NZM 2005, 143.

Normen aus dem Bereich des Arbeitsrechts (z.B. § 41 SGB VI), das Verbot der Altersdiskriminierung (siehe AGG), Vorschriften zur Förderung der Teilhabe bestimmter Personengruppen am allgemeinen Sozialleben, das nunmehr im WBVG geregelte „Heimrecht", einige steuerliche Begünstigungen (§§ 16 Abs. 4, 24a EStG), § 3 Abs. 2a StVO und das Recht der sozialen Pflegeversicherung. Im Rahmen von üblichen Vertragsschlüssen sind § 105a BGB und das Betreuungsrecht (§§ 1896 ff. BGB) als Vorschriften zu nennen, die zumindest typischerweise ältere Menschen betreffen.[204] Infolge des demografischen Wandels wird die Anzahl rechtsratsuchender älterer Menschen wachsen. Dadurch steigt die Wahrscheinlichkeit, dass Fragestellungen im Kontext von „Recht und älteren Menschen" auftreten werden, die bisher noch nicht geregelt sind. Die Auseinandersetzung mit altersspezifischen rechtlichen Thematiken sollte daher in Deutschland vorangetrieben werden.

204 Siehe auch *Roth*, AcP 208 (2008), 451, 460, der konstatiert, dass altersbedingte Willensmängel bei Vertragsschluss kaum behandelt werden.

4. *Kapitel* Die Schutzbedürftigkeit älterer Menschen vor Übervorteilung im rechtsgeschäftlichen Verkehr

Nachfolgend wird untersucht, ob ältere Menschen bestimmte rechtsgeschäftsrelevante Einschränkungen aufweisen, durch welche sich die Gefahr erhöht, im Geschäftsverkehr übervorteilt zu werden. Die Demenzerkrankung wird ausführlich vorgestellt. Außerdem wird auf die Bedeutung wirtschaftlich nachteiliger Geschäfte für ältere Menschen eingegangen.

A. Rechtsgeschäftsrelevante Einschränkungen im Alter

I. Einführung

Als rechtsgeschäftsrelevante Einschränkungen werden hier solche Umstände, personelle Besonderheiten und Eigenschaften verstanden, die bezüglich der Bewertung, des Abschlusses, der Wirksamkeit oder der Beendigung eines Rechtsgeschäfts im Hinblick auf dessen Sachgemäßheit von besonderer Bedeutung sind. Ein Rechtsgeschäft ist im hier verstandenen Sinne sachgemäß, wenn das Geschäft in Kenntnis aller relevanten Umstände, insbesondere unter wirtschaftlichen Aspekten, von der Mehrheit der am Rechtsverkehr teilnehmenden Personen gleichermaßen abgeschlossen worden wäre. An der Sachgemäßheit fehlt es regelmäßig, wenn eine Geschäftspartei durch das Rechtsgeschäft übermäßig belastet und zugleich die andere Geschäftspartei deswegen übermäßig begünstigt wird; gerade bei wirtschaftlicher Unverhältnismäßigkeit der gegenseitigen Leistungen ist das Rechtsgeschäft meist nicht sachgemäß.[205] Zu den rechtsgeschäftsrelevanten Einschränkungen zählt z.B. ein ausreichendes Maß an Geschäftsfertigkeiten bzw. grundsätzlich das Vorliegen hinreichender kognitiver Kompetenzen bei den rechtsgeschäftlich handelnden Personen. Die Täuschungsvulnerabilität einer Person wirkt sich ebenfalls auf die Fähigkeit, sachgemäße Rechtsgeschäfte zu tätigen, aus.

205 Vgl. auch noch S. 121 (Begriff des wirtschaftlich nachteiligen Geschäfts).

II. Das Altersdefizitmodell als rechtsgeschäftsrelevante Gemeinsamkeit

Zunächst ließe sich überlegen, ob eine rechtsgeschäftsrelevante Gemeinsamkeit in Form eines generellen und damit alle älteren Menschen betreffenden Abbaus von kognitiven Fähigkeiten, welcher zur Anfälligkeit für unsachgemäße Rechtsgeschäfte führt, angenommen werden könnte. Die Annahme eines generellen kognitiven Abbaus entspricht dem sog. Altersdefizitmodell.

1. Inhaltliche Aussage

Dem Defizitmodell des Alterns liegt die Annahme eines generellen Abbaus von psycho-physischen Funktionsfähigkeiten, mithin die Unterstellung einer generell defizitären Entwicklung im Alter, zu Grunde.[206] Jeder Mensch würde demnach ab dem Erreichen eines bestimmten Alters einen fortschreitenden Verlust seiner körperlichen und geistigen Fähigkeiten erfahren. Der Grund für die lange Zeit geltende Überzeugung in der wissenschaftlichen Erforschung des Alters, dass das Alter im Wesentlichen ein Abbauprozess sei, ist in der Tatsache zu sehen, dass bis in die Sechzigerjahre hinein die Alternswissenschaften vordergründig aus biologischen und medizinischen Forschungen bestanden.[207] Die Betrachtung des Alters als Vorgang von Veränderungen in der Körpersphäre erklärt die Folgerung eines als ungünstig zu beurteilenden Entwicklungsprozesses.[208] Erst im Rahmen eines Umschwenkens auf eine auch psychologisch und soziologisch orientierte Alternsforschung kamen Zweifel an der Unterstellung einer generellen defizitären Entwicklung auf.[209]

---

206 Vgl. *Martin/Kliegel*, Psychologische Grundlagen der Gerontologie, S. 53; *Oswald/Kaiser*, in: Oswald/Lehr/Sieber/Kornhuber, Gerontologie, S. 210 f.; ähnlich ist die Betrachtung des Defizitmodells von *Radebold*, in: Oswald/Lehr/Sieber/Kornhuber, Gerontologie, S. 296, 297, als „im Sinne eines unabänderlich fortschreitenden organischen bzw. hirnorganischen Abbaus". Vertiefende Ausführungen zu den psychosozialen Theorien des Alterns finden sich bei *Lehr*, Psychologie des Alterns, S. 46 ff. Auch in der juristischen Literatur wird das Defizitmodell diskutiert, so z.B. bei *Müller*, Alter und Recht, S. 39 f.; *Flessner*, Ältere Menschen, demographische Alterung und Recht, S. 27 f.

207 *Oswald/Kaiser*, in: Oswald/Lehr/Sieber/Kornhuber, Gerontologie, S. 210 f.

208 Vgl. *Oswald/Kaiser*, in: Oswald/Lehr/Sieber/Kornhuber, Gerontologie, S. 210, 211.

209 Vgl. *Oswald/Kaiser*, in: Oswald/Lehr/Sieber/Kornhuber, Gerontologie, S. 210, 211.

2. *Bewertung*

Unter den Gerontologen herrscht eine gewisse Uneinigkeit im Hinblick auf die Richtigkeit des Defizitmodells des Alters. Mehrheitlich lassen sich zwar ablehnende Stimmen innerhalb der gerontologischen Literatur finden.[210] Ferner wird ebenfalls außerhalb der Gerontologie, mitunter auch von Rechtswissenschaftlern, wenngleich deren Beurteilungen wohl auf gerontologische Untersuchungen zurückzuführen sein werden, das angesprochene Modell abgelehnt.[211] Zum Teil wird sogar die Annahme getätigt, dass das Altersdefizitmodell seit den Sechzigerjahren als aufgegeben zu betrachten sei.[212] *Thieme* zufolge bestätigt die Berliner Altersstudie[213] allerdings das Defizitmodell des Alters.[214] Bei der Berliner Altersstudie kamen 14 kognitive Tests, die jeweils entweder zur Beurteilung der Denkfähigkeit, der Wahrnehmungsgeschwindigkeit, dem Gedächtnis, dem Wissen oder der Wortflüssigkeit dienten, zur Anwendung.[215] Als Ergebnis stellte sich

---

210 Ablehnend z.B. *Voelcker-Rehage/Godde/Staudinger*, Bundesgesundheitsbl – Gesundheitsforsch – Gesundheitsschutz 2006, 558, 561; *Kruse/Lehr*, in: Platt, HdB Gerontologie, S. 391, 393; unter Bezugnahme auf die Forschungen der letzten Jahrzehnte auch *Lehr*, Psychologie des Alterns, S. 76. *Zimprich*, in: Kruse/Martin, Enzyklopädie der Gerontologie, S. 289, verweist hingegen darauf, dass eine ganze Reihe wissenschaftlicher Studien nahelegt, dass der kognitive Alterungsprozess von einer nachlassenden Effizienz einiger mentaler Prozesse begleitet wird; so ist wohl auch *Kratz*, Drei Aspekte des diagnostischen Konzepts der leichten kognitiven Beeinträchtigung im Alter, S. 32, zu verstehen.

211 So beispielsweise von *Müller*, Alter und Recht, S. 104 f.; *Flessner*, Ältere Menschen, demographische Alterung und Recht, S. 158; *Igl*, Z Gerontol 1990, 62, 66; ablehnend wohl auch *Rademacher*, Rechtsschutz zugunsten älterer Verbraucher, S. 291 (Fn. 1181).

212 Siehe *Müller*, Alter und Recht, S. 39 (Fn. 72).

213 Die Berliner Altersstudie (BASE) ist eine Untersuchung von Menschen im Alter von 70 bis über 100, bei der medizinisch-geriatrische, psychiatrische, psychologische, soziologische und ökonomische Daten erhoben wurden, siehe *Baltes et al.*, in: Lindenberger/Smith/Mayer/Baltes, Die Berliner Altersstudie, S. 25 f.

214 Siehe *Thieme*, Alter(n) in der alternden Gesellschaft, S. 179, der sich im Übrigen wohl den Vertretern des Defizitmodells des Alters anschließt, wenn er davon ausgeht, dass der „tendenzielle Abbau" niemanden verschont (S. 180). Von einen durch die Berliner Altersstudie belegten allgemeinen Leistungsverlust gehen auch *Smith/Baltes*, in: Lindenberger/Smith/Mayer/Baltes, Die Berliner Altersstudie, S. 245, 250 f., aus.

215 *Reischies/Lindenberger*, in: Lindenberger/Smith/Mayer/Baltes, Die Berliner Altersstudie, S. 375; eine graphische Darstellung der Beziehung der Denkfähigkeit, der Wahrnehmungsgeschwindigkeit, des Gedächtnis, des Wissens und der Wortflüssigkeit zum Alter findet sich dort auf S. 384 f.

heraus, dass die genannten kognitiven Fähigkeiten eine lineare Abnahme der Leistungshöhe mit dem Alter zeigten.[216] Ebenfalls geht *Weinert*, unter Hinweis auf die genügend hohe Anzahl von Belegen in der einschlägigen Forschungsliteratur, von dem Vorliegen eines Kompetenzabbaus im höheren Erwachsenenalter, von dem alle Individuen mehr oder minder stark betroffen sind, aus.[217]

Die Berliner Altersstudie muss sich jedoch der Kritik aussetzen, dass die dort festgestellten Altersgradienten nicht das Ergebnis von Verlaufsbeobachtungen sind, sondern auf querschnittlichen „Momentaufnahmen" unterschiedlicher Personen beruhen.[218] Bei querschnittlichen Stichproben zu Altersfragen treten neben den altersbedingten Unterschieden auch sog. Kohortenunterschiede, z.B. historische Unterschiede zwischen den Generationen, die ebenfalls zu den beobachteten Altersgradienten beitragen.[219] Demzufolge wird die methodische Durchführung als wichtiger Kritikpunkt betrachtet, da querschnittlich erhobene Daten nicht längsschnittlich (ontogenetisch) interpretiert werden dürften.[220]

Als weiterer Einwand gegen die Gültigkeit eines generellen Defizitmodells des kognitiven Alterns wird das psychometrische Intelligenzmodell genannt, da dieses ganz auf Testleistungen aufbaut, die mit relativ lebensfernen Testaufgaben erfasst werden.[221] Die Kritik besteht darin, dass ältere Menschen bei solchen Testerhebungen oftmals schlechter abschneiden als bei der Lösung kognitiver Alltagsprobleme, denn für die Bewältigung von Aufgaben im Alltag sind nicht nur allgemeine kognitive Fähigkeiten entscheidend, sondern vielmehr die Quantität und Qualität des inhaltsspezifischen Wissens, die persönlichen Erfahrungen

---

216 Siehe *Reischies/Lindenberger*, in: Lindenberger/Smith/Mayer/Baltes, Die Berliner Altersstudie, S. 375.

217 Siehe *Weinert*, in: Baltes/Mittelstraß/Staudinger, Alter und Altern, S. 180, 195, siehe dort auch S. 191 f.

218 Siehe zu dieser Diskussion, insbesondere auch zu der umgekehrten Möglichkeit, mit dem querschnittlichen Charakter der Studie die Verharmlosung der festgestellten Altersdifferenzen zu begründen, *Reischies/Lindenberger*, in: Lindenberger/Smith/Mayer/Baltes, Die Berliner Altersstudie, S. 375, 396 ff. Siehe zu einer ähnlichen Kritik an Querschnittsuntersuchungen im Allgemeinen *Lehr*, Psychologie des Alterns, S. 76, und speziell im Rahmen der Kritisierung des Altersdefizitmodells *Kruse/Lehr*, in: Platt, HdB Gerontologie, S. 391, 393. Siehe zur Kritik daran, dass das Altersdefizitmodell auf Querschnittsstudien beruht, auch *Müller*, Alter und Recht, S. 40.

219 Siehe *Reischies/Lindenberger*, in: Lindenberger/Smith/Mayer/Baltes, Die Berliner Altersstudie, S. 375, 396.

220 Vgl. *Kruse/Lehr*, in: Platt, HdB Gerontologie, S. 391, 393.

221 Siehe *Weinert*, in: Baltes/Mittelstraß/Staudinger, Alter und Altern, S. 180, 193.

oder auch die bestehende Routine.[222] Hinsichtlich der Berliner Altersstudie wird jedoch angeführt, dass durchaus von einer engen Beziehung zwischen Testleistung und Alltagskompetenz in der untersuchten Stichprobe ausgegangen werden könne.[223] Es hatte sich gezeigt, dass die mit Hilfe standardisierter psychometrischer Verfahren erfassten individuellen Unterschiede in der kognitiven Leistungsfähigkeit einen starken Zusammenhang mit individuellen Unterschieden in der kompetenten Bewältigung alltäglicher Anforderungen aufwiesen.[224]

Für das Altersdefizitmodell spricht, dass verglichen mit den querschnittlich gefundenen negativen Zusammenhängen zwischen Kognition und Alter, die Abnahme kognitiver Leistungsfähigkeit im Längsschnitt zwar schwächer ausfällt, gleichwohl aber auch hier eine Abnahme zu verzeichnen ist.[225] Ferner wurde die Berliner Altersstudie seit der Hauptstudie von 1990 bis 1993 mittlerweile als Längsschnittstudie weitergeführt.[226] Dennoch ist die Ansicht der Mehrheit der Gerontologen, das Altersdefizitmodell abzulehnen, überzeugender. Die kognitive Leistungsfähigkeit ist nämlich auch noch im hohen Alter durch eine interindividuelle Variabilität gekennzeichnet.[227] Eine rechtsgeschäftsrelevante

---

222 Siehe *Weinert*, in: Baltes/Mittelstraß/Staudinger, Alter und Altern, S. 180, 193.

223 Siehe *Reischies/Lindenberger*, in: Lindenberger/Smith/Mayer/Baltes, Die Berliner Altersstudie, S. 375, 381.

224 Siehe *Reischies/Lindenberger*, in: Lindenberger/Smith/Mayer/Baltes, Die Berliner Altersstudie, S. 375, 381.

225 Siehe insofern *Singer et al.*, Psychology and Aging 2003, 318, 324; hierzu auch *Kotter-Grühn et al.*, in: Lindenberger/Smith/Mayer/Baltes, Die Berliner Altersstudie, S. 659, 660 f.

226 Siehe *Delius et al.*, in: Pachana, Encyclopedia of Geropsychology, S. 386.

227 Eine interindividuelle Variabilität des Alterungsprozesses annehmend z.B. *Kotter-Grühn et al.*, in: Lindenberger/Smith/Mayer/Baltes, Die Berliner Altersstudie, S. 659, 680 f.; *Ackermann*, in: Oswald/Lehr/Sieber/Kornhuber, Gerontologie, S. 322, 324 (jedenfalls für den kognitiven Bereich); *Voelcker-Rehage/Godde/Staudinger*, Bundesgesundheitsbl – Gesundheitsforsch – Gesundheitsschutz 2006, 558, 561; *Baltes/Baltes*, in: Baltes/Mittelstraß/Staudinger, Alter und Altern, S. 1, 14 ff.; *Weinert*, in: Baltes/Mittelstraß/Staudinger, Alter und Altern, S. 180, 191 f. Auch außerhalb der gerontologischen Forschung werden Unterschiede im Alterungsprozess angenommen, vgl. z.B. *Rademacher*, Rechtsschutz zugunsten älterer Verbraucher, S. 225; *Wedemann*, AcP 214 (2014), 664, 672 f.; *dies.*, ZBB 2014, 54, 56 f.; *Becker*, in: Becker/Roth, Recht der Älteren, S. 3, 7; *Müller*, Alter und Recht, S. 104; *Yankova/Hören*, WRP 2011, 1236, 1239; BMFSFJ, Dritter Altenbericht, S. 59; *v. Münch*, NJW 2000, 1, 6. Ausführlicher zum Umstand des differentiellen Alterns beispielsweise *Baltes/Baltes*, in: Baltes/Mittelstraß/Staudinger, Alter und Altern, S. 1, 14 ff.

Gemeinsamkeit in Form eines alle älteren Menschen betreffenden Abbaus ihrer kognitiven Fähigkeiten, welcher bei jedem älteren Menschen zu einer Anfälligkeit für unsachgemäße Rechtsgeschäfte führt, besteht nicht.

III. Häufig feststellbare rechtsgeschäftsrelevante Einschränkungen im Alter

1. Einschränkungen im Bereich der kognitiven Kompetenzen

a) Allgemeine Einschränkungen

Im höheren Lebensalter kann es – unabhängig von einer Demenz –[228] zu Funktionseinbußen des Gedächtnisses kommen, da Neuronen und ihre neuronalen Verbindungen mit zunehmendem Alter verkümmern.[229] Außerdem fallen älteren Menschen die Wahrnehmung sowie die Eincodierung von Informationen häufig deutlich schwerer als weniger alten Menschen.[230] Als Ursache für den Rückgang der Fähigkeit, Informationen zu verstehen, sie sinnvoll miteinander zu verbinden und darauf aufbauend angemessen zu handeln, werden beispielsweise gestörte Aufmerksamkeits- und Gedächtnisleistungen genannt.[231] Infolge der altersbedingten gesteigerten Störbarkeit der Aufmerksamkeit und der Konzentration ist es schwieriger, Gesprächen zu folgen oder sich auf neue Informationen zu konzentrieren.[232] Dies ist indes Voraussetzung für eine adäquate Informationsaufnahme.[233] Die Defizite in der Aufmerksamkeitsregulation führen im

228 Siehe dazu, dass Gedächtnisstörungen im höheren Lebensalter nicht nur demenziell bedingt sind, *Oswald*, in: Oswald/Gatterer/Fleischmann, Gerontopsychologie, S. 43, 56. Siehe zu Gedächtnisstörungen als Symptom einer Demenz noch sogleich S. 113 f.

229 Vgl. *Altenmüller*, in: Fink/Rosenzweig, Was hält uns jung?, S. 65, 72.

230 Vgl. *Oswald/Kaiser*, in: Oswald/Lehr/Sieber/Kornhuber, Gerontologie, S. 210, 214. Siehe hierzu auch *Ackermann*, in: Oswald/Lehr/Sieber/Kornhuber, Gerontologie, S. 322, 323. Auch in der Rechtswissenschaft wird von einer Einschränkung der Fähigkeit zur Informationsaufnahme älterer Menschen ausgegangen, siehe z.B. *Roth*, AcP 208 (2008), 451, 477 u. 488.

231 Vgl. *Habermeyer/Saß*, MedR 2003, 543, 544, die darüber hinaus noch erwähnen, dass solche Störungen sogar zum völligen Ausschluss der freien Willensbildung führen können.

232 *Oswald*, in: Oswald/Lehr/Sieber/Kornhuber, Gerontologie, S. 178, 181. Teilweise wird die Konzentrationsfähigkeit allerdings auch als „altersneutral" betrachtet, siehe *Naegele*, in: Oswald/Lehr/Sieber/Kornhuber, Gerontologie, S. 109, 110. Vgl. hierzu auch *Wetterling*, Freier Wille und neuropsychiatrische Erkrankungen, S. 40 f.

233 Vgl. *Wetterling*, Freier Wille und neuropsychiatrische Erkrankungen, S. 40.

Übrigen zur Überbetonung unwichtiger Aspekte in Entscheidungen.[234] Die gestörte Aufmerksamkeit kann Folge der bei älteren Menschen häufig vorkommenden Multimorbidität sein.[235] Wenn nämlich eine Seh- oder Hörminderung oder starke Schmerzen gleichzeitig bestehen, ist eine starke Einschränkung der gerichteten Aufmerksamkeit möglich.[236] Im Alter verringert sich außerdem die Geschwindigkeit der Informationsaufnahme und -verarbeitung.[237] Da die Leistungen des Arbeitsgedächtnisses im Alter ebenfalls deutlich abnehmen,[238] haben einige ältere Menschen mit dem Durchdringen komplexer Thematiken Schwierigkeiten. Unter Arbeitsgedächtnis wird nämlich die mentale Kapazität verstanden, die erforderlich ist, bei komplexen Aufgabenstellungen (z.B. Problemlösen) relevante Informationen aktiv bereitzuhalten und sie aufgabenspezifisch zu verarbeiten.[239] Überdies ist festzustellen, dass die Fähigkeit älterer Menschen zur Lösung neuartiger kognitiver Probleme (schlussfolgerndes Denken) regelmäßig einem Abbauprozess unterliegt.[240]

b) Demenz

aa) Allgemeines

Bei einer Demenz handelt es sich um ein Syndrom als Folge einer meist chronischen oder fortschreitenden Krankheit des Gehirns mit Störung vieler

---

234 Siehe *Felser*, Konsum im Alter, S. 76.

235 Vgl. *Wetterling*, Freier Wille und neuropsychiatrische Erkrankungen, S. 107, siehe dort S. 98 u. 105 zur Multimorbidität im Alter; Multimorbidität bedeutet das gleichzeitige Auftreten von mehreren Krankheiten bei einer Person (siehe dort S. 104). Siehe zu einer ähnlichen Definition des Begriffs Multimorbidität *Seger/Gaertner*, Dtsch Arztebl 2020, 2092, siehe dort S. 2094 auch zur Multimorbidität im Alter.

236 Vgl. *Wetterling*, Freier Wille und neuropsychiatrische Erkrankungen, S. 107.

237 Vgl. *Naegele*, in: Oswald/Lehr/Sieber/Kornhuber, Gerontologie, S. 109, 110; *Oswald*, in: Oswald/Lehr/Sieber/Kornhuber, Gerontologie, S. 178, 181; *Oswald/Kaiser*, in: Oswald/Lehr/Sieber/Kornhuber, Gerontologie, S. 210, 214; *Voelcker-Rehage/Godde/Staudinger*, Bundesgesundheitsbl – Gesundheitsforsch – Gesundheitsschutz 2006, 558, 560; BMFSFJ, Dritter Altenbericht, S. 59.

238 Siehe *Brand/Markowitsch*, NeuroGer 2004, 9, 14.

239 Siehe *Büttner et al.*, in: Hartmann/Hasselhorn/Gold, Entwicklungsverläufe verstehen, S. 141.

240 Vgl. *Ackermann*, in: Oswald/Lehr/Sieber/Kornhuber, Gerontologie, S. 322, 323; *Kruse*, in: Oswald/Lehr/Sieber/Kornhuber, Gerontologie, S. 31, 35 f.; *Voelcker-Rehage/Godde/Staudinger*, Bundesgesundheitsbl – Gesundheitsforsch – Gesundheitsschutz 2006, 558, 560; BMFSFJ, Dritter Altenbericht, S. 59.

höherer kortikaler Funktionen, einschließlich Gedächtnis, Denken, Orientierung, Auffassung, Rechnen, Lernfähigkeit, Sprache und Urteilsvermögen.[241] Zu den demenztypischen Symptomen zählen Gedächtnis(zugriffs)störungen, Denkstörungen (gedankliche Inkohärenz, mangelnde Realitätsprüfung, Konkretismus mit Fokussierung auf Naheliegendes, Reagieren auf Irrelevantes, Verwirrtheit), Mangel an Voraussicht und Einsicht, mangelnde Plausibilitätskontrolle, mangelnde Gewichtung nach wesentlich-unwesentlich und verminderte Kritikfähigkeit.[242]

Es gibt verschiedene Formen von Demenz-Erkrankungen, wobei der Großteil der Betroffenen (60–70 %) an der Alzheimer Krankheit leidet.[243] Die Mehrheit der Erkrankten sind ältere Menschen. Im Jahre 2018 entfielen in Deutschland nur vier bis fünf Prozent der Demenzen auf Personen unter 65 Jahren.[244] Mit zunehmendem Lebensalter steigt die Erkrankungswahrscheinlichkeit an.[245] Im Jahre 2018 waren in Deutschland ca. 1,3 % der 65- bis 69-Jährigen, aber bereits ca. 22 % der 85- bis 89-Jährigen an einer Demenz erkrankt.[246] Durch den zu erwartenden Anstieg der Zahl der Hochaltrigen ist mit einer Zunahme von Demenz-Erkrankungen zu rechnen.[247] Bei den in Deutschland lebenden Über-65-Jährigen könnte der Anteil der Erkrankten bis 2060 auf 34 % steigen.[248]

---

241 ICD-10-GM Version 2022, Kapitel V, Abschnitt F00–F09 (Organische, einschließlich symptomatischer psychischer Störungen), abgedruckt z.B. in BfArM, ICD-10-GM, S. 158.

242 Vgl. *Cording/Roth*, NJW 2015, 26, 30.

243 Vgl. *Grammes/Kubiak*, Der Diabetologe 2020, 104, 106. Siehe dazu, dass die Alzheimer Krankheit die häufigste Form von Demenz-Erkrankungen ist, allerdings mit zum Teil anderen Prozentangaben, auch *Falk*, Demenz, S. 56; *Martin/Kliegel*, Psychologische Grundlagen der Gerontologie, S. 160; *Klockgether*, in: Schmoeckel, Demenz und Recht, S. 25, 26; *Lichtenwimmer*, MittBayNot 2002, 240, 242. Siehe zu den Merkmalen der unterschiedlichen Formen der Demenz-Erkrankungen ICD-10-GM Version 2022, F00–F03, abgedruckt z.B. in BfArM, ICD-10-GM, S. 158 ff.

244 Siehe Alzheimer Europe, Dementia in Europe Yearbook 2019, S. 42.

245 *Payk*, Demenz, S. 9; siehe auch *Martin/Kliegel*, Psychologische Grundlagen der Gerontologie, S. 160; *Klockgether*, in: Schmoeckel, Demenz und Recht, S. 25 (Abb. 1 – Altersabhängige Prävalenz der Demenz).

246 Siehe Alzheimer Europe, Dementia in Europe Yearbook 2019, S. 42. Siehe zu ähnlichen, jedoch älteren Zahlen *Martin/Kliegel*, Psychologische Grundlagen der Gerontologie, S. 160; *Payk*, Demenz, S. 8 f.

247 *Martin/Kliegel*, Psychologische Grundlagen der Gerontologie, S. 78 f.; siehe auch *Klockgether*, in: Schmoeckel, Demenz und Recht, S. 25.

248 *Schmoeckel*, NJW 2016, 433.

Gegenwärtig leben in Deutschland ca. 1,7 Millionen Menschen, die an einer Demenz erkrankt sind.[249]

bb) Beeinträchtigungen der Gedächtnisleistung

Medizinische Laien assoziieren mit einer Demenz-Erkrankung überwiegend Beeinträchtigungen in der Gedächtnisleistung des Erkrankten. Tatsächlich lassen sich als erste Anzeichen einer Demenz Zerstreutheit und Vergesslichkeit beobachten, die vor allem aktuelle Geschehnisse betreffen.[250] Häufig drückt sich die Vergesslichkeit durch das Verlegen von Gegenständen, durch das Versäumen von Terminen oder durch das Übersehen von Vereinbarungen aus.[251] Das Versäumen wichtiger Termine und Fristen kann auch die Folge einer zeitlichen Orientierungsstörung sein, wobei nicht der Termin- oder die Fristeinhaltung vergessen wird. Bei einer demenzbedingten Störung der zeitlichen Orientierung misslingt vielmehr die Einordnung von Ereignissen in der richtigen Reihenfolge.[252] Bei ausgeprägten Störungen können Wochentag, Monat und Jahr nicht mehr genannt werden.[253] Vereinzelt kann sich sogar an das aktuelle Jahrzehnt nicht mehr erinnert werden.[254] Das amnestische Syndrom kann sich, jedenfalls im Fall einer Alzheimer-Demenz, auch derart auswirken, dass die im Verlauf einer Entscheidungsfindung gefundenen Argumente, zumindest aber einzelne Aspekte davon, wieder vergessen werden, bevor es zur endgültigen Entscheidung kommt.[255] Im Extremfall reicht das Gedächtnis nur noch für einige Sekunden.[256] Das Erkennen von Handlungsalternativen erfordert einen hinreichend

---

249 Vgl. *Grammes/Kubiak*, Der Diabetologe 2020, 104; siehe zur Anzahl der Demenzerkrankten in früheren Jahren Alzheimer Europe, Dementia in Europe Yearbook 2019, S. 42 (Jahr 2018); *Falk*, Demenz, S. 34 (Jahr 2015).

250 Vgl. *Payk*, Demenz, S. 21. Siehe zur Vergesslichkeit als häufig erstes Anzeichen einer Alzheimer-Demenz *Falk*, Demenz, S. 84; anders *Martin/Kliegel*, Psychologische Grundlagen der Gerontologie, S. 161.

251 Vgl. *Payk*, Demenz, S. 21.

252 Vgl. *Weitbrecht*, FuR 1994, 289, 290; siehe auch *Mückenheim*, Rechtsgeschäfte alter Menschen in besonderen Zwangslagen, S. 84.

253 *Mückenheim*, Rechtsgeschäfte alter Menschen in besonderen Zwangslagen, S. 84; *Weitbrecht*, FuR 1994, 289, 290.

254 Vgl. *Cording/Roth*, NJW 2015, 26, 28.

255 Vgl. *Reischies*, in: Karnath/Thier, Neuropsychologie, S. 678, 685. Siehe zur zeitlich kurzen Merkfähigkeit im Rahmen des amnestischen Syndroms auch *Wetterling*, Freier Wille und neuropsychiatrische Erkrankungen, S. 53.

256 *Weitbrecht*, FuR 1994, 289, 290; siehe auch *Cording/Roth*, NJW 2015, 26, 30.

schnellen Zugriff des Arbeitsgedächtnisses auf das deklarative Langzeitgedächtnis, welcher infolge einer Demenz gestört sein kann, sofern es sich nicht um stark konsolidierende Inhalte (z.B. eigener Name, Adresse, Beruf, Familie) handelt.[257] Ohne die vollständige Einbeziehung der Argumente und Handlungsalternativen ist schwer vorstellbar, wie die letztliche Entscheidung sachgemäß getroffen werden soll.[258]

cc) Weitere Symptome der Demenz

Charakteristisch für das Anfangsstadium einer Demenz ist ein Rückgang der Fähigkeit, aktuell erworbene Informationen im Gehirn abzuspeichern und korrekt zu verarbeiten.[259] Oftmals werden Informationsinhalte auch nur unvollständig erkannt.[260] Ebenfalls sind Einschränkungen in der Konzentrationsfähigkeit und Denkleistung zu verzeichnen.[261] Gerade der bei Demenzerkrankten feststellbare Rückgang der Denkleistung wird in der Regel zu Schwierigkeiten bei der Lösung neuartiger kognitiver Probleme führen, da dafür gerade ein hohes Maß an Denkleistungsfähigkeit erforderlich ist. In der Fachliteratur wird als Beispiel für die Bewältigungsschwierigkeiten von komplexen Aufgaben angeführt, dass an der Alzheimer-Demenz erkrankte Menschen häufig Bücher, Zeitungen oder Fernsehsendungen inhaltlich nicht mehr verfolgen können.[262] Insbesondere Fernsehsendungen weisen oft eher banale Inhalte auf, die die kognitiven Fähigkeiten nicht in dem Maße fordern, wie es manche Rechtsgeschäfte tun. Diese Menschen werden daher häufig generelle Verständnisprobleme sogar hinsichtlich einfacherer Rechtsgeschäfte haben.

257 *Cording/Roth*, NJW 2015, 26, 30.

258 Siehe ausführlich zu Gedächtnisstörungen im Kontext rechtsgeschäftsrelevanten Verhaltens *Cording/Roth*, NJW 2015, 26, 28, vgl. dort auch S. 30.

259 *Schäfer*, NZFam 2014, 676, 678; siehe dort ebenfalls zum Krankheitsverlauf und den Besonderheiten der jeweiligen Krankheitsstadien einer Demenz. Siehe zum Krankheitsverlauf etc. auch *Payk*, Demenz, S. 21 ff. Eine tabellarische Übersicht über die verschiedenen Stadien einer Demenz in Bezug auf die dabei bestehende kognitive Leistungsfähigkeit des Erkrankten entsprechend der GDS (Global Deterioration Scale) findet sich bei *Kostorz*, PflR 2011, 447, 448 (Abb. 1); diese Skalierung hat internationale Anerkennung gefunden, siehe dort S. 449.

260 *Weitbrecht*, FuR 1994, 289, 290.

261 *Schäfer*, NZFam 2014, 676, 678.

262 Siehe *Falk*, Demenz, S. 84. *Schäfer*, NZFam 2014, 676, 678, betrachtet das Packen eines Koffers für eine Reise als eine komplexe Aufgabe im vorliegenden Sinne.

Charakteristisch für eine Demenzerkrankung ist auch die leichtere Beeinflussbarkeit des Erkrankten durch Dritte.[263] In einem fortgeschrittenen Stadium führt eine Demenz zu einer geschwächten Willens- und Widerstandskraft.[264] Überdies beklagen Angehörige von an einer Alzheimer-Demenz erkrankten Personen, dass die Erkrankten bei Finanz- oder Familienentscheidungen fehlende Übersicht beweisen, falsche Einschätzungen liefern und letztlich fehlerhafte Entscheidungen fallen.[265] Bei der Störung der Urteilsfähigkeit handelt es sich um ein für die Demenz zentrales Merkmal.[266] Zum Teil lässt sich auch ein Enthemmungssyndrom mit impulsiven Verhaltensweisen feststellen, bei welchem der Erkrankte „instinktiv“ schnell urteilt, noch bevor der Entscheidungsraum angemessen gewürdigt wurde.[267] Wegen der Abnahme der Fähigkeit zum abstrakten Denken haben Demenzerkrankte ferner Schwierigkeiten bei der Durchführung einfacher Rechnungen.[268]

c) *Sonstiges*

Neben der Demenz können auch andere alterstypische Erkrankungen (z.B. Depression) das geistige Leistungsvermögen der Betroffenen einschränken.[269] Im Einzelfall kann sich die Einnahme von Medikamenten, insbesondere bei gleichzeitiger Einnahme verschiedener Medikamente (Multimedikation bzw. Polypharmazie), nachteilig auf die Geschäftsfähigkeit auswirken.[270] Ältere Menschen sind häufig multimorbide, so dass oft eine Polypharmazie bei ihnen notwendig ist.[271]

---

263 Vgl. *Seibert*, Testierfähigkeit und Willensfreiheit, S. 191; *Cording*, ZEV 2010, 115, 119.

264 *Mückenheim*, Rechtsgeschäfte alter Menschen in besonderen Zwangslagen, S. 94.

265 Vgl. *Reischies*, in: Karnath/Thier, Neuropsychologie, S. 678, 685.

266 *Reischies*, in: Karnath/Thier, Neuropsychologie, S. 678, 685.

267 Vgl. *Reischies*, in: Karnath/Thier, Neuropsychologie, S. 678, 685.

268 Vgl. *Schäfer*, NZFam 2014, 676, 678.

269 Siehe *Rademacher*, Rechtsschutz zugunsten älterer Verbraucher, S. 55 ff.

270 *Wetterling*, Freier Wille und neuropsychiatrische Erkrankungen, S. 102, siehe zum Begriff der Multimedikation bzw. Polypharmazie dort S. 99 f. Siehe zum Begriff der Multimedikation bzw. Polypharmazie auch *Hoffmann/Schmiemann/Dörks*, ZEFQ 2016 (Vol. 113), 27, 28.

271 *Wetterling*, Freier Wille und neuropsychiatrische Erkrankungen, S. 100, vgl. dort auch S. 98.

2. *Sonstige rechtsgeschäftsrelevante Einschränkungen im Alter*

a) *Verschlechterter Informationsstand*

Die mit zunehmendem Alter regelmäßig einhergehende und auf sozialen Zwangslagen, wie Pensionierung oder Partnerverlust, beruhende Abnahme von sozialen Kontakten, führt zu einem Verlust an Informationen; es entsteht ein Zustand „kognitiver Deprivation" des alten Menschen.[272] Damit korrespondiert, dass sich ältere Menschen, aufgrund der bei ihnen des Öfteren auftretenden körperlichen Gebrechen, vor allem Einschränkungen der Seh- und Hörfähigkeit sowie der körperlichen Bewegungsfähigkeit, weniger ausreichend informieren können.[273] Das Alter ist der größte Risikofaktor für alle Formen sensorischer Einschränkungen.[274] Dass sehbeeinträchtigte Menschen Schwierigkeiten beim Lesen von kleingedruckten Texten haben, ist offensichtlich. Die Wahrnehmung wesentlicher Informationen zum Inhalt eines Geschäfts, die in typischerweise mit geringer Schriftgröße ausgestalteten AGB enthalten sind, stellen für sehbehinderte Menschen daher eine besondere Herausforderung dar. Gleiches gilt für Hörgeschädigte bei in Geschäftsverhandlungen (absichtlich) leise und undeutlich sprechenden Geschäftspartnern. Von Hörbeeinträchtigungen Betroffene haben häufig Kommunikationsprobleme, d.h. sie verstehen Gesprochenes nicht oder falsch.[275] Ihre Fähigkeit zur Informationsaufnahme ist beeinträchtigt.[276] Vor einigen Jahren hat außerdem eine Verlagerung der Informationswege für verbraucherrelevante Fragen auf technikgestützte Systeme und das Internet

---

272 Vgl. BMFSFJ, Fünfter Altenbericht, S. 267 f.; *Mückenheim*, Rechtsgeschäfte alter Menschen in besonderen Zwangslagen, S. 91 f. Siehe dazu, dass eine soziale Isolation mitursächlich für einen schlechten Informationsstand älterer Menschen sein kann, auch *Flessner*, Ältere Menschen, demographische Alterung und Recht, S. 140. Zwischen dem 40. und dem 90. Lebensjahr steigt das Isolationsrisiko von 4 % auf 22 %, siehe *Huxhold/Engstler*, in: Vogel/Wettstein/Tesch-Römer, Frauen und Männer in der zweiten Lebenshälfte, S. 71.

273 Vgl. *Flessner*, Ältere Menschen, demographische Alterung und Recht, S. 39, 60 u. 140. Siehe zu funktionalen Einschränkungen des Sehens und Hörens älterer Menschen auch *Martin/Kliegel*, Psychologische Grundlagen der Gerontologie, S. 128 ff.; *Menning/Hoffmann*, in: Böhm/Tesch-Römer/Ziese, Gesundheit und Krankheit im Alter, S. 62, 64.

274 *Menning/Hoffmann*, in: Böhm/Tesch-Römer/Ziese, Gesundheit und Krankheit im Alter, S. 62, 64.

275 *Menning/Hoffmann*, in: Böhm/Tesch-Römer/Ziese, Gesundheit und Krankheit im Alter, S. 62, 64.

276 Vgl. *Martin/Kliegel*, Psychologische Grundlagen der Gerontologie, S. 129.

stattgefunden.[277] Auch für die Informationsarbeit der Verbraucherzentralen hat das Internet inzwischen eine überragende Bedeutung erlangt.[278] Da der Computerbesitz unter älteren Menschen zwar ansteigt, aber immer noch hinter dem jüngerer Jahrgänge zurückbleibt, besteht die Gefahr, dass Ältere von wichtigen Informationswegen abgeschnitten werden.[279] Eine Umfrage im Jahre 2022 von Menschen, die 70 Jahre oder älter sind, hat gezeigt, dass 52,2 % von ihnen das Internet nicht nutzen.[280]

b) Täuschungs- und Ausnutzungsanfälligkeit

Innerhalb der psychologischen Forschung als auch innerhalb der Strafverfolgungsbehörden überwiegt die Meinung, dass gerade ältere Menschen Opfer von unredlich handelnden Verkäufern werden.[281] Einige ältere Menschen lassen sich auf einfache Weise täuschen und irreführen, merken häufig gar nicht, dass sie ausgenutzt werden und können sich regelmäßig schlechter zur Wehr setzen.[282] Nicht nur ein vermindertes Informationsniveau führt zu einer Täuschungs- und Ausnutzungsanfälligkeit, sondern generell führen körperliche Behinderungen, Einsamkeit und im Alter auftretende Ängste dazu, dass die Verhandlungsfähigkeit älterer Menschen eingeschränkt ist und daher aggressive zum Vertragsschluss führende Praktiken der anderen Partei besonders wirkungsvoll eingesetzt werden können.[283] Ältere Menschen sind

277 Vgl. BMFSFJ, Fünfter Altenbericht, S. 184.

278 Siehe VZBV, Ältere Menschen als Verbraucher, S. 48.

279 BMFSFJ, Fünfter Altenbericht, S. 267; ähnlich *Yankova/Hören*, WRP 2011, 1236, 1240. Siehe dazu, dass die Internetnutzung bei den älteren Generationen zwar ansteigt, aber auch im Jahre 2021 immer noch deutlich hinter der Internetnutzung jüngerer Generationen zurückbleibt, Initiative D21, Digital Index 2021/2022, S. 15 f.

280 Siehe IfD Allensbach, Senioren und Nutzungshäufigkeit des Internets 2022.

281 Vgl. *Ross/Grossmann/Schryer*, Perspectives on Psychological Science 2014, Vol. 9(4), S. 427, die selbst indes bestreiten, dass gerade ältere Menschen überproportional häufig Opfer von *consumer fraud* werden, da es dafür keinen zwingenden Beweis gebe (siehe dort S. 427 ff.).

282 Vgl. *Flessner*, Ältere Menschen, demographische Alterung und Recht, S. 60 f. Siehe dazu, dass sich einige ältere Menschen schlechter zur Wehr setzen können, auch VZ NRW, Zielgruppenorientierte Verbraucherarbeit, S. 67.

283 Vgl. *Flessner*, Ältere Menschen, demographische Alterung und Recht, S. 139 f. *Yankova/Hören*, WRP 2011, 1236, 1241, betonen hingegen, dass „das Klischee des stets etwas zu gutgläubigen und gebrechlichen Großvaters“ der Realität nicht gerecht werden würde.

folglich besonders leicht zum Kauf von Produkten mit zweifelhaftem Nutzen zu überreden.[284]

Für eine Erklärung des Umstandes, dass ältere Menschen leichter Opfer unseriöser Empfehlungen werden, verweist *Wedemann* auf eine relativ aktuelle Untersuchung (2012)[285], die an der *University of California* durchgeführt wurde.[286] Danach bewerten ältere Menschen Gesichter mit Anzeichen für eine mangelnde Vertrauenswürdigkeit als vertrauenswürdiger als Menschen eines geringeren Alters.[287] Bei älteren Menschen ist das sog. „warnende Bauchgefühl" weniger ausgeprägt.[288] Ältere Menschen schöpfen zu anderen fälschlicherweise schneller Vertrauen als jüngere Menschen.[289] Ferner kann die Neigung, vor allem positive Informationen zu beachten und zu verarbeiten, zu einer erhöhten Beeinflussbarkeit führen.[290] Überdies begünstigen Verwirrtheitszustände die Täuschung und Ausnutzung durch andere.

Außerdem haben sich vor einigen Jahren aufgrund der Liberalisierung, Privatisierung und Deregulierung die Märkte für wichtige Güter und Dienstleistungen dynamisiert und verändert.[291] Es gab Reformen im Gesundheitswesen, bei der Telekommunikation oder bei den Grundversorgungsgütern wie Strom und Gas.[292] Zwar treffen diese Änderungen grundsätzlich alle Konsumenten, allerdings ist die Konsumentengruppe der älteren Menschen mit der entstandenen Marktdynamik sowie mit der neuen Unübersichtlichkeit und Vielfalt

---

284 Vgl. *Flessner*, Ältere Menschen, demographische Alterung und Recht, S. 139.

285 Die Untersuchung wird vorgestellt bei *Castle et al.*, PNAS Vol. 109 (2012) No. 51, 20848.

286 Siehe *Wedemann*, AcP 214 (2014), 664, 671; *dies.*, NJW 2014, 3419, 3420; *dies.*, ZBB 2014, 54, 55.

287 Siehe *Castle et al.*, PNAS Vol. 109 (2012) No. 51, 20848 u. 20851. Zu einem anderen Ergebnis kamen indes *Bell/Giang/Mund/Buchner*, Psychology and Aging 2013, Vol. 28 No. 4, S. 984 ff., nach deren Studie die Probanden (einerseits junge Menschen, andererseits ältere Menschen) die Vertrauenswürdigkeit ihnen vorgezeigter Gesichter ähnlich bewerteten (siehe dort S. 992); hierzu auch *Görgen et al.*, Sicherheitspotenziale, S. 81 f.

288 *Wedemann*, AcP 214 (2014), 664, 671; *dies.*, NJW 2014, 3419, 3420; *dies.*, ZBB 2014, 54, 55; vgl. auch *Castle et al.*, PNAS Vol. 109 (2012) No. 51, 20848 u. 20851.

289 *Felser*, Konsum im Alter, S. 76.

290 Vgl. *Felser*, Konsum im Alter, S. 76.

291 Vgl. *Micklitz/Reisch*, in: DZA, Produkte, Dienstleistungen und Verbraucherschutz für ältere Menschen, S. 221, 226; BMFSFJ, Fünfter Altenbericht, S. 264.

292 BMFSFJ, Fünfter Altenbericht, S. 264 f.; vgl. auch *Micklitz/Reisch*, in: DZA, Produkte, Dienstleistungen und Verbraucherschutz für ältere Menschen, S. 221, 226.

des Angebots überfordert und zugleich aufgrund ihrer besonderen Lebenslage besonders auf die Qualität dieser Leistungen angewiesen.[293] Auch dies führt zu einer erhöhten Ausnutzungsanfälligkeit, da das gesteigerte Bedürfnis nach dem Produkt und der Mangel an relevanten Marktinformationen eine besondere Abhängigkeit des älteren Menschen von seinem Geschäftspartner bewirken und Abhängigkeiten sich wiederum besonders gut zur Ausnutzung eignen.

Nicht zuletzt haben es die älteren Generationen schwieriger, neue technische und wirtschaftliche Entwicklungen zu durchschauen.[294] In manchen Geschäftsbereichen wird das Ausnutzen der Täuschungs- und Ausnutzungsanfälligkeit älterer Menschen sogar zugegeben. Beispielsweise werden Beratern der Postbank zufolge insbesondere alte Menschen als „leicht erreichbare Opfer" betrachtet.[295]

c) Geschäftliche Unerfahrenheit

Einige ältere Menschen sind geschäftsunerfahren.[296] Die Technisierung und Digitalisierung hat zu einer Veränderung von Geschäftsvorgängen geführt.[297] Da die geschäftliche Aktivität im hohen Lebensalter abnimmt, haben ältere Menschen meist nur wenige Geschäfte unter diesen veränderten Gegebenheiten getätigt; sie sind diesbezüglich geschäftsunerfahren. Außerdem bereitet die Bewältigung neuartiger kognitiver Probleme, und damit die Auseinandersetzung mit den veränderten geschäftlichen Gegebenheiten, Schwierigkeiten, wodurch das zeitgleiche Sammeln von Geschäftserfahrungen erschwert wird. Insbesondere in Bereichen, die einem rasanten zeitlichen Wandel unterliegen und sich in ihren Gegebenheiten deutlich von denen vorangehender Zeiten unterscheiden, kommt eine Geschäftsunerfahrenheit älterer Menschen in Betracht. Viele ältere Frauen sind außerdem auch deshalb geschäftsunerfahren, da jahrelang die

---

293 *Micklitz/Reisch*, in: DZA, Produkte, Dienstleistungen und Verbraucherschutz für ältere Menschen, S. 221, 226.

294 Vgl. *Micklitz/Reisch*, in: DZA, Produkte, Dienstleistungen und Verbraucherschutz für ältere Menschen, S. 221, 265.

295 Siehe Finanztest 7/2010, S. 34; Hintergrund für die Vermittlung von Produkten, die sich für die hochbetagten Anleger oftmals als ungeeignet herausstellen, sind mitunter die damit zusammenhängenden Provisionszahlungen an die Finanzberater (vgl. dort S. 35 f.).

296 So spricht auch Erman/*Schmidt-Räntsch* BGB § 138 Rn. 52, bezüglich der Unerfahrenheit i.S.d. § 138 II BGB von alten Menschen. Siehe zur Subsumtion der Geschäftsunerfahrenheit unter das Merkmal Unerfahrenheit i.S.d. § 138 II BGB unten S. 164.

297 Ausführlicher dazu noch sogleich S. 124 f.

Ehemänner alle geschäftlichen Angelegenheiten der Familie erledigt haben.[298] Diese älteren Frauen müssen sich nach dem Eintritt der Pflegebedürftigkeit ihres Partners oder dessen Ableben häufig zum ersten Mal in ihrem Leben mit (komplizierten) geschäftlichen Angelegenheiten auseinandersetzen.[299]

d) Geringe Widerstandskraft

Eine rechtsgeschäftsrelevante Einschränkung ist ebenfalls die geringe Widerstandskraft einiger älterer Menschen. Ein negatives Selbstbild, die Wahrnehmung der eigenen Person als schwach, hilflos und nutzlos, kann die Fähigkeit, sich selber zu schützen, einschränken.[300] Aufgrund der sich schnell verändernden und unüberschaubar werdenden Geschäftswelt fühlen sich ältere Menschen überfordert. Sie werden zunehmend unsicher im Geschäftsleben, verlieren den Glauben an ihre geschäftsrelevanten Fähigkeiten und resignieren im Hinblick auf eine Auseinandersetzung mit dem Geschäftspartner. Es entstehen Zweifel an dem tatsächlichen Bestehen ihrer Rechte; sie entwickeln den Glauben, selbst etwas falsch gemacht zu haben. Es ist erheblich einfacher, einem älteren Menschen „einzureden", er habe einem Punkt in einer Verhandlung zugestimmt oder sei von einem bestimmten Sachverhalt unterrichtet worden als einem jüngeren.[301] Manchmal wissen die Betroffenen auch schlicht nicht, wie sie sich zur Wehr setzen könnten.[302] Es ist denkbar, dass einige Geschäftspartner bewusst ihre vertraglichen Pflichten gegenüber dem Betroffenen vernachlässigen, da sie davon ausgehen, dass der Betroffene dies nicht merkt oder sich zumindest nicht dagegen wehren kann.[303]

---

298 Vgl. auch *Flessner*, Ältere Menschen, demographische Alterung und Recht, S. 39; siehe auch *Hall*, in: Doron, Theories on Law and Ageing, S. 107, 108.

299 Vgl. auch *Flessner*, Ältere Menschen, demographische Alterung und Recht, S. 39.

300 *Flessner*, Ältere Menschen, demographische Alterung und Recht, S. 140.

301 *Felser*, Konsum im Alter, S. 62.

302 Vgl. VZ NRW, Zielgruppenorientierte Verbraucherarbeit, S. 65.

303 Vgl. *Lurger*, in: WiR, Alter und Recht, S. 87, 88.

B. Folgen „alterstypischer" rechtsgeschäftsrelevanter Einschränkungen für Abschluss und Inhalt von Rechtsgeschäften

I. Wirtschaftlich nachteilige Geschäfte

Infolge rechtsgeschäftsrelevanter Einschränkungen im Alter besteht – wie nachfolgend noch ausführlich dargestellt wird – die erhöhte Gefahr, ein wirtschaftlich nachteiliges Geschäft abzuschließen oder zumindest nicht wieder rückgängig zu machen bzw. machen zu können. Im Rahmen der vorliegenden Untersuchung ist ein Geschäft als für eine Geschäftspartei wirtschaftlich nachteilig zu betrachten, wenn zu deren Lasten die erlangte Leistung nicht dem Wert der erbrachten Gegenleistung entspricht oder wenn trotz Werthaltigkeit der erlangten Leistung die mit dem Geschäft verbundenen Verpflichtungen und sonstigen Nachteile durch die Vorteile (aus subjektiver Sicht) nicht ausgeglichen werden.[304] Letzteres ist z.B. der Fall, wenn die erlangte Leistung für den Betroffenen subjektiv sinnlos ist, weil er sie nicht (voll) nutzen kann (z.B. ein Blinder erwirbt eine umfangreiche Lexikonsammlung) oder schlicht nicht benötigt, und sofern auch die Verkehrsanschauung bei Berücksichtigung der gegebenen Umstände das Geschäft als unvernünftig und damit als nachteilig ansieht.[305] Auch wenn noch weitere Rechtsgeschäfte mit erneuten Gegenleistungspflichten abgeschlossen werden müssen, damit sich der anfänglich beabsichtigte Geschäftserfolg einstellt, und so letztlich die zu erbringenden finanziellen Mittel über das ursprünglich Gewollte hinausgehen, handelt es sich trotz Werthaltigkeit der erlangten Leistungen um ein wirtschaftlich nachteiliges Geschäft im hier verstandenen Sinne. Gleiches gilt dementsprechend für sonstige versteckte oder zumindest von dem Betroffenen nicht erkannte ungewollte Kosten. Erfasst sind allerdings nur wirtschaftlich nachteilige Geschäfte, wenn der wirtschaftliche Nachteil „ungewollt" ist, d.h. zumindest nicht bewusst hingenommen wird. Geschäfte, die nach der Verkehrsanschauung bei Berücksichtigung der gegebenen Umstände wirtschaftlich unvernünftig sind, von dem Benachteiligten gleichwohl abgeschlossen werden, weil aus seiner Sicht die sich für ihn ergebenden Vorteile die objektiv vorliegenden Nachteile überwiegen (z.B. hoher ideeller Wert des überteuerten Kaufgegenstands), sind daher nicht als wirtschaftlich nachteilige Geschäfte im Sinne der Untersuchung zu verstehen.

---

304 Vgl. hierzu auch BGH NJW 1998, 302, 304.
305 Vgl. hierzu auch BGH NJW 1998, 302, 304.

II. Gründe für den Abschluss wirtschaftlich nachteiliger Geschäfte

1. *Informationsdefizit*

Eine unvollständige Informationsaufnahme verhindert eine sachgemäße Entscheidung, da für eine solche eine Auswertung aller wesentlichen Informationen erforderlich ist.[306] Von besonderer Bedeutung sind Informationen wie z.B. die automatische Verlängerung eines Dauerschuldverhältnisses, Kündigungsfristen im Allgemeinen, zusätzliche Kosten zur gewünschten vollständigen Nutzbarkeitsmachung des Vertragsgegenstands oder gar Gewährleistungsausschlüsse. Diese Informationen sind wesentlich für die Beurteilung der wirtschaftlichen Sinnhaftigkeit des Geschäfts. Sie finden aber nicht immer eine ihrer Bedeutung gerecht werdende längere Erwähnung und gehören daher zu den Informationen, die bei Informationsaufnahmeschwierigkeiten aufgrund ihrer Beiläufigkeit nicht hinreichend wahrgenommen werden. Diese wesentlichen Informationen sind überwiegend in AGB enthalten. Da deren optische Wahrnehmung meist durch besonders kleine Schriftgrößen erschwert ist, gehen darin enthaltene wesentliche Informationen leichter unter.

Der verschlechterte Informationszustand führt dazu, dass ältere Menschen in erhöhtem Maße von dem jeweiligen Vertragspartner abhängig sind.[307] Daraus erklärt sich auch die Tatsache, dass ältere Menschen von skrupellosen Verkäufern als leichte Beute angesehen werden.[308] Sie können von diesen leicht zum Abschluss wirtschaftlich nachteiliger Geschäfte verleitet werden. Den Betroffenen fehlt es nämlich z.B. an Informationen über Vergleichsangebote oder vergleichbaren Produkten, wodurch das Erkennen eines angemessenen Preis-Leistungs-Verhältnisses erschwert wird. Diesbezügliche Verschleierungsstrategien werden von findigen Verkäufern bewusst bei älteren Menschen angewendet. Möglich ist aber auch, dass der Betroffene zwar die erforderlichen Informationen eingeholt und richtig verarbeitet hat, diese infolge etwaiger Gedächtnisschwierigkeiten im entscheidenden Zeitpunkt aber vergessen hat. Im Einzelfall besteht sogar die Gefahr, dass der Betroffene zwar vollständig über die Konsequenzen seines rechtsgeschäftlichen Handels von seinem Geschäftspartner aufgeklärt wurde,

---

306 Vgl. hierzu auch *Cording*, ZEV 2010, 115, 117; *Habermeyer/Saß*, Fortschr Neurol Psychiat 2002, 5, 8.

307 Vgl. auch *Flessner*, Ältere Menschen, demographische Alterung und Recht, S. 140.

308 Siehe zur Betrachtung älterer Menschen aus Sicht einiger Verkäufer *Flessner*, Ältere Menschen, demographische Alterung und Recht, S. 140.

diese Informationen aber unmittelbar im Verlauf des weiteren Gesprächs wieder vergisst.

Auch Erfahrungen anderer Menschen, welche für die Vermeidung wirtschaftlich nachteiliger Geschäfte wesentlich sein können, stehen älteren Menschen aufgrund der im Alter regelmäßig abnehmenden Anzahl an sozialen Kontakten unter Umständen nicht zur Verfügung. Das Wissen über negative Erfahrungen anderer Menschen über z.B. unseriöse Geschäftspraktiken bestimmter Unternehmer bei Haustürgeschäften oder Kaffeefahrten könnte davon abhalten, sich auf Geschäfte mit diesem Unternehmer einzulassen. Telefonwerbung oder Werbeanschreiben könnten ignoriert werden. Mangels besseren Wissens könnten Geschäftsverhandlungen mit diesen Unternehmern jedoch aufgenommen werden, wodurch die Gefahr ansteigt, infolge von unlauteren Geschäftspraktiken ein wirtschaftlich nachteiliges Geschäft abzuschließen.

2. *Schwierigkeiten bei der Informationsaufnahme und -verarbeitung*

Eine schnelle Informationsaufnahme und -verarbeitung ist insbesondere im Rahmen von Verkaufsgesprächen, bei welchen ein geschulter Verkäufer regelmäßig in der Lage ist, seinen potenziellen Vertragspartner in eine Drucksituation zu versetzen und diesen dadurch zu einer zügigen Entscheidung zu drängen, für einen sachgerechten Vertragsabschluss maßgeblich. Derartige Drucksituationen gegenüber älteren Menschen werden beispielsweise auf Kaffeefahrten erzeugt. Auf Kaffeefahrten wird nicht selten mit dem Knappheitsprinzip gearbeitet.[309] Danach werden Produkte in geringem Maße und meist auch mit dem Hinweis, dass diese an diejenigen verkauft werden, die zuerst zu einem Vertragsschluss bereit sind, angeboten.[310] Das Anbieten einer nur geringen Anzahl der Produkte ist dabei besonders effektiv, da Menschen besonders Produkte, die nur in eingeschränktem Maße verfügbar sind, schätzen.[311] Der Betroffene muss die Produktinformationen schnell aufnehmen und verarbeiten, um eine richtige Entscheidung über die Sachgemäßheit des Geschäfts treffen zu können.

---

309 Vgl. *Lenz*, BAGSO-Nachrichten 2/99, 8, 9 f.
310 Vgl. *Lenz*, BAGSO-Nachrichten 2/99, 8, 10.
311 Vgl. *Lenz*, BAGSO-Nachrichten 2/99, 8, 10.

3. *Verständnisdefizite im Rahmen eines sich verändernden Geschäftsverkehrs*

Schwierigkeiten bei der Bewältigung neuartiger kognitiver Probleme können dazu führen, dass der Betroffene das von ihm getätigte Geschäft nicht hinreichend durchschaut. Dadurch steigt die Anfälligkeit für die Betätigung wirtschaftlich nachteiliger Geschäfte, da der Geschäftsgegner diese Schwäche eigennützig ausnutzen könnte. Besondere Schwierigkeiten entstehen, wenn es sich um vermischte Vertragsformen oder gar um neuartige Vertragsarten handelt, die sich entweder auf neuartige Produkte beziehen oder unter Nutzung von Informations- und Kommunikationstechnologie zustande kommen. Beispielsweise wird bei einem Mobilfunkvertrag häufig zugleich der Erwerb eines Mobiltelefons, welches über eine Vielzahl von Zusatzfunktionen neben der Telefonfunktion verfügt, vereinbart.[312] Es werden verschiedene Vertragstypen miteinander verbunden (Kaufvertrag bzw. Teilzahlungsgeschäft mit einem Dienstleistungsvertrag).[313] Bei älteren Menschen herrscht über die verschiedenen Funktionen eines Mobiltelefons aufgrund ständiger technischer Erneuerungen und Erweiterungen zudem meist Unklarheit.[314] Die Vielzahl von Tarifoptionen kann überdies zur Überforderung führen.[315] Wenn der Betroffene mit derartigen geschäftlichen Konstellationen noch nicht hinreichend oft in Berührung gekommen ist, wird er dadurch mit einem neuartigen kognitiven Problem konfrontiert. Als Folge diesbezüglicher Bewältigungsschwierigkeiten übersieht oder missversteht der Betroffene etwaige Nebenpflichten, automatische Vertragsverlängerungen oder versteckte Kosten. Unter Umständen müssen noch weitere Rechtsgeschäfte mit erneuten Gegenleistungspflichten abgeschlossen werden, damit sich der anfänglich beabsichtigte Geschäftserfolg einstellt.

Die immer schnellere Technisierung, Digitalisierung und Informatisierung von Produkten und Diensten sowie ihrer Vertriebswege bringt nicht nur Chancen, sondern auch Probleme für einige ältere Menschen mit sich.[316] Die neuen Möglichkeiten in der Digitalwirtschaft bedeuten für die Gesellschaft

---

312 Siehe hierzu auch und ausführlich zu der Produktkomplexität von Mobilfunkverträgen *Pfirrmann et al.*, Gutachten, S. 182 ff.

313 Vgl. auch *Pfirrmann et al.*, Gutachten, S. 182 f.

314 Siehe dazu, dass viele ältere Menschen Mobiltelefone als zu kompliziert empfinden, BMFSFJ, Fünfter Altenbericht, S. 246.

315 Vgl. *Pfirrmann et al.*, Gutachten, S. 183.

316 BMFSFJ, Fünfter Altenbericht, S. 265; siehe auch *Micklitz/Reisch*, in: DZA, Produkte, Dienstleistungen und Verbraucherschutz für ältere Menschen, S. 221, 226 f.

eine Umstellung des Geschäftsverkehrs. Es entwickeln sich zahlreiche neue Geschäftsmodelle, häufig verbunden mit komplexen vernetzten und immer mehr Algorithmen-basierten Produkt- und Dienstleistungsangeboten.[317] Verträge werden nicht mehr nur im gegenseitigen Beisein geschlossen und auch die betreffenden Produkte müssen nicht mehr physischer Natur sein. (Ältere) Menschen werden damit zukünftig immer wieder vor neuartige kognitive Probleme im Geschäftsverkehr gestellt.

4. *Resilienzdefizite im Hinblick auf Täuschungs- und Ausnutzungsversuchen*

Die festzustellende Täuschungs- und Ausnutzungsanfälligkeit, insbesondere aufgrund von Leichtgläubigkeit, kann dazu führen, dass der Betroffene das unredliche Verhalten seines Geschäftspartners nicht erkennt. Der Betroffene hält diesen infolge seiner Leichtgläubigkeit vielmehr für seriös und vertrauenswürdig. Zweifel an den angebotenen Leistungen entstehen nicht. Daraus resultiert z.B. der Erwerb unwirksamer Heilmittel oder deutlich überteuerter sonstiger Sachen (insbesondere auf Kaffeefahrten). Denkbar ist auch, dass dem Betroffenen unter Bedrängung („aufschwatzen“) Produkte verkauft werden, für welche dieser grundsätzlich keine Verwendung hat, wie der Verkauf von Mobilfunktelefonen mit vielen Zusatzfunktionen (z.B. Internetnutzung).[318] Der Hochbetagte, der lediglich die Telefonfunktion nutzen möchte, braucht keine hervorragende Internetverbindung mit Unmengen an verfügbaren Datenvolumen. Das erworbene Produkt ist für diesen subjektiv unbrauchbar und damit regelmäßig wirtschaftlich nachteilig.[319]

5. *Rechendefizite*

Wenn es sich nicht gerade um den Abschluss von alltäglichen Rechtsgeschäften zur persönlichen Versorgung handelt, ist die Rechenfähigkeit, insbesondere die Fähigkeit, eine gestellte Rechnung zu kontrollieren, meist von besonderer Bedeutung für die Feststellung, ob der angestrebte Geschäftsabschluss tatsächlich wirtschaftlich vernünftig ist. Bei Rechenschwierigkeiten kann es zu

---

317 Die Bundesregierung, Verbraucherpolitischer Bericht 2020, S. 7.

318 Siehe dazu die Reportagesendung „Markt“ des NDR Fernsehen vom 1. Februar 2016 zum Thema „Senioren-Abzocke: Unnötige Mobilfunkverträge“ (u.a.).

319 Siehe zum Erwerb kostspieliger, aber unnötiger und damit subjektiv unbrauchbarer Sachen, auch *Kostorz*, PflR 2011, 447, 451 (Fall 3).

Fehlkalkulationen mit der möglichen Folge eines (erheblich) wirtschaftlich nachteiligen Geschäfts kommen. Es sind aber auch bereits Fälle denkbar, in denen der Betroffene bei seinem täglichen Einkauf nicht mehr nachvollziehen kann, ob das Wechselgeld richtig herausgegeben wird.[320]

6. *Geschäftserfahrungsdefizite*

Ein Mangel an Geschäftserfahrenheit kann dazu führen, dass den Betroffenen die gesamten rechtlichen Auswirkungen ihres Handels nicht (mehr) bewusst sind. Die Betroffenen vereinbaren z.B. unbewusst die Inanspruchnahme von für sie unbrauchbaren Zusatzleistungen. Ferner kann Unkenntnis über die üblichen Gepflogenheiten des Rechtsverkehrs bestehen. Es verlängern sich beispielsweise oftmals Dauerschuldverhältnisse automatisch um einen bestimmten Zeitraum, wenn nicht rechtzeitig gekündigt wird. Hierdurch kann es zu nicht nur geringfügigen finanziellen Belastungen kommen, insbesondere wenn die zu erlangende Leistung nun nicht mehr benötigt wird. Infolge mangelnder Geschäftserfahrung kann es den Handelnden auch an Informationen über den üblichen Wert der vereinbarten Leistungen fehlen, so dass sie ein diesbezügliches Missverhältnis nicht erkennen können. Aufgrund fehlender vergleichbarer Situationen, weiß der Betroffene mitunter nicht, wie sich ein redlicher Vertragspartner verhält. Der Betroffene erkennt allein deshalb schon nicht ein unredliches Verhalten.

7. *Gestörte Urteilsfähigkeit*

Bei einem Enthemmungssyndrom mit impulsiven Verhaltensweisen handelt der Betroffene „instinktiv"; er urteilt schnell, noch bevor er den Entscheidungsraum angemessen gewürdigt hat.[321] Es handelt sich um eine Störung der Urteilsfähigkeit.[322] Dieses Symptom einer Demenz kommt findigen Verkäufern zugute, da sie durch das aggressive Anpreisen ihrer Produkte bei den Betroffenen den Eindruck hoher Qualität oder dringender Notwendigkeit der Anschaffung dieser Produkte erwecken können. Es liegt nahe, dass der vom Enthemmungssyndrom betroffene Demenzkranke sich aufgrund instinktiver Entscheidungsfindung für den Kauf dieses möglicherweise überteuerten oder für ihn unbrauchbaren Produktes entscheidet. Derartige Anpreisungen können nämlich auch einen gesunden Menschen erfolgreich beeinflussen. Wenn der Wert von Leistung und

---

320 Vgl. *Kostorz*, PflR 2011, 447, 449 (Fall 2).
321 Vgl. *Reischies*, in: Karnath/Thier, Neuropsychologie, S. 678, 685.
322 Vgl. *Reischies*, in: Karnath/Thier, Neuropsychologie, S. 678, 685.

Gegenleistung nicht mehr zutreffend eingeordnet werden kann, kann daraus z.B. ein überzogenes Arzthonorar resultieren.[323] Folge einer gestörten Urteilsfähigkeit ist daher, dass der Betroffene für Fehlentscheidungen im Geschäftsverkehr besonders anfällig ist.

8. Gedächtnisschwierigkeiten

Als Folge von (demenziell bedingten) Beeinträchtigungen der Gedächtnisleistungen besteht die Gefahr, dass der Betroffene den bereits getätigten Abschluss eines bestimmten Geschäfts vergisst und ein vergleichbares Geschäft erneut abschließt, obwohl dieses für ihn überflüssig ist. Insbesondere der Erwerb von Haushaltsgeräten oder sonstigen Haushaltsgegenständen kommt hier in Betracht. Denkbar ist ebenfalls der Abschluss doppelter Zeitschriftenabonnements. Diese Doppelabschlüsse sind aufgrund ihrer regelmäßigen Nutzlosigkeit wirtschaftlich nachteilig.

III. Gründe für die Nichtbeendigung wirtschaftlich nachteiliger Geschäfte[324]

1. Fehlende oder fehlerhafte Rechtskenntnis

Unter Umständen hat der ältere Mensch die vom Geschäftspartner mitgeteilten Informationen über die ihm zustehenden Rechte fehlerhaft oder unvollständig aufgenommen oder falsch verarbeitet. Womöglich hat der Betroffene die ihm mitgeteilten Informationen aufgrund von (demenziell bedingten) Gedächtnisschwierigkeiten vergessen. Möglicherweise fehlt es dem Betroffenen auch aus anderen Gründen, wie z.B. aufgrund von Geschäftsunerfahrenheit, an wesentlichen Informationen über die ihm zustehenden Rechte. Eine fehlende oder fehlerhafte Kenntnis über Rechte im Geschäftsverkehr kann sich zudem daraus ergeben, dass die Geschäftspartner solche Informationen nicht mitteilen oder sogar bewusst verschleiern. Die Täuschungs- und Ausnutzungsanfälligkeit älterer Menschen macht diese für derartige Verschleierungen besonders anfällig. Nachteilig ist die fehlende Kenntnis über bestehende Anfechtungs-, Kündigungs- oder Widerrufsrechte und deren jeweiligen Fristerfordernissen.[325] Das

---

323 Vgl. *Frieser*, ErbR 2010, 370, 374.

324 Siehe zu Schwierigkeiten einiger älterer Menschen bei der Rechtsdurchsetzung auch noch S. 227 ff.

325 Siehe zur Unkenntnis über das Bestehen eines Anfechtungsrechts noch S. 227. Siehe zur Unkenntnis über das Bestehen eines Kündigungsrechts *Rademacher*, Rechtsschutz zugunsten älterer Verbraucher, S. 142. Siehe zur Unkenntnis über das Bestehen eines

Nichtausüben eines Anfechtungs- oder Widerrufsrechts innerhalb der einzuhaltenden Frist bei wirtschaftlich nachteiligen Geschäften führt in der Regel zum endgültigen Bestand des Geschäfts mit der Folge des nun ebenfalls endgültig eingetretenen wirtschaftlichen Nachteils. Folge einer nicht fristgerecht ausgeübten Kündigung ist häufig, dass sich das wirtschaftlich nachteilige Vertragsverhältnis automatisch um einen längeren Zeitraum verlängert.

2. *Unfähigkeit zur Geltendmachung eigener Rechte*

Ältere Verbraucher scheuen sich oft, ihre Rechte im Verbraucheralltag tatsächlich durchzusetzen.[326] Zudem verhindert die geschwächte Widerstandskraft einiger älterer Menschen, dass sie sich ohne fremde Hilfe gegenüber ihren Geschäftspartnern behaupten können. Hilfe seitens Dritter (z.B. Angehörige) ist nicht immer möglich. Zukünftig wird es mehr ältere Menschen geben, die ohne eigene Kinder alt werden.[327] Aufgrund der im Berufsleben zunehmend benötigten Mobilität leben Angehörige seltener in der Nähe der älteren Menschen, so dass sich allein deshalb schon die Zuhilfenahme, trotz grundsätzlicher Möglichkeit, erschwert.[328] Älteren Menschen fehlt es daher nicht selten an Personen in ihrem sozialen Umfeld, die sie unterstützen.[329] Oftmals wollen ältere Menschen ihre Angehörigen ohnehin nicht um Hilfe bitten, da sie eine zukünftige Einbuße ihrer Selbstständigkeit befürchten.[330] Sie vermuten durch die Kundgabe

---

Widerrufsrechts bei Fernabsatzverträgen *Rademacher*, Rechtsschutz zugunsten älterer Verbraucher, S. 24; *Görgen et al.*, Sicherheitspotenziale, S. 337; siehe hierzu auch noch unten S. 184 f.

326 VZBV, Ältere Menschen als Verbraucher, S. 48; siehe auch *Rademacher*, Rechtsschutz zugunsten älterer Verbraucher, S. 170 u. 347, die eine besondere Passivität älterer Menschen bei der Rechtsverfolgung konstatiert, siehe dort auch S. 79 f., 158 u. 171.

327 *Tesch-Römer*, Soziale Beziehungen alter Menschen, S. 34; vgl. auch VZBV, Ältere Menschen als Verbraucher, S. 18; BMFSFJ, Fünfter Altenbericht, S. 301.

328 Ähnlich VZBV, Ältere Menschen als Verbraucher, S. 18. Siehe zur berufsbedingten fehlenden räumlichen Nähe zwischen älteren Menschen und ihren Kindern auch *Bogutz*, in: Doron, Theories on Law and Ageing, S. 1, 3.

329 Ähnlich VZBV, Ältere Menschen als Verbraucher, S. 18; siehe auch BMFSFJ, Fünfter Altenbericht, S. 301. Siehe zum Rückgang familialer Solidaritätsressourcen infolge des demografischen und sozialen Wandels auch BMFSFJ, Sechster Altenbericht, S. 119.

330 So wurde festgestellt, dass selbst die Opfer von Betrugsdelikten wie dem Enkeltrick diese Taten vielfach sogar gegenüber dem engsten Umfeld u.a. aus Angst, die autonome Entscheidungsfreiheit zu verlieren, verschweigen, siehe *Görgen et al.*, Sicherheitspotenziale, S. 329. Siehe zur Befürchtung älterer Menschen einen Verlust an Selbstbestimmung und Selbstständigkeit zu erfahren auch *Ganner*, Selbstbestimmung

ihres Hilfebedürfnisses als inkompetent betrachtet zu werden und einer etwaigen Bevormundung ihrer Angehörigen ausgesetzt zu werden.[331] Überdies haben ältere Menschen Schwierigkeiten, eigene Fehler einzugestehen.[332] Viele ältere Menschen schämen sich, machen sich selber Vorwürfe für ihr Verhalten und suchen deshalb keine Hilfe.[333] Bisweilen ist auch die Zuhilfenahme eines Rechtsbeistandes mit der Folge einer etwaigen gerichtlichen Auseinandersetzung zur Rechtsdurchsetzung erforderlich. Die damit verbundenen Mühen und Kosten haben indes eine abschreckende Wirkung.[334] Viele Menschen können sich auch aus Scham nicht zur gerichtlichen Geltendmachung ihrer Rechte durchringen.[335] All dies kann zur Folge haben, dass Rechte (z.B. Anfechtungs- oder Widerrufsrechte) nicht ausgeübt oder tatsächlich durchgesetzt werden und das wirtschaftlich nachteilige Geschäft dadurch bestehen bleibt.[336]

---

im Alter, S. 6. Siehe dazu, dass einige ältere Menschen Wert darauf legen, dass ihre Bekannten nicht von ihrem Unterstützungsbedarf erfahren, auch *Rademacher*, Rechtsschutz zugunsten älterer Verbraucher, S. 323 (wohl unter Bezug auf Berichte der Verbraucherzentralen).

331 Nach Ansicht vieler Experten fürchten Ältere Menschen den Verlust des Status einer „kompetent handelnden Person" im sozialen Umfeld, siehe *Görgen et al.*, Sicherheitspotenziale, S. 327; siehe dort S. 328 (Exp_StA_01) zur Angst vieler älterer Menschen unter rechtliche Betreuung gestellt zu werden.

332 Siehe *Wedemann*, NJW 2014, 3419, 3421; *dies.*, ZBB 2014, 54, 60.

333 So im Zusammenhang mit einem Vorgehen gegen unredliche Versicherungsverkäufer *Flessner*, Ältere Menschen, demographische Alterung und Recht, S. 62 f. Siehe dazu, dass Scham ältere Menschen davon abhalten kann, sich mit anderen auszutauschen/vermeintliche Schwächen offenzulegen, (auch) *Rademacher*, Rechtsschutz zugunsten älterer Verbraucher, S. 164; siehe dort S. 171 zur Scheu, Dritte (Angehörige oder professionelle Akteuere) in die Rechtsdurchsetzung einzubinden, vgl. dazu auch S. 323 (unter Bezug auf Berichte der Verbraucherzentralen).

334 So wohl auch *Rademacher*, Rechtsschutz zugunsten älterer Verbraucher, S. 169. Siehe zum Verzicht einiger älterer Menschen auf die Durchsetzung ihrer Rechte wegen der hohen Kosten für Rechtsanwalt und Gericht (auch) VZ NRW, Zielgruppenorientierte Verbraucherarbeit, S. 66.

335 So zur Durchsetzung von Verbraucherrechten im Zusammenhang mit unseriösen Kaffeefahrten BT-Drucks. 18/6676, S. 8.

336 Auch *Rademacher*, Rechtsschutz zugunsten älterer Verbraucher, S. 171, konstatiert, dass sich im Bereich der Rechtsdurchsetzung Altersspezifika realisieren, die dazu führen können, dass Vertragsauflösungsrechte nicht geltend gemacht werden, siehe dazu dort auch S. 245.

3. Sonstiges

Gedächtnisschwierigkeiten führen nicht nur dazu, dass Informationen über Rechte und Rechtsschutzmöglichkeiten nicht mehr erinnert werden. Womöglich erinnert sich der Betroffene auch nicht mehr an den Abschluss des Geschäfts und erwägt deshalb keine rechtzeitige Beendigung. Infolge von Denkschwächen sowie zeitlicher Desorientiertheit kann es ebenfalls dazu kommen, dass ein Recht nicht fristgemäß ausgeübt wird.[337]

C. Typische Geschäftsarten wirtschaftlich nachteiliger Geschäfte älterer Menschen

I. Außerhalb von Geschäftsräumen geschlossene Verträge

Zu den außerhalb von Geschäftsräumen geschlossenen Verträgen zählen z.B. die Verträge, die auf Kaffeefahrten abgeschlossen werden (vgl. § 312b Abs. 1 S. 1 Nr. 4 BGB). Bei Kaffeefahrten handelt sich um Verkaufsveranstaltungen, die häufig als Ausflug an ein touristisch attraktives Ziel beworben werden.[338] Die Veranstalter bieten an, zu einem günstigen Preis einen Busausflug mit Gleichgesinnten zu machen, bei dem zudem für Verpflegung und Unterhaltung gesorgt wird.[339] Bisweilen erhalten die potenziellen Teilnehmer falsche Gewinnbenachrichtigungen, in denen der Gewinn eines Preises vorgegeben wird, der im Rahmen der Ausflugsfahrt übergeben werden würde.[340] Die Fahrten führen meistens an entlegene Orte ohne Nahverkehrsanbindung, an denen eine mehrstündige Verkaufsveranstaltung stattfindet, wobei (häufig minderwertige) Produkte und Dienstleistungen zu stark überhöhten Preisen verkauft werden.[341] Befragten Experten zufolge handelt es sich bei denjenigen Personen, die an Kaffeefahrten teilnehmen, in vielen Fällen um ältere Menschen, die aufgrund ihrer isolierten Lebenssituation nach einem Gruppenerlebnis suchen.[342] Schätzungen aus dem

---

337 Vgl. *Rademacher*, Rechtsschutz zugunsten älterer Verbraucher, S. 140 f. (bezüglich Widerrufsrecht).

338 *Görgen et al.*, Sicherheitspotenziale, S. 338.

339 *Görgen et al.*, Sicherheitspotenziale, S. 338.

340 *Görgen et al.*, Sicherheitspotenziale, S. 338 f.; siehe auch *Land*, GewArch 2012, 153, 154.

341 *Görgen et al.*, Sicherheitspotenziale, S. 339. Häufig werden Produkte zu dem mehr als 30-fachen Einkaufspreis verkauft, siehe *Land*, GewArch 2012, 153, 155.

342 Siehe *Görgen et al.*, Sicherheitspotenziale, S. 340; siehe zum Aspekt der Geselligkeit auch VZ NRW, Zielgruppenorientierte Verbraucherarbeit, S. 66.

Jahre 2015 zufolge nehmen pro Jahr insgesamt 4,5 bis 5 Millionen Deutsche an Kaffeefahrten teil.[343]

Ältere Menschen sind des Öfteren besonders leichtgläubig und lassen sich leicht zum Erwerb von Produkten mit zweifelhaftem Nutzen überreden; sie sind sehr täuschungsanfällig. Aggressive zum Vertragsschluss führende Praktiken lassen sich überdies gegenüber Hochbetagten besonders wirkungsvoll einsetzen. Diese rechtsgeschäftsrelevanten Einschränkungen älterer Menschen wirken sich gerade auf Kaffeefahrten nachteilig aus. Auf diesen Verkaufsveranstaltungen werden nämlich häufig minderwertige und überteuerte Waren zum Kauf angeboten. Auch aggressive Verkaufspraktiken lassen sich effektiver an entlegenen Orten durchführen. Die Betroffenen können sich diesen Praktiken dort nur schwer entziehen, da sie von diesen Orten mangels Nahverkehrsanbindung nicht alleine zurückreisen können.[344] Ohnehin sind ältere Menschen oftmals in ihrer Widerstandskraft geschwächt. Außerdem werden die Betroffenen auf solchen Fahrten in der Regel nicht durch sachkundige und wehrfähige Dritte zu Unterstützungszwecken begleitet.

Zu den außerhalb von Geschäftsräumen geschlossenen Verträgen zählen ferner die klassischen Haustürgeschäfte (vgl. § 312b Abs. 1 S. 1 Nr. 1 u. 2, Abs. 2 S. 1 BGB). Bei Vertragsabschlüssen an der Haustür oder in der Wohnung des Verbrauchers besteht insbesondere die Gefahr, überrumpelt zu werden.[345] An diesen Orten besteht außerdem die Gefahr der Ausübung psychischen Verkaufsdrucks.[346] Es hat sich gezeigt, dass hochaltrige Menschen in hohem Maße Ziel von Geschäftspraktiken sind, die sich vielfach im Grenzbereich zwischen defizitärer Seriosität und strafbarem Unrecht bewegen.[347] Die Verleitung eines älteren Menschen zum Kauf von (minderwertigen oder subjektiv nutzlosen) Produkten zu überhöhten Preisen ist umso einfacher, wenn der ältere Mensch alleine zu Hause aufgesucht wird.[348] Dort kann er sich dem Drängen des Verkäufers nicht durch Verlassen der Geschäftsräume entziehen. Dem Verkäufer kommt auch

---

343 Siehe BT-Drucks. 18/6676, S. 1 u. 7; BR-Drucks. 300/15, S. 1 u. 5 (der Anlage).

344 Vgl. dazu *Görgen et al.*, Sicherheitspotenziale, S. 339; laut den Verbraucherzentralen wird bisweilen sogar die Rückfahrt verweigert, wenn nicht alle Teilnehmer etwas gekauft haben (siehe dort S. 339 u. Exp_VZ_01 auf S. 340).

345 Vgl. Schulze HK-BGB/*Schulte-Nölke* BGB § 312b Rn. 1.

346 Vgl. Schulze HK-BGB/*Schulte-Nölke* BGB § 312b Rn. 1.

347 *Görgen et al.*, Sicherheitspotenziale, S. 13.

348 In der Gruppe der 60- bis 79-Jährigen beträgt der Anteil der Alleinlebenden 30 %, in der Gruppe der 80- und Über-80-Jährigen sogar 60 %, siehe *Engels*, in: Aner/Karl, HdB Soziale Arbeit und Alter, S. 351, 352 f.

hier die oft geschwächte Widerstandskraft älterer Menschen zugute. Als Alleinlebender steht dem älteren Menschen meist kein Unterstützer in der konkreten Situation zur Seite, der ihm beim Entlarven der z.B. falschen Versprechen über das Produkt und dessen Wertigkeit helfen könnte. Der täuschungsanfällige und alleinlebende ältere Mensch ist besonders durch unseriöse Geschäftspraktiken im Rahmen von Haustürgeschäften gefährdet.

II. Fernabsatzverträge

Ältere Menschen sind zudem bei Fernabsatzgeschäften (vgl. § 312c BGB) der Gefahr ausgesetzt, ein wirtschaftlich nachteiliges Geschäft zu tätigen. Die Call-Center-Mitarbeiter bestimmter Unternehmen werden gezielt auf den Umgang mit älteren Menschen vorbereitet, um diese zu einem Vertragsschluss zu manipulieren.[349] Ferner wird diesen Call-Center-Mitarbeitern beigebracht, durch für ältere Menschen ungeeignete Sprechweisen (z.B. schnelles oder undeutliches Sprechen) diese über die Vertragsbedingungen hinwegzutäuschen.[350] Rückfragen des Angerufenen werden durch eine geschickte Gesprächsführung seitens des Unternehmers nicht immer zugelassen.[351] Im Falle einer rechtlichen Auseinandersetzung über den Vertragsschluss wird als Beweis bisweilen das Telefonat in geschnittener Form vorgelegt, welches der Betroffene mangels eigener Aufnahme des Telefonats nicht erfolgreich bestreiten kann.[352] Im Bereich des Internets besteht die Gefahr, dass ältere Menschen durch eine absichtlich irreführende Gestaltung einer Website besonders leicht verwirrt und getäuscht werden können.[353] Dadurch kann den Betroffenen ein Vertrag aufgedrängt werden, den sie nicht oder nicht mit diesem Inhalt eingehen wollten.[354]

---

349 *Görgen et al.*, Sicherheitspotenziale, S. 335, unter Zugrundelegung der Aussagen befragter Experten der Verbraucherzentralen (Exp_VZ_02 und Exp_VZ_01).

350 *Görgen et al.*, Sicherheitspotenziale, S. 335, unter Zugrundelegung der Aussagen befragter Experten der Verbraucherzentralen (Exp_VZ_02 und Exp_VZ_01).

351 Vgl. *Rademacher*, Rechtsschutz zugunsten älterer Verbraucher, S. 36.

352 Siehe *Görgen et al.*, Sicherheitspotenziale, S. 337 (insbesondere die dortige Aussage des Exp_VZ_01).

353 Siehe allgemein zur Gefahr der Täuschung durch irreführend gestaltete Websites *Gofferjé*, Vertragsschluss und Vertragsbindung bei Verbraucherverträgen, S. 103.

354 Vgl. *Gofferjé*, Vertragsschluss und Vertragsbindung bei Verbraucherverträgen, S. 103.

D. Typische Geschäftsinhalte wirtschaftlich nachteiliger Geschäfte älterer Menschen

I. Kauf von Heilmitteln

Nach den Erfahrungen einiger Vollzugsbehörden und Verbraucherverbände werden auf bestimmten Verkaufsveranstaltungen den meist älteren Teilnehmern Gesundheitspräparate und Medizinprodukte zu überhöhten Preisen und mit unwahren Versprechen zur medizinischen Wirkung verkauft.[355] Daraus resultieren nicht nur erhebliche wirtschaftliche Schäden, sondern im Einzelfall auch gesundheitliche Folgen.[356] Auf Kaffeefahrten werden z.B. Nahrungsergänzungsmittel, die im Internet für einstellige Eurobeträge erhältlich sind, als „Wundermittel“ angepriesen und für drei- bis vierstellige Summen verkauft.[357] Auch in den Medien wird immer wieder auf die Abzocke älterer Menschen in Bezug auf unwirksame Heilmittel hingewiesen.[358]

Hintergrund für die Anfälligkeit hochbetagter Menschen, unwissentlich überteuerte, unwirksame Heilmittel zu erwerben, ist u.a. deren Informationsdefizit. Ältere Menschen sind außerdem oft auf die Wirkungsweise von Gesundheitsprodukten angewiesen, da diese Bevölkerungsgruppe häufiger Krankheitsbilder und Befindlichkeitsstörungen aufweist.[359] Diese Abhängigkeit und das Informationsdefizit in Verbindung mit der aufgezeigten häufigen Leichtgläubigkeit machen die Betroffenen für Täuschungen hinsichtlich der Wirksamkeit der Produkte besonders anfällig.[360] Vor allem, wenn die Betroffenen akut auf Hilfe angewiesen sind, sind sie empfänglich für Beeinflussungen.[361]

---

355 Siehe BT-Drucks. 19/399, S. 11; *Land*, GewArch 2012, 153, 155.

356 Vgl. BT-Drucks. 19/399, S. 11.

357 *Görgen et al.*, Sicherheitspotenziale, S. 339.

358 Z.B. Hamburger Abendblatt vom 29. Dezember 2016, „Wenn Betrüger Senioren abzocken – Das raten Experten“.

359 Siehe dazu, dass ältere Menschen häufiger Krankheitsbilder und Befindlichkeitsstörungen aufweisen, auch *Land*, GewArch 2012, 153, 155.

360 Auch VZBV, Ältere Menschen als Verbraucher, S. 21, hebt hervor, dass es im Hinblick auf Produkte, die die eigene Gesundheit betreffen, manchmal schwerer fällt, kritische Distanz zu wahren.

361 Vgl. *Martell*, Der Schutz des Verbrauchers im Heimrecht, S. 69.

II. Rechtsgeschäfte zur Vermögensanlage

Von erheblicher wirtschaftlicher Bedeutung sind Geschäfte zur Vermögensanlage. Ein großer Anteil dieser Geschäfte wird von älteren Menschen abgeschlossen.[362] Menschen, die älter als 55 Jahre sind, besitzen nämlich mehr als die Hälfte des Gesamtvermögens in Deutschland.[363] Ältere Menschen müssen sich für eine rentable Vermögensanlage mit den meist komplexen Anlagemöglichkeiten, und damit mit einer für sie nur schwer zu durchdringenden Materie, auseinandersetzen. Die Komplexität dieser Materie hat sogar den Anlass für die *European Securities and Markets Authority (ESMA)* gegeben, eine Warnung vor den Risiken bei Anlagen in komplexe Produkte an Investoren auszusprechen.[364] Einigen Medienberichten zufolge werden älteren Menschen auch des Öfteren unsinnige Finanzprodukte vermittelt.[365] Es lässt sich z.B. feststellen, dass ältere Menschen immer wieder zur Investition in Fonds mit einer langen Laufzeit überredet werden.[366] Die Laufzeit der Fonds endet mitunter erst nach dem Ableben der Betroffenen.[367]

III. Sonstiges

Es hat sich gezeigt, dass oftmals versucht wird, Zeitschriftenabonnements mit älteren Menschen abzuschließen bzw. denen unterzuschieben.[368] Hochaltrige sind sich hierbei über den tatsächlichen Vertragscharakter und die daraus resultierenden Verpflichtungen meist nicht im Klaren.[369] Ein weiterer Problembereich

---

362 Beispielsweise stellten die Über-60-Jährigen mit rund 3,9 Millionen Menschen absolut gesehen die größte Gruppe der Aktienbesitzer im Jahre 2021, siehe Deutsches Aktieninstitut, Aktionärszahlen 2021, S. 10.

363 Vgl. Finanztest 7/2010, S. 34 (Berufung auf Zahlen des Statistischen Bundesamtes).

364 Siehe ESMA, Investorenwarnung vom 7. Februar 2014, S. 1 f.

365 Siehe z.B. Hamburger Abendblatt vom 29. Dezember 2016, „Wenn Betrüger Senioren abzocken – Das raten Experten". Ausführlich zum rechtlichen Schutz alter Menschen bei Anlagegeschäften *Wedemann*, ZBB 2014, 54 ff., die einleitend ebenfalls Bezug auf die mediale Berichterstattung zu der Thematik nimmt (siehe dort S. 54).

366 Siehe dazu z.B. das Beispiel in Finanztest 7/2010, S. 34 f. Vgl. z.B. auch das Beispiel in Finanztest 11/2016, S. 28; auf den dort folgenden Seiten finden sich außerdem weitere Berichte über unsachgemäße Anlageberatung gegenüber älteren Menschen.

367 Vgl. Finanztest 11/2016, S. 28 f.

368 Siehe *Holtfreter et al.*, Financial Exploitation of the Elderly, S. 2. Vgl. auch *Görgen et al.*, Sicherheitspotenziale, S. 77, im Rahmen der Darstellung der Ergebnisse der genannten Studie (*Holtfreter et al.*) oder die Zitierung (Exp_VZ_02) eines befragten Experten der Verbraucherzentralen (siehe zu Letzterem dort S. 335).

369 Siehe VZ NRW, Zielgruppenorientierte Verbraucherarbeit, S. 65.

sind ungünstige Verträge mit Telekommunikationsanbietern, die oft am Telefon untergeschoben werden.[370]

E. Bedeutung wirtschaftlich nachteiliger Geschäfte für ältere Menschen

Wirtschaftlich nachteilige Geschäfte sind für ältere Menschen gegebenenfalls besonders prekär. Mit einem hohen Lebensalter geht regelmäßig der Verlust der Erwerbstätigkeit einher. Ein Einkommen wird oft nur noch aus einer (geringen) Rente bezogen. Hochbetagte können in der Regel einen erlittenen finanziellen Verlust schwieriger ausgleichen. Bedeutung erlangt die Wirtschaftlichkeit des Geschäfts daher insbesondere im Hinblick auf die Thematik der Altersarmut.[371] Im Jahre 2019 lag die Armutsgefährdungsquote bei den 65- und Über-65-Jährigen bei 19,2 % (vor Sozialleistungen), wobei die Armutsgefährdungsschwelle bei 60 % des Median der Äquivalenzeinkommen der Bevölkerung (in Privathaushalten) festgesetzt wurde.[372] Analysen zeigen, dass das Armutsrisiko über die Zeit ansteigen wird.[373] Es wird für spätestens das Jahr 2036 eine Armutsrisikoquote für Neurentner/-innen in Ostdeutschland von ca. 36 % prognostiziert.[374]

F. Ergebnis zur Schutzbedürftigkeit älterer Menschen vor Übervorteilung im rechtsgeschäftlichen Verkehr

Nicht jeder ältere Mensch unterliegt einem Abbau geistiger Leistungsfähigkeit mit zunehmendem Alter. Das Altersdefizitmodell ist abzulehnen. Bei einigen älteren Menschen lassen sich gleichwohl Einschränkungen feststellen, die sich regelmäßig nachteilig auf deren Fähigkeit, sachgemäße Geschäfte zu tätigen, auswirken.[375] Es besteht die erhöhte Gefahr, ein wirtschaftlich nachteiliges Geschäft

---

370 Vgl. VZBV, Ältere Menschen als Verbraucher, S. 43; VZ NRW, Zielgruppenorientierte Verbraucherarbeit, S. 21. Siehe auch die Ausführungen zu den Schwierigkeiten einiger älterer Menschen bei der Lösung neuartiger kognitiver Probleme auf S. 124 f.

371 Ebenso von einer häufigen Nichtkompensierbarkeit des materiellen Verlusts und der damit zusammenhängenden Gefahr der Altersarmut ausgehend *Brucker*, BtPrax 2016, 221, 225.

372 Siehe Statistisches Bundesamt, Einkommen und Lebensbedingungen in Deutschland und der Europäischen Union, S. 28; siehe zur Armutsgefährdungsschwelle dort S. 13.

373 Siehe *Haan et al.*, Entwicklung der Altersarmut bis 2036, S. 7.

374 Siehe *Haan et al.*, Entwicklung der Altersarmut bis 2036, S. 8.

375 Zur Vermeidung des Eindrucks, dass bereits 60-Jährige regelmäßig rechtsgeschäftsrelevante Einschränkungen aufweisen, ist anzumerken, dass die Mehrheit, der die

abzuschließen oder zumindest nicht wieder rückgängig zu machen bzw. machen zu können. Diese Gefahr besteht zwar freilich nicht nur für ältere, sondern auch für jüngere Menschen. Bei älteren Menschen potenziert sich diese Gefahr allerdings dadurch deutlich, dass bei älteren Menschen die herausgearbeiteten rechtsgeschäftsrelevanten Einschränkungen häufiger auftreten als bei jüngeren Menschen und ältere Menschen dementsprechend häufiger anfällig sind für wirtschaftlich nachteilige Geschäfte.[376] Ein wirtschaftlich nachteiliges Geschäft kann sich für ältere Menschen finanziell sehr einschneidend auswirken. Typischerweise handelt es sich um Verträge, die außerhalb von Geschäftsräumen oder im Fernabsatz abgeschlossen werden, und bei denen die betroffenen älteren Menschen Sachen oder Dienstleistungen erwerben, deren Wert in einem nachteiligen Verhältnis zu dem der erbrachten Gegenleistung steht. Diese Verträge werden meist nur aufgrund der rechtsgeschäftsrelevanten Einschränkungen zu den wirtschaftlich nachteiligen Bedingungen abgeschlossen bzw. nicht rückgängig gemacht.

---

aufgezeigten Einschränkungen aufweisenden Personen, Menschen sind, die ein sehr hohes Alter im Sinne der gerontopsychologischen Forschungsdefinition erreicht haben. In der Gerontopsychologie gibt es die Unterscheidung in hohes Alter (65–80 Jahre), sehr hohes Alter (80 Jahre und älter) und extremes Alter (100 Jahre und älter), vgl. *Martin/Kliegel*, Psychologische Grundlagen der Gerontologie, S. 29. Vgl. auch *Wedemann*, NJW 2014, 3419, 3420. Siehe auch *Rademacher*, Rechtsschutz zugunsten älterer Verbraucher, S. 228 f., der zufolge eine „rechtsverkehrsrelevante Vulnerabilität" mit hoher Wahrscheinlichkeit bei der Mehrzahl älterer Menschen früher oder später eintreten wird; siehe dort auch S. 117 („generell erhöhte Anfälligkeit für nachteilige Geschäfte").

376 Vgl. hierzu auch *Rademacher*, Rechtsschutz zugunsten älterer Verbraucher, S. 45 f. u. 345; *Wedemann*, NJW 2014, 3419, 3420; *Flessner*, Ältere Menschen, demographische Alterung und Recht, S. 59 f.

5. *Kapitel* Der Schutz älterer Menschen vor Übervorteilung im rechtsgeschäftlichen Verkehr nach geltendem Recht

Nachfolgend wird überprüft, ob das geltende Recht rechtsgeschäftsrelevante Einschränkungen im Alter im Hinblick auf einen Schutz vor Übervorteilung hinreichend berücksichtigt. Die Überprüfung erfolgt dabei in zwei Schritten. Zunächst wird überprüft, ob bzw. inwieweit die jeweilige Vorschrift für einen Schutz von älteren Menschen mit rechtsgeschäftsrelevanten Einschränkungen vor Übervorteilung im Geschäftsverkehr in Betracht kommt. Anschließend wird die Qualität der Schutzgewährung bewertet. Zu den Vorschriften, die überprüft werden, zählen zunächst die Regelungen über die Geschäftsfähigkeit und die rechtliche Betreuung. Danach werden (weitere) Vorschriften aus dem Allgemeinen Teil des BGB (§§ 134, 138 BGB sowie §§ 119 ff. BGB) einer Überprüfung unterzogen. Ferner werden die §§ 312 ff. BGB sowie einige Regelungen aus dem UWG überprüft. Außerdem erfolgt eine Überprüfung der Qualität des § 241 Abs. 2 BGB (i.V.m. § 311 Abs. 2 BGB), des § 241a BGB, der §§ 305 ff. BGB, des § 661a BGB und des § 56a GewO im Hinblick auf einen Schutz im Falle rechtsgeschäftsrelevanter Einschränkungen im Alter vor Übervorteilung im Geschäftsverkehr. Die zukünftigen Änderungen im Verbraucherschutzrecht durch den „*New Deal for Consumers*“ des europäischen Gesetzgebers werden ebenfalls überprüft. Das Kapitel schließt mit einer Zusammenfassung der gefundenen Ergebnisse, wobei auch prozessrechtliche Schwierigkeiten dargelegt werden.

A. Geschäftsunfähigkeit, §§ 104 ff. BGB

I. Allgemeines

Unter Geschäftsfähigkeit wird die Fähigkeit verstanden, allgemein zulässige Rechtsgeschäfte selbstständig vollwirksam vornehmen zu können.[377] Das BGB geht grundsätzlich davon aus, dass jeder Mensch geschäftsfähig ist und normiert

377 BeckOK BGB/*Wendtland* BGB § 104 Rn. 1; MüKoBGB/*Spickhoff* BGB § 104 Rn. 34; Staudinger/*Klumpp* BGB Vorb. §§ 104 ff. Rn. 1; Erman/*Müller* BGB Vorb. § 104 Rn. 1; vgl. auch *Wedemann*, JURA 2010, 587.

nur die Ausnahmen.[378] Dieser Grundsatz beruht auf der Annahme, dass natürliche Personen in der Regel über das für die Teilnahme am Rechtsverkehr erforderliche Mindestmaß an Einsichts- und Urteilsfähigkeit verfügen.[379] Da die Geschäftsfähigkeit daher die Regel und ihr Fehlen die Ausnahme ist, hat derjenige, der sich auf die Geschäftsunfähigkeit beruft, ihre Voraussetzungen darzulegen und zu beweisen.[380]

Die Fähigkeit, selbst wirksam Rechtsgeschäfte vornehmen zu können, ist für die auf den Grundsatz der Privatautonomie aufbauenden Rechtsordnung fundamental.[381] Die Privatautonomie ermöglicht nämlich grundsätzlich dem Einzelnen die Vornahme von Rechtsgeschäften nach seinem Willen.[382] Aber erst durch die Geschäftsfähigkeit wird es dem Einzelnen ermöglicht, das eigene Leben nach seinem Willen selbstständig zu gestalten.[383] Die Geschäftsfähigkeit ist nicht nur notwendiges Instrument zur Gewährleistung der Handlungsfreiheit in ihren verschiedenen grundrechtlichen Ausprägungen und auch des allgemeinen Persönlichkeitsrechts (Art. 2 GG); ihr Vorliegen ist vielmehr für die Ausübung so gut wie aller Grundrechte von zentraler Bedeutung.[384]

Gemäß § 105 Abs. 1 BGB ist die Willenserklärung eines Geschäftsunfähigen nichtig. Geschäftsunfähige können keine wirksamen Geschäfte abschließen, da nichtige Willenserklärungen keine rechtlich bindenden Wirkungen entfalten können.[385] Bezweckt ist der Schutz des Geschäftsunfähigen „vor sich selbst“, da er zur eigenverantwortlichen Willensbildung nicht in der Lage ist.[386] Geschäftsunfähige sollen vor den möglicherweise nachteiligen Folgen ihrer abgegebenen

378 MüKoBGB/*Spickhoff* BGB § 104 Rn. 35; vgl. auch *Wedemann*, JURA 2010, 587.
379 Vgl. BeckOK BGB/*Wendtland* BGB § 104 Rn. 1.
380 Vgl. BVerwG NJW 1994, 2633 f.; siehe auch Staudinger/*Klumpp* BGB § 104 Rn. 31; *Czeguhn*, Geschäftsfähigkeit, S. 29.
381 Staudinger/*Klumpp* BGB Vorb. §§ 104 ff. Rn. 13.
382 Vgl. Erman/*Müller* BGB Vorb. § 104 Rn. 1.
383 Vgl. Staudinger/*Klumpp* BGB Vorb. §§ 104 ff. Rn. 13.
384 Vgl. Staudinger/*Klumpp* BGB Vorb. §§ 104 ff. Rn. 14.
385 Für geringfügige Geschäfte ändert daran auch die Vorschrift des § 105a BGB nichts. Nach § 105a BGB kommt kein wirksames Rechtsgeschäft zustande, ein solches wird lediglich fingiert, vgl. BeckOK BGB/*Wendtland* BGB § 105a Rn. 7. Auch gibt es keine dem § 107 BGB entsprechende Sonderregelung für Volljährige. Siehe zur fehlenden rechtlichen Wirkung einer nichtigen Willenserklärung BeckOK BGB/*Wendtland* BGB § 105 Rn. 7.
386 MükoBGB/*Spickhoff* BGB § 104 Rn. 6.

Willenserklärungen geschützt werden.[387] Ein Geschäftsunfähiger besitzt nicht die Fähigkeit, für seine eigene Person zu sorgen und die Folgen seines Verhaltens zu übersehen.[388] Es bedarf nämlich eines Mindestmaßes an Einsichts- und Urteilsfähigkeit, um die Folgen einer rechtsgeschäftlichen Erklärung beurteilen zu können.[389] Auf der anderen Seite steht der Schutz des Geschäftspartners, welcher wiederum vor Geschäftsunfähigen geschützt werden soll.[390] Denn Rechtsgeschäfte mit diesen sind nichtig und ein erfolgter Leistungsaustausch müsste rückabgewickelt werden (vgl. §§ 105 Abs. 1, 812 ff. BGB). Dabei kann es zu Schwierigkeiten oder wirtschaftlichen Nachteilen für den Geschäftspartner (vgl. § 818 Abs. 3 BGB) kommen.

II. Geschäftsunfähigkeit und rechtsgeschäftsrelevante Einschränkungen im Alter

Nach § 104 BGB ist derjenige geschäftsunfähig, der sich, sofern er bereits das siebente Lebensjahr vollendet hat, in einem die freie Willensbestimmung ausschließenden Zustand krankhafter Störung der Geistestätigkeit befindet und dieser Zustand seiner Natur nach kein vorübergehender ist.

1. *Krankhafte Störung der Geistestätigkeit*

§ 104 Nr. 2 BGB enthält einen normativen Krankheitsbegriff.[391] Für eine krankhafte Störung der Geistestätigkeit muss eine geistige Anomalie vorliegen, wobei die medizinische Einordnung unerheblich ist.[392] Außerdem ist unbedeutend, ob die Störung im Zeitpunkt der Betätigung des Rechtsgeschäfts bereits diagnostiziert ist; von § 104 Nr. 2 BGB wird auch der Fall des „unerkannt Geisteskranken“ erfasst.[393] Wenn unter Anomalie das Abweichen von einem als normal geltenden Umstand verstanden wird, stellen die vom normalen geistigen Leistungsvermögen abweichenden rechtsgeschäftsrelevanten Einschränkungen im Bereich der kognitiven Kompetenzen eine geistige Anomalie und damit eine krankhafte Störung der Geistestätigkeit dar. Dass der Gesetzgeber Fälle von z.B. bloßer

---

387 BeckOK BGB/*Wendtland* BGB § 105 Rn. 1; MükoBGB/*Spickhoff* BGB § 104 Rn. 6; Erman/*Müller* BGB Vorb. § 104 Rn. 1.

388 MükoBGB/*Spickhoff* BGB § 104 Rn. 6.

389 Vgl. Erman/*Müller* BGB Vorb. § 104 Rn. 1.

390 Vgl. *Czeguhn*, Geschäftsfähigkeit, S. 20.

391 Staudinger/*Klumpp* BGB § 104 Rn. 11.

392 *Wedemann*, JURA 2010, 587, 588.

393 Vgl. *Wedemann*, JURA 2010, 587, 588; ähnlich Erman/*Müller* BGB § 104 Rn. 3.

Täuschungsanfälligkeit als krankhafte Störung der Geistestätigkeit verstanden wissen will, ist aber, selbst wenn es nicht entscheidend auf die medizinische Einordnung der Störung ankommt und die festgestellten Einschränkungen anormal sind, fernliegend. Krankhaft ist eine Störung der Geistestätigkeit nämlich erst, wenn die Störung das Ausmaß einer Geisteskrankheit oder Geistesschwäche erreicht hat.[394] Der Begriff der krankhaften Störung der Geistestätigkeit wird daher für gewöhnlich mit schweren geistigen Beeinträchtigungen assoziiert. Es werden beispielsweise pathologische Realitätsverkennungen (Wahnvorstellungen) im Zusammenhang mit den Voraussetzungen einer Geschäftsunfähigkeit diskutiert.[395] Dass aber eine Demenz, als anerkannte Erkrankung,[396] eine krankhafte Störung der Geistestätigkeit darstellen kann, ist unbestritten.[397] Dementsprechend führt *Cording* in diesem Zusammenhang, neben anderen schwereren geistigen Beeinträchtigungen wie Schizophrenien, Manien oder Depressionen, die Demenz als Beispiel für eine krankhafte Störung der Geistestätigkeit auf.[398] Abgesehen von Fällen einer demenziellen Erkrankung, stellen rechtsgeschäftsrelevante Einschränkungen im Alter, wegen der Beschränkung auf schwere geistige Beeinträchtigungen, im Regelfall noch keine krankhafte Störung der Geistestätigkeit i.S.d. § 104 Nr. 2 BGB dar.

2. *Dauerhaftigkeit*

Dauerhaft ist ein die freie Willensbestimmung ausschließender Zustand krankhafter Störung der Geistestätigkeit, wenn er erfahrungsgemäß nicht in absehbarer Zeit wieder abklingt.[399] Eine Unheilbarkeit ist nicht erforderlich; es genügt,

---

394 Vgl. BayObLGZ 2002, 189, 202.

395 Siehe z.B. Staudinger/*Klumpp* BGB § 104 Rn. 20.

396 Die Demenzerkrankung ist in der ICD-10-GM Version 2022, abgedruckt z.B. in BfArM, ICD-10-GM, S. 158 ff., aufgeführt (siehe F00–F03).

397 Demenzen stellen beispielsweise über 50 % der Fälle von Testierunfähigkeit (§ 2229 Abs. 4 BGB), die auf dem gleichen rechtlichen Krankheitsbegriff wie § 104 BGB aufbaut, dar, siehe *Cording*, ZEV 2010, 115, 116.

398 Siehe *Cording*, ZEV 2010, 115, 117 (Tabelle 1). In ähnlicher Weise nennt auch *Wetterling*, Freier Wille und neuropsychiatrische Erkrankungen, S. 51, als Beispiele für eine krankhafte Störung der Geistestätigkeit eher schwere geistige Beeinträchtigungen wie Demenzielles Syndrom, Amnestisches Syndrom, Schizophrenes/Wahnhaftes Syndrom, Depressives Syndrom, Manisches Syndrom oder Persönlichkeitsveränderungen. Auch *Schäfer*, NZFam 2014, 676, 678, nennt ausdrücklich die Demenz als krankhafte Störung der Geistestätigkeit.

399 *Bork*, BGB AT, S. 383; vgl. auch Spickhoff/*Spickhoff* BGB §§ 104–105a Rn. 4.

wenn die Heilung einen längeren Zeitraum beansprucht.[400] Eine demenzielle Erkrankung ist nur sehr selten von lediglich vorübergehender Natur.[401] Auch die (sonstigen) rechtsgeschäftsrelevanten Einschränkungen im Alter entwickeln sich nach ihrer Entstehung nur noch selten zurück und sind damit regelmäßig dauerhaft.

3. *Ausschluss der freien Willensbestimmung*

Für die Beurteilung der Geschäftsfähigkeit sind weniger die Fähigkeiten des Verstandes ausschlaggebend als die Freiheit der Willensbestimmung.[402] Ein Ausschluss der freien Willensbestimmung i.S.d. § 104 Nr. 2 BGB liegt vor, wenn der Betroffene nicht imstande ist, seinen Willen frei und unbeeinflusst von der gegebenen Geistesstörung zu bilden und nach den unter Abwägung des Für und Wider zutreffend gewonnen Einsichten zu handeln.[403] Zu den psychopathologischen Funktionsdefiziten, die die freie Willensbestimmung typischerweise ausschließen, gehören z.B. Bewusstseins- und Orientierungsstörungen, formale Denkstörungen, wahnhafte Realitätsverkennungen, Störungen des Affekts oder auch Persönlichkeitsveränderungen.[404]

---

400 BeckOK BGB/*Wendtland* BGB § 104 Rn. 6; siehe auch Spickhoff/*Spickhoff* BGB §§ 104–105a Rn. 4.

401 Der Anteil reversibler Demenzen liegt bei etwa 5–10 %, siehe *Durwen*, GeriatrieReport 2019 (4), 26 u. 28; siehe insofern auch *Busch*, ErbR 2014, 90, 93 (Anteil von 1 %). Vgl. auch *Schäfer*, NZFam 2014, 676, 678; *Wetterling*, ErbR 2014, 94, 102 ff., dort auch ausführlich zur regelmäßigen Irreversibilität demenzieller Erkrankungen aufgrund morphologischer Veränderungen des Gehirns als häufige Ursache einer Demenzerkrankung mit der Folge, dass eine Wiedererreichung verlorengegangener geistiger Fähigkeiten nach den heutigen wissenschaftlichen Erkenntnissen nicht begründbar ist; *Weitbrecht*, FuR 1994, 289, 291.

402 BGH NJW 1953, 1342; 1970, 1680, 1681.

403 Erman/*Müller* BGB § 104 Rn. 7. Siehe auch z.B. BGH NJW 1996, 918; MüKoBGB/*Spickhoff* BGB § 104 Rn. 47; Spickhoff/*ders.* BGB §§ 104–105a Rn. 4; *Wedemann*, JURA 2010, 587, 588 f.; vgl. auch *Spickhoff*, Selbstbestimmungsfähigkeiten, in: Becker/Roth, Recht der Älteren, S. 101, 112; *ders.*, AcP 208 (2008), 345, 379; *ders.*, ZfRV 2008, 33, 36.

404 Vgl. *Cording*, ZEV 2010, 115, 117 ff. Eine Auflistung psychopathologischer Symptome im Zusammenhang mit einer Demenz, die die freie Willensbildung schwerwiegend beeinflussen können, findet sich bei *Wetterling*, in: Schmoeckel, Demenz und Recht, S. 31, 41.

Die Möglichkeit der Bildung eines freien Willens wird nicht bereits durch bloße Willensschwäche und leichte Beeinflussbarkeit durch andere ausgeschlossen.[405] Die gesteigerte Täuschungs- und Ausnutzungsanfälligkeit wird dementsprechend regelmäßig nicht zu einem Ausschluss der freien Willensbestimmung führen, da nicht vorstellbar ist, dass jeder Vertragspartner über derart ausgebildete manipulative Fähigkeiten verfügt, dass der ältere Mensch diesem „wie ein Kind" vertraue und danach seine Entscheidungen fällt.[406] Erst eine übermäßig beherrschende Einwirkung durch Dritte schließt die freie Willensbildung i.S.d. § 104 Nr. 2 BGB aus.[407] Bei ausgeprägten Demenzen kann es allerdings der Fall sein, dass Fremdeinflüsse das Gewicht einer pathologischen Determinante erhalten, der gegenüber kritische Distanz, Abwägen und eigenständige Gegenvorstellungen nicht mehr möglich sind.[408] In bestimmten Fällen können auch Störungen der Informationserfassung oder -verarbeitung zu einem Ausschluss der freien Willensbestimmung führen.[409] Gerade bei der verlangsamten Informationsaufnahme und -verarbeitung ist dies jedoch nicht immer der Fall.[410] In solchen Fällen ist die Bildung eines freien Willens nicht gehindert; die Bildung des freien Willens bedarf lediglich einer längeren Zeit.

Bei Demenzen nehmen Wahnvorstellungen mit fortgeschrittenem Krankheitsverlauf oftmals zu.[411] Bei Wahnvorstellungen ist der Betroffene nicht in der Lage, seinen Willen unbeeinflusst von der gegebenen Geistesstörung zu bilden.[412] Die unter Wahnvorstellungen getroffenen Entscheidungen basieren auf falschen und nicht der Realität entsprechenden Einsichten. Generell können krankhafte Empfindungen oder Vorstellungen die Entscheidungen oder auch

---

405 OLG München, Urteil vom 6. April 2016 – 20 U 2996/15 –, juris.

406 Vgl. OLG München, Urteil vom 6. April 2016 – 20 U 2996/15 –, juris, das den Ausschluss der freien Willensbildung dann annimmt, wenn der Betroffene „wie ein Kind" dem Rat des beeinflussenden Dritten befolgt.

407 Vgl. jurisPK-BGB/*Hansen* BGB § 104 Rn. 11.

408 Vgl. *Cording*, ZEV 2010, 115, 119.

409 Vgl. Staudinger/*Klumpp* BGB § 104 Rn. 20.

410 So auch ausdrücklich OLG Düsseldorf FamRZ 2014, 71, 72: „...besagen über die Geschäftsfähigkeit ebenso wenig wie die Feststellung einer mäßigen Beeinträchtigung der kognitiven Verarbeitungsgeschwindigkeit…."

411 *Schäfer*, NZFam 2014, 676, 678. Unter Wahn ist eine pathologische, erfahrungsunabhängige Form der Überzeugungsbildung mit apriorischem subjektiven Evidenzcharakter, die einer logischen Argumentation nicht zugänglich ist, zu verstehen, siehe *Cording/Roth*, NJW 2015, 26, 28.

412 Vgl. *Wetterling*, in: Schmoeckel, Demenz und Recht, S. 31, 38 u. 41.

nur die Motive nachhaltig verändern, so dass die Willensbildung letztlich nicht mehr frei ist.[413] Bei einer Demenz kann die Willensbildung auch durch eine Verminderung der Affektkontrolle, insbesondere bei einer Ambivalenz oder Affektdominanz, eingeschränkt bis aufgehoben sein.[414] Außerdem ist bei einem hochgradigen Verlust der Verfügbarkeit über Gedächtnis- und Denkinhalte ein kritisches Abwägen im Rahmen eines Entscheidungsprozesses nicht möglich.[415] Für die freie Willensbildung ist ein Abwägungsvorgang indes von Bedeutung. Hinweise auf eine Merkfähigkeitsstörung sind daher besonders bei wiederholtem Auftreten als Anhaltspunkte für eine Beeinträchtigung der Geschäftsfähigkeit zu werten.[416] Auch eine verminderte Fähigkeit, die Aufmerksamkeit zu fokussieren, z.B. einen Gesprächskontakt aufrechtzuerhalten, kann zu einer Einschränkung der freien Willensbildung führen, da der Betroffene nicht mehr hinreichend in der Lage ist, neue in Betracht kommende Gesichtspunkte zu erfassen.[417] Je nach Fortschritt des Stadiums der Demenzerkrankung kann die Fähigkeit, einen freien Willen zu bilden, daher ausgeschlossen sein.[418] Im Falle einer beginnenden Demenz verfügt der Erkrankte indes meist noch über ein ausreichendes Maß an Fertigkeiten, die für eine freie Willensbildung erforderlich sind.[419]

4. *Existenz eines Zwischenstadiums*

Wenn der Gesetzgeber mit den Regelungen über die Geschäftsunfähigkeit die Geschäftsunfähigen (aufgrund deren beschränkter Fähigkeiten) vor nachteiligen Rechtsgeschäften schützen will, dann ergibt sich daraus, dass ein Geschäftsfähiger eine Person ist, die regelmäßig keine nachteiligen Rechtsgeschäfte abschließt

---

413 *Schmoeckel*, NJW 2016, 433, 434.

414 Siehe *Wetterling*, in: Schmoeckel, Demenz und Recht, S. 31, 35 f. u. 41; siehe zu Störungen des Affekts bei einer Demenz auch *Weitbrecht*, FuR 1994, 289, 290.

415 Siehe *Wetterling*, in: Schmoeckel, Demenz und Recht, S. 31, 41; *Mückenheim*, Rechtsgeschäfte alter Menschen in besonderen Zwangslagen, S. 24.

416 Vgl. *Wetterling*, ErbR 2014, 94, 96.

417 Vgl. *Wetterling*, ErbR 2014, 94, 96.

418 Vgl. *Wetterling*, in: Schmoeckel, Demenz und Recht, S. 31, 39 f.; siehe ausführlich zu den Auswirkungen einzelner Symptome einer Demenz auf die Willensbildung dort S. 34 ff. Nach *Habermeyer/Saß*, MedR 2003, 543, 545, wird im Regelfall bei mittelgradigen Beeinträchtigungen der Gedächtnis- und anderer kognitiver Funktionen Geschäftsunfähigkeit des Erkrankten im Sinne eines irreversiblen Geschehens anzunehmen sein.

419 Vgl. auch *Klockgether*, in: Schmoeckel, Demenz und Recht, S. 25, 29.

bzw. für einen nachteiligen Abschluss nicht besonders anfällig ist und deshalb keines speziellen Schutzes bedarf. Derjenige, der bereits rechtsgeschäftsrelevante Einschränkungen aufweist, ist jedoch anfällig für nachteilige Rechtsgeschäfte; er kann daher nicht mit einem Durchschnittsgeschäftsfähigen gleichgesetzt werden. Eine Vielzahl der älteren Menschen, die rechtsgeschäftsrelevante Einschränkungen aufweisen, haben gleichwohl die Schwelle zur Geschäftsunfähigkeit i.S.d. § 104 Nr. 2 BGB noch nicht überschritten. Rechtsgeschäftsrelevante Einschränkungen begründen regelmäßig vielmehr ein Stadium geistiger Fähigkeiten zwischen Geschäftsfähigkeit und Geschäftsunfähigkeit.[420]

Von dem Bestehen eines Zwischenstadiums scheint auch der Gesetzgeber selbst auszugehen, da er mit dem Betreuungsrecht die Möglichkeit geschaffen hat, wegen einer besonderen Schutzbedürftigkeit zur Unterstützung im rechtsalltäglichen Leben einen Betreuer zu erhalten (vgl. § 1896 Abs. 1 S. 1 BGB), ohne dass der Betroffene dafür zwingend geschäftsunfähig sein muss (*argumentum e contrario* § 1896 Abs. 1 S. 2 BGB). Die Möglichkeit der Regelung eines Einwilligungsvorbehalts nach § 1903 Abs. 1 S. 1 BGB, welcher aufgrund der Verweisung in S. 2 auf die §§ 108 bis 113 BGB für einen bestimmten Geschäftsbereich faktisch einen Status beschränkter Geschäftsfähigkeit schafft, belegt die Existenz eines gesetzgeberisch anerkannten Zwischenstadiums (zumindest in abgegrenzten Geschäftsbereichen) hinsichtlich der Geschäftsfähigkeit Erwachsener ebenfalls.[421]

Das Bestehen eines Zwischenstadiums wird auch in der Literatur hervorgehoben. *Pawlowski* geht aufgrund einer juristischen Analyse der vom Gesetzgeber vorgesehenen Anordnung einer Betreuung ohne Zustimmung des Betreuten (§ 1896 Abs. 1 S. 1 BGB „von Amts wegen") davon aus, dass „sich der zu Betreuende in der Regel in einem ‚Zwischenzustand' befindet", da er weder voll geschäftsfähig noch voll geschäftsunfähig ist.[422] Er begründet dies mit der

---

420 In diese Richtung auch *Rademacher*, Rechtsschutz zugunsten älterer Verbraucher, S. 115, nach der „ein großer Graubereich, in dem sich bei einem älteren Menschen womöglich verschiedene degenerative Symptome manifestieren und es bereits zu erheblichen, jedoch mit Blick auf die Geschäftsfähigkeit noch nicht rechtsrelevanten Beeinträchtigungen kommt" besteht; siehe dort auch S. 26.

421 Siehe auch *Schwab*, FamRZ 1992, 493, 494, der im Ergebnis gleichfalls einen Zwischenbereich im Zusammenhang mit Geschäftsfähigkeit und -unfähigkeit, für welchen gerade das Betreuungsrecht von großer Bedeutung ist, anerkennt; einen Status beschränkter Geschäftsfähigkeit infolge des Einwilligungsvorbehalts indes ablehnt (siehe dort S. 504).

422 Siehe *Pawlowski*, JZ 2004, 13, 14 u. 18; siehe dazu, dass die Geschäftsfähigkeit eines Betreuten jedenfalls bei den Angelegenheiten, deren Wahrnehmung dem Betreuer

gesetzlich geregelten Voraussetzung der Erforderlichkeit einer Betreuungsanordnung (§ 1896 Abs. 2 S. 2 BGB): Eine Betreuung darf nicht angeordnet werden, wenn die Angelegenheiten hinreichend besorgt werden können, woran es in der Regel aber nur bei einer negativen Abweichung von der durchschnittlichen Geschäftsfähigkeit fehlt.[423] Ohne nähere Begründung betont *Spickhoff*, dass zwischen den Polen der unbeschränkt vorhandenen oder der völlig fehlenden Selbstbestimmungsfähigkeit ein Bereich steht, in welchem die Fähigkeiten zur Selbstbestimmung nur mehr oder weniger reduziert zur Verfügung stehen und in dem die Etablierung von Co-Entscheidungen, Veto- oder Genehmigungsvorbehalten u.Ä. in Betracht kommen.[424]

Eine Demenzerkrankung ist aufgrund der oft langsamen Entwicklung das Hauptbeispiel für einen Zustand geistiger Fähigkeiten, der im Zwischenstadium anzusiedeln wäre.[425] Gerade im Fall einer sich langsam entwickelnden Demenz kann es lange Übergangszeiten geben, in denen es für den Beteiligten sowie die Gerichte schwierig ist, die Grenze zwischen geschäftsfähig und geschäftsunfähig zu ziehen.[426]

III. Qualität der Schutzgewährung in Bezug auf rechtsgeschäftsrelevante Einschränkungen im Alter

1. Nichtvorliegen der Voraussetzungen des § 104 Nr. 2 BGB

Die rechtsgeschäftsrelevanten Einschränkungen im Alter erfüllen regelmäßig nicht die Voraussetzungen des § 104 Nr. 2 BGB.[427] Dies liegt mitunter an dessen restriktiver Anwendung seitens der Rechtsprechung.[428] Nach einer neueren Entscheidung des OLG Koblenz[429] reichen Erinnerungsschwäche, Verwirrtheit,

---

zugewiesen ist, zwar nicht völlig entfallen, aber doch beeinträchtigt ist, auch *ders.*, JZ 2003, 66, 71 f.

423 Siehe *Pawlowski*, JZ 2004, 13, 18.

424 Siehe *Spickhoff*, ZfRV 2008, 33, 35.

425 Siehe zur Demenz als sich in der Regel langsam entwickelnde Erkrankung *Wetterling*, Freier Wille und neuropsychiatrische Erkrankungen, S. 62 f.; *ders.*, ErbR 2014, 94, 100.

426 Siehe zu den insofern bestehenden langen Übergangszeiten auch *Schmoeckel*, NJW 2016, 433 f.

427 Vgl. auch *Rademacher*, Rechtsschutz zugunsten älterer Verbraucher, S. 26, 115 u. 132.

428 Siehe dazu, dass die Voraussetzungen für die Annahme von Geschäftsunfähigkeit von der Rechtsprechung restriktiv gehandhabt werden, BAG NJW 2009, 3051, 3052; *Müller*, Betreuung und Geschäftsfähigkeit, S. 29.

429 OLG Koblenz NJW-RR 2015, 917.

Nichtkennen des aktuellen Datums, fehlende Kenntnis des eigenen Finanzstatus sowie des eigenen Alters und die Bestellung eines Betreuers nicht aus, um eine Geschäftsunfähigkeit des Betroffenen anzunehmen.[430] Dem OLG München zufolge genügt allein der Umstand, dass eine Person altersbedingt geistige Leistungseinbußen aufweist, die den Begriff der Demenz rechtfertigen könnten, nicht, um deren Geschäftsunfähigkeit zu begründen.[431] In einer älteren Entscheidung hat der BGH bereits zum Ausdruck gebracht, dass das Fehlen der Fähigkeit, die Tragweite einer rechtsgeschäftlichen Erklärung nicht rechtzeitig übersehen zu können, ebenfalls eine Geschäftsunfähigkeit nicht zu begründen vermag.[432] Der restriktiven Handhabung der Rechtsprechung ist zuzustimmen, da die Versagung der Geschäftsfähigkeit aufgrund ihrer zentralen Bedeutung für die Ausübung so gut wie aller Grundrechte im Interesse des Betroffenen weitestgehend vermieden werden sollte.

2. *Verlust vorteilhafter Geschäfte infolge der Nichtigkeit*

Die Willenserklärung eines Geschäftsunfähigen ist, unabhängig davon, ob das Geschäft für ihn rechtlich oder wirtschaftlich vorteilhaft ist, nichtig.[433] Der Betroffene wird dadurch zwar vor rechtsgeschäftlicher Übervorteilung geschützt. Andererseits erfährt er zugleich eine Schlechterstellung. Dem Geschäftsunfähigen wird bei einer Vielzahl von Geschäften die Möglichkeit genommen, diese wirksam zu tätigen (Ausnahme: Fiktion des § 105a BGB), obwohl bei wirtschaftlich vorteilhaften Geschäften ein Bedürfnis nach Schutz des Geschäftsunfähigen nicht immer besteht. Die Rigidität der Nichtigkeitsfolge des § 105 Abs. 1 BGB erscheint problematisch und sollte überdacht werden.[434]

3. *Gefahr wirtschaftlicher Nachteile infolge der Nichtigkeit*

Nach § 105 Abs. 1 BGB ist die Willenserklärung eines Geschäftsunfähigen unabhängig von der mit ihr beabsichtigten Rechtsfolge nichtig. Damit sind nicht nur Willenserklärungen, die auf den Abschluss eines Vertrags gerichtet sind, nichtig, sondern z.B. auch solche, die die Beendigung eines Vertrags bezwecken. Daher

430 So *Schwolow*, NZFam 2015, 383, der sich dieser restriktiven Sichtweise anschließt.

431 Siehe OLG München, Urteil vom 2. November 2016 – 3 U 1522/16 –, juris.

432 Vgl. BGH NJW 1961, 261.

433 Erman/*Müller* BGB § 105 Rn. 1.

434 In der Literatur wird ebenfalls intensiv über die Richtigkeit der Rigidität der Regelung des § 105 Abs. 1 BGB diskutiert, siehe dazu z.B. Staudinger/*Klumpp* BGB § 105 Rn. 19 ff., dort auch zu weiteren Hinweisen. Ausführlich hierzu noch S. 286 ff.

ist auch die Kündigung eines Dauerschuldverhältnisses nichtig. Dem Vertragspartner steht gegenüber dem Geschäftsunfähigen weiterhin ein Anspruch auf Erfüllung der vereinbarten Gegenleistung zu. Bei nicht (rechtzeitig) erfolgter Kündigung verlängert sich der jeweilige Vertrag häufig automatisch um einen nicht unwesentlichen Zeitraum. Allerdings werden die Fälle, in denen sich der Geschäftspartner auf die Nichtigkeit der Kündigung beruft, tatsächlich äußerst selten sein. Der Geschäftspartner müsste dafür Kenntnis von der Geschäftsunfähigkeit haben, welche in der Regel aus einem typischen Kündigungsschreiben, das auch von einem Angehörigen verfasst sein kann, nicht hervorgeht.

IV. Sonderfall: Partielle Geschäftsunfähigkeit

Im Rahmen des § 104 Nr. 2 BGB ist anerkannt, dass es eine partielle oder auch gegenständlich beschränkte Geschäftsunfähigkeit geben kann.[435] Bei der partiellen Geschäftsunfähigkeit bezieht sich die Störung der Geistestätigkeit nur auf einen bestimmten Lebensbereich.[436] Ein partiell Geschäftsunfähiger ist, soweit es um die bestimmte Angelegenheit geht, aufgrund einer geistigen Störung nicht imstande, seinen Willen frei und unbeeinflusst von ihr zu bilden und nach zutreffend gewonnenen Einsichten zu handeln.[437] Die in dem von der Störung der Geistestätigkeit betroffenen Bereich abgegebenen Willenserklärungen sind nichtig, während Willenserklärungen in den übrigen Bereichen voll wirksam sind.[438] Mit der partiellen Geschäftsunfähigkeit kann daher auf spezielle Schutzbedürfnisse des älteren Menschen Rücksicht genommen werden, ohne den Betroffenen gänzlich die Geschäftsfähigkeit absprechen zu müssen. Eine partielle Geschäftsunfähigkeit für z.B. Geschäfte, die auf einer Kaffeefahrt geschlossen werden, wäre denkbar und würde sich auch in die Kasuistik der bisher in der Rechtsprechung entschiedenen Fälle zur partiellen Geschäftsunfähigkeit (angenommen z.B. für Gewinnspiel-[439] oder

---

435 Spickhoff/*Spickhoff* BGB §§ 104–105a Rn. 6; siehe z.B. BVerfG NJW 2003, 1382, 1383; BGH NJW 2021, 63, 65; 2008, 840, 842; 1970, 1680, 1681; 1955, 1714; BGH NJW-RR 2002, 1424; OLG Hamm, Urteil vom 16. April 2015 – I-5 U 53/14 –, juris; BayObLG NJW 1992, 2100, 2101; Staudinger/*Klumpp* BGB § 104 Rn. 23 (m.w.N.). Kritisch NK-BGB AT/*Kunz/Baldus* BGB § 104 Rn. 34 ff.

436 OLG Hamm, Urteil vom 16. April 2015 – I-5 U 53/14 –, juris; Spickhoff/*Spickhoff* BGB §§ 104–105a Rn. 6; vgl. auch BeckOK BGB/*Wendtland* BGB § 104 Rn. 11.

437 Vgl. BayObLG NJW 1992, 2100, 2101.

438 OLG Hamm, Urteil vom 16. April 2015 – I-5 U 53/14 –, juris; MüKoBGB/*Spickhoff* BGB § 104 Rn. 51.

439 Siehe BGH NJW 2008, 840, 842.

Telefonsexverträge[440]) durchaus einfügen.[441] Da für die Annahme einer partiellen Geschäftsunfähigkeit allerdings die gleichen hohen Voraussetzungen an den geistigen Zustand des Betroffenen zu stellen sind wie bei der „normalen" Geschäftsunfähigkeit (ein dauerhafter, die freie Willensbestimmung ausschließender Zustand krankhafter Störung der Geistestätigkeit),[442] führen rechtsgeschäftsrelevante Einschränkungen im Alter in der Regel nicht zu einer partiellen Geschäftsunfähigkeit. Im Übrigen kann die Nichtigkeitsfolge auch bei einer Beschränkung auf bestimmte Lebensbereiche nachteilig sein.

B. Rechtliche Betreuung, §§ 1896 ff. BGB

I. Allgemeines

Die rechtliche Betreuung nach §§ 1896 ff. BGB dient der Wiederherstellung und Verwirklichung des Selbstbestimmungsrechts.[443] Die Bestellung eines Betreuers hat grundsätzlich keine Auswirkungen auf die Geschäftsfähigkeit des Betroffenen.[444] Der Betreuer ist zwar gesetzlicher Vertreter des Betreuten, dieser wird darüber hinaus jedoch nicht „entmachtet" (Ausnahme: Einwilligungsvorbehalt, § 1903 BGB).[445] Die Schwelle der Betreuungsbedürftigkeit liegt niedriger als die der Geschäftsunfähigkeit.[446] Die Regelungen über die rechtliche Betreuung sind daher gerade für ältere Menschen mit rechtsgeschäftsrelevanten Einschränkungen von besonderer Bedeutung.

Gemäß § 1902 BGB vertritt der Betreuer den Betreuten in seinem Aufgabenkreis gerichtlich und außergerichtlich. Durch § 1902 BGB wird dem Betreuer die zur Erfüllung seiner Aufgaben notwendige Rechtsmacht kraft Gesetzes

440 Siehe BGH NJW-RR 2002, 1424.

441 Eine ausführliche Auflistung der in der Rechtsprechung zur partiellen Geschäftsunfähigkeit ergangenen Entscheidungen findet sich z.B. bei Staudinger/*Klumpp* BGB § 104 Rn. 24.

442 Siehe insofern z.B. BGH NJW 1970, 1680, 1681 (m.w.N.).

443 BGH NJW 2020, 1143, 1146; *Dodegge*, FuR 2008, 381.

444 BeckOK BGB/*Müller-Engels* BGB § 1903 Rn. 1; Erman/*Roth* BGB Vorb. § 1896 Rn. 5; MüKoBGB/*Schneider* BGB § 1903 Rn. 1.

445 Vgl. Erman/*Roth* BGB Vorb. § 1896 Rn. 5. Siehe zur potenziellen Einschränkung der Selbstbestimmungsfähigkeiten durch die Anordnung eines Einwilligungsvorbehalts *Spickhoff*, Selbstbestimmungsfähigkeiten, in: Becker/Roth, Recht der Älteren, S. 101, 110.

446 BeckOK BGB/*Müller-Engels* BGB § 1896 Rn. 20; vgl. auch *Spickhoff*, Selbstbestimmungsfähigkeiten, in: Becker/Roth, Recht der Älteren, S. 101, 109.

verliehen, so dass die Vorschrift eine der zentralen Normen des Betreuungsrechts ist.[447] Für welche Aufgabenbereiche ein Bedarf nach rechtlicher Betreuung besteht, ist aufgrund der konkreten, gegenwärtigen Lebenssituation des Betroffenen zu beurteilen.[448] Die Besorgung der Angelegenheiten des Betreuten durch den Betreuer muss dem Wohl des Betreuten und, soweit möglich, dessen Wünschen entsprechen (§ 1901 Abs. 2 S. 1, Abs. 3 S. 1 BGB). Nach § 1903 Abs. 1 S. 1 BGB besteht die Möglichkeit, dass das Betreuungsgericht, soweit dies zur Abwendung einer erheblichen Gefahr für die Person oder das Vermögen des Betreuten erforderlich ist, einen Einwilligungsvorbehalt anordnet. Zweck des Einwilligungsvorbehalts ist es, den Betroffenen vor nachteiligen Folgen eines eigenen rechtsgeschäftlichen Handelns zu bewahren.[449]

II. Rechtliche Betreuung und rechtsgeschäftsrelevante Einschränkungen im Alter

Voraussetzung für die Betreuerbestellung ist nach § 1896 Abs. 1 S. 1 BGB das Vorliegen einer psychischen Krankheit oder einer körperlichen, geistigen oder seelischen Behinderung und die Unfähigkeit der zu betreuenden Person, ihre Angelegenheiten ganz oder teilweise zu besorgen. Mit psychischer Krankheit sind die anerkannten Krankheitsbilder der Psychiatrie gemeint.[450] Beeinträchtigungen, die auf Erscheinungen des Altersabbaus beruhen, können dem Gesetzgeber zufolge teilweise als Krankheiten und teilweise als seelische Behinderungen in Betracht kommen.[451] Zu den psychischen Krankheiten i.S.d. § 1896 Abs. 1 S. 1 BGB gehört auch die Demenz.[452] Beispiele dafür, dass der Betroffene nicht mehr in der Lage ist, die eigenen rechtlichen Angelegenheiten zu regeln, sind das aktive Eingehen unsinniger Geschäfte, die fehlende Fähigkeit zur Durchsetzung eigener Rechte oder die völlige Wehrlosigkeit bei Beeinträchtigungen durch Dritte.[453] Ältere Menschen, die rechtsgeschäftsrelevante Einschränkungen aufweisen, gehen vermehrt unsinnige Geschäfte ein, haben oftmals Schwierigkeiten

---

447 BeckOK BGB/*Müller-Engels* BGB § 1902 Rn. 1.

448 BGH NJW-RR 2020, 1073; 2020, 1009, 1010; BGH FamRZ 2019, 1647, 1648.

449 Erman/*Roth* BGB § 1903 Rn. 2; vgl. auch BGH NJW 2019, 237, 239.

450 BeckOK BGB/*Müller-Engels* BGB § 1896 Rn. 12. Näher zum Begriff der psychischen Krankheit BT-Drucks. 11/4528, S. 116.

451 Vgl. BT-Drucks. 11/4528, S. 116.

452 Vgl. BGH NJW-RR 2020, 1073 f.; Erman/*Roth* BGB § 1896 Rn. 7; Jürgens/*Jürgens* BGB § 1896 Rn. 4.

453 *Heiderhoff/Rademacher*, JURA 2018, 851, 853.

mit der Durchsetzung ihrer Rechte und stehen Beeinträchtigungen durch Dritte meist wehrlos gegenüber. Ältere Menschen sind daher nicht selten unfähig, ihre eigenen Angelegenheiten zu besorgen.

Letztlich ist aber zu berücksichtigen, dass die Voraussetzungen einer Betreuerbestellung relativ streng sind. Die psychische Erkrankung oder die geistige oder seelische Behinderung muss einen solchen Grad erreichen, dass die Fähigkeit des Betroffenen zur Wahrnehmung seines Selbstbestimmungsrechts ausgeschlossen oder so erheblich beeinträchtigt ist, dass er für die Aufgabenkreise der einzurichtenden Betreuung zu eigenverantwortlichen Entscheidungen nicht in der Lage ist.[454] Allein die Tatsache, dass eine Krankheit in den ICD-10-Normen aufgeführt ist, führt noch nicht dazu, dass es sich dabei um eine Krankheit oder Behinderung i.S.d. § 1896 Abs. 1 S. 1 BGB handelt.[455] Auch genügt die Diagnose einer „leichten kognitiven Störung“ für sich alleine noch nicht, um eine Krankheit i.S.d. § 1896 Abs. 1 S. 1 BGB zu begründen.[456] Reiner „Altersstarrsinn“ kann eine Betreuerbestellung ebenfalls nicht rechtfertigen.[457] Für eine Betreuerbestellung zur Vermögenssorge muss die gegenwärtige Gefahr bestehen, dass der Betreute einen Schaden erleidet, wenn man ihm die Erledigung seiner vermögensrechtlichen Angelegenheiten eigenverantwortlich selbst überließe.[458]

Zwar können rechtsgeschäftsrelevante Einschränkungen durchaus die Voraussetzungen des § 1896 Abs. 1 S. 1 BGB erfüllen und zu einer Betreuungsbedürftigkeit des Betroffenen führen. Dafür ist jedoch entsprechend der aufgezeigten Rechtsprechung erforderlich, dass die Einschränkungen besonders ausgeprägt sind. Leichte rechtsgeschäftsrelevante Einschränkungen im Alter können daher nicht mit Erkrankungen wie Schizophrenie, Demenz oder Wahn, die unzweifelhaft als psychische Erkrankungen i.S.d. § 1896 Abs. 1 S. 1 BGB gelten, gleichgesetzt werden.[459] Diese Erkrankungen haben meist erheblich negativere

454 OLG Hamm FamRZ 1995, 433, 435; siehe auch LG Meiningen, Beschluss vom 5. August 2014 – 4 T 65/14 –, juris.

455 AG Frankfurt FamRZ 2016, 83. Vgl. im Zusammenhang mit Alkoholimus (ICD-10-GM Version 2022 (F10), abgedruckt z.B. in BfArM, ICD-10-GM, S. 165) BGH NJW-RR 2016, 711.

456 Siehe AG Frankfurt FamRZ 2016, 83; siehe aber auch LG Bremen BeckRS 2017, 148742.

457 Siehe BayObLG FPR 2002, 93.

458 BGH NJW-RR 2015, 449, 450.

459 Siehe zur Einordnung der genannten Erkrankungen als psychiatrische Krankheiten i.S.d. § 1896 Abs. 1 S. 1 BGB BGH NJW 2013, 1449, 1450 (Schizophrenie); BGH NJW-RR 2020, 1073 f. (Demenz); BGH NJW-RR 2020, 1009 (Wahn); Jürgens/*Jürgens* BGB § 1896 Rn. 4.

Auswirkungen auf die Fähigkeit, die eigenen Angelegenheiten zu besorgen, als leichte rechtsgeschäftsrelevante Einschränkungen im Alter. Nicht selten führen solche Krankheiten, anders als rechtsgeschäftsrelevante Einschränkungen im Alter, sogar zum Ausschluss der Geschäftsfähigkeit.[460] Um eine Gleichstellung zu vermeiden, sind leichte rechtsgeschäftsrelevante Einschränkungen im Alter daher auch nicht unter den Begriff der seelischen Behinderung zu subsumieren.[461] Rechtsgeschäftsrelevante Einschränkungen begründen damit nicht immer eine Betreuungsbedürftigkeit i.S.d. § 1896 Abs. 1 S. 1 BGB, so dass in diesen Fällen eine rechtliche Betreuung nicht angeordnet werden kann. Für die Annahme eines krankheitsbedingten Ausschlusses der freien Willensbestimmung zur Einrichtung einer Zwangsbetreuung (vgl. § 1896 Abs. 1a BGB) reicht das Vorliegen leichter Leistungseinschränkungen in Auffassungs- und Umstellungsvermögen, Denkschnelligkeit, Urteilsschärfe und im Bereich der Gedächtnisfunktionen, deren Ausmaß noch im Bereich der Altersnorm liegen, dementsprechend erst recht nicht aus.[462]

Dadurch, dass dem Betreuer durch § 1902 BGB die zur Erfüllung seiner Aufgaben notwendige Rechtsmacht kraft Gesetzes verliehen wird und dadurch zugleich dem Betreuten ein regelmäßig hilfsbereiter Begleiter zur Verfügung gestellt wird, können wirtschaftlich nachteilige Geschäfte des Betreuten vermieden werden. Wenn kein Einwilligungsvorbehalt nach § 1903 Abs. 1 S. 1 BGB für das Geschäft angeordnet wurde, kann der Betreute zwar noch wirtschaftlich nachteilige Geschäfte abschließen. Diese können aber gegebenenfalls vom Betreuer rückgängig gemacht werden (z.B. Widerruf, Anfechtung). Möglicherweise hält der Betreute auch aufgrund des Wissens über seine Betreuungsbedürftigkeit vor der Vornahme eines Geschäfts mit seinem Betreuer Rücksprache. Der Betreuer könnte den Betreuten dann überzeugen, von dem nachteiligen Geschäft Abstand zu nehmen. Mitunter verzichtet der Betreute auch bewusst auf die Betätigung bestimmter (schwieriger) Rechtsgeschäfte, da er sich über seine geschwächten rechtsgeschäftsrelevanten Fähigkeiten bewusst ist.

---

460 Siehe zur Geschäftsunfähigkeit infolge einer Demenz oder infolge von Wahnvorstellungen S. 142 f.

461 Ebenfalls spricht sich MüKoBGB/*Schneider* BGB § 1896 Rn. 15, gegen die Absenkung der Schwelle der Betreuungsbedürftigkeit mit Hilfe des Betreuungsgrundes „seelische Behinderung“ aus.

462 Siehe OLG Frankfurt NJOZ 2005, 974. Näher zu den Voraussetzungen einer Zwangsbetreuung BGH NJW-RR 2019, 65.

Der Betreute wird insbesondere auch durch die Anordnung eines Einwilligungsvorbehalts nach § 1903 Abs. 1 S. 1 BGB vor wirtschaftlich nachteiligen Geschäften geschützt.[463] Denn die vom Betreuten abgegebene Willenserklärung, die in den vom Einwilligungsvorbehalt erfassten Bereich fällt, bedarf für ihre Wirksamkeit grundsätzlich der Einwilligung des Betreuers.[464] Ein wirtschaftlich nachteiliges Geschäft des Betreuten innerhalb des Bereichs, der vom Einwilligungsvorbehalt umfasst ist, wird daher in der Regel nicht wirksam zustande kommen. Der Betreuer wird die Nachteilhaftigkeit des Geschäfts erkennen und seine Einwilligung bzw. Genehmigung (vgl. § 1903 Abs. 1 S. 2 i.V.m. § 108 BGB) nicht erteilen. Nach § 1901 Abs. 2 S. 1, Abs. 3 S. 1 BGB hat der Betreuer nämlich entsprechend dem Wohl des Betreuten zu handeln und dabei dessen Wünsche zu berücksichtigen. Für die Anordnung eines Einwilligungsvorbehalts bedarf es konkreter Anhaltspunkte für eine Vermögensgefährdung erheblicher Art.[465] Eine Anordnung kann in Betracht kommen, wenn die rechtsgeschäftliche Entschließungsfreiheit gefährdet ist, da der Betroffene durch versierte Geschäftspartner häufig übervorteilt zu werden droht und deshalb eines schützenden Beistandes bedarf.[466] Bei älteren Menschen mit stark ausgeprägten rechtsgeschäftsrelevanten Einschränkungen kann dies häufig der Fall sein. Es verwundert daher nicht, dass *Dodegge* zu der betroffenen Zielgruppe eines Einwilligungsvorbehalts insbesondere auch ältere, hirnorganisch bzw. demenziell veränderte Menschen zählt.[467]

III. Qualität der Schutzgewährung in Bezug auf rechtsgeschäftsrelevante Einschränkungen im Alter

1. Nichtvorliegen der Voraussetzungen des § 1896 Abs. 1 S. 1 BGB

Die Voraussetzungen des § 1896 Abs. 1 S. 1 BGB für eine Betreuerbestellung sind streng.[468] Auch wenn einige ältere Menschen aufgrund rechtsgeschäftsrelevanter Einschränkungen Unterstützung zur Vermeidung wirtschaftlich nachteiliger Geschäfte benötigen, liegen die Voraussetzungen des § 1896 Abs. 1 S. 1 BGB

---

463 Der Einwilligungsvorbehalt wird in der Praxis jedoch nur relativ selten angeordnet, vgl. BeckOK BGB/*Müller-Engels* BGB § 1903 Rn. 1.

464 Vgl. BeckOK BGB/*Müller-Engels* BGB § 1903 Rn. 19.

465 BGH NJW-RR 2018, 1221, 1222; 2017, 1345, 1346; BGH NJW 2017, 890, 891.

466 MüKoBGB/*Schneider* BGB § 1903 Rn. 11.

467 Vgl. *Dodegge*, FuR 2008, 381, 384.

468 Vgl. auch *Rademacher*, Rechtsschutz zugunsten älterer Verbraucher, S. 126 u. 150.

allein deswegen noch nicht vor.[469] Die strengen Anforderungen sind indes richtig, da die Bestellung eines Betreuers erheblich in das durch Art. 2 Abs. 1 i.V.m. Art. 1 Abs. 1 GG garantierte Recht auf freie und selbstbestimmte Entfaltung der Persönlichkeit eingreift.[470]

2. *Fehlende Kenntnis von Betreuungsbedürftigkeit*

Voraussetzung einer Betreuerbestellung ist die Kenntnis des Betreuungsgerichts von der Betreuungsbedürftigkeit des Betroffenen, da ein Betreuer durch das Gericht bestellt wird (vgl. § 1896 Abs. 1 S. 1 BGB).[471] An einem Antrag des Betroffenen kann es fehlen, da damit das Eingestehen und die Bekanntgabe von Schwäche und Hilfsbedürftigkeit seitens des Betroffenen einhergehen. Oft besteht zudem Angst vor dem Verlust der Selbstständigkeit. Die Betroffenen verbinden mit einer rechtlichen Betreuung möglicherweise den vollständigen Verlust ihrer Selbstbestimmtheit entsprechend dem früheren Rechtsinstitut der Entmündigung.[472] Die Betroffenen wissen nicht, dass die rechtliche Betreuung vielmehr der Verwirklichung des Selbstbestimmungsrechts dienen soll. Freilich wird dem Selbstbestimmungsrecht des Betreuten nicht in jeder Betreuung hinreichend Rechnung getragen. Es wird aber auch nicht in jeder rechtlichen Betreuung per se missachtet. Bisweilen ist der Betroffene auch gar nicht zur Antragstellung in der Lage. Oft besitzt er nicht das Wissen über die Möglichkeit einer Betreuerbestellung oder die Fähigkeit zur Kontaktierung des Gerichts.

In der Regel ist es erforderlich, dass Dritte (z.B. Familienangehörige, ambulante Pflegedienste, Krankenhäuser) beim Gericht anregen, einen Betreuer für den Betroffenen zu bestellen.[473] Gerade nahestehende Personen wie

---

469 Vgl. auch *Rademacher*, Rechtsschutz zugunsten älterer Verbraucher, S. 26 u. 126.

470 Siehe zu einem Eingriff in Art. 2 Abs. 1 i.V.m. Art. 1 Abs. 1 GG durch eine Betreuerbestellung auch BVerfG NJW 2016, 2559.

471 Auch *Rademacher*, Rechtsschutz zugunsten älterer Verbraucher, S. 127, sieht in dem Umstand, dass das Betreuungsgericht Kenntnis von der Betreuungsbedürftigkeit des Betroffenen benötigt (eigener Antrag, Anregung seitens Dritter), woran es bisweilen fehlen kann, eine Minderung der Schutzqualität („Schutzbarrieren").

472 Siehe auch *Rademacher*, Rechtsschutz zugunsten älterer Verbraucher, S. 127 f. Siehe zum Verlust der Geschäftsfähigkeit als Folge einer Entmündigung *Neuhausen*, RNotZ 2003, 158.

473 Da nur der Betroffene und nicht ein Dritter einen Antrag auf Betreuung stellen kann (vgl. § 1896 Abs. 1 S. 1 BGB), behilft sich die Rechtspraxis in der Regel damit, dass Angehörige oder sonstige Dritte dem Betreuungsgericht eine mögliche Betreuungsbedürftigkeit anzeigen, das dann von sich aus, also von Amts wegen, tätig wird, siehe

Familienangehörige nehmen diesbezüglich eine entscheidende Rolle ein. Denn enge und zeitlich längerdauernde Beziehungen sind meist Voraussetzung, um die Betreuungsbedürftigkeit zu erkennen, zumal ältere Menschen oftmals große Anstrengungen unternehmen, ihre Schwächen zu kaschieren, um ihre Würde zu behalten.[474] Menschen mit beginnender oder auch fortschreitender Demenz entwickeln vielfach ein sog. Fassadenverhalten, wodurch kognitive Defizite verschleiert werden können.[475] Je nachdem, wie gut der Betroffene in der Lage ist, seine Schwächen zu kaschieren, bedarf es eines längeren Zeitraums, um seine Betreuungsbedürftigkeit zu erkennen.

Nicht jedem älteren Menschen stehen aber hilfswillige bzw. hilfsfähige Angehörige zur Verfügung.[476] Selbst beim Vorhandensein von Angehörigen unterbleibt bisweilen die Anregung einer Betreuung. Angehörige sind mitunter in Unkenntnis über die Ausgestaltung der rechtlichen Betreuung. Eine „Entmündigung“ der eigenen Eltern anzuregen, kann zudem mit einem erheblichen Gewissenskonflikt verbunden sein und ist daher eine schwierige Entscheidung. Eine Anregung einer Betreuung kann aber auch deshalb unterbleiben, da die Angehörigen befürchten, dass sie durch die gerichtliche Betreuerbestellung nicht mehr den unkontrollierten Zugang zum Vermögen des Betreuten haben, welches sie zu eigenen Zwecken verwenden wollen. Mit dem Vorstehenden lässt sich die Tatsache erklären, dass es eine Vielzahl von betreuungsbedürftigen Menschen gibt, die nicht unter rechtlicher Betreuung stehen.[477]

Kostorz, PflR 2011, 447, 450. Siehe dazu, dass Dritte eine Einleitung des Verfahrens von Amts wegen anregen können, auch *Spickhoff*, Betreuungsrecht, in: Becker/Roth, Recht der Älteren, S. 247, 282.

474 Siehe dazu, dass ältere Menschen oftmals große Anstregungen unternehmen, ihre Verständnisprobleme zu kaschieren, um ihre Würde zu behalten, *Wedemann*, ZBB 2014, 54, 60 u. 67. Ohnehin ist es allgemein üblich, eigene Unzulänglichkeiten in der Öffentlichkeit zu kaschieren, vgl. *Schmoeckel*, NJW 2016, 433, 439.

475 *Renner*, notar 2017, 218, 222; vgl. auch *Schmoeckel*, NJW 2016, 433, 439.

476 Ähnlich *Rademacher*, Rechtsschutz zugunsten älterer Verbraucher, S. 127.

477 Dass es vielmehr Betreuungsbedürftige als tatsächlich Betreute gibt, wurde zumindest in der Vergangenheit festgestellt, siehe hierzu bereits S. 69. Aufgrund der dargestellten Gegebenheiten ist davon auszugehen, dass es nach wie vor viel mehr Betreuungsbedürftige als tatsächlich Betreute gibt.

3. *Fehlende Kenntnis des Betreuers von der rechtsgeschäftlichen Betätigung des Betreuten*

Der geschäftsfähige Betreute kann in der Regel (vgl. Einwilligungsvorbehalt, § 1903 BGB) eigenständig Rechtsgeschäfte wirksam tätigen. Damit dies nur unter Rücksprache mit dem Betreuer geschieht, um etwaige wirtschaftlich nachteilige Geschäfte zu vermeiden, muss der Betreuer Kenntnis von der jeweiligen Absicht des Betreuten zur Teilnahme am Rechtsverkehr haben. Ebenfalls benötigt der Betreuer rechtzeitig Kenntnis von bereits getätigten Rechtsgeschäften des Betreuten, um diese rückgängig machen zu können. Fehlt es an dieser Kenntnis, können diese Schutzmechanismen (Beratung, Rückgängigmachung) nicht eingreifen. Fälle fehlender Kenntnis werden gerade bei Berufsbetreuungen vorkommen. Tatsächlich werden von Berufsbetreuern durchschnittlich 37 berufsmäßige Betreuungen geführt.[478] Folglich kann nicht mehr davon ausgegangen werden, dass der Betreuer über jede einzelne rechtsgeschäftliche Tätigkeit seiner Klienten Kenntnis hat. Der Anteil der beruflich geführten Betreuungen bei den neu eingerichteten Betreuungen ist zudem nicht gering; er lag beispielsweise in Baden-Württemberg im Jahre 2019 bei ca. 47 %.[479]

Auch betreuende Familienangehörige haben nicht immer Kenntnis über alle rechtsgeschäftlichen Betätigungen des Betreuten. Die Betreuten haben mitunter ihr rechtsgeschäftliches Handeln wieder vergessen und können es dem Betreuer daher nicht mitteilen. Älteren Menschen fällt es außerdem schwer, sich eigene Fehler oder sich die zunehmende eigene Hilfsbedürftigkeit einzugestehen. Aus Scham oder aus Angst vor einem (weiteren) Verlust der Selbstständigkeit wird ungern Hilfe Dritter in Anspruch genommen. Es sind auch nicht alle betreuenden Familienangehörigen gewillt oder in der Lage, sich umfassend zu kümmern. Die betreuende Tätigkeit kann außerdem auf bestimmte Bereiche (z.B. Bankgeschäfte, Beantragung von Pflegegeld und -leistungen) beschränkt sein.

4. *Doppelzuständigkeit von Betreuer und Betreutem*

Bei Geschäftsfähigkeit des Betreuten führt § 1902 BGB im Umfang des dem Betreuer zugewiesenen Aufgabenkreises zu einer Doppelzuständigkeit von Betreuer und Betreutem.[480] Es kann im Einzelfall zum Abschluss sich

478 Siehe *Matta et al.*, Qualität in der rechtlichen Betreuung, S. 57.
479 Siehe KVJS, Betreuungsstatistik Baden-Württemberg 2019, S. 7.
480 BeckOK BGB/*Müller-Engels* BGB § 1902 Rn. 15.

widersprechender Rechtsgeschäfte kommen.[481] Mehrere Verpflichtungsgeschäfte sind nebeneinander wirksam, auch wenn nicht beide erfüllt werden können (wie z.B. Verkauf derselben Sache an unterschiedliche Käufer) oder eines davon wirtschaftlich unsinnig ist (wie z.B. Anmieten mehrerer Wohnungen für den Betreuten).[482] Von einer wirtschaftlichen Unsinnigkeit ist nicht erst beim Anmieten mehrerer Wohnungen für den Betreuten auszugehen. Dies kann bereits beim Kauf zweier identischer Güter, wovon der Betreute vernünftigerweise nur ein Exemplar benötigt, der Fall sein. Das Nichterfüllen eines der beiden wirksamen Verpflichtungsgeschäfte kann außerdem einen wirtschaftlich nachteiligen Schadensersatzanspruch zugunsten des Geschäftspartners begründen.[483] Dauerschuldverhältnisse können überdies meist nur unter Einhaltung einer langen Kündigungsfrist gekündigt werden. Die währenddessen zu erbringende Leistung kann wirtschaftlich sehr belastend sein.

5. *Gefahr von Vermögensverlusten durch „missbräuchliche Betreuung“*

Durch das Abhängigkeitsverhältnis und Machtgefälle, das zwischen Betreuer und Betreutem besteht, sind unter Betreuung stehende Personen vulnerabel im Hinblick auf finanzielle Ausbeutung.[484] Die rechtliche Betreuung bietet Tatgelegenheiten zur finanziellen Ausbeutung des Betreuten.[485] Studien zeigen, dass Formen missbräuchlicher Betreuung vorkommen und eine gerichtliche Kontrolle der Tätigkeit von Betreuern nicht immer in ausreichendem Maße gegeben ist.[486] Die regelmäßige Kontrolle der Betreuer durch das Betreuungsgericht

---

481 BeckOK BGB/*Müller-Engels* BGB § 1902 Rn. 15; siehe auch *Spickhoff*, Selbstbestimmungsfähigkeiten, in: Becker/Roth, Recht der Älteren, S. 101, 103; *ders.*, Betreuungsrecht, in: Becker/Roth, Recht der Älteren, S. 247, 260. Dieses Problem war sich der Gesetzgeber durchaus bewusst, siehe BT-Drucks. 11/4528, S. 59.

482 BeckOK BGB/*Müller-Engels* BGB § 1902 Rn. 15; siehe auch *Spickhoff*, Selbstbestimmungsfähigkeiten, in: Becker/Roth, Recht der Älteren, S. 101, 107; *ders.*, Betreuungsrecht, in: Becker/Roth, Recht der Älteren, S. 247, 260.

483 Ebenso kritisch *Spickhoff*, Selbstbestimmungsfähigkeiten, in: Becker/Roth, Recht der Älteren, S. 101, 107; *ders.*, Betreuungsrecht, in: Becker/Roth, Recht der Älteren, S. 247, 260; *Müller*, Betreuung und Geschäftsfähigkeit, S. 65.

484 *Görgen et al.*, Sicherheitspotenziale, S. 355 f.

485 *Görgen et al.*, Sicherheitspotenziale, S. 356.

486 *Görgen et al.*, Sicherheitspotenziale, S. 356. Siehe ausführlich zum finanziellen Missbrauch im Rahmen einer rechtlichen Betreuung auch *Brucker*, BtPrax 2016, 221 f. Auch *Spickhoff*, Betreuungsrecht, in: Becker/Roth, Recht der Älteren, S. 247, 271, beanstandet das erhebliche Gefährdungspotenzial, das Schäden zum Nachteil des

findet aus Personalmangel oft in völlig unzureichender Weise statt.[487] Dies ist bekannt und kann bewusst zum Nachteil des Betreuten ausgenutzt werden.[488] Vorsätzliche Schädigungen des Betreuten aus eigensüchtigen Motiven kommen sogar bei Betreuern aus dem persönlichen Umfeld des Betreuten vor.[489]

Als unredliche und zum Teil strafbare Handlungen wurden bisher insbesondere Bargeldabhebungen oder die Vornahme von Um- bzw. Abbuchungen zu Lasten der Konten der Opfer festgestellt.[490] Festgestellt wurden weiterhin falsche bzw. missbräuchliche Rechnungslegungen gegenüber dem Betreuungsgericht, Vertragsabschlüsse zu Lasten der Opfer oder unrichtiges Erstellen bzw. Verfälschen von Vermögensverzeichnissen.[491] Darüber hinaus sind Fälle von Erbschleicherei durch den Betreuer aufgrund des meist bestehenden Abhängigkeitsverhältnisses und Machtgefälles zu vermuten.

Bei familiären Betreuungsverhältnissen kann außerdem das Zusammenhalten der Erbmasse eine finanzielle Ausbeutung darstellen. Wenn sogar Berufs- und ehrenamtliche Betreuer das Vermögen der Betreuten auch gegen die Interessen der Betreuten in übertriebenem Maße zusammenhalten, anstatt es zur Verbesserung der Lebensqualität der Betreuten einzusetzen,[492] liegt es nahe, dass betreuende Familienangehörige dies erst recht tun. Zwar spricht die in familiären Beziehungen grundsätzlich sehr ausgeprägte Nächstenfürsorge grundsätzlich dagegen. Doch der unredliche Betreuer beabsichtigt oft vorrangig das zu seinem Vorteil gehende Zusammenhalten der erhofften Erbmasse.[493] Das

---

Betreuten auslösen kann und das trotz der diversen Möglichkeiten der Kontrolle, die über die gerichtliche Genehmigung bis hin zum Einsatz mehrerer Betreuer und der sog. Überwachungsbetreuung reichen können, besteht.

487 *Brucker*, BtPrax 2016, 221 u. 226. Siehe ausführlich zur Ressourcenknappheit der Kontrollinstanzen *Görgen et al.*, Vermögensdelikte in Betreuungsverhältnissen, S. 111 f.

488 Vgl. *Brucker*, BtPrax 2016, 221 u. 226.

489 *Spickhoff*, Betreuungsrecht, in: Becker/Roth, Recht der Älteren, S. 247, 271. Vgl. auch *Rademacher*, Rechtsschutz zugunsten älterer Verbraucher, S. 234; *Wedemann*, AcP 214 (2014), 664, 673; *dies.* ZBB 2014, 54, 56 (jeweils zur Wahrnehmung eigener Interessen).

490 Siehe *Görgen et al.*, Sicherheitspotenziale, S. 382; siehe zu (diesen) festgestellten Begehungsweisen auch *Görgen et al.*, Vermögensdelikte in Betreuungsverhältnissen, S. 59 f. u. 147.

491 Siehe *Görgen et al.*, Sicherheitspotenziale, S. 382.

492 Siehe *Görgen et al.*, Sicherheitspotenziale, S. 365.

493 Im Zusammenhang mit einer gesetzlichen Vertretung bemängelt auch *Wedemann*, AcP 214 (2014), 664, 673; *dies.*, ZBB 2014, 54, 56, dass z.B. Kinder bei der Vertretung alter Menschen durchaus ihre eigenen Interessen verfolgen.

Vermögen des Betreuten verringert sich dadurch zwar nicht. Das Vorenthalten der eigenen finanziellen Mittel kommt einem Vermögensverlust in seiner Wirkweise jedoch gleich, da der Betroffene nicht mehr nach seinem Willen über sein Vermögen verfügen kann.

IV. Situation bei Vorsorgevollmacht

Eine Vorsorgevollmacht ist eine rechtsgeschäftlich erteilte Vollmacht, die den Charakter einer Generalvollmacht hat.[494] Die Vorsorgevollmacht berechtigt den Vollmachtnehmer zu sämtlichen Handlungen, die sonst durch den Vollmachtgeber selbst vorgenommen werden würden.[495] Sie wird vorsorglich für den Fall der eigenen Handlungsunfähigkeit erteilt.[496] Eine Vorsorgevollmacht dient dazu, sicherzustellen, dass im Falle einer künftigen Geschäfts- oder Handlungsunfähigkeit die eigenen Bedürfnisse und Wünsche zur Geltung kommen, da durch die Errichtung einer Vorsorgevollmacht die Anordnung einer Betreuung vermieden werden kann.[497] Die Vorsorgevollmacht kann aber auch bereits vor dem Eintritt der Geschäfts- oder Handlungsunfähigkeit des Vollmachtgebers in Kraft treten. Entweder wird nicht festgelegt, dass die Vollmacht nicht sofort wirksam sein soll, sondern erst ab dem Eintritt eines Vorsorgefalls, oder der vereinbarte Vorsorgefall tritt z.B. bereits mit der Betreuungsbedürftigkeit i.S.d. § 1896 Abs. 1 S. 1 BGB ein und nicht erst mit der Geschäftsunfähigkeit des Vollmachtgebers. In diesen Fällen können wirtschaftlich nachteilige Rechtsgeschäfte des Vollmachtgebers, welche er aufgrund (noch) bestehender Geschäftsfähigkeit wirksam vornehmen kann, verhindert werden. Ist in der Vorsorgevollmacht nämlich vereinbart, dass der Bevollmächtigte zur Abgabe von Erklärungen jeder Art bevollmächtigt ist, kann er wirksam Anfechtungs-, Kündigungs-, Rücktritts- oder Widerrufserklärungen aussprechen.[498] Mitunter verzichtet der Vollmachtgeber auch bewusst auf die Betätigung bestimmter (schwieriger) Rechtsgeschäfte, da er zu deren Vornahme gerade den Vollmachtnehmer bevollmächtigt hat.

Eine Vorsorgevollmacht setzt das Vorhandensein einer Person voraus, die nicht nur das Vertrauen des Betroffenen genießt, sondern auch bereit ist, die Mühe und Verantwortung eines Bevollmächtigten zu übernehmen.[499] Hieran

494 MVHdB VI BürgerlR II/*Heinze*, VIII. 9. Anm. 2.
495 MVHdB VI BürgerlR II/*Heinze*, VIII. 9. Anm. 2.
496 MVHdB VI BürgerlR II/*Heinze*, VIII. 9. Anm. 2.
497 Siehe *Kropp*, FPR 2012, 9.
498 Ein Beispiel zu einer solchen Klausel findet sich bei *Kropp*, FPR 2012, 9, 12.
499 *Rauscher*, Familienrecht, S. 1115.

kann es bei allein lebenden älteren Menschen fehlen. Die Schutzqualität wird außerdem durch die Gefahr eines Missbrauchs der Vertretungsbefugnis und durch die entstehende Doppelzuständigkeit gemindert.[500] Nachteilig ist ferner, dass es zum schutzbringenden Einschreiten des Bevollmächtigten dessen Kenntnis von der rechtsgeschäftlichen Betätigung des Vollmachtgebers bedarf. Eine Vorsorgevollmacht bietet daher zum Teil aus den gleichen Gründen wie eine rechtliche Betreuung keinen ausreichenden Schutz vor wirtschaftlich nachteiligen Geschäften.

Das Risiko eines finanziellen Missbrauchs bei einer Vollmacht ist gegenüber der gerichtlich kontrollierten Betreuung sogar deutlich erhöht, da die Erteilung einer Vollmacht keiner gerichtlichen Kontrolle unterliegt.[501] Es wurden zahlreiche Fälle festgestellt, in denen es zu einer finanziellen Schädigung im Zusammenhang mit Vollmachten kam.[502] Schutz vor einem Missbrauch der Vollmacht ist zwar durch die Benennung eines Kontrollbevollmächtigten möglich.[503] Wenn die potenziellen Opfer jedoch Alleinstehende sind, denen meist ein soziales Umfeld fehlt, ist es nahezu unmöglich, eine weitere Überwachungsperson zu finden.[504] Auch die Gutgläubigkeit und Arglosigkeit vieler älterer Menschen kann dazu führen, dass eine Kontrollvollmacht nicht erteilt wird. Eine Vollmachtsüberwachungsbetreuung kann zwar gemäß § 1896 Abs. 3 BGB zum Schutz vor Missbräuchen durch den Bevollmächtigten angeordnet werden.[505] Dafür reichen bereits Bedenken, die gegen die Redlichkeit des Bevollmächtigten sprechen.[506] Gerade bei isoliert lebenden älteren Menschen wird das Betreuungsgericht aber nur selten Kenntnis von derartigen Bedenken erlangen.[507] In diesen Fällen gibt es meist keine Personen, die etwaige unredliche Verhaltensweisen des Bevollmächtigten erkennen und dem Gericht mitteilen. Außerdem liefe die Bestellung

---

500 Vgl. hierzu und zum Folgenden bereits die soeben erfolgten Ausführungen zur rechtlichen Betreuung.

501 Vgl. *Brucker*, BtPrax 2016, 221.

502 Siehe *Görgen et al.*, Sicherheitspotenziale, S. 342.

503 Siehe zum Kontrollbevollmächtigten *Kropp*, FPR 2012, 9.

504 Vgl. *Bonefeld*, ZErb 2014, 241, 245.

505 Vgl. Spickhoff/*Spickhoff* BGB § 1896 Rn. 18; *ders.*, Betreuungsrecht, in: Becker/Roth, Recht der Älteren, S. 247, 280; *Ganner*, Selbstbestimmung im Alter, S. 408.

506 Siehe BGH NJW-RR 2020, 449, 450; BGH NJW 2015, 3575, 3576.

507 Siehe auch *Löhnig*, in: *Löhnig/Schwab/Henrich/Gottwald/Kroppenberg*, Vorsorgevollmacht und Erwachsenenschutz in Europa, S. 15, 25, nach dem das Gericht meistens keine Kenntnis vom Betreuungsbedürfnis erhält und in der Praxis nur wenige Überwachungsbetreuer bestellt werden.

eines Überwachungsbetreuers dem Zweck der Vorsorgevollmacht, eine Betreuung zu vermeiden, gerade entgegen.[508]

V. Gesetz zur Reform des Vormundschafts- und Betreuungsrechts vom 4. Mai 2021

Möglicherweise wird es durch die anstehende Modernisierung des derzeitigen Betreuungsrechts zu einer besseren Schutzqualität des Betreuungsrechts im vorliegenden Zusammenhang kommen.[509] Das VBRefG vom 4. Mai 2021, welches am 1. Januar 2023 in Kraft tritt (Art. 16 Abs. 1 VBRefG), sieht u.a. die Ersetzung der Formulierung „psychischen Krankheit oder einer körperlichen, geistigen oder seelischen Behinderung“ (§ 1896 Abs. 1 S. 1 BGB) durch die Formulierung „Krankheit oder Behinderung“ vor.[510] Insofern wäre eine Ausweitung des Anwendungsbereichs für rechtliche Betreuungen möglich.[511] Bezweckt ist mit dieser Neufassung allerdings nicht eine Änderung des Personenkreises, für den eine rechtliche Betreuung in Betracht kommen kann.[512] Es geht nur um eine sprachliche Neufassung zur Vermeidung einer Stigmatisierung bestimmter Gruppen von Menschen.[513] Eine bestimmte Schwere der Erkrankung oder Behinderung soll weiterhin stets Voraussetzung sein.[514] Die zukünftige Verpflichtung des Betreuungsgerichts, bei der Entscheidung über die Bestellung eines bestimmten beruflichen Betreuers auch Anzahl und Umfang der von diesem Betreuer bereits geführten Betreuungen zu berücksichtigen,[515] könnte hingegen eine Besserung der derzeitigen Schutzqualität bewirken. Wenn vermieden wird, dass ein Berufsbetreuer zu viele Betreuungen führt, verringert sich vermutlich die Anzahl der Fälle, in denen es zu einem wirtschaftlich nachteiligen Geschäft des Betreuten kommt oder dabei verbleibt, weil der Betreuer hiervon infolge von Überlastung keine Kenntnis hatte. Durch die gesetzliche Klarstellung

---

508 Vgl. *Jestaedt*, Auswirkungen der Geschäftsunfähigkeit, S. 71.

509 Siehe zu dieser Modernisierung auch bereits S. 101.

510 Siehe Art. 1 Nr. 21 VBRefG (§ 1814 Abs. 1 BGB k.F.).

511 Siehe auch BT-Drucks. 19/24445, S. 231. Insofern kritisch zu diesem Wortlaut die Stellungnahme des Bundesrates zum Gesetzesentwurf, siehe BT-Drucks. 19/24445, S. 430.

512 Siehe BT-Drucks. 19/24445, S. 134 u. 230 f.

513 Siehe BT-Drucks. 19/24445, S. 134, 230 f. u. 483 (Gegenäußerung der Bundesregierung).

514 Siehe BT-Drucks. 19/24445, S. 483 (Gegenäußerung der Bundesregierung), vgl. dort auch S. 231.

515 Siehe Art. 1 Nr. 21 VBRefG (§ 1816 Abs. 5 S. 2 BGB k.F.); näher hierzu BT-Drucks. 19/24445, S. 239 f.

des Prinzips „Unterstützung vor Vertretung",[516] wonach der Betreuer vorrangig alles unternehmen muss, um den Betreuten dabei zu unterstützen, selbst die konkret anstehende Entscheidung zu treffen und umzusetzen, bevor er stellvertretend tätig wird,[517] könnte bisweilen der Abschluss sich widersprechender Rechtsgeschäfte vermieden werden. Hinsichtlich dieser beiden die Schutzqualität der §§ 1896 ff. BGB mindernden Umstände könnte auch die gemeinsame Verankerung der Verpflichtung des Betreuers zum persönlichen Kontakt mit dem Betreuten und zur Besprechung dessen (nicht nur: wichtigen) Angelegenheiten in einer zentralen Norm über die Pflichten des Betreuers[518] nützlich sein. Mit dem VBRefG vom 4. Mai 2021 wurden außerdem einige Maßnahmen zum Schutz des Betreuten vor einer „missbräuchlichen Betreuung" beschlossen. Hierzu zählen z.B. die Einführung regelmäßiger Abfragen beim Bundeszentralregister und den Schuldnerverzeichnissen (nur Berufsbetreuer), die Einführung der Möglichkeit eines Vier-Augen-Prinzips bei der Erstellung des Vermögensverzeichnisses, die Erweiterung des Kreises der von einer Betreuertätigkeit ausgeschlossenen Personen und die Einführung einer Auskunftspflicht des Betreuers gegenüber nahestehenden Angehörigen.[519] Zudem müssen zukünftig die Vermögensverhältnisse einer Person in der Regel geordnet sein, damit diese als Betreuer bestellt werden kann.[520] Dieses Zugangserfordernis dürfte besonders nützlich sein, da typischerweise hinter unrechtmäßigen und strafbaren Handlungen finanzielle Krisen stehen.[521] Auch wurde ein gesetzliches Annahmeverbot von Geld oder geldwerten Leistungen für berufliche Betreuer beschlossen.[522] Es ist nicht ausgeschlossen, dass diese Maßnahmen tatsächlich zu einem besseren Schutz vor „missbräuchlicher Betreuung" führen werden. Jedenfalls aber im Hinblick auf den engen Anwendungsbereich der rechtlichen Betreuung und das Problem der fehlenden Kenntnis von der Betreuungsbedürftigkeit wird es durch

---

516 Siehe Art. 1 Nr. 21 VBRefG (§ 1821 Abs. 1 S. 2 BGB k.F.).

517 Siehe BT-Drucks. 19/24445, S. 251.

518 Siehe Art. 1 Nr. 21 VBRefG (§ 1821 Abs. 5 BGB k.F.); näher hierzu BT-Drucks. 19/24445, S. 255 f.

519 Siehe hierzu BT-Drucks. 19/24445, S. 148 f.

520 Siehe Art. 9 VBRefG (§ 23 Abs. 1 Nr. 1, Abs. 2 Nr. 4 BtOG (berufliche Betreuer) u. § 21 Abs. 1 i.V.m. § 23 Abs. 2 Nr. 4 BtOG (ehrenamtliche Betreuer)).

521 Vgl. *Görgen et al.*, Vermögensdelikte in Betreuungsverhältnissen, S. 155; siehe hierzu auch BT-Drucks. 19/24445, S. 377.

522 Siehe Art. 9 VBRefG (§ 30 Abs. 1 S. 1 u. 2 BtOG); näher hierzu BT-Drucks. 19/24445, S. 386.

die Reform nicht zu einer verbesserten Schutzqualität des Betreuungsrechts im vorliegenden Zusammenhang kommen.

C. Gesetzliches Verbot, Sittenwidrigkeit und Wucher, §§ 134, 138 BGB

I. Gesetzliches Verbot, 134 BGB

Ein Rechtsgeschäft, das gegen ein gesetzliches Verbot verstößt, ist nichtig, wenn sich nicht aus dem Gesetz ein anderes ergibt (§ 134 BGB). In Fällen wirtschaftlich nachteiliger Geschäfte älterer Menschen infolge rechtsgeschäftsrelevanter Einschränkungen ist eine Nichtigkeit nach § 134 BGB sehr selten. Als Verbotsgesetze kämen im vorliegenden Kontext allenfalls Strafgesetze in Betracht.[523] Damit aber ein Rechtsgeschäft nach § 134 BGB aufgrund eines strafbewehrten Verbots nichtig ist, muss grundsätzlich der Straftatbestand von beiden Vertragsparteien objektiv und subjektiv verwirklicht werden.[524] Hieran wird es in Fällen wirtschaftlich nachteiliger Geschäfte eines älteren Menschen infolge rechtsgeschäftsrelevanter Einschränkungen regelmäßig fehlen. Wenn nur ein Vertragsteil mit einem Vertrag gegen ein Strafgesetz verstößt, tritt Nichtigkeit allein dann ein, wenn der Verbotszweck nur so erreicht werden kann.[525] Eine Nichtigkeit nach § 134 BGB i.V.m. § 263 StGB als das im vorliegenden Zusammenhang am ehesten in Betracht kommende strafbewerte Verbot wäre daher nicht möglich. Denn die Nichtigkeit eines auf einem Betrug i.S.d. § 263 StGB beruhenden Rechtsgeschäfts (Verbotszweck) kann auch auf anderem Wege erreicht werden als über § 134 BGB, nämlich durch eine Anfechtung nach § 123 Abs. 1 BGB.

II. Sittenwidrigkeit und Wucher, § 138 BGB

1. Allgemeines

Nach § 138 Abs. 1 BGB ist ein Rechtsgeschäft, das gegen die guten Sitten verstößt, nichtig. Nichtig ist insbesondere ein Rechtsgeschäft, durch das jemand unter Ausbeutung der Zwangslage, der Unerfahrenheit, des Mangels an Urteilsvermögen oder der erheblichen Willensschwäche eines anderen sich oder einem Dritten für eine Leistung Vermögensvorteile versprechen oder gewähren lässt, die

---

523 Siehe zur fehlenden Verbotsgesetzeigenschaft einiger wesentlicher Vorschriften aus dem UWG S. 195.

524 Siehe BGH NJW 1996, 1812.

525 Erman/*Arnold* BGB § 134 Rn. 67.

in einem auffälligen Missverhältnis zu der Leistung stehen (Abs. 2). § 138 BGB dient dem Schutz der Beteiligten vor Fremdbestimmung als verfassungsrechtlicher Grundwert und soll dem Missbrauch wirtschaftlicher Macht entgegenwirken.[526] Insbesondere das in Abs. 2 der Vorschrift enthaltene Wucherverbot bezweckt den Schutz von in Schwächesituationen befindlichen Personen vor wirtschaftlicher Ausbeutung.[527] Die Nichtigkeitsfolge des § 138 BGB führt dazu, dass die rechtsgeschäftlichen Verpflichtungen nicht bestehen und bereits erfolgte Leistungen gegebenenfalls (vgl. § 817 BGB) zurückgefordert werden können. Die Rechtsfolge des § 138 BGB bietet deshalb grundsätzlich Schutz vor wirtschaftlich nachteiligen Geschäften älterer Menschen infolge rechtsgeschäftsrelevanter Einschränkungen.

2. *§ 138 BGB und rechtsgeschäftsrelevante Einschränkungen im Alter*

a) Wucher, § 138 Abs. 2 BGB

aa) Objektiver Tatbestand

Eine Nichtigkeit nach § 138 Abs. 2 BGB setzt ein auffälliges Missverhältnis der ausgetauschten Leistungen voraus. § 138 Abs. 2 BGB kommt erst zur Anwendung, wenn die Grenzen des noch Hinnehmbaren überschritten sind.[528] Das Verlangen eines im Verhältnis zum tatsächlichen Wert erhöhten Kaufpreises erfüllt daher nicht zwingend § 138 Abs. 2 BGB. Im üblichen Massengeschäftsverkehr stehen Leistung und Gegenleistung für gewöhnlich nicht in einem auffälligen Missverhältnis. Bei Kaffeefahrten, auf denen typischerweise älteren Menschen minderwertige Produkte und Dienstleistungen zu stark überhöhten Preisen angeboten werden, liegt indes des Öfteren ein auffälliges Missverhältnis der ausgetauschten Leistungen i.S.d. § 138 Abs. 2 BGB vor.

bb) Subjektiver Tatbestand

Der Wuchertatbestand des § 138 Abs. 2 BGB verlangt die Verwirklichung eines subjektiven Tatbestands, nämlich die Ausbeutung der Zwangslage, der Unerfahrenheit, des Mangels an Urteilsvermögen oder der erheblichen Willensschwäche des Bewucherten.[529] An die im Einzelfall zu treffenden Feststellungen sind strenge Anforderungen zu stellen.[530]

---

526 Erman/*Schmidt-Räntsch* BGB § 138 Rn. 12a.
527 Vgl. BeckOK BGB/*Wendtland* BGB § 138 Rn. 40.
528 Erman/*Schmidt-Räntsch* BGB § 138 Rn. 45.
529 Staudinger/*Fischinger* BGB § 138 Rn. 266.
530 BGH NJW-RR 2000, 1431, 1432; BGH NJW 1994, 1275.

Eine Zwangslage liegt vor, wenn wegen einer erheblichen Bedrängnis ein zwingendes Bedürfnis nach Sach- oder Geldleistungen besteht.[531] Eine lediglich auf moralischen Gefühlen beruhende „Zwangslage", wie z.B. die gefühlte Verpflichtung zu einer Gegenleistung in Form der Annahme eines Kaufangebots bei Kaffeefahrten wegen der günstigen Bedingungen und der genossenen Vorteile und dem daraus folgenden Schamgefühl, begründet hingegen per se noch keine Nichtigkeit nach § 138 BGB.[532]

Unerfahrenheit i.S.d. § 138 Abs. 2 BGB ist ein bedeutsamer Mangel an Lebens- oder Geschäftserfahrung.[533] Sie ist eine persönliche Eigenschaft, die vorliegt, wenn der Betroffene die Vor- und Nachteile des Geschäfts nicht abzuwägen vermag.[534] Insbesondere ältere, mit dem Geschäftsverkehr nicht mehr vertraute Menschen können unerfahren i.S.d. § 138 Abs. 2 BGB sein.[535] Eine Unkenntnis auf bestimmten Spezialgebieten ist allerdings keine Unerfahrenheit i.S.d. § 138 Abs. 2 BGB.[536]

Ein Mangel an Urteilsvermögen ist gegeben, sofern in erheblichem Maße die Fähigkeit fehlt, sich bei seinem rechtsgeschäftlichen Handeln von vernünftigen Beweggründen leiten zu lassen oder die beiderseitigen Leistungen und die wirtschaftlichen Folgen des Geschäfts richtig einzuschätzen.[537] Dies liegt vor sowohl bei Defekten der Information wie der Fähigkeit zu ihrer Verwertung.[538] Zu hohes Alter wird in diesem Zusammenhang genannt.[539] Ein demenzielles Enthemmungssyndrom kann ebenso einen Mangel an Urteilsvermögen begründen, da es hierbei symptomatisch ist, den Entscheidungsraum nicht angemessen zu würdigen und die Entscheidung infolgedessen auf Grundlage unvernünftiger Beweggründe zu treffen. Auch bekundet derjenige einen Mangel an Urteilsvermögen, der Anschaffungen macht, die zu seinen Mitteln oder zu seinen Bedürfnissen in keinem Verhältnis stehen.[540] Beispielsweise kann infolge

531 Erman/*Schmidt-Räntsch* BGB § 138 Rn. 50.

532 Vgl. LG Trier NJW 1974, 151, 152; a.A. *Sack*, NJW 1974, 564.

533 *Boemke/Ulrici*, BGB AT, S. 233.

534 Erman/*Schmidt-Räntsch* BGB § 138 Rn. 52.

535 Erman/*Schmidt-Räntsch* BGB § 138 Rn. 52.

536 Vgl. BGH, Urteil vom 27. März 1958 – II ZR 327/56 –, juris.

537 Erman/*Schmidt-Räntsch* BGB § 138 Rn. 53; siehe auch OLG München, Urteil vom 19. März 2014 – 20 U 5031/13 –, juris.

538 Vgl. MüKoBGB/*Armbrüster* BGB § 138 Rn. 275.

539 Siehe MüKoBGB/*Armbrüster* BGB § 138 Rn. 275. Siehe zu den Schwierigkeiten vieler älterer Menschen bei der Informationsaufnahme und -verarbeitung auch bereits S. 110 f.

540 Vgl. MüKoBGB/*Armbrüster* BGB § 138 Rn. 275.

eines vorgerückten Alters und infolge von Vereinsamung das Urteilsvermögen hinsichtlich der Angemessenheit von Leistung und Gegenleistung bei der Partnervermittlung beeinträchtigt sein.[541] Ältere Menschen sind besonders häufig von Vereinsamung durch Ehescheidung oder Verwitwung betroffen.[542] Da ältere Menschen nach dem Ausscheiden aus dem Berufsleben nicht mehr so viele Menschen kennen lernen und es daher schwer für sie ist, einen neuen Partner zu finden, entsteht bei vielen älteren alleinstehenden Menschen eine seelische Situation, die sie für das Angebot einer Partnervermittlung besonders leicht empfänglich und unkritisch werden lässt.[543]

Eine erhebliche Willensschwäche ist dadurch gekennzeichnet, dass der Betroffene die Tragweite des Geschäfts zwar durchschaut, sich aber wegen einer verminderten psychischen Widerstandsfähigkeit nicht sachgerecht verhalten kann.[544] In diesem Zusammenhang werden ebenfalls ältere Menschen genannt.[545]

Auch wenn rechtsgeschäftsrelevante Einschränkungen die Merkmale Unerfahrenheit, Mangel an Urteilsvermögen und erhebliche Willensschwäche erfüllen können, liegt nicht allein schon deshalb eine Ausbeutung vor. Ausbeutung bedeutet das bewusste Ausnutzen der ungünstigen Situation des Geschäftspartners oder einer anderen Person.[546] Eine Ausbeutungsabsicht ist nicht erforderlich.[547] Der Begünstigte muss aber vorsätzlich handeln, grobe Fahrlässigkeit allein genügt nicht.[548] Aus einem auffälligen Missverhältnis von Leistung und Gegenleistung kann auch nicht auf einen Ausbeutungsvorsatz geschlossen werden.[549] Das Äquivalenzmissverhältnis allein ist keine tragfähige Grundlage für die Vermutung eines Willens zur vorsätzlichen Ausbeutung einer Schwäche des Benachteiligten.[550] Der vermeintlich wucherisch Handelnde muss daher

---

541 Vgl. OLG Düsseldorf FamRZ 2008, 1252, 1253; LG Mönchengladbach, Urteil vom 4. September 2008 - 6 O 385/07 -, juris.

542 LG Mönchengladbach, Urteil vom 4. September 2008 - 6 O 385/07 -, juris.

543 LG Mönchengladbach, Urteil vom 4. September 2008 - 6 O 385/07 -, juris.

544 Vgl. OLG München, Urteil vom 19. März 2014 - 20 U 5031/13 -, juris.

545 Siehe z.B. Staudinger/*Fischinger* BGB § 138 Rn. 284; Erman/*Schmidt-Räntsch* BGB § 138 Rn. 54; *Frieser*, ErbR 2010, 370, 374.

546 MüKoBGB/*Armbrüster* BGB § 138 Rn. 279; Erman/*Schmidt-Räntsch* BGB § 138 Rn. 48.

547 Vgl. RGZ 60, 9, 11.

548 Vgl. BGH NJW 1985, 3006, 3007.

549 Siehe BGH NJW-RR 2011, 880, 881.

550 BGH NJW-RR 2011, 880, 881.

in Kenntnis der auf rechtsgeschäftsrelevanten Einschränkungen beruhenden, ungünstigen Situation des Geschäftspartners gehandelt haben, woran es aber fehlen kann, da einige der Betroffenen in der Lage sind, ihre Schwächen zu kaschieren.[551] Einige der rechtsgeschäftsrelevanten Einschränkungen im Alter, wie z.B. Schwierigkeiten bei der Informationsaufnahme und -verarbeitung, sind zudem in Verkaufsgesprächen grundsätzlich nur schwer zu erkennen.[552]

b) Sittenwidrigkeit, § 138 Abs. 1 BGB

aa) Objektive Voraussetzungen

Nach ständiger Rechtsprechung ist ein Rechtsgeschäft sittenwidrig, wenn es gegen das Anstandsgefühl aller billig und gerecht Denkenden verstößt.[553] Darunter ist die Sozialmoral des Durchschnittsbürgers zu verstehen.[554] Die guten Sitten stellen die für den gesellschaftlichen und wirtschaftlichen Verkehr unentbehrlichen Wertvorstellungen dar, welche der gemeinsamen Überzeugung der zumindest überwiegenden Mehrheit der Angehörigen der Gesellschaft entsprechen.[555]

(1) Schwerwiegender Verstoß gegen das Anstandsgefühl

(a) Anwendungsmaßstäbe der Rechtsprechung und der Literatur

Vielfach werden an die Erfüllung des Merkmals des Sittenverstoßes strenge Anforderungen gestellt, insbesondere auch seitens der höchstrichterlichen Rechtsprechung.[556] Ungleiche Verhandlungspositionen, die sich aus unterschiedlichen Gründen ergeben können (etwa: Geschäfts- und Verhandlungserfahrung, sonstige Persönlichkeitsmerkmale), seien in der Regel noch kein Grund, von vornherein von einer Sittenwidrigkeit auszugehen.[557] Das Ungleichgewicht

---

551 Einige ältere Menschen weisen ausgeprägte Fähigkeiten im Verbergen ihrer Schwächen auf, vgl. bereits S. 154. Siehe dazu, dass es im Rahmen von § 138 BGB nicht selten an der Erkennbarkeit der Geschäftsunerfahrenheit bei älteren Menschen fehlen kann, auch MüKoBGB/*Spickhoff* BGB § 104 Rn. 57; Spickhoff/*ders.* BGB §§ 104–105a Rn. 7; *ders.*, Selbstbestimmungsfähigkeiten, in: Becker/Roth, Recht der Älteren, S. 101, 115; *ders.*, AcP 208 (2008), 345, 384; *ders.*, ZfRV 2008, 33, 37.

552 Vgl. insofern zu Schwierigkeiten bei der Informationsaufnahme und -verarbeitung auch *Martell*, Der Schutz des Verbrauchers im Heimrecht, S. 214.

553 Vgl. nur BGH NJW 1999, 2266, 2267.

554 Siehe Schulze HK-BGB/*Dörner* BGB § 138 Rn. 3.

555 BeckOK BGB/*Wendtland* BGB § 138 Rn. 16.1.

556 Ausführlich zum Meinungsstand Staudinger/*Fischinger* BGB § 138 Rn. 71 ff.

557 So Erman/*Schmidt-Räntsch* BGB § 138 Rn. 15.

der Geschäftspartner führe regelmäßig nur zur Sittenwidrigkeit des Geschäfts, wenn es von einer Seite herbeigeführt, gefördert oder ausgenutzt wurde, um ein für die eigene Seite unangemessen günstiges, für die andere Seite unangemessen ungünstiges und in der Gesamtwürdigung nicht mehr hinnehmbares Verhandlungsergebnis zu erreichen.[558] Dass ein Vertrag nicht schon bei jeder Störung des Verhandlungsgleichgewichts nachträglich in Frage gestellt oder korrigiert werden darf, ergibt sich dem BVerfG zufolge bereits aus Gründen der Rechtssicherheit.[559] Der Vorwurf der Sittenwidrigkeit ist nach dem BGH nur gerechtfertigt, wenn schwerwiegende Verstöße gegen das Anstandsgefühl vorliegen, die mit den Grundbedürfnissen loyaler Rechtsgesinnung unvereinbar sind.[560] Es wird darauf abgestellt, ob eine „besondere Verwerflichkeit des Verhaltens" vorliegt.[561] *Canaris* spricht sogar von einem nur „auf Extremfälle beschränkten" Anwendungsbereich.[562] Bisweilen lässt sich auch die Formulierung „besonders krasse Fälle"[563] oder „schwerwiegenden konkreten Einzelfall"[564] zur Beschreibung des Anwendungsbereichs des § 138 Abs. 1 BGB finden. Demgegenüber wird vertreten, dass die Sittenklausel extensiver ausgelegt werden sollte; § 138 BGB solle nicht erst gegenüber „Unerträglichkeit", sondern bereits gegenüber „Ungerechtigkeit" zum Einsatz kommen.[565]

(b) Stellungnahme

Eine extensive Anwendung der Sittenwidrigkeitsklausel käme älteren Menschen mit rechtsgeschäftsrelevanten Einschränkungen zugute. Rechtsgeschäfte, durch die ältere Menschen mit rechtsgeschäftsrelevanten Einschränkungen übervorteilt wurden, wären öfters wegen Sittenwidrigkeit nach § 138 Abs. 1 BGB nichtig. Richtigerweise ist die Sittenwidrigkeitsklausel allerdings, entsprechend der höchstrichterlichen Rechtsprechung, restriktiv anzuwenden. Nur schwerwiegende Verstöße gegen das Anstandsgefühl aller billig und gerecht Denkenden

558 So Erman/*Schmidt-Räntsch* BGB § 138 Rn. 16.
559 Siehe BVerfG NJW 1994, 36, 38; so im Übrigen auch jurisPK-BGB/*Nassall* BGB § 138 Rn. 5.
560 Vgl. BGH NJW 1994, 128.
561 Siehe BGH NJW 2004, 2668, 2670 (bezüglich der Sittenwidrigkeit i.S.d. § 826 BGB; der Begriff der Sittenwidrigkeit in § 138 BGB stimmt mit dem in § 826 BGB überein, siehe BeckOK BGB/*Förster* BGB § 826 Rn. 9).
562 Vgl. *Canaris*, AcP 184 (1984), 201, 236.
563 Siehe *Beater*, AcP 197 (1997), 505, 527.
564 Siehe *Coester-Waltjen*, AcP 190 (1990), 1, 31.
565 So z.B. AK-BGB/*Damm* BGB § 138 Rn. 82 f.

führen zu einer Nichtigkeit nach § 138 Abs. 1 BGB. Die Privatautonomie als Grundrecht des Geschäftspartners muss nämlich berücksichtigt werden.[566] Je eher aber das Rechtsgeschäft als sittenwidrig eingestuft werden müsste, desto intensiver würde sich der Eingriff in das Recht auf Vertragsfreiheit des Geschäftspartners darstellen. Denn Art. 2 Abs. 1 GG gewährleistet dem Einzelnen das Recht, Verträge grundsätzlich so abzuschließen, wie er es wünscht.[567] Um dieses Recht des Geschäftspartners nicht übermäßig einzuschränken und mit den Interessen der schutzbedürftigen Geschäftspartei in einen gerechten Ausgleich zu bringen, dürfen an die Voraussetzungen der Nichtigkeitsfolge keine zu geringen Anforderungen gestellt werden.

Eine extensive Anwendung hätte außerdem zur Folge, dass eine Großzahl an Rechtsgeschäften der Gefahr einer Nichtigkeit ausgesetzt wäre. Nicht selten stehen die ausgetauschten Leistungen in einem wertmäßigen Missverhältnis. Die Geschäftspartei, die ein Produkt herstellt oder eine Dienstleistung anbietet, strebt regelmäßig die Erzielung eines Gewinnes an, welcher beim Erlangen eines bloß wertmäßigen Ersatzes ausbleiben würde. Wenn derartige Missverhältnisse bereits als sittenwidrig zu bewerten wären, wäre der Geschäftsverkehr erheblich gestört, da dann viele Rechtsgeschäfte nichtig wären.

Für ein restriktives Verständnis spricht auch die Wertung des § 138 Abs. 2 BGB. Für eine Nichtigkeit nach § 138 Abs. 2 BGB muss ein auffälliges Missverhältnis zwischen der Leistung und den dafür versprochenen Vermögensvorteilen bestehen. Weiterhin muss eine bestimmte Schwächesituation des Benachteiligten durch den Bevorteilten ausgenutzt werden. Damit sind an die Nichtigkeitsfolge hohe Voraussetzungen geknüpft. Durch § 138 Abs. 2 BGB soll die Generalklausel des Abs. 1 zwar nicht eingeschränkt, sondern nur konkretisiert werden.[568] Der Abs. 2 wäre demnach nicht als Maßstab für das Vorliegen eines Verstoßes gegen die guten Sitten heranzuziehen. Gleichwohl wäre eine erhebliche Abweichung von der in Abs. 2 vorgegebenen Wertung widersprüchlich. § 138 Abs. 2 BGB würde nahezu jede eigenständige Bedeutung verlieren. Es käme nicht mehr auf das Vorliegen der Voraussetzungen des Abs. 2 an. Die Rechtsgeschäfte wären schon aufgrund von Abs. 1 nichtig. Wäre eine derartige Auslegung des § 138 Abs. 1 BGB vom Gesetzgeber beabsichtigt, hätte er die Einführung des jetzigen Abs. 2 unterlassen.

---

566 Ausführlich zur Privatautonomie und der Vertragsfreiheit als deren Bestandteil Dürig/Herzog/Scholz/*Di Fabio* GG Art. 2 Abs. 1 Rn. 101 ff.

567 Vgl. BVerfG NJW 1997, 1975, 1976.

568 Vgl. MüKoBGB/*Armbrüster* BGB § 138 Rn. 266.

Ebenfalls ist die Wertung des § 123 BGB zu berücksichtigen. Wenn jemand einen anderen durch arglistige Täuschung zur Abgabe einer Willenserklärung bestimmt hat, führt dieser Sittenverstoß allein noch nicht zur Nichtigkeit des Rechtsgeschäfts nach § 138 BGB.[569] Vielmehr räumt § 123 BGB dem Getäuschten ein Wahlrecht ein, ob das Rechtsgeschäft durch Anfechtung vernichtet werden soll oder nicht.[570] Dieses Wahlrecht würde unterlaufen werden, wenn allein das Vorliegen einer arglistigen Täuschung bereits zur Nichtigkeit des Rechtsgeschäfts nach § 138 BGB führen würde. Der Getäuschte könnte nämlich nicht an der Wirksamkeit des Rechtsgeschäfts festhalten, da die Sittenwidrigkeit eines Rechtsgeschäfts grundsätzlich von Amts wegen zu berücksichtigen ist.[571] § 123 BGB hätte keinen eigenen Anwendungsbereich, wenn jede arglistige Täuschung von Amts wegen zur Sittenwidrigkeit nach § 138 BGB führen würde. Um dies zu vermeiden, sollten in der Regel nur Umstände als Verstoß gegen die guten Sitten betrachtet werden, die in ihrem sittlich-moralischen Unwert eine arglistige Täuschung i.S.d. § 123 Abs. 1 BGB übersteigen.[572]

Abschließend ist auch die Wertung der §§ 312b, 312g Abs. 1, 355 BGB zu beachten. Das bewusste Ausnutzen geschwächter Widerstandskraft, z.B. infolge Überrumpelungssituationen (Haustürgeschäfte) oder psychischen Drucks (Kaffeefahrten) bei außerhalb von Geschäftsräumen geschlossenen Verträgen, entspricht nicht den Vorstellungen der Allgemeinheit von einem gesellschaftsadäquaten geschäftlichen Umgang miteinander. Der Geschäftspartner handelt offensichtlich entgegen der Sozialmoral des Durchschnittsbürgers. Bei außerhalb von Geschäftsräumen geschlossenen Verträgen hat der Gesetzgeber indes in der Regel nicht die Nichtigkeit des Rechtsgeschäfts vorgesehen, sondern gewährt dem Verbraucher ein Widerrufsrecht (vgl. §§ 312b, 312g Abs. 1 BGB). Der gesetzgeberische Wille, dem Betroffenen in diesen Fällen lediglich ein Widerrufsrecht zu gewähren, würde durch die Annahme einer Nichtigkeit des Geschäfts nach § 138 Abs. 1 BGB unterlaufen werden. Sittenwidriges Handeln i.S.d. § 138 Abs. 1 BGB muss daher sittlich-moralisch anstößiger sein als das

---

569 Erman/*Schmidt-Räntsch* BGB § 138 Rn. 6.

570 Erman/*Schmidt-Räntsch* BGB § 138 Rn. 6.

571 Siehe zur Berücksichtigung der Sittenwidrigkeit eines Rechtsgeschäfts von Amts wegen BGH NJW 1981, 1439 f.

572 Ausführlich zum Verhältnis von § 138 BGB zu § 123 BGB Staudinger/*Fischinger* BGB § 138 Rn. 26 ff.; dort auch zu vielen Nachweisen zu der hier vertretenen Ansicht, dass eine sittenwidrige Willensbeeinflussung i.S.v. § 123 BGB nicht für die Anwendung von § 138 BGB genügt.

oftmals unredliche Handeln des Verkäufers bei außerhalb von Geschäftsräumen geschlossenen Verträgen.[573]

(2) *Konsequenz restriktiver Anwendung im Hinblick auf rechtsgeschäftsrelevante Einschränkungen im Alter*

Viele Geschäfte, durch die es zu einer Übervorteilung eines älteren Menschen infolge seiner rechtsgeschäftsrelevanten Einschränkungen kommt, sind nicht wegen Sittenwidrigkeit nach § 138 Abs. 1 BGB nichtig. Diejenigen, die gezielt ältere Menschen aufgrund deren vermuteter Geschäftsschwäche zum Kauf unbrauchbarer und überteuerter Produkte nahezu nötigen, handeln zwar besonders verwerflich. Doch selbst wenn dem Geschäftspartner ein solches unredliches Verhalten vorgeworfen werden kann und dem Hochbetagten ein wirtschaftlicher Nachteil entstanden ist, rechtfertigt dies nicht zwingend die Annahme eines schwerwiegenden Verstoßes gegen das Anstandsgefühl aller billig und gerecht Denkenden. Aufgrund der Wertung des § 123 BGB und der §§ 312b, 312g Abs. 1, 355 BGB reicht nämlich z.B. das Ausnutzen geschwächter Widerstandskraft oder sogar die Begehung einer arglistigen Täuschung in der Regel noch nicht für die Annahme eines schwerwiegenden Verstoßes gegen das Anstandsgefühl aller billig und gerecht Denkenden aus. Dies gilt dann erst recht für bloß täuschungsähnliches Verhalten, welches die Voraussetzungen des § 123 BGB noch nicht erfüllt.

bb) Subjektive Voraussetzungen

Die Frage, ob eine Nichtigkeit nach § 138 Abs. 1 BGB neben der objektiven Sittenwidrigkeit auch noch die Verwirklichung eines subjektiven Tatbestands verlangt, wird nicht einheitlich beantwortet. Nach einem Teil der Rechtsprechung ist § 138 BGB nur anwendbar, wenn die am Rechtsgeschäft Beteiligten auch subjektiv in zu missbilligender Gesinnung handeln, wenn ihnen ihre persönliche Einstellung zum sittlichen Vorwurf gemacht werden muss.[574] Anderen Entscheidungen zufolge reicht es aus, wenn sich die Beteiligten der Tatumstände, aus denen sich die Sittenwidrigkeit ergibt, bewusst sind.[575] In einer Entscheidung des BGH vom 8. Mai 1985 heißt es wiederum, dass Rechtsgeschäfte, die schon nach ihrem objektiven Inhalt sittlich-rechtlichen Grundsätzen widersprechen, ohne Rücksicht auf die Vorstellungen der das Rechtsgeschäft vornehmenden

573 Vgl. auch BeckOK BGB/*Wendtland* BGB § 138 Rn. 11 u. 18.1.

574 Siehe BGH NJW 2010, 363, 364; 2004, 2671, 2673; 1960, 1716, 1718.

575 Siehe BGH NJW 1993, 1587, 1588; 1988, 1373, 1374; BGH GRUR 1972, 718, 719.

Personen nichtig sind.[576] In der Literatur wird zuweilen zwischen Inhalts- und Umstandssittenwidrigkeit unterschieden: Nur wenn ein Rechtsgeschäft bereits auf Grund seines objektiven Inhalts sittenwidrig ist, müssten keine besonderen subjektiven Merkmale hinzukommen.[577] Nach anderen ist ein subjektives Element für die Annahme von Sittenwidrigkeit grundsätzlich nicht erforderlich.[578] Zuzustimmen ist dem BGH in seiner Entscheidung vom 8. Mai 1985 sowie den diesbezüglichen Stimmen in der Literatur, dass ein Rechtsgeschäft im Falle objektiver Sittenwidrigkeit bereits nach § 138 Abs. 1 BGB nichtig ist. Anderenfalls könnte ein Rechtsgeschäft, dessen Inhalt gegen fundamentale Rechtsprinzipien verstößt, wirksam sein.[579] Gegen eine Unterscheidung von Inhalts- und Umstandssittenwidrigkeit spricht, dass sich beide Fallgruppen nicht immer klar voneinander abgrenzen lassen.[580] Wegen der hohen Anforderungen an das Vorliegen der objektiven Voraussetzungen würde es durch den grundsätzlichen Verzicht auf ein subjektives Element auch nicht zu einer zu weitgehenden Anwendung des § 138 Abs. 1 BGB kommen.[581]

Wenn ein subjektives Element grundsätzlich nicht erforderlich wäre, wären mehr wirtschaftlich nachteilige Geschäfte älterer Menschen infolge rechtsgeschäftsrelevanter Einschränkungen nach § 138 Abs. 1 BGB nichtig, da weniger Voraussetzungen erfüllt sein müssten, an deren Vorliegen es schlicht fehlen könnte (z.B. fehlende Erkennbarkeit der rechtgeschäftsrelevanten Einschränkungen)[582]. Auch im Hinblick auf einen besseren Schutz älterer Menschen mit rechtsgeschäftsrelevanten Einschränkungen sollte daher grundsätzlich auf das Vorliegen eines subjektiven Elements verzichtet werden. Allerdings ist die Diskussion über ein subjektives Element im vorliegenden Zusammenhang auch nicht überzubewerten. In einigen Fällen wirtschaftlich nachteiliger Geschäfte älterer Menschen infolge rechtsgeschäftsrelevanter Einschränkungen wird

576 Siehe BGH NJW 1985, 2405, 2406; bestätigt wohl durch BGH NJW 2019, 3635, 3637.

577 Siehe BeckOK BGB/*Wendtland* BGB § 138 Rn. 22 ff.; Schulze HK-BGB/*Dörner* BGB § 138 Rn. 4; Erman/*Schmidt-Räntsch* BGB § 138 Rn. 19 ff. (mit einer noch weitergehenden Differenzierung im Rahmen der Umstandssittenwidrigkeit).

578 Siehe Staudinger/*Fischinger* BGB § 138 Rn. 146 f.; MüKoBGB/*Armbrüster* BGB § 138 Rn. 253; NK-BGB AT/*Looschelders* BGB § 138 Rn. 95 ff.; *Wellenhofer*, NZFam 2020, 229, 231.

579 Vgl. auch NK-BGB AT/*Looschelders* BGB § 138 Rn. 95.

580 NK-BGB AT/*Looschelders* BGB § 138 Rn. 96.

581 Vgl. hierzu die Ausführungen zu den objektiven Voraussetzungen des § 138 Abs. 1 BGB auf S. 166 ff.

582 Siehe hierzu auch Fn. 551.

eine missbilligende Gesinnung sowie das Bewusstsein über die die Sittenwidrigkeit begründenden Umstände nämlich vorliegen. Denn bisweilen nutzt der Geschäftspartner die Schwächen des älteren Menschen bewusst aus, um insofern den älteren Menschen in verwerflicher Weise zu übervorteilen.

cc) Beispiele aus der Rechtsprechung

Als sittenwidrig wird in der Rechtsprechung beispielsweise ein Werkvertrag über einen Fassadenanstrich bewertet, wenn ein Vertreter einem über 81 Jahre alten, erkennbar an krankheitsbedingten geistigen und körperlichen Ausfällen leidenden Menschen ohne Aufforderung und Anmeldung zu Hause aufsucht, ihm vorschlägt, das Haus streichen zu lassen und sich direkt vor Ort einen Vertrag über eine beträchtliche Summe (damals 14.000 DM) unterzeichnen lässt.[583] Begründet wird dies durch das Zusammentreffen von geistigen und körperlichen Ausfällen des älteren Menschen und der Überrumpelungssituation in Fällen von Haustürgeschäften.[584] Das Ausnutzen geistiger und körperlicher Ausfälle im Alter kann daher der Rechtsprechung zufolge in Einzelfällen auch bei außerhalb von Geschäftsräumen geschlossenen Verträgen ein sittenwidriges Handeln darstellen.

Die Überlassung von 481.000 DM einer 91 Jahre alten Frau an einen Mann, in dessen Haus sie nach ihrer Entlassung aus dem Krankenhaus einzog und von dem sie möglicherweise eine Zusage einer persönlichen Betreuung und ständigen Fürsorge bis an ihr Lebensende erhielt, ist hingegen nicht zwingend sittenwidrig, sofern ein unredliches Vorgehen seitens des Mannes nicht ausreichend festgestellt werden kann.[585] Dieses wäre anzunehmen gewesen, wenn festgestanden hätte, dass sich die Frau den Wünschen des Mannes nach vermögenswerten Zuwendungen nach ihrer Persönlichkeitsstruktur nicht hätte entziehen können, der Mann dies gewusst oder sich einer derartigen Erkenntnis leichtfertig verschlossen hat und er eine fehlende oder geschwächte Widerstandskraft (gesteigerte Beeinflussbarkeit) der Frau zumindest eigensüchtig ausgenutzt hat.[586] Ein Ausnutzen fehlender oder geschwächter Widerstandskraft kann daher der Rechtsprechung zufolge im Einzelfall als sittenwidrig bewertet werden.

Das Zusenden von Gewinnzusagen in beträchtlicher Höhe, deren Erfüllung von dem Zustandekommen eines Kaufvertrags abhängig gemacht werden und

583 Siehe OLG Frankfurt NJW-RR 1988, 501.
584 Vgl. OLG Frankfurt NJW-RR 1988, 501.
585 Siehe BGH, Urteil vom 4. Juli 1990 – IV ZR 121/89 –, juris.
586 Vgl. BGH, Urteil vom 4. Juli 1990 – IV ZR 121/89 –, juris.

gezielt an ältere, rechtlich und geschäftlich unerfahrene Menschen gerichtet sind, kann ebenfalls gegen das Anstandsgefühl aller billig und gerecht Denkenden verstoßen.[587] Die Entscheidungsfreiheit und die Fähigkeit zur unvoreingenommenen Beurteilung der Sinnhaftigkeit und Wirtschaftlichkeit der angebotenen Vertragsschlüsse waren in diesem vom BGH entschiedenen Fall dadurch systematisch geschwächt, dass die Betroffene innerhalb kurzer Zeiträume eine Vielzahl von Gewinnzusagen in beträchtlicher Höhe erhielt, deren Erfüllung von Bestellungen abhing.[588] Letztlich ist es auch der Wille des Gesetzgebers, Verbraucher vor Waren zu schützen, die diesen mittels Gewinnzusagen aufgedrängt werden sollen.[589] In Einzelfällen führt folglich nach Ansicht der Rechtsprechung auch das Ausnutzen geschäftlicher Unerfahrenheit zu einem Sittenverstoß i.S.d. § 138 Abs. 1 BGB.

3. *Qualität der Schutzgewährung in Bezug auf rechtsgeschäftsrelevante Einschränkungen im Alter*

Wirtschaftlich nachteilige Geschäfte älterer Menschen infolge rechtsgeschäftsrelevanter Einschränkungen können die Folge eines sittenwidrigen oder wucherischen Handelns i.S.d. § 138 BGB sein. Bei Kaffeefahrten oder bei sonstigen außerhalb von Geschäftsräumen geschlossenen Verträgen wird typischerweise eine Unerfahrenheit, ein Mangel an Urteilsvermögen oder eine erhebliche Willensschwäche der Teilnehmer bzw. der Angesprochenen ausgenutzt und meist steht die angebotene Leistung auch in einem unangemessenen Verhältnis zur Gegenleistung (vgl. § 138 Abs. 2 BGB). Dass die höchstrichterliche Rechtsprechung auch in neuerer Zeit, zumindest für die Fälle der Umstandssittenwidrigkeit, ein persönliches Verhalten des Handelnden fordert, das ihm zum Vorwurf gemacht werden kann,[590] steht in den vorliegend relevanten Fällen einer Nichtigkeit nach § 138 Abs. 1 BGB nicht zwangsläufig entgegen. In einigen Fällen bietet § 138 BGB daher Schutz vor der Übervorteilung älterer Menschen. Meist ist die Schwelle des § 138 BGB indes noch nicht erreicht. Einen ausreichenden Schutz vor wirtschaftlich nachteiligen Geschäften älterer Menschen infolge rechtsgeschäftsrelevanter Einschränkungen bietet § 138 BGB daher nicht.

---

587 Siehe BGH NJW 2005, 2991, 2992 f.

588 Siehe BGH NJW 2005, 2991, 2993.

589 Vgl. BT-Drucks. 14/2658, S. 48 f.; siehe dazu auch BGH NJW 2005, 2991, 2993.

590 Siehe BGH NJW 2019, 3635, 3637.

D. Anfechtung, §§ 119 ff. BGB

I. Allgemeines

Eine Anfechtung nach §§ 119 ff. BGB hat gemäß § 142 Abs. 1 BGB zur Folge, dass ein wirksam angefochtenes Rechtsgeschäft als von Anfang an nichtig zu behandeln ist. Folge der rückwirkenden Nichtigkeit eines Rechtsgeschäfts ist, dass keine vertraglichen Verpflichtungen bestehen und auch nie bestanden haben.[591] Es besteht z.B. nicht die Verpflichtung zur Zahlung des überhöhten Kaufpreises. Bereits erbrachte Leistungen können zurückgefordert werden (vgl. §§ 812 Abs. 1, 142 Abs. 1 BGB). Eine wirksame Anfechtung kann damit älteren Menschen mit rechtsgeschäftsrelevanten Einschränkungen Schutz vor wirtschaftlich nachteiligen Geschäften bieten.

II. §§ 119 ff. BGB und rechtsgeschäftsrelevante Einschränkungen im Alter

1. Anfechtung nach § 119 BGB

Das Gesetz unterscheidet den Irrtum über den Erklärungsinhalt (§ 119 Abs. 1 Fall 1 BGB), den Irrtum in der Erklärungshandlung (§ 119 Abs. 1 Fall 2 BGB) sowie den Irrtum über wesentliche Eigenschaften der Person oder Sache (§ 119 Abs. 2 BGB).[592] Bei einem Inhaltsirrtum weicht der Bedeutungsgehalt, der der Erklärung vom Empfängerhorizont aus objektiv zuzumessen ist, vom Willen des Erklärenden ab.[593] Wenn der Erklärende seine Willenserklärung in einer Gestalt abgibt, in der er sie nicht abgeben wollte, handelt es sich um einen Erklärungsirrtum.[594] Wille und Erklärung fallen bei einem Eigenschaftsirrtum i.S.v. § 119 Abs. 2 BGB indes nicht auseinander; der Erklärende irrt vielmehr über außerhalb der Erklärung liegende Umstände, die ihn zur Abgabe der Erklärung bewegt haben.[595]

Eine Anfechtung nach § 119 Abs. 1 BGB wegen Inhaltsirrtums kommt z.B. in Betracht, wenn der Erklärende infolge bloßen Vertrauens zu seinem Vertragspartner ungelesen einen von diesem gefertigten Vertrag in der irrigen Annahme unterzeichnet, der Vertrag stimme mit dem Inhalt der geführten Verhandlungen

---

591 Vgl. Schulze HK-BGB/*Dörner* BGB § 142 Rn. 5.
592 Vgl. Erman/*Arnold* BGB § 119 Rn. 1.
593 MüKoBGB/*Armbrüster* BGB § 119 Rn. 60.
594 MüKoBGB/*Armbrüster* BGB § 119 Rn. 46.
595 Erman/*Arnold* BGB § 119 Rn. 34.

überein, obwohl dieser tatsächlich ein davon abweichendes, nunmehr überteuertes Angebot enthält.[596] Dies kommt gerade täuschungs- und ausnutzungsanfälligen älteren Menschen zugute. Im Rahmen von Bankgeschäften könnte es z.B. dazu kommen, dass ältere Menschen, aufgrund einer Überforderung bei der Verarbeitung der meist recht komplexen Informationen, ein Formular in der irrtumsbehafteten Annahme, dass damit bloß ein Sparkonto eröffnet werden würde, unterschreiben, dadurch aber zugleich weitere kostenpflichtige, nicht benötigte Dienstleistungen der Bank in Anspruch genommen werden. Auch bei Kostenfallen im Internet[597] kommt eine Anfechtung wegen eines Inhaltsirrtums in Betracht.[598] In diesen Fällen kann außerdem eine Anfechtung wegen eines Eigenschaftsirrtums möglich sein.[599]

Ein Irrtum i.S.d. § 119 BGB liegt in der Regel jedoch nicht vor, wenn der ältere Mensch ein Rechtsgeschäft erneut tätigt, obwohl er ein solches bereits getätigt hatte, dies allerdings infolge von Vergesslichkeit (insbesondere bei demenzieller Erkrankung) vergessen hatte. Der weitere Bestand eines wirtschaftlich nachteiligen Geschäfts infolge eines (demenziell bedingten) Vergessens der Abgabe einer Willenserklärung (z.B. eine rechtzeitige Kündigung oder ein rechtzeitiger Widerruf) kann mit einer Anfechtung im Interesse des betroffenen älteren Menschen ebenfalls nicht verhindert werden. Wenn sich der Erklärende bei der Berechnung der von ihm genannten Summe (z.B. Kaufpreis) oder bezüglich eines Berechnungsfaktors irrt, liegt ein Kalkulationsirrtum vor.[600] Ein Kalkulationsirrtum berechtigt jedoch nicht zur Anfechtung, selbst dann nicht, wenn der Erklärungsempfänger diesen erkannt oder die Kenntnisnahme treuwidrig vereitelt hat.[601] Die Unkenntnis über das Bestehen von Rechten, die mitunter die wirtschaftliche

596 Vgl. BeckOK BGB/*Wendtland* BGB § 119 Rn. 25.

597 Als Kostenfallen im Internet werden Websites bezeichnet, die auf den ersten Blick unentgeltliche Dienstleistungen in Aussicht stellen, bei Eingehen auf das Angebot aber eine kostenpflichtige Leistung, meist ein Abonnement, nach sich ziehen, siehe *Wimmer*, in: Wabnitz/Janovsky/Schmitt, WirtschaftsStrafR-Hdb, Kap. 7 Rn. 5.

598 Vgl. *Gofferjé*, Vertragsschluss und Vertragsbindung bei Verbraucherverträgen, S. 110 u. 119.

599 Vgl. *Gofferjé*, Vertragsschluss und Vertragsbindung bei Verbraucherverträgen, S. 112 u. 119.

600 BeckOK/*Wendtland* BGB § 119 Rn. 33.

601 Siehe BGH NJW 1998, 3192, nach dem sich eine Pflicht, den Erklärenden auf seinen Kalkulationsfehler hinzuweisen, indes unter den Gesichtspunkten des Verschuldens bei Vertragsverhandlungen oder der unzulässigen Rechtsausübung ergeben kann.

Nachteilhaftigkeit eines Geschäfts oder deren endgültigen Bestand verhindern können, begründet auch kein Anfechtungsrecht aus § 119 BGB.

2. *Anfechtung nach § 123 BGB*

Derjenige, der zur Abgabe einer Willenserklärung durch arglistige Täuschung oder widerrechtlich durch Drohung bestimmt worden ist, kann die Erklärung gemäß § 123 Abs. 1 BGB anfechten. Eine Täuschung über Tatsachen setzt das willentliche Verhalten eines Menschen, welches darauf abzielt, bei einem anderen, dem Erklärenden, eine unrichtige Vorstellung über Tatsachen hervorzurufen, zu bestärken oder zu unterhalten, voraus.[602] Arglistig bedeutet (zumindest bedingter) Vorsatz bezüglich der Täuschungshandlung, Irrtumserregung und Herbeiführung einer Willenserklärung.[603] Eine Drohung ist die Ankündigung eines künftigen Übels, auf dessen Eintritt der Drohende einwirken zu können behauptet.[604]

§ 123 Abs. 1 BGB kann einschlägig sein, wenn dem leichtgläubigen und täuschungsanfälligen älteren Menschen Produkte bewusst unter dem Vorwand einer bestimmten notwendigen Brauchbarkeit verkauft werden, obwohl die Produkte die angepriesene Leistung nicht erbringen können und die verkaufende Partei davon Kenntnis hat, namentlich der Verkauf wirkungsloser Medikamente auf dafür speziell vorgesehenen Verkaufsveranstaltungen.[605] Auch derjenige, der wahrheitswidrig behauptet, ein Geschäft müsse ohne Zögern abgeschlossen werden, weil es sich um eine nicht wiederkehrende „einmalige Gelegenheit“ handelt, begeht eine aktive Täuschung.[606] Bei einer Kostenfalle kann ebenfalls eine Anfechtung wegen arglistiger Täuschung in Betracht kommen.[607]

a) *Keine aktive arglistige Täuschung oder widerrechtliche Drohung i.S.d. § 123 Abs. 1 BGB*

Das unredliche Verhalten des Geschäftspartners genügt nicht immer den Anforderungen, die an eine Täuschung oder an eine Drohung i.S.d. § 123 Abs. 1

---

602 *Boemke/Ulrici*, BGB AT, S. 267.

603 Schulze HK-BGB/*Dörner* BGB § 123 Rn. 5.

604 BGH NJW 2010, 1364, 1366.

605 Vgl. hierzu auch *Solf*, in: Wabnitz/Janovsky/Schmitt, WirtschaftsStrafR-Hdb, Kap. 17 Rn. 34a.

606 Vgl. *Lorenz*, Der Schutz vor dem unerwünschten Vertrag, S. 483 (Fn. 1525).

607 Vgl. *Gofferjé*, Vertragsschluss und Vertragsbindung bei Verbraucherverträgen, S. 119 u. 302.

BGB gestellt werden. Bei leichter Beeinflussbarkeit des älteren Menschen muss nicht zwingend eine Täuschung i.S.d. § 123 Abs. 1 BGB vorliegen, um dessen gewünschte Beeinflussung zu erreichen. Es handelt sich meist um eine zwar grenzwertige, aber noch zulässige Anpreisung des Produktes, die letztlich ausreicht, um den älteren Menschen erfolgreich zum Abschluss des wirtschaftlich nachteiligen Geschäfts zu verleiten. Auch zwischen widerrechtlicher Drohung und gänzlich fairem Verhandeln besteht eine Grauzone.[608] Eine Drohung i.S.d. § 123 BGB liegt noch nicht vor, wenn der Geschäftspartner dem Anfechtenden nur eine objektive von ihm aber nicht zu ändernde Zwangslage vor Augen hält.[609] Einen älteren Menschen darauf hinzuweisen, dass die Anschaffung eines Hilfsmittels objektiv erforderlich sei, stellt zwar das Ausnutzen einer von ihm nicht zu ändernden Zwangslage dar, ist aber noch keine Drohung i.S.d. § 123 BGB.

Schwierigkeiten bei der Lösung neuartiger Probleme oder beim Verstehen komplexer Vertragsgestaltungen können unabhängig von einem unredlichen Verhalten des Geschäftspartners zu einem wirtschaftlich nachteiligen Geschäft des betroffenen älteren Menschen führen. Auch Schwierigkeiten bei der Informationsaufnahme bzw. -verarbeitung oder Störungen der Gedächtnisfähigkeit können ohne ein Tätigwerden des Geschäftspartners ursächlich für ein wirtschaftlich nachteiliges Geschäft sein.

b) *Keine Aufklärungspflicht zur Annahme einer Täuschung durch Unterlassen*

Eine Täuschung ist auch durch Unterlassen aufgrund Nichterfüllung einer Aufklärungspflicht möglich.[610] Die Begründung einer Aufklärungspflicht ist jedoch schwierig. Eine allgemeine Rechtspflicht, den Vertragspartner über alle Umstände aufzuklären, die auf seine Entschließung Einfluss haben könnten, existiert nicht.[611] Ein offensichtlicher Irrtum des Vertragspartners ist indes richtigzustellen.[612] Der Geschäftspartner kann z.B. die doppelte Rechtsgeschäftsbetätigung meist nicht zweifelsfrei als infolge rechtsgeschäftsrelevanter Einschränkungen im Alter unbeabsichtigte Betätigung erkennen. Immerhin gibt es auch Fälle, in denen bewusst eine Sache erneut gekauft wird. Mangels offensichtlichen Irrtums besteht in diesen Fällen keine Aufklärungspflicht. Auch besteht grundsätzlich

---

608 Vgl. *Thüsing*, RdA 2005, 257, 268.
609 Siehe BGH NJW 1952, 1094.
610 Siehe BGH NJW-RR 1991, 439, 440; Schulze HK-BGB/*Dörner* BGB § 123 Rn. 2.
611 BGH NJW 1983, 2493, 2494.
612 Vgl. Schulze HK-BGB/*Dörner* BGB § 123 Rn. 2.

nicht die Pflicht eines Verkäufers, den Interessenten seines Produktes auf den deutlich unter dem Angebot liegenden Verkehrswert hinzuweisen.[613] Fälle des Verkaufs zu einem bewusst erhöhten Kaufpreis an einen leichtgläubigen älteren Menschen, können folglich in der Regel nicht mit Hilfe des § 123 Abs. 1 BGB gelöst werden. Eine Aufklärungspflicht ergibt sich auch nicht aus der bloßen geschäftlichen oder fachlichen Unerfahrenheit des Betroffenen. Erst wenn eine erkennbare Informationsasymmetrie besteht, kann die geschäftliche oder fachliche Unerfahrenheit eine Aufklärungspflicht begründen.[614] An der Erkennbarkeit scheitert es bisweilen, da einige ältere Menschen (insbesondere demenziell Erkrankte) im Kaschieren ihrer Schwächen geübt sind.

III. Qualität der Schutzgewährung in Bezug auf rechtsgeschäftsrelevante Einschränkungen im Alter

Es sind einige Konstellationen denkbar, in denen es zu einem wirtschaftlich nachteiligen Geschäft älterer Menschen infolge rechtsgeschäftsrelevanter Einschränkungen kommt, die §§ 119 ff. BGB jedoch nicht einschlägig sind, da es an einem Anfechtungsgrund fehlt. Insbesondere in den vielen Fällen, in denen es an einem unredlichen Verhalten des Geschäftspartners fehlt, kommt eine Anfechtung nach § 123 Abs. 1 BGB nicht in Betracht. Der nach § 119 BGB Anfechtende hat außerdem in der Regel dem Geschäftspartner den Schaden zu ersetzen, den dieser dadurch erleidet, dass er auf die Gültigkeit der Erklärung vertraut, vgl. § 122 Abs. 1 BGB. Die Schadensersatzpflicht stellt eine wirtschaftlich nachteilige Verpflichtung dar. Selbst wenn der Anfechtende von den wirtschaftlich nachteiligen Verpflichtungen des angefochtenen Rechtsgeschäfts frei wird, wird er daher nicht immer gänzlich ohne wirtschaftlichen Verlust aus der rechtsgeschäftlichen Situation herauskommen.[615] Die Schadensersatzpflicht gilt freilich nicht für Fälle des § 123 BGB (vgl. den ausdrücklichen Wortlaut des § 122 Abs. 1 BGB).

---

613 Vgl. MüKoBGB/*Armbrüster* BGB § 123 Rn. 33.

614 Vgl. MüKoBGB/*Armbrüster* BGB § 123 Rn. 35.

615 Kritisch zur Schadensersatzpflicht des Anfechtenden in einem ähnlichen Zusammenhang wie vorliegend auch *Rademacher*, Rechtsschutz zugunsten älterer Verbraucher, S. 134.

E. Unternehmerpflichten und Widerrufsrechte bei Verbraucherverträgen und besonderen Vertriebsformen, §§ 312 ff. BGB

I. Allgemeines

Durch den Direktvertrieb ist der Verbraucher nicht zu unterschätzenden Risiken ausgesetzt.[616] Die Formen des Direktvertriebs sind besonders geeignet, die rechtsgeschäftliche Entschließungsfreiheit von weniger geschäftsgewandten Verbrauchern zu beeinträchtigen.[617] Oftmals sieht sich der Verbraucher verkaufspsychologisch gut geschulten Verhandlungspartnern oder reißerischer Werbung gegenüber, der er nicht zu widerstehen vermag.[618] Bei Verträgen, bei denen der Verbraucher die Ware oder Dienstleistung sowie die Person des Geschäftspartners vor Vertragsschluss nicht zu sehen bekommt, besteht für den Verbraucher die Gefahr, dass er die nötigen Informationen überhaupt nicht oder nur unzureichend erhält.[619] Die §§ 312 ff. BGB bieten einen Ausgleich für die dargelegten Gefahren.[620] Es gibt zugleich eine Reihe von Vorschriften (geregelt in § 312a BGB), die für alle Verbraucherverträge ohne Rücksicht auf die konkrete Vertriebsform, d.h. insbesondere auch im herkömmlichen stationären Handel bzw. Präsenzgeschäft, gelten.[621]

II. §§ 312 ff. BGB und rechtsgeschäftsrelevante Einschränkungen im Alter

1. *Informationspflichten*

Unternehmer unterliegen einer Vielzahl von vorvertraglichen Informationsverpflichtungen, die sich an der Vertriebsform und dem Vertragsinhalt orientieren (vgl. § 312a Abs. 2 S. 1 BGB i.V.m. Art. 246 EGBGB, § 312d Abs. 1 S. 1 BGB i.V.m. Art. 246a EGBGB, § 312d Abs. 2 BGB i.V.m. Art. 246b EGBGB).

---

616 Erman/*Koch* BGB Vorb. § 312 Rn. 1.

617 Erman/*Koch* BGB Vorb. § 312 Rn. 3.

618 Erman/*Koch* BGB Vorb. § 312 Rn. 3.

619 BGH NJW-RR 2004, 1058, 1059; siehe auch MüKoBGB/*Wendehorst* BGB § 312c Rn. 3.

620 So bezweckt § 312b BGB ausdrücklich den Schutz des Verbrauchers vor den mit dem Direktvertrieb verbundenen Gefahren, siehe *Martinek*, in: Martinek/Semler/Flohr, HdB Vertriebsrecht, § 9 Rn. 7. Die §§ 312c–312h BGB dienen dem Ausgleich eines technisch-strukturellen Informationsdefizits, siehe MüKoBGB/*Wendehorst* BGB § 312c Rn. 4.

621 Vgl. MüKoBGB/*Wendehorst* BGB § 312 Rn. 3.

Vorvertragliche Informationspflichten dienen dazu, ein präsumtiv bestehendes Informationsgefälle zwischen Unternehmer und Verbraucher auszugleichen und dem Verbraucher eine zutreffende Einschätzung der mit dem Vertrag verbundenen Vorteile und Nachteile sowie eine überlegte Entscheidung hinsichtlich des Vertragsschlusses zu ermöglichen.[622] Unternehmer müssen z.B. über die wesentlichen Eigenschaften der Waren oder Dienstleistungen, gegebenenfalls über die Vertragslaufzeit und Kündigungsbedingungen sowie über das Bestehen eines gesetzlichen Mängelhaftungsrechts und eines Widerrufsrechts informieren (vgl. Art. 246 Abs. 1 Nr. 1, 5 u. 6, Abs. 3, Art. 246a § 1 Abs. 1 S. 1 Nr. 1, 8 u. 11, Abs. 2 S. 1, Art. 246b § 1 Abs. 1 Nr. 5, 12, 13 u. 14 EGBGB). Die Informationspflichten können dazu beitragen, Informationsdefizite älterer Menschen ein Stück weit auszugleichen. Beispielsweise haben einige ältere Menschen keine Kenntnis über die ihnen zustehenden Rechte (Mängelgewährleistungsrechte, Widerrufsrechte)[623] oder über die Üblichkeit von vertraglichen Mindestlaufzeiten oder automatischen Vertragsverlängerungen.

2. *Pflichten im elektronischen Geschäftsverkehr*

Durch die dem Unternehmer im elektronischen Geschäftsverkehr durch § 312i BGB auferlegten Pflichten soll der im elektronischen Geschäftsverkehr in besonderem Maße gegebenen Gefahr vorgebeugt werden, dass der Kunde infolge der technischen Ausgestaltung des Programms eine andere als die gewollte Bestellung abgibt, eine Bestellung versehentlich mehrfach abgibt oder nicht weiß, ob seine Bestellung zu einem Vertragsschluss geführt hat oder nicht.[624] Hinsichtlich einzelner Informationen besteht bei bestimmten Verbraucherverträgen im elektronischen Geschäftsverkehr, der eine entgeltliche Leistung des Unternehmers zum Gegenstand hat, eine besondere Hervorhebungspflicht (siehe § 312j Abs. 2 u. 5 BGB). Die Informationen müssen sich vom übrigen Text und den sonstigen Gestaltungselementen abheben und dürfen nicht im Gesamtlayout untergehen.[625] Bei bestimmten Verbraucherverträgen im elektronischen Geschäftsverkehr hat der Unternehmer außerdem die Bestellsituation so zu gestalten, dass der Verbraucher mit seiner Bestellung ausdrücklich bestätigt, dass er sich zu einer Zahlung verpflichtet (siehe § 312j Abs. 2, 3 u. 5 BGB).

---

622 MüKoBGB/*Wendehorst* BGB § 312a Rn. 6.

623 Vgl. bereits S. 127 f.; ausführlicher zum schlechten Kenntnisstand der Allgemeinheit über Verbraucherrechte noch sogleich S. 184 f.

624 MüKoBGB/*Wendehorst* BGB § 312i Rn. 4.

625 BeckOK BGB/*Maume* BGB § 312j Rn. 18.

Zweck dieser Verpflichtung ist es, den konkludenten Abschluss von Verbraucherverträgen online unmöglich zu machen.[626] Dadurch werden Kostenfallen im Internet verhindert, durch die Verbraucher durch gezieltes Verschleiern der Zahlungspflicht in entgeltliche Verträge gelockt werden.[627] Denn ein Vertrag, der gegen die Anforderung aus Abs. 3 verstößt, kommt nicht zu Stande (§ 312j Abs. 4 BGB). All diese Unternehmerpflichten kommen gerade älteren Menschen zugute. Viele ältere Menschen haben nämlich Schwierigkeiten, sich in dem veränderten, stark technisierten Geschäftsverkehr zurechtzufinden. Einigen fällt insbesondere ein Umgang mit Medien, die sich selbst auch noch stetig weiterentwickeln, schwer.[628] Einige ältere Menschen sind außerdem besonders leichtgläubig und geschäftsunerfahren, weshalb sie verschleierndes Verhalten (z.B. Kostenfallen) seltener erkennen.

3. *Widerrufsrecht, § 312g Abs. 1 BGB*

Nach § 312g Abs. 1 BGB steht dem Verbraucher bei außerhalb von Geschäftsräumen geschlossenen Verträgen und bei Fernabsatzverträgen ein Widerrufsrecht gemäß § 355 BGB zu. Widerrufsrechte gewähren funktional ein Lösungsrecht, und zwar in der Form eines Gestaltungsrechts, d.h. einer Partei wird die Möglichkeit gegeben, sich nachträglich durch einseitige Erklärung von ihrer auf den Vertragsschluss gerichteten Willenserklärung zu lösen und damit die Vertragsbindung zu beseitigen; der Berechtigte kann, muss aber nicht widerrufen.[629] Bei außerhalb von Geschäftsräumen geschlossenen Verträgen und bei Fernabsatzverträgen kommt es nicht selten zum Abschluss eines wirtschaftlich nachteiligen Geschäfts älterer Menschen infolge rechtgeschäftsrelevanter Einschränkungen.[630] Diese Geschäfte können durch Ausübung des Widerrufsrechts rückgängig gemacht werden.

---

626 Vgl. BeckOK BGB/*Maume* BGB § 312j Rn. 20.

627 Vgl. BeckOK BGB/*Maume* BGB § 312j Rn. 20; ausführlich zur Problematik von Kostenfallen im Internet *Gofferjé*, Vertragsschluss und Vertragsbindung bei Verbraucherverträgen, S. 103 ff.; *Alexander*, NJW 2012, 1985.

628 Vgl. *Lehr*, in: *Schorb/Hartung/Reißmann*, Medien und höheres Lebensalter, S. 9.

629 *Eidenmüller*, AcP 210 (2010), 67, 71; siehe auch § 355 Abs. 1 S. 1 BGB.

630 Siehe ausführlich zu älteren Menschen und außerhalb von Geschäftsräumen geschlossenen Verträgen bzw. Fernabsatzverträgen S. 130 ff.

III. Qualität der Schutzgewährung in Bezug auf rechtsgeschäftsrelevante Einschränkungen im Alter

1. Häufige Anwendbarkeit der §§ 312 ff. BGB

Der Anwendungsbereich der §§ 312 ff. BGB ist sehr weit. Vorausgesetzt wird in der Regel nur das Vorliegen eines Verbrauchervertrags i.S.d. § 310 Abs. 3 BGB, der eine entgeltliche Leistung des Unternehmers zum Gegenstand hat (vgl. § 312 Abs. 1 BGB). Die Vorschriften kommen damit zwar nicht zur Anwendung, wenn es an der Unternehmereigenschaft des Geschäftspartners fehlt. Ein Großteil üblicher geschäftlicher Betätigung, bei welcher die Gefahr für ältere Menschen besteht, ein wirtschaftlich nachteiliges Geschäft infolge rechtsgeschäftsrelevanter Einschränkungen abzuschließen, findet indes gegenüber Unternehmern i.S.d. § 14 Abs. 1 BGB statt. Grundsätzlich wird von den §§ 312 ff. BGB daher eine Vielzahl von Situationen erfasst, bei denen es nicht selten zu wirtschaftlich nachteiligen Geschäften älterer Menschen infolge rechtsgeschäftsrelevanter Einschränkungen kommt. Dies gilt insbesondere für Kaffeefahrten und Haustürgeschäfte.

Ein wesentlicher Vorteil der Ausgestaltung des § 312g Abs. 1 BGB ist, dass das Widerrufsrecht, anders als eine Anfechtung wegen arglistiger Täuschung (§ 123 Abs. 1 BGB), keine Täuschung des Geschäftspartners voraussetzt. Das Geschäft kann daher auch bei täuschungsähnlichem Verhalten, welches den betroffenen älteren Menschen bereits zur Betätigung eines nachteiligen Geschäfts verleiten kann, rückabgewickelt werden. Das Widerrufsrecht nach § 312g Abs. 1 BGB setzt außerdem kein subjektiv vorwerfbares Verhalten des Geschäftspartners voraus. Es können daher auch Geschäfte rückgängig gemacht werden, die allein aufgrund einer rechtsgeschäftsrelevanten Einschränkung im Alter nachteilig geworden sind, ohne dass der Geschäftspartner diese unredlich ausgenutzt hat (z.B. subjektiv unsinnige Geschäfte infolge von Gedächtnisschwierigkeiten).

Im stationären Handel greift das Widerrufsrecht nach § 312g Abs. 1 BGB indes nicht ein, obgleich Verkaufstricks und ähnliche manipulative Praktiken gerade auch in Geschäftsräumen angewendet werden.[631] Einige Regelungen gelten aber immerhin auch im stationären Handel (z.B. bestimmte Informationspflichten, § 312a Abs. 2 S. 1 BGB).

---

631 Siehe zur Anwendung von Verkaufstricks etc. in Geschäftsräumen *Eidenmüller*, AcP 210 (2010), 67, 84 u. 103.

2. *Begrenzte Schutzqualität von Informationspflichten*

Die dem Unternehmer auferlegten Informationspflichten sind begrenzt. Es besteht beispielsweise keine Pflicht über vergleichbare Produkte auf dem Markt zu informieren. Ohne Kenntnis über Vergleichsprodukte kann die Beurteilung der Sachgerechtigkeit eines Geschäfts jedoch erschwert sein. Problematisch ist außerdem, dass die erteilten Informationen von den Betroffenen nicht immer ausreichend verstanden werden. Schwierigkeiten bei der Informationsaufnahme und -verarbeitung sind eine typische geistige Einschränkung, die im fortgeschrittenen Alter auftreten kann. Es ist möglich, dass der Informationspflicht zwar gesetzeskonform nachgekommen wurde, die Betroffenen die dargebotenen Informationen aber nicht richtig verwenden können und letztlich so handeln, als wären sie nicht hinreichend informiert worden. Eine Falschverarbeitung der Information könnte dazu führen, dass die Nachteilhaftigkeit des Geschäfts nicht erkannt wird. Zu einer Rückgewähr der Leistungen infolge wirksamen Widerrufs wird es in diesen Fällen oftmals nicht kommen. Die Informationen könnten ebenfalls aufgrund von Beeinträchtigungen der Gedächtnisleistung bis zum Ablauf der Widerrufsfrist bereits vergessen worden sein. Außerdem besteht die Gefahr, dass es zu einem Übermaß an Informationen kommt.[632] Ein *information overload* kann zu Defiziten bei der Informationsverarbeitung und -aufnahme führen.[633] Die menschliche Informationsaufnahme- und -verarbeitungskapazität ist nämlich begrenzt.[634] Die Vielzahl von Informationen könnte zu einer

---

632 Siehe zu einem *information overload* infolge der zahlreichen Informationspflichten nach den §§ 312 ff. BGB auch *Gofferjé*, Vertragsschluss und Vertragsbindung bei Verbraucherverträgen, S. 100; *Eidenmüller*, JZ 2005, 216, 221. Siehe ausführlich zum Phänomen des *information overload* mit weiteren Nachweisen *Martell*, Der Schutz des Verbrauchers im Heimrecht, S. 213 f.; *Sedlmeier*, Rechtsgeschäftliche Selbstbestimmung im Verbrauchervertrag, S. 134 ff. Auch die in einer Studie zur Durchsetzung des Verbraucherrechts befragten Experten kritisieren die Informationspflichten des europäischen Rechts u.a. aufgrund des daraus resultierenden *information overload*, siehe *Podszun/Busch/Henning-Bodewig*, Behördliche Durchsetzung des Verbraucherrechts, S. 153. Kritisch zu einem Zuviel an Informationen bei Verbraucherverträgen auch BeckOK BGB/*Martens* BGB § 312a Rn. 11; BeckOK BGB/*ders.* BGB § 312d Rn. 2; kritisch insofern zu den in Art. 246a § 1 Abs. 1 S. 1 EGBGB enthaltenen Informationspflichten *Rademacher*, Rechtsschutz zugunsten älterer Verbraucher, S. 275 u. 278.

633 *Eidenmüller*, JZ 2005, 216, 218 (Fn. 23).

634 Siehe *Sedlmeier*, Rechtsgeschäftliche Selbstbestimmung im Verbrauchervertrag, S. 135.

Überforderung des Informationsadressaten führen.[635] Beispielsweise könnten die wesentlichen Informationen nicht herausgefiltert werden.[636] Möglicherweise wird sich aufgrund der Informationsflut auch gar nicht erst mit den vorhandenen Informationen auseinandergesetzt.[637] Ein *information overload* kann letztlich zu verschlechterten Verbraucherentscheidungen führen.[638] Außerdem könnten die zahlreichen Informationen vom Unternehmer leicht zur Täuschung und Verwirrung eines älteren Menschen ausgenutzt werden.[639]

3. *Begrenzte Schutzqualität von Widerrufsrechten*

Eidenmüller zufolge steht der Effektivität von Widerrufsrechten entgegen, dass der Mensch dazu tendiert, ein soeben für Geld erworbenes Gut auch dann zu behalten, wenn dies nicht nutzenmaximierend ist.[640] Dies werde durch die praktischen Erfahrungen mit Widerrufsrechten bestätigt, die zeigen, dass nur wenige Verträge tatsächlich widerrufen werden.[641] *Eidenmüller* hat eine Widerrufsquote von unter 10 % festgestellt.[642] Gegen den Nutzen von Verbraucherwiderrufsrechten spricht zudem der schlechte Kenntnisstand über Verbraucherrechte.[643]

---

635 Vgl. BeckOK BGB/*Martens* BGB § 312d Rn. 2; siehe auch *Eidenmüller*, JZ 2005, 216, 218. Auch nach den in einer Studie zur Durchsetzung des Verbraucherrechts befragten Experten überfordern die Informationspflichten des europäischen Rechts die Verbraucher, siehe *Podszun/Busch/Henning-Bodewig*, Behördliche Durchsetzung des Verbraucherrechts, S. 153.

636 Vgl. BeckOK BGB/*Martens* BGB § 312a Rn. 11; *Martell*, Der Schutz des Verbrauchers im Heimrecht, S. 214; *Sedlmeier*, Rechtsgeschäftliche Selbstbestimmung im Verbrauchervertrag, S. 137. Ähnlich auch *Gofferjé*, Vertragsschluss und Vertragsbindung bei Verbraucherverträgen, S. 100 f.

637 Vgl. *Gofferjé*, Vertragsschluss und Vertragsbindung bei Verbraucherverträgen, S. 100 u. 202 f.

638 Vgl. *Eidenmüller*, JZ 2005, 216, 218 u. 221.

639 Vgl. *Gofferjé*, Vertragsschluss und Vertragsbindung bei Verbraucherverträgen, S. 100.

640 Siehe *Eidenmüller*, JZ 2005, 216, 221; siehe zu sog. Besitzeffekten *ders.*, AcP 210 (2010), 67, 95 f.

641 So *Eidenmüller*, JZ 2005, 216, 221.

642 Siehe *Eidenmüller*, AcP 210 (2010), 67, 94. Laut einer Mitgliederbefragung des Bundesverbands Direktvertrieb Deutschland e.V. (BDD) lag die Widerrufsquote im Direktvertrieb im Jahre 2014 sogar nur bei 0,2 %, siehe BDD, Pressemitteilung vom 23. April 2015.

643 Ebenso *Rademacher*, Rechtsschutz zugunsten älterer Verbraucher, S. 137; siehe zur fehlenden Rechtskenntnis dort auch S. 24 u. 155 f. Siehe zur Unkenntnis über das Bestehen eines Widerrufsrechts bei Fernabsatzverträgen auch *Görgen et al.*, Sicherheitspotenziale, S. 337. Wie hier außerdem wohl *Eidenmüller*, AcP 210 (2010), 67, 97,

Wenn Verbraucher ihre Rechte (z.B. Widerrufsrechte) nicht kennen, werden sie diese auch nicht effektiv ausüben. Eine Erhebung zum Kenntnisstand über Verbraucherrechte zeigt, dass die Befragten im Durchschnitt 60 % der Fragen falsch beantwortet haben.[644] 22 % der Befragten konnten sogar keine der Fragen richtig beantworten.[645] Bisweilen werden Verträge auch aufgrund des erwarteten Aufwands der Vertragsrückabwicklung nicht widerrufen.[646]

Ein Widerrufsrecht ist nur effektiv, wenn der Rechtsinhaber in der Lage ist, innerhalb von wenigen Tagen nach dem Vertragsschluss eine zumindest *ex post* störungsfreie Willensbildung und Entscheidung sehr wahrscheinlich treffen zu können.[647] Gerade bei schwierigen und komplexen Produkten bzw. Dienstleistungen ist es zweifelhaft, dass die Zäsur des Vertragsschlusses die Fähigkeit, eine sachgerechte Entscheidung treffen zu können, verändert.[648] Außerdem verhindern Vertrauensseligkeit und Leichtgläubigkeit grundsätzlich, dass dem älteren Menschen Zweifel in Bezug auf das getätigte Geschäft aufkommen. Er erkennt die falschen oder zumindest übertriebenen Anpreisungen nicht. Eine Rückabwicklung des Geschäfts erscheint für ihn nicht erstrebenswert. Möglicherweise hat der ältere Mensch auch Informationen, die für die Rückgängigmachung des Geschäfts sprechen, bereits vergessen.

Es ist ferner feststellbar, dass nur noch eine selektive Wahrnehmung von Informationen nach der Vertragsentscheidung stattfindet; es werde ausgeblendet, was die Vertragsentscheidung *ex post* als falsch charakterisieren würde.[649] Ebenfalls führt die Neigung, Fehler nicht einzugestehen, dazu, dass Zweifel an einem getätigten Geschäft, jedenfalls solange diese nicht eklatant sind, auch bei Bestehen eines Widerrufrechts oftmals verdrängt oder nicht nach außen getragen werden.[650] Der Grund für das Nichtaufkommen von Zweifeln kann auch schlicht in der mangelnden Bereitschaft liegen, sich mit dem Geschäft nochmals gedanklich

---

der in der Verbesserung der Belehrung über das Bestehen eines Widerrufrechts und dessen Ausübung und/oder die Erleichterung dieser Ausübung die Möglichkeit sieht, die Widerrufsquoten zu steigern.

644 Siehe *Thorun/Diels*, Zugang zum Recht, S. 11 u. 13.

645 Siehe *Thorun/Diels*, Zugang zum Recht, S. 11 u. 13.

646 So auch *Rademacher*, Rechtsschutz zugunsten älterer Verbraucher, S. 140.

647 So wohl auch *Eidenmüller*, AcP 210 (2010), 67, 83 u. 88.

648 Vgl. auch *Eidenmüller*, AcP 210 (2010), 67, 90; ähnlich *Wedemann*, ZBB 2014, 54, 60.

649 Vgl. *Eidenmüller*, AcP 210 (2010), 67, 104, ausführlicher dazu dort S. 94 f.; siehe auch *Sedlmeier*, Rechtsgeschäftliche Selbstbestimmung im Verbrauchervertrag, S. 138.

650 Vgl. *Wedemann*, NJW 2014, 3419, 3421; *dies.*, ZBB 2014, 54, 60 (bezüglich Anlagegeschäfte).

auseinanderzusetzen.[651] Es besteht zwar die Chance, dass z.B. Angehörige von dem Geschäft erfahren und deren Bedenken dann Zweifel beim Betroffenen auslösen.[652] Widerrufswillige Angehörige sind jedoch nicht immer vorhanden. Doch auch beim Vorhandensein von Angehörigen, die Kenntnis über das nachteilige Geschäft erlangen, wird es nicht zwangsläufig zu einer Rückabwicklung des Geschäfts infolge wirksamen Widerrufs kommen. Die Angehörigen können den Betroffenen möglicherweise nicht zum Widerruf überreden oder erhalten erst nach Fristablauf (in der Regel 14 Tage, vgl. §§ 312g Abs. 1, 355 Abs. 2 S. 1 BGB) Kenntnis vom getätigten Geschäft.

F. Gesetz gegen den unlauteren Wettbewerb (UWG)

I. Allgemeines

Unlautere Verkaufspraktiken sind an der Tagesordnung.[653] Das UWG dient dem Schutz der Verbraucher vor derartigen unlauteren geschäftlichen Handlungen (vgl. § 1 S. 1 UWG). Verbraucher sollen vor Beeinträchtigungen ihrer rechtsgeschäftlichen Entscheidungsfreiheit geschützt werden.[654] Der Verbraucher soll in seiner Entscheidung frei sein, ob er sich mit einem Angebot näher befassen will und ob, wie und unter welchen Bedingungen er mit dem Unternehmer einen Vertrag schließt.[655] § 3 UWG ist dabei die Zentralnorm des UWG.[656] Die Vorschrift enthält ein Verbot unlauterer Wettbewerbshandlungen.[657]

Nach § 3 Abs. 1 UWG sind unlautere geschäftliche Handlungen unzulässig. Unlauter sind geschäftliche Handlungen, die sich an Verbraucher richten oder diese erreichen, wenn sie nicht der unternehmerischen Sorgfalt entsprechen und dazu geeignet sind, das wirtschaftliche Verhalten des Verbrauchers wesentlich zu beeinflussen (§ 3 Abs. 2 UWG). Daneben werden in den §§ 3a–6 UWG sowie im Anhang zu § 3 Abs. 3 UWG bestimmte, genauer beschriebene Handlungen aufgeführt, die ebenfalls unzulässig sind. Auch sind geschäftliche Handlungen

---

651 Vgl. *Wedemann*, NJW 2014, 3419, 3421; *dies.*, ZBB 2014, 54, 60 (bezüglich Anlagegeschäfte).

652 Vgl. *Wedemann*, NJW 2014, 3419, 3421; *dies.*, ZBB 2014, 54, 59 (bezüglich Anlagegeschäfte).

653 *Tamm*, Verbraucherschutzrecht, S. 52.

654 Vgl. Köhler/Bornkamm/Feddersen/*Köhler* UWG § 1 Rn. 17 u. 39.

655 Köhler/Bornkamm/Feddersen/*Köhler* UWG § 1 Rn. 17.

656 Vgl. Köhler/Bornkamm/Feddersen/*Köhler* UWG § 3 Rn. 1.1.

657 Siehe Ohly/Sosnitza/*Sosnitza* UWG § 3 Rn. 68.

unzulässig, durch die ein Marktteilnehmer in unzumutbarer Weise belästigt wird (§ 7 Abs. 1 S. 1 UWG).

II. Das UWG und rechtsgeschäftsrelevante Einschränkungen im Alter

1. Hohes Lebensalter als zu berücksichtigender schutzwürdiger Umstand

Das Alter wird in § 4a Abs. 2 S. 2 UWG ausdrücklich als zu berücksichtigender Umstand genannt. Es ist bei der Frage zu berücksichtigen, ob eine aggressive geschäftliche Handlung vorliegt (vgl. § 4a Abs. 1 S. 1 u. 2, Abs. 2 S. 1 Nr. 3, S. 2 UWG). Der Begriff des Alters bezieht sich in erster Linie auf alle Personen, die aufgrund ihres geringen Lebensalters (Kinder, Jugendliche) vom Typus des Durchschnittsverbrauchers insoweit abweichen, als sie für gewöhnlich noch nicht über die gleiche geschäftliche Erfahrung verfügen wie Erwachsene.[658] Ob der Begriff des Alters indes auch im Sinne eines hohen Lebensalters zu verstehen ist, wird in der Literatur bezweifelt, da ein spezifischer Schutz älterer Menschen regelmäßig nicht erforderlich sei.[659] Dies erscheint richtig. Ein angemessener Schutz kann mittels der Begriffe der „geistigen oder körperlichen Beeinträchtigung" sowie der „Leichtgläubigkeit" erreicht werden.[660] Hierunter können rechtsgeschäftsrelevante Einschränkungen im Alter fallen. Allein aus einem hohen Lebensalter ergibt sich außerdem keine besondere Schutzbedürftigkeit.[661] Es wäre daher ungerechtfertigt, unter den Begriff des Alters i.S.d. § 4a Abs. 2 S. 2 UWG auch ein besonders hohes Lebensalter zu fassen und älteren Menschen dadurch trotz Nichtvorliegens besonderer Schutzbedürftigkeit die Wirkungen des § 4a Abs. 2 S. 2 UWG pauschal zukommen zu lassen.[662]

---

658 Köhler/Bornkamm/Feddersen/*Köhler* UWG § 3 Rn. 5.22. u. § 4a Rn. 2.7.

659 Siehe Köhler/Bornkamm/Feddersen/*Köhler* UWG § 3 Rn. 5.22. u. § 4a Rn. 2.7.

660 Köhler/Bornkamm/Feddersen/*Köhler* UWG § 3 Rn. 5.22. u. § 4a Rn. 2.7.

661 Siehe ausführlich dazu bereits S. 106 ff.

662 Kritisch dazu, älteren Menschen trotz fehlender Schutzbedürftigkeit allein wegen ihres Alters einen besonderen Schutz nach dem UWG zukommen zu lassen, auch *Yankova/Hören*, WRP 2011, 1236, 1241.

2. *Die Sicht eines durchschnittlichen älteren Menschen als Beurteilungsmaßstab von geschäftlichen Handlungen*

Gemäß § 3 Abs. 4 S. 1 Alt. 2 UWG ist bei der Beurteilung von geschäftlichen Handlungen, wenn sich die geschäftliche Handlung an eine bestimmte Gruppe von Verbrauchern wendet, auf ein durchschnittliches Mitglied dieser Gruppe abzustellen. Es muss sich dabei um eine nach bestimmten Eigenschaften von anderen Verbrauchern abgrenzbare Gruppe handeln.[663] Wenn sich eine geschäftliche Handlung daher an ältere Menschen richtet, ist deren Sichtweise maßgeblich.[664] § 3 Abs. 4 S. 2 UWG stellt klar, dass insbesondere auch auf den jeweiligen Durchschnittsverbraucher der angesprochenen Gruppe abzustellen ist, selbst wenn die Gruppe besonders schutzbedürftig ist.[665] § 3 Abs. 4 S. 2 UWG kann in den Fällen einschlägig sein, in denen die konkrete Werbe- oder Marketingmaßnahme oder die konkret beworbene Ware oder Dienstleistung gerade auf besonders schutzbedürftige Verbraucher „zugeschnitten" ist (z.B. Hörgeräte oder Gehhilfen für ältere Menschen), die Fähigkeit eines Durchschnittsverbrauchers, eine informierte Entscheidung zu treffen, jedoch nicht sonderlich beinträchtigen würde.[666] Namentlich kommt dies insbesondere bei Verkaufsveranstaltungen mit überwiegend hochbetagtem Publikum (z.B. Kaffeefahrten) in Betracht.

3. *Unzulässigkeit der im Anhang zu § 3 Abs. 3 UWG genannten Handlungen*

Im Anhang zu § 3 Abs. 3 UWG sind etliche Handlungen aufgeführt, die unzulässig sind. Nach der dortigen Nr. 5 sind sog. Lockangebote unzulässig. Die unwahre Angabe, bestimmte Waren oder Dienstleistungen seien allgemein oder zu bestimmten Bedingungen nur für einen sehr begrenzten Zeitraum verfügbar, um den Verbraucher zu einer sofortigen geschäftlichen Entscheidung zu veranlassen, ohne dass dieser Zeit und Gelegenheit hat, sich auf Grund von Informationen zu entscheiden, ist ebenfalls unzulässig (Nr. 7). Nach Nr. 13 ist die Werbung von Produkten unzulässig, welche den Verbraucher absichtlich glauben macht, das Produkt stamme aufgrund seiner Ähnlichkeit aus der Produktion

---

663 Vgl. Köhler/Bornkamm/Feddersen/*Köhler* UWG § 3 Rn. 5.15.

664 Siehe zur Bedingung, dass die Gruppe von Verbrauchern von der geschäftlichen Handlung nicht lediglich erreicht wird, sondern diese an sie gerichtet sein muss, Köhler/Bornkamm/Feddersen/*Köhler* UWG § 3 Rn. 5.15.

665 Vgl. Harte-Bavendamm/Henning-Bodewig/*Podszun* UWG § 3 Rn. 102.

666 Vgl. Köhler/Bornkamm/Feddersen/*Köhler* UWG § 3 Rn. 5.19.

eines bestimmten Herstellers.[667] Gerade Senioren sind anfällig für Herstellertäuschungen, da sie die qualitätsbewussteste Verbrauchergruppe sind.[668] Das Verleiten des Verbrauchers zur Vornahme eines Geschäfts durch unwahre Angaben zu Gewinnchancen bzw. angeblich gewonnenen oder gewinnbaren Preisen, ist ebenfalls unzulässig (vgl. Nr. 16 u. 17). Nach Nr. 21 ist das Angebot einer Ware oder Dienstleistung als kostenlos unzulässig, wenn hierfür gleichwohl bestimmte Kosten zu tragen sind. Dies gilt auch für das Versenden von Werbematerial unter Beifügung einer Zahlungsaufforderung, wenn damit der unzutreffende Eindruck erweckt wird, die beworbene Ware oder Dienstleistung sei bereits bestellt (Nr. 22) oder bei Aufforderungen zur Bezahlung nicht bestellter, aber gelieferter Waren oder erbrachter Dienstleistungen (Nr. 29). All diese unzulässigen Handlungen können insbesondere bei älteren Menschen mit rechtsgeschäftsrelevanten Einschränkungen zum Erfolg führen. Ursache dafür ist die Täuschungs- und Ausnutzungsanfälligkeit infolge ihrer häufigen Leichtgläubigkeit und ihres häufigen Informationsdefizits.

Teilnehmern von Kaffeefahrten wird nicht selten der Eindruck vermittelt, dass das Verlassen des Veranstaltungsorts und die Heimfahrt erst nach Abschluss eines Geschäfts möglich seien.[669] In diesem Zusammenhang ist daher Nr. 25 hervorzuheben, wonach es unzulässig ist, den Eindruck zu erwecken, der Verbraucher könne bestimmte Räumlichkeiten nicht ohne vorherigen Vertragsschluss verlassen. Nach der zukünftigen Nr. 32[670] wird bei einem im Rahmen eines unerbetenen Besuchs in der Wohnung eines Verbrauchers geschlossenen Vertrag die Zahlungsaufforderung am Tag des Vertragsschlusses unzulässig sein, wenn der Verbraucher einen Betrag über 50 Euro schuldet. Hierdurch sollen vorschnelle Zahlungen und mögliche Schwierigkeiten bei der Rückabwicklung eines Vertrags mit unseriösen Unternehmern verhindert werden.[671] Von besonderer Bedeutung ist zudem das Verbot der Nr. 18. Danach ist die unwahre Angabe, eine Ware oder Dienstleistung könne Krankheiten oder Funktionsstörungen heilen, unzulässig. Neben Arzneimitteln und Medizinprodukten werden

---

667 Vgl. jurisPK-UWG/*Spoenle* UWG Anh. zu § 3 Abs. 3 (Nr. 13) Rn. 7.

668 Siehe zu Senioren als qualitätsbewussteste Verbrauchergruppe *Yankova/Hören*, WRP 2011, 1236, 1241.

669 Vgl. auch Harte-Bavendamm/Henning-Bodewig/*Schöler* UWG Anh. zu § 3 Abs. 3 Rn. 478; siehe zum etwaig gleichzeitig vorliegenden Verstoß gegen § 4a Abs. 1 S. 1 i.V.m. § 3 Abs. 1 UWG sogleich.

670 Gilt ab dem 28. Mai 2022.

671 Siehe BT-Drucks. 19/30527, S. 13.

auch Lebensmittel und Kosmetikprodukte erfasst.[672] Die im Alter abnehmende körperliche Leistungsfähigkeit verleitet gerade ältere Menschen dazu, auf fragwürdige Produkte zu vertrauen, um dem körperlichen Verfall bestmöglich entgegenzuwirken. Sie sind daher für als Heilmittel angepriesene Produkte und Dienstleistungen besonders empfänglich. Ohnehin hat die Gesundheit in der Wertschätzung des Verbrauchers einen hohen Stellenwert.[673]

4. Unzulässigkeit aggressiver geschäftlicher Handlungen, § 4a Abs. 1 S. 1 i.V.m. § 3 Abs. 1 UWG

Nach § 4a Abs. 1 S. 1 i.V.m. § 3 Abs. 1 UWG sind aggressive geschäftliche Handlungen verboten. Eine aggressive geschäftliche Handlung gemäß § 4a Abs. 1 S. 2 Nr. 2, Abs. 2 S. 1 Nr. 5 UWG liegt z.B. bei einer Drohung mit rechtswidrigen Mitteln auf Kaffeefahrten („Es wird nicht eher zurückgefahren, als bis alle gekauft haben!") vor.[674] Gleiches gilt, wenn ein ungebetener Verkäufer sich unter Einsatz physischer Gewalt (Aufdrücken der Tür, Vorstrecken des Fußes) Zutritt zu der Wohnung des Verbrauchers verschafft.[675] Die Anspruchstellung bei Zusendung unbestellter Ware ist wegen der stark belästigenden Bedrängung des Verbrauchers nach § 4a Abs. 1 S. 2 Nr. 1, Abs. 2 S. 1 Nr. 2 UWG unlauter.[676] Die Ankündigung des Besuchs eines auf Inkasso spezialisierten Mitarbeiterteams kann ebenfalls unlauter sein.[677] Auch hierbei handelt es sich um Handlungen, die in der Regel gegenüber älteren Menschen besonders erfolgsversprechend ausgeübt werden.[678] Schon wegen ihrer häufigen körperlichen Gebrechlichkeit können sich die Betroffenen gegen die Anwendung physischer Gewalt nur schwer zur Wehr setzen.

---

672 jurisPK-UWG (2016)/*Diekmann* UWG Anh. zu § 3 Abs. 3 (Nr. 18) Rn. 6.

673 Vgl. OLG Hamm PharmR 2005, 471, 472.

674 Vgl. *Scherer*, GRUR 2016, 233, 242.

675 Vgl. *Scherer*, GRUR 2016, 233, 241.

676 *Scherer*, GRUR 2016, 233, 241.

677 So noch zu § 4 Nr. 1 UWG a.F. OLG München NJW-RR 2010, 251; mittlerweile unter § 4a Abs. 1 S. 2 Nr. 3, Abs. 2 S. 1 Nr. 5 UWG subsumierend *Scherer*, GRUR 2016, 233, 241.

678 Siehe zu der geschwächten Stellung älterer Menschen bei außerhalb von Geschäftsräumen geschlossenen Verträgen S. 130 ff.; siehe zur Zusendung unbestellter Ware und zur Angst einiger älterer Menschen vor Inkassounternehmen S. 207.

5. *Unzulässigkeit irreführender geschäftlicher Handlungen, § 5 Abs. 1 S. 1 i.V.m. § 3 Abs. 1 UWG*

Gemäß § 5 Abs. 1 S. 1 UWG handelt unlauter, wer eine irreführende geschäftliche Handlung vornimmt, die geeignet ist, den Verbraucher oder sonstigen Marktteilnehmer zu einer geschäftlichen Entscheidung zu veranlassen, die er anderenfalls nicht getroffen hätte. Eine geschäftliche Handlung ist z.B. irreführend, wenn sie unwahre Angaben enthält (S. 2 Alt. 1). Ältere Menschen profitieren dabei insbesondere davon, dass nach ständiger Rechtsprechung überall dort, wo in der Werbung die Gesundheit des Menschen ins Spiel gebracht wird, besonders hohe und strenge Anforderungen an die Richtigkeit, Eindeutigkeit und Klarheit der Aussagen zu stellen sind.[679] Im Bereich der Gesundheitswerbung ist es unlauter, um des eigenen geschäftlichen Vorteils willen mit wissenschaftlich ungesicherten Erkenntnissen zu werben, wenn nicht deutlich und verständlich auf den ungesicherten Forschungsstand hingewiesen wird.[680] Irreführend ist auch eine Werbung, wenn sie den unzutreffenden Eindruck einer besonderen Preiswürdigkeit des beworbenen Angebots erweckt, indem der Hinweis auf die tatsächlich bestehenden weiteren Kosten oder sonstige bedeutsame Preisbestandteile (z.B. Mindestvertragslaufzeit) in derart kleiner Schrift gehalten wird, dass er in der Werbung untergeht.[681] Von dem insofern bestehenden Verbot, die tatsächlichen Kosten oder die sonstigen bedeutsamen Preisbestandteile eines Geschäfts durch Verwendung einer zu kleinen Schriftgröße zu verschleiern, profitieren ältere Menschen, da sie oftmals Sehschwächen haben und meist zur Aufnahme besonders kleingedruckter Informationen nicht in der Lage sind. Dies gilt insbesondere, wenn die Informationen im Gesamtbild ohnehin optisch untergehen. Ebenfalls liegt eine Irreführung vor, wenn Angaben über die Rechte des Verbrauchers getätigt werden, die zu dessen Täuschung geeignet sind (S. 2 Alt. 2 Nr. 7). Wer beispielsweise den Kunden über seine Vertragsrechte (z.B. Widerrufsrecht) täuscht, verstößt gegen das Irreführungsverbot des § 5 UWG.[682] Da ältere Menschen häufig keine ausreichende Kenntnis über ihre Rechte haben und daher für derartige Täuschungen besonders anfällig sind, kommt ihnen diese Vorschrift zugute.

---

679 Siehe LG Dortmund, Urteil vom 19. März 2010 – 8 O 176/09 –, juris. Siehe zur Anfälligkeit älterer Menschen, sich durch gesundheitsbezogene Werbung zum Erwerb fragwürdiger Produkte verleiten zu lassen, soeben S. 190.

680 OLG Hamm PharmR 2005, 471, 472.

681 Siehe BGH GRUR 2009, 1180, 1182 f.

682 Vgl. jurisPK-UWG/*Diekmann* UWG § 5 Rn. 567.

Eine Studie von *Asp et al.* hat aufgezeigt, dass Menschen mit einer Schädigung des ventromedialen präfrontalen Cortexes anfälliger für irreführende Werbung sind und häufiger die irreführend angepriesenen Produkte erwerben.[683] Eine Schädigung des ventromedialen präfrontalen Cortexes ist eine häufige altersdegenerative Erscheinung.[684]

6. *Unzulässigkeit einer Irreführung durch Unterlassen, § 5a Abs. 2 S. 1 (bzw. Abs. 6) i.V.m. § 3 Abs. 1 UWG*

Eine Irreführung durch Unterlassen i.S.d. § 5a UWG liegt vor, wenn eine Information über das angebotene Produkt bzw. über die angebotene Dienstleistung nicht mitgeteilt oder der Interessent hierüber getäuscht wird und dadurch die Kaufentscheidung beeinflusst wird.[685] In der unleserlichen Gestaltung von weiteren Kosten und bedeutsamen Preisbestandteilen liegt beispielsweise eine Irreführung durch Unterlassen.[686] Diesbezügliche Verbote kommen älteren Menschen mit Informationsaufnahmeschwierigkeiten infolge von Sehschwächen zugute. Eine Irreführung durch Unterlassen liegt ferner vor, wenn der Verkehr davon ausgeht, dass mit einer Leistung eine bestimmte zusätzliche Leistung verbunden und in dem Preis enthalten ist, dies tatsächlich aber nicht der Fall ist.[687] Nach § 5a Abs. 6 UWG i.V.m. § 3 Abs. 1 UWG ist außerdem das Werben für Reisen oder Veranstaltungen, auf denen Verkaufsveranstaltungen durchgeführt werden, ohne dass darauf bei der Werbemaßnahme hingewiesen wurde, unzulässig.[688] Das mag dazu beitragen, dass ältere Menschen seltener unwissentlich an Kaffeefahrten teilnehmen.

Grundsätzlich ist das Verschweigen wesentlicher Informationen verboten (vgl. § 5a Abs. 2, 3 u. 4 UWG). Wesentlich sind z.B. der Gesamtpreis (§ 5a Abs. 3 Nr. 3 UWG) oder das Bestehen eines Widerrufrechts (§ 5a Abs. 3 Nr. 5 UWG). Werden die in § 5a Abs. 3 UWG aufgeführten Informationen nicht in der Werbung und der kommerziellen Kommunikation mitgeteilt, liegt daher ein unlauteres Verhalten vor.[689]

---

683 Siehe *Asp et al.*, Front. Neurosci. Vol. 6 (2012) Art. 100.

684 *Görgen et al.*, Sicherheitspotenziale, S. 80.

685 *Boemke*, in: Hoeren/Sieber/Holznagel, HdB Multimedia-Recht, Rn. 20.

686 Vgl. BGH GRUR 2009, 1180, 1183; siehe auch *Gofferjé*, Vertragsschluss und Vertragsbindung bei Verbraucherverträgen, S. 142.

687 Vgl. *Boemke*, in: Hoeren/Sieber/Holznagel, HdB Multimedia-Recht, Rn. 20.

688 Vgl. jurisPK-UWG/*Seichter* UWG § 5a Rn. 213.

689 Vgl. *Boemke*, in: Hoeren/Sieber/Holznagel, HdB Multimedia-Recht, Rn. 22.

7. *Unzulässigkeit unzumutbarer Belästigungen, § 7 Abs. 1 S. 1 UWG*

Nach § 7 Abs. 1 S. 1 UWG ist eine geschäftliche Handlung, durch die ein Marktteilnehmer in unzumutbarer Weise belästigt wird, unzulässig. Eine Belästigung ist eine geschäftliche Handlung, die sich einem Marktteilnehmer so aufdrängt, dass er sich ohne oder gegen seinen Willen mit ihr auseinandersetzen muss, und die wegen der Art und Weise des Herantretens als Beeinträchtigung der privaten oder beruflichen Sphäre empfunden wird.[690] Haustürwerbung, das Ansprechen in der Öffentlichkeit oder die Zusendung unbestellter Waren und Dienstleistungen können Fälle unzumutbarer Belästigung sein.[691] Eine unzumutbare Belästigung ist außerdem anzunehmen bei Werbung mit einem Telefonanruf gegenüber einem Verbraucher ohne dessen vorherige ausdrückliche Einwilligung (vgl. § 7 Abs. 2 Nr. 2 UWG).

Ältere Menschen mit rechtsgeschäftsrelevanten Einschränkungen lassen sich durch derartige Handlungen häufig zur Betätigung von wirtschaftlich nachteilhaften Geschäften verleiten, da sie häufig nur eingeschränkt widerstandsfähig sind. Sie können findige und besonders aufdringliche und damit meist dubiose Verkäufer nur schwer abwimmeln. Einer Studie von *Schulte-Nölke/Henning-Bodewig/Podszun* zufolge lassen sich Hinweise darauf finden, dass zur Zielgruppe von unseriösen, auf telefonischer Kontaktaufnahme beruhenden Geschäftsmodellen gerade ältere Menschen gehören.[692]

8. *Abschreckung durch die Rechtsfolgen/Sanktionen eines Verstoßes gegen das UWG*

Unternehmer könnten aufgrund der möglichen Rechtsfolgen/Sanktionen eines Verstoßes gegen das UWG davon absehen, gegenüber (älteren) Verbrauchern unlautere Geschäftspraktiken anzuwenden. Abschreckend könnte insofern die Pflicht zur Beseitigung oder zukünftigen Unterlassung einer unzulässigen geschäftlichen Handlung sein (§ 8 Abs. 1 S. 1 UWG), da dies mit Kosten verbunden sein kann (z.B. geschäftliche Umorganisation, Bereitstellen personeller und sachlicher Ressourcen, Aufwendungen für eine erfolglose Rechtsverteidigung). Die zum Ausschluss der Wiederholungsgefahr abgegebene Unterlassungserklärung samt Vertragsstrafe stellt außerdem eine Art pauschalierten Schadensersatz

---

690 *Boemke*, in: Hoeren/Sieber/Holznagel, HdB Multimedia-Recht, Rn. 30.

691 Vgl. *Boemke*, in: Hoeren/Sieber/Holznagel, HdB Multimedia-Recht (2020), Rn. 55.

692 Siehe *Schulte-Nölke/Henning-Bodewig/Podszun*, Evaluierung der verbraucherschützenden Regelungen im Gesetz gegen unseriöse Geschäftspraktiken, S. 166.

dar.[693] Der unlauter handelnde Unternehmer kann überdies zur Leistung von Schadensersatz (§ 9 UWG) sowie zur Herausgabe des durch die unlautere Handlung erzielten Gewinns (§ 10 Abs. 1 UWG) verpflichtet werden. Abschreckend könnten auch die im vierten Kapitel des UWG enthaltenen Straf- und Bußgeldvorschriften sein. Beispielsweise kann eine mittels unwahrer Angaben erfolgte irreführende Werbung eine Strafbarkeit begründen (vgl. § 16 Abs. 1 UWG). Außerdem ist der Bußgeldtatbestand des § 20 UWG erfüllt, wenn mit einem Telefonanruf geworben wird und der Adressat ein Verbraucher ist, der nicht zuvor ausdrücklich in den Anruf eingewilligt hat.[694]

III. Qualität der Schutzgewährung in Bezug auf rechtsgeschäftsrelevante Einschränkungen im Alter

Die Unzulässigkeit unlauterer geschäftlicher Handlungen (§ 3 Abs. 1 UWG) oder unzumutbarer Belästigungen (§ 7 Abs. 1 S. 1 UWG) suggeriert einen hohen Schutz vor wirtschaftlich nachteiligen Geschäften älterer Menschen infolge rechtsgeschäftsrelevanter Einschränkungen. Denn diese Vorschriften können dazu beitragen, dass ältere Menschen seltener Situationen ausgesetzt werden, in denen die erhöhte Gefahr besteht, ein wirtschaftlich nachteiliges Geschäft infolge rechtsgeschäftsrelevanter Einschränkungen abzuschließen. Dabei nehmen insbesondere die Verbraucherverbände i.S.d. § 8 Abs. 3 Nr. 3 UWG eine entscheidende Rolle ein, weil ihnen allgemeinwirkende Beseitigungs- und Unterlassungsansprüche zustehen.[695] Bei genauerer Betrachtung fällt jedoch auf, dass der gewährte Schutz in Bezug auf rechtsgeschäftsrelevante Einschränkungen im Alter nicht zufriedenstellend ist.

1. Nichtvorliegen der Voraussetzungen der Schutzvorschriften des UWG

Zwar ist das UWG nicht auf einen bestimmten Geschäftsbereich beschränkt. Nicht alle wirtschaftlich nachteiligen Geschäfte älterer Menschen infolge rechtsgeschäftsrelevanter Einschränkungen beruhen aber auf einer unzulässigen geschäftlichen Handlung i.S.d. UWG. Derartige Geschäfte können ihre Ursache

693 Vgl. *Podszun/Busch/Henning-Bodewig*, Behördliche Durchsetzung des Verbraucherrechts, S. 181.

694 Vgl. Ohly/Sosnitza/*Ohly* UWG § 20 Rn. 2.

695 Siehe zur Klagebefugnis von Verbraucherverbänden nach § 8 Abs. 3 Nr. 3 UWG Ohly/Sosnitza/*Ohly* UWG § 8 Rn. 109.

allein in (demenziell bedingten) Gedächtnisschwierigkeiten haben. Außerdem ist gerade bei leichter Beeinflussbarkeit des älteren Menschen nicht zwingend eine aggressive oder irreführende geschäftliche Handlung i.S.d. § 4a Abs. 1 S. 1 bzw. § 5 Abs. 1 S. 1 UWG erforderlich, um die gewünschte Beeinflussung des älteren Menschen zu erreichen. Es handelt sich mitunter um eine zwar grenzwertige, aber noch zulässige Anpreisung des Produkts, die letztlich ausreicht, um den Betroffenen erfolgreich zum Abschluss des Rechtsgeschäfts zu verleiten. Ohnehin werden an das Vorliegen einer aggressiven geschäftlichen Handlung i.S.d. § 4a Abs. 1 S. 1 UWG seitens der Rechtsprechung hohe Anforderungen gestellt.[696] Denkbar ist auch, dass dem älteren Menschen die vorgeschriebenen Informationen erteilt wurden und er Schwierigkeiten bei der Informationsaufnahme bzw. -verarbeitung hat. In diesen Fällen beruht das wirtschaftlich nachteilige Geschäft nicht auf einem unlauteren Unterlassen i.S.d. § 5a Abs. 2 S. 1 UWG. Ein wirtschaftlich nachteiliges Geschäft kann zudem die Folge rechtsgeschäftlicher Komplexität sein.

Die Beurteilung einer geschäftlichen Handlung aus der Sicht eines durchschnittlichen älteren Menschen nach § 3 Abs. 4 S. 1 Alt. 2 UWG ist außerdem nicht immer möglich. Dafür müsste sich die geschäftliche Handlung speziell an ältere Menschen als abgrenzbare Verbrauchergruppe richten. Ältere Menschen mit rechtsgeschäftsrelevanten Einschränkungen tätigen aber auch wirtschaftlich nachteilige Geschäfte infolge von Handlungen des Geschäftspartners, die nicht speziell an ältere Menschen als Verbrauchergruppe gerichtet waren.

2. *Keine Verhinderung des Zustandekommens von wirksamen Rechtsgeschäften*

Die Unzulässigkeit einer geschäftlichen Handlung nach § 3 Abs. 1 bzw. § 7 Abs. 1 S. 1 UWG verhindert regelmäßig nicht das Zustandekommen eines wirksamen Rechtsgeschäfts. Das UWG enthält keine diesbezügliche Regelung. Ob ein Rechtsgeschäft unwirksam ist, richtet sich nach den allgemeinen Vorschriften des BGB, insbesondere nach §§ 134, 138 BGB. Eine Nichtigkeit aufgrund von § 134 BGB scheitert aber daran, dass § 3 Abs. 1 u. § 7 Abs. 1 S. 1 UWG keine Verbotsgesetze i.S.d. § 134 BGB sind.[697] Eine Nichtigkeit infolge von Sittenwidrigkeit i.S.d. § 138 Abs. 1 BGB scheitert in der Regel an der Wertung des § 123

696 Vgl. jurisPK-UWG/*Seichter* UWG § 4a Rn. 21.

697 Siehe zur fehlenden Verbotsgesetzeigenschaft Köhler/Bornkamm/Feddersen/*Köhler* UWG § 3 Rn. 10.3; *Rademacher*, Rechtsschutz zugunsten älterer Verbraucher, S. 129 (m.w.N.).

BGB. Denn wenn selbst massivere Formen der unzulässigen Beeinflussung des Geschäftspartners, wie die arglistige Täuschung und die widerrechtliche Drohung, nach § 123 BGB nur zur Anfechtbarkeit des Rechtsgeschäfts führen, wäre eine automatische Nichtigkeit von Geschäften, die auf den unter Umständen weniger intensiven Beeinträchtigungen der unzulässigen geschäftlichen Handlungen i.S.d. UWG beruhen, widersprüchlich.[698] Es müssten weitere Umstände hinzutreten, damit das Geschäft als sittenwidrig zu bewerten wäre.

3. *Keine Vertragsauflösungsmöglichkeit nach dem UWG*

Anders als im früheren Recht (§ 13a UWG a.F. (1986–2004)), ist im UWG kein Vertragsauflösungsrecht für Verbraucher vorgesehen.[699] Im UWG ist zurzeit auch kein Schadensersatzanspruch des einzelnen Verbrauchers für Schäden infolge unlauterer Geschäftspraktiken geregelt, welcher auf die Rückabwicklung des Geschäfts gerichtet werden könnte. Das UWG regelt nur für Mitbewerber einen Schadensersatzanspruch gegenüber unlauter handelnden Unternehmern (vgl. § 9 S. 1 UWG).[700]

Im Falle einer unzulässigen geschäftlichen Handlung kann der betroffene Verbraucher den Vertrag zwar unter Umständen nach §§ 119, 123 BGB anfechten oder nach § 312g Abs. 1 BGB widerrufen.[701] Die Voraussetzungen dieser Normen sind bei unlauteren Geschäftspraktiken indes nicht zwangsläufig erfüllt; im Übrigen überzeugt die Schutzqualität des Widerrufsrechts im vorliegenden Kontext nicht. Ein Schadensersatzanspruch auf Beseitigung eines ungewollten Vertrags unter dem Gesichtspunkt der Naturalrestitution (§ 249 Abs. 1 BGB) ist nur möglich, wenn der Schaden gerade in der ungewollten vertraglichen Bindung besteht.[702] Das ist bei einer Täuschung der Fall, so dass ein Schadensersatzanspruch aus §§ 241 Abs. 2, 280 Abs. 1, 311 Abs. 2 BGB (Grundsätze der *culpa in contrahendo*), aus § 823 Abs. 2 BGB i.V.m. § 263 StGB oder aus § 826 BGB in

---

698 Ähnlich zur Begründung der fehlenden Verbotsgesetzeigenschaft der §§ 3, 7 UWG Köhler/Bornkamm/Feddersen/*Köhler* UWG § 3 Rn. 10.3. Siehe hierzu auch BGH NJW 1988, 2599, 2601, nach dem § 138 Abs. 1 BGB neben § 123 BGB nur zur Anwendung kommt, wenn besondere Umstände zu der durch Drohung bewirkten Willensbeeinflussung hinzukommen, die das Geschäft nach seinem Gesamtcharakter als sittenwidrig erscheinen lassen.

699 Siehe auch Köhler/Bornkamm/Feddersen/*Köhler* UWG § 3 Rn. 10.1.

700 Siehe zur insofern bevorstehenden Änderung des § 9 UWG noch S. 218.

701 Siehe auch Ohly/Sosnitza/*Ohly* UWG Einführung D. Rn. 69.

702 Ohly/Sosnitza/*Ohly* UWG Einführung D. Rn. 69.

Betracht kommen kann.[703] Nicht jede unlautere Geschäftspraktik besteht aber in einer Täuschung (vgl. z.B. § 4a UWG) oder erfüllt die Voraussetzungen einer sittenwidrigen Schädigung. Auch eine Rückabwicklung des Geschäfts über § 823 Abs. 2 BGB i.V.m. § 16 Abs. 1 UWG[704] kommt häufig nicht in Betracht, da es schlicht an einer irreführenden Werbung mittels unwahrer Angaben i.S.d. § 16 Abs. 1 UWG fehlt. Insofern ist auch eine Vertragsauflösung nach dem Sachmängelhaftungsrecht wegen unzutreffender Angabe in der Produktwerbung (vgl. § 434 Abs. 1 S. 3 BGB)[705] oft nicht möglich. Das Fehlen einer im UWG geregelten Vertragsauflösungsmöglichkeit wird daher auch nicht – zumindest im vorliegenden Kontext – durch die bürgerlich-rechtlichen Vertragsauflösungsmöglichkeiten ausgeglichen.

4. *Geringe Abschreckungswirkung der Rechtsfolgen/Sanktionen eines Verstoßes gegen das UWG*

Trotz der – auf den ersten Blick erheblichen – Rechtsfolgen/Sanktionen eines Verstoßes gegen das UWG (Schadensersatzansprüche oder Bußgelder) unterlassen Unternehmer z.B. unlautere Telefonwerbung nicht vollständig.[706] Im Jahre 2020 hat die BNetzA 63.273 Beschwerden zu unerlaubter Telefonwerbung erhalten.[707] Im Jahre 2021 gingen bei der BNetzA 79.702 Beschwerden zu unerlaubter Telefonwerbung ein.[708] Die Rechtsfolgen/Sanktionen eines Verstoßes gegen das UWG entfalten insoweit keine ausreichende Abschreckungswirkung.

a) Beseitigungs- und Unterlassungspflicht, § 8 Abs. 1 S. 1 UWG

Bei einer Vielzahl von Praktiken, die gegen Verbraucherrechtsvorschriften verstoßen, ist es dem Unternehmer möglich, das rechtswidrige Verhalten ohne nennenswerten Verlust einzustellen (z.B. bei bestimmten Formen der irreführenden Online-Werbung).[709] Die gegebenenfalls bestehenden Kosten des verlorenen Rechtsstreits oder ein etwaiger Reputationsverlust entfalten nur eine

---

703 Siehe Ohly/Sosnitza/*Ohly* UWG Einführung D. Rn. 69.

704 Siehe hierzu BGH GRUR 2008, 818, 825; Ohly/Sosnitza/*Sosnitza* UWG § 16 Rn. 4.

705 Siehe zu diesem Beispiel z.B. Ohly/Sosnitza/*Ohly* UWG Einführung D. Rn. 69.

706 Ähnlich bereits VZBV, Ältere Menschen als Verbraucher, S. 53.

707 Siehe BNetzA, Pressemitteilung vom 14. Januar 2022, S. 1.

708 Siehe BNetzA, Pressemitteilung vom 14. Januar 2022, S. 1.

709 *Podszun/Busch/Henning-Bodewig*, Behördliche Durchsetzung des Verbraucherrechts, S. 72.

geringe Abschreckungswirkung.[710] Auch zukünftig möglicherweise anfallende Kosten für die Unterrichtung der betroffenen Verbraucher über die Gerichtsentscheidung oder für die Bereitstellung von (sonstigen) Informationen für die Verbraucher im Rahmen der Klage (vgl. Art. 13 Abs. 3 u. 5 RL (EU) 2020/1828[711]) werden keinen wesentlichen Abschreckungseffekt entfalten, da der wirtschaftliche Mehrwert der unlauteren Geschäftspraktiken wohl oft höher ausfallen wird. Eine rückwirkende Beseitigung von Folgen findet nur selten statt.[712] Ein Folgenbeseitigungsanspruch könnte ohnehin Streuschäden[713] nicht hinreichend kompensieren.[714] Außerdem müssen die unlauter handelnden Unternehmer nicht zwangsläufig mit einer Verpflichtung zur Beseitigung oder Unterlassung der unlauteren Handlung rechnen. An einer flächendeckenden Durchsetzung des Verbraucherschutzrechts fehlt es nämlich, da die klagebefugten Verbände von gewonnenen Verfahren nicht profitieren, jedoch das Kostenrisiko tragen, so dass es an Anreizen zur Klageerhebung fehlt.[715] Mangels entsprechender Beschwerden haben die klagebefugten Verbände mitunter schon keine Kenntnis von den unlauteren Geschäftspraktiken.[716] Hiervon dürfte gerade bei Sachverhalten, die überwiegend ältere Menschen betreffen, wie die aufgeführten Schwierigkeiten älterer Menschen im Hinblick auf die Inanspruchnahme von Hilfeleistungen seitens Dritter in diesen Angelegenheiten vermuten lassen, auszugehen sein.[717]

---

710 *Podszun/Busch/Henning-Bodewig*, Behördliche Durchsetzung des Verbraucherrechts, S. 72 u. 181.

711 Richtlinie (EU) 2020/1828 des Europäischen Parlaments und des Rates vom 25. November 2020 über Verbandsklagen zum Schutz der Kollektivinteressen der Verbraucher und zur Aufhebung der Richtlinie 2009/22/EG. Ausführlich zu dieser Richtlinie noch S. 217 ff.

712 *Podszun/Busch/Henning-Bodewig*, Behördliche Durchsetzung des Verbraucherrechts, S. 2, siehe dort auch S. 183.

713 Streuschäden sind Schäden, die in der Person des einzelnen Geschädigten nur eine geringfügige Vermögenseinbuße zur Folge haben, sich aber aufgrund der Vielzahl der Betroffenen zu erheblichen Beiträgen summieren und damit von volkswirtschaftlicher Bedeutung sein können, siehe *Podszun/Busch/Henning-Bodewig*, Behördliche Durchsetzung des Verbraucherrechts, S. 43.

714 Vgl. *Podszun/Busch/Henning-Bodewig*, Behördliche Durchsetzung des Verbraucherrechts, S. 228.

715 Vgl. *Meller-Hannich/Höland*, Gutachten, S. 170. Möglicherweise sind hier aber Besserungen zu erwarten, vgl. insofern die Ausführungen auf S. 232 f. zu Art. 20 Abs. 1 u. 2 RL (EU) 2020/1828.

716 Ähnlich kritisch *Rademacher*, Rechtsschutz zugunsten älterer Verbraucher, S. 79 f.

717 Ähnlich für den Fall unerwünschter Telefonwerbung *Rademacher*, Rechtsschutz zugunsten älterer Verbraucher, S. 79 f.

b) *Schadensersatzpflicht, § 9 UWG*

Schadensersatz wegen einer unzulässigen geschäftlichen Handlung können nach § 9 UWG nur Mitbewerber verlangen (vgl. S. 1).[718] Streuschäden bei den Verbrauchern können durch die Schadensersatzpflicht nach § 9 UWG nicht kompensiert werden.[719] Die Anzahl der möglichen Gläubiger ist wegen der Begrenzung auf Mitbewerber gering. Außerdem könnten Mitbewerber gegenseitig auf die Geltendmachung von Schadensersatzansprüchen nach § 9 UWG verzichten, da sie alle gleichermaßen unlauter handeln und bei Inanspruchnahme von Schadensersatz ebenfalls mit einer Inanspruchnahme durch den Inanspruchgenommenen rechnen müssten. Hinzu kommt, dass Schadensersatzansprüche nach § 9 UWG häufig an dessen hohen Voraussetzungen scheitern.[720] Bei Irreführungsfällen gelingt es nur selten, die erforderliche Kausalität zwischen Tat und Schaden nachzuweisen.[721]

c) *Gewinnabschöpfung, § 10 Abs. 1 UWG*

Die Möglichkeit der Verbandsklage auf die Abschöpfung rechtswidrig erzielter Gewinne ist, insbesondere bei Streu- und Bagatellschäden, grundsätzlich dazu geeignet der objektiven Rechtswahrung zu dienen.[722] In der Praxis haben sich allerdings zwei zentrale Missstände bei der derzeitigen Ausgestaltung der Verbandsklagemöglichkeit herausgestellt.[723] Zum einen ist die Gewinnabschöpfung

---

718 Kritisch insofern wohl auch *Herzberg*, Gewinnabschöpfung, S. 123 f. u. 142.

719 Siehe auch *Podszun/Busch/Henning-Bodewig*, Behördliche Durchsetzung des Verbraucherrechts, S. 43 f. u. 228. Siehe zur insofern bevorstehenden Änderung des § 9 UWG aber noch S. 218.

720 Vgl. *Podszun/Busch/Henning-Bodewig*, Behördliche Durchsetzung des Verbraucherrechts, S. 180, siehe dort auch S. 43. Ausführlich zum Problem des Schadensnachweises *Herzberg*, Gewinnabschöpfung, S. 124 ff.

721 *Podszun/Busch/Henning-Bodewig*, Behördliche Durchsetzung des Verbraucherrechts, S. 180, siehe dort auch S. 43.

722 *Gsell/Rübbeck*, ZfPW 2018, 409, 412 f.; siehe auch *Meller-Hannich*, NJW-Beil 2018, 29, 30. Siehe zur Bekämpfung von Streuschäden als Zweck der Norm auch *Podszun/Busch/Henning-Bodewig*, Behördliche Durchsetzung des Verbraucherrechts, S. 151; Ohly/Sosnitza/*Ohly* UWG § 10 Rn. 1; BT-Drucks. 15/1487, S. 23.

723 Vgl. auch *Gsell/Rübbeck*, ZfPW 2018, 409, 413; *Herzberg*, Gewinnabschöpfung, S. 307, 372 u. 512 (dort auch Fn. 1865); *Fezer*, Zweckgebundene Verwendung von Unrechtserlösen, S. 19. So wohl auch *Alexander*, WRP 2012, 1190 ff. (vgl. insbesondere S. 1195). Andere sehen ein großes Problem, neben den beiden sogleich genannten, noch in der Ermittlung des abzuschöpfenden Gewinns (siehe statt aller etwa *Dittschar*, Gewinnabschöpfung, S. 126 u. 277; siehe im Zusammenhang mit einem Schutz älterer Menschen

an die hohe materiell-rechtliche Hürde des Vorsatzes geknüpft.[724] Zum anderen geht der abgeschöpfte Gewinn an den Staatshaushalt und nicht an den klagenden Verband, der aber die Prozesskosten im Fall des Prozessverlustes trägt – was nicht sehr inspirierend für eine Klageerhebung wirkt.[725] Das Prozesskostenrisiko

---

Rademacher, Rechtsschutz zugunsten älterer Verbraucher, S. 192). Siehe insofern aber überzeugend *Herzberg*, Gewinnabschöpfung, S. 362 (siehe dort auch S. 371 f. u. 512), mit dem Hinweis auf den Auskunftsanspruch, den Anscheinsbeweis und der Möglichkeit der abschließenden gerichtlichen Schätzung (§ 287 ZPO); ähnlich *Alexander*, WRP 2004, 407, 418; siehe auch *Fezer*, Zweckgebundene Verwendung von Unrechtserlösen, S. 47 f.

724 Ebenso *Gsell/Rübbeck*, ZfPW 2018, 409, 413. Kritisch zum Vorsatzerfordernis auch *Rademacher*, Rechtsschutz zugunsten älterer Verbraucher, S. 87 (dort auch Fn. 317), 189 u. 338; *Herzberg*, Gewinnabschöpfung, S. 250 ff., 307, 372, 401, 510, 548 u. 628; *Fezer*, Zweckgebundene Verwendung von Unrechtserlösen, S. 19, siehe dort auch S. 25; *van Raay*, Gewinnabschöpfung, S. 489, 530 u. 638 f.; *Fehlemann*, Die Verfolgung von Streuschädigungen, S. 170, 180 u. 228 ff.; *Sieme*, Gewinnabschöpfungsanspruch, S. 103 u. 185; *Dittschar*, Gewinnabschöpfung, S. 67, 126 f., 262 u. 277; *Gärtner*, Gewinnabschöpfungsanspruch, S. 102, 106 ff., 180 u. 183. Ebenfalls die hohen gesetzlichen Anforderungen kritisierend *Podszun/Busch/Henning-Bodewig*, Behördliche Durchsetzung des Verbraucherrechts, S. 182; *Meller-Hannich*, NJW-Beil 2018, 29, 30; *dies.*, BRJ 2017, 119, 121; *Gofferjé*, Vertragsschluss und Vertragsbindung bei Verbraucherverträgen, S. 238. Auch die in einer Studie zur Durchsetzung des Verbraucherrechts befragten Verbraucherschützer sehen die strengen Anspruchsvoraussetzungen, insbesondere der Nachweis des vorsätzliches Handelns, als Ursache dafür, dass der Anspruch aus § 10 UWG in der Praxis nicht die erhoffte Bedeutung für den Verbraucherschutz erlangt hat, siehe *Podszun/Busch/Henning-Bodewig*, Behördliche Durchsetzung des Verbraucherrechts, S. 151.

725 So auch *Meller-Hannich*, BRJ 2017, 119, 121; siehe auch *dies.*, NJW-Beil 2018, 29, 30. Ebenso kritisch *Rademacher*, Rechtsschutz zugunsten älterer Verbraucher, S. 89, siehe dort auch S. 188; *Gsell/Rübbeck*, ZfPW 2018, 409, 413; *Herzberg*, Gewinnabschöpfung, S. 401, siehe dort auch S. 631; *Alexander*, WRP 2012, 1190, 1195 f.; siehe auch *Fehlemann*, Die Verfolgung von Streuschädigungen, S. 173 f. u. 237; siehe auch *Dittschar*, Gewinnabschöpfung, S. 62. Den Umstand, dass die klagebefugten Verbände von gewonnen Verfahren nicht profitieren, obwohl sie das Kostenrisiko des Prozesses tragen, als generelles Problem bezeichnend *Meller-Hannich/Höland*, Gutachten, S. 170. Auch die in einer Studie zur Durchsetzung des Verbraucherrechts befragten Verbraucherverbände kritisieren, dass die eingezogenen Beträge dem Staatshaushalt zukommen, sie aber das Risiko des Prozessverlustes tragen, siehe *Podszun/Busch/Henning-Bodewig*, Behördliche Durchsetzung des Verbraucherrechts, S. 182, siehe dort auch S. 151 u. 156. Kritisch zum fehlenden Ausgleich des Prozesskostensrisikos auch *Brönneke*, in: Schulte-Nölke/BMJV, Neue Wege zur Durchsetzung des Verbraucherrechts, S. 127, 153 f. Kritisch zur Herausgabe des Gewinns an den Bundeshaushalt

für die klagenden Verbände ist besonders hoch, wenn das beklagte Unternehmen die Auskunft zur Gewinnermittlung nicht freiwillig erteilt und daher zunächst der diesbezügliche Auskunftsanspruch erhoben werden muss, da dieses Verfahren mehrere Jahre dauern kann und im Zeitpunkt der Erhebung der eigentlichen Zahlungsklage das Unternehmen bereits nicht mehr existieren könnte.[726] Eine Verurteilung zur Gewinnabschöpfung hat der unlauter handelnde Unternehmer daher letztlich nur selten zu befürchten.[727] Dies belegt auch die geringe Anzahl der Gewinnabschöpfungsansprüche, über deren Geltendmachung dem BfJ gemäß § 10 Abs. 4 S. 1 UWG bisher Auskunft erteilt wurde (Jahr/Anzahl der Ansprüche): 2013/4, 2014/3, 2015/3, 2016/4, 2017/3, 2018/1, 2019/0, 2020/3 (Stand: 4. September 2020); angemerkt ist, dass es noch nicht einmal in all diesen Verfahren tatsächlich zu einer Klageerhebung oder Gewinnabschöpfung gekommen ist.[728] Im Übrigen haben die klagebefugten Verbände auch nicht immer Kenntnis von den unlauteren Geschäftspraktiken, da es – gerade bei älteren Betroffenen – an entsprechenden Beschwerden fehlen kann.[729] Häufig fehlt es den Aktivlegitimierten auch an den nötigen Ressourcen, um ein Gewinnabschöpfungsverfahren zu bestreiten.[730]

d) *Straf- und Bußgeldvorschriften, §§ 16 u. 20 UWG*

Die Tatbestände der strafbaren Werbung (§ 16 UWG) werden in der Praxis selten angewandt.[731] Es existieren trotz langer Tradition der Tatbestände kaum mehr als eine kleine dreistellige Anzahl veröffentlichter Strafentscheide.[732]

---

auch *Fezer*, Zweckgebundene Verwendung von Unrechtserlösen, S. 19, siehe dort auch S. 51; wohl auch *Gofferjé*, Vertragsschluss und Vertragsbindung bei Verbraucherverträgen, S. 303.

726 So bezüglich Klagen gegen Betreiber sog. Kostenfallen im Internet VZBV, Recht durchsetzen, S. 16.

727 Vgl. auch *Rademacher*, Rechtsschutz zugunsten älterer Verbraucher, S. 89, 93 u. 193 f.; *Meller-Hannich*, NJW-Beil 2018, 29, 30; *Gofferjé*, Vertragsschluss und Vertragsbindung bei Verbraucherverträgen, S. 303; *Herzberg*, Gewinnabschöpfung, S. 513; *Dittschar*, Gewinnabschöpfung, S. 271 u. 277.

728 Diese Informationen ergeben sich aus einer eigenen Befragung des BfJ vom 9. September 2020.

729 Kritisch dazu, dass die klagebefugten Verbände auf die Mitwirkung der Betroffenen, z.B. durch Beschwerden, angewiesen sind, auch *Rademacher*, Rechtsschutz zugunsten älterer Verbraucher, S. 86, 93 f. u. 188 (Fn. 756). Vgl. hierzu auch S. 198 u. 232.

730 Vgl. *Rademacher*, Rechtsschutz zugunsten älterer Verbraucher, S. 193.

731 Ebenso bereits *Dornis*, GRUR 2008, 742.

732 *Brammsen*, Lauterkeitsstrafrecht, § 16 UWG Rn. 15.

Bei der Gestaltung von Werbeunterlagen kann der Tatbestand des § 16 Abs. 1 UWG nämlich z.B. dadurch umgangen werden, dass zwar irreführende, aber nicht objektiv unwahre Aussagen getroffen werden.[733] Auch Verfahren nach § 20 UWG werden in der Praxis nur selten eingeleitet. Beispielsweise wurden im Jahre 2016 (bis einschließlich Oktober) nur 81 Verfahren eingeleitet und 17 Bußgeldbescheide erlassen.[734] Die im Verhältnis zur großen Zahl der Beschwerden nur geringe Zahl an Verfahrenseinleitungen liegt u.a. an fehlenden hinreichenden Angaben in der Beschwerde (z.B. fehlende Angaben zum Anrufer) und Ermittlungsschwierigkeiten bei Anrufen aus dem Ausland oder solchen mit aufgesetzter, gefälschter oder unterdrückter Nummer.[735] Auch der Nachweis des Verschuldens bereitet Schwierigkeiten.[736] Die Gefahr einer Verurteilung ist für die Unternehmen folglich überschaubar.[737]

G. Sonstiges

I. Nebenpflichten, § 241 Abs. 2 BGB

1. Allgemeines

Gemäß § 241 Abs. 2 BGB kann ein Schuldverhältnis nach seinem Inhalt jeden Teil zur Rücksicht auf die Rechte, Rechtsgüter und Interessen des anderen Teils verpflichten. Soweit sich Nebenpflichten daher nicht aus besonderen gesetzlichen Vorschriften ergeben oder ausdrücklich vereinbart sind, können sie sich

733 Vgl. *Solf*, in: Wabnitz/Janovsky/Schmitt, WirtschaftsStrafR-Hdb, Kap. 17 Rn. 34.

734 Siehe *Schulte-Nölke/Henning-Bodewig/Podszun*, Evaluierung der verbraucherschützenden Regelungen im Gesetz gegen unseriöse Geschäftspraktiken, S. 6.

735 Siehe *Podszun/Busch/Henning-Bodewig*, Behördliche Durchsetzung des Verbraucherrechts, S. 47; *Schulte-Nölke/Henning-Bodewig/Podszun*, Evaluierung der verbraucherschützenden Regelungen im Gesetz gegen unseriöse Geschäftspraktiken, S. 6.

736 Vgl. *Rademacher*, Rechtsschutz zugunsten älterer Verbraucher, S. 87 (Fn. 317) u. 101; *Köhler*, NJW 2009, 2567, 2568. Durch die ab dem 1. Oktober 2021 geltende Pflicht zur Dokumentation und Aufbewahrung der Einwilligung in Telefonwerbung (§ 7a UWG k.F.) sind insofern allerdings Besserungen zu erwarten, vgl. hierzu auch *Rademacher*, Rechtsschutz zugunsten älterer Verbraucher, S. 184 f. u. 346.

737 Ähnlich kritisch zu § 20 UWG *Rademacher*, Rechtsschutz zugunsten älterer Verbraucher, S. 102, siehe dort aber auch S. 198 f.; siehe dort S. 99 ff. ausführlich zu den Ursachen (z.B. fehlende Beschwerde, Ermittlungsschwierigkeiten, schwierig zu erbringender Verschuldensnachweis), weshalb derzeit die Gefahr einer Verurteilung nach § 20 UWG überschaubar ist.

aus dem Inhalt des Vertrags ergeben.[738] In der Rechtsprechung werden immer neue Nebenpflichten entwickelt.[739] Eine Verletzung von Schutz- oder Aufklärungspflichten kann einen Schadensersatzanspruch nach § 280 Abs. 1 BGB begründen.[740] Der bei Vertragsverhandlungen durch Verletzung einer Mitteilungs- und Aufklärungspflicht Geschädigte, der einen Vertrag abgeschlossen hat, kann verlangen, so gestellt zu werden, wie er ohne das schuldhafte Verhalten des Verhandlungspartners und damit ohne Zustandekommen des Vertrags stehen würde.[741]

Zu den wichtigsten Nebenpflichten zählen die verschiedenen Aufklärungs-, Anzeige-, Warn- und Beratungspflichten, d.h. die Verpflichtung, den anderen Teil unaufgefordert über Umstände zu informieren, die entscheidungserheblich sind, diesem aber verborgen geblieben sind.[742] Eine solche Offenbarungspflicht wird auch in ständiger Rechtsprechung vom BGH anerkannt.[743] Eine Pflicht, den anderen Vertragsteil über die Chancen und Risiken des Geschäfts, insbesondere über die allgemeinen Marktverhältnisse, zu informieren, besteht in der Regel allerdings nicht.[744] In sämtlichen marktwirtschaftlich geprägten Rechtsordnungen ist es außerdem anerkannt, dass eine Aufklärungspflicht hinsichtlich des Marktpreises nicht besteht.[745]

Pflichten nach § 241 Abs. 2 BGB bestehen nicht nur innerhalb eines Vertrags, sondern können, wie § 311 Abs. 2 BGB klarstellt, schon vorher zum Tragen kommen (vorvertragliches Schuldverhältnis).[746] Gemäß § 311 Abs. 2 BGB entsteht ein Schuldverhältnis mit Pflichten nach § 241 Abs. 2 BGB auch durch (1.) die Aufnahme von Vertragsverhandlungen, (2.) durch die Anbahnung eines Vertrags, bei welcher der eine Teil im Hinblick auf eine etwaige rechtsgeschäftliche Beziehung dem anderen Teil die Möglichkeit zur Einwirkung auf seine Rechte, Rechtsgüter und Interessen gewährt oder ihm diese anvertraut, oder durch (3.) ähnliche geschäftliche Kontakte.

738 Vgl. BeckOK BGB/*Sutschet* BGB § 241 Rn. 42.
739 BeckOK BGB/*Sutschet* BGB § 241 Rn. 44.
740 BeckOK BGB/*Sutschet* BGB § 241 Rn. 43.
741 BGH NJW 1989, 1793, 1794.
742 BeckOK BGB/*Sutschet* BGB § 241 Rn. 77; siehe auch Schulze HK-BGB/*Schulze* BGB § 241 Rn. 7.
743 Vgl. BGH NJW 1989, 1793, 1794.
744 Vgl. BeckOK BGB/*Sutschet* BGB § 311 Rn. 76.
745 Vgl. *Lorenz*, Der Schutz vor dem unerwünschten Vertrag, S. 423.
746 MüKoBGB/*Bachmann* BGB § 241 Rn. 61.

2. § 241 Abs. 2 BGB und rechtsgeschäftsrelevante Einschränkungen im Alter

a) Verletzung von Pflichten aus § 241 Abs. 2 BGB vor Vertragsschluss

Eine Haftung unter den Gesichtspunkten des Verschuldens bei Vertragsverhandlungen kann in Betracht kommen, wenn der Erklärungsempfänger den Erklärenden nicht auf seinen Kalkulationsfehler hinweist.[747] Wirtschaftlich nachteilige Geschäfte älterer Menschen infolge von Rechenschwierigkeiten oder infolge eines Nichteinbeziehens aller wirtschaftlich entscheidenden Aspekte wegen Schwierigkeiten bei der Informationsaufnahme- bzw. -verarbeitung können dadurch verhindert werden. Auch kann die häufige Geschäftsunerfahrenheit im Rahmen von Aufklärungspflichten berücksichtigt werden, da vorvertragliche Hinweispflichten an den Wissensstand und die geschäftlichen Fähigkeiten des Aufklärungsbedürftigen anzupassen sind.[748]

Ältere Menschen, die aufgrund häufig zunehmender Multimorbidität vermehrt an dem Erwerb medizinischer Hilfsprodukte interessiert sind, profitieren diesbezüglich von der Pflicht eines Verkäufers, die Kaufinteressenten darauf hinzuweisen, dass sie vor Abschluss des Kaufvertrags die Kostenzusage ihrer Kranken- bzw. Pflegeversicherung abwarten sollten.[749] Bei Nichteinholen der vorherigen Kostenzusage kann eine Kostenübernahme seitens der Versicherung bisweilen unterbleiben, so dass der Betroffene die entstandenen (meist hohen Kosten) selbst zu tragen hat.

Außerdem muss eine Bank bei der Anlageberatung den Wissensstand des Kunden über Anlagegeschäfte der vorgesehenen Art und dessen Risikobereitschaft berücksichtigen; das von ihr danach empfohlene Anlageobjekt muss diesen Kriterien Rechnung tragen.[750] Ein Anlageberater ist aufgrund vorvertraglicher Pflichtverletzung schadensersatzpflichtig, wenn er bei der Auswahl der den Betroffenen vorgeschlagenen Finanzprodukte dessen fehlende Risikobereitschaft wissentlich nicht berücksichtigt (z.B. zur Erlangung einer höheren Verkaufsprovision). Das Ausnutzen der Leichtgläubigkeit und Unerfahrenheit einiger älterer Menschen durch Beschäftigte aus dem Finanzsektor, um sie zum

---

747 Vgl. BGH NJW 1998, 3192.

748 Vgl. BGH NJW 1974, 849, 851, dem zufolge eine bestimmte Hinweispflicht „vor allem gegenüber unerfahrenen Angehörigen der sozial schwächeren Bevölkerungsschicht, um der Gefahr ihrer finanziellen Überforderung vorzubeugen", besteht.

749 Siehe zum Bestehen dieser Beratungsflicht beim Verkauf eines Hörgeräts OLG Hamm MDR 2010, 736.

750 Siehe BGH NJW 1993, 2433.

Kauf risikobehafteter Finanzprodukte zu überreden, kann dadurch reduziert werden. Es besteht nämlich die Gefahr, dass z.B. Angehörige dementsprechende Schadensersatzansprüche der Betroffenen geltend machen und auch deren fehlende Risikobereitschaft gerichtlich hinreichend nachweisen können.

Eine Partei, welche umfangreiche und verklausulierte AGB oder Formularverträge verwendet, ist verpflichtet, ihre geschäftsunerfahrenen Geschäftspartner über den wesentlichen Inhalt und die Tragweite der Klauseln klar und unmissverständlich zu informieren (§ 305 Abs. 2 BGB).[751] Damit erschwert sich das Ausnutzen von älteren Menschen, die erkennbar Schwierigkeiten beim Verstehen komplexer Vorgänge haben, durch das Verwenden schwieriger Formulierungen. Mittels schwieriger Formulierungen kann nämlich leicht über Vertragsverlängerungen, Zusatzkosten oder wirtschaftliche Gefahren des Geschäfts hinweggetäuscht werden. Der Klauselverwender hat außerdem auf Aufnahmeprobleme eines Hochbetagten zu achten und ihnen Rechnung zu tragen.[752] Dies ergibt sich hinsichtlich von Sehbehinderungen bereits aus § 305 Abs. 2 Nr. 2 BGB.[753]

b) Verletzung von Pflichten aus § 241 Abs. 2 BGB nach Vertragsschluss

Rechtsgeschäftsrelevante Einschränkungen im Alter können bisweilen auch erst nach Vertragsschluss das Geschäft nachteilig werden lassen. Zu denken ist an das Nichterkennen sich entwickelnder hoher Kosten oder an Fristversäumnisse (z.B. versäumte Kündigungsfristen). Insbesondere in Bereichen, in denen nicht spezifisch vorgebildeten Verbrauchern die Nutzung anspruchsvoller Technik angeboten wird, kommen Hinweis- und Aufklärungspflichten nach § 241 Abs. 2 BGB des Vertragspartners in Betracht, welcher im Gegensatz zur anderen Seite über den erforderlichen Sachverstand verfügt.[754] Das gilt gerade auch für den Telekommunikationssektor, bei welchem schließlich eine komplizierte Technik mit einer schwer zu überblickenden Fülle von Anwendungsmöglichkeiten und Tarifen zum Einsatz kommt.[755] Beispielsweise kann eine Hinweispflicht des Telekommunikationsanbieters bei einer bevorstehenden Kostenexplosion infolge ungewöhnlichen Nutzungsverhaltens bestehen.[756]

---

751 MüKoBGB/*Emmerich* BGB § 311 Rn. 78.

752 Vgl. *Roth*, AcP 208 (2008), 451, 476 f.

753 Unter einer körperlichen Behinderung i.S.d. § 305 Abs. 2 Nr. 2 BGB sind insbesondere auch Sehbehinderungen zu verstehen, siehe BT-Drucks. 14/6040, S. 150.

754 BGH NJW 2012, 2878, 2879; 2012, 2103, 2104.

755 Vgl. BGH NJW 2012, 2878, 2879; 2012, 2103, 2104.

756 Siehe BGH NJW 2012, 2878.

3. *Qualität der Schutzgewährung in Bezug auf rechtsgeschäftsrelevante Einschränkungen im Alter*

Nebenpflichten nach § 241 Abs. 2 BGB, insbesondere Aufklärungspflichten, können grundsätzlich ältere Menschen vor wirtschaftlich nachteiligen Geschäften infolge rechtsgeschäftsrelevanter Einschränkungen bewahren. Nebenpflichten können nicht nur präventiven Schutz bieten, sondern mittels eines Schadensersatzanspruchs wegen einer Nebenpflichtverletzung könnte ein Geschäft auch rückgängig gemacht werden. Eine Pflicht zur Aufklärung über alle mit dem Rechtsgeschäft im Zusammenhang stehenden Umstände gibt es jedoch nicht. Die Betroffenen sind aber möglicherweise hinsichtlich eines Umstandes aufklärungsbedürftig, der nicht der Aufklärungspflicht unterfällt (z.B. Marktpreis). Der Geschäftspartner hat auch nicht immer Kenntnis darüber, ob ein bestimmter Umstand entscheidungserheblich ist. Der Geschäftspartner kennt für gewöhnlich z.B. nicht die finanziellen Möglichkeiten des Betroffenen. Eine Warnung, dass sich der ältere Mensch mit dem Rechtsgeschäft finanziell übernimmt, kann daher nicht verlangt werden. Auch sind Fälle subjektiver Unbrauchbarkeit für den Geschäftspartner regelmäßig nicht erkennbar, so dass ihm diesbezüglich ebenfalls keine Hinweispflicht aufgebürdet werden darf. Es wäre ungerecht ein Unterlassen zu sanktionieren, wenn keine Kenntnis über die Pflicht zur Handlung bestehen konnte.[757]

Nachteilig ist außerdem, dass die im Rahmen der Aufklärung übermittelten Informationen aufgrund von Schwierigkeiten bei der Informationsaufnahme und -verarbeitung nicht immer ausreichend verstanden werden.[758] Es ist möglich, dass die Aufklärung zwar gesetzeskonform erfolgt ist, die Betroffenen die dargebotenen Informationen aber nicht richtig verwenden können und letztlich so handeln, als wären sie nicht hinreichend aufgeklärt worden. Besteht ein grundsätzliches Informationsdefizit auf Seiten des älteren Menschen, ist der Nutzen der durch die Aufklärung erhaltenen Informationen zudem begrenzt. Die auf das Rechtsgeschäft bezogenen spezifischen Aufklärungspflichten vermögen ein grundsätzliches Informationsdefizit meist nicht vollständig auszugleichen.

---

757 Auch *Lorenz*, Der Schutz vor dem unerwünschten Vertrag, S. 427, nimmt eine schuldhafte Aufklärungspflichtverletzung bei bestehendem Aufklärungsbedürfnis aufgrund individueller Einbußen nur an, wenn das Aufklärungsbedürfnis dem Aufklärungsverpflichteten bekannt ist.

758 Siehe hierzu und zum Folgenden, insbesondere zur Gefahr eines Informationsübermaßes, auch die vergleichbaren Ausführungen zur begrenzten Schutzqualität der Informationspflichten der §§ 312 ff. BGB auf S. 183 f.

Auch kann es sein, dass die Betroffenen infolge von Gedächtnisstörungen die erteilten Informationen alsbald wieder vergessen. Aber auch ein Übermaß an Informationen könnte sich nachteilig auswirken; es könnte zu einer Überforderung kommen. Die wesentlichen Informationen könnten mitunter nicht herausgefiltert werden.

II. Unbestellte Leistungen, § 241a BGB

1. Allgemeines

Nach § 241a Abs. 1 BGB wird durch die Lieferung von unbestellten Waren oder durch die Erbringung sonstiger unbestellter Leistungen durch einen Unternehmer an den Verbraucher ein Anspruch gegen den Verbraucher nicht begründet. Normzweck ist der Schutz des Verbrauchers vor belästigenden und unlauteren Marketingmethoden.[759] § 241a BGB soll verhindern, dass dem Verbraucher von ihm nicht gewünschte Leistungen aufgedrängt werden.[760] Vor allem soll verhindert werden, dass dem Verbraucher durch konkludente Annahme der Leistung, namentlich durch Gebrauchs- und Verbrauchshandlungen, vertragliche Zahlungsverpflichtungen entstehen (§ 151 BGB).[761]

2. § 241a BGB und rechtsgeschäftsrelevante Einschränkungen im Alter

Unternehmer, die unbestellte Leistungen erbringen, nutzen etwaig bestehende rechtliche Unsicherheiten des Verbrauchers sowie dessen Trägheit bewusst aus und bringen diesen aufgrund der mit der Zusendung verbundenen Unannehmlichkeiten in eine psychologische Zwangslage.[762] Die Unternehmer erhoffen sich dadurch, dass der Verbraucher die angeblichen Zahlungsverpflichtungen erfüllt. Diese Praktik ist insbesondere gegenüber älteren Menschen, die rechtsgeschäftsrelevante Einschränkungen aufweisen, erfolgsversprechend. Eine Untersuchung zeigt, dass ältere Menschen Zahlungsaufforderungen oftmals auch dann nachkommen, obwohl sie sich über deren mangelnde Legitimität bewusst sind.[763] Die Betroffenen haben häufig Angst vor der Durchsetzung der Forderung durch Inkassounternehmen.[764] Außerdem steht die Nichtzahlung einer finanziellen

759 Erman/*Saenger* BGB § 241a Rn. 1b.
760 MüKoBGB/*Finkenauer* BGB § 241a Rn. 3.
761 MüKoBGB/*Finkenauer* BGB § 241a Rn. 3.
762 Vgl. Erman/*Saenger* BGB § 241a Rn. 1b.
763 Siehe *Görgen et al.*, Sicherheitspotenziale, S. 336.
764 Vgl. *Görgen et al.*, Sicherheitspotenziale, S. 336.

Schuld dem Selbstbild vieler älterer Menschen diametral entgegen.[765] Körperliche Einschränkungen und mangelnde Hilfe von Angehörigen hindern die Betroffenen ohnehin oftmals an der Rücksendung der unbestellten Waren. Dies gilt insbesondere in ländlichen Regionen, in denen der ältere Mensch Versendungsstationen meist nicht mehr selbstständig erreichen kann.[766] Die Betroffenen werden in der Regel davon ausgehen, die unbestellte Leistung zurücksenden oder dafür zahlen zu müssen. Es wird außerdem eher ein geringer Betrag gezahlt, als die Angelegenheit juristisch klären zu lassen.[767]

Durch § 241a BGB soll verhindert werden, dass es zu derartigen Zahlungen kommt. Wenn nämlich die Voraussetzungen des § 241a Abs. 1 BGB vorliegen, sind jegliche Ansprüche des Unternehmers gegen den Verbraucher ausgeschlossen.[768] Es besteht weder eine Rücksende- noch eine Zahlungsverpflichtung. Bei sicherer Kenntnis dieser Rechtlage wird eine psychologische Zwangslage nicht entstehen. Die Angst vor der Durchsetzung der Forderung durch Inkassounternehmen nimmt ab, da die Betroffenen Kenntnis über die Unbegründetheit der Forderung haben. Sie wüssten, dass dem Unternehmer keinerlei Ansprüche zustehen. Die Norm ist auch hinreichend klar formuliert, so dass sie auch der Rechtsunkundige verstehen kann.

3. *Qualität der Schutzgewährung in Bezug auf rechtsgeschäftsrelevante Einschränkungen im Alter*

Zur Schutzgewährung muss der Leistungsempfänger wissen, dass durch die unbestellte Lieferung von Waren oder durch die unbestellte Erbringung sonstiger Leistungen keine Pflichten, erst recht keine Zahlungsverpflichtung, begründet werden. Die Vorschrift des § 241a BGB ist in Verbraucherkreisen allerdings weitgehend unbekannt.[769] Dies macht auch die mediale Berichterstattung zu unbestellten Leistungen deutlich.[770] Mediale Warnungen vor dem Nachkommen

765 Vgl. *Görgen et al.*, Sicherheitspotenziale, S. 336.

766 Vgl. auch *Rademacher*, Rechtsschutz zugunsten älterer Verbraucher, S. 140.

767 Vgl. *Görgen et al.*, Sicherheitspotenziale, S. 336.

768 Vgl. BeckOK BGB/*Sutschet* BGB § 241a Rn. 9.

769 Vgl. NK-BGB/*Krebs* BGB § 241a Rn. 20. Siehe zum schlechten Kenntnisstand über Verbraucherrechte auch bereits S. 184 f.

770 Im Internet lassen sich zahlreiche recht aktuelle Ratgeberartikel zur Thematik finden, z.B. Berliner Morgenpost vom 6. August 2016, 10:00 Uhr, „Verbraucher: Muss ich unbestellte Ware zurücksenden?". Auch auf den Websites der Verbraucherzentralen finden sich Informationen zum Thema mit dem Hinweis, dass eine Zahlungsverpflichtung grundsätzlich nicht besteht.

von Zahlungsaufforderungen infolge unbestellter Leistungen wären nämlich obsolet, wenn die Leistungsempfänger die Zahlungsaufforderungen bereits von sich aus ignorieren würden. Die mögliche Schutzwirkung des § 241a BGB entfaltet sich in der Praxis daher nicht hinreichend.[771] Dies entspricht der Befragung einiger Verbraucherzentralen, denen zufolge Anfragen wegen unbestellter Leistungen zwar mittlerweile abgenommen haben, gleichwohl aber noch regelmäßig vorkommen.[772] Schutzmindernd ist insbesondere auch, dass sich der Schutz durch § 241a BGB ohnehin auf Fälle unbestellter Lieferungen von Waren oder unbestellter Erbringungen sonstiger Leistungen beschränkt.

III. Vorgaben für allgemeine Geschäftsbedingungen, §§ 305 ff. BGB

1. Allgemeines

Durch die Verwendung von AGB werden dem Vertragspartner häufig vom dispositiven Gesetzesrecht abweichende, unbillige Regelungen, wie Haftungsausschlüsse, einseitig aufgezwungen.[773] Auch dort, wo es an dispositivem Recht fehlt, werden die Risiken der Vertragsabwicklung durch AGB regelmäßig zu Lasten der Verwendergegenseite verteilt.[774] Der Verwender von AGB nimmt durch die Vorformulierung eine Gestaltungsmacht in Anspruch, deren Folge ein funktionales Ungleichgewicht der Vertragsparteien ist.[775] Zweck der gesetzlichen Regelungen zur Verwendung von AGB ist daher die Verhinderung einer unangemessenen Benachteiligung der Verwendergegenseite.[776] Dies geschieht durch die in den §§ 305 ff. BGB geregelten strengen Vorgaben an die formale und inhaltliche Ausgestaltung von AGB.

---

771 Ebenso wohl NK-BGB/*Krebs* BGB § 241a Rn. 20. A.A. wohl Staudinger/*Olzen* BGB § 241a Rn. 1, der aus dem Umstand, dass sich die Gerichte nicht mit dem Thema befassen müssen, die Erfüllung der präventiven Funktion der Norm schließt.

772 Eigene Befragung der Verbraucherzentrale Hamburg vom 4. November 2019 und der Verbraucherzentrale NRW vom 15. November 2019.

773 Erman/*Roloff/Looschelders* BGB Vorb. § 305 Rn. 1.

774 Vgl. MüKoBGB/*Fornasier* BGB Vorb. § 305 Rn. 3.

775 Erman/*Roloff/Looschelders* BGB Vorb. § 305 Rn. 1.

776 Vgl. zum AGBG BeckOK BGB/*Becker* BGB § 305 Rn. 1.

2. *§§ 305 ff. BGB und rechtsgeschäftsrelevante Einschränkungen im Alter*

Ältere Menschen mit rechtsgeschäftsrelevanten Einschränkungen sind für eine Benachteiligung durch die Verwendung unangemessener AGB besonders anfällig. Schwierigkeiten bei der Informationsaufnahme und -verarbeitung, Aufmerksamkeits- und Konzentrationsstörungen, Verständnisschwierigkeiten hinsichtlich komplexer Sachverhalte sowie Sehbeeinträchtigungen erschweren einigen älteren Menschen nämlich die Wahrnehmung und das Verstehen von AGB. Klauseln, die für die Betroffenen nachteilig sind, lassen sich daher, z.B. durch Verschleierung, in AGB effektiv einbauen.

a) Einbeziehung von AGB, §§ 305 u. 305c BGB

Es gibt Klauselwerke mit Schriftgrößen, die niemand mehr mühelos entziffern kann.[777] Über den Inhalt der Klauseln herrscht dann meist Unkenntnis. In diesen Fällen besteht keine zumutbare Möglichkeit der Kenntnisnahme, so dass solche Klauseln nicht Vertragsbestandteil werden (vgl. § 305 Abs. 2 Nr. 2 BGB). Bei kürzeren Texten sind 8 pt nicht zu unterschreiten.[778] Bei längeren Texten sind größere Schrifttypen (10–12 pt) erforderlich, da dadurch die Kenntnisnahme längerer Textpassagen erleichtert wird.[779] Gerade älteren Menschen, die bekanntermaßen oftmals an einer Sehschwäche leiden, kommt die Nichteinbeziehung bei geringen Schriftgrößen zugute. Die Hinweispflicht des Verwenders auf die Verwendung von AGB (§ 305 Abs. 2 Nr. 1 Alt. 1 BGB) kann verhindern, dass ältere Menschen, z.B. aufgrund nachlassender Geschäftserfahrung oder zunehmender Vergesslichkeit, keine Kenntnis über das übliche Bestehen von AGB haben und diese infolgedessen nicht zur Kenntnis nehmen.

Entscheidend für die Feststellung der Ungewöhnlichkeit einer Klausel i.S.d. § 305c Abs. 1 BGB ist die Erwartungshaltung, die der angesprochene Kundenkreis redlicherweise entwickelt.[780] AGB in Verträgen, die ganz typischerweise mit älteren Menschen abgeschlossen werden (z.B. Verträge über den Erwerb von Hilfsmitteln, Verträge über die Überlassung von Wohnraum mit Pflege- oder

777 *Schmidt*, NJW 2011, 1633, 1635.

778 *Schmidt*, NJW 2011, 1633, 1635; siehe auch *Roth*, AcP 208 (2008), 451, 476, nach dem bei Älteren, jedenfalls bei den über 75-Jährigen, und Schriftgröße 8 auch unter Zuhilfenahme von Lesehilfen nicht mehr ohne Weiteres von der Möglichkeit der Kenntnisnahme ausgegangen werden kann.

779 *Schmidt*, NJW 2011, 1633, 1635.

780 BeckOK BGB/*Schmidt* BGB § 305c Rn. 14.

Betreuungsleistungen, außerhalb von Geschäftsräumen geschlossene Verträge auf Kaffeefahrten) sind daher an der Erwartungshaltung älterer Menschen zu messen. Die verringerte Geschäftserfahrung einiger älterer Menschen in Bezug auf den Inhalt bestimmter Geschäfte kann somit durch § 305c Abs. 1 BGB berücksichtigt werden. Durch § 305c Abs. 1 BGB können z.B. ungewöhnliche, versteckte (Zusatz-)kosten verhindert werden. Beispielsweise ist eine Klausel über die Entgeltlichkeit eines Angebots im Rahmen einer Kostenfalle, bei der sich das Angebot außerhalb der AGB als offensichtlich unentgeltlich darstellt, überraschend i.S.d. § 305c Abs. 1 BGB.[781] Überraschend i.S.d. § 305c Abs. 1 BGB sind auch Klauseln, die zu einer erheblichen atypischen Erweiterung der vertraglichen Pflichten des Kunden führen.[782] Typisch ist dabei wiederum, dass die maßgebende Klausel durch eine entsprechende Aufmachung und Gestaltung des Vertrags vor dem Kunden versteckt und verheimlicht wird.[783] Derartige Verschleierungen sind gegenüber älteren Menschen oftmals erfolgsversprechend.

b) Inhaltskontrolle von AGB, §§ 307 ff. BGB

Bestimmungen in AGB sind unwirksam, wenn sie den Vertragspartner unangemessen benachteiligen (§ 307 Abs. 1 S. 1 BGB). Zur Unwirksamkeit führt nur eine Benachteiligung des Vertragspartners von einem gewissen Gewicht, wobei daran nicht zu hohe Anforderungen gestellt werden dürfen.[784] Dem BGH zufolge ist beispielsweise die formularmäßige Vereinbarung eines einseitigen Entgelterhöhungsrechts des Heimträgers in Wohn- und Betreuungsverträgen eine unangemessene Benachteiligung des Verbrauchers i.S.d. § 307 Abs. 1 S. 1, Abs. 2 BGB und damit unwirksam.[785] Eine unangemessene Benachteiligung i.S.d. § 307 Abs. 1 S. 1 BGB kann sich auch daraus ergeben, dass die Bestimmung nicht klar und verständlich ist (§ 307 Abs. 1 S. 2 BGB). Maßgebend sind hierbei die Verständnismöglichkeiten des typischerweise bei Verträgen der geregelten Art zu erwartenden Durchschnittskunden.[786] Die Anforderungen an die Verständlichkeit von Klauseln sind recht hoch.[787] Entscheidende Punkte dürfen nicht zwischen unbedeutenden Klauseln versteckt oder an schwer auffindbarer

781 Vgl. *Gofferjé*, Vertragsschluss und Vertragsbindung bei Verbraucherverträgen, S. 128.
782 Vgl. Erman/*Roloff/Looschelders* BGB § 305c Rn. 13.
783 Vgl. Erman/*Roloff/Looschelders* BGB § 305c Rn. 13.
784 BeckOK BGB/*Schmidt* BGB § 307 Rn. 29.
785 Siehe BGH NJW-RR 2016, 944.
786 Vgl. BGH NJW 2018, 1544, 1545; BeckOK BGB/*Schmidt* BGB § 307 Rn. 43.
787 Schulze HK-BGB/*Schulte-Nölke* BGB § 307 Rn. 21.

Stelle geregelt werden.[788] In AGB müssen wirtschaftliche Nachteile und Belastungen so deutlich zu erkennen sein, wie dies nach den Umständen möglich und zumutbar ist.[789] Die bestehenden Rechte müssen sich möglichst klar und einfach feststellen lassen, so dass der Vertragspartner nicht von deren Durchsetzung abgehalten wird.[790] Bei Verbraucherverträgen sind bei der Beurteilung einer unangemessenen Benachteiligung nach § 307 Abs. 1 u. 2 BGB außerdem die den Vertragsschluss begleitenden Umstände zu berücksichtigen (§ 310 Abs. 3 Nr. 3 BGB). Hierzu zählen z.B. ein Verschleiern der Vertragsbedingungen oder eine Druckausübung bei der Verhandlung.[791] Im Übrigen sind in § 309 BGB bestimmte Klauseln aufgeführt, die zwingend unwirksam sind. Nach § 309 Nr. 9 a) BGB sind z.B. Klauseln, die übermäßig lange Vertragslaufzeiten bei bestimmten Verträgen vorsehen, unwirksam. All diese Vorgaben für die Wirksamkeit von AGB können zum Schutz gerade älterer Menschen mit rechtsgeschäftsrelevanten Einschränkungen vor wirtschaftlich nachteiligen Geschäften beitragen. Beispielsweise wird das Ausnutzen von Geschäftsunerfahrenheit und der zugleich oft gegebenen Leichtgläubigkeit im hohen Lebensalter durch das Verbot, wesentliche Klauseln zu verschleiern, erschwert. Die strengen Anforderungen an die Verständlichkeit von Klauseln kommen älteren Menschen mit Verständnisschwierigkeiten zugute.

3. *Qualität der Schutzgewährung in Bezug auf rechtsgeschäftsrelevante Einschränkungen im Alter*

Die §§ 305 ff. BGB bieten nur Schutz vor einem wirtschaftlich nachteiligen Geschäft älterer Menschen infolge rechtsgeschäftsrelevanter Einschränkungen, wenn der wirtschaftliche Nachteil allein auf einer unangemessenen formalen oder inhaltlichen Gestaltung von AGB beruht. Durch die §§ 305 ff. BGB wird der Abschluss eines wirksamen Geschäfts nämlich nicht verhindert. Es werden lediglich bestimmte unangemessene Klauseln nicht Vertragsbestandteil oder sind unwirksam; der Vertrag bleibt im Übrigen bestehen. Über § 310 Abs. 3 Nr. 3 BGB sind zwar bei Verbraucherverträgen auch die den Vertragsschluss begleitenden Umstände zu berücksichtigen. Dies allerdings nur bei der Beurteilung, ob die in Frage stehende Klausel die Verwendergegenseite unangemessen benachteiligt. Der Anwendungsbereich der §§ 305 ff. BGB im Rahmen des

---

788 Schulze HK-BGB/*Schulte-Nölke* BGB § 307 Rn. 21.
789 BGH NJW 2018, 1811, 1812.
790 BGH NJW 2016, 1575, 1576.
791 Vgl. Erman/*Roloff*/*Looschelders* BGB § 310 Rn. 25.

Schutzes älterer Menschen vor wirtschaftlich nachteiligen Geschäften infolge rechtsgeschäftsrelevanter Einschränkungen ist daher begrenzt. In einer Vielzahl von Situationen können die §§ 305 ff. BGB nicht zum Schutz vor wirtschaftlich nachteiligen Geschäften älterer Menschen infolge rechtsgeschäftsrelevanter Einschränkungen beitragen. Dies gilt für den im vorliegenden Zusammenhang besonders bedeutsamen Bereich des Verbrauchsgüterkaufs im Übrigen schon deshalb, da mit den §§ 474 ff. BGB in weitem Umfang zwingendes Recht gilt, die AGB-rechtliche Inhaltskontrolle aber nur Bedeutung für das dispositive Recht hat.[792]

IV. Gewinnzusagen, § 661a BGB

1. Allgemeines

Gemäß § 661a BGB hat ein Unternehmer, der Gewinnzusagen oder vergleichbare Mitteilungen an Verbraucher sendet und durch die Gestaltung dieser Zusendungen den Eindruck erweckt, dass der Verbraucher einen Preis gewonnen hat, dem Verbraucher diesen Preis zu leisten. Durch die Einführung von § 661a BGB sollte verhindert werden, dass dem Verbraucher Warenangebote aufgedrängt werden, mit denen er sich nicht befassen möchte.[793] Hintergrund ist, dass Unternehmer Verbrauchern Mitteilungen über angebliche Gewinne zusenden, diese aber nicht aushändigen, sondern vielmehr versuchen, den Verbraucher zur Annahme von Waren zu bewegen.[794] Die Adressaten dieser Mitteilungen werden teilweise auch zur Teilnahme an einer Verkaufsveranstaltung (Kaffeefahrt) verleitet.[795]

2. § 661a BGB und rechtsgeschäftsrelevante Einschränkungen im Alter

Die Leichtgläubigkeit und die daraus resultierende Täuschungsanfälligkeit einiger älterer Menschen sind ausschlaggebend dafür, dass bei ihnen unseriöse Geschäftspraktiken mit falschen Gewinnversprechen besonders erfolgsversprechend eingesetzt werden können. Eine häufig abnehmende Geschäftserfahrung im hohen Alter sowie die Unkenntnis über derartige Geschäftspraktiken infolge grundsätzlicher Informationsdefizite sind dafür ebenfalls ursächlich. § 661a BGB verbietet zwar keine unseriösen Geschäftspraktiken mit falschen

792 Vgl. Schulze HK-BGB/*Schulte-Nölke* BGB Vorb. §§ 305–310 Rn. 10 f.
793 Siehe BT-Drucks. 14/2658, S. 48 f.
794 Vgl. MükoBGB/*Schäfer* BGB § 661a Rn. 2; BT-Drucks. 14/2658, S. 48.
795 Vgl. MükoBGB/*Schäfer* BGB § 661a Rn. 2.

Gewinnversprechen (siehe insofern aber Nr. 17 des Anhangs zu § 3 Abs. 3 UWG). Dadurch, dass die Unternehmer jedoch zur Auszahlung des Preises verpflichtet werden, könnten sie von derartigen Gewinnversprechen abgehalten werden. Die Auszahlung des Preises ist bei falschen Gewinnversprechen nämlich nicht beabsichtigt. In der Regel steht dafür auch kein Vermögen zur Verfügung. Grundsätzlich kann § 661a BGB daher dazu beitragen, das Erhalten eines falschen Gewinnversprechens, die typischerweise zu einer wirtschaftlichen Einbuße (z.B. Annahme nicht benötigter Waren, Erwerb überteuerter Produkte auf Kaffeefahrten) auf Seiten des kontaktierten älteren Menschen führen, zu vermeiden. § 661a BGB hat auch nicht die zwingende Wirksamkeit der aufgrund der Gewinnmitteilung getätigten Geschäfte zur Folge. Die mit der Hilfe von Gewinnversprechen i.S.d. § 661a BGB herbeigeführten Rechtsgeschäfte können, trotz der Einräumung eines Anspruchs auf Leistung des Preises, infolge von Sittenwidrigkeit nach § 138 Abs. 1 BGB nichtig sein.[796]

3. Qualität der Schutzgewährung in Bezug auf rechtsgeschäftsrelevante Einschränkungen im Alter

Die rechtliche Umsetzung des Normzwecks ist unstreitig zu begrüßen. Im Ergebnis bietet § 661a BGB aber keinen effektiven Schutz vor unseriösen Geschäftspraktiken mittels falscher Gewinnversprechen. Die Vollstreckung eines titulierten Anspruchs aus § 661a BGB bereitet nämlich häufig Schwierigkeiten.[797] § 661a BGB entfaltet daher keine abschreckende Wirkung. Der unredliche Unternehmer wird kaum das Versenden von falschen Gewinnversprechen unterlassen, wenn er weiß, dass eine Auszahlung des Preises meist nicht vollstreckt wird. Außerdem ist der Schutzbereich des § 661a BGB lückenhaft, da die Norm weder bloße Gewinnchancen noch telefonische Gewinnmitteilungen umfasst.[798] Ohnehin deckt die Norm inhaltlich nur einen kleinen Teilbereich der Situationen ab, die regelmäßig ein wirtschaftlich nachteiliges Geschäft älterer Menschen zur Folge haben.

---

796 Siehe BGH NJW 2005, 2991, 2993.

797 Schwierigkeiten bei der Vollstreckung annehmend BeckOK BGB/*Kneller* BGB § 661a Rn. 10; *Tamm*, Verbraucherschutzrecht, S. 462. Ausführlicher dazu noch auf S. 231.

798 Vgl. MükoBGB/*Schäfer* BGB § 661a Rn. 30.

V. Gewerberechtliche Vorgaben für Wanderlager, § 56a GewO

1. Allgemeines

In § 56a GewO wird u.a. geregelt, ob und wie ein Kaffeefahrtenbetreiber die Kaffeefahrt bei der Behörde anzumelden hat (siehe § 56a Abs. 1 S. 1 Hs. 1 u. S. 3 GewO). Außerdem werden Vorgaben gemacht, wie in einer öffentlichen Ankündigung auf die Kaffeefahrt hinzuweisen ist (siehe § 56a Abs. 1 S. 1 Hs. 2 u. S. 2 GewO). Bei Verstößen gegen die Vorgaben des § 56a Abs. 1 GewO kann die Veranstaltung untersagt (siehe § 56a Abs. 2 GewO) oder ein Bußgeld verhängt werden (siehe § 145 Abs. 3 Nr. 6–9 u. Abs. 4 GewO). Da trotz dieser Regelungen Missstände bei Kaffeefahrten zu beobachten sind und trotz zahlreicher Aufklärungsmaßnahmen Kaffeefahrtenbetreiber erfolgreich unlautere Geschäftspraktiken anwenden, wurden Verschärfungen des § 56a GewO beschlossen.[799] Durch Art. 2 Nr. 3 u. 4 Gesetz zur Stärkung des Verbraucherschutzes im Wettbewerbs- und Gewerberecht vom 10. August 2021 wird u.a. eingeführt, dass dem Verbraucher zukünftig Informationen über die Person des Veranstalters und über das Bestehen eines Widerrufsrechts bereits mit der öffentlichen Ankündigung der Veranstaltung zukommen müssen (siehe § 56a Abs. 4 S. 1 Nr. 3 u. 4 GewO k.F.). Außerdem wird der Vertrieb von Medizinprodukten und Nahrungsergänzungsmitteln auf Kaffeefahrten verboten (siehe § 56a Abs. 6 S. 1 Nr. 2 u. 3 GewO k.F.) sowie der Höchstbetrag einer möglichen Geldbuße für einen Verstoß gegen die Vorgaben des § 56a GewO erhöht (siehe § 145 Abs. 4 GewO k.F.).

2. § 56a GewO und rechtsgeschäftsrelevante Einschränkungen im Alter

Die zukünftigen Änderungen der gewerberechtlichen Vorgaben für Kaffeefahrten sind grundsätzlich geeignet, um zu einem besseren Schutz älterer Menschen mit rechtsgeschäftsrelevanten Einschränkungen vor wirtschaftlich nachteiligen Geschäften bei Kaffeefahrten beizutragen.[800] Es könnten mehr Widerrufe infolge der Kenntnis über das Widerrufsrecht und den Widerrufsadressaten erklärt werden. Einige der typischerweise auf Kaffeefahrten vertriebenen Produkte dürfen auf diesen Veranstaltungen nicht mehr zum Verkauf angeboten

---

799 Vgl. BT-Drucks. 19/27873, S. 45.

800 Ausführlich zu Kaffeefahrten im Zusammenhang mit rechtsgeschäftsrelevanten Einschränkungen im Alter S. 130 f.

werden. Durch die Bußgelderhöhung könnten die Veranstalter zum Einhalten der gesetzlichen Vorgaben angehalten werden.

3. *Qualität der Schutzgewährung in Bezug auf rechtsgeschäftsrelevante Einschränkungen im Alter*

Die Änderungen der §§ 56a u. 145 Abs. 4 GewO sind zwar zu begrüßen. Einen bestmöglichen Schutz älterer Menschen mit rechtsgeschäftsrelevanten Einschränkungen vor wirtschaftlich nachteiligen Geschäften bei Kaffeefahrten werden die Änderungen jedoch nicht bewirken. Es gibt bereits Vorgaben zum Vertrieb von Medizinprodukten, wie z.B. das Verbot, mit Werbeaussagen zu werben, die nahelegen, dass die Gesundheit durch die Verwendung des Medizinproduktes verbessert werden könnte (§ 11 Abs. 1 S. 1 Nr. 7 u. S. 2 HWG).[801] Erst recht ist das Werben mit unwahren Angaben zur Heilungswirkung eines Produktes unzulässig (siehe Nr. 18 des Anhangs zu § 3 Abs. 3 UWG). Gleichwohl werden Medizinprodukte auf Kaffeefahrten unter Anwendung entsprechender unlauterer Geschäftspraktiken vertrieben.[802] Durch Verbote werden unseriöse Kaffeefahrtenbetreiber daher offensichtlich nicht von der Anwendung unzulässiger Geschäftspraktiken abgehalten. Ob ein Bußgeld in Höhe von bis zu 10.000 Euro ausreicht, um die Veranstalter zur Beachtung der Vorgaben des § 56a GewO k.F. anzuhalten, ist zumindest fraglich. Wenn Medizinprodukte mit hohen Gewinnspannen verkauft werden, könnte nämlich der eingenommene Betrag das etwaig zu zahlende Bußgeld übersteigen. Im Übrigen würde ein Verstoß gegen das Vertriebsverbot nicht zur Nichtigkeit des Kaufvertrags zwischen dem unseriösen Kaffeefahrtenbetreiber und dem älteren Menschen führen.[803] Das Vertriebsverbot bezieht sich auch nur auf einige wenige Produkte.

---

801 Siehe hierzu und zu weiteren Vorgaben zum Vertrieb von Medizinprodukten BT-Drucks. 19/27873, S. 48.

802 Siehe hierzu bereits S. 133 sowie BT-Drucks. 19/27873, S. 48.

803 Nach BGH NJW 1996, 926, 927 f., führt ein Verstoß gegen das Verbot, Darlehensverträge im Reisegewerbe abzuschließen oder zu vermitteln (§ 56 Abs. 1 Nr. 6 GewO a.F.), nicht zur Nichtigkeit des Vertrags nach § 134 BGB, da das bestehende Widerrufsrecht für einen angemesseneren Schutz sorgen würde; vgl. hierzu auch OLG München NJW-RR 1990, 1528, 1529. Entsprechendes könnte daher für das Verbot, Medizinprodukte bzw. Nahrungsergänzungsmittel auf Kaffeefahrten zu vertreiben, gelten.

VI. „*New Deal for Consumers*"

1. *Allgemeines*

Im April 2018 legte die Europäische Kommission unter der Bezeichnung „*New Deal for Consumers*" zwei Richtlinienvorschläge zur Änderung einiger zuvor in einem sog. Fitness-Check (*REFIT, Regulatory Fitness and Performance Programme*) untersuchten verbraucherrechtlichen Richtlinien vor.[804] Dieses Maßnahmenpaket soll zu einer „Neugestaltung der Rahmenbedingungen für die Verbraucher" führen.[805] Bezweckt ist u.a. die Modernisierung bestehender Vorschriften, die Bereitstellung besserer Rechtsbehelfe für die Verbraucher und die wirksame Rechtsdurchsetzung.[806] Beide Richtlinien wurden mittlerweile erlassen. Die Richtlinie (EU) 2019/2161 des Europäischen Parlaments und des Rates vom 27. November 2019 zur Änderung der Richtlinie 93/13/EWG des Rates und der Richtlinien 98/6/EG, 2005/29/EG und 2011/83/EU des Europäischen Parlaments und des Rates zur besseren Durchsetzung und Modernisierung der Verbraucherschutzvorschriften der Union wurde am 27. November 2019 erlassen und ist bis zum 28. November 2021 in nationales Recht umzusetzen (siehe Art. 7 Abs. 1 S. 1 RL (EU) 2019/2161). Die Richtlinie (EU) 2020/1828 des Europäischen Parlaments und des Rates vom 25. November 2020 über Verbandsklagen zum Schutz der Kollektivinteressen der Verbraucher und zur Aufhebung der Richtlinie 2009/22/EG wurde am 25. November 2020 erlassen und ist bis zum 25. Dezember 2022 in nationales Recht umzusetzen (siehe Art. 24 Abs. 1 UAbs. 1 S. 1 RL (EU) 2020/1828).

a) RL (EU) 2019/2161 – „Omnibusrichtlinie"[807]

Bei der Richtlinie (EU) 2019/2161 handelt es sich um eine Änderungsrichtlinie, d.h. es werden keine bestehenden Rechtsakte ersetzt, sondern andere Richtlinien

---

804 *Tonner*, in: Tamm/Tonner/Brönneke, Verbraucherrecht, § 3 Rn. 57; siehe auch *Augenhofer*, EuZW 2019, 5 f.

805 Siehe *Augenhofer*, EuZW 2019, 5, siehe dort S. 5 ff. auch ausführlich zum „*New Deal for Consumers*".

806 Siehe Mitteilung der Kommission an das Europäische Parlament, den Rat und den Europäischen Wirtschafts- und Sozialausschuss vom 11. April 2018, COM(2018) 183 final, S. 4 f.

807 Die Bezeichnung „Omnibusrichtlinie" beruht darauf, dass in dieser Richtlinie die mit dem „*New Deal for Consumers*" beabsichtigten Änderungen mehrerer Richtlinien zusammengefasst werden, siehe *Tonner*, in: Tamm/Tonner/Brönneke, Verbraucherrecht, § 3 Rn. 57.

werden punktuell geändert.[808] Als im vorliegenden Zusammenhang relevante Änderung ist insbesondere die in Art. 3 Nr. 5 RL (EU) 2019/2161 vorgesehene Ergänzung der Richtlinie 2005/29/EG[809] zu nennen. Mit Wirkung vom 7. Januar 2020 hat der europäische Gesetzgeber die Richtlinie 2005/29/EG um Art. 11a ergänzt. Nach Art. 11a Abs. 1 S. 1 RL 2005/29/EG sollen Verbraucher, die durch unlautere Geschäftspraktiken geschädigt wurden, Zugang zu angemessenen und wirksamen Rechtsbehelfen, einschließlich Ersatz des dem Verbraucher entstandenen Schadens sowie gegebenenfalls Preisminderung oder Beendigung des Vertrags, haben. Trotz vereinzelter Zweifel am nationalen Umsetzungsbedarf des Art. 11a Abs. 1 S. 1 RL 2005/29/EG wurde ein entsprechendes Gesetz bereits erlassen.[810] Ab dem 28. Mai 2022 wird es für Schäden infolge einer nach § 3 UWG unzulässigen geschäftlichen Handlung (unlautere Geschäftspraktik) einen UWG-rechtlichen Ersatzanspruch des einzelnen Verbrauchers geben (siehe § 9 Abs. 2 S. 1 UWG k.F.).[811]

Als weitere relevante Änderung ist die Einführung eines Bußgeldtatbestands bei bestimmten Verstößen gegen Verbraucherschutzvorschriften zu nennen. Durch Art. 1, Art. 3 Nr. 6 u. Art. 4 Nr. 13 RL (EU) 2019/2161 wurde die

---

808 *Alexander*, WRP 2021, 136, 137.

809 Richtlinie 2005/29/EG des Europäischen Parlaments und des Rates vom 11. Mai 2005 über unlautere Geschäftspraktiken von Unternehmen gegenüber Verbrauchern im Binnenmarkt und zur Änderung der Richtlinie 84/450/EWG des Rates, der Richtlinien 97/7/EG, 98/27/EG und 2002/65/EG des Europäischen Parlaments und des Rates sowie der Verordnung (EG) Nr. 2006/2004 des Europäischen Parlaments und des Rates (Richtlinie über unlautere Geschäftspraktiken); im Folgenden auch als Richtlinie über unlautere Geschäftspraktiken bezeichnet.

810 Siehe Art. 1 Nr. 5 Gesetz zur Stärkung des Verbraucherschutzes im Wettbewerbs- und Gewerberecht vom 10. August 2021 (§ 9 UWG k.F.). Vgl. zu Zweifeln am Bedarf einer Umsetzung Köhler/Bornkamm/Feddersen (2021)/*Köhler* UWG § 9 Rn. 1.10, der davon ausging, dass sich durch Art. 11a RL 2005/29/EG an der materiellen Rechtslage in Deutschland kaum etwas ändern wird, da das allgemeine Vertragsrecht, das Kaufrecht und das Deliktsrecht bereits einen ausreichenden Verbraucherschutz vor unlauteren geschäftlichen Handlungen gewährleiste; vgl. auch *Herzberg*, Gewinnabschöpfung, S. 143; auch *Alexander*, WRP 2019, I, Nr 01, betonte, dass bereits im geltenden Verbraucherschutz- und Deliktsrecht eine Vielzahl von interessengerechten Rechten und Ansprüchen zur Verfügung steht; siehe insofern allerdings die Ausführungen zu den derzeitigen individualrechtlichen Schutzmöglichkeiten bei UWG-Verstößen auf S. 196 f.

811 Siehe insofern zum derzeitigen Recht S. 196 f.

Richtlinie 93/13/EWG[812] um Art. 8b ergänzt sowie Art. 13 RL 2005/29/EG und Art. 24 RL 2011/83/EU[813] geändert. Infolgedessen haben die Mitgliedstaaten der Europäischen Union zukünftig sicherzustellen, dass bei Durchsetzungsmaßnahmen im Rahmen koordinierter Aktionen gegen einen weitverbreiteten Verstoß oder gegen einen weitverbreiteten Verstoß mit Unions-Dimension gegen die gemäß der Klauselrichtlinie, der Richtlinie über unlautere Geschäftspraktiken und der Verbraucherrechterichtlinie erlassenen nationalen Vorschriften Geldbußen gegen die insoweit rechtswidrig handelnden Unternehmer verhängt werden können (vgl. Art. 8b Abs. 1 S. 1 u. Abs. 4 RL 93/13/EWG i.V.m. Art. 21 u. Art. 3 Nr. 3 u. 4 CPC-VO 2017[814], Art. 13 Abs. 1 S. 1 u. Abs. 3 S. 1 RL 2005/29/EG i.V.m. Art. 21 u. Art. 3 Nr. 3 u. 4 CPC-VO 2017, Art. 24 Abs. 1 S. 1 u. Abs. 3 RL 2011/83/EU i.V.m. Art. 21 u. Art. 3 Nr. 3 u. 4 CPC-VO 2017). In Deutschland wurden die dementsprechenden Umsetzungsgesetze bereits erlassen.[815] Durch Art. 8b Abs. 1 S. 1 RL 93/13/EWG haben die Mitgliedstaaten der Europäischen

812 Richtlinie 93/13/EWG des Rates vom 5. April 1993 über mißbräuchliche Klauseln in Verbraucherverträgen; im Folgenden auch als Klauselrichtlinie bezeichnet.

813 Richtlinie 2011/83/EU des Europäischen Parlaments und des Rates vom 25. Oktober 2011 über die Rechte der Verbraucher, zur Abänderung der Richtlinie 93/13/EWG des Rates und der Richtlinie 1999/44/EG des Europäischen Parlaments und des Rates sowie zur Aufhebung der Richtlinie 85/577/EWG des Rates und der Richtlinie 97/7/EG des Europäischen Parlaments und des Rates; im Folgenden auch als Verbraucherrechterichtlinie bezeichnet.

814 Verordnung (EU) 2017/2394 des Europäischen Parlaments und des Rates vom 12. Dezember 2017 über die Zusammenarbeit zwischen den für die Durchsetzung der Verbraucherschutzgesetze zuständigen nationalen Behörden und zur Aufhebung der Verordnung (EG) Nr. 2006/2004.

815 Siehe Art. 2 Nr. 4 Gesetz zur Änderung des Bürgerlichen Gesetzbuchs und des Einführungsgesetzes zum Bürgerlichen Gesetzbuche in Umsetzung der EU-Richtlinie zur besseren Durchsetzung und Modernisierung der Verbraucherschutzvorschriften der Union und zur Aufhebung der Verordnung zur Übertragung der Zuständigkeit für die Durchführung der Verordnung (EG) Nr. 2006/2004 auf das Bundesministerium der Justiz und für Verbraucherschutz vom 10. August 2021 (Art. 246e EGBGB k.F. – Umsetzung von Art. 8b RL 93/13/EWG u. Art. 24 RL 2011/83/EU) u. Art. 1 Nr. 3 u. 8 Gesetz zur Stärkung des Verbraucherschutzes im Wettbewerbs- und Gewerberecht vom 10. August 2021 (§§ 5c u. 19 UWG k.F. – Umsetzung von Art. 13 RL 2005/29/EG).

Union zukünftig auch im Übrigen Sanktionen für Unternehmer wegen der Verwendung von unzulässigen AGB vorzuhalten.[816]

b) RL (EU) 2020/1828 – „Verbandsklagerichtlinie“

Ab dem 25. Juni 2023 wird es außerdem ein einstufiges Klageverfahren geben, mit dem Leistungsansprüche mehrerer Verbraucher im Kollektiv von bestimmten Verbraucherschutzorganisationen durchgesetzt werden können (vgl. Art. 7 Abs. 1 u. 4 b) i.V.m. Art. 9 Abs. 1 u. 6, Art. 24 Abs. 1 UAbs. 2 RL (EU) 2020/1828). Nach Art. 7 Abs. 1 u. 4 b) i.V.m. Art. 9 Abs. 1 RL (EU) 2020/1828 haben die Mitgliedstaaten der Europäischen Union sicherzustellen, dass qualifizierte Einrichtungen berechtigt sind, eine Verbandsklage zu erheben, durch die ein Unternehmer verpflichtet werden soll, den betroffenen Verbrauchern, je nach Fall und soweit dies im Unionsrecht oder im nationalen Recht vorgesehen ist, Abhilfe in Form von Schadenersatz, Reparatur, Ersatzleistung, Preisminderung, Vertragsauflösung oder Erstattung des gezahlten Preises zu leisten. Die Mitgliedstaaten haben dabei sicherzustellen, dass Verbraucher aufgrund einer Abhilfeentscheidung Anspruch darauf haben, dass ihnen die in diesen Abhilfeentscheidungen vorgesehene Abhilfe zugutekommt, ohne eine gesonderte Klage erheben zu müssen (siehe Art. 9 Abs. 6 RL (EU) 2020/1828).[817]

2. „New Deal for Consumers" und rechtsgeschäftsrelevante Einschränkungen im Alter

a) RL (EU) 2019/2161 – „Omnibusrichtlinie“

Mit dem individualrechtlichen Schadensersatzanspruch bei Schädigungen infolge unlauterer Geschäftspraktiken könnten ältere Menschen wirtschaftlich nachteilige Geschäfte rückgängig machen oder zumindest (wirtschaftliche) Schäden ersetzt bekommen. Ältere Menschen mit rechtsgeschäftsrelevanten Einschränkungen sind mitunter auch gezielt Adressaten unlauterer Geschäftspraktiken. Unternehmer könnten durch die Einführung des UWG-rechtlichen Schadensersatzanspruchs des einzelnen Verbrauchers außerdem dazu verleitet werden, zukünftig von unlauteren Geschäftspraktiken abzusehen. Unlautere

---

816 Vergleichbare Regelungen enthielten bereits die Richtlinie über unlautere Geschäftspraktiken (vgl. dort Art. 13 a.F.) und die Verbraucherrechterichtlinie (vgl. dort Art. 24 a.F.) für Verstöße gegen die auf diesen Richtlinien erlassenen nationalen Vorschriften.

817 Siehe insofern zum Unterschied zur deutschen Musterfeststellungsklage *Lühmann*, NJW 2019, 570, 572.

Geschäftspraktiken könnten sich nicht mehr lohnen, wenn Verträge wieder rückabgewickelt werden müssten oder Schadensersatzzahlungen sowie Verfahrenskosten drohen. Auch die zukünftigen Bußgeldtatbestände könnten eine entsprechende Abschreckungswirkung erzeugen, da die zu zahlenden Bußgelder den Gewinn aus den mit den unlauteren Geschäftspraktiken oder mit Verstößen gegen die Klausel- bzw. Verbraucherrechterichtlinie im Zusammenhang stehenden Geschäften übersteigen könnten.

b) RL (EU) 2020/1828 – „Verbandsklagerichtlinie"

Ältere Menschen wären durch die Einführung einer auf Leistung gerichteten Verbandsklage in einigen Fällen nicht mehr auf die individuelle Rechtsdurchsetzung eines Leistungsanspruchs (z.B. Schadensersatz) angewiesen, die im Falle eines hohen Lebensalters nicht selten an rechtsgeschäftsrelevanten Einschränkungen scheitern kann.[818] Mit Verbandsklagen können Hindernisse überwunden werden, auf die – insbesondere ältere – Verbraucher bei der individuellen Rechtsdurchsetzung stoßen, beispielsweise solche der Unsicherheit über ihre Rechte und die zur Verfügung stehenden Verfahrensmechanismen, das psychologische Zögern, tätig zu werden, und das ungünstige Verhältnis zwischen den erwarteten Kosten und dem Nutzen der Einzelklage.[819]

Durch die Möglichkeit der Rechtsdurchsetzung mittels einer Verbandsklage steigt demnach grundsätzlich die Gefahr für Unternehmer, für Rechtsverstöße zur Verantwortung gezogen zu werden. Insofern könnte die Einführung einer auf Leistung gerichteten Verbandsklage Unternehmer zukünftig von Verbraucherrechtsverstößen abhalten, da diese sich angesichts von z.B. drohenden Schadensersatzzahlungen und Verfahrenskosten nicht mehr lohnen könnten. Es könnte zukünftig seltener zu Verstößen gegen die vorliegend im Zusammenhang mit dem Schutz älterer Menschen vor Übervorteilung untersuchten Vorschriften (§§ 305 ff., 312 ff. BGB und die Regelungen des UWG) kommen. Gerade eine Reduzierung von unlauteren Geschäftspraktiken könnte dazu führen, dass ältere Menschen seltener wirtschaftlich nachteilige Geschäfte infolge rechtsgeschäftsrelevanter Einschränkungen abschließen.

---

818 Siehe zu Rechtsdurchsetzungsschwierigkeiten einiger älterer Menschen S. 127 ff. u. 227 ff.

819 Vgl. Erwägungsgrund 9 RL (EU) 2020/1828.

3. *Qualität der Schutzgewährung in Bezug auf rechtsgeschäftsrelevante Einschränkungen im Alter*

a) RL (EU) 2019/2161 – „Omnibusrichtlinie"

aa) Nichtvorliegen der Voraussetzungen eines UWG-rechtlichen Schadensersatzanspruchs des einzelnen Verbrauchers

Da eine unlautere Geschäftspraktik Voraussetzung des UWG-rechtlichen Schadensersatzanspruchs des einzelnen Verbrauchers sein wird (vgl. Art. 11a Abs. 1 S. 1 RL 2005/29/EG bzw. § 9 Abs. 2 S. 1 UWG k.F.), wird dieser Rechtsbehelf in einigen Fällen wirtschaftlich nachteiliger Geschäfte älterer Menschen infolge von rechtsgeschäftsrelevanten Einschränkungen nicht in Betracht kommen.[820] Im Übrigen wurde schon das individuelle Rücktrittsrecht des Abnehmers bei Täuschungen nach § 13a UWG a.F. (1986–2004) wegen völliger Bedeutungslosigkeit abgeschafft.[821] Insofern kann der Nutzen eines UWG-rechtlichen Schadensersatzanspruchs des einzelnen Verbrauchers ohnehin bezweifelt werden.[822]

bb) Geringe Abschreckungswirkung

Die Mühen und Kosten einer gerichtlichen Auseinandersetzung haben auf die Betroffenen oftmals eine abschreckende Wirkung. Dies dürfte erst recht bei geringen Streitwerten, wie es bei Verfahren im Zusammenhang mit unlauteren Geschäftspraktiken häufig der Fall ist, gelten.[823] Bei einigen älteren Menschen kommen außerdem besondere Rechtsdurchsetzungsschwierigkeiten hinzu.

---

820 Vgl. hierzu S. 194 f.

821 Siehe *Alexander*, WRP 2019, I, Nr 01.

822 Kritisch zu einem UWG-rechtlichen Vertragsauflösungsrecht auch *Rademacher*, Rechtsschutz zugunsten älterer Verbraucher, S. 288 f. u. 340 f. Die Einführung eines individuellen Rechtsbehelfs bei UWG-Verstößen befürworten hingegen *Augenhofer*, EuZW 2019, 5, 8; *Fezer*, Zweckgebundene Verwendung von Unrechtserlösen, S. 20 f. Siehe zu einer ausführlichen Kritik an einem im UWG geregelten individuellen Schadensersatzanspruch bei einer Schädigung durch unlautere Geschäftspraktiken *Herzberg*, Gewinnabschöpfung, S. 529 ff.

823 Vgl. hierzu *Podszun/Busch/Henning-Bodewig*, Behördliche Durchsetzung des Verbraucherrechts, S. 43 f. u. 70 f.; *Gofferjé*, Vertragsschluss und Vertragsbindung bei Verbraucherverträgen, S. 266. Siehe dazu, dass u.a. aus Prozessscheu bei geringen Streitwerten mitunter nicht geklagt wird, *Meller-Hannich*, Stellungnahme, S. 2. Siehe zum Absehen von der Rechtsverfolgung wegen der entstehenden Kosten auch *Rademacher*, Rechtsschutz zugunsten älterer Verbraucher, S. 167 ff. (am Beispiel unerlaubter Telefonwerbung).

Einige unlauter handelnde Unternehmer hätten eine gerichtliche Inanspruchnahme durch den einzelnen Verbraucher auf Schadensersatz daher nicht zu erwarten. Hieran würde auch die Einführung einer auf Leistung gerichteten Verbandsklage (Art. 7 Abs. 1 u. 4 b) i.V.m. Art. 9 Abs. 1 RL (EU) 2020/1828) – dies sei an dieser Stelle vorweggenommen – im vorliegenden Zusammenhang nicht viel ändern.[824] Einige unlauter handelnde Unternehmer würden insofern, zumindest gegenüber älteren Menschen, durch die Einführung des UWG-rechtlichen Schadensersatzanspruchs des einzelnen Verbrauchers nicht zwangsläufig von der Vornahme unlauterer Geschäftspraktiken abgeschreckt werden.

Auch die kommenden Bußgeldtatbestände werden voraussichtlich keinen ausreichenden Abschreckungseffekt bewirken. Zwar wird hiermit die Möglichkeit geschaffen, eine Vielzahl verschiedenster unlauterer Geschäftspraktiken – insofern anders als bisher (vgl. § 20 UWG) – mit einer Geldbuße zu sanktionieren. Diese Sanktion hätten aber allein in Deutschland ansässige und agierende Unternehmer, deren unlautere Geschäftspraktiken sich nur gegen in Deutschland lebende Menschen richten, nicht zu befürchten (vgl. Art. 13 Abs. 1 S. 1 u. Abs. 3 S. 1 RL 2005/29/EG i.V.m. Art. 21 u. Art. 3 Nr. 3 u. 4 CPC-VO 2017 bzw. §§ 5c Abs. 1, 19 Abs. 3 UWG k.F. i.V.m. Art. 21 u. Art. 3 Nr. 3 u. 4 CPC-VO 2017 – „Betroffenheit" von mindestens drei Mitgliedstaaten). Entsprechendes gilt bei Verstößen gegen die gemäß der Klauselrichtlinie und der Verbraucherrechterichtlinie erlassenen nationalen Vorschriften (siehe Art. 8b Abs. 1 S. 1 u. Abs. 4 RL 93/13/EWG i.V.m. Art. 21 u. Art. 3 Nr. 3 u. 4 CPC-VO 2017 sowie Art. 24 Abs. 1 S. 1 u. Abs. 3 RL 2011/83/EU i.V.m. Art. 21 u. Art. 3 Nr. 3 u. 4 CPC-VO 2017 bzw. Art. 246e § 1 Abs. 1 u. § 2 Abs. 3 EGBGB k.F. i.V.m. Art. 21 u. Art. 3 Nr. 3 u. 4 CPC-VO 2017). Zumindest kleine Kaffeefahrtenbetreiber oder Haustürverkäufer würden insofern nicht ausreichend vor Verstößen gegen die gemäß der Klauselrichtlinie, der Richtlinie über unlautere Geschäftspraktiken und der Verbraucherrechterichtlinie erlassenen nationalen Vorschriften abgeschreckt werden. Auch durch die Umsetzungsnormen des Art. 8b Abs. 1 S. 1 RL 93/13/EWG werden sich unseriöse Unternehmer vermutlich nicht von der Verwendung unzulässiger AGB abhalten lassen. Trotz des ähnlich lautenden Art. 13

---

824 Im Allgemeinen ebenso wohl *Alexander*, WRP 2021, 136, 143; zuversichtlicher im Allgemeinen hingegen wohl *Maaßen*, GRUR-Prax 2021, 7, 10. Zuversichtlicher im Zusammenhang mit telefonisch abgeschlossenen Verträgen älterer Menschen infolge eines unaufgeforderten Werbeanrufs wohl *Rademacher*, Rechtsschutz zugunsten älterer Verbraucher, S. 341. Siehe ausführlich zur Schutzqualität einer auf Leistung gerichteten Verbandsklage noch sogleich.

RL 2005/29/EG a.F., nach welchem die Mitgliedstaaten Sanktionen für unlauter handelnde Unternehmer vorsehen mussten, sind unlautere Geschäftspraktiken nämlich immer noch ein häufiges Problem. Insofern ist zu vermuten, dass unseriöse Unternehmer durch die Umsetzungsgesetze des Art. 8b Abs. 1 S. 1 RL 93/13/EWG ebenfalls nicht ausreichend abgeschreckt werden. Abschließend sei angemerkt, dass einige der nun mitunter häufiger eingehaltenen Vorgaben, wie z.B. die der §§ 312 ff. BGB oder der §§ 305 ff. BGB, im vorliegenden Zusammenhang ohnehin nur beschränkt Schutz bieten können.

b) RL (EU) 2020/1828 – „Verbandsklagerichtlinie“

Materiell-rechtlich wird der Anwendungsbereich der kollektiven Leistungsklage in Fällen wirtschaftlich nachteiliger Geschäfte älterer Menschen nicht immer eröffnet sein, wie z.B. in den Fällen, in denen es allein aufgrund der rechtsgeschäftsrelevanten Einschränkungen, d.h. ohne Vorliegen eines unrechtmäßigen Verhaltens des Geschäftspartners (z.B. einer Pflichtverletzung), zu dem wirtschaftlich nachteiligen Geschäft kommt. Voraussetzung der kollektiven Leistungsklage wird nämlich ein Verstoß gegen bestimmte Vorschriften des Unionsrechts einschließlich ihrer Umsetzung in nationales Recht sein (vgl. Art. 2 Abs. 1 S. 1 RL (EU) 2020/1828).

Außerdem wird die kollektive Leistungsklage nur zum Schutz der Kollektivinteressen der Verbraucher, d.h. wohl nur bei einer Vielzahl von Betroffenen (vgl. Art. 3 Nr. 3 RL (EU) 2020/1828 – „allgemeine Interesse der Verbraucher“, „Interessen einer Gruppe von Verbrauchern“), eingelegt werden können (vgl. Art. 7 Abs. 1 u. 4 b) i.V.m. Art. 9 Abs. 1 i.V.m. Art. 3 Nr. 5 RL (EU) 2020/1828). Eine genaue Mindestzahl von Verbrauchern wird in der Richtlinie zwar nicht genannt. Vielmehr sollen gemäß Erwägungsgrund 12 der Richtlinie die Mitgliedstaaten entscheiden, welche Mindestzahl von Verbrauchern von einer Verbandsklage auf Abhilfe betroffen sein muss, damit eine Verbandsklage in einer Angelegenheit zulässig ist. Damit es sich um eine „Gruppe“ handelt, werden wahrscheinlich mindestens drei Verbraucher betroffen sein müssen.[825] Da die Europäische Kommission in ihrer Mitteilung zum „*New Deal for Consumers*“ aber von „Massenschadensereignissen“ spricht und als Beispiel für ein Verbandsklageverfahren „einem Fall des Typs ‚Dieselgate‘“ nennt,[826] hat die Kommission

---

825 *Augenhofer*, NJW 2021, 113, 114.

826 Siehe Mitteilung der Kommission an das Europäische Parlament, den Rat und den Europäischen Wirtschafts- und Sozialausschuss vom 11. April 2018, COM(2018) 183 final, S. 7.

wohl eher an eine Vielzahl von Betroffenen gedacht. Es ist zu vermuten, dass sich der deutsche Gesetzgeber dementsprechend wohl an der für eine Musterfeststellungsklage erforderlichen Anzahl von mindestens 50 Betroffenen (siehe § 606 Abs. 3 Nr. 3 ZPO) orientieren wird. Dass keine niedrige, verbraucherfreundliche Grenze zu erwarten ist, legt auch das Einknicken der deutschen Bundesregierung vor der Industrie in der Vorbereitung der vergleichsweise harmlosen Musterfeststellungsklage nahe.[827]

Demnach werden einige Fallkonstellationen verbleiben, bei denen ältere Menschen ihre etwaigen Rechte weiterhin eigenständig durchsetzen müssten. Dies gilt insbesondere bei einigen der Geschäfte, bei denen ältere Menschen im besonderen Maße der Gefahr ausgesetzt sind, aufgrund rechtsgeschäftsrelevanter Einschränkungen einen wirtschaftlichen Nachteil zu erleiden (z.B. Geschäfte mit kleineren Kaffeefahrtenbetreibern oder situationsabhängig handelnden, aggressiven Haustürvertretern). Unternehmer, deren unlautere Geschäftspraktiken oder sonstigen Rechtsverstöße nur wenige Menschen erreichen, würden insofern auch nicht ausreichend vor Rechtsverstößen abgeschreckt werden, da sie in der Regel eine kollektive Inanspruchnahme auf z.B. Schadensersatz nicht zu befürchten hätten. Im Übrigen kann es bei nur geringen Schäden trotz der Vereinfachung durch die kollektive Klagemöglichkeit weiterhin an einem Rechtsverfolgungsinteresse gerade älterer Betroffener fehlen, so dass sie sich der Klage nicht anschließen würden.[828] Bei nur geringen Schäden der Verbraucher könnte wegen der komplizierten Abwicklungsverfahren individueller Entschädigungen und des damit verbundenen unverhältnismäßigen Aufwands unter Umständen auch von der Erhebung einer Verbandsklage abgesehen werden.[829] Daher würden auch einige Unternehmer, von deren unlauteren Geschäftspraktiken oder sonstigen Rechtsverstößen viele – und gerade ältere – Menschen betroffen sind, nicht zwangsläufig vor solchen Rechtsverstößen abgeschreckt werden. Ohnehin können, wie soeben bereits angemerkt, einige der nun mitunter häufiger eingehaltenen Vorgaben im vorliegenden Zusammenhang nur beschränkt Schutz bieten.

---

827 Vgl. *Halfmeier/Rott*, VuR 2018, 243, 250.

828 Siehe zum fehlenden Rechtsverfolgungsinteresse älterer Menschen, insbesondere wenn hierfür eine gerichtliche Geltendmachung erforderlich ist, S. 129 u. 228; gerade die Scham und die Angst vor einem Verlust an Selbstständigkeit würden insofern weiterhin einer gerichtlichen Rechtsverfolgung entgegenstehen.

829 Vgl. hierzu auch *Rademacher*, Rechtsschutz zugunsten älterer Verbraucher, S. 337 f.; siehe zu einem unverhältnismäßigen Aufwand bei solchen Fällen auch *Herzberg*, Gewinnabschöpfung, S. 577.

H. Ergebnis zum Schutz älterer Menschen vor Übervorteilung im rechtsgeschäftlichen Verkehr nach geltendem Recht

I. Nichtvorliegen der Normvoraussetzungen

Es gibt im deutschen Recht keine Norm, die sich ausdrücklich auf den Schutz älterer Menschen mit rechtsgeschäftsrelevanten Einschränkungen vor wirtschaftlich nachteiligen Geschäften bezieht und dafür maßgeschneiderten Schutz bietet. Allerdings gibt es Vorschriften, die einer unterlegenen Geschäftspartei Schutz vor übermäßiger Übervorteilung durch ihren Geschäftspartner gewähren. Es hat sich jedoch herausgestellt, dass diese Normen im Falle von wirtschaftlich nachteiligen Geschäften älterer Menschen infolge rechtsgeschäftsrelevanter Einschränkungen wegen ihrer strengen Voraussetzungen nicht immer einschlägig sind.[830] Die Betroffenen sind meist noch nicht (voll-)geschäftsunfähig und auch noch nicht betreuungsbedürftig. Das Verhalten des Geschäftspartners stellt meist auch weder eine arglistige Täuschung i.S.d. § 123 Abs. 1 BGB noch eine sittenwidrige bzw. wucherische Handlung i.S.d. § 138 BGB dar. Neben den strengen Voraussetzungen der Vorschriften ist aufgefallen, dass wirtschaftliche Nachteile, die allein auf den geschwächten Fähigkeiten der älteren Menschen beruhen und nicht Folge eines unredlichen Verhaltens des Geschäftspartners sind, durch die meisten der überprüften Vorschriften schon grundsätzlich nicht verhindert werden können, da die Vorschriften gerade ein unredliches Verhalten des Geschäftspartners voraussetzen. Anders ist dies bei den verbraucherschützenden Vorschriften der §§ 312 ff. BGB. Für deren Erfüllung ist das Vorliegen eines unredlichen Verhaltens des Geschäftspartners nicht erforderlich.

II. Ungeeignetheit von Aufklärungs- bzw. Informationspflichten

Aufklärungspflichten nach § 241 Abs. 2 BGB bzw. Informationspflichten nach §§ 312 ff. BGB (oder z.B. § 5a Abs. 2, 3 u. 4 UWG) sind zum Schutz vor wirtschaftlich nachteiligen Geschäften nicht für alle älteren Menschen geeignet. Schwierigkeiten bei der Informationsaufnahme und -verarbeitung, Gedächtnisstörungen sowie ein Übermaß an Informationen können ein informationsgerechtes Verhalten verhindern, so dass es trotz gesetzeskonform erteilter Informationen zum wirtschaftlich nachteiligen Geschäft kommt. Überdies besteht keine

830 Ähnlich, allerdings im Zusammenhang mit unerlaubter Telefonwerbung, auch *Rademacher*, Rechtsschutz zugunsten älterer Verbraucher, S. 171, siehe dort auch S. 345.

allumfassende Aufklärungs- bzw. Informationspflicht. „Alterstypische" Informationsdefizite werden nicht gänzlich beseitigt.

III. Probleme bei der Rechtsdurchsetzung[831]

1. Fehlende Kenntnis über die eigenen Rechte

Zur Rechtsdurchsetzung bedarf es der Kenntnis über das jeweilige Recht. Allein daran scheitert es bisweilen.[832] Ein Geschäftsunfähiger wird sich seiner Geschäftsunfähigkeit meist nicht bewusst sein. Dass in der Gesellschaft umfassende Kenntnis über die von der Rechtswissenschaft und Rechtsprechung entwickelten Fallgruppen sittenwidrigen oder wucherischen Verhaltens besteht, ist ebenso zu bezweifeln. Ferner ist die Möglichkeit einer Anfechtung nach § 123 BGB in weiten Bevölkerungskreisen unbekannt.[833] Es ist auch naheliegend, dass im Zusammenhang mit der Anwendung neuerer Technologien beim Geschäftsabschluss, namentlich bei Fernabsatzverträgen i.S.d. § 312c Abs. 1 BGB, nicht immer Kenntnis über ein etwaiges Anfechtungsrecht besteht. Ältere Menschen, die selten Rechtsgeschäfte über das Medium des Internets tätigen, werden mangels bisheriger Berührungspunkte mit derartigen Situationen häufig nicht wissen, ob ein „Verklicken" bereits zu einem Anfechtungsrecht führt.[834] Die Geltendmachung einer Informationspflichtverletzung kann daran scheitern, dass der Betroffene keine Kenntnis hat, welche Informationen hätten erteilt werden

831 Ebenfalls lassen sich nach *Rademacher*, Rechtsschutz zugunsten älterer Verbraucher, S. 25, bei älteren Menschen besondere „Rechtsverwirklichungshindernisse" erkennen, siehe dort auch S. 171, 245, 291, 331, 334 u. 345 ff.; siehe ausführlich zu Problemen und Schwierigkeiten älterer Menschen im Rahmen der Rechtsdurchsetzung im Zusammenhang mit unerwünschter Telefonwerbung dort S. 152 ff. („Rechtsmobilisierungs- und -durchsetzungsdefizite", die dortigen Ausführungen lassen sich weitestgehend über den Bereich der unerwünschten Telefonwerbung hinaus verallgemeinern). Auch im Dritten Altenbericht wurde bereits betont, dass gerade ältere Menschen aufgrund von Unkenntnis, finanzieller Beschränkung, geistiger oder körperlicher Behinderung etc. Schwierigkeiten bei der Geltendmachung von Rechten haben können, siehe BMFSFJ, Dritter Altenbericht, S. 267. Siehe zu Schwierigkeiten bei der Rechtsdurchsetzung auch bereits S. 127 ff.

832 Siehe zur Rechtsunkenntnis älterer Menschen auch *Rademacher*, Rechtsschutz zugunsten älterer Verbraucher, S. 186 u. 347.

833 Vgl. jurisPK-UWG/*Seichter* UWG § 5a Rn. 211.

834 Siehe zum Erklärungsirrtum bei elektronischen und automatisierten Willenserklärungen z.B. BeckOK BGB/*Wendtland* BGB § 119 Rn. 28 f.

müssen. Verbraucherbefragungen haben gezeigt, dass die Kenntnis über Verbraucherrechte defizitär ist.

2. *Fehlender Rechtsdurchsetzungswille*

Meist mangelt es den betroffenen älteren Menschen an dem Willen zur Rechtsdurchsetzung. Die Rechtsdurchsetzung setzt für gewöhnlich allerdings ein eigenes Tätigwerden der Betroffenen voraus (z.B. Anfechtungs- oder Widerrufserklärung). Der fehlende Wille zur Rechtsdurchsetzung ist in der Regel auf Scham zurückzuführen. Die Betroffenen schämen sich hinsichtlich ihrer abgebauten rechtsgeschäftsrelevanten Fähigkeiten und haben Angst vor Abwertung. Sie befürchten, dass durch die Rechtsausübung das Eingehen des unsachgemäßen Geschäfts bekannt werde und sie infolgedessen als hilfsbedürftig eingestuft werden könnten.[835] Außerdem haben die Mühen und Kosten einer gerichtlichen Auseinandersetzung auf die Betroffenen oftmals eine abschreckende Wirkung. Dies dürfte erst recht bei geringen Streitwerten gelten.

3. *Fehlende Unterstützung seitens Angehöriger oder sonstiger Dritter*

Unredliche Geschäftspartner reagieren nicht immer auf die berechtigte Geltendmachung der Rechte seitens der Betroffenen. Ältere Menschen verfolgen ihre Rechte sodann nicht weiter; sie fühlen sich wehr- und chancenlos. Mitunter zweifeln sie auch an dem Bestehen ihrer Rechte und glauben selber, falsch gehandelt zu haben. Denkbar ist auch, dass die betroffenen älteren Menschen aus anderen Gründen (z.B. intellektueller Abbau, fehlende Energie) nicht mehr in der Lage sind, ihre Rechte eigenständig gegenüber den meist unredlich agierenden Geschäftspartnern zu kommunizieren.[836] Aufgrund eingeschränkter Mobilität sind ältere Menschen möglicherweise auch nicht mehr fähig, eine Postfiliale zu erreichen und eigenständig eine erhaltene Ware im Rahmen eines Widerrufs zurückzusenden.[837] Sie sind daher oftmals auf die Hilfe Dritter angewiesen. Nicht jeder ältere Mensch verfügt jedoch über entsprechende Kontakte. Bisweilen sind Angehörige oder sonstige Dritte zur Unterstützung auch nicht gewillt bzw. nicht in der Lage. Unter Umständen haben die Angehörigen oder sonstige Dritte auch

---

835 Vgl. *Rademacher*, Rechtsschutz zugunsten älterer Verbraucher, S. 162 (Ausübung eines Widerrufsrechts).

836 Siehe zu Kommunizierungsschwierigkeiten älterer Menschen bei der Rechtsverfolgung auch *Rademacher*, Rechtsschutz zugunsten älterer Verbraucher, S. 166.

837 Vgl. auch *Rademacher*, Rechtsschutz zugunsten älterer Verbraucher, S. 140.

keine Kenntnis von dem kognitiven Abbau und den getätigten Rechtsgeschäften. Mitunter ist die Glaubwürdigkeit der Betroffenen infolge von Vergesslichkeit, Zerstreutheit oder sogar wahnhaften Verhaltens auch herabgesetzt, so dass die Angehörigen oder sonstigen Dritten eher von eigener Unfähigkeit als von einem unredlichen Verhalten des Geschäftspartners ausgehen und daher die Betroffenen nicht unterstützen. Zuweilen mag der Sachverhalt (demenziell bedingt) schlicht nicht hinreichend konkret wiedergegeben werden, so dass hilfswillige Angehörige oder sonstige Dritte allein deshalb nicht unterstützend tätig werden können.[838] Hilfe seitens Angehöriger oder sonstiger Dritter wird außerdem stellenweise aus Angst vor Abwertung und vor einer zukünftigen Einbuße an Selbstständigkeit („Entmündigung") nicht in Anspruch genommen. Dies dürfte gerade bei offensichtlichen, leicht vermeidbaren Täuschungen der Fall sein, da in solchen Fällen ihre Unfähigkeit zu einer sachgemäßen Teilnahme am Geschäftsverkehr besonders deutlich wird.[839]

4. *Beweisschwierigkeiten*

Nach der allgemeinen Beweislastregel des deutschen Rechts trägt jede Partei die Beweislast für alle Voraussetzungen einer von ihr in Anspruch genommenen Norm.[840] Die älteren Menschen, die die dargestellten Schutzmöglichkeiten in Anspruch nehmen möchten, müssen daher grundsätzlich das Vorliegen der Voraussetzungen der jeweiligen Norm beweisen. Diese Beweislastverteilung mindert die Schutzqualität der dargestellten Schutzmöglichkeiten.[841]

In der Regel ist der Beweis der Geschäftsunfähigkeit zur Zeit der Vornahme des „Rechtsgeschäfts" schwer zu führen.[842] Immerhin ist die Begutachtung der Geschäftsfähigkeit eine der schwierigsten forensisch-psychiatrischen

---

838 Dass entscheidende Aspekte mitunter nicht mehr erinnert werden können, nennt auch *Rademacher*, Rechtsschutz zugunsten älterer Verbraucher, S. 166, als ein Problem gerade älterer Menschen bei der Rechtsdurchsetzung.

839 Beispielsweise ist es vielen Menschen unangenehm, zuzugeben, auf Angebote im Rahmen von Kaffeefahrten oder Haustürgeschäften „reingefallen zu sein", siehe VZ NRW, Zielgruppenorientierte Verbraucherarbeit, S. 65; siehe hierzu auch *Rademacher*, Rechtsschutz zugunsten älterer Verbraucher, S. 164.

840 Siehe BGH NJW 1970, 946, 947.

841 Vgl. auch *Rademacher*, Rechtsschutz zugunsten älterer Verbraucher, S. 118 (Beweisschwierigkeiten bei §§ 104 ff. BGB), S. 133 ff./145 (Beweisschwierigkeiten bei §§ 119 ff. BGB) u. S. 132 (Beweisschwierigkeiten bei § 138 BGB).

842 Vgl. jurisPK-BGB/*Hansen* BGB § 104 Rn. 22 u. 31; *Bernat*, ZfRV 2005, 163, 166; *Czeguhn*, Geschäftsfähigkeit, S. 29.

Aufgaben.[843] Hintergrund der diesbezüglichen Beweisschwierigkeiten ist auch, dass für den juristischen Beweis ein hoher Grad an Wahrscheinlichkeit erforderlich ist.[844] In der Praxis wird der beurteilende Arzt aber meist nur Zweifel anmelden können, so dass eine mit hoher Wahrscheinlichkeit festgestellte Einschränkung der freien Willensbildung oft nicht angenommen werden kann.[845] Das Gericht wird dann von fortbestehender Geschäftsfähigkeit auszugehen haben.[846]

Bei inneren Tatsachen wird es dem Anfechtenden, unabhängig von etwaigen rechtsgeschäftsrelevanten Einschränkungen im Alter, in der Regel Schwierigkeiten bereiten, wenn nicht gar unmöglich sein, den Beweis zu erbringen.[847] Bei einer Anfechtung wegen arglistiger Täuschung nach § 123 BGB obliegt dem Anfechtenden die Beweislast für sämtliche Voraussetzungen der Vorschrift; er muss auch beweisen, nicht hinreichend aufgeklärt worden zu sein.[848] Problematisch ist, wenn der Betroffene an einer Demenz leidet, da er dann den Sachverhalt möglicherweise nicht mehr hinreichend wiedergeben kann. Er kann unter Umständen nicht mit Sicherheit bestimmen, dass nicht nur eigene Unfähigkeit, sondern vielmehr eine arglistige Täuschung vorlag. Zudem kann seine Glaubwürdigkeit altersbedingt herabgesetzt sein (stereotype Vorstellung vom verwirrten, paranoiden alten Menschen).

5. *Hohes Prozesskostenrisiko*

Das Prozesskostenrisiko (vgl. § 91 Abs. 1 S. 1 ZPO) kann im vorliegenden Zusammenhang zum Nachteil der älteren Menschen erhöht sein. Beispielsweise besteht bei der Geltendmachung der Geschäftsunfähigkeit das Kostenrisiko insbesondere deshalb, da ein juristischer Laie in der Regel keine Kenntnis von der strengen Beweisanforderung haben wird. Zu diesen juristischen Laien gehören mutmaßlich auch die behandelnden Hausärzte, welche die Betroffenen durch das Attestieren von Zweifeln an der Geschäftsfähigkeit in ihren Überlegungen hinsichtlich einer gerichtlichen Geltendmachung noch bestärken. Die Kosten

843 Vgl. *Dreßing et al.*, Der Nervenarzt 2014, 1441 f.

844 Vgl. *Dreßing et al.*, Der Nervenarzt 2014, 1441, 1445. Siehe zu den hohen Anforderungen an die Beweiserbringung im Rahmen der Geschäftsunfähigkeit auch Spickhoff/*Spickhoff* BGB §§ 104–105a Rn. 10; *Schmoeckel*, NJW 2016, 433, 438.

845 Vgl. *Dreßing et al.*, Der Nervenarzt 2014, 1441, 1445.

846 Vgl. *Dreßing et al.*, Der Nervenarzt 2014, 1441, 1445.

847 Vgl. MüKoBGB/*Armbrüster* BGB § 119 Rn. 153.

848 Schulze HK-BGB/*Dörner* BGB § 123 Rn. 13.

für die Errichtung eines Sachverständigengutachtens können eine beträchtliche Summe erreichen.[849] Bei Verfahren im Zusammenhang mit falschen Gewinnzusagen ist problematisch, dass die meisten Gewinnzusagen kaum noch einen greifbaren Absender aufweisen.[850] Zahlreiche Zusendungen erfolgen überdies aus den europäischen Nachbarstaaten.[851] Unter Umständen muss somit im Ausland geklagt und gegen eine vom Vermögen abgeschirmte Briefkastenfirma vollstreckt werden.[852] Es verwundert daher nicht, dass die Vollstreckung eines titulierten Anspruchs aus § 661a BGB häufig Schwierigkeiten bereitet. Es gibt zahlreiche Prozesse, die kaum zum gewünschten Erfolg, d.h. zur erfolgreichen Vollstreckung, führen.[853] Die Rückerstattung der Verfahrenskosten ist dann nicht möglich.

6. *Unzureichender Schutz durch Verbandsklagen*

Zwar gibt es für die Durchsetzung einiger Vorschriften, die dem Schutz älterer Menschen vor Übervorteilung im Geschäftsverkehr dienen können, die Möglichkeit der Verbandsklage. Nach § 1 UKlaG können die Verwender von nach §§ 307–309 BGB unwirksamen AGB auf Unterlassung in Anspruch genommen werden. Wer in anderer Weise als durch Verwendung oder Empfehlung von AGB Vorschriften zuwiderhandelt, die dem Schutz der Verbraucher dienen (z.B. die Vorschriften des BGB über außerhalb von Geschäftsräumen geschlossene Verträge und Fernabsatzverträge), kann im Interesse des Verbraucherschutzes außerdem nach § 2 Abs. 1 S. 1 UKlaG auf Unterlassung und Beseitigung in Anspruch genommen werden. Diese Ansprüche können nach § 3 Abs. 1 S. 1 Nr. 1 UKlaG von Verbraucherverbänden geltend gemacht werden.[854] Gleiches gilt nach § 8 Abs. 3 Nr. 3 UWG für den Beseitigungs- und Unterlassungsanspruch nach § 8 Abs. 1 S. 1 UWG.[855] Ferner gibt es in Deutschland die Musterfeststellungsklage, nach welcher qualifizierte Einrichtungen (ausschließlich Verbraucherschutzorganisationen)[856] die Feststellung des Vorliegens oder Nichtvorliegens von

849 Vgl. im Hinblick auf die Feststellung der Testierunfähigkeit *Kloster-Harz*, ZAP 2005, 171, 176.

850 Siehe zum Fehlen eines greifbaren Absenders *Tamm/Gaedtke*, VuR 2006, 169, 170.

851 Vgl. BeckOK BGB/*Kneller* BGB § 661a Rn. 8.

852 Vgl. *Meller-Hannich*, NJW 2006, 2516, 2520.

853 MükoBGB/*Schäfer* BGB § 661a Rn. 30.

854 Siehe MüKoZPO/*Micklitz/Rott* UKlaG § 3 Rn. 12.

855 Vgl. Ohly/Sosnitza/*Ohly* UWG § 8 Rn. 109; siehe dort auch zu diesbezüglichen Ausnahmen.

856 Vgl. Musielak/Voit/*Stadler* ZPO § 606 Rn. 5.

tatsächlichen und rechtlichen Voraussetzungen für das Bestehen oder Nichtbestehen von Ansprüchen oder Rechtsverhältnissen zwischen Verbrauchern und einem Unternehmer begehren können (vgl. § 606 Abs. 1 S. 1 ZPO). Auch steht die Einführung einer kollektiven Leistungsklage bevor.

Durch die Geltendmachung von Rechtsschutzmöglichkeiten durch die Verbraucherschutzorganisationen können grundsätzlich die aufgeführten individuellen Rechtsdurchsetzungsschwierigkeiten älterer Menschen ein Stück weit behoben werden. Der Schutz, der durch die Verbandsklagebefugnis von Verbraucherverbänden für ältere Menschen insofern vor Übervorteilung im Geschäftsverkehr erreicht wird, ist gleichwohl unzureichend. Materiell-rechtlich wird der Anwendungsbereich einer Verbandsklage nicht immer eröffnet sein, da es beispielsweise an einem unrechtmäßigen Verhalten des Geschäftspartners fehlen kann (vgl. z.B. die Voraussetzungen eines Gesetzesverstoßes bei §§ 1 u. 2 Abs. 1 S. 1 UKlaG oder die der unlauteren Geschäftspraxis bei § 8 Abs. 1 S. 1 UWG). Es kann auch schlicht an der Beeinträchtigung kollektiver Interessen fehlen, weil nur einzelne ältere Menschen tatsächlich betroffen sind.[857] Die Verbraucherschutzorganisationen werden zudem nicht immer Kenntnis von den klagebegründenden Sachverhalten erhalten, so dass es allein deshalb nicht zur Erhebung der Verbandsklage kommt. Gerade von Sachverhalten, die überwiegend ältere Menschen betreffen, werden die Verbraucherschutzorganisationen selten Kenntnis erlangen, wie die aufgeführten Schwierigkeiten älterer Menschen im Hinblick auf die Inanspruchnahme von Hilfeleistungen seitens Dritter vermuten lassen.[858] Da Verbraucherorganisationen nicht über ausreichend personelle und finanzielle Ressourcen verfügen, könnten sie ohnehin nicht jeder Beschwerde nachkommen.[859] Außerdem kann das Prozessrisiko schnell eine existenzvernichtende Größenordnung für die notorisch knapp mit Mitteln ausgestatteten Verbraucherverbände annehmen.[860] Von der Erhebung einer Klage könnte dementsprechend abgesehen werden. Möglicherweise wird es hier allerdings zu Besserungen kommen. Denn nach Art. 20 Abs. 1 RL (EU) 2020/1828

---

857 Vgl. insofern zur kommenden kollektiven Leistungsklage S. 224 f.

858 Vgl. hierzu auch S. 198 u. 201.

859 Vgl. *Gurkmann*, EuCML 2019, 125, 126. Kapazitätsprobleme wegen knapper finanzieller Ausstattung der Verbraucherorganisationen werden auch von den befragten Teilnehmern der Studie zur Durchsetzung des Verbraucherrechts als Schwierigkeit bei der Rechtsdurchsetzung genannt, siehe *Podszun/Busch/Henning-Bodewig*, Behördliche Durchsetzung des Verbraucherrechts, S. 163.

860 Vgl. *Brönneke*, in: Schulte-Nölke/BMJV, Neue Wege zur Durchsetzung des Verbraucherrechts, S. 127, 153 f.

haben die Mitgliedstaaten Maßnahmen zu treffen, die darauf abzielen, sicherzustellen, dass qualifizierte Einrichtungen nicht aufgrund der durch Verbandsklagen entstehenden Kosten von der Einleitung solcher Verfahren abgehalten werden. Hierfür kommen, wie Art. 20 Abs. 2 RL (EU) 2020/1828 beispielhaft aufführt, öffentliche Finanzierungen, einschließlich struktureller Unterstützung für qualifizierte Einrichtungen, die Begrenzung der anwendbaren Gerichts- oder Verwaltungsgebühren oder der Zugang zu Prozesskostenhilfe in Betracht.

IV. Zusammenfassung und Zwischenfazit

Ältere Menschen mit rechtsgeschäftsrelevanten Einschränkungen werden durch die derzeit bestehenden Regelungen nicht ausreichend vor Übervorteilung im rechtsgeschäftlichen Verkehr geschützt.[861] Die Voraussetzungen der derzeit bestehenden, potenziellen Schutzvorschriften sind meist (noch) nicht erfüllt: die rechtsgeschäftsrelevanten Einschränkungen sind noch nicht hinreichend ausgeprägt (vgl. §§ 104 Nr. 2 u. 1896 Abs. 1 S. 1 BGB), die hohen Anforderungen des § 138 BGB sind nicht erreicht, es fehlt an einem unerlaubten Verhalten des Geschäftspartners oder der Anwendungsbereich der Vorschriften ist sehr begrenzt.[862] Zum Teil sind die Rechtsfolgen der Vorschriften zu weitgehend (strikte Nichtigkeitsfolge des § 105 Abs. 1 BGB) oder nur bedingt hilfreich (z.B. das Widerrufsrecht nach § 312g Abs. 1 BGB)[863]. Von den im UWG geregelten Rechtsfolgen und Sanktionen im Falle eines UWG-Verstoßes werden Unternehmer nicht ausreichend davon abgehalten, unlautere Geschäftspraktiken anzuwenden. Im Übrigen bestehen bei der Durchsetzung der potenziellen Schutzvorschriften Schwierigkeiten.[864] Kollektive Rechtsschutzmöglichkeiten bieten keine ausreichende Abhilfe. Die kommenden Neuerungen im Verbraucherschutzrecht durch den „*New Deal for Consumers*" sind für ältere Menschen mit rechtsgeschäftsrelevanten Einschränkungen nur bedingt hilfreich.

Freilich betreffen viele der hier herausgearbeiteten Probleme und Missstände alle Menschen, die am rechtsgeschäftlichen Verkehr teilnehmen; das Lebensalter ist insofern nicht von Bedeutung. Auch jüngere Menschen lassen sich mitunter

861 Mit dem gleichen Ergebnis für den Fall unerlaubter Telefonwerbung gegenüber älteren Menschen *Rademacher*, Rechtsschutz zugunsten älterer Verbraucher, S. 171 f. u. 345.

862 Vgl. zu §§ 104 u. 138 BGB auch *Rademacher*, Rechtsschutz zugunsten älterer Verbraucher, S. 171.

863 Vgl. auch *Rademacher*, Rechtsschutz zugunsten älterer Verbraucher, S. 141.

864 Ebenso für den Fall unerlaubter Telefonwerbung gegenüber älteren Menschen *Rademacher*, Rechtsschutz zugunsten älterer Verbraucher, S. 171 u. 345.

übervorteilen oder haben Schwierigkeiten bei der Rechtsdurchsetzung und können infolgedessen von den hier herausgearbeiteten Problemen und Missständen betroffen sein. Die hier herausgearbeiteten Probleme und Missstände potenzieren sich allerdings bei älteren Menschen. Das liegt vor allem daran, dass bei älteren Menschen die Gefahr, ein wirtschaftlich nachteiliges Geschäft abzuschließen oder zumindest nicht wieder rückgängig zu machen bzw. machen zu können, höher ist, da bei älteren Menschen die aufgezeigten rechtsgeschäftsrelevanten Einschränkungen häufiger auftreten als bei jüngeren Menschen (vgl. z.B. die Demenzerkrankung). Ältere Menschen sind daher besonders auf einen wirksamen Schutz vor Übervorteilung angewiesen und insofern auch besonders von den hier herausgearbeiteten Problemen und Missständen betroffen. Das angesprochene Zwischenstadium zwischen Geschäftsfähigkeit und Geschäftsunfähigkeit wird, wie die Statistiken zu Demenz im Zusammenhang mit dem Lebensalter zeigen, insbesondere bei älteren Menschen auftreten.[865] Die im Bereich der §§ 104 ff. u. 1896 ff. BGB herausgearbeiteten Probleme und Missstände betreffen daher vor allem ältere Menschen. Dies gilt umso mehr vor dem Hintergrund des demografischen Wandels. Auch die Schutzdefizite im Bereich des Rechts der außerhalb von Geschäftsräumen geschlossenen Verträge sind insbesondere für ältere Menschen relevant, da sie eine besondere Zielgruppe von Haustürvertretern und Kaffeefahrtenveranstaltern sind.[866] Gerade bei derartigen Geschäften kommt es zu Übervorteilungen. Außerdem sind bestimmte unlautere Geschäftspraktiken (dementsprechend) speziell an ältere Menschen gerichtet. Schließlich ist die Bereitschaft und Fähigkeit zu individueller Rechtsdurchsetzung bei älteren Menschen in der Regel geringer als bei jüngeren Menschen.[867]

---

865 Vgl. auch *Rademacher*, Rechtsschutz zugunsten älterer Verbraucher, S. 26 u. 116.

866 Vgl. *Rott*, in: Aner/Karl, HdB Soziale Arbeit und Alter, S. 337, 340.

867 Siehe auch *Rademacher*, Rechtsschutz zugunsten älterer Verbraucher, S. 163, 171 u. 347; *Rott*, in: Aner/Karl, HdB Soziale Arbeit und Alter, S. 337 f.

6. *Kapitel* Möglichkeiten zur Verbesserung des Schutzes älterer Menschen vor Übervorteilung im rechtsgeschäftlichen Verkehr

Im *4. Kapitel* wurde aufgezeigt, dass einige ältere Menschen aufgrund rechtsgeschäftsrelevanter Einschränkungen besonders gefährdet sind, wirtschaftlich nachteilige Geschäfte zu tätigen. Mit den derzeit bestehenden Vorschriften kann dieser Gefahr nicht hinreichend begegnet werden (siehe *5. Kapitel*). Veränderungen der derzeitigen Gesetzeslage sind deshalb erforderlich. Dazu ist der Gesetzgeber auch angehalten. Die Rechtsordnung ist nur eine gerechte Ordnung, wenn sie die spezifische Situation der Menschen berücksichtigt, für die sie gilt.[868] Das Recht muss daher Regeln bereitstellen, die der spezifischen Situation der Menschen gerecht werden.[869] Im *6. Kapitel* werden deshalb Gesetzesänderungen bzw. -ergänzungen vorgestellt und überprüft, durch die eine Verbesserung des Schutzes älterer Menschen vor wirtschaftlich nachteiligen Geschäften infolge rechtsgeschäftsrelevanter Einschränkungen nicht von vornherein ausgeschlossen erscheint. Es wird überprüft, ob bzw. inwiefern Schutz effektiv gewährt werden würde und, ob bzw. inwieweit die Umsetzung der Vorschläge möglich wäre.

A. Reformvorschläge im Bereich der Geschäftsfähigkeit

I. Beschränkte Geschäftsfähigkeit für Hochbetagte

1. Inhalt, Zweck und Hintergrund

Älteren Menschen könnte ab einem bestimmten Alter die volle Geschäftsfähigkeit entzogen und ihnen der Status eines beschränkt Geschäftsfähigen entsprechend der §§ 107 ff. BGB eingeräumt werden. Als Altersgrenze könnte auf ein Alter von 75 Jahren abgestellt werden. *Roth* zufolge kann ab diesem Alter eine altersmäßig erhöhte Wahrscheinlichkeit einer Willensschwäche angenommen und mit einer Einschränkung der Fähigkeit zur Informationsaufnahme gerechnet werden.[870] Eine beschränkte Geschäftsfähigkeit könnte aber auch erst

868 *Mückenheim*, Rechtsgeschäfte alter Menschen in besonderen Zwangslagen, S. 7.
869 Vgl. *Mückenheim*, Rechtsgeschäfte alter Menschen in besonderen Zwangslagen, S. 7.
870 Siehe *Roth*, AcP 208 (2008), 451, 473 u. 488.

für die Gruppe der „alten Alten“ (85 Jahre und älter) eingeführt werden.[871] Im physischen sowie, wenngleich weniger ausgeprägt, im psychischen Bereich (z.B. demenzielle Erkrankungen) zeigen die Prävalenzraten von vielen Krankheiten nämlich jenseits von etwa 80 bis 85 Jahren einen deutlichen Anstieg.[872]

Beschränkt geschäftsfähige ältere Menschen könnten selbstständig keine bedeutenden wirtschaftlich nachteiligen Geschäfte tätigen. Denn entsprechend der §§ 107 ff. BGB bedürften die Geschäfte der Betroffenen für ihre Wirksamkeit in der Regel der Zustimmung des gesetzlichen Vertreters. Nur ein rechtlich vorteilhaftes Geschäft oder ein Geschäft, bei dem der Betroffene die vertragsmäßige Leistung mit Mitteln bewirken würde, die ihm zu diesem Zweck oder zu freier Verfügung von dem Vertreter oder mit dessen Zustimmung von einem Dritten überlassen worden sind, wäre ohne Zustimmung des Vertreters wirksam. Bei einer niedrig angesetzten Altersgrenze würde vielen älteren Menschen dieser Schutz zuteilwerden.

Gesetzlicher Vertreter wäre derjenige, der von dem Betroffenen vor dem Erreichen der Altersgrenze dementsprechend bevollmächtigt wurde. Bei fehlender Bevollmächtigung wäre ein gesetzlicher Vertreter von Amts wegen zu bestellen. Hierfür bedürfte es eines neuen Rechtsinstituts, da die beschränkte Geschäftsfähigkeit für Hochbetagte keine Betreuungsbedürftigkeit i.S.d. § 1896 Abs. 1 S. 1 BGB begründen würde. Die Unfähigkeit zur Erledigung der eigenen Angelegenheiten würde nämlich nicht auf einer psychischen Krankheit oder einer körperlichen, geistigen oder seelischen Behinderung beruhen, sondern auf der fehlenden vollen Geschäftsfähigkeit infolge des Erreichens eines bestimmten hohen Alters. Dieses neue Rechtsinstitut könnte allerdings weitestgehend dem der rechtlichen Betreuung entsprechen. Dementsprechend ließe sich auch an eine Erweiterung des Kreises der Betreuungsbedürftigen um diejenigen, die einen gesetzlichen Vertreter wegen beschränkter Geschäftsfähigkeit aufgrund eines hohen Alters benötigen, denken.

Hintergrund der Überlegung, Hochbetagte als beschränkt Geschäftsfähige einzustufen, ist die Vergleichbarkeit der Schutzbedürftigkeit im Rechtsverkehr einiger älterer Menschen mit der von Minderjährigen.[873] Die beschränkte

---

871 Siehe zum Begriff der „alten Alten“ *Tesch-Römer/Wurm*, in: Böhm/Tesch-Römer/Ziese, Gesundheit und Krankheit im Alter, S. 7.

872 Vgl. *Tesch-Römer/Wurm*, in: Böhm/Tesch-Römer/Ziese, Gesundheit und Krankheit im Alter, S. 7, 10.

873 Vgl. auch *Rademacher*, Rechtsschutz zugunsten älterer Verbraucher, S. 223; siehe zur Überschneidung von Schutzbedarfen dort auch S. 222 (m.w.N.) u. 232 f.

Geschäftsfähigkeit Minderjähriger wird damit begründet, dass sie, anders als Vollgeschäftsfähige, bei der Teilnahme am Rechtsverkehr noch eines gewissen Schutzes bedürfen.[874] Minderjährige sollen vor Schäden geschützt werden, die im rechtsgeschäftlichen Verkehr aufgrund ihrer Unerfahrenheit und der daraus resultierenden Beeinflussbarkeit entstehen können.[875] Hierin liegt die Parallele zur Schutzbedürftigkeit älterer Menschen, da die geschäftliche Unerfahrenheit und die Beeinflussbarkeit älterer Menschen ebenfalls oft deren besondere Schutzbedürftigkeit im Geschäftsverkehr begründen. Überdies ist das schleichende Herauswachsen aus der Geschäftsfähigkeit mit dem Hineinwachsen in die Geschäftsfähigkeit vergleichbar. In beiden Fällen bestehen Fähigkeiten, die weder eine Geschäftsunfähigkeit noch eine Geschäftsfähigkeit begründen können (Zwischenstadium).

2. Umsetzungs- und Ausgestaltungsprobleme

a) Ungeeignetheit eines bestimmten hohen Lebensalters als Anknüpfungspunkt

aa) Kein allgemeingültig feststellbarer Zeitpunkt des Eintritts des Schutzbedürfnisses

Ein bestimmtes hohes Lebensalter ist kein tauglicher Anknüpfungspunkt für den Entzug der vollen Geschäftsfähigkeit.[876] Als wichtigster Befund in der Gerontologie hat sich ergeben, dass ältere Menschen sehr verschieden voneinander sind und sehr unterschiedlich altern. Beispielsweise ist die kognitive Leistungsfähigkeit auch noch im hohen Alter durch eine interindividuelle Variabilität gekennzeichnet.[877] Es ist demnach nicht möglich, wissenschaftlich verlässlich ein Alter zu bestimmen, ab dem eine verminderte kognitive Leistungsfähigkeit festgestellt werden kann, welche den Entzug der vollen Geschäftsfähigkeit rechtfertigen könnte. Es kann allenfalls ein bestimmtes Alter vermutet werden, bei dem es zumindest nicht unwahrscheinlich ist, dass ein kognitiver Leistungsabbau eingetreten ist. Das Recht darf aber nicht auf wissenschaftlich zweifelhaften und nicht ausreichend bewiesenen Annahmen und Überlegungen aufbauen. Dies

874 Vgl. MüKoBGB/*Spickhoff* BGB § 106 Rn. 1 f. Siehe zu den Hintergründen des Minderjährigenschutzes auch Mot. I BGB, S. 131.

875 *Busch*, Der Reifegrad Minderjähriger, S. 25.

876 So wohl auch *Rademacher*, Rechtsschutz zugunsten älterer Verbraucher, S. 228 f.; vgl. auch *Wedemann*, ZBB 2014, 54, 57 u. 68.

877 Ausführlich hierzu bereits S. 106 ff.

gilt erst recht für eine so einschneidende Rechtsfolge wie der Entzug der vollen Geschäftsfähigkeit.[878]

bb) Eingriff in das Selbstbestimmungsrecht, Art. 2 Abs. 1 GG (i.V.m. Art. 1 Abs. 1 GG)

(1) Eingriff

Durch die Einführung einer beschränkten Geschäftsfähigkeit für Hochbetagte wären einige Menschen, obgleich sie noch über alle relevanten Selbstbestimmungsfähigkeiten verfügen (interindividuelle Variabilität), nicht mehr vollgeschäftsfähig. Sie könnten viele Geschäfte nicht mehr nach freiem Belieben wirksam tätigen; sie bedürften in der Regel die Zustimmung eines gesetzlichen Vertreters (vgl. §§ 107 ff. BGB). Die Gestaltung der eigenen Rechtsverhältnisse nach eigenem Willen wäre infolge des Verlustes der vollen Geschäftsfähigkeit daher nicht mehr möglich.[879] Hierin liegt eine Beeinträchtigung der allgemeinen Handlungsfreiheit (Art. 2 Abs. 1 GG).[880] Die Privatautonomie der Betroffenen wäre wegen der erforderlichen gesetzlichen Vertretung nahezu vollständig eingeschränkt, so dass auch in das allgemeine Persönlichkeitsrecht eingegriffen werden würde (Art. 2 Abs. 1 i.V.m. Art. 1 Abs. 1 GG).[881] Das Absprechen der vollen Geschäftsfähigkeit würde folglich zu einer gravierenden Einschränkung nicht

878 Vgl. auch *Rademacher*, Rechtsschutz zugunsten älterer Verbraucher, S. 228; siehe zum einschneidenden Charakter der Begrenzung der Geschäftsfähigkeit dort auch S. 235 f. Siehe ebenfalls kritisch zu den Schwierigkeiten einer Anknüpfung von Schutzinstrumenten, die alten Menschen rechtliche Handlungsmöglichkeiten nehmen, an ein kalendarisch fixierbares Alter *Wedemann*, AcP 214 (2014), 664, 671 ff.; *dies.* ZBB 2014, 54, 55 f., siehe dort auch S. 68. Siehe auch *Wedemann*, AcP 214 (2014), 664, 672 (Fn. 42); *dies.*, ZBB 2014, 54, 56 (Fn. 20), dazu, dass die kognitive Kompetenz älterer Menschen stark variert und dies im Allgemeinen den Schutz älterer Menschen durch rechtliche Regelungen problematisch macht; dort auch jeweils mit weiteren dementsprechenden Nachweisen aus der Literatur. Auch *Becker*, in: Becker/Roth, Recht der Älteren, S. 3, 14, spricht sich wegen der Varianz zwischen den Fähigkeiten älterer Menschen gegen die Verwendung von altersbezogenen Typisierungen im Recht aus. Schwierigkeiten bei der Typisierung im Hinblick auf die besonders heterogene Personengruppe der älteren Menschen konstatiert auch *Rademacher*, Rechtsschutz zugunsten älterer Verbraucher, S. 225, siehe dort auch S. 224, 284 f., 287 f. u. 347.

879 Den Entzug bestehender Autonomie für die betroffenen älteren Menschen konstatiert und kritisiert auch *Rademacher*, Rechtsschutz zugunsten älterer Verbraucher, S. 233 f.

880 Vgl. BVerfG NJW 1986, 1859, 1860.

881 Vgl. BVerfG NJW 1986, 1859, 1860.

nur der allgemeinen Handlungsfreiheit, sondern auch des engeren Persönlichkeitsrechts führen.[882] Es würde in das Selbstbestimmungsrecht der Betroffenen eingegriffen werden. Nur bei den bereits nach derzeitigem Recht Geschäftsunfähigen käme ein Eingriff in das Selbstbestimmungsrecht nicht in Betracht. Bei Nichtselbstbestimmungsfähigen kann nämlich nicht von einem Grundrechtseingriff gesprochen werden, wenn und soweit es von vornherein an der Fähigkeit des Betroffenen zur Ausübung dieser Freiheiten fehlt.[883] Die Freiheit zur Selbstbestimmung, zu deren Ausübung der Einzelne nicht fähig ist, kann ihm nicht genommen werden.[884]

(2) Rechtfertigung

Grundrechtsbeschränkungen benötigen für ihre Legitimität eine ausreichende Rechtfertigung. Einschränkungen der Privatautonomie sind am Übermaßverbot, also an den Prinzipien der Erforderlichkeit und Verhältnismäßigkeit zu messen.[885] Ein Eingriff in das Selbstbestimmungsrecht ist nur mit dem Grundgesetz zu vereinbaren, wenn er zur Erreichung des gesetzgeberischen Ziels geeignet und erforderlich ist und die Betroffenen nicht übermäßig belastet.[886] Eine übermäßige Belastung liegt vor, wenn nach einer Gesamtabwägung die Beeinträchtigung des Grundrechts den Zuwachs an Rechtsgüterschutz deutlich überwiegt, so dass der Einsatz des Schutzmittels als unangemessen erscheint.[887]

---

882 Vgl. *Spickhoff*, Selbstbestimmungsfähigkeiten, in: Becker/Roth, Recht der Älteren, S. 101, 106; *ders.*, Betreuungsrecht, in: Becker/Roth, Recht der Älteren, S. 247, 249; *ders.*, AcP 208 (2008), 345, 355; *ders.*, ZfRV 2008, 33, 34.

883 Vgl. BVerfG NJW 1999, 1853, welches im Rahmen des Art. 14 GG entschieden hat, dass nur wenn der Einzelne in der Lage ist, selbstbestimmt zu handeln und im wirtschaftlichen Bereich eigenverantwortliche Entscheidungen zu treffen, seine letztwilligen Verfügungen grundrechtlichen Schutz beanspruchen können, „Selbstbestimmung setzt Selbstbestimmungsfähigkeit voraus"; vgl. auch *Lipp*, Freiheit und Fürsorge, S. 130 f. Siehe auch MükoBGB/*Spickhoff* § 104 Rn. 3 f.; *ders.*, Selbstbestimmungsfähigkeiten, in: Becker/Roth, Recht der Älteren, S. 101, 104 ff.; *ders.*, AcP 208 (2008), 345, 352 ff.; *ders.*, ZfRV 2008, 33, 34, der diese Betrachtung im Ergebnis jedoch ablehnt. Ablehnend auch *Rademacher*, Rechtsschutz zugunsten älterer Verbraucher, S. 177; *Höfling*, in: Becker/Roth, Recht der Älteren, S. 85, 93.

884 Vgl. *Lipp*, Freiheit und Fürsorge, S. 130 f.

885 *Canaris*, JZ 1987, 993, 995.

886 Vgl. BVerfG NJW 1982, 2365.

887 Vgl. BVerfG NJW 1994, 1577.

Mit dem Eingriff in ein Freiheitsrecht muss außerdem ein legitimer Zweck verfolgt werden.[888]

(a) *Legitimer Zweck, Geeignetheit und Erforderlichkeit*

Die Einführung einer beschränkten Geschäftsfähigkeit für Hochbetagte soll wirtschaftlich nachteilige Geschäfte älterer Menschen infolge rechtsgeschäftsrelevanter Einschränkungen verhindern und würde damit einen legitimen Zweck verfolgen. Durch die Einführung einer beschränkten Geschäftsfähigkeit für Hochbetagte könnten einige ältere Menschen mit rechtsgeschäftsrelevanten Einschränkungen keine wirtschaftlich nachteiligen Geschäfte mehr abschließen, da ihnen die dafür erforderliche Rechtsmacht fehlen würde. Die Einführung einer beschränkten Geschäftsfähigkeit für Hochbetagte wäre insoweit geeignet im Sinne des Verhältnismäßigkeitsgrundsatzes, da der gewünschte Erfolg erreicht werden würde.[889] Die Einführung einer beschränkten Geschäftsfähigkeit für Hochbetagte wäre auch erforderlich, da dem Gesetzgeber kein anderes, gleich wirksames, aber das Selbstbestimmungsrecht der Betroffenen nicht oder zumindest weniger fühlbar einschränkendes Mittel zur Verfügung stünde.[890] Die relative Geschäfts(un)fähigkeit würde das Selbstbestimmungsrecht der Betroffenen zwar weniger beeinträchtigen als die Einführung einer beschränkten Geschäftsfähigkeit für Hochbetagte.[891] Eine beschränkte Geschäftsfähigkeit für Hochbetagte wäre allerdings wirksamer, da dadurch alle Menschen, die die Altersgrenze überschritten haben, keine wirtschaftlich nachteiligen Geschäfte selbstständig wirksam tätigen könnten. Für den Verlust der Rechtsmacht zum Abschluss wirksamer Rechtsgeschäfte infolge von relativer Geschäftsunfähigkeit bedarf es hingegen eines bestimmten Ausmaßes an eingeschränkten Fähigkeiten.[892]

(b) *Angemessenheit (Verhältnismäßigkeit im engeren Sinne)*

Durch den Verlust der vollen Geschäftsfähigkeit kommt es zu einem erheblichen Autonomieverlust. Sogar der noch mögliche natürliche Wille des Betroffenen wird belanglos, weil der Vertreter kaum daran gebunden werden kann.[893]

---

888 Vgl. *Klatt/Meister*, JuS 2014, 193, 195.

889 Siehe zum Merkmal der Geeignetheit BVerfG NJW 2008, 1137, 1138.

890 Siehe zum Merkmal der Erforderlichkeit BVerfG NJW 2008, 1137, 1138; 1969, 499, 501.

891 Vgl. hierzu S. 272 ff.

892 Ausführlich zur relativen Geschäfts(un)fähigkeit S. 266 ff.

893 *Schmoeckel*, NJW 2016, 433, 434.

Es gibt kaum eine vernichtendere Aussage, als jemandem die Geschäftsfähigkeit abzusprechen.[894] Der Zuwachs an Rechtsgüterschutz durch die Einführung einer beschränkten Geschäftsfähigkeit für Hochbetagte würde diese erhebliche Grundrechtsbeeinträchtigung nicht überwiegen. Die Grenze der Zumutbarkeit würde nicht gewahrt werden.[895] Die Einführung einer beschränkten Geschäftsfähigkeit für Hochbetagte wäre daher nicht verhältnismäßig im engeren Sinne.[896] Eine beschränkte Geschäftsfähigkeit für Hochbetagte würde keinen bestmöglichen Schutz bieten. Bei einer Altersgrenze besteht immer die Gefahr, dass in den Schutzbereich einige Menschen einbezogen werden, die noch keinen Schutz bedürfen und einige Menschen nicht einbezogen werden, obgleich sie schon schutzbedürftig sind.[897] Dies ist jedenfalls der Fall, wenn sich die Schutzbedürftigkeit aus verringerten geistigen Fähigkeiten ergibt, da die kognitive Leistungsfähigkeit im Alter durch eine interindividuelle Variabilität gekennzeichnet ist. Ein nahezu lückenloser Schutz könnte nur durch das Setzen einer sehr niedrigen Altersgrenze erreicht werden.[898] Dies würde hingegen dem Ziel nach längstmöglicher Beibehaltung der Autonomie des Menschen widersprechen.[899] Es bestünde außerdem die Gefahr, dass den Betroffenen durch die beschränkte Geschäftsfähigkeit wirtschaftliche Vorteile entgehen oder sogar erst wirtschaftliche Einbußen entstehen. Die Existenz eines gesetzlichen Vertreters begründet zudem eine eigenständige Gefahr von wirtschaftlichen Verlusten. Ehegatten und Kinder verfolgen bei der Vertretung alter Menschen bisweilen ihre eigenen Interessen.[900] Die Rechtsdurchsetzungsschwierigkeiten würden ebenfalls bestehen bleiben.

(c) Sonstiges

Es ist nicht möglich, ein bestimmtes Alter zu bestimmen, mit dem der Verlust kognitiver Fähigkeiten, der eine beschränkte Geschäftsfähigkeit

---

894 *Schmoeckel*, NJW 2016, 433, 434.

895 Siehe zu dieser Voraussetzung des Verhältnismäßigkeitsgrundsatzes BVerfG NJW 2008, 1137, 1138; 1994, 1577.

896 Siehe zum Merkmal der Verhältnismäßigkeit im engeren Sinne BVerfG NJW 2008, 1137, 1138.

897 Ebenso *Wedemann*, ZBB 2014, 54, 56. Siehe zum Schutzübermaß bzw. -untermaß auch noch sogleich S. 242 f.

898 Vgl. auch *Wedemann*, ZBB 2014, 54, 56.

899 Dazu noch sogleich S. 243 f.

900 Vgl. *Rademacher*, Rechtsschutz zugunsten älterer Verbraucher, S. 234; *Wedemann*, AcP 214 (2014), 664, 673; *dies.*, ZBB 2014, 54, 56.

rechtfertigen könnte, hinreichend sicher korreliert. Folge einer kalendarisch fixierten Altersgrenze wäre daher, dass einigen Menschen die volle Geschäftsfähigkeit abgesprochen werden würde, wenngleich sie noch über alle relevanten Selbstbestimmungsfähigkeiten verfügen. Das Absprechen der vollen Geschäftsfähigkeit eines Vollgeschäftsfähigen wäre offensichtlich nicht verfassungsgemäß. Bei einer Einschränkung des Rechts zur Selbstbestimmung aufgrund von Schutzerwägungen, ist auch immer zu berücksichtigen, dass der Betroffene gleichermaßen das Recht hat, unvernünftige Entscheidungen zu treffen und Gefährdungen einzugehen.[901] Die Privatautonomie berechtigt nämlich auch zum Abschluss unvernünftiger Verträge.[902]

cc) Verstoß gegen den Allgemeinen Gleichheitssatz

Die Einführung einer beschränkten Geschäftsfähigkeit für Hochbetagte würde auch gegen den in Art. 3 Abs. 1 GG geregelten Allgemeinen Gleichheitssatz verstoßen. Nach ständiger Rechtsprechung gebietet dieser, Gleiches gleich und Ungleiches seiner Eigenart entsprechend verschieden zu behandeln.[903] Im Falle einer beschränkten Geschäftsfähigkeit für Hochbetagte würde indes Gleiches ungleich behandelt werden. Denn aufgrund der interindividuellen Variabilität der kognitiven Leistungsfähigkeit älterer Menschen würde es auf beiden Seiten der Altersgrenze Menschen geben, die über die gleichen geistigen Fähigkeiten verfügen, wegen der Altersgrenze aber eine unterschiedliche rechtliche Behandlung erfahren würden. Es würden z.B. die Menschen, die nicht mehr über ausreichend geistige Fähigkeiten verfügen, aber die Altersgrenze noch nicht überschritten haben, anders behandelt werden als diejenigen, die ebenfalls nicht mehr über ausreichend geistige Fähigkeiten verfügen, die Altersgrenze jedoch bereits überschritten haben, wenngleich bei beiden im Hinblick auf ihre geistigen Fähigkeiten keine relevanten Unterschiede bestehen. Erwägungen, mit denen diese Ungleichbehandlung gerechtfertigt werden könnte, sind nicht ersichtlich.

dd) Schutzübermaß und -untermaß

Wegen der interindividuellen Variabilität der kognitiven Leistungsfähigkeit im Alter würde einigen Menschen bei einer allein an ein festes hohes Lebensalter anknüpfenden beschränkten Geschäftsfähigkeit der durch die beschränkte

901 Vgl. hierzu auch *Görgen et al.*, Sicherheitspotenziale, S. 458.
902 Siehe *Roth*, AcP 208 (2008), 451, 471.
903 Siehe nur BVerfG NVwZ 2004, 597, 602.

Geschäftsfähigkeit gewährte Schutz zuteilwerden, obgleich sie noch nicht schutzbedürftig sind. Dies verschafft diesen Menschen einen individuellen Vorteil und geht zu Lasten der Vertragspartner (Schutzübermaß).[904] Ebenso bestünde die Gefahr, dass Menschen, die schutzbedürftig sind, die Altersgrenze noch nicht überschreiten und damit den speziellen Schutz nicht erhalten (Schutzuntermaß).[905] Dem Gesetzgeber zufolge wäre wohl zumindest die Gefahr eines Schutzübermaßes zum Schutz der Schutzbedürftigen hinzunehmen. Anderenfalls ließen sich die Regelungen zum rechtsgeschäftlichen Minderjährigenschutz (§§ 106 ff. BGB) nicht erklären. Auch wenn bei Minderjährigen die Entwicklung des geistig-seelischen Reifezustands relativ einheitlich und damit weitestgehend ohne eklatante Abweichungen verläuft, gibt es Minderjährige, die bereits über die geistigen Fähigkeiten eines erwachsenen Vollgeschäftsfähigen verfügen.[906] Durch die typisierte Ausgestaltung des Minderjährigenschutzes kommt ihnen dieser Schutz zugute, obwohl sie nicht schutzbedürftig sind.[907] Es kommt zu einem Schutzübermaß, das vom Gesetzgeber zum Schutz der Schutzbedürftigen akzeptiert wird. Zum Schutz der Schwächeren ist diesem Ansatz zwar grundsätzlich zuzustimmen.[908] Bei einer beschränkten Geschäftsfähigkeit für Hochbetagte wäre die Anzahl derjenigen, die Schutz erhalten, obgleich sie noch nicht schutzbedürftig sind, allerdings weitaus größer als im Bereich des Minderjährigenrechts. Insofern sollten ein Schutzübermaß und -untermaß besser vermieden werden.

b) Widerspruch zu gesetzgeberischer Grundentscheidung

Eine beschränkte Geschäftsfähigkeit für Hochbetagte stünde in Widerspruch zum Leitmotiv „so viel Autonomie und so wenig Heteronomie wie möglich“[909], da

---

904 Vgl. hierzu auch *Wedemann*, ZBB 2014, 54, 56. Siehe zu einem Schutzübermaß infolge einer an ein festes hohes Lebensalter anknüpfenden beschränkten Geschäftsfähigkeit auch *Rademacher*, Rechtsschutz zugunsten älterer Verbraucher, S. 232.

905 Vgl. hierzu auch *Wedemann*, ZBB 2014, 54, 56.

906 Siehe zur relativ einheitlichen Entwicklung des geistig-seelischen Reifezustands Minderjähriger *Wedemann*, AcP 214 (2014), 664, 672; *dies.*, ZBB 2014, 54, 56. Vgl. zum Ausnahmefall *Faust*, BGB AT, S. 127.

907 Vgl. zum Begriff der typisierten Schutzgewährung *Lorenz*, Der Schutz vor dem unerwünschten Vertrag, S. 513.

908 Ebenso im Zusammenhang mit einem Anlegerschutz für ältere Menschen wohl *Wedemann*, ZBB 2014, 54, 56.

909 Zitiert nach *Spickhoff*, AcP 208 (2008), 345, 413, siehe dazu dort auch S. 354 f. u. 394. Siehe auch *ders.*, Selbstbestimmungsfähigkeiten, in: Becker/Roth, Recht der Älteren, S. 101, 106 u. 123; *ders.*, ZfRV 2008, 33, 34.

mit ihr ein Verlust an Autonomie einherginge.[910] Die Autonomie des Menschen ist eine gesetzgeberische Grundentscheidung.[911] Ziel sollte es sein, den Betroffenen soweit wie möglich eine autonome Entscheidung über ihr Vermögen und ihr Schicksal zu ermöglichen.[912] Dies wird besonders deutlich durch die Einführung der rechtlichen Betreuung, mit der die diskriminierenden Elemente des alten Entmündigungs- und Vormundschaftsrechts beseitigt werden sollten.[913] Den Betreuten soll so viel Autonomie wie möglich erhalten bleiben; ihnen soll so wenig Bevormundung wie nötig zuteilwerden.[914] Die Betreuung nimmt dem Betroffenen daher nicht die Selbstbestimmungsfähigkeit und auch nicht die Geschäftsfähigkeit (Ausnahme: Einwilligungsvorbehalt, § 1903 BGB).[915] Den Wünschen und dem Willen des Betreuten ist weitgehend zu entsprechen.[916] Die Selbstbestimmung soll auch beim Vorliegen geminderter Urteilsfähigkeit noch soweit wie möglich erhalten bleiben.[917]

c) Diskriminierung älterer Menschen

aa) Diskriminierung

Eine beschränkte Geschäftsfähigkeit für Hochbetagte würde aufgrund der damit verbundenen Herabwürdigung eine diskriminierende Wirkung gegenüber älteren Menschen entfalten.[918] Es würde impliziert werden, dass Menschen, die ein

---

910 Vgl. auch *Rademacher*, Rechtsschutz zugunsten älterer Verbraucher, S. 236.

911 Vgl. *Roth*, AcP 208 (2008), 451, 462.

912 Vgl. *Schmoeckel*, NJW 2016, 433, 439.

913 Vgl. *Spickhoff*, Selbstbestimmungsfähigkeiten, in: Becker/Roth, Recht der Älteren, S. 101, 109; *ders.*, Betreuungsrecht, in: Becker/Roth, Recht der Älteren, S. 247, 248.

914 *Spickhoff*, Selbstbestimmungsfähigkeiten, in: Becker/Roth, Recht der Älteren, S. 101, 109; *ders.*, Betreuungsrecht, in: Becker/Roth, Recht der Älteren, S. 247, 248.

915 Vgl. *Spickhoff*, AcP 208 (2008), 345, 361; siehe zur potenziellen Einschränkung der Selbstbestimmungsfähigkeiten durch die Anordnung eines Einwilligungsvorbehalts *ders.*, Selbstbestimmungsfähigkeiten, in: Becker/Roth, Recht der Älteren, S. 101, 110.

916 *Spickhoff*, AcP 208 (2008), 345, 361 (unter Hinweis auf eine Vielzahl betreuungsrechtlicher Vorschriften).

917 *Spickhoff*, AcP 208 (2008), 345, 361 f.; *ders.*, ZfRV 2008, 33, 35.

918 So grundsätzlich zur Etablierung von speziellen Schutzinstrumenten für alte Menschen *Wedemann*, AcP 214 (2014), 664, 683; *dies.*, NJW 2014, 3419, 3422; *dies.*, ZBB 2014, 54, 55. Kritisch zu einer generalisierenden Schutznorm für ältere Menschen auch *Igl*, Z Gerontol 1990, 62, 66, der in der Generalisierung von altersspezifischen Defiziten die Gefahr von negativen Zuschreibungen sieht. *Rademacher*, Rechtsschutz zugunsten älterer Verbraucher, S. 220, zufolge besteht beim Ansinnen, altersspezifische Schutzbedürfnisse aufzugreifen, immer die Gefahr eines nachteiligen

bestimmtes hohes Lebensalter erreicht haben, nicht mehr hinreichend fähig sind, selbstständig am Rechtsverkehr teilzunehmen.[919] Das Stigma, das damit verbunden ist, als inkompetent angesehen zu werden, wäre für ältere Menschen demütigend und erniedrigend.[920] Eine Beeinträchtigung des Selbstbildes alter Menschen wäre die Folge.[921] Hinzu kommt, dass durch die Einschränkung der Autonomie älterer Menschen aufgrund ihrer (teilweise) vorhandenen Schutzbedürftigkeit ein negativer Stereotyp verfestigt werden könnte.[922] Es wäre zu befürchten, dass die rechtliche Auseinandersetzung mit der Verletzlichkeit älterer Menschen dazu führen könnte, dass häufiger von altersbedingter Schwäche und Unfähigkeit ausgegangen werden wird.[923] Es könnte das Bewusstsein steigen, dass ältere Menschen leichte Opfer sind.[924] Jedenfalls wären die betroffenen älteren Menschen aufgrund des Verlustes der vollen Geschäftsfähigkeit nicht mehr in der Lage, allein nach ihrem Willen eigenständig am Geschäftsverkehr teilzunehmen. Da dies Geschäftsfähige hingegen noch können, wären die beschränkt geschäftsfähigen älteren Menschen gegenüber Vollgeschäftsfähigen benachteiligt, d.h. diskriminiert.

Zudem könnten ältere Menschen faktisch von der Teilnahme am Geschäftsverkehr ausgeschlossen werden. Ein unwirksames Geschäft kann für den Geschäftspartner nämlich wirtschaftlich nachteilig sein (z.B. bei Entreicherung nach § 818 Abs. 3 BGB des nicht (voll) Geschäftsfähigen).[925] Allein der Aufwand für etwaige Leistungsrückabwicklungen könnte eine abschreckende Wirkung erzeugen. Um die Nachteile unwirksam geschlossener Verträge zu vermeiden,

---

gesellschaftlichen Effekts, der sich in einer Schädigung des Selbst- und Fremdbildes älterer Menschen ausdrücken kann, siehe dort auch S. 230, 242, 287 f., 290 u. 347 (jeweils zur Gefahr der Stigmatisierung durch speziellen Älterenschutz).

919 Ähnlich kritisch *Rademacher*, Rechtsschutz zugunsten älterer Verbraucher, S. 228.

920 Vgl. *Rossiter*, Or. L. Rev. 78 (1999), 807, 820.

921 Vgl. *Wedemann*, AcP 214 (2014), 664, 683 f.; *dies.*, NJW 2014, 3419, 3422; *dies.*, ZBB 2014, 54, 68.

922 Vgl. auch *Doron*, in: Doron, Theories on Law and Ageing, S. 59, 64. Siehe auch *Rademacher*, Rechtsschutz zugunsten älterer Verbraucher, S. 231 f., die in der Implementierung eines speziellen Älterenschutzes wohl die Festigung gesamtgesellschaftlich ungünstiger Stereotype sieht, siehe dazu dort auch S. 266 u. 347.

923 Vgl. *Hall*, in: Doron, Theories on Law and Ageing, S. 107, 108; *Flessner*, Ältere Menschen, demographische Alterung und Recht, S. 142; siehe hierzu auch *Rademacher*, Rechtsschutz zugunsten älterer Verbraucher, S. 265 f.

924 Vgl. *Wedemann*, ZBB 2014, 54, 68.

925 Siehe zur wirtschaftlichen Nachteiligkeit wegen Entreicherung des nicht (voll) Geschäftsfähigen BGH NJW 1994, 2021.

könnten die Geschäftspartner geneigt sein, mit älteren Menschen weniger Geschäfte zu tätigen.[926] Einen Schutz des guten Glaubens an die unbeschränkte Geschäftsfähigkeit einer Person kennen die §§ 104 ff. BGB nicht.[927]

bb) Vorrang der Schutzwirkung gegenüber der Diskriminierung

Die Etablierung von Schutzinstrumenten erfordert eine an den spezifischen Auswirkungen des jeweiligen Instruments orientierte Abwägung.[928] Bei der Abwägung sind der Schwere der drohenden Herabwürdigung die Bedeutung, die Effektivität und der Umfang des bewirkten Schutzes gegenüberzustellen.[929]

(1) Schwere der drohenden Herabwürdigung

Die deutsche Gesellschaft ist erheblich vom demografischen Wandel betroffen. Das hohe Alter von Menschen wird im gesellschaftlichen Bewusstsein zur Normalität werden.[930] Altersbedingte Abbauerscheinungen werden öfters zu sehen sein. Sie werden aufgrund ihrer Häufigkeit zwangsläufig akzeptiert und als „normal" betrachtet werden. Ältere Menschen zeichnen sich auch noch durch weit mehr Fähigkeiten aus als allein durch ihre kognitive Leistungsfähigkeit. Nur weil jemand nicht mehr über hinreichend rechtsgeschäftsrelevante Fertigkeiten verfügt, bedeutet das nicht, dass er nicht ein fürsorgliches Großelternteil sein kann. Außerdem können das angehäufte Wissen und die gesammelten Erfahrungen auch noch trotz eines kognitiven Altersabbaus im hohen Alter präsent und für die Gesellschaft von Nutzen sein.

Überdies ist nicht zu befürchten, dass es durch eine Schutzregelung für ältere Menschen, wie z.B. eine beschränkte Geschäftsfähigkeit für Hochbetagte, zu

---

926 Siehe auch *Rademacher*, Rechtsschutz zugunsten älterer Verbraucher, S. 287 f., die im Rahmen eines altersbezogenen Lösungsrechts von unlauter angebahnten Verträgen konstatiert, dass ältere Menschen als Geschäftspartner gemieden werden könnten. Siehe auch *Wedemann*, ZBB 2014, 54, 60, 61 u. 67 f., nach der Instrumente zum Schutz allein älterer Menschen bei Anlagegeschäften aufgrund der damit jeweils für den Geschäftspartner entstehenden Nachteile die Gefahr indizieren, dass ältere Menschen von diesen Geschäften faktisch ausgeschlossen werden. Siehe zu dieser Gefahr als Folge einer Beweislastumkehr hinsichtlich der Geschäftsfähigkeit auch *Rossiter*, Or. L. Rev. 78 (1999), 807, 822.

927 BGH NJW 1977, 622, 623.

928 *Wedemann*, ZBB 2014, 54, 55.

929 *Wedemann*, AcP 214 (2014), 664, 684; *dies.*, NJW 2014, 3419, 3422; vgl. auch *dies.*, ZBB 2014, 54, 55.

930 Ebenso *Igl*, in: FS Thieme, S. 747, 753.

einem negativen Stereotyp des älteren Menschen kommen würde. Die Gefahr des Ausgenutztwerdens ist längst allgegenwärtig. Das Bewusstsein darüber, dass einige ältere Menschen täuschungsanfällig und leichtgläubig sind, besteht bereits. Dem Durchschnittsmenschen kann die mediale Berichterstattung und die gesellschaftliche Diskussion über den Abbau geistiger Fähigkeiten im Alter und den damit einhergehenden Gefahren nicht entgangen sein. Der Begriff des sog. „Enkeltricks" ist weitgeläufig. Regelungen, die die Schwäche älterer Menschen indizieren, können das gesellschaftliche Bild von älteren Menschen als z.B. täuschungsanfällig daher allenfalls noch bestätigen.[931] Sie würden aber nicht dazu führen, dass sich ein Bewusstsein über die leichte Ausnutzbarkeit einiger älterer Menschen in der Gesellschaft erst entwickelt. Ohnehin führt das Bewusstsein über die Schutzbedürftigkeit älterer Menschen nicht per se zu deren Ausnutzung. Freilich besteht die Gefahr, dass einige Menschen versucht sind, die Schwächen älterer Menschen auszunutzen. Der Großteil der Menschen reagiert auf die Schutzbedürftigkeit eines Menschen allerdings mit Hilfsbereitschaft. Die Regelung könnte insoweit zur Sensibilisierung von Schwierigkeiten älterer Menschen infolge rechtsgeschäftsrelevanter Einschränkungen beitragen und den redlichen Geschäftspartner rücksichtsvoller handeln lassen.

Es würde auch nicht zu einem vollständigen faktischen Ausschluss älterer Menschen vom Geschäftsverkehr kommen. Unternehmer würden bzw. könnten nicht auf Geschäfte mit älteren Menschen verzichten. Der Anteil älterer Menschen in unserer Gesellschaft nimmt stetig zu, wodurch auch deren Bedeutung für die Märkte wächst.[932] Ältere Menschen bilden einen großen Anteil der zukünftigen Konsumenten. Der Ausschluss dieser Menschen als Geschäftspartner würde langfristig enormes wirtschaftliches Potenzial unberücksichtigt lassen. Nach dem zivilrechtlichen Benachteiligungsverbot ist außerdem eine Benachteiligung aus Gründen des Alters bei der Begründung, Durchführung und Beendigung von z.B. sog. Massengeschäften unzulässig (§ 19 Abs. 1 Nr. 1 AGG).

Die vorstehenden Erwägungen negieren zwar nicht den Einwand einer diskriminierenden Wirkung, die eine Schutzregelung für ältere Menschen, wie z.B. eine beschränkte Geschäftsfähigkeit für Hochbetagte, entfalten würde; sie sprechen aber gegen eine besondere Schwere der drohenden Herabwürdigung. Eine besonders diskriminierende Wirkung der beschränkten Geschäftsfähigkeit für Hochbetagte würde jedoch aus der Pauschalisierung durch das Abstellen auf

---

931 Siehe dazu, dass negative Altersbilder bereits bestehen, auch *Rademacher*, Rechtsschutz zugunsten älterer Verbraucher, S. 28 (dort Fn. 41), 230, 333 u. 347.

932 Vgl. auch *Müller*, Alter und Recht, S. 105.

ein bestimmtes hohes Lebensalter folgen.[933] Durch die Pauschalisierung käme es nämlich dazu, dass Menschen als beschränkt geschäftsfähig eingestuft werden würden, obgleich sie noch über die Fähigkeit zur Selbstbestimmung verfügen (vgl. interindividuelle Variabilität). Sie würden mit Menschen gleichgestellt werden, die geistige Einschränkungen aufweisen. Darin würde eine erhebliche Diffamierung der Betroffenen liegen. Es kann auch nicht angeführt werden, dass sich frühreife Minderjährige in einer vergleichbaren Situation befinden und der Gesetzgeber dies zum Schutz der restlichen Minderjährigen hinnimmt, so dass im Zusammenhang mit hochbetagten beschränkt Geschäftsfähigen Gleiches gelten müsse. Die Entwicklung des geistig-seelischen Reifezustands Minderjähriger verläuft nämlich einheitlicher als der kognitive Leistungsabbau älterer Menschen.[934] Die Zahl der tatsächlich noch geschäftsfähigen älteren Menschen wäre weitaus höher als die Zahl der frühreifen Minderjährigen. Hinzu käme, dass viele ältere Menschen von ihren Geschäftspartnern nach ihrem Alter gefragt werden würden, wenn sie ein alterstypisches Erscheinungsbild aufweisen. Viele Menschen empfinden die Frage nach dem eigenen Alter als diskriminierend. Gerade Menschen, deren Erscheinungsbild auf ein hohes Alter schließen lässt, obwohl sie tatsächlich noch nicht die Altersschwelle zur beschränkten Geschäftsfähigkeit überschritten haben, würden in ihrem Ehrgefühl verletzt werden. Darauf aufmerksam gemacht zu werden, älter auszusehen, als man tatsächlich ist, ist für viele Menschen ein sehr kränkender Umstand. Im Übrigen würde es durch die Parallelität einer beschränkten Geschäftsfähigkeit für Hochbetagte mit den §§ 107 ff. BGB zu einer diffamierend wirkenden Infantilisierung der betroffenen älteren Menschen kommen.[935]

(2) Bedeutung, Effektivität und Umfang des bewirkten Schutzes

Da mit der Einführung einer beschränkten Geschäftsfähigkeit für Hochbetagte eine besonders diskriminierende Wirkung gegenüber älteren Menschen einherginge, müsste die Einführung zugleich mit einem besonders effektiven Schutz älterer Menschen vor Übervorteilung aufgrund rechtsgeschäftsrelevanter

---

933 Siehe aber auch *Roth*, AcP 208 (2008), 451, 473, nach dem mit einer generalisierenden Betrachtung durch Setzung einer festen Altersgrenze die vom Einzelnen als diskriminierend empfundene Feststellung der besonderen individuellen Schutzbedürftigkeit vermieden werden kann; vgl. insofern auch *Rademacher*, Rechtsschutz zugunsten älterer Verbraucher, S. 232.

934 Vgl. *Wedemann*, AcP 214 (2014), 664, 672; *dies.*, ZBB 2014, 54, 56.

935 Vgl. auch *Rademacher*, Rechtsschutz zugunsten älterer Verbraucher, S. 234.

Einschränkungen verbunden sein, um die diskriminierende Wirkung auszugleichen. Dies wäre indes nicht der Fall. Der bewirkte Schutz würde nicht allen Schutzbedürftigen zuteilwerden. Ein Vorrang der Schutzwirkung gegenüber der Diskriminierung bestünde daher nicht.

d) Beeinträchtigung des Geschäftsverkehrs

Der rechtsgeschäftliche Verkehr wäre dadurch beeinträchtigt, dass der Geschäftspartner des Hochbetagten in einigen Fällen keine Kenntnis über die Wirksamkeit des Geschäfts hätte. Für die Wirksamkeit des Geschäfts bedürfte es nämlich der Zustimmung des gesetzlichen Vertreters des Hochbetagten, über deren Vorliegen beim Geschäftspartner aber Unklarheit herrschen könnte. Der Geschäftspartner müsste den gesetzlichen Vertreter zunächst um Klärung der Wirksamkeit des Geschäfts ersuchen. Da dem Geschäftspartner die Person des Vertreters in der Regel nicht bekannt sein werden wird, würde das Ersuchen Schwierigkeiten bereiten. In dem Ansinnen des Vertragspartners an den beschränkt geschäftsfähigen Hochbetagten, er möge den gesetzlichen Vertreter zur Genehmigung auffordern, würde auch keine Aufforderung im Sinne des Gesetzes liegen.[936] Der Vertragspartner könnte sich des Hochbetagten lediglich als Boten bedienen, wobei es in diesen Fällen für die Wirksamkeit der Aufforderung des Zugangs beim gesetzlichen Vertreter entsprechend § 130 Abs. 1 BGB bedürfen würde.[937] An der Übermittlung der Aufforderung könnte es z.B. wegen der zunehmenden Vergesslichkeit im Alter scheitern.

e) Bedarf an gesetzlichen Vertretern und Belastung des Staatshaushalts

Beschränkt geschäftsfähige ältere Menschen würden einen gesetzlichen Vertreter benötigen. Angesichts des demografischen Wandels und des Abstellens auf ein hohes Alter als Voraussetzung einer beschränkten Geschäftsfähigkeit wäre der Bedarf an gesetzlichen Vertretern mitunter sehr hoch. Je niedriger die Altersgrenze angesetzt werden würde, desto höher wäre der Bedarf an gesetzlichen Vertretern. Wie die Erfahrungen mit dem Rechtsinstitut der rechtlichen Betreuung zeigen, würde es erhebliche Schwierigkeiten bereiten, diesem hohen Bedarf nachzukommen. Die Betroffenen hätten nämlich nicht immer Angehörige,

---

936 Siehe insofern Staudinger/*Klumpp* BGB § 108 Rn. 46 (im Zusammenhang mit Minderjährigen).

937 Siehe insofern Staudinger/*Klumpp* BGB § 108 Rn. 46 (im Zusammenhang mit Minderjährigen).

die für sie eine rechtliche Vertretung übernehmen könnten.[938] Im Jahre 2010 wurden nur 58,2 % aller Betreuungen bei Erstbestellungen durch Familienangehörige übernommen.[939] Im Jahre 2015 lag der Anteil der von Familienangehörigen übernommenen Betreuungen bei Erstbestellungen sogar nur noch bei 49,72 %.[940] Es ist zu vermuten, dass es auch zukünftig zu einem Rückgang des Anteils der von Familienangehörigen geführten Betreuungen kommt.[941] Entsprechendes dürfte für die gesetzliche Vertretung beschränkt geschäftsfähiger Hochbetagter gelten. Es bedürfte folglich einer großen Anzahl an berufsmäßig oder sonstigen ehrenamtlich agierenden Vertretern.

Insofern ist problematisch, dass Berufsbetreuer in den letzten Jahren einem unattraktiven Vergütungssystem unterlagen. Sie erhielten für ihre Tätigkeit eine von dem tatsächlichen Aufwand unabhängige, pauschale Vergütung.[942] 94 % der in einer Studie (11/2015 bis 08/2017) befragten Berufsbetreuer schätzten die tatsächlich aufgewendete Zeit um mindestens 10–20 % höher ein als die vergütete Zeit; darunter meinten 63 % der Berufsbetreuer, dass die vergütete Zeit um mindestens 30 % überschritten wurde.[943] Die Pauschalvergütung der beruflichen Betreuer ist außerdem seit ihrer Einführung im Jahre 2005 bis Juli 2019 unverändert geblieben.[944] Dementsprechend ist es nachvollziehbar, dass der Bundesverband freier Berufsbetreuer e.V. (BVfB) ein Aussterben des Berufs des Berufsbetreuers befürchtete.[945] Am 27. Juli 2019 ist allerdings ein Gesetz zur Anpassung der Betreuer- und Vormündervergütung in Kraft getreten.[946] Das System der pauschalisierten Betreuungsvergütung wurde hierdurch zwar nicht geändert (vgl. § 4 Abs. 1 VBVG).[947] Dennoch ist nicht ausgeschlossen, dass die Erhöhung der Vergütung in einem modernisierten System von Fallpauschalen ausreichend zu einer angemessenen Vergütung der Berufsbetreuer beitragen wird.[948] Das bisherige unattraktive Vergütungssystem wird möglicherweise aber nachwirken und könnte daher zumindest noch in naher Zukunft Menschen von

938 Vgl. auch *Wedemann*, AcP 214 (2014), 664, 673; *dies.*, ZBB 2014, 54, 56.
939 Siehe BMJV, Betreuung in Deutschland im Jahr 2010.
940 Siehe *Deinert*, BtPrax 2016, 218.
941 Vgl. bereits S. 128.
942 Siehe *Scharf*, FPR 2012, 32.
943 Siehe *Matta et al.*, Qualität in der rechtlichen Betreuung, S. 594.
944 Vgl. BT-Drucks. 19/8694, S. 1.
945 Siehe zu dieser Befürchtung BVfB, Stellungnahme, S. 1.
946 Siehe BGBl. 2019 Teil I Nr. 23, S. 866 ff.
947 Vgl. auch MüKoBGB/*Fröschle* VBVG § 4 Rn. 1.
948 Siehe zu diesem Zweck der Gesetzesänderung BT-Drucks. 19/8694, S. 1.

der Ausübung des Berufs des Berufsbetreuers abhalten. Es ist zu vermuten, dass aufgrund der genannten Erfahrungen und deren Nachwirkung auch von einer Tätigkeit als berufsmäßig agierender Vertreter von beschränkt geschäftsfähigen Hochbetagten abgesehen werden könnte.

Problematisch ist außerdem die Unbeliebtheit einer Tätigkeit als ehrenamtlicher Betreuer. Die Übernahme einer ehrenamtlichen Betreuung ist unbeliebt, da mit der Betreuerstellung ein Druck durch die große Verantwortung und der möglichen Verpflichtung zu Zwangsmaßnahmen verbunden ist.[949] Das Engagement eines ehrenamtlichen Betreuers ist auch nicht durch die persönliche Begleitung des Betreuten geprägt, sondern durch ungewollte sozialrechtliche und administrative Aufgaben und Verantwortungen.[950] Auch die unzureichende Beratung von ehrenamtlichen Betreuern und die geringe Aufwandsentschädigung in Anbetracht des hohen zeitlichen Aufwands sind Gründe für die Unbeliebtheit des Ehrenamtes des rechtlichen Betreuers.[951] Diese Umstände in Verbindung mit dem zu erwartenden Anstieg der Betreuungsverfahren infolge des demografischen Wandels lassen vermuten, dass es zukünftig Schwierigkeiten geben wird, dem Bedarf an – zumindest ehrenamtlichen – rechtlichen Betreuern nachzukommen.[952] Entsprechendes würde hinsichtlich des Bedarfs an gesetzlichen Vertretern von beschränkt geschäftsfähigen Hochbetagten gelten, da auch die Tätigkeit als ehrenamtlicher gesetzlicher Vertreter eines beschränkt geschäftsfähigen Hochbetagten mit einer hohen Verantwortung und administrativen Aufgaben verbunden wäre. Die negativen Erfahrungen zur Beratung und zur Aufwandsentschädigung von rechtlichen Betreuern könnten insofern ebenfalls vor einer Tätigkeit als ehrenamtlich agierender Vertreter eines beschränkt geschäftsfähigen Hochbetagten abschrecken.

Die Erfahrungen mit dem Rechtsinstitut der rechtlichen Betreuung zeigen außerdem, dass durch die Einführung einer beschränkten Geschäftsfähigkeit für Hochbetagte der Staatshaushalt erheblich belastet werden würde, da auch die gesetzlichen Vertreter der beschränkt geschäftsfähigen Hochbetagten einen vergleichbaren Anspruch auf Aufwendungsersatz bzw. Vergütung hätten. Für die im Jahre 2000 am Jahresende bestehenden 924.624 Betreuungen sind dem Staat

949 Vgl. *Adler*, FPR 2012, 36, 40; siehe auch *Matta et al.*, Qualität in der rechtlichen Betreuung, S. 91. Ausführlich beschäftigt sich *Christl*, FamRZ 2019, 422 ff., mit der Frage der Überforderung ehrenamtlicher Betreuer.

950 Vgl. *Adler*, FPR 2012, 36, 40.

951 Siehe *Matta et al.*, Qualität in der rechtlichen Betreuung, S. 91.

952 Vgl. auch *Rauscher*, Familienrecht, S. 1115.

Aufwendungen für Aufwendungsersatz und Vergütung in Höhe von 292.701.553 Euro entstanden.[953] Im Jahre 2012 bestanden am Jahresende 1.325.013 Betreuungen, welche zu Aufwendungen der Staatskasse in Höhe von 771.600.000 Euro geführt haben.[954] Hinzu kommen noch die Ausgaben für Verfahrenspfleger und Sachverständige, so dass die tatsächlichen Ausgaben für rechtliche Betreuungen noch deutlich höher sind.[955] Im Jahre 2015 betrugen die Ausgaben der Staatskassen für Aufwendungsersatz und Vergütungen der Betreuer und Verfahrenspfleger 896.132.000 Euro bei 1.276.538 Betreuungsverfahren.[956] Hervorzuheben ist insbesondere, dass berufliche Betreuungen weitaus kostenintensiver sind als ehrenamtliche: Solange daher die beruflichen Betreuungen zunehmen,[957] werden auch die staatlichen Ausgaben entsprechend steigen.[958] Entsprechendes würde im Rahmen der gesetzlichen Vertretung beschränkt geschäftsfähiger Hochbetagter gelten.

Als Alternative zum von Amts wegen bestellten gesetzlichen Vertreter verbleibt allenfalls das Instrument der Vorsorgevollmacht. Diese könnte noch mehr in das gesellschaftliche Bewusstsein gerückt werden. Von Seiten des Staates könnten mehr diesbezügliche Werbe- und Beratungsmaßnahmen durchgeführt werden. Ob dies aufgrund der aufgezeigten Gefahr eines finanziellen Missbrauchs im Rahmen von Vorsorgevollmachten jedoch erstrebenswert ist, ist nach hier vertretener Ansicht zweifelhaft. Ohnehin würde es einigen älteren Menschen an Personen in ihrem näheren Umfeld fehlen, die als Bevollmächtigte in Betracht kämen.

Je nach der geschaffenen Altersgrenze wären von einer beschränkten Geschäftsfähigkeit für Hochbetagte eines bestimmten Alters aber immerhin einige Menschen erfasst, denen mit einem rechtlichen Betreuer bereits ein gesetzlicher Vertreter zur Verfügung steht. Viele der derzeit rechtlich Betreuten sind nämlich in einem hohen Lebensalter. Im Übrigen besteht Potenzial bei der

---

953 Siehe *Coeppicus*, NJW 2014, 3703, 3704.

954 Siehe *Coeppicus*, NJW 2014, 3703, 3704 f.

955 *Coeppicus*, NJW 2014, 3703, 3704.

956 *Deinert*, BtPrax 2016, 218, 220, mit Verweis auf eine Erhebung des BfJ (Sondererhebung Verfahren nach dem Betreuungsgesetz); siehe dort S. 218 zur Anzahl der Betreuungsverfahren im Jahre 2015.

957 Vgl. die obigen Ausführungen zum Rückgang der von Familienangehörigen geführten Betreuungen. Siehe zur Zunahme des Anteils beruflich geführter Betreuungen bei den neu eingerichteten Betreuungen in Baden-Württemberg KVJS, Betreuungsstatistik Baden-Württemberg 2019, S. 7.

958 Vgl. *Köller/Engels*, BtPrax Sonderheft 2011, 4, 17.

Vermeidung von rechtlichen Betreuungen sowie bei der Gewinnung ehrenamtlicher Betreuer.[959] Eine recht aktuelle Untersuchung (2017) hat gezeigt, dass die Bestellung eines rechtlichen Betreuers in 5–15 % der Neufälle durch eine optimierte Nutzung anderer Hilfen i.S.d. § 1896 Abs. 2 S. 2 BGB vermieden werden könnte.[960] Außerdem bestehen Möglichkeiten, die Attraktivität einer ehrenamtlichen Betätigung als rechtlicher Betreuer zu steigern. Die insofern frei werdenden personellen Ressourcen und eingesparten finanziellen Mittel könnten für die Deckung des durch die Einführung einer beschränkten Geschäftsfähigkeit für Hochbetagte entstehenden Bedarfs an gesetzlichen Vertretern und den damit zusammenhängenden Kosten verwendet werden.

Mit dem VBRefG vom 4. Mai 2021 sind Maßnahmen zur Vermeidung von rechtlichen Betreuungen und zur Gewinnung ehrenamtlicher Betreuer bereits Gegenstand gesetzgeberischer Aktivität geworden.[961] In diesem Gesetz ist u.a. die Einführung einer sog. erweiterten Unterstützung geregelt.[962] Durch eine erweiterte Unterstützung sollen die Betroffenen in die Lage versetzt werden, sich andere Hilfen des komplexen sozialrechtlichen Hilfesystems selbst zu erschließen, so dass eine rechtliche Betreuung vermieden werden kann.[963] In Betracht kommen dafür z.B. Maßnahmen, bei denen die Behörde den individuellen Unterstützungs- und Hilfebedarf des Betroffenen mit dessen Zustimmung möglichst umfassend ermittelt, eine auf alle konkret in Betracht kommenden Sozialleistungen ausgerichtete Beratung anbietet und den Betroffenen bei der Geltendmachung seiner sozialrechtlichen Ansprüche unterstützt.[964] Zur Steigerung der Attraktivität des ehrenamtlichen Betreueramtes sieht das Gesetz u.a. die Erweiterung des Kreises der von Gesetzes wegen befreiten Betreuer, Erleichterungen bei der Geltendmachung der Aufwandspauschale sowie deren Erhöhung vor.[965] Außerdem sollen zukünftig ehrenamtliche Betreuer, die keine familiäre Beziehung oder persönliche Bindung zu dem Betreuten haben, mit einem Betreuungsverein oder der zuständigen Behörde eine Vereinbarung über eine Begleitung und Unterstützung abschließen.[966] Gegenstand dieser Vereinbarung

959 Siehe zum Potenzial bei der Gewinnung ehrenamtlicher Betreuer auch *Matta et al.*, Qualität in der rechtlichen Betreuung, S. 93; *Adler*, FPR 2012, 36, 39.

960 Siehe *Nolting et al.*, Umsetzung des Erforderlichkeitsgrundsatzes, S. 5 u. 8 f.

961 Siehe hierzu auch noch S. 318 f.

962 Siehe Art. 9 VBRefG (§ 8 Abs. 2 BtOG u. § 11 Abs. 3 u. 4 BtOG).

963 Vgl. BT-Drucks. 19/24445, S. 149.

964 Siehe BT-Drucks. 19/24445, S. 353.

965 Vgl. BT-Drucks. 19/24445, S. 145 f.

966 Siehe Art. 1 Nr. 21 VBRefG (§ 1816 Abs. 4 BGB k.F.) u. Art. 9 VBRefG (§ 22 BtOG).

wäre u.a. die Benennung eines Mitarbeiters des Betreuungsvereins als festen Ansprechpartner für den ehrenamtlichen Betreuer.[967] Diese konstante Beratung und Unterstützung von ehrenamtlichen Betreuern könnte sich ebenfalls positiv im Hinblick auf die Gewinnung geeigneter ehrenamtlicher Betreuer auswirken, da die Übernahme einer ehrenamtlichen Betreuung nun möglicherweise seltener z.B. aus Angst vor einer Überforderung oder einer schlechten Betreuungsleistung gemieden werden würde.

Es könnte auch eine Begrenzung der Haftung für ehrenamtliche Betreuer auf Vorsatz und grobe Fahrlässigkeit (derzeit wird auch bei einfacher Fahrlässigkeit gehaftet, siehe § 1908i Abs. 1 S. 1 i.V.m. § 1833 Abs. 1 S. 1 BGB) in Betracht gezogen werden.[968] Laut *Adler* ließe sich hierdurch zugleich die Motivation von Familienangehörigen zur Betreuungsübernahme erhöhen.[969] Dies würde wiederum zu einem Mehr an verfügbaren ehrenamtlichen Kräften für Betreuungsbedürftige i.S.d. § 1896 Abs. 1 S. 1 BGB führen, die keine unterstützungswilligen Angehörigen haben. Befragungen haben gezeigt, dass rund zwei Drittel der Betreuungsvereine nicht über genügend finanzielle Ressourcen zur Erfüllung ihrer Aufgaben verfügen.[970] Da die Gewinnung ehrenamtlicher Betreuer zu den Aufgaben der Betreuungsvereine gehört (vgl. § 1908f Abs. 1 Nr. 2 BGB), könnte auch eine bessere finanzielle Förderung der Betreuungsvereine zielführend sein.[971] Akteure aus der Betreuungsrechtspraxis haben in einer Befragung auch die gezielte und überörtliche Öffentlichkeitsarbeit zur Bekanntmachung des Ehrenamtes als eine notwendige Bedingung dafür genannt, dass das Potenzial von ehrenamtlichen Betreuern voll ausgeschöpft wird.[972] Dies spiegelt sich auch in der Sicht der freiwillig Engagierten im Allgemeinen wieder, die sich bessere Informationen und Beratung über Möglichkeiten des freiwilligen Engagements wünschen.[973] Auch insofern besteht offensichtlich Verbesserungspotenzial.

---

967 Siehe Art. 9 VBRefG (§ 15 Abs. 2 Nr. 3 BtOG).

968 Ausführlich hierzu *Adler*, FPR 2012, 36, 40, der dies im Übrigen befürwortet.

969 Siehe *Adler*, FPR 2012, 36, 40.

970 Siehe *Matta et al.*, Qualität in der rechtlichen Betreuung, S. 578.

971 Siehe auch *Matta et al.*, Qualität in der rechtlichen Betreuung, S. 578, die eine gesetzliche Regelung zur Mindestfinanzierung empfehlen; in einer besseren finanziellen Ausstattung der Betreuungsvereine sehen auch die in dieser Untersuchung befragten Akteure aus der Betreuungsrechtspraxis eine notwendige Bedingung dafür, dass das Potenzial von ehrenamtlichen Betreuern voll ausgeschöpft wird, siehe dort S. 93. Vgl. hierzu auch Art. 9 VBRefG (§ 17 BtOG).

972 Siehe *Matta et al.*, Qualität in der rechtlichen Betreuung, S. 93.

973 Siehe *Gensicke/Geiss*, Hauptbericht des Freiwilligensurveys 2009, S. 290 f.

Doch auch bei Ausschöpfung des Verbesserungspotenzials bei der Vermeidung von rechtlichen Betreuungen und bei der Gewinnung ehrenamtlicher Betreuer sowie durch das Ergreifen von geeigneten Maßnahmen zur Gewinnung ehrenamtlicher gesetzlicher Vertreter von beschränkt geschäftsfähigen Hochbetagten, die sich an den genannten Maßnahmen zur Gewinnung ehrenamtlicher Betreuer orientieren könnten, würden wohl nicht ausreichend Personen zur Verfügung stehen, die den durch eine beschränkte Geschäftsfähigkeit für Hochbetagte entstehenden hohen Bedarf an gesetzlichen Vertretern decken könnten. Auch die möglichen finanziellen Einsparungen im Bereich der rechtlichen Betreuung würden die durch die Vertretung der beschränkt geschäftsfähigen Hochbetagten entstehenden Kosten sehr wahrscheinlich nicht ausgleichen können.

3. *Ergebnis*

Die Einführung einer beschränkten Geschäftsfähigkeit für Hochbetagte empfiehlt sich nicht.[974] Es lässt sich kein Alter feststellen, welches hinreichend sicher mit einem kognitiven Leistungsabbau, der eine beschränkte Geschäftsfähigkeit zu rechtfertigen vermag, korreliert. Der pauschale und damit medizinisch-psychiatrisch nicht gerechtfertigte Entzug der vollen Geschäftsfähigkeit würde einen verfassungswidrigen Eingriff in das Selbstbestimmungsrecht der Betroffenen darstellen. Auch würde gegen den Allgemeinen Gleichheitssatz verfassungswidrig verstoßen werden. Eine beschränkte Geschäftsfähigkeit für Hochbetagte würde in ihrer Schutzqualität nicht überzeugen, insbesondere ein Schutzübermaß und -untermaß zur Folge haben, diskriminierend wirken sowie den Geschäftsverkehr stören. Überdies würde es Schwierigkeiten bereiten, dem Bedarf an gesetzlichen Vertretern nachzukommen. Der hohe Bedarf an gesetzlichen Vertretern würde zudem zu einer erheblichen finanziellen Belastung des Staatshaushalts führen. Eine beschränkte Geschäftsfähigkeit für Hochbetagte würde außerdem in Widerspruch zur gesellschaftlichen Realität stehen.

---

974 Ablehnend auch *Rademacher*, Rechtsschutz zugunsten älterer Verbraucher, S. 221 (Fn. 897) u. 235, siehe dort auch S. 213, 222, 228, 235 f., 268 u. 347; *Wedemann*, ZBB 2014, 54, 57 u. 68 (bezüglich Anlagegeschäfte). Deutlich verneint auch *Spickhoff*, AcP 208 (2008), 345, 347; *ders.*, ZfRV 2008, 33, die Möglichkeit, Volljährigen im hohen Alter die Fähigkeit zur Selbstbestimmung in einer pauschalisierenden oder typisierenden Weise abzusprechen. Siehe auch *Rossiter*, Or. L. Rev. 78 (1999), 807, 823, die eine Höchstaltersgrenze für die Vertragsschlussfähigkeit aufgrund der unterschiedlichen geistigen Fähigkeiten älterer Menschen ablehnt.

Die soziologische Forschung betont nämlich, dass das Alter im gesellschaftlichen Bereich komplexer Gesellschaften als soziales Strukturierungsmerkmal an Bedeutung verliert.[975] Dementsprechend ist es nicht sachgerecht, wenn in rechtlichen Regelungen die Bedeutung des Alters gewissermaßen künstlich am Leben erhalten werden würde.[976] Das Recht würde sich dadurch zunehmend von der gesellschaftlichen Realität entfernen, deren Regelung jedoch originäre Aufgabe von Recht ist.[977]

II. Freiwillige Beschränkung der Geschäftsfähigkeit für Hochbetagte

1. Inhalt, Zweck und Hintergrund

Älteren Menschen könnte die Möglichkeit eröffnet werden, sich in ihrer Geschäftsfähigkeit rechtsverbindlich selbst zu beschränken, um den Status eines beschränkt Geschäftsfähigen entsprechend der §§ 107 ff. BGB zu erhalten. Diese Möglichkeit der Selbstbeschränkung könnte beispielsweise ab einem Alter von 70 Jahren zugelassen werden. Wie bei der gesetzlichen Beschränkung der Geschäftsfähigkeit für Hochbetagte diskutiert, könnte eine Selbstbeschränkung aber auch erst ab einem Alter von 75 oder 85 Jahren ermöglicht werden, da ab diesem Lebensalter die Wahrscheinlichkeit höher ist, dass rechtsgeschäftsrelevante Einschränkungen vorliegen. Die beschränkte Geschäftsfähigkeit könnte in einem öffentlichen Register eingetragen werden und/oder auf einer Art Ausweis vermerkt werden.[978] Zudem wäre die Möglichkeit des Widerrufs vorzuhalten, um das Selbstbestimmungsrecht angemessen zu berücksichtigen. Der Widerruf wäre an ein Formalitätserfordernis (z.B. Streichung aus dem Register) zu knüpfen, um für Rechtssicherheit zu sorgen. Vor allem aber würde die Widerrufmöglichkeit ansonsten den Zweck der Selbstbeschränkung konterkarieren. Denn wenn während jeder Geschäftsverhandlung die Selbstbeschränkung mit sofortiger Wirkung aufgehoben werden könnte, wäre sie als Schutzinstrument vor Übervorteilung sinnlos, da unredliche Geschäftspartner die Betroffenen zum Widerruf der Selbstbeschränkung verleiten könnten. Die Selbstbeschränkung

975 Vgl. *Müller*, Alter und Recht, S. 391 f.

976 So *Müller*, Alter und Recht, S. 391 f.

977 Vgl. *Müller*, Alter und Recht, S. 392.

978 Siehe zur Eintragung der Selbstbeschränkung in einem öffentlichen Register auch *Wedemann*, ZBB 2014, 54, 58 (bezüglich einer Selbstbeschränkung für Anlagegeschäfte, siehe dazu auch noch sogleich S. 265).

wäre außerdem als absolute Beschränkung auszugestalten. Dem Betroffenen die Möglichkeit zu gewähren, sich je nach Bedarf auf die Beschränkung der Geschäftsfähigkeit zu berufen, z.B. durch Vorlage eines Ausweises bei dem konkreten Geschäft, würde den Geschäftspartnern nämlich die Möglichkeit eröffnen, die Betroffenen dahingehend zu beeinflussen, dass sie sich nicht auf die Selbstbeschränkung berufen. Im Übrigen wäre derjenige, der sich bei dem konkreten Geschäft auf die Selbstbeschränkung beruft, offensichtlich nicht gewillt, das Geschäft selbstständig zu tätigen, und auch ausreichend willensstark, dies kundzutun, so dass er höchstwahrscheinlich von dem Geschäft Abstand nehmen würde und es die Selbstbeschränkung daher gar nicht zur Vermeidung eines wirtschaftlich nachteiligen Geschäfts bedürfte. Das Instrument der Selbstbeschränkung wäre insofern überflüssig. Letztlich könnte es auch zu Beweisschwierigkeiten kommen, wenn der Geschäftspartner behauptet, der Betroffene hätte sich nicht auf die Selbstbeschränkung berufen.

Infolge der Selbstbeschränkung könnten die Betroffenen selbstständig keine bedeutenden wirtschaftlich nachteiligen Geschäfte mehr tätigen. Denn entsprechend der §§ 107 ff. BGB bedürften die Geschäfte der Betroffenen für ihre Wirksamkeit in der Regel der Zustimmung des gesetzlichen Vertreters. Nur ein rechtlich vorteilhaftes Geschäft oder ein Geschäft, bei dem der Betroffene die vertragsmäßige Leistung mit Mitteln bewirken würde, die ihm zu diesem Zweck oder zu freier Verfügung von dem Vertreter oder mit dessen Zustimmung von einem Dritten überlassen worden sind, wäre ohne Zustimmung des Vertreters wirksam. Außerdem könnte dadurch, dass einige ältere Menschen von der Möglichkeit der Selbstbeschränkung Gebrauch machen, bei anderen älteren Menschen die Zurückhaltung bei der Inanspruchnahme von Unterstützung seitens Dritter ein Stück weit abnehmen.[979] Einige ältere Menschen würden dazu angeregt werden, sich ebenfalls, wenn auch nicht zwangsläufig im Rahmen einer Selbstbeschränkung, unterstützen zu lassen. Mit der Einführung der Selbstbeschränkungsmöglichkeit würde insofern ein kleiner Anstoß in die „richtige" Richtung gegeben werden – einen sog. *Nudge*.[980]

Diejenigen, die über keine Kontakte verfügen, die sie vor der Selbstbeschränkung als ihre gesetzlichen Vertreter bevollmächtigen könnten, müssten vom Staat einen gesetzlichen Vertreter zugeordnet bekommen. Die Bestellung eines

979 Siehe zur dementsprechenden Zurückhaltung einiger älterer Menschen S. 128 f. u. 229.

980 Siehe zum Begriff des sog. *Nudge Thaler/Sunstein*, Nudge, S. 15. Ausführlich zum *Nudging* auch *Hufen*, JuS 2020, 193 ff.; *Kirchhof*, ZRP 2015, 136 f.

rechtlichen Betreuers wäre allerdings nicht möglich, da eine Selbstbeschränkung der Geschäftsfähigkeit keine Betreuungsbedürftigkeit i.S.d. § 1896 Abs. 1 S. 1 BGB begründen würde. Die Unfähigkeit zur Erledigung der eigenen Angelegenheiten würde nicht auf einer psychischen Krankheit oder einer körperlichen, geistigen oder seelischen Behinderung beruhen, sondern auf der fehlenden vollen Geschäftsfähigkeit infolge der eigenverantwortlichen Selbstbeschränkung. Insofern wäre ein neues Rechtsinstitut zu schaffen oder der Kreis der Betreuungsbedürftigen um diejenigen zu erweitern, die sich in ihrer Geschäftsfähigkeit selbst beschränkt haben. Nur den älteren Menschen, die über Kontakte verfügen, denen sie vertrauen und die sie bevollmächtigen könnten, die Möglichkeit der Selbstbeschränkung zu eröffnen, wäre nämlich nicht zweckmäßig. Gerade die älteren Menschen, die nicht über ein unterstützendes Umfeld verfügen, sind meist schutzbedürftig.

Eine „formelle" Selbstbeschränkung der Geschäftsfähigkeit ist im deutschen Recht nicht geregelt. Zwar kann jeder auf eine Beteiligung am Rechtsverkehr weitestgehend verzichten und eine andere Person zur Vornahme seiner Geschäfte bevollmächtigen. Gleichwohl getätigte Geschäfte des Vollmachtgebers wären dann aber weiterhin wirksam; die Bevollmächtigung einer anderen Person ändert nichts an der eigenen Geschäftsfähigkeit. Das österreichische Recht kennt mit dem freiwilligen Genehmigungsvorbehalt im Rahmen der Erwachsenenvertretung (§ 265 Abs. 2 S. 2 ABGB) hingegen ein der hier diskutierten Selbstbeschränkung der Geschäftsfähigkeit ähnelndes Rechtsinstrument. Danach kann eine volljährige Person, die ihre Angelegenheiten aufgrund einer psychischen Krankheit oder einer vergleichbaren Beeinträchtigung ihrer Entscheidungsfähigkeit nicht für sich selbst besorgen kann, dafür keinen Vertreter hat und eine Vorsorgevollmacht nicht mehr errichten kann, aber noch fähig ist, die Bedeutung und Folgen einer Bevollmächtigung in Grundzügen zu verstehen, ihren Willen danach zu bestimmen und sich entsprechend zu verhalten, eine andere Person als Erwachsenenvertreter zur Besorgung dieser Angelegenheiten auswählen (siehe § 264 ABGB), wobei vereinbart werden kann, dass die vertretene Person nur mit Genehmigung des Erwachsenenvertreters rechtswirksam Erklärungen abgeben kann (siehe § 265 Abs. 1 u. 2 S. 2 ABGB). Dafür ist aber – anders als bei der hier diskutierten Selbstbeschränkung – kein bestimmtes hohes Lebensalter erforderlich, sondern das Vorliegen einer sog. gewählten Erwachsenenvertretung, die von ihren Voraussetzungen an die rechtliche Betreuung nach den §§ 1896 ff. BGB erinnert. Die Untersuchung der §§ 1896 ff. BGB hat allerdings ergeben, dass rechtsgeschäftsrelevante Einschränkungen im Alter nicht zwangsläufig zur Betreuungsbedürftigkeit i.S.d. § 1896 Abs. 1 S. 1 BGB führen. Um einen besseren Schutz vor Übervorteilung im Alter zu gewährleisten, sollte eine

Selbstbeschränkung der Geschäftsfähigkeit daher nicht an die Voraussetzung der Betreuungsbedürftigkeit i.S.d. § 1896 Abs. 1 S. 1 BGB anknüpfen, sondern so ausgestaltet sein, dass ein möglichst großer personeller Anwendungsbereich eröffnet ist, indem z.B. auf ein nicht zu hoch angesetztes Lebensalter als Voraussetzung abgestellt wird.

2. Umsetzungs- und Ausgestaltungsprobleme

a) Ungeeignetheit eines bestimmten hohen Lebensalters als Anknüpfungspunkt

aa) Verstoß gegen den Allgemeinen Gleichheitssatz

Die Normierung einer festen Altersgrenze als Voraussetzung einer Selbstbeschränkung der Geschäftsfähigkeit würde gegen den in Art. 3 Abs. 1 GG geregelten Allgemeinen Gleichheitssatz verstoßen. Durch die Möglichkeit zur Selbstbeschränkung würden nämlich die Menschen, die die Altersgrenze erreicht haben, anders behandelt werden als die Menschen, die die Altersgrenze noch nicht erreicht haben, obgleich zwischen diesen Menschen nicht zwangsläufig Unterschiede bestehen, mit denen die Ungleichbehandlung gerechtfertigt werden könnte. An derartigen Unterschieden würde es fehlen, da ältere Menschen sehr verschieden voneinander sind und sehr unterschiedlich altern. Es lässt sich kein (hohes) Alter bestimmen, ab dem zwischen den Altersgruppen Unterschiede im Hinblick auf einen Schutzbedarf wegen rechtsgeschäftsrelevanter Einschränkungen bestünden, die die Ungleichbehandlung rechtfertigen könnten.[981]

bb) Schutzübermaß und -untermaß

Folge einer festen Altersgrenze wäre, dass ein älterer Mensch, der zwar die Altersgrenze bereits erreicht hat, aber das Schutzinstrument der Selbstbeschränkung (noch) gar nicht benötigt, dieses gleichwohl in Anspruch nehmen könnte, während ein tatsächlich Schutzbedürftiger seine Geschäftsfähigkeit noch nicht beschränken kann, da er die Altersgrenze noch nicht überschritten hat. Es würde insofern zu einem Schutzübermaß und -untermaß kommen. Immerhin würde sich das Schutzübermaß in der Praxis kaum bemerkbar machen, da bei fehlendem Schutzbedürfnis in der Regel wohl niemand freiwillig seine Geschäftsfähigkeit beschränken würde. Ein Schutzuntermaß ist hingegen durchaus denkbar.

---

981 Vgl. hierzu S. 237 f.

b) *Unzulässiger Grundrechtsverzicht*

Die Geschäftsfähigkeit ist nicht nur notwendiges Instrument zur Gewährleistung der Handlungsfreiheit in ihren verschiedenen grundrechtlichen Ausprägungen und auch des allgemeinen Persönlichkeitsrechts (Art. 2 GG); ihr Vorliegen ist vielmehr für die Ausübung so gut wie aller Grundrechte von zentraler Bedeutung. Durch eine Selbstbeschränkung der Geschäftsfähigkeit würde daher auf die Ausübung einer Vielzahl von Grundrechten verzichtet werden. Auf die Grundrechte kann aber niemand in dem Sinne verzichten, dass er sich ihrer durch einseitige Willenserklärung oder Vertrag entäußert.[982] Der Totalverzicht auf sämtliche Grundrechtspositionen ist nicht möglich.[983] Möglich ist nur der Verzicht auf die Ausübung eines Grundrechts im Einzelfall.[984] Aufgrund der zentralen Bedeutung der Geschäftsfähigkeit für die Ausübung so gut wie aller Grundrechte könnte die Selbstbeschränkung als eine Art unzulässiger Totalverzicht betrachtet werden. Es würde außerdem in jeglicher Hinsicht („absolut") auf die volle Geschäftsfähigkeit verzichtet werden. Jedenfalls aber dürfte es sich bei der diskutierten Selbstbeschränkung aus diesen Gründen nicht mehr um den Verzicht auf die Ausübung eines Grundrechts im Einzelfall handeln. Anders wäre dies, wenn dem Betroffenen jederzeit die Möglichkeit des Widerrufs der Selbstbeschränkung mit sofortiger Wirkung offenstünde. Dann würde durch die Entscheidung über das Nichtausüben des Widerrufs in der konkreten Situation über die Ausübung des Grundrechts bestimmt werden. Ein derart leicht auszuübender und unmittelbar Rechtswirkung erzeugender Widerruf würde hingegen den Zweck der Selbstbeschränkung konterkarieren und wäre bei einer Eintragung der Selbstbeschränkung in einem öffentlichen Register oder bei einer behördlichen Ausweisausstellung kaum möglich. Eine Selbstbeschränkung der Geschäftsfähigkeit derart, dass der Status eines beschränkt Geschäftsfähigen entsprechend der §§ 107 ff. BGB erlangt werden würde und dies u.a. aus Gründen der Rechtssicherheit in einem öffentlichen Register eingetragen und/ oder auf einer Art Ausweis vermerkt werden würde, wäre daher nicht zulässig. Diese Einschätzung dürfte auch im Einklang mit der Rechtsprechung stehen, der zufolge ein Verzicht auf ein konkretes Rechtsmittel und insofern ein Verzicht im Einzelfall auf Art. 19 Abs. 4 GG nämlich möglich ist,[985] eine zwischen

982 So BeckOK GG/*Hillgruber* GG Art. 1 Rn. 74; siehe auch Sachs/*Sachs* GG Vorb. zu Abschnitt I Rn. 52.

983 *Fischinger*, JuS 2007, 808, 809.

984 BeckOK GG/*Hillgruber* GG Art. 1 Rn. 74. Siehe auch v. Mangoldt/Klein/Starck/*Starck* GG Art. 1 Rn. 301; *Fischinger*, JuS 2007, 808, 809.

985 Siehe BVerfGE 9, 194, 199 f.

geschiedenen Eheleuten vereinbarte Beschränkung der Freizügigkeit des einen Teils (Wohnsitzverbot) wegen der Bedeutung der Freizügigkeit hingegen schon nicht mehr.[986]

c) Diskriminierung älterer Menschen

Durch die Möglichkeit der Selbstbeschränkung der Geschäftsfähigkeit ab einem bestimmten hohen Lebensalter würde impliziert werden, dass die Menschen, die dieses Alter erreicht haben, nicht mehr fähig sind, selbstständig sachgerecht am Rechtsverkehr teilzunehmen. Anderenfalls müsste dieser Personengruppe nämlich nicht die Möglichkeit der Selbstbeschränkung der Geschäftsfähigkeit eröffnet werden. Außerdem würden einige Menschen von ihren Geschäftspartnern nach einer Selbstbeschränkung gefragt werden, wenn sie ein alterstypisches Erscheinungsbild aufweisen, wodurch sie in ihrem Ehrgefühl verletzt werden könnten. Wie im Rahmen der beschränkten Geschäftsfähigkeit für Hochbetagte aufgezeigt wurde, ist mit einer Schutzregelung für ältere Menschen aber nicht zwangsläufig eine besonders schwerwiegende Herabwürdigung verbunden.[987] Die Ermöglichung einer Selbstbeschränkung führt auch zu keinem pauschalen und daher nicht immer zu rechtfertigenden Entzug einer elementaren Rechtsposition. Die Betroffenen würden nicht pauschal mit Menschen gleichgestellt werden, die geistige Einschränkungen aufweisen. Es wird nur die Möglichkeit zur Inanspruchnahme eines Schutzinstruments eröffnet. Eine Vermeidung von Geschäften mit älteren Menschen ist auch nicht zu erwarten.[988] Wenn die Altersgrenze hinreichend niedrig angesetzt werden würde, so dass besonders vielen älteren Menschen die Möglichkeit einer Selbstbeschränkung offenstünde, könnte der erreichbare Schutz die diskriminierende Wirkung daher – trotz des ausdrücklichen Abstellens auf ein hohes Lebensalter – wohl *noch* ausgleichen (Vorrang der Schutzwirkung gegenüber der Diskriminierung). Eine erfolgte Selbstbeschränkung kann nämlich, wenn auch nicht bestmöglich,[989] Schutz bewirken, da die Betroffenen durch die Selbstbeschränkung selbstständig keine wirtschaftlich nachteiligen Geschäfte mehr tätigen könnten.

---

986 Siehe BGH NJW 1972, 1414 f. Siehe zu dieser Rechtsprechung auch Dreier GG/*Dreier* GG Vorb. Art. 1 Rn. 132.

987 Siehe S. 246 f.

988 Vgl. S. 247 und die sogleich folgenden Ausführungen zur Beeinträchtigung des Geschäftsverkehrs.

989 Vgl. hierzu S. 241.

d) Beeinträchtigung des Geschäftsverkehrs

Wie bei der gesetzlichen Beschränkung der Geschäftsfähigkeit für Hochbetagte wäre der rechtsgeschäftliche Verkehr dadurch beeinträchtigt, dass die Geschäftspartner derjenigen, die sich in ihrer Geschäftsfähigkeit selbst beschränkt haben, nicht immer Kenntnis über die Wirksamkeit des Geschäfts hätten. Der Geschäftspartner wird nämlich in einigen Fällen keine Kenntnis von der Zustimmung des gesetzlichen Vertreters haben und das diesbezügliche Ersuchen könnte Schwierigkeiten bereiten.[990] Hinzu käme, dass die Geschäftspartner eines typisch alt aussehenden Menschen immer mit der schwebenden Unwirksamkeit des Geschäfts rechnen müssten. Das Erfragen des Alters reicht zur diesbezüglichen Klärung nicht aus. Die Geschäftspartner müssten sich auf die Aussage des älteren Menschen verlassen, dass er voll geschäftsfähig ist, oder in dem öffentlichen Register nachschauen. Letzteres dürfte wohl kaum praxistauglich sein. Zumal zunächst der Name des älteren Menschen erfragt werden müsste, wodurch das Misstrauen des Geschäftspartners an der Richtigkeit der Aussage des älteren Menschen offenbart werden würde. Dies könnte den älteren Menschen verärgern, so dass er sich von dem Geschäftspartner abwenden könnte. Zwar wird auch nach geltendem Recht die Erkennbarkeit der „Vertragsschlussfähigkeit“ nicht vollends geschützt. Die Fälle, bei denen die Geschäftsunfähigkeit einer Person nicht erkannt wird, dürften bei einer „natürlichen“ Geschäftsunfähigkeit allerdings zahlenmäßig geringer sein als bei einer „rechtsgeschäftlichen“ Geschäftsunfähigkeit durch Selbstbeschränkung, bei der sich jeder ältere Mensch – unabhängig vom Vorliegen (erkennbarer) rechtsgeschäftsrelevanter Einschränkungen – als beschränkt geschäftsunfähig einstufen lassen könnte. Vorstehendes ist letztlich jedoch nicht überzubewerten, da diejenigen, die sich in ihrer Geschäftsfähigkeit selbst beschränken würden, in der Regel ohnehin nicht mehr am Geschäftsverkehr teilnehmen würden. Diese Menschen sind sich ihrer Anfälligkeit vor Übervorteilung offensichtlich bewusst und werden daher in der Regel auf eine Teilnahme am Geschäftsverkehr verzichten. Auch kann durchaus auf die Aussagen der älteren Menschen vertraut werden, da sie die Selbstbeschränkung widerrufen könnten und somit in der Regel keinen Grund hätten, eine beschränkte Geschäftsfähigkeit zu verschweigen. Schwierigkeiten beim Ersuchen der Zustimmung könnten ein Stück weit abgeholfen werden, indem die Kontaktdaten des gesetzlichen Vertreters in einem Ausweis eingetragen werden.

---

990 Vgl. S. 249.

e) Bedarf an gesetzlichen Vertretern und Belastung des Staatshaushalts

Infolge der Selbstbeschränkung der Geschäftsfähigkeit würde der Betroffene einen Vertreter für die Vornahme seiner Rechtsgeschäfte benötigen. Nicht jeder ältere Mensch verfügt jedoch über entsprechende Kontakte, die er insofern bevollmächtigen könnte. Es bedürfte folglich einiger berufsmäßig oder ehrenamtlich agierender Vertreter. Entsprechend den Erfahrungen zur rechtlichen Betreuung könnte es mit Schwierigkeiten verbunden sein, diesem Bedarf nachzukommen. Jedenfalls aber könnte es zu einer steigenden Belastung des Staatshaushalts kommen.[991] Andererseits würden wohl in der Regel ohnehin nur diejenigen von einer Selbstbeschränkung Gebrauch machen, die über Nahbereichspersonen verfügen, denen sie uneingeschränkt derart vertrauen, dass diese die Geschäfte im Sinne des Betroffenen tätigen werden.[992] Es ist zu vermuten, dass Menschen gehemmt wären, eine fremde Person, obgleich sie staatlicher Aufsicht unterliegen würde, zur Erledigung aller ihrer Geschäfte, bei denen eine Vertretung möglich ist, zu bevollmächtigen und sich selbst die Handlungsmacht zu nehmen. Der Bedarf an berufsmäßig oder ehrenamtlich agierenden Vertretern sowie die dadurch entstehende Belastung des Staatshaushalts würden sich tatsächlich daher wohl in Grenzen halten. Im Übrigen wurden mit dem VBRefG vom 4. Mai 2021 Maßnahmen zur Vermeidung von rechtlichen Betreuungen und zur Gewinnung ehrenamtlicher Betreuer beschlossen, so dass zukünftig möglicherweise ehrenamtliche Kräfte als potenzielle Vertreter und finanzielle Mittel für deren Bezahlung zur Verfügung stünden.

3. Ergebnis

Älteren Menschen eines bestimmten Alters die Möglichkeit zu eröffnen, sich in ihrer Geschäftsfähigkeit rechtsverbindlich selbst zu beschränken, um den Status eines beschränkt Geschäftsfähigen entsprechend der §§ 107 ff. BGB zu erhalten, stünde zwar nicht in Widerspruch zum Leitmotiv „so viel Autonomie und so wenig Heteronomie wie möglich“[993]. Die Selbstbeschränkung wäre nämlich freiwillig und würde dem Willen des Betroffenen entsprechen; sie wäre insofern gerade Ausdruck der Autonomie des Menschen. Die Einführung der

991 Vgl. hierzu und zum Vorstehenden S. 249 ff.

992 Vgl. auch *Wedemann*, ZBB 2014, 54, 59 (bezüglich einer Selbstbeschränkung für Anlagegeschäfte).

993 Zitiert nach *Spickhoff*, siehe Fn. 909.

Selbstbeschränkung ist allerdings aus verfassungsrechtlichen Gründen nicht möglich.[994]

Im Übrigen stellt sich auch die Frage nach dem tatsächlichen Nutzen eines solchen Schutzinstruments. Diejenigen, die von dem Schutzinstrument Gebrauch machen würden, verfügen vermutlich häufig über ein unterstützendes und fürsorgliches Umfeld (vertrauensvolle Nahbereichsperson, siehe soeben), sind sich ihrer rechtsgeschäftsrelevanten Einschränkungen bewusst und sind gewillt, nicht mehr selbstständig am Geschäftsverkehr teilzunehmen. Für diese Menschen ist die Gefahr, im Geschäftsverkehr infolge rechtsgeschäftsrelevanter Einschränkungen übervorteilt zu werden, gering. Jemand der nicht mehr geschäftlich tätig wird, weil er um seine rechtsgeschäftsrelevanten Einschränkungen weiß, kann grundsätzlich nicht im Geschäftsverkehr übervorteilt werden. Geschäfte, zu denen sich diese Person ausnahmsweise dennoch hat hinreißen lassen (z.B. im Rahmen von Besuchen durch Haustürvertreter), werden den unterstützenden und fürsorgenden Angehörigen unter Umständen noch rechtzeitig bekannt, so dass z.B. ein Widerrufsrecht noch wirksam ausgeübt werden könnte. Fraglich ist ohnehin schon, ob sich tatsächlich ältere Menschen freiwillig „entmündigen" lassen würden.[995] Auf die Selbstbeschränkung könnte allein wegen fehlerhafter Einschätzung des eigenen Schutzbedarfs, z.B. wegen Überoptimismus, verzichtet werden.[996] Nicht zuletzt besteht bei Bevollmächtigungen immer auch das Risiko eines Missbrauchs der Vollmacht. Möglicherweise werden ältere Menschen insofern auch zur Selbstbeschränkung und Vollmachtserteilung gedrängt. Zur Vermeidung eines Missbrauchs der Vollmacht ließe sich immerhin zumindest für die Vertreter, die keine Angehörigen der Vertretenen sind, über ähnliche Maßnahmen nachdenken, wie sie im VBRefG vom 4. Mai 2021 zur Vermeidung einer „missbräuchlichen Betreuung" enthalten sind.

---

994 In dem Abstellen auf ein hohes Alter für eine Selbstbeschränkung der Geschäftsfähigkeit wohl hingegen keine verfassungsrechtlichen Probleme sehend *Wedemann*, ZBB 2014, 54, 58 f. (bezüglich einer Selbstbeschränkung für Anlagegeschäfte).

995 Vgl. insofern die Ausführungen auf S. 128 f. u. 229 zur Hemmung älterer Menschen, aus Angst vor Abwertung und einer Einbuße an Selbstständigkeit Unterstützung von Dritten in Anspruch zu nehmen.

996 Vgl. zum Überoptimismus *Jolls/Sunstein/Thaler*, Stan. L. Rev. 50 (1998), 1471, 1542.

III. Altersunabhängige freiwillige Beschränkung der Geschäftsfähigkeit für einzelne Sachbereiche

Um die soeben festgestellte Verfassungswidrigkeit der Einführung einer freiwilligen vollständigen Beschränkung der Geschäftsfähigkeit für Hochbetagte zu umgehen, könnte altersunabhängig die Möglichkeit einer freiwilligen sachbereichsbezogenen Beschränkung der Geschäftsfähigkeit eröffnet werden. In der Literatur wird, allerdings wieder begrenzt auf ältere Menschen, die Möglichkeit, die Vertragsschlussfähigkeit für teure Kredite ohne vorherige Kreditberatung einzuschränken, vorgeschlagen.[997] *Wedemann* diskutiert die Einführung der Möglichkeit, eine partielle Geschäftsunfähigkeit/beschränkte Geschäftsfähigkeit in Bezug auf Anlagegeschäfte im Alter herbeiführen zu können, wobei die dementsprechende Willenserklärung bereits jüngere Menschen abgeben können sollen.[998] Die Selbstbeschränkung könnte aber auch ohne eine gesetzliche Festlegung der Sachbereiche, für die eine Selbstbeschränkung möglich ist, eingeführt werden. Es könnte lediglich festgeschrieben werden, dass die Selbstbeschränkung nur für wenige einzelne, genau bestimmte Sachbereiche wirksam erfolgen kann.

Allerdings stellt sich gleichermaßen die Frage nach dem tatsächlichen Nutzen eines solchen Schutzinstruments. Dass jüngere Menschen ihre Geschäftsunfähigkeit freiwillig beschränken würden, ist allein schon wegen des in der Regel geringeren Schutzbedürfnisses (kein Vorliegen „altersbedingter“ rechtsgeschäftsrelevanter Einschränkungen) fraglich. In einigen Bereichen bestehen ohnehin bereits Möglichkeiten, Schutz zu erhalten (z.B. Eigensperre eines Glücksspielers). Im Übrigen spricht das soeben zum Nutzen der Selbstbeschränkung der Geschäftsfähigkeit für Hochbetagte Gesagte auch gegen die Ermöglichung einer altersunabhängigen und sachbereichsbezogenen freiwilligen Beschränkung der Geschäftsfähigkeit: Derjenige, der um seine Anfälligkeit für Übervorteilungen in einem bestimmten Bereich weiß und sich schützen möchte, d.h. derjenige, der eine dementsprechende Selbstbeschränkung vornehmen würde, unterlässt eine geschäftliche Betätigung in diesem Bereich in der Regel ohnehin schon. Tut er dies nicht, weil er sich seine rechtsgeschäftsrelevanten Einschränkungen nicht eingestehen will und sich der Gefahr dementsprechend nicht bewusst ist, wird er kaum eine Selbstbeschränkung erklären; kann er die Gefahr nicht erkennen,

---

997 Siehe *Eggert*, Loy. L.A. L. Rev. 36 (2003), 693 ff., insbesondere S. 758 ff.

998 Siehe *Wedemann*, ZBB 2014, 54, 58 f., die dies im Ergebnis jedoch ablehnt (siehe dort auch S. 68).

stellt sich bereits die Frage nach einer partiellen Geschäftsunfähigkeit oder nach der Anordnung eines Einwilligungsvorbehalts.

IV. Relative Geschäfts(un)fähigkeit mit weitem Verständnis des erforderlichen Schwächezustands

1. Inhalt, Zweck und Hintergrund

Mit relativer Geschäftsfähigkeit wird die nach der Schwierigkeit des Geschäfts abgestufte Geschäftsfähigkeit bezeichnet.[999] Nach dem Konzept der relativen Geschäfts(un)fähigkeit kann einer an sich geschäftsfähigen Person für komplizierte Geschäfte die Geschäftsfähigkeit fehlen – nämlich dann, wenn die intellektuellen Fähigkeiten zwar für einfachere Geschäfte, nicht aber für komplizierte Geschäfte genügen.[1000] Die relative Geschäfts(un)fähigkeit soll allein dem Schutz geistig Beeinträchtigter dienen, die mehr als ganz einfache Geschäfte nicht mehr erfassen können.[1001] Keinesfalls wäre jeder Vertragspartner für geschäftsunfähig zu erklären, nur weil er ein bestimmtes Geschäft subjektiv nicht durchschaut hat.[1002] In Deutschland wird die relative Geschäfts(un)fähigkeit (noch) überwiegend abgelehnt.[1003]

---

999 *Schmoeckel*, NJW 2016, 433, 435; vgl. auch BayObLG NJW 1989, 1678.

1000 *Wedemann*, ZBB 2014, 54, 58.

1001 MüKoBGB/*Spickhoff* BGB § 104 Rn. 57; *ders.*, Selbstbestimmungsfähigkeiten, in: Becker/Roth, Recht der Älteren, S. 101, 116; *ders.*, AcP 208 (2008), 345, 383.

1002 So ausdrücklich MüKoBGB/*Spickhoff* BGB § 104 Rn. 57; *ders.*, Selbstbestimmungsfähigkeiten, in: Becker/Roth, Recht der Älteren, S. 101, 116; *ders.*, AcP 208 (2008), 345, 383; *Flume*, BGB AT, S. 187.

1003 Ablehnend z.B. BGH NJW 2021, 63, 65; 1970, 1680, 1681; 1961, 261; 1953, 1342; OLG Saarbrücken NJW-RR 2019, 772; OLG München, Urteil vom 2. November 2016 – 3 U 1522/16 –, juris; Brandenburgisches Oberlandesgericht, Urteil vom 19. März 2013 – 3 U 1/12 –, juris; BayObLG NJW 1989, 1678; Staudinger/*Klumpp* BGB § 104 Rn. 21 f.; NK-BGB AT/*Kunz/Baldus* BGB § 104 Rn. 31; Erman/*Müller* BGB § 104 Rn. 6; *Rademacher*, Rechtsschutz zugunsten älterer Verbraucher, S. 213, 217 u. 219, siehe auch S. 220 f., 236 u. 347; *Boehm*, Der demenzkranke Erblasser, S. 59 u. 66 f.; *Wedemann*, ZBB 2014, 54, 58 u. 68; *dies.*, JURA 2010, 587, 589; *Thier*, in: Schmoeckel, Demenz und Recht, S. 75, 76; *Roth*, AcP 208 (2008), 451, 480; *Lipp*, Freiheit und Fürsorge, S. 63 f. Eine relative Geschäfts(un)fähigkeit befürworten hingegen z.B. OLG Köln NJW 1960, 1389; MüKoBGB/*Spickhoff* BGB § 104 Rn. 57 u. 59; *ders.*, AcP 208 (2008), 345, 384 u. 414; *Schmidt*, RabelsZ 76 (2012), 1022, 1032 f.; *Flume*, BGB AT, S. 186 ff.; *Holzhauer*, Gutachten 57. DJT, B 52 ff.

Die relative Geschäfts(un)fähigkeit hätte zur Folge, dass Menschen, die zwar grundsätzlich noch zur freien Willensbildung fähig sind, bei schwierigen, ihre geistigen Fähigkeiten übersteigenden Rechtsgeschäften nicht mehr als geschäftsfähig behandelt werden müssten.[1004] Wenn zugleich noch von dem Erfordernis der schwerwiegenden geistigen Beeinträchtigung („Geisteskrankheit“ oder „Geistesschwäche“; in § 104 Nr. 2 BGB als „krankhafte[r] Störung der Geistestätigkeit“ bezeichnet[1005]) abgesehen werden würde, wären einige ältere Menschen mit rechtsgeschäftsrelevanten Einschränkungen – anders als nach bisherigem Recht – häufiger in den persönlichen Schutzbereich der Geschäftsfähigkeitsregelungen einbezogen. Diesen Menschen könnte nun durch die Regelungen über die Geschäftsunfähigkeit Schutz vor Übervorteilung im Geschäftsverkehr geboten werden. Denn gerade bei komplexen Geschäften, die ältere Menschen nicht (mehr) hinreichend verstehen, besteht für sie die Gefahr, einen wirtschaftlichen Nachteil zu erfahren; sie sind dann besonders anfällig für Täuschungen. Die gesetzliche Vertretung relativ Geschäftsunfähiger sollte sich einfachheitshalber am derzeitigen Recht zur gesetzlichen Vertretung von Geschäftsunfähigen orientieren und dementsprechend einem Bevollmächtigtem oder einem rechtlichen Betreuer obliegen.[1006]

Nach derzeitigem Recht kann ein geistiger Zustand, in welchem die Fähigkeit der Aufnahme oder Verarbeitung nur für komplizierte Vorgänge des Rechtslebens beeinträchtigt, für einfachere Vorgänge jedoch voll erhalten geblieben ist, eine Nichtigkeit wegen Geschäftsunfähigkeit nicht bewirken.[1007] Zwar ist eine partielle Geschäftsunfähigkeit anerkannt,[1008] jedoch nur in Bezug auf gegenständlich abgrenzbare Bereiche und nicht in Bezug auf den Schwierigkeitsgrad des in Frage stehenden Geschäfts.[1009] Eine Person, die ein besonders schwieriges Rechtsgeschäft nicht versteht, für alle anderen Bereiche indes voll geschäftsfähig ist, wäre daher auch im Hinblick auf das schwierige Geschäft geschäftsfähig.[1010] *Boemke/Ulrici* beschreiben die Problematik mit folgendem Beispiel äußerst anschaulich: Einer rüstigen Rentnerin fehlt nicht die Geschäftsfähigkeit für den Kauf von komplizierten Zertifikaten der Lehmann-Bank, solange sie geistig in

1004 Siehe zum Anwendungsbereich auch *Rademacher*, Rechtsschutz zugunsten älterer Verbraucher, S. 214 f.

1005 Siehe Schulze HK-BGB/*Dörner* BGB § 104 Rn. 3.

1006 Siehe zur insofern erforderlichen Anpassung des § 1896 Abs. 1 S. 1 BGB noch S. 302 f.

1007 Siehe BGH NJW 1961, 261.

1008 Siehe ausführlich zur partiellen Geschäftsunfähigkeit S. 147 f.

1009 So ausdrücklich BGH NJW 1970, 1680, 1681.

1010 Vgl. BGH NJW 1970, 1680; *Dreßing/Leygraf/Schneider*, Dtsch Arztebl 2014, 1202.

der Lage ist, zwei Brötchen zu kaufen.[1011] Dies ist ein äußerst unbefriedigender Umstand.

2. *Umsetzungs- und Ausgestaltungsmöglichkeit*

a) *Das schweizerische Recht zur Handlungsfähigkeit als Vorbild*

Art. 12 ZGB
Wer handlungsfähig ist, hat die Fähigkeit, durch seine Handlungen Rechte und Pflichten zu begründen.
Art. 13 ZGB
Die Handlungsfähigkeit besitzt, wer volljährig und urteilsfähig ist.
Art. 16 ZGB
Urteilsfähig im Sinne dieses Gesetzes ist jede Person, der nicht wegen ihres Kindesalters, infolge geistiger Behinderung, psychischer Störung, Rausch oder ähnlicher Zustände die Fähigkeit mangelt, vernunftgemäss zu handeln.
Art. 17 ZGB
Handlungsunfähig sind urteilsunfähige Personen, Minderjährige sowie Personen unter umfassender Beistandschaft.
Art. 19 ZGB
(1) Urteilsfähige handlungsunfähige Personen können nur mit Zustimmung ihres gesetzlichen Vertreters Verpflichtungen eingehen oder Rechte aufgeben.
(2) Ohne diese Zustimmung vermögen sie Vorteile zu erlangen, die unentgeltlich sind, sowie geringfügige Angelegenheiten des täglichen Lebens zu besorgen.
(3) Sie werden aus unerlaubten Handlungen schadenersatzpflichtig.
Art. 19a ZGB
(1) Sofern das Gesetz nichts anderes bestimmt, kann der gesetzliche Vertreter die Zustimmung ausdrücklich oder stillschweigend im Voraus geben oder das Geschäft nachträglich genehmigen.
(2) Der andere Teil wird frei, wenn die Genehmigung nicht innerhalb einer angemessenen Frist erfolgt, die er selber ansetzt oder durch das Gericht ansetzen lässt.

In der Schweiz hat nur derjenige die Fähigkeit, durch seine Handlungen Rechte und Pflichten zu begründen, der volljährig und urteilsfähig ist (vgl. Art. 12 u. 13 ZGB). Urteilsfähig ist dabei jede Person, der nicht wegen ihres Kindesalters, infolge geistiger Behinderung, psychischer Störung, Rausch oder ähnlicher Zustände die Fähigkeit mangelt, vernunftgemäß zu handeln (vgl. Art. 16 ZGB). Der Begriff der Urteilsfähigkeit enthält eine intellektuelle Komponente, nämlich die Fähigkeit, Sinn, Zweckmäßigkeit und Wirkungen einer bestimmten

---

1011 Siehe *Boemke/Ulrici*, BGB AT, S. 161. Kritisch zum bisherigen Verständnis der Geschäfts(un)fähigkeit, gerade in Bezug auf ältere Menschen (Altersschwachsinn), auch *Schellhammer*, Schuldrecht, S. 1164.

Handlung zu erkennen, und ein Willenselement, nämlich die Fähigkeit, gemäß der vernünftigen Erkenntnis nach freiem Willen zu handeln und fremder Willensbeeinflussung in normaler Weise zu widerstehen.[1012] Die gesetzliche Definition der Urteilsfähigkeit nach Art. 16 ZGB ähnelt offensichtlich der Definition der Geschäftsunfähigkeit nach § 104 Nr. 2 BGB. Nach § 104 Nr. 2 BGB sind für die Beurteilung der Geschäftsfähigkeit jedoch die Fähigkeiten des Verstandes nicht so sehr entscheidend wie die Freiheit des Willensentschlusses.[1013] § 104 Nr. 2 BGB verlangt im Unterschied zum schweizerischen Recht außerdem das dauerhafte Vorliegen eines die freie Willensbestimmung ausschließenden Zustands krankhafter Störung der Geistestätigkeit.[1014] Die Relativität der Urteils(un)-fähigkeit ist in der Schweiz nicht gesetzlich geregelt.[1015]

Allerdings entspricht es ständiger Rechtsprechung[1016] und Lehre[1017], dass im schweizerischen Recht der Grundsatz der Relativität der Urteils(un)fähigkeit gilt.[1018] Die Urteilsfähigkeit wird nicht abstrakt, sondern aufgrund der Schwierigkeit und Tragweite einer bestimmten Handlung beurteilt.[1019] Für jede einzelne Rechtshandlung wird gesondert überprüft und entschieden, ob der Handelnde urteilsfähig ist bzw. war.[1020] Es wird u.a. darauf abgestellt, ob der Betroffene die intellektuellen Fähigkeiten für das Verstehen des konkreten Rechtsgeschäfts besitzt.[1021] Je nach Art der Handlung sind unterschiedliche Voraussetzungen an Vernunft, Bewusstsein und Entschlusskraft zu stellen.[1022] Für die Beurteilung der Urteilsfähigkeit sind der Inhalt, die Bedeutung und die Natur des konkreten Rechtsgeschäfts maßgeblich.[1023] Eine Person, die trotz allgemeiner Beeinträchtigung der Urteilsfähigkeit bestimmte Geschäfte noch zu besorgen

---

1012 BGer 5A_748/2008 E. 3.1.

1013 Siehe BGH NJW 1970, 1680, 1681; 1953, 1342. Vgl. zu diesem entscheidenden Unterschied auch noch S. 294 f.

1014 Siehe auch *Gutch*, Geschäftsfähigkeit, S. 132. Vgl. zu diesem entscheidenden Unterschied auch noch S. 293 f.

1015 *Gutch*, Geschäftsfähigkeit, S. 57.

1016 Siehe z.B. BGE 124 III 5, 8; BGE 44 II 447, 449.

1017 Siehe nur *Aebi-Müller*, Jusletter 22. September 2014, 18 ff.

1018 Siehe *Gutch*, Geschäftsfähigkeit, S. 57 (mit dementsprechenden Nachweisen).

1019 BGer 5C.193/2004 E. 2.1; BGE 124 III 5, 8.

1020 *Gutch*, Geschäftsfähigkeit, S. 57 f.; siehe auch *Aebi-Müller*, Jusletter 22. September 2014, 19.

1021 Vgl. BGer 5A_748/2008 E. 3.1.

1022 BGer 5C.193/2004 E. 2.1.

1023 *Gutch*, Geschäftsfähigkeit, S. 139.

vermag, kann daher insoweit als urteilsfähig angesehen werden, während ihr für anspruchsvollere Geschäfte die Urteilsfähigkeit abzusprechen ist.[1024] Es wird folglich auch auf die Schwierigkeit des Geschäfts abgestellt. Im schweizerischen Recht wird der Begriff der Urteilsunfähigkeit im Grundsatz daher relativ begriffen, so dass nicht zuletzt auch eine Rechtsgeschäftsfähigkeit relativ zu begreifen ist.[1025] Die Urteilsunfähigkeit ist aber nicht nur in sachlicher, sondern auch in zeitlicher Hinsicht relativ.[1026] Im deutschen Recht kommt es hingegen nicht darauf an, dass sich die freie Willensbestimmung ausschließende krankhafte Störung der Geistestätigkeit in der Willenserklärung realisiert; es sind vielmehr alle in diesem Zustand vorgenommenen Rechtsgeschäfte nichtig.[1027] Da die relative Geschäfts(un)fähigkeit in der Schweiz nur für Volljährige gilt (vgl. Art. 13 ZGB), wird dies gleichermaßen für das deutsche Recht vorgeschlagen. Die in der Schweiz geltenden Regelungen zur Fähigkeit Minderjähriger, am Geschäftsverkehr wirksam teilzunehmen, ähneln den deutschen Regelungen zur beschränkten Geschäftsfähigkeit Minderjähriger (vgl. Art. 17, 19 u. 19a ZGB u. §§ 106 ff. BGB). Eine diesbezügliche Änderung wäre daher nicht notwendig.

b) Extensives Verständnis des erforderlichen Schwächezustands

Eine Übernahme der in Art. 16 ZGB genannten Schwächezustände als Voraussetzung einer relativen Geschäftsunfähigkeit empfiehlt sich nicht. Art. 16 ZGB fordert das Vorliegen einer geistigen Behinderung, einer psychischen Störung, eines Rausches oder eines ähnlichen Zustands. Unter geistiger Behinderung („Geistesschwäche“) werden Intelligenzdefekte verschiedener Schweregrade verstanden.[1028] Eine psychische Störung („Geisteskrankheit“) umfasst die anerkannten Krankheitsbilder der Psychiatrie, d.h. Psychosen und Psychopathien sowie Demenz.[1029] Damit der einschränkende Charakter dieser Begriffe nicht unterlaufen wird, muss unter einem ähnlichen Zustand i.S.d. Art. 16 ZGB ein

---

1024 Siehe BGer 5C.193/2004 E. 2.1.

1025 Vgl. *Gutch*, Geschäftsfähigkeit, S. 57; *Boente*, BtPrax 2013, 175, 176. Siehe zur Anerkennung der relativen Geschäfts(un)fähigkeit in der Schweiz auch *Thier*, in: Schmoeckel, Demenz und Recht, S. 75, 76 (Rn. 6); *Spickhoff*, AcP 208 (2008), 345, 380.

1026 Vgl. *Aebi-Müller*, Jusletter 22. September 2014, 18 ff.; *dies.*, BtPrax 2013, 180.

1027 *Gutch*, Geschäftsfähigkeit, S. 138.

1028 Vgl. Botschaft zur Änderung des Schweizerischen Zivilgesetzbuches (Erwachsenenschutz, Personenrecht und Kindesrecht) vom 28. Juni 2006, S. 7043 i.V.m. S. 7094.

1029 Vgl. Botschaft zur Änderung des Schweizerischen Zivilgesetzbuches (Erwachsenenschutz, Personenrecht und Kindesrecht) vom 28. Juni 2006, S. 7043 i.V.m. S. 7094.

vergleichbarer physiologischer Zustand zu verstehen sein.[1030] Da eine krankhafte Störung der Geistestätigkeit i.S.d. § 104 Nr. 2 BGB erst erreicht ist, wenn die Störung das Ausmaß einer Geistesschwäche oder einer Geisteskrankheit erfüllt,[1031] ist diese Voraussetzung für die Unwirksamkeit eines Rechtsgeschäfts aufgrund von Geschäftsunfähigkeit in Deutschland und in der Schweiz ähnlich.[1032] Die Analyse der derzeitigen Regelung zur Geschäftsunfähigkeit in Deutschland hat ergeben, dass eine Geschäftsunfähigkeit bei rechtsgeschäftsrelevanten Einschränkungen im Alter regelmäßig aufgrund des Fehlens einer krankhaften Störung der Geistestätigkeit ausscheidet. Rechtsgeschäftsrelevante Einschränkungen im Alter würden daher auch nach schweizerischem Recht häufig nicht zu einer Unwirksamkeit eines Rechtsgeschäfts aufgrund von Geschäftsunfähigkeit führen.[1033]

Es sollte daher vielmehr nur darauf abgestellt werden, ob ein Zustand besteht, in welchem die Geistestätigkeit des Betroffenen gestört ist. Ob dieser Zustand so schwerwiegend ist, dass darin eine Geisteskrankheit oder eine Geistesschwäche liegt, sollte nicht mehr entscheidend sein, so dass häufiger als nach derzeitigem Recht bloße rechtsgeschäftsrelevante Einschränkungen im Alter erfasst wären. Die Erfassung leichterer geistiger Beeinträchtigungen im Alter ist auch angezeigt. Das Recht sollte sich nämlich an die Alterung der Gesellschaft anpassen. Heutzutage gibt es viele ältere Menschen, die eine leichte geistige Beeinträchtigung aufweisen. Seit dem Jahre 1900 sind die Vorschriften des Allgemeinen Teils des BGB jedoch sowohl redaktionell als auch dem Verständnis nach größtenteils unverändert geblieben. Dass der Gesetzgeber bei einer damaligen durchschnittlichen Lebenserwartung von unter 50 Jahren die negativen Auswirkungen eines kognitiven Altersabbaus auf die Teilnahme am Geschäftsverkehr noch nicht als bedeutendes Problem sehen konnte, ist nachvollziehbar, so treten wesentliche rechtsgeschäftsrelevante Einschränkungen überwiegend erst in einem sehr hohen Alter (80 Jahre und älter) auf. Damit das Recht der nunmehr veränderten spezifischen Situation der Menschen gerecht werden kann, sollte zukünftig nicht

---

1030 Siehe zu der restriktiven Auslegung des Begriffs „ähnlicher Zustände" auch *Gutch*, Geschäftsfähigkeit, S. 39 ff.

1031 Siehe BayObLGZ 2002, 189, 202.

1032 Siehe ausführlich zu den physiologischen Ursachen, die zur Urteilsunfähigkeit nach Art. 16 ZGB führen können, *Gutch*, Geschäftsfähigkeit, S. 27 ff.

1033 Immerhin können auch extreme Unerfahrenheit oder Misswirtschaft als „ähnliche Zustände" eingestuft werden, so dass die Anforderungen an einen physiologischen Zustand in der Schweiz letztlich geringer sind als in Deutschland, vgl. *Gutch*, Geschäftsfähigkeit, S. 41.

mehr auf ein mehr als 100 Jahre altes Verständnis zurückgegriffen werden. Es wäre auch keine übermäßige Ausdehnung der Fälle von Geschäftsunfähigkeit zu erwarten. Letztlich wäre nämlich entscheidend, ob der Betroffene infolge der geistigen Beeinträchtigung nicht mehr zu einer vernunftgemäßen Handlung in der Lage wäre.

3. *Umsetzungs- und Ausgestaltungsprobleme*

a) *Eingriff in das Selbstbestimmungsrecht, Art. 2 Abs. 1 GG (i.V.m. Art. 1 Abs. 1 GG)*

Wenn die Voraussetzungen der relativen Geschäftsunfähigkeit erfüllt sind, würde dem Betroffenen von Gesetzes wegen die Geschäftsfähigkeit für das konkrete Geschäft fehlen. Durch den Entzug der Geschäftsfähigkeit würden die allgemeine Handlungsfreiheit und das engere Persönlichkeitsrecht gravierend eingeschränkt werden. Dies gilt freilich nicht bei einem Nichtselbstbestimmungsfähigen, da dem Einzelnen die Freiheit zur Selbstbestimmung, zu deren Ausübung er nicht fähig ist, nicht genommen werden kann.[1034] Ein Eingriff in das Selbstbestimmungsrecht kommt daher nur bei demjenigen in Betracht, der zwar noch zur freien Willensbildung in der Lage und insoweit selbstbestimmungsfähig ist, aber infolge einer Störung der Geistestätigkeit nicht mehr über die intellektuellen Fähigkeiten verfügt, Sinn, Zweckmäßigkeit und Wirkungen einer bestimmten Handlung zu erkennen (Fehlen der intellektuellen Komponente). Mangelt es hingegen an grundlegenden intellektuellen Fähigkeiten, fehlt es in der Regel bereits an der Fähigkeit zur Selbstbestimmung.

Der Betroffene würde durch den Entzug der Geschäftsfähigkeit allerdings vor Übervorteilung im Geschäftsverkehr aufgrund beschränkter kognitiver Fähigkeiten effektiv geschützt werden (legitimer Zweck, Geeignetheit). Mangels Geschäftsfähigkeit wären die von ihm getätigten Geschäfte nämlich unwirksam. Die Beibehaltung der derzeitigen Regelungen zur Geschäftsfähigkeit wäre nicht gleich wirksam und würde das Selbstbestimmungsrecht der Betroffenen auch nicht oder zumindest weniger fühlbar einschränken (Erforderlichkeit). Wegen der geringeren Voraussetzungen der relativen Geschäftsunfähigkeit (größere Bedeutung fehlender intellektueller Fähigkeiten, extensiveres Verständnis des erforderlichen Schwächezustands) könnte nämlich in mehr Fällen Schutz gewährt werden. Durch das relative Verständnis würde es zudem nur zu einer

1034 Siehe zur fehlenden Möglichkeit eines Eingriffs in das Selbstbestimmungsrecht bei einem Nichtselbstbestimmungsfähigen bereits S. 239.

Beschränkung des Selbstbestimmungsrechts kommen, wenn dies aufgrund kognitiver Einschränkungen angezeigt ist. Der Betroffene wäre nunmehr nicht bei jedem Geschäft geschäftsunfähig, obgleich er hinsichtlich einzelner Geschäfte noch zur freien Willensbestimmung fähig ist.

Der Entzug der Geschäftsfähigkeit in den Fällen, in denen die genannten Voraussetzungen der relativen Geschäftsunfähigkeit erfüllt sind, ist auch verhältnismäßig (keine übermäßige Belastung – Angemessenheit). Denn der Betroffene wäre nur in den Fällen, in denen er tatsächlich nicht mehr über die intellektuellen Fähigkeiten verfügt, Sinn, Zweckmäßigkeit und Wirkungen einer bestimmten Handlung zu erkennen, wie dies bei anspruchsvollen Geschäften der Fall sein kann, sowie in den Fällen, in denen ihm die Fähigkeit fehlt, gemäß der vernünftigen Erkenntnis nach freiem Willen zu handeln und fremder Willensbeeinflussung in normaler Weise zu widerstehen, als geschäftsunfähig anzusehen. Der Betroffene ist in diesen Fällen nicht in der Lage, sachgemäße rechtsgeschäftliche Entscheidungen zu treffen; er ist insbesondere anfällig für Übervorteilungen. Er bedarf daher eines besonderen Schutzes vor der Wirksamkeit unsachgemäßer und damit regelmäßig wirtschaftlich nachteiliger Geschäfte. Die dementsprechenden Voraussetzungen einer relativen Geschäftsunfähigkeit sind auch keinesfalls zu gering.[1035] Es geht nämlich nicht darum, jemanden bereits als geschäftsunfähig zu behandeln, nur weil er ein bestimmtes Geschäft subjektiv nicht durchschaut hat; es geht um den Schutz geistig Beeinträchtigter. Wenn außerdem von der strikten Nichtigkeitsfolge des § 105 Abs. 1 BGB abgesehen werden würde und auf relativ Geschäftsunfähige die Regelungsinhalte der §§ 107 ff. BGB entsprechend anzuwenden wären, wäre mit dem Entzug der Geschäftsfähigkeit auch kein vollständiger Autonomieverlust verbunden.[1036] Insoweit sei vorweggenommen, dass eine Anwendung der Regelungen für beschränkt Geschäftsfähige nach hier vertretener Auffassung zu empfehlen ist.[1037] Freilich bleibt ein Autonomieverlust bestehen und auch der Verlust vorteilhafter Geschäfte[1038], die Gefahr wirtschaftlicher Nachteile durch unredliche gesetzliche Vertreter sowie die festgestellten Rechtsdurchsetzungsschwierigkeiten einiger älterer Menschen dürfen ebenfalls nicht unberücksichtigt bleiben.

1035 A.A. wohl *Rademacher*, Rechtsschutz zugunsten älterer Verbraucher, S. 236.

1036 Siehe dazu, dass die strikte Nichtigkeitsfolge des § 105 Abs. 1 BGB bisweilen als Argument gegen die relative Geschäfts(un)fähigkeit verwendet wird, *Rademacher*, Rechtsschutz zugunsten älterer Verbraucher, S. 347, siehe dort auch S. 267 f.

1037 Siehe ausführlich dazu S. 286 ff.

1038 Siehe ausführlich zur Negierung dieses Einwands noch S. 282 f.

Die Grundrechtsbeeinträchtigung würde den Zuwachs an Rechtsgüterschutz aber nicht – wie vom BVerfG gefordert – *deutlich* überwiegen.[1039]

b) Widerspruch zu gesetzgeberischer Grundentscheidung

Die Einführung einer relativen Geschäfts(un)fähigkeit würde nicht in Widerspruch zu der gesetzgeberischen Grundentscheidung, dem Menschen soweit wie möglich Autonomie zu gewähren, stehen.[1040] Zwar wäre auch mit der relativen Geschäfts(un)fähigkeit ein Autonomieverlust verbunden. Dieser wäre aber auf die Fälle begrenzt, in denen es dem Betroffenen tatsächlich an den erforderlichen kognitiven Fähigkeiten fehlen würde. Durch das Abstellen auf die konkrete Handlung wäre es denkbar, dass der Betroffene zwar in vielerlei Hinsicht bereits geschäftsunfähig wäre, gleichwohl aber noch einfache Geschäfte selbstbestimmt vornehmen könnte. Der Betroffene wäre (noch) nicht für alle Geschäfte geschäftsunfähig. Durch die relative Geschäfts(un)fähigkeit würde dem Betroffenen daher gerade solange wie möglich Autonomie gewährt werden.[1041] Die relative Geschäfts(un)fähigkeit würde einen Beitrag zur Verwirklichung der gesetzgeberischen Grundentscheidung nach „so viel Autonomie und so wenig Heteronomie wie möglich“[1042] leisten.[1043]

c) Diskriminierung älterer Menschen

Ältere Menschen wären von der Einführung einer relativen Geschäfts(un)fähigkeit zwar nicht ausdrücklich betroffen. Es ginge jedoch primär um den Schutz älterer Menschen mit rechtsgeschäftsrelevanten Einschränkungen. Hochbetagte würden den größten Anteil der von der relativen Geschäfts(un)fähigkeit betroffenen Personen ausmachen, wodurch impliziert werden würde, dass ältere Menschen oftmals nicht mehr fähig sind, selbstständig sachgerecht am Rechtsverkehr teilzunehmen. Eine Implikation der Hilfsbedürftigkeit älterer Menschen infolge der Einführung einer relativen Geschäfts(un)fähigkeit würde nach hier vertretener Ansicht allerdings nur eine leicht diskriminierende Wirkung entfalten.[1044] Dies liegt nicht zuletzt daran, dass die relative Geschäfts(un)fähigkeit keine Pauschalisierung durch das Abstellen auf ein bestimmtes Alter enthalten

---

1039 Siehe zu diesem Maßstab BVerfG NJW 1994, 1577.

1040 Ebenso *Gutch*, Geschäftsfähigkeit, S. 163.

1041 Ähnlich *Gutch*, Geschäftsfähigkeit, S. 167.

1042 Zitiert nach *Spickhoff*, siehe Fn. 909.

1043 A.A. wohl *Rademacher*, Rechtsschutz zugunsten älterer Verbraucher, S. 236.

1044 Vgl. ausführlich hierzu S. 246 ff.

würde. Auch der Einwand von *Roth*, dass die Möglichkeit einer eventuellen Rückabwicklung wegen relativer Geschäftsunfähigkeit die Teilnahme älterer Menschen am Rechtsverkehr beeinträchtigen würde, überzeugt nicht.[1045] Das zivilrechtliche Benachteiligungsverbot (§ 19 Abs. 1 Nr. 1 AGG) und die (zukünftige) ökonomische Bedeutung von Geschäften mit älteren Menschen würden nämlich dafür sorgen, dass Geschäfte mit Hochbetagten nicht übermäßig vermieden werden.

Zwar würden durch eine relative Geschäfts(un)fähigkeit nicht alle wirtschaftlich nachteiligen Geschäfte älterer Menschen infolge rechtsgeschäftsrelevanter Einschränkungen verhindert werden. Denn auch bei einfachen Geschäften können rechtsgeschäftsrelevante Einschränkungen zu einem wirtschaftlich nachteiligen Geschäft älterer Menschen führen. Dies kann z.B. bei Kaufverträgen der Fall sein, bei denen der erworbene Gegenstand sogleich bezahlt wird, es keine komplexen Vertragsbedingungen gibt und es keine besonderen Kenntnisse über die Kaufsache bedarf, der Geschäftspartner aber die Leichtgläubigkeit des Betroffenen ausnutzt (z.B. Kauf deutlich überteuerter Haushaltsgerätschaften von einem Haustürvertreter). Auch bestünden Schwierigkeiten bei der Rechtsdurchsetzung. Gleichwohl würde die relative Geschäfts(un)fähigkeit einen Zuwachs an Schutz bedeuten. Dies reicht aus, um die nur leicht diskriminierende Wirkung auszugleichen; die positiven Auswirkungen einer relativen Geschäfts(un)fähigkeit würden insoweit überwiegen.[1046]

d) Beeinträchtigung des Geschäftsverkehrs

Gegenwärtig wird die relative Geschäfts(un)fähigkeit in Rechtsprechung und Literatur mehrheitlich aufgrund befürchteter Abgrenzungsschwierigkeiten und Unsicherheiten im Rechtsverkehr abgelehnt.[1047] Wenn die Geschäftsfähigkeit einer Person je nach der Schwierigkeit des vorgenommenen Geschäfts beurteilt

---

1045 Siehe *Roth*, AcP 208 (2008), 451, 471; ähnlich wie dieser *Rademacher*, Rechtsschutz zugunsten älterer Verbraucher, S. 218.

1046 Anders wohl *Rademacher*, Rechtsschutz zugunsten älterer Verbraucher, S. 219, die als Argument gegen die relative Geschäfts(un)fähigkeit anführt, dass durch diese impliziert werden würde, dass ältere Menschen tendenziell den Überblick über nicht ganz triviale geschäftliche Vorgänge verloren hätten, wodurch sie als „tüdelig" und „unfähig" stigmatisiert werden könnten.

1047 MüKoBGB/*Spickhoff* § 104 BGB Rn. 55 (mit diesbezüglichen Nachweisen). Siehe zu Nachweisen zu ablehnenden Stimmen auch bereits Fn. 1003. Kritisch insofern z.B. *Rademacher*, Rechtsschutz zugunsten älterer Verbraucher, S. 218 (auch Fn. 888).

werden würde, wäre jede klare Abgrenzung unmöglich.[1048] Eine Beurteilung nach dem Schwierigkeitsgrad sei zu unbestimmt.[1049] Die Festlegung der intellektuellen Komplexität wie auch der wirtschaftlichen Bedeutung jedes einzelnen Rechtsgeschäfts sei wegen unterschiedlicher subjektiver wie objektiver Maßstäbe zu schwierig.[1050] Die geistigen Fähigkeiten einer Person werden von verschiedenen Beurteilern unterschiedlich bewertet und auch der Schwierigkeitsgrad einzelner Rechtsgeschäfte ist unbeschadet ihrer typischen rechtlichen Merkmale sehr unterschiedlich.[1051] Es ließe sich keine klare Grenze mehr zwischen Geschäftsfähigkeit und Geschäftsunfähigkeit ziehen, sodass es zu einer für den Rechtsverkehr schwer erträglichen Rechtsunsicherheit käme.[1052] Der Rechtsverkehr habe aber ein erhebliches Interesse an der Erkennbarkeit der „Vertragsschlussfähigkeit" der Rechtssubjekte.[1053]

Eine erhöhte Rechtsunsicherheit infolge von Abgrenzungsschwierigkeiten wäre tatsächlich aber nicht zu befürchten. Die Feststellung der derzeitigen Geschäftsfähigkeit bzw. der derzeitigen Geschäftsunfähigkeit ist nicht weniger schwierig als die Feststellung der relativen Geschäfts(un)fähigkeit.[1054] Geschäftsfähigkeit und Geschäftsunfähigkeit voneinander abzugrenzen, ist im Einzelfall mit Schwierigkeiten verbunden.[1055] Die Voraussetzungen der Geschäftsunfähigkeit nach § 104 Nr. 2 BGB sind schwer zu greifen und gehen teilweise ineinander über.[1056] Es gibt kaum verlässliche, allgemeingültige Kriterien, die für eine eindeutige Beurteilung der Geschäftsfähigkeit herangezogen werden können.[1057] Die Begutachtung der Geschäftsfähigkeit zählt zu den schwierigsten forensisch-psychiatrischen Aufgaben. Im Übrigen wird auch die partielle Geschäftsunfähigkeit anerkannt, obgleich sie zu Rechtunsicherheit führt, da von dem BGH

1048 So BGH NJW 1953, 1342.

1049 So Erman/*Müller* BGB § 104 Rn. 6; Soergel/*Hefermehl* BGB § 104 Rn. 7.

1050 So Staudinger/*Klumpp* BGB § 104 Rn. 21.

1051 BGH NJW 1970, 1680, 1681; vgl. auch jurisPK-BGB/*Hansen* BGB § 104 Rn. 19.

1052 So BGH NJW 1970, 1680, 1681; jurisPK-BGB/*Hansen* BGB § 104 Rn. 19. Siehe auch Soergel/*Hefermehl* BGB § 104 Rn. 7.

1053 Insofern kritisch *Fries*, AcP 216 (2016), 421, 445 (Fn. 115), der dies im Ergebnis allerdings nicht als allzu problematisch sieht.

1054 *Neuhausen*, RNotZ 2003, 158, 161; ebenso wohl *Bernat*, ZfRV 2005, 163, 165; *Holzhauer*, Gutachten 57. DJT, B 54.

1055 *Neuhausen*, RNotZ 2003, 158, 161. Diesen Umstand ebenfalls als Argument für eine relative Geschäfts(un)fähigkeit anführend *Gutch*, Geschäftsfähigkeit, S. 158.

1056 *Gutch*, Geschäftsfähigkeit, S. 113.

1057 *Zimmermann*, BWNotZ 2000, 97, 102.

keine klaren Abgrenzungskriterien aufgestellt und die Fälle partieller Geschäftsunfähigkeit damit konturenlos gehalten werden.[1058]

Der BGH kommt zu der Befürchtung unendlicher Abgrenzungsschwierigkeiten ohnehin nur deshalb, weil er fälschlicherweise auf den Schwierigkeitsgrad des Geschäfts abstellt.[1059] Es wäre aber vielmehr darauf abzustellen, ob der Betroffene über die Fähigkeit verfügt, Sinn, Zweckmäßigkeit und Wirkungen einer bestimmten Handlung zu erkennen, und, ob er über die Fähigkeit verfügt, gemäß der vernünftigen Erkenntnis nach freiem Willen zu handeln und fremder Willensbeeinflussung in normaler Weise zu widerstehen.[1060] Die Schwierigkeit des Geschäfts kommt freilich besonderer Indizwirkung zu, ist aber keineswegs Voraussetzung für die Annahme einer relativen Geschäftsunfähigkeit.

Ohnehin könnte der Rechtswissenschaft durch eine hinreichend lange Vorlaufzeit die Möglichkeit gegeben werden, eine umfassende Diskussion über tendenziell als schwierig einzustufende Geschäfte zu führen. Die gewonnenen Ergebnisse in Form eines Kriterienkatalogs könnten der Rechtspraxis als erste Orientierung dienen und in einigen Fällen für mehr Rechtssicherheit sorgen.[1061] Auch die sich aus der Rechtsprechung ergebende Kasuistik würde der Praxis als Orientierungshilfe dienen können. Zu erinnern sei nur an den Begriff der guten Sitten. Hierbei handelt es sich, wie bei dem Begriff des schwierigen Rechtsgeschäfts, um einen offenen und unbestimmten Rechtsbegriff. Hinsichtlich der Frage, ob ein Verstoß gegen die guten Sitten vorliegt, lässt sich mittlerweile eine ausführliche Kasuistik finden, anhand derer die Bestimmung eines Sittenverstoßes halbwegs rechtsicher möglich ist.

Der Rechtspraxis ist es auch nicht unbekannt, zwischen schwierigen und leichteren Geschäften zu unterscheiden. Im Betreuungsrecht ist es nämlich gewollt, die Angelegenheiten, für die eine Betreuung angeordnet werden soll, relativ zu bestimmen (vgl. § 1896 Abs. 2 S. 1 BGB).[1062] Die Flexibilität der

1058 Siehe zur Rechtsunsicherheit als Folge der partiellen Geschäftsunfähigkeit NK-BGB AT/*Kunz*/*Baldus* BGB § 104 Rn. 36.

1059 Vgl. *Schmoeckel*, NJW 2016, 433, 435. Auch *Flume*, BGB AT, S. 187, betonte schon, dass es nicht nur auf die Schwierigkeit des Geschäfts ankäme.

1060 Ähnlich *Schmoeckel*, NJW 2016, 433, 435, der in diesem Zusammenhang vorträgt, dass es entscheidend wäre, ob der Betroffene hinsichtlich der wesentlichen Merkmale und Umstände des Geschäfts einen freien Willen bilden kann.

1061 Siehe hierzu auch *Rademacher*, Rechtsschutz zugunsten älterer Verbraucher, S. 216, die den Nutzen eines Kriterienkatalogs hingegen bezweifelt (siehe dort S. 218).

1062 Siehe hierzu auch *Gutch*, Geschäftsfähigkeit, S. 168 f., die sich für eine Weiterverfolgung der im Betreuungsrecht eingeschlagenen Richtung (relative Bestimmung des Aufgabenkreises des Betreuers und des Einwilligungsvorbehalts – Erforderlichkeitsgrundsatz)

Betreuungsvoraussetzung zwingt dazu, bei entsprechendem Betreuungsbedarf den Aufgabenkreis so zu definieren, dass die Fähigkeit zu komplizierten Geschäften verneint, diejenige zu einfachen Geschäften aber aufrechterhalten werden kann.[1063] Auch ein Einwilligungsvorbehalt ist gegebenenfalls nach der Schwierigkeit der Geschäfte bis hin zu einzelnen Vorhaben auszusprechen, denn die Teilnahme des Betreuten am Rechtsverkehr soll nur in dem nach dem Grad seiner geistigen Behinderung erforderlichen Umfang eingeschränkt werden.[1064] Die Angelegenheiten, für die typischerweise eine rechtliche Betreuung (mit Einwilligungsvorbehalt) angeordnet wird, könnten demnach als Anhaltspunkte für die Beurteilung des Schwierigkeitsgrads eines Geschäft dienen.

Einen Anhaltspunkt würde auch der Begriff des Geschäfts des täglichen Lebens i.S.d. § 105a S. 1 BGB bieten. Der Gesetzgeber stellt bei der Bestimmung eines Geschäfts des täglichen Lebens zwar nicht auf die Schwierigkeit des getätigten Geschäfts ab, sondern auf die Vornahmehäufigkeit.[1065] Bei Geschäften des täglichen Lebens handelt es sich ersichtlich aber nicht um schwierige Geschäfte, wenn gerade auch volljährige Geschäftsunfähige diese tätigen können sollen. Unter ein Geschäft des täglichen Lebens fallen in erster Linie alle Geschäfte zur Deckung des persönlichen täglichen Bedarfs des Geschäftsunfähigen.[1066] Dazu zählt z.B. der Erwerb von Nahrungsmitteln oder die Inanspruchnahme einfacher Dienstleistungen wie ein Friseurbesuch oder die Nutzung des öffentlichen Verkehrs.[1067] Geschäfte im Rahmen der Vermögensanlage, Versicherungsverträge, Verträge i.S.d. WBVG oder Testamente über ein umfangreiches Vermögen fallen hingegen nicht in den Bereich des § 105a BGB. Bei diesen Geschäften könnte demnach eine Einstufung als schwieriges Geschäft in Betracht kommen.[1068]

---

ausspricht und insofern die relative Geschäfts(un)fähigkeit befürwortet; ähnlich wie diese MüKoBGB/*Spickhoff* BGB § 104 Rn. 57; *ders.*, Selbstbestimmungsfähigkeiten, in: Becker/Roth, Recht der Älteren, S. 101, 115 f.; *ders.*, AcP 208 (2008), 345, 383; *ders.*, ZfRV 2008, 33, 37. Siehe zum Zusammenhang von rechtlicher Betreuung und relativer Geschäfts(un)fähigkeit auch *Janda*, FamRZ 2013, 16, 21 f., welche zudem die Frage aufwirft, ob das Betreuungsrecht nicht im Grunde auf einer impliziten Anerkennung der relativen Geschäftsunfähigkeit beruht (siehe dort S. 20).

1063 Erman/*Roth* BGB § 1896 Rn. 33.

1064 Siehe *Spickhoff*, Selbstbestimmungsfähigkeiten, in: Becker/Roth, Recht der Älteren, S. 101, 116.

1065 Vgl. *Löhnig/Schärtl*, AcP 204 (2004), 25, 33.

1066 Erman/*Müller* BGB § 105a Rn. 5.

1067 Vgl. Erman/*Müller* BGB § 105a Rn. 5.

1068 Vgl. auch *Rademacher*, Rechtsschutz zugunsten älterer Verbraucher, S. 215.

Ähnliche Ansatzpunkte ließen sich den Ausführungen der Rechtswissenschaft zu § 1903 Abs. 3 S. 2 BGB (geringfügige Angelegenheit des täglichen Lebens) entnehmen.[1069]

Ferner würden die gesetzlichen Verbraucherschutzregelungen eine Orientierungshilfe bieten. Verbraucherschutzregelungen dienen auch der Kompensation einer infolge eines besonders komplexen Vertragsgegenstandes entstandenen besonderen Schutzbedürftigkeit des Verbrauchers.[1070] Die wirtschaftliche Bedeutung und Tragweite sowie die Schwierigkeit der Vertragsmaterie geben die Veranlassung, dem Verbraucher eine Lösungsmöglichkeit von Verbraucherdarlehensverträgen zu gewähren.[1071] Das Widerrufsrecht eines Versicherungsnehmers (§ 8 Abs. 1 S. 1 VVG) ist ebenfalls auf die Schwierigkeit der Vertragsmaterie zurückzuführen.[1072] Insbesondere Darlehensverträge als auch sonstige Finanzierungshilfen und Ratenlieferungsverträge zwischen einem Unternehmer und einem Verbraucher (§§ 488–515 BGB) sowie Versicherungsverträge kämen daher als schwierige Geschäfte im Kontext einer relativen Geschäfts(un)fähigkeit in Betracht.

Die verschiedenen sich aus der Rechtspraxis und aus den derzeitigen Gesetzen ergebenden Anhaltspunkte verringern die Rechtsunsicherheit im Hinblick auf die Bestimmung des Begriffs des schwierigen Geschäfts. Freilich bedarf es immer der Einzelfallbetrachtung unter Berücksichtigung der intellektuellen Fähigkeiten des Einzelnen.[1073] Es lassen sich aber zumindest einige Geschäfte benennen, bei denen die Wahrscheinlichkeit, dass ältere Menschen mit (leichten) kognitiven Beeinträchtigungen, wie z.B. rechtsgeschäftsrelevante Einschränkungen, die Geschäftsfähigkeit hinsichtlich dieser Geschäfte fehlt, erhöht ist. Geschäfte, für die einigen älteren Menschen die intellektuellen Verständnisfähigkeiten fehlen könnten, also „schwierige Geschäfte“, werden überdies nicht übermäßig häufig getätigt. Es würde schon allein deshalb nicht zu einer nicht handhabbaren Vielzahl von möglicherweise unwirksamen Geschäften kommen. Die Geschäftspartner bei „schwierigen Geschäften“ sind sich der Komplexität

1069 Siehe insofern z.B. MüKoBGB/*Schneider* BGB § 1903 Rn. 50.

1070 Vgl. *Vaupel*, Die Kompensation von Ungleichgewichtslagen im Arbeits- und Verbraucherrecht, S. 85. Ähnlich, aber auf „schwer zu durchschauende[n] Geschäfte[n]“ abstellend, Erman/*Koch* BGB § 355 Rn. 1.

1071 BT-Drucks. 11/5462, S. 21; siehe auch BeckOK BGB/*Möller* BGB § 495 Rn. 1.

1072 Vgl. Langheid/Rixecker/*Rixecker* VVG § 8 Rn. 1.

1073 Ähnlich *Gutch*, Geschäftsfähigkeit, S. 159.

ihrer Geschäfte ohnehin bewusst (z.B. Anlage- und Versicherungsberater), so dass sie sich auf eine etwaige Unwirksamkeit von vornherein einstellen könnten.

Zwar darf der Aspekt des Verkehrsschutzes nicht generell von der Rechtsordnung vernachlässigt werden.[1074] Die Sicherheit des Rechtsverkehrs liegt nämlich im Interesse der Allgemeinheit.[1075] Gleichwohl besteht im Ausgangspunkt ein grundsätzlicher Abwägungsvorrang des Selbstbestimmungsrechts gegenüber dem Verkehrsschutz.[1076] Der grundsätzliche Abwägungsvorrang des Selbstbestimmungsrechts gegenüber dem Verkehrsschutz beruht auf dem im Grundgesetz und in der EMRK enthaltenen Schutz des Persönlichkeitsrechts.[1077] Überdies nehmen auf den Verkehrsschutz die partielle Geschäftsunfähigkeit, das luzide Intervall bzw. die vorübergehende Geschäftsunfähigkeit (§ 105 Abs. 2 BGB) gleichfalls keine Rücksicht.[1078] Überhaupt ist die Erkennbarkeit der Geschäftsunfähigkeit nach allgemeiner Ansicht für die Beurteilung der Geschäfts(un)fähigkeit nicht entscheidend.[1079] Auch nach geltendem Recht wird die Erkennbarkeit der „Vertragsschlussfähigkeit" daher nicht vollends geschützt.[1080] Dies zeigt nicht zuletzt auch das Institut des Einwilligungsvorbehalts, bei welchem sich der Gesetzgeber entschieden hat, den Betreuten stärker zu schützen als

---

1074 Vgl. *Spickhoff*, Selbstbestimmungsfähigkeiten, in: Becker/Roth, Recht der Älteren, S. 101, 106; *ders.*, Betreuungsrecht, in: Becker/Roth, Recht der Älteren, S. 247, 249; *ders.*, AcP 208 (2008), 345, 355 u. 359.

1075 Vgl. *Müller*, Alter und Recht, S. 104.

1076 Vgl. *Spickhoff*, Betreuungsrecht, in: Becker/Roth, Recht der Älteren, S. 247, 249; *ders.*, AcP 208 (2008), 345, 355 u. 413; *ders.*, ZfRV 2008, 33, 34. Kritisch in diesem Zusammenhang *Rademacher*, Rechtsschutz zugunsten älterer Verbraucher, S. 218, die den Wert des Schutzes, der mit dem Vorrang des Individual- vor dem Verkehrsschutz erreicht wird, wegen des befürchteten Ausschlusses älterer Menschen vom Rechtsverkehr anzweifelt; siehe insofern aber die hiesigen entgegengesetzten Ausführungen auf S. 247.

1077 *Spickhoff*, AcP 208 (2008), 345, 413; nur auf den Schutz des Persönlichkeitsrechts in der EMRK stützend *ders.*, ZfRV 2008, 33, 41.

1078 Vgl. MüKoBGB/*Spickhoff* BGB § 104 Rn. 59; Spickhoff/*ders.* BGB §§ 104–105a Rn. 7; *ders.*, Selbstbestimmungsfähigkeiten, in: Becker/Roth, Recht der Älteren, S. 101, 116; *ders.*, AcP 208 (2008), 345, 384; *ders.*, ZfRV 2008, 33, 37. Ähnlich auch *Flume*, BGB AT, S. 188.

1079 MüKoBGB/*Spickhoff* BGB § 104 Rn. 59; *ders.*, Selbstbestimmungsfähigkeiten, in: Becker/Roth, Recht der Älteren, S. 101, 116; *ders.*, AcP 208 (2008), 345, 384; *ders.*, ZfRV 2008, 33, 37.

1080 *Müller*, Betreuung und Geschäftsfähigkeit, S. 23 (Fn. 111), erinnert diesbezüglich an die vieldiskutierte Problematik des unerkennbar Geisteskranken.

dessen (potenziellen) Vertragspartner, der das Bestehen des Einwilligungsvorbehalts meist nicht kennen wird.[1081] Dementsprechend kann auch nicht eingewendet werden, dass der Verzicht auf das Erfordernis einer schwerwiegenden geistigen Beeinträchtigung es dem Geschäftspartner unmöglich machen würde, zu erkennen, ob er mit einem Geschäftsfähigen verhandelt; auch eine Geisteskrankheit kann unerkennbar sein.

Überdies wird auch in Österreich die Geschäfts(un)fähigkeit relativ betrachtet: Eine Person ist umso weniger geschäftsunfähig, je mehr Angelegenheiten sie noch alleine ohne Gefahr für sich selber regeln kann, wobei sowohl das Ausmaß der Behinderung als auch der Schwierigkeitsgrad des Geschäfts zu berücksichtigen sind.[1082] Es kommt darauf an, ob der Betroffene in der Lage war, die Tragweite und Auswirkungen des konkreten Rechtsgeschäfts abzuschätzen und dieser Einsicht gemäß zu disponieren.[1083] Es ist bislang weder aus Österreich noch aus der Schweiz ein Zusammenbruch des rechtsgeschäftlichen Verkehrs durch die Anbindung des Schutzes geistig Schwacher an die Fähigkeit zur Beurteilung des konkreten Geschäfts vermeldet worden.[1084] Der nachrangige Verkehrsschutz leidet durch die Anerkennung der relativen Geschäfts(un)fähigkeit nicht über Gebühr.[1085] Wenn mit der Anwendung des Prinzips der relativen Geschäfts(un)fähigkeit tatsächlich eine unerträgliche Rechtsunsicherheit einherginge, wäre von dessen Anwendung in Österreich und in der Schweiz bereits Abstand genommen worden. Im Übrigen wird auch im Vereinigten Königreich (weiterhin) nach Sec. 2 (1) des *Mental Capacity Act 2005* die Geschäftsunfähigkeit nicht generell, sondern in Bezug auf eine bestimmte Angelegenheit festgestellt.[1086]

1081 Vgl. zum Vorrang des Schutzes des Betreuten *Kostorz*, PflR 2011, 447, 451.

1082 Siehe *Lurger*, in: WiR, Alter und Recht, S. 87, 91. Siehe zur Anerkennung der relativen Geschäftsunfähigkeit in Österreich auch *Spickhoff*, Betreuungsrecht, in: Becker/Roth, Recht der Älteren, S. 247, 252 (Fn. 21); *ders.*, AcP 208 (2008), 345, 380; *Bernat*, ZfRV 2005, 163, 165 (m.w.N.). An der relativen Betrachtung änderte auch die Reform der Handlungs- und Geschäftsfähigkeit durch das 2. Erwachsenenschutz-Gesetz (Inkrafttreten: 1. Juli 2018) nichts, siehe *Parapatits/Perner*, iFamZ, 2017, 160, 162.

1083 Siehe OGH, Urteil vom 28. August 2013 – 6 Ob 44/13h, welches anstelle des Begriffs „relativer Geschäftsunfähigkeit" den Begriff „partielle Geschäftsunfähigkeit" verwendet.

1084 Spickhoff/*Spickhoff* BGB §§ 104–105a Rn. 7; *ders.*, Selbstbestimmungsfähigkeiten, in: Becker/Roth, Recht der Älteren, S. 101, 116; *ders.*, AcP 208 (2008), 345, 384; *ders.*, ZfRV 2008, 33, 37; siehe auch MüKoBGB/*ders.* BGB § 104 Rn. 59; *ders.*, Betreuungsrecht, in: Becker/Roth, Recht der Älteren, S. 247, 252 (Fn. 21).

1085 *Spickhoff*, AcP 208 (2008), 345, 414; *ders.*, ZfRV 2008, 33, 41.

1086 Siehe hierzu auch *Herring*, Current Legal Problems (2007) 60 (1), 148, 167.

e) Bedarf an gesetzlichen Vertretern und Belastung des Staatshaushalts

Ein relativ Geschäftsunfähiger würde zur wirksamen Betätigung des konkreten Geschäfts einen gesetzlichen Vertreter benötigen. Ein Vorsorgebevollmächtigter wäre allerdings nicht immer vorhanden. Zukünftig dem Bedarf an ehrenamtlichen rechtlichen Betreuern in unserer alternden Gesellschaft nachzukommen, ist mutmaßlich mit Schwierigkeiten verbunden und die Berufsbetreuung verursacht hohe Kosten.[1087] Immerhin wäre für einige der relativ Geschäftsunfähigen schon eine rechtliche Betreuung eingerichtet. Einige der derzeit rechtlich betreuten Menschen würden aufgrund ihrer geistigen Beeinträchtigung nämlich einen Teil der relativ Geschäftsunfähigen ausmachen. Im Übrigen wurden mit dem VBRefG vom 4. Mai 2021 Maßnahmen zur Vermeidung von rechtlichen Betreuungen und zur Gewinnung ehrenamtlicher Betreuer beschlossen, so dass zukünftig möglicherweise mehr Betreuer und mehr finanzielle Mittel zur Verfügung stünden. Der Mehrbedarf an rechtlichen Betreuern infolge der Einführung der relativen Geschäfts(un)fähigkeit dürfte daher zu bewerkstelligen sein.

f) Sonstige Einwände

Gegen die relative Geschäfts(un)fähigkeit wird von Seiten der Literatur u.a. die Härte der Rechtsfolge ohne Rücksicht auf die wirtschaftliche Vor- oder Nachteilhaftigkeit des Geschäfts eingewandt.[1088] Der Nutzen einer relativen Geschäfts(un)fähigkeit sei dadurch gemindert, dass auch Geschäfte, die für den relativ Geschäftsunfähigen wirtschaftlich vorteilhaft sind, nichtig wären.[1089] Es bestünde die Gefahr, dass sich der Geschäftspartner bei einem für den relativ Geschäftsunfähigen wirtschaftlich gewinnbringenden Geschäft auf die Nichtigkeit des Geschäfts beruft.[1090] Diese Gefahr besteht aber auch im Rahmen der derzeit geltenden Regelungen zur Geschäftsunfähigkeit.[1091] Die Betroffenen würden insoweit keine Verschlechterung erfahren. Da, wie bereits angedeutet, ohnehin von der strikten Nichtigkeitsfolge des § 105 Abs. 1 BGB Abstand genommen werden sollte und auf relativ Geschäftsunfähige die Regelungsinhalte der §§ 107 ff. BGB angewendet werden sollten,[1092] würden die Betroffenen

---

1087 Vgl. hierzu S. 249 ff.

1088 Siehe *Rademacher*, Rechtsschutz zugunsten älterer Verbraucher, S. 218 f.; *Roth*, AcP 208 (2008), 451, 470.

1089 So *Rademacher*, Rechtsschutz zugunsten älterer Verbraucher, S. 218 f.

1090 So *Rademacher*, Rechtsschutz zugunsten älterer Verbraucher, S. 219.

1091 Siehe hierzu auch schon S. 146.

1092 Ausführlich hierzu ab S. 286 ff.

die Möglichkeit erhalten, rechtlich vorteilhafte Geschäfte, die nicht selten wirtschaftlich vorteilhaft sind, selbstständig wirksam zu tätigen. Zudem bestünde dann die Möglichkeit, dass der gesetzliche Vertreter das wirtschaftlich vorteilhafte Geschäft genehmigt, was den Regelfall darstellen würde (vgl. § 1901 Abs. 2 S. 1 BGB). Im Übrigen würde dem Geschäftspartner, wenn er sich auf die Nichtigkeit des Geschäfts beruft, die Beweislast für das Vorliegen der relativen Geschäftsunfähigkeit und der fehlenden Einwilligung bzw. Genehmigung des gesetzlichen Vertreters treffen, was ihn oft vor erhebliche Schwierigkeiten stellen würde. Es würde folglich ohnehin nur (sehr) wenige Fälle geben, in denen sich der Geschäftspartner erfolgreich auf die Nichtigkeit des für den Betroffenen wirtschaftlich gewinnbringenden Geschäfts berufen könnte. Ebenso wenig überzeugt der Einwand, dass sich die Betroffenen auf ihre eigene Unfähigkeit berufen müssten und daher von der Geltendmachung der Nichtigkeit des Geschäfts absehen könnten.[1093] Denn dieses Problem besteht auch im derzeitigen Recht. Im Übrigen würden sich die Betroffenen eher auf die relative Geschäftsunfähigkeit berufen als auf die Geschäftsunfähigkeit nach derzeitigem Recht, da es nämlich bei der relativen Geschäftsunfähigkeit nicht um eine generelle Geschäftsunfähigkeit, sondern nur um die Unfähigkeit im Hinblick auf ein bestimmtes schwieriges Geschäft geht.[1094]

Darüber hinaus wird von *Rademacher* eingewandt, dass die Einführung der relativen Geschäfts(un)fähigkeit wegen des bereits nach §§ 138 u. 312g Abs. 1 BGB bestehenden Schutzes auf eine abzulehnende allgemeine Billigkeitskontrolle von Verträgen für ältere Menschen hinausliefe und insofern systematisch und rechtspolitisch verfehlt sei.[1095] Das OLG München ist der Ansicht, dass eine relative Geschäfts(un)fähigkeit nicht eingeführt werden müsse, da mit den Mitteln des Betreuungsrechts (insbesondere mit dem Einwilligungsvorbehalt gemäß § 1903 BGB) bzw. mit einer sachgerechten Anwendung des § 138 BGB angemessene Lösungen gefunden werden könnten.[1096] Die hiesige Bestandsaufnahme hat indes gezeigt, dass diese Vorschriften zumindest keinen ausreichenden Schutz vor wirtschaftlich nachteiligen Geschäften älterer Menschen infolge rechtsgeschäftsrelevanter Einschränkungen bieten. Beispielsweise ist der Ersatzweg, eine zunächst bejahte Geschäftsfähigkeit über die Sittenwidrigkeitsklausel

---

1093 Siehe zu diesem Einwand *Rademacher*, Rechtsschutz zugunsten älterer Verbraucher, S. 214 u. 219 f.

1094 Vgl. hierzu auch *Rademacher*, Rechtsschutz zugunsten älterer Verbraucher, S. 214.

1095 Siehe *Rademacher*, Rechtsschutz zugunsten älterer Verbraucher, S. 219 f.

1096 Siehe OLG München, Urteil vom 2. November 2016 – 3 U 1522/16 –, juris.

des § 138 BGB wegen Ausnutzung erkennbarer Geschäftsunerfahrenheit zu überspielen, nicht immer möglich, da es an der Erkennbarkeit fehlen könnte.[1097] Das Geschäft würde auch nicht hinsichtlich seiner Billigkeit überprüft werden. Prüfungsgegenstand wäre vielmehr, ob der vermeintlich Geschäftsunfähige in der Lage war, Sinn, Zweckmäßigkeit und Wirkungen seiner auf das Geschäft bezogenen Handlungen zu erkennen, gemäß der vernünftigen Erkenntnis nach freiem Willen zu handeln und fremder Willensbeeinflussung in normaler Weise zu widerstehen.

4. Ergebnis

Nach hier vertretener Auffassung sollte die relative Geschäfts(un)fähigkeit im deutschen Recht etabliert werden.[1098] Als Vorbild bieten sich das schweizerische Recht zur Handlungsfähigkeit (Art. 12 ff. ZGB) an, wobei der erforderliche Schwächezustand nicht auf schwerwiegende Störungen der Geistestätigkeit begrenzt werden sollte. Gewiss wäre die gebotene Schutzqualität im Hinblick auf rechtsgeschäftsrelevante Einschränkungen im Alter noch nicht optimal; ein Mehr an Schutz würde gleichwohl gewährt werden. Insbesondere würde eine relative Geschäfts(un)fähigkeit nicht gegen Verfassungsrecht verstoßen. Sie würde dazu beitragen, dass Menschen längstmöglich Autonomie gewährt wird, weil die Geschäftsfähigkeit nicht per se abgesprochen werden würde. Die diskriminierende Wirkung wäre überdies nicht sonderlich einschneidend und könnte hingenommen werden. Die überwiegend und insbesondere auch von der Rechtsprechung vertretene Ansicht, dass eine relative Geschäfts(un)fähigkeit zu Abgrenzungsschwierigkeiten und damit zu Rechtsunsicherheit führen würde, überzeugt nicht. Es würde nicht zu einer übermäßigen Beeinträchtigung des Geschäftsverkehrs kommen. Eine relative Geschäfts(un)fähigkeit

---

1097 Vgl. MüKoBGB/*Spickhoff* BGB § 104 Rn. 57; Spickhoff/*ders.* BGB §§ 104–105a Rn. 7; *ders.*, Selbstbestimmungsfähigkeiten, in: Becker/Roth, Recht der Älteren, S. 101, 115; *ders.*, AcP 208 (2008), 345, 384; *ders.*, ZfRV 2008, 33, 37.

1098 Im Hinblick auf die alternde Gesellschaft ebenso z.B. MüKoBGB/*Spickhoff* BGB § 104 Rn. 59; *ders.*, Selbstbestimmungsfähigkeiten, in: Becker/Roth, Recht der Älteren, S. 101, 116; *ders.*, AcP 208 (2008), 345, 384; *ders.*, ZfRV 2008, 33, 37. A.A. z.B. *Rademacher*, Rechtsschutz zugunsten älterer Verbraucher, S. 213, 217 u. 219, siehe auch S. 220 f., 236 u. 347; *Wedemann*, ZBB 2014, 54, 58 u. 68; *Roth*, AcP 208 (2008), 451, 480 (siehe zur Begründung S. 470 f.), die die relative Geschäfts(un)fähigkeit ebenfalls im Zusammenhang mit Möglichkeiten zum Schutz älterer Menschen diskutieren. Siehe zu Nachweisen zu weiteren ablehnenden Stimmen bereits Fn. 1003.

würde teilweise sogar zu mehr Rechtssicherheit führen, da durch die Anerkennung einer relativen Geschäfts(un)fähigkeit der Rechtssicherheit abträgliche Einzelvorschriften, wie z.B. § 105a BGB oder § 4 Abs. 2 WBVG (schwebende Unwirksamkeit anstelle Nichtigkeit eines von einem Geschäftsunfähigen abgeschlossenen Wohn- und Betreuungsvertrags i.S.d. WBVG), vermieden werden könnten.[1099] Auch sonstige gegen die relative Geschäfts(un)fähigkeit vorgebrachte Einwände überzeugen nach hier vertretener Ansicht nicht. Wesentliche Probleme im Zusammenhang mit dem benötigten Betreuerbedarf sind nicht zu erwarten.

Insbesondere entspricht die relative Geschäfts(un)fähigkeit weitaus mehr der Realität als die strikte Trennung von Geschäftsfähigkeit und Geschäftsunfähigkeit nach derzeitigem Verständnis.[1100] *Müller* formuliert zutreffend, dass die derzeitige gesetzliche Unterscheidung dazu zwingt, „in ‚Weiß' oder ‚Schwarz' zu trennen, wo tatsächlich in den meisten Fällen Mischzustände oder Zweifelsfälle gegeben sind".[1101] Bei einem relativen Verständnis der Geschäfts(un)fähigkeit wäre das Recht nunmehr in der Lage, flexibel auf die Lebenswirklichkeit zu reagieren und dem schleichenden bzw. schubweisen Verlauf einer Krankheit (z.B. Demenz)[1102] oder der individuellen Ausprägung einer geistigen Beeinträchtigung angemessen Rechnung zu tragen.[1103] Außerdem erscheint es lebensfremd, dass bei der Prüfung der Geschäftsunfähigkeit das konkrete Rechtsgeschäft, um dessen Nichtigkeit es geht, völlig außer Betracht bleibt.[1104] Die Möglichkeiten der relativen Geschäfts(un)fähigkeit zur besseren Feinabstimmung der Anforderungen an die Geschäftsfähigkeit – gerade im Alter – sollten genutzt werden.[1105] Ohnehin nähert sich auch die Rechtsprechung bereits einer relativen Geschäftsunfähigkeit an, wenn sie im Rahmen der partiellen

1099 Vgl. auch *Gutch*, Geschäftsfähigkeit, S. 186. Kritisch zu derartigen Einzelfallvorschriften auch *Wedemann*, AcP 209 (2009), 668, 670.

1100 Vgl. hierzu auch *Rademacher*, Rechtsschutz zugunsten älterer Verbraucher, S. 215.

1101 Siehe *Müller*, Betreuung und Geschäftsfähigkeit, S. 29.

1102 Siehe zum langsamen, oft schleichenden Prozess einer Demenz *Renner*, notar 2017, 218, 221; *Martin/Kliegel*, Psychologische Grundlagen der Gerontologie, S. 161 (Demenz vom Alzheimer-Typ).

1103 *Gutch*, Geschäftsfähigkeit, S. 200.

1104 So auch *Gutch*, Geschäftsfähigkeit, S. 157.

1105 MüKoBGB/*Spickhoff* BGB § 104 Rn. 59; *ders.*, Selbstbestimmungsfähigkeiten, in: Becker/Roth, Recht der Älteren, S. 101, 116; *ders.*, AcP 208 (2008), 345, 384; *ders.*, ZfRV 2008, 33, 37; siehe auch Spickhoff/*ders.* BGB §§ 104–105a Rn. 7. Ähnlich auch *Gutch*, Geschäftsfähigkeit, S. 201.

Geschäftsunfähigkeit zunehmend weitere Teilbereiche bestimmt, auf die sich die Geschäftsunfähigkeit beschränken kann.[1106] Am Ende einer überspitzten partiellen Geschäftsunfähigkeit stünde die Beurteilung der konkreten Angelegenheit und damit die Anerkennung einer relativen Geschäftsunfähigkeit.[1107]

V. Abkehr von der strikten Nichtigkeitsfolge des § 105 Abs. 1 BGB

1. *Inhalt, Zweck und Hintergrund*

Auch eine Abkehr von der strikten Nichtigkeitsfolge des § 105 Abs. 1 BGB würde zu einer Verbesserung der Rechtsstellung älterer Menschen im Rechtsverkehr führen. Gemäß § 105 Abs. 1 BGB ist die Willenserklärung eines Geschäftsunfähigen nichtig. Ein Geschäftsunfähiger ist daher grundsätzlich nicht in der Lage, Rechtsgeschäfte wirksam tätigen zu können (Ausnahme: Fiktion des § 105a BGB). Diese strikte Rechtsfolge ist zum Schutz Geschäftsunfähiger jedoch nicht erforderlich.[1108] Außerdem ist vor dem Hintergrund eines modernen und liberalen Verständnisses des BGB der kategorische Ausschluss Geschäftsunfähiger vom Rechtsverkehr nicht mehr haltbar.[1109] Der Regelungsinhalt der §§ 107 ff. BGB sollte daher auf die Fälle von Geschäftsunfähigkeit nach § 104 Nr. 2 BGB erstreckt und insofern vom strikten Nichtigkeitsdogma des § 105 Abs. 1 BGB abgewichen werden. Rechtlich vorteilhafte Geschäfte wären wirksam (vgl. § 107 BGB); rechtlich nachteilige Geschäfte bedürften für ihre Wirksamkeit der Zustimmung des gesetzlichen Vertreters (vgl. §§ 107, 108 BGB). Geschäfte mit Menschen, die *nicht* wegen ihres Alters geschäftsunfähig sind (§ 104 Nr. 2 BGB), wären nicht mehr per se nichtig. Bei einer Geschäftsunfähigkeit wegen des Alters (§ 104 Nr. 1 BGB) sollte es hingegen bei der Nichtigkeitsfolge des § 105 Abs. 1 BGB bleiben.[1110]

Eine Abkehr von der strikten Nichtigkeitsfolge des § 105 Abs. 1 BGB würde zwar nicht unmittelbar zum Schutz älterer Menschen vor wirtschaftlich nachteiligen Geschäften infolge rechtsgeschäftsrelevanter Einschränkungen beitragen. Die Änderung des § 105 Abs. 1 BGB würde aber die Einführung der relativen

---

1106 Vgl. *Müller*, Betreuung und Geschäftsfähigkeit, S. 22 f.

1107 *Müller*, Betreuung und Geschäftsfähigkeit, S. 23.

1108 Ausführlich hierzu noch sogleich.

1109 So auch *Jestaedt*, Auswirkungen der Geschäftsunfähigkeit, S. 57. Ähnlich *Müller*, Betreuung und Geschäftsfähigkeit, S. 27.

1110 Siehe hierzu noch S. 296.

Geschäfts(un)fähigkeit mit weitem Verständnis des erforderlichen Schwächezustands ermöglichen, da u.a. hierdurch der Eingriff in das Selbstbestimmungsrecht durch den Entzug der Geschäftsfähigkeit verhältnismäßig wäre. Denn durch eine entsprechende Anwendung des Regelungsinhalts der §§ 107 ff. BGB käme es nicht zu einem nahezu vollständigen Ausschluss der geschäftlichen Handlungsfähigkeit, ohne zugleich auf die Schutzkomponente verzichten zu müssen, da diese auch über das Eingreifen eines gesetzlichen Vertreters aufgenommen werden könnte.[1111] Gerade vor dem Hintergrund der demografischen Entwicklung kann dem viel abgewonnen werden.[1112] Durch die Wirksamkeit rechtlich vorteilhafter Geschäfte und durch die Möglichkeit, wirtschaftlich vorteilhafte Geschäfte zu genehmigen, würde sich außerdem die Schutzqualität der Regelungen zur Geschäftsfähigkeit verbessern.[1113]

Probleme würde freilich der Umstand begründen, dass nicht jeder volljährige Geschäftsunfähige über einen gesetzlichen Vertreter (Bevollmächtigter, rechtlicher Betreuer) verfügt.[1114] Insofern sollte die Genehmigung des Geschäfts auch durch einen erst nach Abschluss des Geschäfts bestellten Betreuer zugelassen werden.[1115] Der objektive Betreuungsbedarf würde sich aus der gesetzlich vorgeschriebenen Genehmigungsbedürftigkeit des vom Geschäftsunfähigen getätigten Geschäfts und den damit zusammenhängenden Interessen des Geschäftspartners ergeben. Bei Fehlen eines gesetzlichen Vertreters wäre daher ein Betreuer zur Genehmigung des Geschäfts zu bestellen. Bestünde ein dringendes Bedürfnis für die sofortige Genehmigung des schwebend unwirksamen Geschäfts, käme möglicherweise eine vorläufige Betreuerbestellung nach § 300 Abs. 1 S. 1 FamFG in Betracht. Im Übrigen genügt für die Bestellung eines Betreuers, wenn ein Handlungsbedarf in dem betreffenden Aufgabenkreis jederzeit auftreten kann.[1116] Würden die Voraussetzungen des § 1896 Abs. 1 S. 1 BGB vorliegen, könnte daher unter Umständen „vorsorglich“ eine Betreuung für bestimmte zukünftige Fälle von relativer Geschäftsunfähigkeit eingerichtet werden. Schließlich könnte das Instrument der Vorsorgevollmacht, trotz der diesem gegenüber vorgebrachten Bedenken, weiter beworben werden.

1111 Vgl. Staudinger/*Klumpp* BGB § 105 Rn. 25.

1112 So auch Staudinger/*Klumpp* BGB § 105 Rn. 26.

1113 Siehe zu der derzeit insoweit reduzierten Schutzqualität der §§ 104 ff. BGB S. 146 f.

1114 Dies ebenso kritisierend *Holzhauer*, Gutachten 57. DJT, B 51. Siehe auch *Spickhoff*, AcP 208 (2008), 345, 372.

1115 Siehe auch *Spickhoff*, AcP 208 (2008), 345, 374.

1116 Vgl. z.B. BGH NJW-RR 2017, 641.

Im Schrifttum wird intensiv über die Richtigkeit der Rigidität der Regelung des § 105 Abs. 1 BGB diskutiert.[1117] Es wurden bereits erste Reformvorschläge entwickelt.[1118] *Canaris* ging sogar von der Verfassungswidrigkeit des § 105 Abs. 1 BGB wegen Verstoßes gegen Art. 2 Abs. 1 GG aus, da die Privatautonomie des Geschäftsunfähigen über das sachlich gebotene Maß hinaus eingeschränkt werde.[1119] Die Privatautonomie werde vollständig beseitigt, wodurch das Erforderlichkeits-, zumindest aber das Verhältnismäßigkeitsprinzip verletzt werde.[1120] Zum Schutz des Geschäftsunfähigen sei die Vollnichtigkeit weder erforderlich noch sinnvoll.[1121] Denn durch eine Anwendung der §§ 107 ff. BGB könne der Geschäftsunfähige keine relevanten Nachteile erleiden, da das Gesetz ihm nur rechtlich vorteilhafte Geschäfte ermöglicht und die Wirksamkeit des Geschäfts in allen anderen Fällen in die Entscheidung des gesetzlichen Vertreters stellt.[1122] Gegen die Verfassungswidrigkeit der Regelung soll nach der Gegenmeinung sprechen, dass dem Gesetzgeber bei der Ausgestaltung der rechtsgeschäftlichen Handlungsfreiheit ein weites Ermessen zukommt, welches seitens des BVerfG nur auf krasse Fehleinschätzungen überprüft wird, solche Fehleinschätzungen aber nicht vorliegen.[1123] Nach hier vertretener Ansicht würde es schon an einem Eingriff in das Recht auf „Selbstbestimmung des einzelnen im Rechtsleben" (Privatautonomie) als Teil der allgemeinen Handlungsfreiheit

1117 Siehe z.B. Staudinger/*Klumpp* BGB § 105 Rn. 19 ff.; *Wedemann*, AcP 209 (2009), 668 ff.

1118 Reformvorschläge finden sich z.B. bei Staudinger/*Klumpp* BGB § 105 Rn. 25 f.; *Wedemann*, AcP 209 (2009), 668, 705 (ausführlich dazu bereits ab S. 688); *Spickhoff*, AcP 208 (2008), 345, 373 u. 414; *ders.*, ZfRV 2008, 33, 36; *Chiusi*, JURA 2005, 532, 537; HKK-BGB/*Thier* BGB §§ 104–115 Rn. 35; *Müller*, Betreuung und Geschäftsfähigkeit, S. 29; *Canaris*, JZ 1987, 993, 998.

1119 Siehe *Canaris*, JZ 1987, 993, 996 ff. Der verfassungsrechtlichen Kritik von *Canaris* zustimmend *Schwab*, Verhandlungen 57. DJT, K 17. Zumindest verfassungsrechtliche Zweifel geltend machend *Spickhoff*, Selbstbestimmungsfähigkeiten, in: Becker/Roth, Recht der Älteren, S. 101, 111; *ders.*, AcP 208 (2008), 345, 373.

1120 So *Canaris*, JZ 1987, 993, 998; vgl. auch *Schwab*, Verhandlungen 57. DJT, K 17 u. K 18.

1121 So *Canaris*, JZ 1987, 993, 996.

1122 So *Canaris*, JZ 1987, 993, 996.

1123 Siehe jurisPK-BGB/*Hansen* BGB § 105 Rn. 2. Von der Verfassungsmäßigkeit des § 105 Abs. 1 BGB ebenfalls ausgehend Staudinger/*Klumpp* BGB § 105 Rn. 20; Jauernig/*Mansel* BGB § 105 Rn. 2; Erman/*Müller* BGB § 105 Rn. 1; *Neuner*, BGB AT, S. 391; *Bork*, BGB AT, S. 386; *Wieser*, JZ 1988, 493; wohl auch *Lorenz*, Der Schutz vor dem unerwünschten Vertrag, S. 96.

fehlen.[1124] Denn der nach derzeitigem Recht Geschäftsunfähige kann sich nicht mehr selbstbestimmen, so dass nicht von einem Eingriff in das Selbstbestimmungsrecht gesprochen werden kann.[1125] Etwaige Reformüberlegungen beziehen sich überwiegend auf eine Erstreckung der Regelungsinhalte der §§ 107 ff. BGB auf (nicht wegen ihres Alters) Geschäftsunfähige.[1126]

2. Umsetzungs- und Ausgestaltungsprobleme

Da die Nichtigkeitsfolge des § 105 Abs. 1 BGB im Rahmen des derzeitigen Verständnisses der Geschäftsfähigkeit nicht verfassungswidrig ist, kann eine Erstreckung der Regelungsinhalte der §§ 107 ff. BGB auf nicht wegen ihres Alters Geschäftsunfähige, wegen dem dadurch gewährten Mehr an Autonomie, erst recht nicht verfassungswidrig sein. Aber auch im Rahmen einer relativen Geschäfts(un)fähigkeit, bei welcher es zu einem Eingriff in das Recht auf Selbstbestimmung des Betroffenen kommen kann, würde nicht gegen Verfassungsrecht verstoßen werden, da die Erstreckung der Regelungsinhalte der §§ 107 ff. BGB auf nicht wegen ihres Alters Geschäftsunfähige geeignet und erforderlich wäre, um den beabsichtigten legitimen Zweck (Schutz Geschäftsunfähiger vor Übervorteilung) zu erreichen und die Betroffenen auch nicht übermäßig belasten würde.

Für den Schutz Geschäftsunfähiger ist die Vollnichtigkeit weder erforderlich noch sinnvoll.[1127] Denn bei einer Anwendung der §§ 107 ff. BGB könnte der

---

1124 Siehe zur Privatautonomie als „Selbstbestimmung des einzelnen im Rechtsleben“ und als Teil der allgemeinen Handlungsfreiheit BVerfG NJW 1996, 2021.

1125 Siehe zur fehlenden Möglichkeit eines Eingriffs in das Selbstbestimmungsrecht bei einem Nichtselbstbestimmungsfähigen bereits S. 239.

1126 Siehe z.B. *Canaris*, JZ 1987, 993, 998. Aus neuerer Zeit z.B. Staudinger/*Klumpp* BGB § 105 Rn. 25; *Wedemann*, AcP 209 (2009), 668, 705 (ausführlich dazu bereits ab S. 688); *Chiusi*, JURA 2005, 532, 537. Ausdrücklich begrenzt auf eine Anwendung der §§ 107–109 BGB HKK-BGB/*Thier* BGB §§ 104–115 Rn. 35. Unter Begrenzung auf geschäftsunfähige Betreute auch *Spickhoff*, AcP 208 (2008), 345, 373 u. 414; *ders.*, ZfRV 2008, 33, 36. Eine Anfechtungslösung bevorzugt hingegen wohl *Müller*, Betreuung und Geschäftsfähigkeit, S. 29. *Gutch*, Geschäftsfähigkeit, S. 174 f. versucht die Problematik wohl allein über das Rechtsinstitut der relativen Geschäfts(un)fähigkeit zu lösen, indem sie bei einfachen und ausschließlich (rechtlich oder wirtschaftlich) vorteilhaften Geschäften geringere Anforderungen an die geistigen Fähigkeiten des Betroffenen stellt als bei komplizierten und risikoreichen Geschäften.

1127 Siehe hierzu und zum Folgenden bereits die Ausführungen zu der hiermit übereinstimmenden Ansicht von *Canaris* auf S. 288.

Geschäftsunfähige keine relevanten Nachteile erleiden, da das Gesetz ihm nur rechtlich vorteilhafte Geschäfte ermöglichen würde und die Wirksamkeit des Geschäfts in allen anderen Fällen in die Entscheidung des gesetzlichen Vertreters stellen würde. Das Modell der schwebenden Unwirksamkeit wäre daher zur Schutzgewährung geeignet. Es wäre auch erforderlich, da dem Gesetzgeber kein anderes gleich wirksames, aber das Selbstbestimmungsrecht der Betroffenen nicht oder zumindest weniger fühlbar einschränkendes Mittel zur Verfügung stünde. Insbesondere würde ein Anfechtbarkeitsmodell, nach dem das Geschäft des Geschäftsunfähigen angefochten werden könnte, keinen gleich effektiven Schutz bieten.[1128] Denn beim Anfechtbarkeitsmodell besteht die Gefahr, dass die volle Wirksamkeit des Vertrags allein durch die Passivität des Vertreters herbeigeführt werden würde, nämlich durch die Versäumung der Anfechtungsfrist.[1129]

Eine Erstreckung der Regelungsinhalte der §§ 107 ff. BGB auf nicht wegen ihres Alters Geschäftsunfähige wäre auch nicht übermäßig belastend. Die Betroffenen würden keinen vollständigen Autonomieverlust erfahren. Eine eigenständige Teilnahme am Rechtsverkehr wäre teilweise möglich (vgl. §§ 107, 110 BGB). Bei sinnvollen und sachgerechten Geschäften würde der gesetzliche Vertreter außerdem in der Regel das Geschäft genehmigen, wodurch dem Willen der Geschäftsunfähigen Geltung verschafft werden würde. Ohnehin müsste die Besorgung der Angelegenheiten des Betreuten durch den Betreuer dem Wohl des Betreuten und, soweit möglich, dessen Wünschen entsprechen (§ 1901 Abs. 2 S. 1, Abs. 3 S. 1 BGB). Als Ausgleich für die gleichwohl bestehende Beschränkung ihrer Autonomie würden die Betroffenen effektiv vor Übervorteilung geschützt werden. Die Belastung durch die Grundrechtsbeeinträchtigung würde daher in einem angemessenen Verhältnis zum infolge der Schutzbedürftigkeit erforderlichen Schutz stehen.

Gegen eine Erstreckung der Regelungsinhalte der §§ 107 ff. BGB auf nicht wegen ihres Alters Geschäftsunfähige kann nach hier vertretener Ansicht auch nicht überzeugend vorgebracht werden, dass diese Regelungen gerade im Hinblick auf das Hineinwachsen des Minderjährigen in die volle Geschäftsfähigkeit zu verstehen sind und die damit verbundene Erziehungsfunktion bei älteren

---

1128 Vgl. auch *Wedemann*, AcP 209 (2009), 668, 691 f. Das Anfechtbarkeitsmodell wird hingegen wohl vertreten von *Müller*, Betreuung und Geschäftsfähigkeit, S. 29; im Übrigen wird es in zahlreichen Ländern angewandt, siehe *Wedemann*, AcP 209 (2009), 668, 684.

1129 So auch *Wedemann*, AcP 209 (2009), 668, 692.

Menschen ins Leere liefe.[1130] Der Minderjährigenschutz lässt sich nämlich nicht auf seine Erziehungsfunktion reduzieren. Minderjährige sollen vorrangig – ebenso wie Geschäftsunfähige – vor der Betätigung nachteiliger Geschäfte geschützt werden, um keinen Schaden zu erleiden, zu dessen Verhinderung sie kognitiv nicht in der Lage waren.

3. *Ergebnis*

Die Regelungsinhalte der §§ 107 ff. BGB sollten auf nicht wegen ihres Alters Geschäftsunfähige erstreckt werden, da die strikte Nichtigkeitsfolge zum Schutz von Geschäftsunfähigen nicht erforderlich ist. Durch eine Erstreckung der Regelungsinhalte der §§ 107 ff. BGB auf nicht wegen ihres Alters Geschäftsunfähige würden die Rechtsfolgen der Geschäftsunfähigkeit zudem homogener und konsistenter werden; derzeit bestehen nämlich individuelle Einzellösungen wie z.B. § 4 Abs. 2 S. 1 WBVG.[1131] Im Übrigen sind auch nach den Rechtsordnungen zahlreicher Länder die von einem Geschäftsunfähigen abgeschlossenen Verträge nicht nichtig.[1132] Für den Fall der Einführung der relativen Geschäfts(un)fähigkeit würde außerdem der Autonomie des Menschen als gesetzgeberische Grundentscheidung besser entsprochen werden. Den Betroffenen würde nun trotz ihrer Geschäftsunfähigkeit ein gewisses Maß an Autonomie verbleiben. Umsetzungs- und Ausgestaltungsprobleme sind nicht ersichtlich. Der Einwand, dass das Zustimmungserfordernis den Geschäftsverkehr verkomplizieren würde, da nun auch bei nicht wegen ihres Alters Geschäftsunfähigen die Zustimmung des gesetzlichen Vertreters erfragt und erteilt oder versagt werden müsste, ist zwar auf den ersten Blick nachvollziehbar.[1133] Im Rahmen der nach hier vertretener Ansicht einzuführenden relativen Geschäfts(un)fähigkeit wäre dies zur Förderung der Autonomie von nicht wegen ihres Alters Geschäftsunfähigen aber hinzunehmen.

Als Vorlage für eine Neuregelung könnte auch der in Österreich geltende § 865 ABGB herangezogen werden.[1134] Nach § 865 Abs. 3 S. 1 ABGB ist

---

1130 Diesen Gedanken aufwerfend Staudinger/*Klumpp* BGB Vorb. §§ 104 ff. Rn. 10; vgl. auch NK-BGB AT/*Kunz/Baldus* BGB § 104 Rn. 7.

1131 Vgl. *Wedemann*, AcP 209 (2009), 668, 688 u. 705.

1132 Siehe *Wedemann*, AcP 209 (2009), 668, 681 u. 684 (mit Beispielen).

1133 Siehe zum Einwand der Verkomplizierung *Wieser*, JZ 1988, 493.

1134 Auch *Spickhoff*, AcP 208 (2008), 345, 373; *ders.*, ZfRV 2008, 33, 36, stützt sich in seinen Ausführungen zu einer Reform der Nichtigkeitsregelung des § 105 Abs. 1 BGB auf § 865 ABGB (wohlgemerkt auf die im Jahre 2008 geltende Fassung, wobei diese inhaltlich der heutigen Fassung ähnelt).

rechtsgeschäftliches Handeln von volljährigen Geschäftsunfähigen nur gänzlich unwirksam, wenn sie für das betreffende Rechtsgeschäft keinen vertretungsbefugten Vorsorgebevollmächtigten oder Erwachsenenvertreter haben; ansonsten ist das rechtsgeschäftliche Handeln mit Genehmigung des Vertreters und gegebenenfalls auch des Gerichts wirksam (S. 2). Bei Minderjährigen über sieben Jahren ist das rechtsgeschäftliche Handeln mit Genehmigung ihres Vertreters und gegebenenfalls auch des Gerichts wirksam (§ 865 Abs. 4 S. 2 ABGB). Ein bloß zu ihrem Vorteil gemachtes Versprechen kann von jeder Person angenommen werden (§ 865 Abs. 2 ABGB).

VI. Ergebnis zu den Reformvorschlägen im Bereich der Geschäftsfähigkeit

Zum Schutz älterer Menschen vor wirtschaftlich nachteiligen Geschäften infolge rechtsgeschäftsrelevanter Einschränkungen sollte die relative Geschäfts(un)fähigkeit mit weitem Verständnis des erforderlichen Schwächezustands in das deutsche Recht eingeführt werden. Um eine unverhältnismäßige Beeinträchtigung des Selbstbestimmungsrechts der Betroffenen infolge der Einführung der relativen Geschäfts(un)fähigkeit zu vermeiden, ist zugleich die Abkehr vom strikten Nichtigkeitsdogma des § 105 Abs. 1 BGB geboten. Relativ Geschäftsunfähigen sollte daher die Teilnahme am Rechtsverkehr entsprechend der Regelungsinhalte der §§ 107 ff. BGB ermöglicht werden.

1. *Formulierungsvorschlag*

§ 104 BGB-E Geschäftsunfähigkeit

(1) Geschäftsunfähig ist:

1. wer nicht das siebente Lebensjahr vollendet hat,
2. wer nicht urteilsfähig ist.

(2) Urteilsunfähig ist, wer infolge einer nicht ganz unerheblichen Störung der Geistestätigkeit zu einem vernunftgemäßen Handeln nicht fähig ist. Die Urteilsunfähigkeit kann dauerhafter oder vorübergehender Natur sein.

(3) Die Geschäftsunfähigkeit wegen Urteilsunfähigkeit ist auf das Rechtsgeschäft und auf den Zeitpunkt begrenzt, für das und an dem es an der Fähigkeit zu einem vernunftgemäßen Handeln fehlt.

§ 105 BGB-E Wirkung der Geschäftsunfähigkeit

(1) Die Willenserklärung eines Geschäftsunfähigen im Sinne von § 104 Abs. 1 Nr. 1 ist nichtig.

(2) Ein Geschäftsunfähiger im Sinne von § 104 Abs. 1 Nr. 2 bedarf zu einer Willenserklärung, durch die er nicht lediglich einen rechtlichen Vorteil erlangt, der Einwilligung seines gesetzlichen Vertreters. Die Vertretung eines volljährigen Geschäftsunfähigen im Sinne von § 104 Abs. 1 Nr. 2 kann auch durch eine Person, die der Betroffene mit der

Wahrnehmung seiner Angelegenheiten bevollmächtigt hat, erfolgen. Die §§ 108, 109 und 111 BGB gelten entsprechend.

§ 105a BGB-E (weggefallen)

2. *Erläuterung des Formulierungsvorschlags*

a) Zur Änderung des § 104 BGB

Der Formulierungsvorschlag zur Änderung des § 104 BGB enthält die Statuierung der relativen Geschäfts(un)fähigkeit unter Anlehnung an den schweizerischen Gesetzestext in Art. 16 ZGB.[1135]

aa) Beibehaltung der festen Altersgrenze des derzeitigen § 104 Nr. 1 BGB

Es wird vorgeschlagen, an der bestehenden festen Altersgrenze des derzeitigen § 104 Nr. 1 BGB von sieben Jahren als absolute Grenze festzuhalten. Die Altersgrenze des § 104 Nr. 1 BGB ist entwicklungspsychologisch plausibel und dient der Gewährleistung von Rechtssicherheit, weshalb keine Zweifel an der verfassungsmäßigen Festsetzung bestehen.[1136] Bei Personen, die das siebente Lebensjahr noch nicht vollendet haben, fehlt typischerweise das erforderliche Urteilsvermögen.[1137]

bb) Abkehr vom Erfordernis eines Dauerzustands

Damit die relative Geschäfts(un)fähigkeit in das deutsche Recht integriert werden kann, muss auf das Tatbestandsmerkmal eines *dauerhaften*, die freie Willensbestimmung ausschließenden Zustands krankhafter Störung der Geistestätigkeit (vgl. § 104 Nr. 2 BGB) verzichtet werden. Denn mit der herrschenden Rechtsprechung und Literatur ist zu Recht davon auszugehen, dass die relative Geschäfts(un)fähigkeit mit der geltenden Fassung des § 104 Nr. 2 BGB nicht vereinbar wäre.[1138] § 104 Nr. 2 BGB verlangt nämlich für die Annahme der

---

1135 Aufgrund dieser angestrebten Gesetzesänderung konnten etwaige Bedenken hinsichtlich der Vereinbarkeit der derzeitigen §§ 104 ff. BGB mit dem Konzept der relativen Geschäfts(un)fähigkeit in der obigen Diskussion (S. 266 ff.) außer Betracht bleiben; siehe zu derartigen Bedenken ansatzweise noch nachfolgend oder z.B. *Rademacher*, Rechtsschutz zugunsten älterer Verbraucher, S. 217 f. u. 221.

1136 Staudinger/*Klumpp* BGB § 104 Rn. 5 (mit Hinweisen zur Entwicklungspsychologie des Kindes).

1137 Vgl. BeckOK BGB/*Wendtland* BGB § 104 Rn. 2.

1138 Ebenso *Müller*, Betreuung und Geschäftsfähigkeit, S. 21. A.A. *Gutch*, Geschäftsfähigkeit, S. 161.

Geschäftsunfähigkeit das *dauerhafte* Vorliegen eines die freie Willensbestimmung ausschließenden Zustands krankhafter Störung der Geistestätigkeit.[1139] Die relative Geschäftsunfähigkeit verlangt hingegen weder eine *dauernde* geistige Störung noch eine *dauernd* die freie Willensbestimmung ausschließende Störung dieser Art.[1140] Für sie ist vielmehr der Augenblick der Handlung entscheidend.[1141] Das Erfordernis eines Dauerzustands (vgl. § 104 Nr. 2 BGB) findet sich in dem Änderungsvorschlag daher, wie im schweizerischen Gesetzestext, nicht. Dementsprechend enthält der Änderungsvorschlag auch keine mit dem derzeitigen § 105 Abs. 2 BGB vergleichbare Regelung.[1142] Um dem Rechtsanwender ausdrücklich aufzuzeigen, dass die Differenzierung von dauerhafter und vorübergehender Geschäftsunfähigkeit bei einem relativen Verständnis der Geschäfts(un)fähigkeit nicht erforderlich ist, sollte im Gesetz, wie in § 104 Abs. 2 S. 2 BGB-E vorgeschlagen, klargestellt werden, dass eine Urteilsunfähigkeit dauerhafter oder vorübergehender Natur sein kann.

cc) Stärkere Betonung der intellektuellen Komponente

Im Rahmen der relativen Geschäfts(un)fähigkeit nehmen die intellektuellen Fähigkeiten des Betroffenen im Vergleich zur Beurteilung der Geschäftsfähigkeit i.S.d. geltenden § 104 Nr. 2 BGB[1143] einen höheren Stellenwert ein.[1144] Es wird darauf abgestellt, ob der Betroffene die intellektuellen Fähigkeiten für das Verstehen des konkreten Rechtsgeschäfts besitzt.[1145] Der relativ zu verstehende Begriff der Urteilsfähigkeit i.S.d. Art. 16 ZGB enthält neben einem Willenselement auch eine intellektuelle Komponente, d.h. die Fähigkeit, Sinn, Zweckmäßigkeit und Wirkungen einer bestimmten Handlung zu erkennen.[1146] Um diesem Umstand gerecht zu werden, sollte die Fähigkeit zur freien Willensbestimmung, wie in der Schweiz, im Gesetzestext keine alleinige Erwähnung finden, als Voraussetzung gleichwohl beibehalten werden. Damit würde dem Rechtsanwender

---

1139 Ebenso *Müller*, Betreuung und Geschäftsfähigkeit, S. 21; wohl auch *Gebauer*, AcP 153 (1954), 332, 355.

1140 So auch *Gebauer*, AcP 153 (1954), 332, 355.

1141 Vgl. *Gebauer*, AcP 153 (1954), 332, 355.

1142 Siehe zur Streichung des § 105 Abs. 2 BGB auch *Gebauer*, AcP 153 (1954), 332, 363.

1143 Nach § 104 Nr. 2 BGB sind für die Beurteilung der Geschäftsfähigkeit nicht so sehr die Fähigkeiten des Verstandes entscheidend als die Freiheit des Willensentschlusses, siehe bereits S. 269.

1144 Vgl. auch *Thier*, in: Schmoeckel, Demenz und Recht, S. 75, 76 (Rn. 6).

1145 Vgl. *Wedemann*, ZBB 2014, 54, 58.

1146 Siehe BGer 5A_748/2008 E. 3.1.

verdeutlicht werden, dass bei einem relativen Verständnis der Geschäfts(un)-fähigkeit neben der Fähigkeit zur freien Willensbestimmung gerade auch die intellektuellen Fähigkeiten des Betroffenen entscheidend zu berücksichtigen sind. Der Änderungsvorschlag stellt daher, wie in der Schweiz, auf die Fähigkeit zu einem vernunftgemäßen Handeln ab. Diese Gesetzesänderung ist ohnehin notwendig, da es mit dem in § 104 Nr. 2 BGB zum Ausdruck gelangten Willen des Gesetzes nicht vereinbar wäre, wenn den intellektuellen Fähigkeiten entscheidende Bedeutung zukäme.[1147] Hinsichtlich der Fähigkeit zu einem vernunftgemäßen Handeln ist auf die diesbezüglich in der Schweiz bestehenden Vorgaben zu verweisen.[1148]

dd) Abkehr vom Erfordernis der krankhaften Störung der Geistestätigkeit

Die in Art. 16 ZGB genannten Schwächezustände, die im deutschen Recht als „Zustand krankhafter Störung der Geistestätigkeit" zusammengefasst sind und damit nach hier vertretener Ansicht gleichermaßen veraltet sind, sollten nicht übernommen werden, sondern durch den Begriff „nicht ganz unerheblichen Störung der Geistestätigkeit" ersetzt werden. Dadurch würde deutlich, dass eine schwere geistige Beeinträchtigung (Geisteskrankheit oder Geistesschwäche) nicht erforderlich ist. Der Anwendungsbereich der Geschäftsunfähigkeit würde erweitert und dementsprechend an den demografischen Wandel angepasst werden.

ee) Klarstellung der Relativität der Geschäfts(un)fähigkeit

§ 104 Abs. 3 BGB-E enthält eine Klarstellung der Relativität der Geschäfts(un)-fähigkeit, um dem Rechtsanwender die Abkehr von dem seit mehr als einem Jahrhundert herrschenden absoluten Verständnis der Geschäfts(un)fähigkeit ausdrücklich aufzuzeigen. Es wird darauf hingewiesen, dass die Geschäftsunfähigkeit auf das Rechtsgeschäft und auf den Zeitpunkt begrenzt ist, für das und an dem es an der Fähigkeit zu einem vernunftgemäßen Handeln fehlt.

1147 Insofern kritisch zum Anerkennen einer relativen Geschäfts(un)fähigkeit BGH NJW 1953, 1342; wohl auch *Rademacher*, Rechtsschutz zugunsten älterer Verbraucher, S. 217 f.

1148 Dazu z.B. *Aebi-Müller*, Jusletter 22. September 2014, 10 ff.; ausführlich zur Urteilsfähigkeit im Allgemeinen *dies.*, BtPrax 2013, 180 f.

b) *Zur Änderung des § 105 BGB*

aa) *§ 105 Abs. 1 BGB-E*

Bei Minderjährigen, die das siebte Lebensjahr nicht vollendet haben, sollte die Nichtigkeitsfolge des § 105 Abs. 1 BGB unverändert beibehalten werden.[1149] Kinder in einem Alter von unter sieben Jahren sind in der Regel nicht in der Lage, überhaupt einen rechtsgeschäftlich relevanten Willen frei zu bilden.[1150] Außerdem führt die Nichtigkeit nur sehr selten zu unangemessenen Ergebnissen, da Kinder unter sieben Jahre wirtschaftlich bedeutsame Geschäfte regelmäßig nicht selbst vornehmen.[1151] Die Nichtigkeitsfolge kann zwar für das Kind bei wirtschaftlich unbedeutenden Geschäften misslich sein, dies ist jedoch in Anbetracht der geringen wirtschaftlichen Relevanz hinnehmbar.[1152] Die Altersgrenze bietet überdies ein hohes Maß an Rechtssicherheit.[1153]

bb) *§ 105 Abs. 2 S. 1 u. 2 BGB-E*

Das strikte Nichtigkeitsdogma des § 105 Abs. 1 BGB sollte nach hier vertretener Ansicht weitestgehend aufgegeben werden. Die Willenserklärung eines nicht wegen seines Alters Geschäftsunfähigen sollte nicht per se nichtig sein. Dementsprechend ist in § 105 Abs. 2 S. 1 BGB-E geregelt, dass die Willenserklärung eines wegen fehlender Urteilsfähigkeit Geschäftsunfähigen, durch die er nicht lediglich einen rechtlichen Vorteil erlangt, der Einwilligung seines gesetzlichen Vertreters bedarf. Die Formulierung ist an § 107 BGB angelehnt und würde sich dadurch nahtlos in das Gesetz einfügen.[1154] Es könnte auf die dort bestehenden Vorgaben zur Unterscheidung eines rechtlich vorteilhaften Geschäfts von einem rechtlich nachteiligen bzw. rechtlich neutralen Geschäft zurückgegriffen werden. Eine Trennung zwischen Minderjährigen, die das siebte Lebensjahr vollendet haben, und Volljährigen findet nicht statt.[1155] Es besteht kein relevanter

---

1149 Ebenso Staudinger/*Klumpp* BGB § 105 Rn. 26; *Wedemann*, AcP 209 (2009), 668, 703 f. u. 705; wohl auch *Roth*, AcP 208 (2008), 451, 489.

1150 Staudinger/*Klumpp* BGB § 105 Rn. 23.

1151 Ebenso *Wedemann*, AcP 209 (2009), 668, 703.

1152 *Wedemann*, AcP 209 (2009), 668, 703; ähnlich Staudinger/*Klumpp* BGB § 105 Rn. 21.

1153 Vgl. auch *Wedemann*, AcP 209 (2009), 668, 703.

1154 In der Literatur wird ebenfalls eine Neuregelung der Rechtsfolgen der Geschäftsunfähigkeit unter Heranziehung des § 107 BGB empfohlen, siehe z.B. *Wedemann*, AcP 209 (2009), 668, 694 u. 705. Siehe für weitere Nachweise bereits Fn. 1126.

1155 Vgl. auch *Wedemann*, AcP 209 (2009), 668, 704.

Unterschied zwischen dem geistigen Entwicklungsstand von minderjährigen Geschäftsunfähigen über sieben Jahren und volljährigen Geschäftsunfähigen.[1156]

In § 105 Abs. 2 S. 2 BGB-E wird hervorgehoben, dass als Vertreter eines volljährigen Geschäftsunfähigen i.S.v. § 104 Abs. 1 Nr. 2 BGB-E nicht nur ein gesetzlicher Vertreter im Sinne des rechtlichen Betreuers in Betracht kommt, sondern auch eine gewillkürte Vertretung (Vorsorgevollmacht für den Fall der Geschäftsunfähigkeit) möglich ist.[1157] Obgleich auch Bedenken gegen die Möglichkeit einer Vorsorgevollmacht bestehen, entspricht sie doch immerhin dem Selbstbestimmungsrecht des Betroffenen am besten. Auf die Formulierung „eines volljährigen Geschäftsunfähigen i.S.v. § 104 Abs. 1 Nr. 2" könnte zwar verzichtet werden, da Minderjährige schon keine Vorsorgevollmacht erteilen können. Hierdurch würde aber zum Ausdruck kommen, dass § 105 Abs. 2 S. 1 u. 3 BGB-E auch für Geschäftsunfähige nach § 104 Abs. 1 Nr. 2 BGB-E, die zwar schon das siebente Lebensjahr vollendet haben, aber noch nicht volljährig sind, gilt. Das ausdrückliche Abstellen auf volljährige Geschäftsunfähige i.S.v. § 104 Abs. 1 Nr. 2 BGB-E wäre nämlich überflüssig, wenn ohnehin nur Volljährige von der Vorschrift erfasst sein würden (Umkehrschluss). Ohne diese Klarstellung könnte dementsprechend der Eindruck erweckt werden, dass § 105 Abs. 2 S. 1 u. 3 BGB-E nur für volljährige Geschäftsunfähige i.S.v. § 104 Abs. 1 Nr. 2 BGB-E gelten würde, da eine Bevollmächtigung durch Minderjährige gerade nicht möglich ist.

cc) § 105 Abs. 2 S. 3 BGB-E

In § 105 Abs. 2 S. 3 BGB-E wird auf die entsprechende Anwendung der §§ 108, 109 und 111 BGB verwiesen.[1158] Dies ist darauf zurückzuführen, dass die §§ 107 ff. BGB ein funktionierendes Regelungsmodell enthalten, welches einerseits dem Schutz des beschränkt Geschäftsfähigen weitestgehend Rechnung trägt, andererseits aber auch die Interessen des Geschäftspartners und Rechtsverkehrs nicht unberücksichtigt lässt.[1159]

1156 *Wedemann*, AcP 209 (2009), 668, 704.

1157 Dies ebenfalls für eine Neuregelung der Rechtsfolgen der Geschäftsunfähigkeit empfehlend *Wedemann*, AcP 209 (2009), 668, 694.

1158 Für eine Neuregelung der Rechtsfolgen der Geschäftsunfähigkeit ebenfalls die §§ 108, 109 u. 111 BGB heranziehend *Wedemann*, AcP 209 (2009), 668, 695, 697 u. 705; wohl auch Staudinger/*Klumpp* BGB § 105 Rn. 25 f.; *Chiusi*, JURA 2005, 532, 537.

1159 In den §§ 107 ff. BGB ein „geeignetes Regelungsmodell" für die Neuregelung der Rechtsfolgen der Geschäftsunfähigkeit sehend *Wedemann*, AcP 209 (2009), 668, 705.

Nicht nur eine Einwilligung, sondern auch eine Genehmigung sollte die Willenserklärung wirksam werden lassen (vgl. § 108 Abs. 1 BGB). Es ist nämlich nicht immer möglich, dass der Betroffene sich vor der Vornahme des Geschäfts mit seinem Vertreter abstimmen kann.[1160] Der nicht wegen seines Alters Geschäftsunfähige könnte weiterhin bestimmte Geschäfte nicht wirksam tätigen. Diese Beschränkung wäre zu seinem Schutz aber nicht erforderlich, da die nachteiligen Folgen eines Geschäfts auch mittels der Verweigerung der Genehmigung durch den Vertreter verhindert werden könnten. Mit einer entsprechenden Anwendung von § 108 Abs. 2 BGB würde dem Interesse des Geschäftspartners an Rechtssicherheit Rechnung getragen werden. Mangels Frist für die Genehmigung des Geschäfts könnte der Schwebezustand nämlich auf unbestimmte Zeit andauern, weshalb dem Geschäftspartner mit der Genehmigungsaufforderung die Möglichkeit gewährt werden würde, seine Ungewissheit über den rechtlichen Bestand des Geschäfts zu beseitigen.[1161] Durch die Möglichkeit, im Falle der für das konkrete Rechtsgeschäft (Relativität der Geschäfts(un)fähigkeit) wiedererlangten vollen Geschäftsfähigkeit die Genehmigung selbst zu erteilen oder zu verweigern (vgl. § 108 Abs. 3 BGB), würde die rechtsgeschäftliche Autonomie des Betroffenen respektiert und geschützt werden; eine Beschränkung der Handlungsfreiheit wäre zu seinem Schutz nicht mehr erforderlich.[1162]

Zum Schutz des Geschäftspartners und zur Wahrung seiner Interessen bietet sich auch die entsprechende Anwendung der §§ 109 u. 111 BGB an.[1163] Eine entsprechende Anwendung von § 109 BGB würde es dem hinsichtlich der Geschäftsunfähigkeit bzw. hinsichtlich des Vorliegens einer Einwilligung gutgläubigen Geschäftspartner ermöglichen, das Geschäft zu widerrufen und dessen schwebende Unwirksamkeit zu beenden. Derjenige, der den Schwebezustand nicht bewusst in Kauf genommen hat, soll nämlich die Ungewissheit über die Wirksamkeit des Geschäfts beenden können.[1164] Ebenso sollte aus Billigkeitsgründen § 111 BGB auf wegen fehlender Urteilsfähigkeit Geschäftsunfähige entsprechend angewendet werden. Mit einer entsprechenden Anwendung von § 111 S. 1 BGB würden Schwebezustände vermieden werden, die dem

---

1160 Vgl. hierzu auch Staudinger/*Klumpp* BGB § 108 Rn. 4.

1161 Siehe zu dieser Begründung des § 108 Abs. 2 BGB BeckOK BGB/*Wendtland* BGB § 108 Rn. 1; Staudinger/*Klumpp* BGB § 108 Rn. 7.

1162 Siehe zu dieser Begründung des § 108 Abs. 3 BGB Staudinger/*Klumpp* BGB § 108 Rn. 8.

1163 Ebenso *Wedemann*, AcP 209 (2009), 668, 695 u. 697.

1164 Siehe zu dieser Begründung des § 109 BGB BeckOK BGB/*Wendtland* BGB § 109 Rn. 1.

Erklärungsgegner, anders als bei Verträgen, nicht zumutbar sind.[1165] Bei einseitigen Rechtsgeschäften hat der Geschäftspartner nämlich nicht die Möglichkeit, die mit dem Geschäft möglicherweise verbundenen Vorteile und die sich aus einer schwebenden Unwirksamkeit resultierenden Risiken gegeneinander abzuwägen; einseitige Rechtsgeschäfte können unabhängig vom Willen des Erklärungsgegners getätigt werden.[1166] Mit einer entsprechenden Anwendung von § 111 S. 2 u. 3 BGB würden Ungewissheiten über das tatsächliche Vorliegen der Einwilligung des Vertreters vermieden werden können.[1167]

Für eine entsprechende Anwendung von § 110 BGB würde es aufgrund der Relativität der Geschäfts(un)fähigkeit keinen (sachgerechten) Anwendungsbereich geben, so dass sich ein diesbezüglicher Verweis erübrigt. Die Vorschrift bezweckt nämlich, dem gesetzlichen Vertreter die Möglichkeit zu eröffnen, dem Minderjährigen entsprechend seiner geistigen Entwicklung eine gewisse wirtschaftliche Bewegungsfreiheit einräumen zu können.[1168] In den Fällen einfacher, meist wirtschaftlich unbedeutender Geschäfte, bei denen der Betroffene über eine hinreichende Einsichtsfähigkeit verfügt, wäre der Betroffene relativ geschäftsfähig. Es bedürfte keiner entsprechenden Anwendung des § 110 BGB, um das jeweilige Geschäft wirksam werden zu lassen. Für die Fälle, in denen der Betroffene auch bei einfachen Geschäften bereits geschäftsunfähig ist und daher eine Anwendung von § 110 BGB in Betracht kommen könnte, wäre die Anwendung nicht sachgerecht. Dem Betroffenen würde es dann nämlich an der Einsichtsfähigkeit fehlen. Demjenigen, der auch einfache Geschäfte nicht mehr zu verstehen vermag und dem es insoweit an der Einsichtsfähigkeit fehlt, die Möglichkeit zu eröffnen, Geschäfte wirksam vornehmen zu können, würde dem Schutz Geschäftsunfähiger zuwiderlaufen. Ein gewissenhafter Betreuer oder Bevollmächtigter würde diesen Menschen ohnehin auch keine Mittel überlassen i.S.d. § 110 BGB.

Eine entsprechende Anwendung der §§ 112 u. 113 BGB sollte unterbleiben, da Rechtsgeschäfte, die der selbstständige Betrieb eines Erwerbsgeschäfts mit sich bringt, sowie die Eingehung und Abwicklung von Dienst- und Arbeitsverträgen Verpflichtungen in erheblichem Ausmaß begründen können, womit unvertretbare Gefahren für den Geschäftsunfähigen verbunden wären.[1169] Bei

---

1165 Siehe zu dieser Begründung des § 111 S. 1 BGB MüKoBGB/*Spickhoff* BGB § 111 Rn. 1.
1166 Vgl. MüKoBGB/*Spickhoff* BGB § 111 Rn. 1.
1167 Siehe zu dieser Begründung des § 111 S. 2 u. 3 BGB MüKoBGB/*Spickhoff* BGB § 111 Rn. 2.
1168 Siehe zu dieser Begründung des § 110 BGB MüKoBGB/*Spickhoff* BGB § 110 Rn. 1.
1169 Ebenso *Wedemann*, AcP 209 (2009), 668, 697.

Minderjährigen, die nicht ausnahmsweise geschäftsunfähig sind, kann diese Gefahr hingenommen werden, da diese regelmäßig eine gewisse Reife haben, wenn sie solche Tätigkeiten aufnehmen, wohingegen einem nicht wegen seines Alters Geschäftsunfähigen in diesen Fällen die notwendige Vernunft fehlt (Relativität der Geschäfts(un)fähigkeit).[1170] Verfügen die Betroffenen indes über die notwendige Vernunft, wären die Geschäfte aufgrund relativer Geschäftsfähigkeit bereits wirksam, so dass deshalb die §§ 112 u. 113 BGB nicht erforderlich wären.

c) *Zur Streichung des § 105a BGB*

Nach hier vertretener Ansicht sollte § 105a BGB mangels (sachgerechten) Anwendungsbereichs infolge der Einführung der relativen Geschäfts(un)fähigkeit gestrichen werden.[1171] In Bezug auf Geschäfte des täglichen Lebens, die mit geringwertigen Mitteln bewirkt werden können, würde der Betroffene in aller Regel über die notwendige Urteilsfähigkeit verfügen und wäre damit geschäftsfähig.[1172] Es bedürfte der Wirksamkeitsfiktion des § 105a BGB daher nicht mehr, um die Betroffenen eine ihren Fähigkeiten entsprechende Teilnahme am Rechtsverkehr zu ermöglichen.[1173] Berechtigterweise wird dementsprechend, unabhängig von einem relativen Verständnis der Geschäfts(un)fähigkeit, Kritik an der Existenz des § 105a BGB geäußert.[1174] Ein Geschäft des täglichen Lebens, das mit geringwertigen Mitteln bewirkt werden kann, wird nämlich nahezu immer in einem lichten Augenblick, d.h. in einem Zustand, in dem nach allgemeiner Meinung von der Geschäftsfähigkeit des Betroffenen auszugehen ist,[1175] geschlossen.[1176] Ob es in den seltenen Fällen, in denen der Betroffene nicht mehr über die notwendige Urteilsfähigkeit für die Vornahme alltäglicher, geringwertiger Geschäfte verfügt, sachgerecht wäre, dem Betroffenen die wirksame Vornahme dieser Geschäfte zu ermöglichen, wird nach hier vertretener Ansicht bezweifelt. Wie bereits zu einer entsprechenden Anwendung von § 110 BGB dargelegt, würde es dem Schutz Geschäftsunfähiger widersprechen, ihnen

---

1170 Vgl. auch *Wedemann*, AcP 209 (2009), 668, 697 f. (nicht im Zusammenhang mit einer relativen Geschäfts(un)fähigkeit).

1171 Siehe auch *Gutch*, Geschäftsfähigkeit, S. 186.

1172 Ebenso *Gutch*, Geschäftsfähigkeit, S. 186.

1173 Siehe zu diesem Zweck des § 105a BGB BeckOK BGB/*Wendtland* BGB § 105a Rn. 1.

1174 Kritisch z.B. Jauernig/*Mansel* BGB § 105a Rn. 3.

1175 Vgl. Jauernig/*Mansel* BGB § 105a Rn. 3.

1176 Vgl. *Kohler*, JZ 2004, 348; siehe auch Jauernig/*Mansel* BGB § 105a Rn. 3. A.A. *Wedemann*, AcP 209 (2009), 668, 700; wohl auch *Franzen*, JR 2004, 221, 226.

die wirksame Vornahme von Geschäften, die sie nicht verstehen und es ihnen insoweit an der Einsichtsfähigkeit fehlt, zu ermöglichen.

3. Sonstige erforderliche Änderungen

a) § 131 BGB

§ 131 BGB müsste, da die Norm das Gegenstück zu den Vorschriften über die Wirksamkeit der Abgabe von Willenserklärungen nicht voll Geschäftsfähiger ist, gleichfalls an die Abkehr von der strikten Nichtigkeitsfolge angepasst werden.[1177] Wenn die Abgabe einer Willenserklärung eines nicht wegen seines Alters Geschäftsunfähigen nicht mehr per se nichtig wäre, sollte auch von der strikten Unwirksamkeit einer ihm gegenüber abgegebenen Willenserklärung (vgl. § 131 Abs. 1 BGB) abgesehen werden.[1178] Entsprechend dem Vorschlag zur Änderung des § 105 BGB sollte § 131 BGB dahingehend geändert werden, dass nur noch eine einem Geschäftsunfähigen i.S.v. § 104 Abs. 1 Nr. 1 BGB-E gegenüber abgegebene Willenserklärung per se unwirksam wäre. Die Wirksamkeit einer einem wegen fehlender Urteilsfähigkeit Geschäftsunfähigen gegenüber abgegebenen Willenserklärung sollte sich nach der rechtlichen Vorteilhaftigkeit und nach dem Vorliegen einer Einwilligung des Vertreters, wie es nach derzeitigem Recht für beschränkt Geschäftsfähige nach § 131 Abs. 2 BGB der Fall ist, richten. Ein nach § 131 Abs. 2 S. 2 BGB wirksamer Zugang würde für einen Geschäftsunfähigen keine Nach-, sondern ausschließlich Vorteile begründen.[1179] Ohne Zugang würde die für den Geschäftsunfähigen vorteilhafte Willenserklärung nicht wirksam werden und der Erklärende wäre auch nicht an die Erklärung gebunden.[1180] Aus einem etwaigen Fehlverständnis könnten bei lediglich rechtlich vorteilhaften Geschäften keine relevanten Nachteile resultieren.[1181] Wie die strikte Nichtigkeitsfolge des derzeitigen § 105 Abs. 1 BGB wäre daher auch die strikte Unwirksamkeitsfolge des § 131 Abs. 1 BGB nicht zum Schutz Geschäftsunfähiger erforderlich und sollte daher in Bezug auf nicht wegen des Alters Geschäftsunfähige aufgegeben werden.

1177 Siehe zur Eigenschaft des § 131 BGB als Gegenstück zu den §§ 105, 106 ff. BGB BeckOK BGB/*Wendtland* BGB § 131 Rn. 1.

1178 Siehe auch *Wedemann*, AcP 209 (2009), 668, 698 u. 705, die für eine Neuregelung der Rechtsfolgen der Geschäftsunfähigkeit ebenfalls den § 131 Abs. 2 BGB heranzieht.

1179 *Wedemann*, AcP 209 (2009), 668, 698.

1180 *Wedemann*, AcP 209 (2009), 668, 698.

1181 *Wedemann*, AcP 209 (2009), 668, 698.

b) §§ 165 u. 179 Abs. 3 S. 2 BGB

§ 165 BGB sollte derart geändert werden, dass die Wirksamkeit einer von oder gegenüber einem Vertreter abgegebenen Willenserklärung nicht dadurch beeinträchtigt wird, dass der Vertreter in der Geschäftsfähigkeit beschränkt oder wegen fehlender Urteilsfähigkeit geschäftsunfähig ist.[1182] Durch die Abkehr vom strikten Nichtigkeitsdogma des § 105 BGB und der daraus resultierenden Änderung des § 131 BGB wäre dies ohnehin gesetzesmäßige Folge. Das Vertretergeschäft ist nämlich ein (neutrales) Geschäft, das für den Vertreter keinen rechtlichen Nachteil bringt.[1183] Wie bereits der derzeit geltende § 165 BGB würde auch die Änderung insoweit allein von klarstellender Funktion sein.[1184] Außerdem sollte § 179 Abs. 3 S. 2 BGB geändert werden, damit auch die nicht wegen ihres Alters Geschäftsunfähigen nicht als Vertreter ohne Vertretungsmacht haften.[1185]

c) § 1896 Abs. 1 S. 1 BGB

Es müsste sichergestellt werden, dass eine relative Geschäftsunfähigkeit mit weitem Verständnis des erforderlichen Schwächezustands eine Betreuungsbedürftigkeit i.S.d. § 1896 Abs. 1 S. 1 BGB begründen würde. Sicherzustellen wäre daher, dass eine nicht ganz unerhebliche Störung der Geistestätigkeit ausreichen würde, um die medizinische Komponente des § 1896 Abs. 1 S. 1 BGB zu erfüllen. Aufgrund der hohen Voraussetzungen, die an das Vorliegen einer

---

1182 Bereits 1987 hat sich *Canaris*, JZ 1987, 993, 998, für eine Anwendung des § 165 BGB auf Geschäftsunfähige ausgesprochen; ebenso *Wedemann*, AcP 209 (2009), 668, 699. Beide differenzieren dabei aber nach dem Schutzbedürfnis des Vertretenen: Eine Heranziehung des § 165 BGB käme nur in Betracht, wenn die Geschäftsunfähigkeit bereits bei der Vollmachtserteilung vorlag; in diesen Fällen wäre der Vertretene nicht schutzbedürftig. Wenn die Geschäftsunfähigkeit des Vetreters erst nach Vollmachtserteilung eingetreten ist und der Vertretene die Geschäftsunfähigkeit nicht gekannt oder in Kauf genommen hat, solle der Vertrag hingegen entsprechend § 177 BGB schwebend unwirksam sein. Eine Anwendung des § 165 BGB auf Geschäftsunfähige, aber ohne Differenzierung nach dem Schutzbedürfnis des Vertretenen, fordert auch *Chiusi*, JURA 2005, 532, 537. Kritisch zur derzeitigen Beschränkung des § 165 BGB auf beschränkt Geschäftsfähige auch *Kiehnle*, AcP 212 (2012), 875, 906.

1183 Vgl. Staudinger/*Schilken* BGB § 165 Rn. 1; *Bork*, BGB AT, S. 394.

1184 Siehe zur lediglich klarstellenden Funktion des derzeitigen § 165 BGB NK-BGB AT/*Stoffels*, BGB § 165 Rn. 1.

1185 Eine Anwendung von § 179 Abs. 3 S. 2 BGB auf Geschäftsunfähige befürworten im Falle der Anwendung des § 165 BGB auf Geschäftsunfähige auch *Wedemann*, AcP 209 (2009), 668, 699; *Chiusi*, JURA 2005, 532, 535.

psychischen Krankheit oder einer körperlichen, geistigen oder seelischen Behinderung gestellt werden, wäre dafür der Wortlaut des § 1896 Abs. 1 S. 1 BGB entsprechend anzupassen.[1186] Durch das Abstellen auf eine nicht ganz unerhebliche Störung der Geistestätigkeit als Voraussetzung einer Geschäftsunfähigkeit würde nämlich die Schwelle zur Geschäftsunfähigkeit über die Schwelle der derzeitigen Betreuungsbedürftigkeit hinaus abgesenkt werden.[1187] Alternativ könnten die Voraussetzungen für das Vorliegen der medizinischen Komponente des § 1896 Abs. 1 S. 1 BGB schlicht weniger streng gehandhabt oder die Geschäftsunfähigkeit als ein Fall von Betreuungsbedürftigkeit i.S.d. § 1896 Abs. 1 S. 1 BGB ausdrücklich genannt werden.

d) § 2229 Abs. 4 BGB

Die Testierfähigkeit ist ein Unterfall der Geschäftsfähigkeit.[1188] Dementsprechend sollte die Testier(un)fähigkeit nicht anders als die Geschäfts(un)fähigkeit, d.h. ebenfalls relativ, verstanden werden.[1189] Zwar wäre dafür keine Gesetzesänderung notwendig, da der Wortlaut des § 2229 Abs. 4 BGB einer Auslegung im relativen Sinne zugänglich ist.[1190] Zur Vereinheitlichung des Gesetzes und zur

---

1186 Siehe zu den strengen Voraussetzungen des § 1896 Abs. 1 S. 1 BGB bereits S. 150 f.

1187 Vgl. hierzu die Ausführungen zum weiten Verständnis des für eine relative Geschäftsunfähigkeit erforderlichen Schwächezustands auf S. 270 ff. und zu den strengen Voraussetzungen des § 1896 Abs. 1 S. 1 BGB auf S. 150 f.

1188 OLG Rostock FamRZ 2009, 2039; BayObLGZ 1982, 309, 312; *Boehm*, Der demenzkranke Erblasser, S. 59 u. 66, siehe dort auch S. 56 („Sonderfall"); *Kloster-Harz*, ZAP 2005, 171, 172. Siehe auch *Cording*, Fortschr Neurol Psychiat 2004, 147, 148 („Spezialfall").

1189 Ähnlich auch *Schmidt*, RabelsZ 76 (2012), 1022, 1032 f., der im Zusammenhang mit der Anerkennung einer relativen Testier(un)fähigkeit auf den „vom Gesetzgeber angeordneten Gleichlauf von Geschäfts- und Testierfähigkeit" aufmerksam macht. Siehe auch *Boehm*, Der demenzkranke Erblasser, S. 59, der zufolge es aufgrund der identischen inhaltlichen Voraussetzungen der Geschäfts- und der Testierfähigkeit dogmatisch kaum zu rechtfertigen ist, die Zulässigkeit eines relativen Verständnisses hinsichtlich der Geschäftsfähigkeit anders zu beurteilen als hinsichtlich der Testierfähigkeit; im Ergebnis lehnt sie allerdings eine relative Geschäfts- bzw. Testier(un)fähigkeit ab; siehe dort auch S. 66 f.

1190 Ebenso die Möglichkeit der Auslegung des § 2229 Abs. 4 BGB im relativen Sinne bejahend Staudinger/*Baumann* BGB § 2229 Rn. 19d; *Fries*, AcP 216 (2016), 421, 458; *Holzhauer*, Gutachten 57. DJT, B 113; *Gebauer*, AcP 153 (1954), 332, 363; wohl auch *Rademacher*, Rechtsschutz zugunsten älterer Verbraucher, S. 216; *Spickhoff*, Selbstbestimmungsfähigkeiten, in: Becker/Roth, Recht der Älteren, S. 101, 117.

Klarstellung des nunmehr geltenden relativen Verständnisses der Testier(un)-fähigkeit sollte der Gesetzeswortlaut jedoch an den hiesigen Vorschlag zur Änderung der §§ 104 ff. BGB angepasst werden. Zumindest sollte der Anwendungsbereich auf Fälle nicht ganz unerheblicher Störungen der Geistestätigkeit ausgeweitet werden, um einen besseren Schutz von älteren Menschen mit rechtsgeschäftsrelevanten Einschränkungen zu ermöglichen.

Die hier vertretene Ansicht, eine relative Testier(un)fähigkeit anzuerkennen, steht auch im Einklang mit einer in der Literatur im Vordringen befindlichen Meinung.[1191] Im Zusammenhang mit einer relativen Testier(un)fähigkeit vermag insbesondere das einer relativen Geschäfts(un)fähigkeit gegenüber vorgebrachte Argument der Gefahr der Rechtsunsicherheit infolge eines relativen Verständnisses nicht überzeugen.[1192] Denn in der Regel ginge es nur um ein einziges Testament des Erblassers, für das seine Testierfähigkeit endgültig festzustellen wäre.[1193] Es wäre daher nicht zu befürchten, dass bei einer Vielzahl von Geschäften erst die Wirksamkeit überprüft werden müsste. Wie auch die relative Geschäfts(un)fähigkeit würde ein relatives Verständnis der Testier(un)-fähigkeit außerdem die Selbstbestimmung des Betroffenen auf bestmögliche Weise verwirklichen, da sie nicht weiter eingeschränkt wird als nötig und nicht weiter ausgedehnt wird als geboten.[1194] Überdies wird die Testierfähigkeit heute ohnehin jeweils für einen konkreten Einzelfall bestimmt.[1195] Dem BGH zufolge muss der Erblasser nämlich in der Lage sein, sich über die Tragweite seiner letztwilligen Anordnungen, insbesondere auch über ihre Auswirkungen auf die persönlichen und wirtschaftlichen Verhältnisse der Betroffenen, ein klares Urteil zu

---

1191 Ebenfalls eine relative Testier(un)fähigkeit befürworten MüKoBGB/*Sticherling* BGB § 2229 Rn. 22; Erman/*Kappler/Kappler* BGB § 2229 Rn. 7; Staudinger/*Baumann* BGB § 2229 Rn. 19g; *Fries*, AcP 216 (2016), 421, 458; *Schmidt*, RabelsZ 76 (2012), 1022, 1032; wohl auch *Flume*, BGB AT, S. 188; für den Bereich einfacher Testamente wohl auch *Seibert*, Testierfähigkeit und Willensfreiheit, S. 132. Eine relative Testier(un)-fähigkeit lehnen hingegen ab OLG Frankfurt ErbR 2018, 516, 519; OLG Hamm FamRZ 2018, 1032, 1034; OLG München NJW-RR 2008, 164; Burandt/Rojahn/*Lauck* BGB § 2229 Rn. 5; *Boehm*, Der demenzkranke Erblasser, S. 59 u. 66 f.

1192 Ebenso deutlich *Seibert*, Testierfähigkeit und Willensfreiheit, S. 132; *Flume*, BGB AT, S. 188.

1193 So auch *Schmidt*, RabelsZ 76 (2012), 1022, 1031; vgl. auch *Seibert*, Testierfähigkeit und Willensfreiheit, S. 131.

1194 Vgl. *Schmidt*, RabelsZ 76 (2012), 1022, 1032.

1195 Vgl. *Fries*, AcP 216 (2016), 421, 458; siehe auch *Spickhoff*, Selbstbestimmungsfähigkeiten, in: Becker/Roth, Recht der Älteren, S. 101, 117.

bilden.[1196] Es wäre widersprüchlich, wenn in diese Bewertung nach den Fähigkeiten des Erblassers im Einzelfall nicht auch der Umfang und die Kompliziertheit der letztwilligen Verfügung einbezogen werden würden.[1197]

e) § 2347 BGB (Erbverzicht)

§ 2347 Abs. 2 S. 2 BGB wäre dahingehend zu ändern, dass auch ein wegen fehlender Urteilsfähigkeit geschäftsunfähiger Erblasser den Erbverzichtsvertrag ohne Zustimmung seines gesetzlichen Vertreters schließen kann. Wenn der Erblasser geschäftsunfähig ist, kann der Erbverzichtsvertrag nach der derzeitigen Fassung des § 2347 Abs. 2 S. 2 BGB nur durch den gesetzlichen Vertreter und nur mit gerichtlicher Genehmigung geschlossen werden. Dies würde in Widerspruch zum hier vorgeschlagenen § 105 Abs. 2 S. 1 BGB-E stehen. Der Erbverzichtsvertrag bringt dem Erblasser nämlich lediglich einen rechtlichen Vorteil.[1198] Nach § 105 Abs. 2 S. 1 BGB-E wäre der wegen fehlender Urteilfähigkeit Geschäftsunfähige daher zur eigenständigen wirksamen Vornahme des Erbverzichtsvertrags in der Lage. Wegen der rechtlichen Vorteilhaftigkeit bedarf der Betroffene auch keines Schutzes. Dementsprechend ist auch die unterschiedliche Behandlung mit beschränkt Geschäftsfähigen nicht verständlich. Das Vertretungserfordernis sollte allein auf Geschäftsunfähige i.S.v. § 104 Abs. 1 Nr. 2 BGB-E begrenzt werden; insoweit ist auf die Ausführungen zur Erläuterung der Änderung des § 105 Abs. 1 BGB zu verweisen.

Zugleich sollte § 2347 Abs. 1 BGB geändert werden. Es ist nach hier vertretener Ansicht nämlich nicht nachvollziehbar, dass ein beschränkt Geschäftsfähiger den Vertrag mit Einwilligung seines gesetzlichen Vertreters selbst schließen kann, für einen Geschäftsunfähigen aber der gesetzliche Vertreter handeln muss.[1199] Der für den Geschäftsunfähigen bezweckte Schutz kann gleichermaßen dadurch gewährt werden, dass seine Willenserklärungen nur mit Zustimmung des gesetzlichen Vertreters wirksam werden. Im Hinblick auf wegen fehlender Urteilsfähigkeit Geschäftsunfähige stünde § 2347 Abs. 1 BGB ohnehin in Widerspruch zu § 105 Abs. 2 S. 1 BGB-E, wonach der wegen fehlender Urteilsfähigkeit

1196 Siehe BGH, Urteil vom 29. Januar 1958 – IV ZR 251/57 –, juris. Dies ist Grundlage der seitdem bis heute in der Rechtsprechung verwendeten Definition der Testierfähigkeit, siehe MüKoBGB/*Sticherling* BGB § 2229 Rn. 22 (Fn. 47).

1197 Vgl. MüKoBGB/*Sticherling* BGB § 2229 Rn. 22; siehe auch *Seibert*, Testierfähigkeit und Willensfreiheit, S. 132 u. 135.

1198 Vgl. MüKoBGB/*Wegerhoff* BGB § 2347 Rn. 9; *Hahn*, FamRZ 1991, 27, 29.

1199 Siehe hierzu MüKoBGB/*Wegerhoff* BGB § 2347 Rn. 4.

Geschäftsunfähige mit Einwilligung des gesetzlichen Vertreters wirksam Rechtsgeschäfte tätigen können soll, also selbst handeln kann.

f) § 221 Abs. 5 u. 6 SGB IX

In § 221 Abs. 5 SGB IX müsste der Bezugspunkt der Geschäftsunfähigkeit derart geändert werden, dass der volljährige behinderte Mensch zum Zeitpunkt der Aufnahme in den Arbeitsbereich nicht generell geschäftsunfähig gewesen sein muss, sondern, dass ihm die Geschäftsunfähigkeit in Bezug auf den Abschluss des geschlossenen Werkstattvertrags gefehlt hat. Auch der Wortlaut des Abs. 6 sollte an die Relativität der Geschäfts(un)fähigkeit angepasst werden (Ersetzung von „bei Abschluss eines" durch „hinsichtlich des Abschlusses des"). Zum Schutz des Geschäftsunfähigen wäre inhaltlich an den beiden Regelungen unverändert festzuhalten.[1200] Die entsprechende Anwendung des § 109 BGB sollte in Fällen des § 221 SGB IX ausgeschlossen werden, da bei einer Anstellung in einer Behindertenwerkstatt das Risiko einer Geschäftsunfähigkeit des Angestellten nahe liegt und vom Vertragspartner in Kauf zu nehmen wäre.[1201]

g) § 4 Abs. 2 WBVG

§ 4 Abs. 2 S. 1 u. 2 WBVG wären zu streichen, da die dort angeordnete Rechtsfolge der schwebenden Unwirksamkeit eines Wohn- und Betreuungsvertrags i.S.d. WBVG, der wegen Geschäftsunfähigkeit eines Volljährigen nicht wirksam zustande gekommen ist, unter entsprechender Anwendung des § 108 Abs. 2 BGB bereits durch die hier vorgeschlagene Änderung des § 105 BGB (Abkehr vom strikten Nichtigkeitsdogma) erreicht werden würde. Dass in diesen Fällen damit auch § 108 Abs. 3 BGB zur Anwendung gelangen würde, obgleich der Gesetzgeber in § 4 Abs. 2 S. 2 WBVG ausdrücklich nur auf eine entsprechende Anwendung des § 108 Abs. 2 BGB verweist, ist unschädlich. Es handelt sich dabei nämlich um eine versehentliche gesetzliche Lücke, die bereits nach derzeitigem Recht mit einer entsprechenden Anwendung des § 108 Abs. 3 BGB auszufüllen ist.[1202] Aufgrund der Streichung von S. 1 und S. 2 wäre in S. 3 vor dem Wort „Vertrag" die Formulierung „aufgrund von Geschäftsunfähigkeit des Verbrauchers nicht wirksam zustande gekommene" einzufügen. Inhaltlich wäre zum Schutz

---

1200 Im Ergebnis ebenso zu § 138 SGB IX (2001) als Vorgängernorm des jetzigen § 221 SGB IX *Wedemann*, AcP 209 (2009), 668, 702.

1201 So schon zu § 138 SGB IX (2001) als Vorgängernorm des jetzigen § 221 SGB IX *Wedemann*, AcP 209 (2009), 668, 702.

1202 Vgl. *Wedemann*, JURA 2010, 587, 591; *dies.*, AcP 209 (2009), 668, 680.

der Geschäftsunfähigen an § 4 Abs. 2 S. 3 u. 4 WBVG unverändert festzuhalten.[1203] Zum Schutz des Geschäftsunfähigen vor den Folgen der Unwirksamkeit des Vertrags für die Zukunft sollte außerdem an dem Ausschluss eines eigenen Gestaltungs- oder Widerrufrechts des Vertragspartners festgehalten werden.[1204] Den Vertragspartnern ist ein längerer Schwebezustand zumutbar, da sie mit der Geschäftsunfähigkeit der in eine Einrichtung i.S.d. WBVG aufgenommenen Personen rechnen müssen.[1205] In § 4 Abs. 2 WBVG sollte dementsprechend der Ausschluss des § 109 BGB normiert werden, da § 109 BGB ansonsten über § 105 Abs. 2 S. 3 BGB-E zur Anwendung gelangen würde.[1206]

B. Reformvorschläge im Bereich des Betreuungsrechts

I. „Betreuer ohne Rechtsmacht"

1. Inhalt, Zweck und Hintergrund

Es könnte, ähnlich wie in der Schweiz, eine Begleitbeistandschaft (Art. 393 ZGB) und damit ein „Betreuer ohne Rechtsmacht" in das deutsche Recht eingeführt werden.[1207]

> **Art. 390 ZGB**
> (1) Die Erwachsenenschutzbehörde errichtet eine Beistandschaft, wenn eine volljährige Person:
> 1. wegen einer geistigen Behinderung, einer psychischen Störung oder eines ähnlichen in der Person liegenden Schwächezustands ihre Angelegenheiten nur teilweise oder gar nicht besorgen kann;

1203 Im Ergebnis ebenso *Wedemann*, AcP 209 (2009), 668, 702.

1204 Ebenfalls den Ausschluss des Widerrufsrechts des § 109 BGB im Rahmen des § 4 Abs. 2 WBVG als sinnvoll betrachtend *Wedemann*, AcP 209 (2009), 668, 702. Siehe zum genannten Hintergrund des derzeitigen § 4 Abs. 2 WBVG *Wedemann*, JURA 2010, 587, 591 f.; BT-Drucks. 16/12409, S. 18.

1205 *Wedemann*, AcP 209 (2009), 668, 702.

1206 Ebenfalls eine ausdrückliche Regelung für den Ausschluss des Widerrufsrechts des § 109 BGB im Rahmen des § 4 Abs. 2 WBVG empfehlend *Wedemann*, AcP 209 (2009), 668, 702.

1207 Die schweizer Begleitbeistandschaft als „Betreuer ohne Rechtsmacht" bezeichnend *Sturm/Sturm*, in: FS Holzhauer, S. 459, 465 (im Zusammenhang mit Art. 380 VE ZGB 2003, der sich jedoch insoweit weitestgehend mit Art. 393 ZGB deckt); diesen zustimmend *Boente*, BtPrax 2013, 175, 178 (Fn. 32). Siehe zum „Betreuer ohne Rechtsmacht" auch BT-Drucks. 11/4528, S. 57.

2. wegen vorübergehender Urteilsunfähigkeit oder Abwesenheit in Angelegenheiten, die erledigt werden müssen, weder selber handeln kann noch eine zur Stellvertretung berechtigte Person bezeichnet hat.
(2) Die Belastung und der Schutz von Angehörigen und Dritten sind zu berücksichtigen.
(3) Die Beistandschaft wird auf Antrag der betroffenen oder einer nahestehenden Person oder von Amtes wegen errichtet.
Art. 393 ZGB
(1) Eine Begleitbeistandschaft wird mit Zustimmung der hilfsbedürftigen Person errichtet, wenn diese für die Erledigung bestimmter Angelegenheiten begleitende Unterstützung braucht.
(2) Die Begleitbeistandschaft schränkt die Handlungsfähigkeit der betroffenen Person nicht ein.
Art. 440 ZGB
(1) Die Erwachsenenschutzbehörde ist eine Fachbehörde. Sie wird von den Kantonen bestimmt.
(2) Sie fällt ihre Entscheide mit mindestens drei Mitgliedern. Die Kantone können für bestimmte Geschäfte Ausnahmen vorsehen.
(3) Sie hat auch die Aufgaben der Kindesschutzbehörde.

Nach Art. 393 ZGB wird eine Begleitbeistandschaft mit Zustimmung der hilfsbedürftigen Person errichtet, wenn diese für die Erledigung bestimmter Angelegenheiten begleitende Unterstützung braucht, wobei durch die Begleitbeistandschaft die Handlungsfähigkeit der betroffenen Person nicht eingeschränkt wird. Der Beistand dient der Begleitung und Unterstützung, ohne vertretungsbefugt zu sein.[1208] Zuständig für die Errichtung einer Begleitbeistandschaft ist die Erwachsenenschutzbehörde (Art. 390 Abs. 1, 393 Abs. 1 ZGB). Die Erwachsenenschutzbehörde ist eine Fachbehörde, deren Organisation den Kantonen obliegt (Art. 440 Abs. 1 ZGB). Es steht den Kantonen frei, eine Verwaltungsbehörde oder ein Gericht als Erwachsenenschutzbehörde einzusetzen.[1209]

Anders als in der Schweiz sollte der „Betreuer ohne Rechtsmacht" aber nicht nur dann bestellt werden können, wenn der Betroffene wegen einer geistigen Behinderung, einer psychischen Störung oder eines ähnlichen in der Person liegenden Schwächezustands seine Angelegenheiten nur teilweise oder gar nicht besorgen kann (vgl. Art. 390 Abs. 1 Nr. 1, 393 Abs. 1 ZGB), sondern bereits in Fällen geringerer Hilfsbedürftigkeit. Die Voraussetzungen des Art. 390 Abs. 1

1208 *Ganner*, BtPrax 2013, 171, 173; *ders.*, in: Coester-Waltjen/Lipp/Schumann/Veit, Perspektiven und Reform des Erwachsenenschutzes, S. 41, 50; siehe auch *Boente*, BtPrax 2013, 175, 178.

1209 Botschaft zur Änderung des Schweizerischen Zivilgesetzbuches (Erwachsenenschutz, Personenrecht und Kindesrecht) vom 28. Juni 2006, S. 7073.

Nr. 1 ZGB sind nämlich ähnlich streng wie die Voraussetzungen der rechtlichen Betreuung nach § 1896 Abs. 1 S. 1 BGB, die die Schutzqualität der rechtlichen Betreuung im Hinblick auf rechtsgeschäftsrelevante Einschränkungen im Alter mindern.[1210] Daran ändert auch die von § 1896 Abs. 1 S. 1 BGB abweichende Formulierung „eines ähnlichen in der Person liegenden Schwächezustands" in Art. 390 Abs. 1 Nr. 1 ZGB nur bedingt etwas, da dadurch nur *gleichartige* Defizite wie bei Menschen mit einer geistigen Behinderung oder einer psychischen Störung erfasst werden können.[1211] Immerhin werden extreme Fälle von Unerfahrenheit und Misswirtschaft hierunter verstanden.[1212] Um die Schutzqualität der §§ 1896 ff. BGB jedoch darüber hinaus zu verbessern, sollte ein Schutzinstrument – wie der „Betreuer ohne Rechtsmacht" – geschaffen werden, das bereits eingreift, wenn die Anforderungen des § 1896 Abs. 1 S. 1 BGB oder des Art. 390 Abs. 1 Nr. 1 ZGB noch nicht erfüllt sind.[1213]

Es sollte aber nicht gänzlich auf die Voraussetzung des Beweises einer persönlichen Beeinträchtigung (Hilfsbedürftigkeit) beim Betroffenen verzichtet werden, da das Rechtsinstitut ansonsten für jedermann – auch für den Nichthilfsbedürftigen – offenstünde, wodurch unnötig Ressourcen verschwendet werden würden.[1214] Voraussetzung sollte daher sein, dass ein Bedarf an begleitender

1210 Siehe ausführlich zu den Voraussetzungen des Art. 390 Abs. 1 Nr. 1 ZGB Botschaft zur Änderung des Schweizerischen Zivilgesetzbuches (Erwachsenenschutz, Personenrecht und Kindesrecht) vom 28. Juni 2006, S. 7043.

1211 Siehe zu einem „ähnlichen in der Person liegenden Schwächezustand[s]" i.S.d. Art. 390 Abs. 1 Nr. 1 ZGB Botschaft zur Änderung des Schweizerischen Zivilgesetzbuches (Erwachsenenschutz, Personenrecht und Kindesrecht) vom 28. Juni 2006, S. 7043.

1212 Siehe Botschaft zur Änderung des Schweizerischen Zivilgesetzbuches (Erwachsenenschutz, Personenrecht und Kindesrecht) vom 28. Juni 2006, S. 7043; *Sturm/Sturm*, in: FS Holzhauer, S. 459, 465 (im Zusammenhang mit Art. 377 VE ZGB 2003, der sich jedoch insoweit weitestgehend mit Art. 390 ZGB deckt).

1213 Durch eine Anpassung des § 1896 Abs. 1 S. 1 BGB infolge der Einführung der relativen Geschäfts(un)fähigkeit mit weitem Verständnis des erforderlichen Schwächezustands (hierzu S. 302 f.) würde sich die Schutzqualität der §§ 1896 ff. BGB zwar möglicherweise schon bessern. Da sich diese Anpassung insofern aber allenfalls auf die medizinische Komponente des § 1896 Abs. 1 S. 1 BGB beziehen würde, bestünde zumindest die ebenfalls hohe Voraussetzung der Unfähigkeit zur Besorgung der eigenen Angelegenheiten fort. Insbesondere bestünde bei Nichteinführung der relativen Geschäfts(un)fähigkeit mit weitem Verständnis des erforderlichen Schwächezustands ein Bedarf an einer Verbesserung der Schutzqualität der §§ 1896 ff. BGB.

1214 *Rademacher*, Rechtsschutz zugunsten älterer Verbraucher, S. 330 f., hält es hingegen für zumindest erwägenswert, eine unterhalb der Schwelle von Betreuungsbedürftigkeit

Unterstützung infolge einer nicht ganz unerheblichen Störung der Geistestätigkeit festgestellt ist.[1215] Hiermit wären auch leichte geistige Beeinträchtigungen infolge rechtsgeschäftsrelevanter Einschränkungen im Alter grundsätzlich erfasst, ohne aber den Anwendungsbereich für die Bestellung eines „Betreuers ohne Rechtsmacht" übermäßig weit zu gestalten. Es wäre sichergestellt, dass beispielsweise ein Analphabet oder ein sprachunkundiger Ausländer, der aufgrund fehlender Sprachkenntnisse Hilfe im Rechtsverkehr benötigt, nicht allein aus diesem Grund zu dem Kreis der Hilfsbedürftigen zählen würde. Der „Betreuer ohne Rechtsmacht" würde sich insofern in das System von Geschäfts(un)fähigkeit und rechtliche Betreuung einfügen, die ebenfalls jeweils eine „medizinische" Komponente enthalten. Insbesondere würde es zu einem sprachlichen Gleichlauf mit der hier vorgeschlagenen Vorschrift zur relativen Geschäfts(un)fähigkeit kommen.

Die Zuständigkeit für die Bestellung eines „Betreuers ohne Rechtsmacht" sollte beim Betreuungsgericht liegen.[1216] Zwar wäre mit einer „Betreuung ohne Rechtsmacht" kein Eingriff in bedeutende Rechte verbunden, so dass ein „Richtervorbehalt" insoweit nicht nötig wäre. Allerdings könnte fraglich sein, ob eine „Betreuung ohne Rechtsmacht" ausreicht oder ob bereits eine grundrechtsbeeinträchtigende rechtliche Betreuung notwendig ist; dann muss ohnehin ein Richter entscheiden. Da durch die Zuständigkeit des Betreuungsgerichts dieselbe Stelle für die Bestellung eines rechtlichen Betreuers wie für die Bestellung eines „Betreuers ohne Rechtsmacht" zuständig wäre, würde außerdem eine bessere Beurteilung über eine etwaige spätere Betreuungsbedürftigkeit i.S.d. § 1896 Abs. 1 S. 1 BGB ermöglicht werden. Der Betroffene, dessen Unterstützungsbedarf sich erhöht hat, wäre der entscheidenden Stelle nun nämlich bereits bekannt. Es könnte zudem mit nur einem Verfahren geklärt werden, für welche Bereiche ein rechtlicher Betreuer und für welche Bereiche ein „Betreuer ohne

---

und -bedarf angesiedelte rechtlich-soziale Begleitung durch eine möglichst konstante Bezugsperson („Betreuung *light*") zu schaffen, die *ohne* die Eingangsvoraussetzung des Beweises persönlicher Beeinträchtigungen und ohne formellere staatliche Institutionen wie die Justiz (hierzu m.w.N.) auskommen sollte, da so unbürokratisch und schnell für ältere Menschen eine persönliche Unterstützungsmöglichkeit vor Ort geschaffen werden könnte. Dabei bleibt offen, inwieweit dies ohne formellere staatliche Institutionen geschehen könnte. Ausführlicher zu den Vorteilen einer Bestellung eines „Betreuers ohne Rechtsmacht" durch das Betreuungsgericht ohnehin noch sogleich.

1215 Ausführlicher hierzu noch auf S. 322 f.

1216 Siehe hierzu auch Fn. 1214.

Rechtsmacht" zu bestellen wäre bzw. bestellt werden könnte. Dies wäre ressourcenschonend. Vor allem wäre nur ein Verfahren für den Betroffenen weniger belastend. Bei einer mit der rechtlichen Betreuung vergleichbaren Handhabung der „Betreuung ohne Rechtsmacht" könnte außerdem auf bereits etablierte, praxiserprobte Verfahrensabläufe zurückgegriffen werden. Schließlich wäre sowohl aus Sicht des professionellen Rechtsanwenders als auch des Laien die Bündelung der Verantwortlichkeit für die Bestellung eines Betreuers (rechtlicher Betreuer, „Betreuer ohne Rechtsmacht") bei nur einer Stelle, wie es in der Schweiz in Form der Erwachsenenschutzbehörde der Fall ist, besser nachzuvollziehen. Im Übrigen könnte in den Fällen, in denen offensichtlich nur ein Bedarf an begleitender Unterstützung besteht, die Bestellung eines „Betreuers ohne Rechtsmacht" einem Rechtspfleger obliegen. Insofern wäre an eine mit § 15 Abs. 1 S. 2 RPflG vergleichbare Vorschrift zu denken. Die Offensichtlichkeit könnte vorab von einem Rechtspfleger geprüft werden.

Die Übernahme einer „Betreuung ohne Rechtsmacht" würde dazu führen, dass es eine Person in dem Umfeld des Betroffenen geben würde, die diesen proaktiv unterstützt. Mitunter begleitet der „Betreuer ohne Rechtsmacht" den Betreuten auch physisch zu schwierigen Geschäftsverhandlungen (z.B. Vermögensanlage). Eine „Betreuung ohne Rechtsmacht" wäre in Abgrenzung zur derzeitigen rechtlichen Betreuung daher mehr eine rechtlich-soziale Begleitung.[1217] Durch die Begleitung und Unterstützung älterer Menschen, die rechtsgeschäftliche Einschränkungen aufweisen, könnte in einigen Fällen eine Übervorteilung durch ihre Geschäftspartner vermieden werden. Der „Betreuer ohne Rechtsmacht", der die fehlende Sachgerechtigkeit eines Geschäfts in der Regel erkennt, würde aufgrund rechtlicher Verpflichtung (Pflicht zur Unterstützung) regelmäßig Rücksprache mit dem Betreuten halten und ihn auf mögliche Übervorteilungen hinweisen. Es ist zu erwarten, dass einige der Betroffenen den etwaigen Rat der „Betreuer ohne Rechtsmacht", von dem Geschäft Abstand zu nehmen, befolgen würden. Die Anzahl wirtschaftlich ungünstiger Geschäfte älterer Menschen infolge rechtsgeschäftsrelevanter Einschränkungen würde abnehmen.[1218]

1217 Vgl. insofern auch *Rademacher*, Rechtsschutz zugunsten älterer Verbraucher, S. 330.

1218 Diese Vermutung erfährt dadurch Bestätigung, dass beobachtet wurde, dass die Gefahr unvorteilhafter Entscheidungen deutlich herabgesetzt ist, wenn sich weitere Personen im eigenen Umfeld befinden, mit denen Entscheidungen zuvor noch einmal besprochen werden können, siehe *Felser*, Konsum im Alter, S. 121 (unter Verweis auf die Stellungnahmen der von ihm befragten Experten).

Außerdem könnten bereits erfolgte Übervorteilungen unter Umständen noch fristgerecht rückgängig gemacht werden.

Durch einen „Betreuer ohne Rechtsmacht“ würde zugleich der Schutz, der durch die vorgeschlagene Einführung der relativen Geschäfts(un)fähigkeit erreicht werden würde, ergänzt werden.[1219] Die Beratung mit dem „Betreuer ohne Rechtsmacht“ ist nämlich insbesondere für die Menschen hilfreich, die zwar noch grundsätzlich über die für das geplante Geschäft erforderlichen intellektuellen Fähigkeiten verfügen und daher insoweit geschäftsfähig im Sinne der Lehre von der relativen Geschäfts(un)fähigkeit wären, aber bereits (leichte) Verständnisschwierigkeiten aufweisen. In Einzelfällen könnte die Beratung auch erst dazu führen, dass die Betroffenen das Geschäft ausreichend verstehen; ihre intellektuellen Fähigkeiten in Verbindung mit der Unterstützung könnten nunmehr doch noch für das Geschäft ausreichen, so dass sie insoweit geschäftsfähig wären.[1220] Der „Betreuer ohne Rechtsmacht“ würde dementsprechend einen Beitrag zur Förderung der längstmöglichen Autonomie eines (älteren) Menschen leisten.

Zwar kann jeder nach Belieben andere Menschen um Unterstützung bei seinen rechtsgeschäftlichen Aktivitäten bitten. Die Einführung eines „Betreuers ohne Rechtsmacht“ würde aber einen Mehrwert für diejenigen bringen, die in ihrem persönlichen Umfeld keine Personen haben, die fähig und gewillt sind, sie zu unterstützen. Hierin liegt auch der entscheidende Vorteil gegenüber der von *Rademacher* im vorliegenden Zusammenhang vorgeschlagenen Einführung eines „zivilen Solidarpakts“ in Form eines „Institut[s] der wechselseitigen Verantwortungsübernahme“ als eigener schuldrechtlicher Vertragstyp im BGB.[1221] Der „zivile Solidarpakt“ würde nämlich allein der Institutionalisierung von zwischenmenschlichen Vertrauensbeziehungen dienen,[1222] an welchen es im (hohen) Alter aber fehlen kann.[1223] Auch mit der deshalb zusätzlich vorgeschlagenen Aufwertung der vorhandenen öffentlichen Unterstützungsstruktur durch Verbesserungen im Bereich der Kommunikation und im Bereich der

1219 In ähnlicher Weise sieht *Lurger*, in: WiR, Alter und Recht, S. 87, 103, den Nutzen von Beratungslösungen darin, die Lücke zwischen bloßem Verbraucherschutz und Schutz der Geschäftsunfähigen zu schließen.

1220 Vgl. hierzu auch *Parapatits/Perner*, iFamZ, 2017, 160, 162.

1221 Siehe hierzu *Rademacher*, Rechtsschutz zugunsten älterer Verbraucher, S. 305, 307 ff. u. 332.

1222 Siehe *Rademacher*, Rechtsschutz zugunsten älterer Verbraucher, S. 307 ff. u. 332.

1223 Dieses Problem erkennt auch *Rademacher*, Rechtsschutz zugunsten älterer Verbraucher, S. 310.

Koordination und Vernetzung der verschiedenen Unterstützungsmöglichkeiten würde nicht erreicht werden, dass auch jeder ältere Mensch, der in seinem persönlichen Umfeld keine Personen hat, die fähig und gewillt sind, ihn zu unterstützen, im Bedarfsfall tatsächlich Unterstützung erhalten könnte.[1224] Denn solange gesetzlich nicht festgeschrieben ist, dass diese Menschen, sofern sie begleitender Unterstützung bedürfen, hierauf einen Anspruch haben, wäre nicht gesichert, dass überall, für jeden erreichbar und in ausreichender Anzahl dementsprechende Angebote zur Verfügung stünden. Es hinge allein von dem Willen z.B. der Wohlfahrtsverbände oder sonstiger Anbieter sozialer Dienste ab, ob überhaupt, wo und für wen begleitende Unterstützung oder sonstige Angebote, die in ähnlicher Weise Unterstützung bieten, angeboten werden würden. Nur durch einen gesetzlichen Anspruch auf eine unterstützende Person – z.B. einen „Betreuer ohne Rechtsmacht" – kann sichergestellt werden, dass auch Menschen, die in ihrem persönlichen Umfeld keine Personen haben, die fähig und gewillt sind, sie zu unterstützen, im Bedarfsfall begleitende Unterstützung tatsächlich erhalten können, da der Staat dann verpflichtet wäre, für ausreichend dementsprechende Unterstützungsangebote zu sorgen.

Im Übrigen ist fraglich, ob aus der Einführung eines „zivilen Solidarpakts" in Form eines „Institut[s] der wechselseitigen Verantwortungsübernahme" als neuer Vertragstyp im BGB ein Mehrwert im Hinblick auf den Schutz älterer Menschen vor Übervorteilung erwachsen könnte.[1225] Denn diejenigen, die diesen Vertrag abschließen würden, würden offensichtlich andere Personen um Hilfe bitten und haben in ihrem persönlichen Umfeld auch Personen, die fähig und gewillt sind, sie zu unterstützen, nämlich den potenziellen Vertragspartner. Es würde also lediglich vertraglich festgeschrieben werden, was faktisch ohnehin schon gehandhabt wird: Die Unterstützung durch die Vertrauensperson.[1226] Der Unterstützungsbedürftige könnte durch den Vertrag auch nicht mit größerer Sicherheit auf den Erhalt von Unterstützung vertrauen, da der zur Unterstützung Verpflichtete in der Regel keine rechtlichen Konsequenzen zu befürchten hätte,

---

1224 Siehe zum Vorschlag der Aufwertung der vorhandenen öffentlichen Unterstützungsstruktur *Rademacher*, Rechtsschutz zugunsten älterer Verbraucher, S. 310 ff. (insbesondere S. 323 ff.).

1225 Dies in Bezug auf Fälle unerlaubter Telefonwerbung wohl annehmend *Rademacher*, Rechtsschutz zugunsten älterer Verbraucher, S. 307 u. 310.

1226 Anders wohl *Rademacher*, Rechtsschutz zugunsten älterer Verbraucher, S. 307, die meint, dass sich durch den Vertrag die Wahrscheinlichkeit erhöhen dürfte, dass beim Auftreten von Problemen der andere Teil als Ansprechpartner wahrgenommen und zurate gezogen wird.

wenn er sich nicht an den Vertrag hält.[1227] Denn der Unterstützungsbedürftige wird wohl meist nicht in der Lage sein, die Einhaltung des Vertrags eigenständig rechtlich durchzusetzen, jedenfalls aber eine rechtliche Durchsetzung in der Regel nicht anstreben, um die Beziehung nicht zu belasten.

Mit der gesetzlichen Etablierung eines „Betreuers ohne Rechtsmacht" könnten hilfsbedürftige (ältere) Menschen überzeugt werden, von der Möglichkeit, sich von anderen im Geschäftsverkehr unterstützen zu lassen, vermehrt Gebrauch zu machen.[1228] Es soll den Betroffenen ein kleiner Anstoß in die richtige Richtung gegeben werden – einen sog. *Nudge*. Vor dem Hintergrund, dass der „Betreuer ohne Rechtsmacht" keine Vertretungsmacht erhalten würde und der Betreute damit seltener das Gefühl hätte, „entmündigt" zu werden, d.h. einen Verlust an Selbstständigkeit zu erfahren, ist nämlich zu erwarten, dass einige Hilfsbedürftige von der Möglichkeit der Unterstützung durch einen „Betreuer ohne Rechtsmacht" Gebrauch machen würden. Auch wegen des möglichen regelmäßigen persönlichen Kontakts, der für viele tendenziell schutzbedürftige Menschen eine hervorgehobene Rolle spielt,[1229] ist zu erwarten, dass „Betreuer ohne Rechtsmacht" beantragt werden würden. Dies könnte einen positiven Effekt auf andere ältere Menschen zeitigen: Dadurch, dass sich auch andere Menschen unterstützen lassen, könnte die dementsprechende Zurückhaltung ein Stück weit abnehmen und ältere Menschen könnten dazu angeregt werden, z.B. Angehörige um Unterstützung zu bitten oder ebenfalls einen „Betreuer ohne Rechtsmacht" zu beantragen.

2. *Die Diskussion um die Einführung eines „Betreuers ohne Rechtsmacht" im Rahmen der Reform des Betreuungsrechts von 1992*

Der „Betreuer ohne Rechtsmacht" wurde bereits im Rahmen der Reform des Betreuungsrechts von 1992 diskutiert, aber letztlich abgelehnt.[1230] Es wurde überlegt, ob es sich empfiehlt, ein zweistufiges Modell der Betreuung einzuführen, wobei auf der ersten Stufe, d.h. im Falle einer geringeren Hilfsbedürftigkeit des Betroffenen, der Betreuer nicht die Vertretung des Betreuten, sondern lediglich die Beratung und andere tatsächliche Hilfen übernehmen sollte.[1231]

1227 A.A. wohl *Rademacher*, Rechtsschutz zugunsten älterer Verbraucher, S. 332.

1228 Siehe zur dementsprechenden Zurückhaltung einiger älterer Menschen S. 128 f. u. 229.

1229 Siehe *Rademacher*, Rechtsschutz zugunsten älterer Verbraucher, S. 325.

1230 Siehe BT-Drucks. 11/4528, S. 52 u. 57 f.

1231 Siehe BT-Drucks. 11/4528, S. 57.

An diesem Modell wurde jedoch kritisiert, dass der „Betreuer ohne Rechtsmacht" in Konkurrenz zu einem breiten Spektrum anderer Hilfen, insbesondere im Bereich der sozialen Dienste, getreten wäre, wodurch die Effektivität dieser Dienste gemindert werden könnte, ohne dass gewährleistet wäre, dass die neue Rechtsfigur vergleichbar effektiv wäre.[1232] Nach hier vertretener Ansicht ist nicht ersichtlich, dass der Bedarf an Hilfsangeboten seitens der sozialen Dienste wesentlich abnehmen würde. Die sozialen Dienste bieten auch Beratung in Themenfeldern an, in denen der gewöhnliche „Betreuer ohne Rechtsmacht" (z.B. ein Familienmitglied) selbst keine hinreichenden Kenntnisse besitzt (z.B. im Bereich von Sozialleistungen). Durch einen „Betreuer ohne Rechtsmacht" könnte die Effektivität dieser Unterstützungsangebote sogar erhöht werden, da mit dem „Betreuer ohne Rechtsmacht" eine Person vorhanden wäre, die der Betreute bei weiterhin bestehenden Schwierigkeiten eher um Hilfe bitten würde, als erneut bei der „Behörde" nachzufragen.

Kritisiert wurde ferner die Schwierigkeit, leichte und schwere Fälle psychischer Krankheiten und geistiger oder seelischer Behinderungen wegen der sehr fließenden Übergänge in der Praxis klar voneinander zu trennen.[1233] Diese Kritik überzeugt jedoch nicht, da sich die Anordnung der rechtlichen Betreuung weiterhin allein nach § 1896 Abs. 1 S. 1 BGB richten würde. Es würde zu keinen anderen als zu den derzeitigen Schwierigkeiten bei der Bestimmung der Betreuungsbedürftigkeit i.S.d. § 1896 Abs. 1 S. 1 BGB kommen.[1234] Ebenfalls überzeugen die vorgebrachten praktischen Bedenken nicht, dass je nach Schwere der Hilfsbedürftigkeit für manche Angelegenheiten ein „Betreuer ohne Rechtsmacht", für andere eine rechtliche Betreuung und für wiederum andere gar ein Einwilligungsvorbehalt angeordnet werden müsste, wodurch eine übermäßig komplizierte Abstufung entstehen würde.[1235] Ein „Betreuer ohne Rechtsmacht" hat keine Vertretungsbefugnis, er soll allein tatsächlich unterstützend tätig werden. Eine inhaltliche Abgrenzung dieser Betreuungsvariante von der rechtlichen Betreuung, insbesondere von einem Einwilligungsvorbehalt, ist daher leicht

1232 Siehe BT-Drucks. 11/4528, S. 57.

1233 Siehe BT-Drucks. 11/4528, S. 57.

1234 Durch die Anpassung des § 1896 Abs. 1 S. 1 BGB infolge der Einführung der relativen Geschäfts(un)fähigkeit mit weitem Verständnis des erforderlichen Schwächezustands (hierzu S. 302 f.) würde sich die Abgrenzung möglicherweise ohnehin nicht am Schweregrad des medizinischen Befunds orientieren, sondern daran, ob der Betroffene zur Erledigung seiner Angelegenheiten unfähig ist oder dafür nur begleitende Unterstützung benötigt; dies dürfte wohl leichter zu beurteilen sein.

1235 Siehe hierzu BT-Drucks. 11/4528, S. 57 f.

möglich. Die Angelegenheiten für die einzelnen Betreuungsvarianten werden außerdem genau festgelegt. Dennoch bestehende Abgrenzungsschwierigkeiten wären dann Folge einer unzureichend praktisch handhabbaren Festlegung des sachlichen Aufgabenbereichs des Betreuers seitens des Gerichts, nicht aber der Anordnung eines „Betreuers ohne Rechtsmacht“ als solcher. Eine unzureichende Festlegung kann auch bereits derzeit für die Bereiche eines Einwilligungsvorbehalts im Verhältnis zur bloßen rechtlichen Betreuung erfolgen.

Ein Mehraufwand durch eine weitere Betreuungsvariante im Falle einer Anpassung des Betreuungsbedarfs bei Veränderungen des Grades der Hilfsbedürftigkeit ist zugunsten der positiven Effekte des Rechtsinstituts eines „Betreuers ohne Rechtsmacht“ hinzunehmen.[1236] Es ist auch nicht ersichtlich, weshalb bei dem diskutierten zweistufigen Modell auf den individuellen Grad der Behinderung nicht hätte hinreichend flexibel reagiert werden können.[1237] Auch der Einwand der Klassifizierung und „Abqualifizierung“ der Betroffenen überzeugt nicht.[1238] Eine „Abqualifizierung“ der Menschen, die im Rahmen einer rechtlichen Betreuung betreut werden, gegenüber den Menschen, die von einem „Betreuer ohne Rechtsmacht“ unterstützt werden, mag zwar entstehen.[1239] Hierin liegt jedoch keine „Abqualifizierung“, die über die bisherige negative Bewertung einer rechtlichen Betreuung im Verhältnis zum gänzlich fehlenden Betreuungsbedarf hinausgeht.

3. *Umsetzungs- und Ausgestaltungsprobleme*

a) *Eingriff in das Selbstbestimmungsrecht, Art. 2 Abs. 1 GG (i.V.m. Art. 1 Abs. 1 GG)*

Verfassungsrechtliche Bedenken bestehen nicht. Die Anordnung eines „Betreuers ohne Rechtsmacht“ wäre an die Zustimmung des Betreuten geknüpft. Der Betroffene könnte frei darüber entscheiden, ob er in bestimmten Angelegenheiten beraten und unterstützt werden möchte. Der „Betreuer ohne Rechtsmacht“ würde überdies keine Vertretungsbefugnis erhalten und könnte somit nicht für den Betreuten rechtsgeschäftlich tätig werden. Durch die Anordnung eines „Betreuers ohne Rechtsmacht“ würde die Handlungsfreiheit des Betreuten nicht eingeschränkt werden. In Einzelfällen würde die Einführung eines „Betreuers

1236 Vgl. zu dieser Kritik BT-Drucks. 11/4528, S. 58.
1237 Siehe zu dieser Kritik BT-Drucks. 11/4528, S. 57.
1238 Siehe zu dieser Kritik BT-Drucks. 11/4528, S. 52 u. 57.
1239 Siehe hierzu BT-Drucks. 11/4528, S. 57.

ohne Rechtsmacht" außerdem einen Beitrag zur Förderung der längstmöglichen Autonomie eines (älteren) Menschen (gesetzgeberische Grundentscheidung) leisten.

b) Diskriminierung älterer Menschen

Die Einführung des Rechtsinstituts des „Betreuers ohne Rechtsmacht" würde ältere Menschen nicht in beachtenswerter Weise diskriminieren. Auch wenn ältere Menschen von der Möglichkeit der Anordnung eines „Betreuers ohne Rechtsmacht" nicht ausdrücklich betroffen wären, ginge es primär um den Schutz älterer Menschen mit rechtsgeschäftsrelevanten Einschränkungen. Hierdurch könnte zwar impliziert werden, dass ältere Menschen nicht mehr fähig sind, selbstständig sachgerecht am Rechtsverkehr teilzunehmen. Zweck der Einführung des Rechtsinstituts des „Betreuers ohne Rechtsmacht" wäre allerdings, die Betroffenen dazu anzuregen, eine Beratungs- und Unterstützungsmöglichkeit, durch welche ihre Handlungsfähigkeit nicht eingeschränkt werden würde, in Anspruch zu nehmen. Hierdurch würde die Fähigkeit älterer Menschen zur sachgerechten Entscheidung gerade nicht negiert werden, sondern diese Fähigkeit würde vielmehr anerkannt werden; es würde lediglich der Entscheidungsfindung besondere Unterstützung zukommen.[1240] Eine Implikation der Hilfsbedürftigkeit älterer Menschen infolge der gesetzlichen Regelung eines „Betreuers ohne Rechtsmacht" würde nach hier vertretener Ansicht ohnehin nur eine leicht diskriminierende Wirkung entfalten.[1241] Die gesetzliche Regelung eines „Betreuers ohne Rechtsmacht" würde keine Pauschalisierung durch das Abstellen auf ein bestimmtes Alter enthalten. Es ist auch nicht ersichtlich, weshalb im Falle des Bestehens eines „Betreuers ohne Rechtsmacht" der Abschluss von Geschäften mit (älteren) Menschen vermieden werden könnte. Da die gesetzliche Regelung eines „Betreuers ohne Rechtsmacht" jedenfalls zum Schutz älterer Menschen vor wirtschaftlich nachteiligen Geschäften infolge rechtsgeschäftsrelevanter Einschränkungen beitragen würde, wäre die von ihr möglicherweise ausgehende leicht diskriminierende Wirkung hinzunehmen.

1240 Vgl. *Wedemann*, NJW 2014, 3419, 3422, zu ihrem Vorschlag, dass das Widerrufsrecht des § 312g Abs. 1 BGB mit einer Pflicht des Unternehmers flankiert werden sollte, Menschen ab einem bestimmten Alter (z.B. 65 oder 67 Jahre) darauf hinzuweisen, dass eine Beratung mit Dritten regelmäßig empfehlenswert ist.

1241 Vgl. ausführlich hierzu S. 246 ff.

c) *Bedarf an „Betreuern ohne Rechtsmacht" und Belastung des Staatshaushalts*

Zu vernachlässigen ist, dass durch die Einführung des Rechtsinstituts des „Betreuers ohne Rechtsmacht" der Bedarf an Betreuern steigen würde und es mutmaßlich mit Schwierigkeiten und steigenden Kosten verbunden ist, einem Mehrbedarf an Betreuern nachzukommen. Es dürften sich nämlich kostengünstige ehrenamtlicher Betreuer finden lassen. Denn ein Vorteil des Rechtsinstituts des „Betreuers ohne Rechtsmacht" ist, dass dadurch das ehrenamtliche Engagement im Betreuungswesen attraktiver werden würde.[1242] Engagierte möchten nämlich möglichst keine organisatorische oder rechtliche Verantwortung übernehmen, sondern an der Lösung von Sachproblemen mitwirken.[1243] Anders als bei der rechtlichen Betreuung, könnten die „Betreuer ohne Rechtsmacht" davon ausgehen, dass die persönliche Begleitung des Betreuten ihr Engagement prägen wird und nicht die Übernahme sozialrechtlicher und administrativer Aufgaben und Verantwortungen.[1244] Druck durch die große Verantwortung und mögliche Verpflichtung zu Zwangsmaßnahmen würde bei einem „Betreuer ohne Rechtsmacht" nicht aufkommen.[1245] Demzufolge ist zu vermuten, dass sich für eine „Betreuung ohne Rechtsmacht" – eher als für die rechtliche Betreuung – ehrenamtliche Betreuer finden ließen.[1246]

Mit dem VBRefG vom 4. Mai 2021 wurden außerdem Maßnahmen zur Gewinnung ehrenamtlicher rechtlicher Betreuer beschlossen. Hierzu zählen z.B. eine Senkung des bürokratischen Aufwands, eine Erhöhung der Aufwandspauschale sowie die Einführung einer konstanten Beratung und Unterstützung.[1247] Diese Maßnahmen könnten als Vorbild für Maßnahmen zur Gewinnung von ehrenamtlichen „Betreuern ohne Rechtsmacht" genutzt werden. Diese Maßnahmen sind darüber hinaus insbesondere im Hinblick auf die durch die Einführung des Rechtsinstituts des „Betreuers ohne Rechtsmacht" entstehenden Kosten von Bedeutung: Durch ein Mehr an ehrenamtlichen rechtlichen Betreuern würden die Ausgaben des Staates im Bereich des Betreuungswesens sinken. Die insofern

---

1242 Vgl. *Adler*, FPR 2012, 36, 40.

1243 Vgl. *Adler*, FPR 2012, 36, 40.

1244 Vgl. *Adler*, FPR 2012, 36, 40.

1245 *Adler*, FPR 2012, 36, 40.

1246 Ebenso wohl *Adler*, FPR 2012, 36, 40.

1247 Siehe ausführlich hierzu S. 253 f. Siehe auch *Matta et al.*, Qualität in der rechtlichen Betreuung, S. 93 f., mit der Auflistung von ähnlichen Vorschlägen von Akteuren aus der Betreuungsrechtspraxis zur Ausnutzung des Potenzials ehrenamtlicher Betreuer.

eingesparten finanziellen Mittel könnten für die Aufwandsentschädigung der ehrenamtlichen bzw. für die Vergütung der beruflichen „Betreuer ohne Rechtsmacht" verwendet werden. Auch die mit dem VBRefG vom 4. Mai 2021 angestrebte bessere Ausschöpfung des Potenzials bei der Vermeidung von rechtlichen Betreuungen würde zu einer Entlastung des Staatshaushalts führen,[1248] so dass auch dadurch für das Vorhandensein von finanziellen Mitteln für Aufwandsentschädigung bzw. Vergütung der „Betreuer ohne Rechtsmacht" gesorgt werden könnte. Zugleich würden durch eine geringere Anzahl an rechtlichen Betreuungen weniger Betreuer im Rahmen der rechtlichen Betreuung benötigt werden, wodurch personelle Ressourcen – ehrenamtliche wie berufliche Betreuer – für die Übernahme einer „Betreuung ohne Rechtsmacht" zur Verfügung stünden. Nicht zuletzt würden die Kosten, die durch die Aufwandsentschädigung bzw. Vergütung der „Betreuer ohne Rechtsmacht" entstünden, geringer ausfallen als bei der rechtlichen Betreuung, da mit der „Betreuung ohne Rechtsmacht" weniger Verantwortung einherginge (keine gesetzliche Vertretungsbefugnis), so dass eine geringere Aufwandsentschädigung bzw. Vergütung gerechtfertigt wäre.

Im Übrigen käme in einigen Fällen die Bestellung eines „Betreuers ohne Rechtsmacht" als andere Hilfe i.S.d. § 1896 Abs. 2 S. 2 BGB in Betracht, so dass durch die Bestellung eines „Betreuers ohne Rechtsmacht" eine rechtliche Betreuung vermieden werden könnte. In weniger schweren Fällen kann der Betroffene zwar möglicherweise seine Angelegenheiten nicht mehr alleine besorgen, er kann dazu aber durch bloße Unterstützung und Beratung in die Lage versetzt werden.[1249] Ein rechtlicher Betreuer mit Vertretungsmacht wäre dann nicht erforderlich. Die insofern durch das Rechtsinstitut der „Betreuung ohne Rechtsmacht" eingesparten finanziellen Mittel könnten ebenfalls zur Finanzierung der „Betreuung ohne Rechtsmacht" verwendet werden.

d) Missbrauchsgefahr

Ein „Betreuer ohne Rechtsmacht" würde in der Regel zu einer Vertrauensperson des Betreuten werden; das Rechtsinstitut ist gerade darauf angelegt, dem Hilfsbedürftigen eine Person zur Seite zu stellen, der er vertraut und die ihn unterstützt. Die Stellung als Vertrauensperson in Verbindung mit der Hilfsbedürftigkeit des Betreuten verschafft dem „Betreuer ohne Rechtsmacht" die Möglichkeit, den Betreuten leicht zu beeinflussen und finanziell auszubeuten. Aufgrund der fehlenden Vertretungsmacht des „Betreuers ohne Rechtsmacht"

1248 Siehe ausführlich hierzu und zu dementsprechenden Maßnahmen S. 253.

1249 Vgl. hierzu auch S. 312.

wären allerdings bestimmte Handlungen einer finanziellen Ausbeutung, wie z.B. Vertragsabschlüsse zu Lasten des Betreuten, nicht zu erwarten.[1250] Außerdem sind Maßnahmen möglich, mit denen die Gefahr einer „missbräuchlichen Betreuung" reduziert werden könnte. Hierzu zählen z.B. regelmäßige Abfragen beim Bundeszentralregister und den Schuldnerverzeichnissen, die Erweiterung des Kreises der von einer Betreuertätigkeit ausgeschlossenen Personen, das Vorliegen geordneter Vermögensverhältnisse als Ausübungsvoraussetzung und ein gesetzliches Annahmeverbot von Geld oder geldwerten Leistungen.[1251] Diese für die rechtliche Betreuung mit dem VBRefG vom 4. Mai 2021 nunmehr beschlossenen Maßnahmen könnten auf die „Betreuung ohne Rechtsmacht" erstreckt werden.[1252]

4. *Ergebnis*

Die Anordnung eines „Betreuers ohne Rechtsmacht" sollte gesetzlich ermöglicht werden.[1253] Die Voraussetzungen sollten weniger streng sein als die in § 1896

1250 Siehe zur Gefahr der finanziellen Ausbeutung bei einer rechtlichen Betreuung S. 156 ff.

1251 Siehe ausführlicher hierzu bereits S. 161.

1252 Vgl. insofern Abs. 2 S. 3 des hiesigen Vorschlags zur gesetzlichen Regelung eines „Betreuers ohne Rechtsmacht" auf S. 321.

1253 Eine Betreuung ohne Vertretungsmacht befürwortet wohl auch *Holzhauer*, Gutachten 57. DJT, B 72; zumindest nicht abgeneigt wohl *Adler*, FPR 2012, 36, 40. Siehe auch *Rademacher*, Rechtsschutz zugunsten älterer Verbraucher, S. 330 f. („Betreuung *light*", hierzu bereits oben Fn. 1214). Auch *Ganner* fordert eine Förderung der unterstützten Entscheidungsfindung mit Hilfe von bloßen Unterstützungsmaßnahmen durch einen Dritten: Er spricht sich für die Ausweitung des im Behindertenbereich praktizierten Systems der persönlichen Assistenz auf ältere Menschen und auf rechtsgeschäftliche Angelegenheiten aus, da Personen durch die Unterstützung des persönlichen Assistenten häufiger als bisher „die für den Abschluss von Rechtsgeschäften erforderliche Diskretions- und Dispositionsfähigkeit" erlangen könnten, siehe *Ganner*, BtPrax 2013, 222, 225; *ders.*, in: Coester-Waltjen/Lipp/Schumann/Veit, Perspektiven und Reform des Erwachsenenschutzes, S. 41, 61. Derzeit sind Assistenzleistungen insbesondere Leistungen für die allgemeinen Erledigungen des Alltags, wie die Haushaltsführung, die Gestaltung sozialer Beziehungen, die persönliche Lebensplanung, die Teilhabe am gemeinschaftlichen und kulturellen Leben, die Freizeitgestaltung einschließlich sportlicher Aktivitäten sowie die Sicherstellung der Wirksamkeit der ärztlichen und ärztlich verordneten Leistungen (vgl. § 78 Abs. 1 S. 1 u. 2 SGB IX). Leistungsberechtigt sind nur Menschen mit Behinderungen oder von Behinderung bedrohte Menschen (siehe § 1 S. 1 i.V.m. § 78 Abs. 1 S. 1 u. 2 SGB IX)

Abs. 1 S. 1 BGB geregelten Voraussetzungen einer rechtlichen Betreuung, so dass bereits in Fällen geringerer Hilfsbedürftigkeit ein „Betreuer ohne Rechtsmacht" angeordnet werden könnte. Die Einführung des Rechtsinstituts des „Betreuers ohne Rechtsmacht" würde einen Beitrag zum Schutz älterer Menschen vor Übervorteilung im Geschäftsverkehr leisten; wesentliche Umsetzungs- oder Ausgestaltungsprobleme bestehen nach hier vertretener Ansicht nicht.

II. Ergebnis zu den Reformvorschlägen im Bereich des Betreuungsrechts

Es sollte eine gesetzliche Regelung geschaffen werden, nach welcher die Anordnung eines „Betreuers ohne Rechtsmacht" mit Zustimmung des Betreuten in Fällen geringer Hilfsbedürftigkeit möglich ist.

1. Formulierungsvorschlag

§ 1908l BGB-E Begleitbetreuer

(1) Braucht ein Volljähriger auf Grund einer nicht ganz unerheblichen Störung der Geistestätigkeit für die Erledigung seiner Angelegenheiten begleitende Unterstützung, bestellt das Betreuungsgericht insoweit auf seinen Antrag und mit seiner Zustimmung für ihn einen Begleitbetreuer, es sei denn die begleitende Unterstützung kann durch andere Hilfen ebenso gut wie durch einen Begleitbetreuer besorgt werden.

(2) Der Begleitbetreuer wird beratend und unterstützend tätig; er kann den Betreuten gerichtlich und außergerichtlich nicht vertreten. Die Begleitbetreuung ist jederzeit auf Antrag des Betreuten ganz oder teilweise aufzuheben. § 1896 Abs. 1 Satz 2, §§ 1897, 1898, 1899 Abs. 1, 3 u. 4, § 1900 Abs. 1 bis 4, § 1901 Abs. 2, Abs. 3 Sätze 1 u. 2, Abs. 5, §§ 1908a, 1908b, 1908c, 1908d Abs. 1, Abs. 2 Satz 2, § 1908g Abs. 1, § 1908i Abs. 1 Satz 1 gelten entsprechend.

2. Erläuterung des Formulierungsvorschlags

a) Inhalt

aa) § 1908l Abs. 1 BGB-E

§ 1908l Abs. 1 BGB-E bestimmt die Voraussetzungen für die Bestellung eines sog. Begleitbetreuers. Hierbei handelt es sich, wie sich aus § 1908l Abs. 2 S. 1 BGB-E ergibt, um einen „Betreuer ohne Rechtsmacht". Der Begriff „Betreuer ohne Rechtsmacht" wird in der vorgeschlagenen Regelung nicht verwendet, da

---

und demnach in der Regel nicht ältere Menschen, die bloß rechtsgeschäftsrelevante Einschränkungen aufweisen.

es dadurch zu Missverständnissen kommen könnte: Es könnte angenommen werden, dass es sich um einen Betreuer nach § 1896 Abs. 1 S. 1 BGB handelt, dem die Vertretungsbefugnis nach § 1902 BGB fehlt und daher die Voraussetzungen des § 1896 Abs. 1 S. 1 BGB erfüllt sein müssen. Ein Begleitbetreuer soll aber bereits für Fälle geringerer Hilfsbedürftigkeit bestellt werden können. Dementsprechend wird als eine Voraussetzung der Bestellung eines Begleitbetreuers auch nicht das Vorliegen der Voraussetzungen des § 1896 Abs. 1 S. 1 BGB verlangt. Zweck des § 1908l BGB-E ist es nämlich auch, den Anwendungsbereich des Betreuungsrechts über den Anwendungsbereich des § 1896 Abs. 1 S. 1 BGB hinaus zu erweitern, um einen besseren Schutz von älteren Menschen mit rechtsgeschäftsrelevanten Einschränkungen vor Übervorteilung zu ermöglichen.[1254] In den Fällen des § 1896 Abs. 1 S. 1 BGB wäre es ohnehin fraglich, ob ein „Betreuer ohne Rechtsmacht" dem Hilfsbedürfnis des Betroffenen entsprechen würde. Um die Zusammenfassung der §§ 1896 ff. BGB und des § 1908l BGB-E unter dem Oberbegriff der Betreuung[1255] zu ermöglichen, sollte für den „Betreuer ohne Rechtsmacht" auch nicht der schweizerische Begriff des Begleitbeistands (vgl. Art. 393 ZGB) übernommen werden. Außerdem werden mit dem Begriff „Beistand" bereits andere Formen der Hilfe bezeichnet (siehe z.B. § 90 ZPO).[1256]

Die Beschränkung auf Volljährige beruht darauf, dass Minderjährige aufgrund ihrer fehlenden vollen Geschäftsfähigkeit keine nachteiligen Geschäfte tätigen können (vgl. §§ 104 ff. BGB) und deshalb eine Beratung und Unterstützung im Geschäftsverkehr zur Vermeidung nachteiliger Geschäfte nicht erforderlich ist. Das Wort „Angelegenheiten" wäre im gleichen Sinne wie in § 1896 Abs. 1 S. 1 BGB zu verstehen. Von der vorgeschlagenen Vorschrift sollen die gleichen Fälle erfasst werden wie von § 1896 Abs. 1 S. 1 BGB, nur mit dem Unterschied, dass der dafür erforderliche Hilfebedarf geringer ist, und deshalb die Unterstützung durch einen Begleitbetreuer ausreichend ist. Dementsprechend wird auch darauf abgestellt, ob der Betroffene begleitende Unterstützung benötigt und nicht, ob der Betroffene seine Angelegenheiten ganz oder teilweise nicht besorgen kann.

Ein Bedarf an begleitender Unterstützung besteht, wenn der Betroffene infolge rechtsgeschäftsrelevanter Einschränkungen um einiges anfälliger für den Abschluss unsachgemäßer Geschäfte ist als der Durchschnittsmensch, aber

1254 Siehe hierzu und zum Vorstehenden auch Fn. 1213.
1255 Siehe hierzu auch noch sogleich S. 326.
1256 Ebenso zur Einführung der §§ 1896 ff. BGB BT-Drucks. 11/4528, S. 55.

grundsätzlich die Fähigkeit zur Besorgung der jeweiligen Geschäfte noch besteht. Es sollen die Fälle erfasst werden, in denen es einer rechtlichen Vertretung zur Erledigung der Angelegenheiten (noch) nicht bedarf. Begleitende Unterstützung käme insbesondere bei Leichtgläubigkeit und fehlender Geschäftserfahrung in Betracht, da derartigen Schwächen mit Beratung und tatsächlicher Unterstützung hinreichend begegnet werden kann. Auch wenn der Betroffene Verständnisschwierigkeiten bei schwierigen Geschäften (z.B. Vermögensanlage) hat, aber durch die Begleitbetreuung in die Lage versetzt werden könnte, das Geschäft vollständig zu verstehen, und es infolgedessen relativ gefahrlos abschließen könnte, wäre an eine begleitende Unterstützung zu denken. Der Hilfebedarf würde sich daher insbesondere danach richten, ob der Betroffene besonders anfällig für den Abschluss wirtschaftlich nachteiliger Geschäfte ist. Voraussetzung wäre freilich, dass es der begleitenden Unterstützung infolge einer nicht ganz unerheblichen Störung der Geistestätigkeit bedarf. Der Betroffene müsste sich in einem Zustand befinden, in welchem seine geistige Leistungsfähigkeit beeinträchtigt ist. Es müssten vom normalen geistigen Leistungsvermögen abweichende rechtsgeschäftsrelevante Einschränkungen vorliegen. Das kann bereits bei der Diagnose einer „leichten kognitiven Störung" der Fall sein. Die strengen „medizinischen" Voraussetzungen des § 1896 Abs. 1 S. 1 BGB müssten noch nicht erfüllt sein.[1257] Die (leichte) geistige Beeinträchtigung müsste sich außerdem auf die Teilnahme am Rechtsverkehr auswirken und insofern ursächlich für einen dementsprechenden Unterstützungsbedarf sein.

Der Antrag kann nur von dem Betroffenen gestellt werden. Außerdem bedarf es der Zustimmung des Betroffenen zur konkreten Bestellung des Begleitbetreuers, d.h. zur Person des Begleitbetreuers und zu den Geschäften, bei welchem der Begleitbetreuer beratend und unterstützend tätig werden soll. Eine „zwangsweise" Begleitbetreuung wäre nämlich nicht erfolgsversprechend, da eine Beratung und Unterstützung des Hilfsbedürftigen nur möglich ist, sofern dieser beratungs- und unterstützungswillig ist.[1258] Eine Begleitbetreuung ist nur für die Angelegenheiten möglich, in denen tatsächlich ein Unterstützungsbedarf

1257 Siehe hierzu aber Fn. 1213.

1258 Ähnlich zur schweizerischen Begleitbeistandschaft nach Art. 393 ZGB Botschaft zur Änderung des Schweizerischen Zivilgesetzbuches (Erwachsenenschutz, Personenrecht und Kindesrecht) vom 28. Juni 2006, S. 7016 u. 7045. Auch *Holzhauer*, Gutachten 57. DJT, B 63 u. B 72, betont, dass eine Betreuung ohne Vertretungsmacht des Betreuers nur im Einverständnis mit dem Betroffenen sinnvoll/praktikabel ist; das Zustimmungserfordernis als Tatbestandsmerkmal aber ablehnend (siehe dort B 63).

besteht (vgl. „insoweit“) und nur wenn feststeht, dass die benötigte Unterstützung nicht durch andere Hilfen ebenso gut wie durch einen Begleitbetreuer erfolgen könnte. Hierin spiegelt sich der Erforderlichkeitsgrundsatz, der in § 1896 Abs. 2 BGB geregelt ist und dem im Rahmen der Anordnung einer rechtlichen Betreuung eine besondere Bedeutung beigemessen wird, wider.[1259] Der Betroffene wird zwar in der Regel eine Begleitbetreuung nur für die Angelegenheiten beantragen und ihr zustimmen, bei denen er tatsächlich Hilfe benötigt, so dass insofern die Beschränkung des Anwendungsbereichs durch das Wort „insoweit“ in den meisten Fällen überflüssig wäre. Um zu vermeiden, dass der Betroffene Unterstützung beantragt und erhält, obwohl er dieser nicht bedarf, wodurch ein Mehrbedarf an Begleitbetreuern entstehen würde, ist die Eingrenzung im Wortlaut zur Vermeidung dieser (seltenen) Fälle gleichwohl angezeigt. Die Voraussetzung, dass eine Begleitbetreuung nur in Betracht kommt, wenn eine Beratung und Unterstützung des Betroffenen durch andere Hilfen, z.B. fürsorgliche und verlässliche Angehörige, nicht ebenso gut wie durch einen Begleitbetreuer sichergestellt werden kann, dient ebenfalls der Vermeidung eines übermäßigen Bedarfs an Begleitbetreuern.

bb) § 1908l Abs. 2 S. 1 u. 2 BGB-E

§ 1908l Abs. 2 S. 1 BGB-E beschreibt die Aufgaben des Begleitbetreuers. Er soll nur beratend und unterstützend tätig werden und verfügt über keine Vertretungsbefugnis. Diese Klarstellung dient der Abgrenzung zum rechtlichen Betreuer nach § 1896 Abs. 1 S. 1 BGB, da dieser nämlich alle Tätigkeiten vorzunehmen hat, die erforderlich sind, um die Angelegenheiten des Betreuten rechtlich zu besorgen (§ 1901 Abs. 1 BGB), und er in seinem Aufgabenkreis den Betreuten gerichtlich und außergerichtlich vertreten kann (§ 1902 BGB). Durch diese leicht zu verstehende Klarstellung soll der Allgemeinheit zugleich bewusst gemacht werden, dass es sich nicht um eine „Entmündigung“ handelt, um so Fehlvorstellungen und Ängste bei z.B. älteren Menschen im Hinblick auf den Verlust ihrer Selbstständigkeit infolge einer Begleitbetreuung zu vermeiden. Es wird dadurch außerdem zum Ausdruck gebracht, dass an das Vorliegen eines Bedarfs nach begleitender Unterstützung geringere Anforderungen zu stellen sind als an die Betreuungsbedürftigkeit i.S.d. § 1896 Abs. 1 S. 1 BGB.

§ 1908l Abs. 2 S. 2 BGB-E ermöglicht dem Betroffenen, jederzeit selbst über den Bedarf an Beratung und Unterstützung zu entscheiden. Dies ist notwendig,

---

1259 Siehe zur besonderen Bedeutung des Erforderlichkeitsgrundsatz BVerfG NJW-RR 1999, 1593, 1594.

denn dem Betroffenen wird es regelmäßig an dem Willen fehlen, sich beraten und unterstützen zu lassen, wenn er der Begleitbetreuung überdrüssig ist. In diesen Fällen sollte die Begleitbetreuung daher vom Betreuten ganz oder nur teilweise, d.h. für einzelne Geschäfte, aufgehoben werden können, um eine nicht erfolgsversprechende, sinnfreie Betreuung zu vermeiden. Zugleich wird durch § 1908l Abs. 2 S. 2 BGB-E das Selbstbestimmungsrecht des Betroffenen gewahrt.

cc) § 1908l Abs. 2 S. 3 BGB-E

§ 1908l Abs. 2 S. 3 BGB-E schreibt die entsprechende Anwendung einiger der für die rechtliche Betreuung nach § 1896 Abs. 1 S. 1 BGB geltenden Vorschriften vor. Bei den §§ 1897, 1898, 1899 Abs. 1, 3 u. 4, 1900 Abs. 1–4, 1908b, 1908c, 1908g Abs. 1 BGB handelt es sich um allgemeine Vorschriften im Zusammenhang mit der Person des Betreuers (z.B. Eignung, Übernahmepflicht, Mehrheit an Betreuern, Vereins- oder Behördenbetreuung, Entlassung), deren entsprechende Anwendung auf einen Begleitbetreuer aufgrund der hinter den Vorschriften stehenden Gedanken sinnvoll erscheint. Hierdurch wird dem Rechtsanwender ermöglicht, bei der Bestellung eines Begleitbetreuers auf bestehende Kenntnisse und Erfahrungen zurückzugreifen. Der Verweis auf § 1908i Abs. 1 S. 1 BGB, in welchem die sinngemäße Anwendung insbesondere von Vorschriften aus dem Vormundschaftsrecht normiert ist, beruht ebenfalls darauf, dass die entsprechende Anwendung einiger dieser Vorschriften auf den Begleitbetreuer angezeigt sein kann (z.B. § 1894 Abs. 1 BGB – Anzeige bei Tod des Vormunds). Die Anwendung der in § 1908i Abs. 1 S. 1 BGB genannten Normen auf die Begleitbetreuung würden sich dabei danach richten, ob eine Anwendung angesichts der Aufgaben des Begleitbetreuers sinnvoll ist.[1260] Beispielsweise würden daher die Normen zur Vermögensverwaltung (z.B. Erstellung eines Vermögensverzeichnisses, § 1802 BGB) im Rahmen der Begleitbetreuung keine Anwendung finden. Der Verweis auf § 1896 Abs. 1 S. 2 BGB und auf § 1908a BGB dient dazu, dass auch Minderjährige für den Fall ihrer alsbaldigen Volljährigkeit vorsorglich einen Begleitbetreuer beantragen können; in der Praxis ein vermutlich sehr seltener Fall. Der Begleitbetreuer sollte den Betroffenen nur so beraten und unterstützen, wie es dessen Wohl entspricht. Dabei sollten freilich die Wünsche und Vorstellungen des Betroffenen berücksichtigt werden, soweit dies dessen Wohl

---

1260 Vgl. insofern zur Orientierung am Aufgabenkreis des Betreuers zur Bestimmung, welche der in § 1908i Abs. 1 S. 1 BGB genannten Normen bei der rechtlichen Betreuung im Einzelfall zur Anwendung gelangen BeckOK BGB/*Müller-Engels* BGB § 1908i Rn. 2.

nicht zuwiderläuft. Dementsprechend empfiehlt sich auch die entsprechende Anwendung des § 1901 Abs. 2 u. 3 S. 1 u. 2 BGB.

Der Verweis auf § 1908d Abs. 1 BGB bezweckt, dass die Begleitbetreuung auch dann aufzuheben ist, wenn und insoweit ihre Voraussetzungen entfallen sind. Hierdurch soll der Bedarf an Begleitbetreuern möglichst gering gehalten werden, um Schwierigkeiten hinsichtlich der Deckung des Bedarfs an Begleitbetreuern zu verhindern. Durch eine entsprechende Anwendung des § 1901 Abs. 5 BGB würde erreicht werden, dass das Betreuungsgericht auch über den ganzen oder teilweisen Wegfall der Voraussetzungen einer Begleitbetreuung Kenntnis erlangt. Zugleich würde sichergestellt werden, dass das Betreuungsgericht Kenntnis von solchen Umständen erlangt, die einen Antrag von Amts wegen auf Anordnung einer rechtlichen Betreuung erforderlich werden lassen. Dies dient dem Interesse des Betroffenen an einer angemessenen Unterstützung im Falle der Betreuungsbedürftigkeit. Durch den Verweis auf § 1908d Abs. 2 S. 2 BGB wird sichergestellt, dass nicht nur die Beantragung eines Begleitbetreuers durch einen Geschäftsunfähigen (vgl. den Verweis in § 1908l Abs. 2 S. 3 BGB-E auf § 1896 Abs. 1 S. 2 BGB), sondern auch die Aufhebung einer Begleitbetreuung durch einen Geschäftsunfähigen erfolgen kann, so dass insoweit ein Gleichlauf besteht; die praktische Bedeutung ist freilich gering.

Dadurch, dass der Antrag auf Bestellung eines Begleitbetreuers nur vom Betroffenen selbst gestellt werden kann und die konkrete Bestellung dessen Zustimmung bedarf, erübrigt sich hingegen ein Verweis auf den bedeutenden § 1896 Abs. 1a BGB, nach welchem gegen den freien Willen des Betroffenen ein Betreuer nicht bestellt werden darf.

b) Systematik

Die vorgeschlagene Regelung sollte als § 1908l BGB-E in das BGB integriert werden. Die Regelung würde sich dadurch unmittelbar an die Regelungen über die rechtliche Betreuung anfügen. Um klarzustellen, dass es sich bei der rechtlichen Betreuung nach den §§ 1896 ff. BGB und der Begleitbetreuung um unterschiedliche Rechtsinstitute handelt, sollte die Überschrift „Untertitel 1 Rechtliche Betreuung" vor § 1896 BGB und die Überschrift „Untertitel 2 Begleitbetreuung" vor § 1908l BGB-E eingefügt werden. Da das vierte Buch des BGB (Familienrecht) in seinem Abschnitt 3 Vormundschaft, Rechtliche Betreuung, Pflegschaft nun nicht mehr nur die rechtliche Betreuung, sondern auch die Begleitbetreuung regeln würde, sollte der Abschnitt 3 mit „Vormundschaft, Betreuung, Pflegschaft" umschrieben werden. Dementsprechend sollte in diesem Abschnitt auch Titel 2 Rechtliche Betreuung fortan „Titel 2 Betreuung" lauten.

3. *Sonstige erforderliche Änderungen*

Das Verfahren über die Bestellung eines Begleitbetreuers sollte in den Vorschriften über das Verfahren in Betreuungssachen (§§ 271 ff. FamFG) geregelt werden. Eine mit § 15 Abs. 1 S. 2 RPflG vergleichbare Vorschrift wäre für die Fälle, in denen offensichtlich nur ein Bedarf an begleitender Unterstützung besteht, zu schaffen. Aufgrund der Umbenennung der §§ 1896–1908k BGB von „Betreuung" in „rechtliche Betreuung" wären redaktionelle Änderungen in einigen anderen Vorschriften erforderlich.

C. Reformvorschläge im Bereich des Verbraucherschutzrechts

I. Widerrufsfiktion

1. *Inhalt, Zweck und Hintergrund*

Es wurde aufgezeigt, dass die verbraucherschutzrechtlichen Widerrufsrechte für ältere Menschen keinen effektiven Schutz vor wirtschaftlich nachteiligen Geschäften infolge rechtsgeschäftsrelevanter Einschränkungen bieten. Einige ältere Menschen sind in ihrer Widerstandskraft geschwächt und meiden Auseinandersetzungen mit ihren Geschäftspartnern. Denkbar ist beispielsweise, dass ein unseriös handelnder Unternehmer behauptet, der Widerruf sei gar nicht oder nicht fristgerecht erfolgt, obwohl der Betroffene versucht hat, sich von dem Vertrag zu lösen.[1261] Bisweilen fehlt es an noch ausreichend geistigen Fähigkeiten, um das bestehende Widerrufsrecht fristgemäß auszuüben. Hilfsbereite Angehörige sind auch nicht immer verfügbar. Es kann auch an der Kenntnis über das Bestehen eines Widerrufsrechts fehlen oder die fristgemäße Ausübung wurde wegen altersbedingter Vergesslichkeit schlicht vergessen. Um diesen Umständen gerecht zu werden, könnte eine Widerrufsfiktion bei unterbliebener Bekundung des Willens zur Fortsetzung eines zuvor geschlossenen Vertrags eingeführt werden.[1262] Der Vertrag wäre nicht wie bei der sog. („echten") Bestätigungslösung

---

1261 Siehe zum Vorkommen solcher Fälle BT-Drucks. 17/6482, S. 7.

1262 Eine derartige Widerrufsfiktion als „Bestätigungslösung" bezeichnend *Höhne*, Widerrufsrecht, S. 75. Zwar würde der Vertrag in Form der Bekundung des Willens zur Vertragsfortsetzung „bestätigt" werden. Allerdings wird mit dem Begriff „Bestätigungslösung" überwiegend eine „echte" Vertragsbestätigung derart verstanden, dass die Wirksamkeit des Vertrags von der nachträglichen Bestätigung durch den Verbraucher abhängt; vgl. insofern die diesbezügliche politische und rechtswissenschaftliche Diskussion (dazu noch sogleich). Zur Unterscheidung sollte bei dem

zunächst unwirksam und insofern von der nachträglichen Bestätigung des Verbrauchers abhängig. Der Vertrag wäre vielmehr von Anfang an wirksam; die bestehenden Pflichten (z.B. Leistungsaustausch) sind bereits zu erfüllen.[1263] Es würden allerdings von Gesetzes wegen die Rechtsfolgen eines wirksam erklärten Widerrufs (Rückgewährschuldverhältnis) eintreten, wenn der Verbraucher nicht innerhalb einer bestimmten Frist (in der Regel 14 Tage nach Erhalt der Ware, es könnten insofern die Regelungsinhalte der §§ 355 ff. BGB gelten) dem Unternehmer ausdrücklich mitteilt, dass der Vertrag nicht als widerrufen gilt und damit weiterhin bestehen soll („Bestätigung" des Vertrags).[1264] Im Vergleich zum derzeitigen Recht würde sich nur die Art und Weise der Ausübung eines Widerrufsrechts ändern. Der widerrufswillige ältere Mensch müsste den Widerruf nun nicht mehr erklären und gegebenenfalls beweisen.

Es ließe sich überlegen, diese Widerrufsfiktion auf außerhalb von Geschäftsräumen und telefonisch geschlossene Verträge zu begrenzen. Infolge der Einführung einer Widerrufsfiktion würde nämlich die Anzahl der Vertragsrückabwicklungen ansteigen, wodurch der rechtsgeschäftliche Verkehr beeinträchtigt werden würde. Unternehmer könnten nicht mehr von dem Fortbestand des Vertrags im Regelfall ausgehen.[1265] Ursächlich hierfür wäre nicht nur die einfache Ausübung eines Widerrufsrechts. Kurz nach Einführung der Widerrufsfiktion würde bei einigen Verbrauchern (noch) Unkenntnis über die Rechtsfolgen eines Untätigbleibens (Fiktion des Widerrufs) herrschen, wodurch es zu ungewollten Vertragsrückabwicklungen kommen könnte.[1266] Die Einführung einer Widerrufsfiktion würde außerdem die Möglichkeiten und Anreize auf Verbraucherseite ausweiten, die Widerrufsrechte opportunistisch auszunutzen.[1267] Wenn die Widerrufsfiktion angesichts des Umfangs und der Bedeutung des Internethandels daher auch in diesem Bereich eingeführt werden würde, würde es zu einer sehr hohen Anzahl an Vertragsrückabwicklungen und zu einer erheblichen Beeinträchtigung des Geschäftsverkehrs kommen. Auch wegen der insofern

---

vorliegenden Konstrukt daher von „Widerrufsfiktion" gesprochen werden; auch der von *Eidenmüller*, AcP 210 (2010), 67, 97, hierfür verwendete Begriff der „Bestätigungslast" wäre möglich.

1263 Siehe auch *Höhne*, Widerrufsrecht, S. 75; *Luzak*, J Consum Policy 37 (2014), 91, 108; *Eidenmüller*, AcP 210 (2010), 67, 93 u. 97.

1264 Siehe auch *Höhne*, Widerrufsrecht, S. 75; *Luzak*, J Consum Policy 37 (2014), 91, 108; *Eidenmüller*, AcP 210 (2010), 67, 93 u. 97.

1265 Siehe zur geringen Widerrufsquote S. 184.

1266 Ausführlich dazu noch S. 335 ff.

1267 Kritisch insofern *Eidenmüller*, AcP 210 (2010), 67, 97.

in erheblicher Weise entstehenden höheren Verbraucherkosten,[1268] wäre eine Widerrufsfiktion somit jedenfalls auf außerhalb von Geschäftsräumen und telefonisch geschlossene Verträge zu begrenzen.[1269] Bei derartigen Geschäften besteht im Übrigen eine besondere Gefahr, übervorteilt zu werden, so dass eine einfachere Ausübung des Widerrufsrechts hier besonders nützlich sein könnte. Eine Begrenzung auf ältere Menschen dürfte zur Vermeidung einer diskriminierenden Wirkung hingegen nicht vorgenommen werden. Außerdem könnte bei jüngeren Verbrauchern im Einzelfall ebenfalls ein zusätzlicher Schutz angebracht sein. Ohnehin ließe sich keine sachgerechte Altersgrenze finden.[1270]

Eine Widerrufsfiktion bei unterbliebener Bekundung des Willens zur Fortsetzung eines außerhalb von Geschäftsräumen oder telefonisch geschlossenen Vertrags wird, soweit ersichtlich, bisher nicht vertreten. Anders liegt es in Bezug auf die Bestätigungslösung, welche in der Literatur sowie in der Politik bisweilen vertreten wird. Für den Bereich der Haustürgeschäfte befürwortet *Hoeppner* eine Umstellung auf die Bestätigungslösung.[1271] *Reich* hält aus verbraucherpolitischen Gründen die Abhängigkeit der Wirksamkeit eines Abzahlungsgeschäfts von der Bestätigung des Geschäfts für sinnvoller als die Gewährung eines diesbezüglichen Widerrufsrechts.[1272] *Eidenmüller* hält es für *zumindest erwägenswert*, die Wirksamkeit von Geschäften, die mittels Widerrufs rückabgewickelt werden können, von der Bestätigung des „Widerrufsberechtigten" innerhalb von 14 Tagen abhängig zu machen.[1273] Unterschied zur Widerrufsfiktion ist freilich, dass ein wirksames Geschäft schon gar nicht zu Stande käme, solange es an der Bestätigung fehlt.

Begrenzt auf den Bereich telefonisch abgeschlossener Verträge infolge eines unaufgeforderten Werbeanrufs zwischen einem Verbraucher und einem Unternehmer wird die Abhängigkeit der Wirksamkeit des Vertrags von der nachträglichen Bestätigung des Verbrauchers auch in der Politik seit geraumer Zeit

1268 Vgl. insoweit noch S. 337.

1269 Siehe aber auch *Luzak*, J Consum Policy 37 (2014), 91, 108 f., der eine Widerrufsfiktion bei Fernabsatzverträgen als Reformoption für erwägenswert hält.

1270 Vgl. ausführlich zu den Bedenken gegenüber einem speziellen Älterenschutz und insbesondere zu der Schwierigkeit, eine sachgerechte Altersgrenze für Hochaltrige festzulegen, an deren Erreichen Rechtsfolgen geknüpft werden können, bereits die dementsprechenden Ausführungen zu einer beschränkten Geschäftsfähigkeit für Hochbetagte auf S. 237 ff.

1271 Siehe *Hoeppner*, Eur J Law Econ 38 (2014), 247, 270 f.

1272 Siehe *Reich*, JZ 1975, 550, 552.

1273 Siehe *Eidenmüller*, JZ 2005, 216, 222.

diskutiert.[1274] Ein derartiger Vorschlag enthielt im Jahre 2008 der Entwurf eines Gesetzes zur Bekämpfung unerlaubter Telefonwerbung und zur Verbesserung des Verbraucherschutzes bei besonderen Vertriebsformen[1275], im Jahre 2013 der Entwurf eines Gesetzes zur Umsetzung der Verbraucherrechterichtlinie und zur Änderung des Gesetzes zur Regelung der Wohnungsvermittlung[1276] und im Jahre 2018 der Entwurf eines Gesetzes zur Stärkung des Verbraucherschutzes bei Telefonwerbung[1277]. In der Literatur wird dieser Vorschlag erheblich kritisiert.[1278] Eine Umsetzung dieser Gesetzesentwürfe ist (daher) noch nicht erfolgt. Anfang 2020[1279] hat das BMJV den Entwurf eines Gesetzes für faire Verbraucherverträge (Referentenentwurf) vorgestellt, nach welchem die Wirksamkeit telefonisch abgeschlossener Fernabsatzverträge über Strom- und Gaslieferungen zukünftig von der nachträglichen Bestätigung des Vertrags durch den Verbraucher abhängen soll.[1280]

Die Widerrufsfiktion hat gegenüber der Bestätigungslösung den Vorteil, dass die Verkomplizierung des Verbraucherschutzes womöglich geringer ausfallen würde.[1281] Der Durchschnittsverbraucher wird in der Regel nicht die juristisch

---

1274 Siehe zur politischen Diskussion auch *Alexander*, ZRP 2018, 166, 167 f.

1275 Siehe BT-Drucks. 16/10734, S. 20.

1276 Siehe BT-Drucks. 17/12637, S. 89.

1277 Siehe BT-Drucks. 19/2538, S. 7, wonach die Bestätigungslösung aber nicht bei Verträgen über Finanzdienstleistungen gelten soll.

1278 Eine derartige Bestätigungslösung erheblich kritisierend *Alexander*, ZRP 2018, 166, 168 ff.; *Starke*, VuR 2018, 211, 213 f.; *Ohly*, GRUR-Prax 2011, 366 ff.; *Köhler*, NJW 2009, 2567, 2569 f. Ablehnend auch *Rademacher*, Rechtsschutz zugunsten älterer Verbraucher, S. 250 f., 261 f. u. 347; siehe dort auch S. 250 ff. zu einer ausführlichen kritischen Auseinandersetzung mit dieser Bestätigungslösung. Befürwortend hingegen Fezer/Büscher/Obergfell/*Fezer*, Dritter Teil – Einleitung Rn. 209; *ders.*, GRUR-Prax 2011, 361, 365.

1279 Siehe BMJV, Pressemitteilung vom 24. Januar 2020.

1280 Siehe Referentenentwurf des BMJV, Entwurf eines Gesetzes für faire Verbraucherverträge, S. 4 u. 10 f. Anstelle der Bestätigungslösung wurde nunmehr hingegen ein Textformerfordernis bei Strom- und Gaslieferverträgen mit Haushaltskunden außerhalb der Grundversorgung eingeführt, siehe § 41b Abs. 1 S. 1 EnWG; ein Textformerfordernis wirkt bei telefonischen Fernabsatzgeschäften freilich ähnlich wie eine Bestätigungslösung.

1281 Eine erhebliche Verkomplizierung des Verbraucherschutzes durch die Bestätigungslösung bei telefonisch abgeschlossenen Verträgen infolge eines unaufgeforderten Werbeanrufs annehmend *Alexander*, ZRP 2018, 166, 169; siehe insofern auch *Rademacher*, Rechtsschutz zugunsten älterer Verbraucher, S. 250, 254, 262 u. 267.

subtile Unterscheidung zwischen dem Abschluss eines Vertrags und dem Eintritt der Wirksamkeit treffen.[1282] Mit dem Bestätigungserfordernis würde von dem Verbraucher eine zusätzliche Erklärung erwartet, deren genaue rechtliche Bedeutung den meisten Verbrauchern nicht geläufig sein dürfte.[1283] Bei der Widerrufsfiktion würde der Verbraucher hingegen die „Nichtausübung des Widerrufsrechts" erklären, was womöglich einfacher zu verstehen sein dürfte. Eine Widerrufsfiktion muss sich auch nicht der Kritik zu erwartender Schwierigkeiten der Verbraucher mit dem Nebeneinander von Bestätigungserfordernis und Widerrufsrecht aussetzen.[1284] Im Übrigen lassen sich verfassungsrechtliche Bedenken gegen die Bestätigungslösung erheben.[1285]

2. Umsetzungs- und Ausgestaltungsprobleme

a) Eingriff in die Vertragsfreiheit des Verbrauchers, Art. 2 Abs. 1 GG

Art. 2 Abs. 1 GG gewährleistet dem Einzelnen das Recht, Verträge grundsätzlich so abzuschließen, wie er es wünscht.[1286] Auch der Fortbestand eines rechtswirksam abgeschlossenen privatrechtlichen Vertrags wird durch Art. 2 Abs. 1 GG grundrechtlich geschützt.[1287] Die Einführung der Widerrufsfiktion hätte zur Folge, dass ein wirksam abgeschlossenes Geschäft von Gesetzes wegen unter Umständen nicht mehr fortbesteht. Die Widerrufsfiktion würde daher in Art. 2 Abs. 1 GG eingreifen. Dieser Eingriff wäre allerdings gerechtfertigt, da der Verhältnismäßigkeitsgrundsatz gewahrt wäre.[1288] Die Vertragsfreiheit wird nämlich nur in den Schranken des zweiten Halbsatzes des Art. 2 Abs. 1 GG gewährleistet und wird damit insbesondere durch die verfassungsmäßige Ordnung beschränkt.[1289]

1282 *Alexander*, ZRP 2018, 166, 169.

1283 So kritisch zur Bestätigungslösung bei telefonisch abgeschlossenen Verträgen infolge eines unaufgeforderten Werbeanrufs *Alexander*, ZRP 2018, 166, 169.

1284 Insofern kritisch zur Bestätigungslösung bei telefonisch abgeschlossenen Verträgen infolge eines unaufgeforderten Werbeanrufs *Alexander*, ZRP 2018, 166, 169.

1285 Siehe *Starke*, VuR 2018, 211, 214 (bezüglich einer Bestätigungslösung bei telefonisch abgeschlossenen Verträgen).

1286 BVerfG NJW 1997, 1975, 1976.

1287 Siehe OLG Frankfurt NZKart 2019, 228, 229; OLG Düsseldorf, Urteil vom 14. März 2018 – VI-U (Kart) 7/16 –, juris.

1288 Siehe dazu, dass die Art. 2 Abs. 1 GG einschränkenden staatlichen Maßnahmen dem Verhältnismäßigkeitsgrundsatz genügen müssen BVerfG NJW 1997, 1975, 1976; BeckOK GG/*Lang* GG Art. 2 Rn. 25.

1289 Vgl. BVerfG NJW 2001, 1709; 1997, 1975, 1976.

Die Widerrufsfiktion würde verbraucherschützende Widerrufsrechte effektiver machen und würde damit ein legitimes Ziel (verbesserter Verbraucherschutz) verfolgen. Durch eine Widerrufsfiktion würden die Widerrufsquoten gesteigert werden.[1290] Die Einführung der Widerrufsfiktion wäre daher auch geeignet im Sinne des Verhältnismäßigkeitsgrundsatzes, da dadurch der gewünschte Erfolg erreicht werden würde. Die Einführung der Widerrufsfiktion wäre auch erforderlich, da nicht ersichtlich ist, dass die Effektivität verbraucherschützender Widerrufsrechte mit einem anderen, gleich wirksamen, aber die Vertragsfreiheit der Betroffenen nicht oder zumindest weniger fühlbar einschränkenden Mittel gesteigert werden könnte.[1291] Da die Nichtausübung eines Widerrufsrechts nicht nur mit der fehlenden Kenntnis über das Bestehen des Widerrufsrechts zusammenhängt, würden insbesondere Informationsmaßnahmen zum Thema „verbraucherschützende Widerrufsrechte" nicht gleich wirksam sein.

Der Eingriff in die Vertragsfreiheit wäre auch nicht sonderlich intensiv, so dass die Widerrufsfiktion die Betroffenen nicht übermäßig belasten würde und daher verhältnismäßig im engeren Sinne wäre. Die Grenze der Zumutbarkeit würde gewahrt werden. Die Betroffenen wären nicht gehindert, einen wirksamen Vertrag abzuschließen. Lediglich für den Fortbestand des Vertrags wäre erforderlich, dass der Verbraucher innerhalb einer bestimmten Frist den Vertrag formlos „bestätigt". Diese „Bestätigung" wäre allerdings nicht mit schwer überwindbaren Hindernissen verbunden, so dass auch der Fortbestand eines Vertrags nicht wesentlich erschwert werden würde. Im telefonischen Fernabsatzhandel lassen sich Möglichkeiten zur „Bestätigung" des Vertrags leicht etablieren. Die Unternehmen, die telefonisch ihre Produkte an Verbraucher vertreiben, verfügen über Telefoneinrichtungen, so dass sie in der Regel unproblematisch eine Leitung für „Bestätigungsanrufe" einrichten könnten. Denkbar wäre dies auch in Form computergestützter Systeme, so dass für die „Bestätigungsleitung" keine menschlichen Ressourcen bereitgestellt werden müssten. Bei außerhalb von Geschäftsräumen geschlossenen Verträgen könnten die Unternehmer den Verbrauchern anstelle einer Muster-Widerrufsbelehrung z.B. eine „Muster-Vertragsbestätigung" zukommen lassen. Das Einrichten und Betreiben einer E-Mail-Adresse für E-Mails der Verbraucher zur „Bestätigung"

1290 *Eidenmüller*, AcP 210 (2010), 67, 97.

1291 Siehe aber auch *Eidenmüller*, AcP 210 (2010), 67, 97 ff., der z.B. die Effektuierung der Belehrung über Widerrufsrechte als eine im Vergleich zu einer Widerrufsfiktion mildere Maßnahme zur Steigerung der Widerrufsquoten anführt, dabei allerdings offenlässt, ob er hierin auch eine gleich wirksame Maßnahme sieht.

des Vertrags ist ebenfalls leicht möglich. Aufgrund des eigenen Interesses der Unternehmer am Fortbestand der Verträge würden sie die vorstehenden oder ähnliche „Bestätigungsmöglichkeiten“ auch etablieren. Das Tätigen eines kurzen „Bestätigungsanrufs“, das Versenden eines kurzen, bereits vorgefertigten „Bestätigungsschreibens“ oder das Schreiben einer E-Mail ist nicht mit einem nennenswerten Kosten- oder Zeitaufwand für die Verbraucher verbunden. Gerade durch die modernen Informations- und Kommunikationstechnologien können Verbraucher und Unternehmer leicht miteinander kommunizieren. Die Verbraucher erhalten im Gegenzug für den geringen Mehraufwand eine erheblich vereinfachte Möglichkeit, ihr Widerrufsrecht auszuüben, nämlich durch bloßes Nichthandeln. Durch dieses Mehr an Verbraucherschutz würden auch die den Verbrauchern etwaig entstehenden höheren Kosten, da die Unternehmer die durch das Einrichten der „Bestätigungsmöglichkeiten“ entstehenden Kosten auf die Verbraucher umlegen könnten, nicht zur Unverhältnismäßigkeit führen.[1292]

b) *Eingriff in die „Unternehmerfreiheit“, Art. 12 Abs. 1, Art. 14 Abs. 1 u. Art. 2 Abs. 1 GG*[1293]

Die „Unternehmerfreiheit“ garantiert die selbstständige, erwerbswirtschaftliche, d.h. unternehmerische Betätigung.[1294] Die „Unternehmerfreiheit“ schützt die Dispositionsbefugnis des Unternehmers über die ihm und seinem Unternehmen zugeordneten Güter und Rechtspositionen.[1295] Die Vertragsfreiheit (Art. 2 Abs. 1 GG) ist eine Teilgewährleistung der „unternehmerischen Freiheit“.[1296] Wie soeben gesehen, würde die Widerrufsfiktion in die Vertragsfreiheit eingreifen. Dieser Eingriff wäre aber auch aus Sicht der Unternehmer verhältnismäßig und damit gerechtfertigt. Insofern gilt weitestgehend das bereits zum Eingriff in die Vertragsfreiheit des Verbrauchers Festgestellte entsprechend. Das Einrichten von „Bestätigungsmöglichkeiten“ wäre für den Unternehmer nicht mit übermäßigen Schwierigkeiten verbunden. Die hierbei entstehenden Mehrkosten könnten auf die Verbraucher umgelegt werden. Mit einer kurzen „Bestätigungsfrist“ entsprechend der §§ 355 ff. BGB wäre der Zeitraum der Ungewissheit über den

1292 Siehe ausführlicher zu den entstehenden Mehrkosten für Verbraucher S. 337.

1293 Ausführlich zur „Unternehmerfreiheit“ im Grundgesetz *Wiebe*, Unternehmerfreiheit, S. 92 ff. (auch mit weiteren Grundrechten, die „unternehmerfreiheitsbezogene“ Teilgewährleistungen statuieren).

1294 *Wiebe*, Unternehmerfreiheit, S. 92.

1295 BVerfGE 97, 67, 83.

1296 *Wiebe*, Unternehmerfreiheit, S. 99.

endgültigen Bestand des Vertrags für den Unternehmer auch nicht unzumutbar. Die Situation des Unternehmers würde sich insoweit sogar verbessern, da der endgültige Bestand des Vertrags bereits vor Ablauf der „Bestätigungsfrist", und damit früher als bisher, feststehen könnte. Die geringen Nachteile, die den Unternehmern durch die Einführung der Widerrufsfiktion erfahren würden, wären durch das Mehr an Verbraucherschutz gerechtfertigt.

Die „Unternehmerfreiheit" findet außerdem Ausdruck in Art. 12 Abs. 1 GG und in Art. 14 Abs. 1 GG.[1297] Aufgrund der vorstehenden Erwägungen wären auch etwaige Eingriffe in Art. 12 Abs. 1 GG und in Art. 14 Abs. 1 GG letztlich verhältnismäßig. Insbesondere ist mit der Widerrufsfiktion kein Verbot einer bestimmten Geschäftstätigkeit verbunden. Im Übrigen würde eine Umsatz- und Ertragseinbuße durch die steigende Anzahl der Vertragsrückabwicklungen nicht in den Schutzbereich von Art. 12 Abs. 1 GG fallen.[1298] Die Chance, einen gewinnbringenden Absatz zu erzielen, wird auch nicht über Art. 14 Abs. 1 GG geschützt.[1299] Ebenfalls gehört eine bestehende Gesetzeslage nicht zum grundrechtlich geschützten Bestand der „Unternehmerfreiheit".[1300] Zu Art. 14 GG hat das BVerfG diesbezüglich ausgeführt, dass wirtschaftlich günstige Gegebenheiten und Chancen für den Unternehmer, die auf einer bestimmten Rechtslage beruhen, und diese Rechtslage zum Nachteil der wirtschaftlichen Aussichten des Unternehmers geändert wird (vorliegend: steigende Anzahl rückabzuwickelnder Verträge bei Einführung der Widerrufsfiktion), diese Änderung so lange bedenkenfrei ist, als dadurch der Kern des Eigentumsrechts nicht angetastet wird.[1301]

c) *Diskriminierung älterer Menschen*

Die Widerrufsfiktion würde für jeden Verbraucher unabhängig vom Alter gelten. Es ist zu vermuten, dass die Widerrufsfiktion, anders als z.B. die relative Geschäfts(un)fähigkeit, auch nicht ältere Menschen derart überwiegend betreffen würde, dass ein etwaiger Hilfsbedarf bei älteren Menschen impliziert werden könnte. Eine Diskriminierung älterer Menschen wäre mit der Einführung der Widerrufsfiktion daher wohl nicht verbunden.

1297 Vgl. *Wiebe*, Unternehmerfreiheit, S. 92 f.

1298 Vgl. BVerfGE 105, 252, 265.

1299 Siehe BVerfGE 105, 252, 277 f.

1300 Siehe BVerfGE 97, 67, 83.

1301 Siehe BVerfGE 45, 142, 173; siehe hierzu auch *Starck*, DÖV 2008, 388, 392.

d) Beeinträchtigung des Geschäftsverkehrs

Durch die Widerrufsfiktion würde das Zustandekommen eines über den „Bestätigungszeitraum" hinaus fortbestehenden Vertrags nicht wesentlich erschwert werden; die „Bestätigung" ist nicht mit besonderen Mühen des Verbrauchers verbunden. Allerdings würde, wenn auch nicht so erheblich wie bei einer Widerrufsfiktion im Bereich des Internethandels, die Anzahl der Vertragsrückabwicklungen ansteigen, wodurch der rechtsgeschäftliche Verkehr beeinträchtigt werden würde.

e) Widerspruch zum Grundsatz pacta sunt servanda

Nach dem Grundsatz *pacta sunt servanda* ist der Schuldner an den abgeschlossenen Vertrag gebunden.[1302] Der Grundsatz der unbedingten Bindung an einen geschlossenen Vertrag ist Ausdruck und Eckpfeiler einer liberalen, dem Grundsatz der Privatautonomie verpflichteten Rechtsordnung.[1303] Die Widerrufsfiktion würde gegen den Grundsatz *pacta sunt servanda* verstoßen. Die gewährten Widerrufsrechte, die eine Durchbrechung des Grundsatzes *pacta sunt servanda* zur Folge haben,[1304] würden nämlich bestehen bleiben; es würden sich lediglich die Umstände der Ausübung ändern. Die derzeit bestehenden verbraucherschutzrechtlichen Widerrufsrechte bezwecken jedoch den Verbraucherschutz und lassen sich damit auf einen hinreichend überzeugungskräftigen Grund für die Durchbrechung des Grundsatzes *pacta sunt servanda* zurückführen.[1305] Die Durchbrechung des Grundsatzes *pacta sunt servanda* wäre damit nicht zu beanstanden.

f) Ungewollte Vertragsrückabwicklung

Bei einer Widerrufsfiktion besteht die Gefahr, dass Verträge, die den Parteiinteressen entsprechen, aus Versehen nicht „bestätigt" werden und deshalb rückabgewickelt werden müssten.[1306] Es wurde nämlich festgestellt, dass

---

1302 MüKoBGB/*Bachmann* BGB § 241 Rn. 130.

1303 *Eidenmüller*, AcP 210 (2010), 67; siehe auch *Stöhr*, AcP 214 (2014), 425, 426 („elementares Prinzip des Zivilrechts").

1304 Die Fälle des gesetzlichen Widerrufsrechts stellen eine Durchbrechung des Grundsatzes *pacta sunt servanda* dar, siehe OLG Düsseldorf NJOZ 2017, 124, 128.

1305 Siehe zu dem Vorliegen eines hinreichend überzeugungskräftigen Grundes als notwendige Voraussetzung für eine zulässige Durchbrechung des Grundsatzes *pacta sunt servanda Canaris*, AcP 200 (2000), 273, 345.

1306 Ebenso *Höhne*, Widerrufsrecht, S. 76.

der Kenntnisstand über die derzeitigen Verbraucherrechte unzureichend ist, obgleich beispielsweise Widerrufsrechte bei Haustürgeschäften bereits seit Jahrzehnten bestehen.[1307] Dementsprechend kann vermutet werden, dass über eine neue Art der Widerrufsausübung (Untätigbleiben anstelle einer Widerrufserklärung) erst recht Unkenntnis herrschen würde, wenn schon über seit Jahrzehnten existierende Rechte keine ausreichende Kenntnis besteht. Im deutschen Zivilrecht kann außerdem allein durch Schweigen in der Regel keine rechtserhebliche Wirkung erzielt werden.[1308] Bei einer Widerrufsfiktion würde dem Schweigen (Untätigbleiben) des Verbrauchers indes rechtserhebliche Wirkung zukommen: Ein Schweigen (Untätigbleiben) führt zu einem Rückgewährschuldverhältnis mit gegenseitigen Pflichten (vgl. z.B. § 355 Abs. 3 S. 1 BGB).[1309] Diese im Zivilrecht unübliche Regelungssystematik hätte eine lange Eingewöhnungsphase für Verbraucher zur Folge, bis sie verstanden und verinnerlicht haben, dass ihr Schweigen (Untätigbleiben) negative Auswirkungen (Verpflichtung zur Rückgewähr und unter Umständen zur Zahlung von Wertersatz) haben kann.[1310] Zudem stünde die Widerrufsfiktion in Widerspruch zu anderen zivilrechtlichen Instrumentarien, die auf die Auflösung einer Vertragsbindung gerichtet sind. Die Anfechtung sowie die Kündigung eines Vertrags setzen nämlich eine „aktive" Erklärung des Auflösungswillens voraus. Zudem würde es z.B. bei Verträgen im Internethandel bei der jetzigen Ausgestaltung der Widerrufsausübung („aktive" Widerrufserklärung) bleiben. Auch hierdurch könnte es zu Missverständnissen im Hinblick auf die Ausübungsvoraussetzungen eines Widerrufsrechts kommen.[1311] Um der Gefahr einer ungewollten Vertragsrückabwicklung entgegenzuwirken, könnte der Unternehmer zwar verpflichtet werden, den Verbraucher bei dessen Untätigkeit nach Ablauf der „Bestätigungsfrist" zu fragen, ob er wirklich nicht am Vertrag festhalten wolle.[1312] Dadurch würden jedoch

---

1307 Siehe zum schlechten Kenntnisstand über Verbraucherrechte bereits S. 184 f. Das HaustürWG, welches ein Widerrufsrecht für z.B. Haustürgeschäfte gewährte (vgl. § 1 Abs. 1 S. 1 Nr. 1 HaustürWG), trat bereits am 1. Mai 1986 in Kraft. Auch nach dem das HaustürWG durch das SchRModG mit Wirkung vom 1. Januar 2002 aufgehoben wurde, bestand das Widerrufsrecht bei Haustürgeschäften durch entsprechende Regelungen im BGB fort.

1308 Vgl. *Schiemann*, in: Staudinger, Eckpfeiler des Zivilrechts, D Rn. 19.

1309 Siehe auch *Höhne*, Widerrufsrecht, S. 77.

1310 So zutreffend kritisch *Höhne*, Widerrufsrecht, S. 77.

1311 Die widersprüchliche Regelung von Rechten erschwert die Verbraucheraufklärung, siehe *Ohly*, GRUR-Prax 2011, 366, 367.

1312 Vgl. *Höhne*, Widerrufsrecht, S. 76 (Fn. 178).

Kosten entstehen, die auf die Verbraucher zu deren Nachteil umgelegt werden könnten.[1313]

g) Höhere Verbraucherkosten

Die Maßnahmen, die die betroffenen Unternehmen infolge der Einführung der Widerrufsfiktion vornehmen müssten, sind mit Kosten verbunden. Es könnte zwar die bereits für die Bearbeitung von Widerrufen bestehende Infrastruktur von den Unternehmen für die Verarbeitung der „Bestätigungen" genutzt werden. Da die Anzahl der nicht „bestätigten" Verträge jedoch höher sein wird als der Anteil der derzeit widerrufenen Verträge, würden gleichwohl zusätzliche Kapazitäten erforderlich sein, die Kosten verursachen würden. Durch die steigende Anzahl der Widerrufe würden jedenfalls die Abwicklungskosten steigen.[1314] Den Unternehmen entstünden auch deshalb Kosten, weil sie die Verbraucher häufig auf den Ablauf der „Bestätigungsfrist" und die Notwendigkeit der „Vertragsbestätigung" hinweisen müssten, wenn sie die Beibehaltung des Vertrags über den Ablauf der „Bestätigungsfrist" hinaus erreichen wollen.[1315] Gerade kleine und mittlere Unternehmen würden durch die Mehrkosten, die durch die Einführung der Widerrufsfiktion entstünden, besonders belastet werden. Aufgrund des Marktmechanismus ist zu erwarten, dass die entstehenden Mehrkosten von den Verbrauchern zu tragen sein werden.[1316] Bei einem Zuviel an Mehrkosten für die Verbraucher würde es zu einem Ungleichgewicht von Verbraucherschutz und Verbraucherkosten kommen.

h) Verstoß gegen EU-Recht

In Art. 11 Abs. 1 UAbs. 1 S. 1 RL 2011/83/EU ist geregelt, dass der Verbraucher den Unternehmer über seinen Entschluss, den Vertrag zu widerrufen, *zu informieren hat.* Nach Art. 11 Abs. 1 UAbs. 1 S. 2 RL 2011/83/EU kann der Verbraucher zu diesem Zweck entweder das Muster-Widerrufsformular der Verbraucherrechterichtlinie *verwenden* oder eine entsprechende Erklärung in beliebiger anderer Form *abgeben*, aus der sein Entschluss zum Widerruf des Vertrags eindeutig hervorgeht. In Erwägungsgrund 44 heißt es überdies: „Dem

---

1313 Kritisch insofern *Höhne*, Widerrufsrecht, S. 76 (Fn. 178). Siehe zur Verlagerung der entstehenden Kosten auf den Verbraucher auch noch sogleich.

1314 Vgl. *Eidenmüller*, AcP 210 (2010), 67, 97; siehe auch *Höhne*, Widerrufsrecht, S. 76.

1315 Siehe auch *Luzak*, J Consum Policy 37 (2014), 91, 108. Vgl. insofern auch die obigen Ausführungen zur Gefahr ungewollter Vertragsrückabwicklungen.

1316 Vgl. auch *Eidenmüller*, AcP 210 (2010), 67, 97, siehe dort auch S. 71 f.

Verbraucher sollte es jedoch nach wie vor freistehen, den Vertrag mit seinen eigenen *Worten* zu widerrufen, vorausgesetzt, seine an den Unternehmer gerichtete Erklärung, aus der seine Widerrufsentscheidung hervorgeht, ist unmissverständlich. Diese Anforderung könnte durch einen *Brief*, einen *Telefonanruf* oder durch die *Rücksendung der Waren*, begleitet von einer *deutlichen Erklärung*, erfüllt sein; ...".[1317] Es wird demnach ausdrücklich ein Tätigwerden zur Ausübung des Widerrufsrechts gefordert. Das Modell der Widerrufsfiktion lässt für die Ausübung des Widerrufsrechts indes ein Untätigbleiben des Verbrauchers genügen bzw. verlangt allein dies als Voraussetzung. Ohnehin würde es an der nach Art. 11 Abs. 1 UAbs. 1 S. 2 b) RL 2011/83/EU erforderlichen *Eindeutigkeit* der Erklärung fehlen. Die „Nichtbestätigung" des Vertrags würde nämlich, wie aufgezeigt, nicht *eindeutig* den Entschluss zum Widerruf des Vertrags zum Ausdruck bringen; die „Nichtbestätigung" des Vertrags kann verschiedenste Gründe haben. Die Widerrufsfiktion würde daher von den Vorgaben der Verbraucherrechterichtlinie abweichen. Dies begründet einen Verstoß gegen EU-Recht. Denn die Verbraucherrechterichtlinie ist grundsätzlich vollharmonisierend ausgestaltet (siehe Art. 4 RL 2011/83/EU).[1318] Abweichungen der Mitgliedstaaten von den Bestimmungen der Richtlinie sind nur insoweit zulässig, wie die Richtlinie selbst sie ausdrücklich erlaubt.[1319] Die Mitgliedstaaten dürfen grundsätzlich weder strengere noch weniger strenge Verbraucherschutzvorschriften vorsehen.[1320] Lediglich in wenigen Bereichen wird den Mitgliedstaaten durch einzelne Vorschriften die Möglichkeit eröffnet, ein höheres Verbraucherschutzniveau vorzusehen.[1321] Die Richtlinie enthält aber keine Bestimmung, wonach die Mitgliedstaaten von Art. 11 Abs. 1 UAbs. 1 RL 2011/83/EU abweichen dürfen. Insofern ist auch unerheblich, dass die Widerrufsfiktion zu einem besseren Verbraucherschutz beitragen würde.

1317 Hervorhebung nur hier.

1318 Siehe zum Vollharmonisierungsgrundsatz auch z.B. *Schirmbacher*, in: Tamm/Tonner/Brönneke, Verbraucherrecht, § 9 Rn. 5.

1319 *Starke*, VuR 2018, 211, 215; siehe auch *Schirmbacher/Schmidt*, CR 2014, 107.

1320 *Wendelstein/Zander*, JURA 2014, 1191; siehe auch *Schirmbacher*, in: Tamm/Tonner/Brönneke, Verbraucherrecht, § 9 Rn. 5; MükoBGB/*Lorenz* BGB Vorb. § 474 Rn. 7.

1321 *Wendelstein/Zander*, JURA 2014, 1191.

3. *Ergebnis*

Die Einführung der Widerrufsfiktion empfiehlt sich nicht.[1322] Durch die steigende Anzahl der Vertragsrückabwicklungen würde der Geschäftsverkehr beeinträchtigt werden. Aufgrund fehlender Kenntnis vom „Bestätigungserfordernis" wären viele Vertragsrückabwicklungen außerdem ungewollt. Den Verbrauchern entstünden zudem Mehrkosten. Die Widerrufsfiktion würde auch gegen die Verbraucherrechterichtlinie verstoßen. Im Übrigen würde die Widerrufsfiktion auch nicht dazu beitragen, dass sich die Fähigkeit, eine sachgerechte Entscheidung treffen zu können, während der Zäsur des „endgültigen Vertragsschlusses" verändern würde oder dass den betroffenen älteren Menschen trotz ihrer Leichtgläubigkeit oder ihrer Neigung, seltener Fehler einzugestehen, Zweifel in Bezug auf das getätigte Geschäft kommen würden. Es würde außerdem nicht verhindert werden, dass nach der Vertragsentscheidung häufig ausgeblendet werde, was die Vertragsentscheidung *ex post* als falsch charakterisieren würde.[1323] Zudem könnte weiterhin auf einen Widerruf verzichtet werden, weil z.B. die Betroffenen aufgrund eingeschränkter Mobilität nicht mehr in der Lage sind, den erhaltenen Gegenstand zurückzusenden. Durch die unterschiedlichen Varianten der Ausübung eines Widerrufsrechts bestünde letztlich auch die Gefahr, dass ungewollte Verträge nicht wirksam widerrufen werden, weil fehlerhaft davon ausgegangen wird, dass es einer Widerrufserklärung nicht bedarf.

II. Zustimmungserfordernis

1. *Inhalt, Zweck und Hintergrund*

Zum Schutz älterer Verbraucher könnte weiterhin, wie von *Wedemann* vorgeschlagen, die Etablierung einer zwingenden „Wartefrist" für Verträge in Betracht kommen, bei denen die Gefahr der Überrumpelung für ältere Menschen besonders groß ist.[1324] Die Wirksamkeit von außerhalb von Geschäftsräumen abgeschlossenen Verträgen sowie von solchen, die im Rahmen eines von dem Unternehmer zu Werbezwecken veranlassten Telefongesprächs geschlossen

1322 Eine Widerrufsfiktion im Allgemeinen, d.h. ohne Beschränkung auf außerhalb von Geschäftsräumen und telefonisch geschlossene Verträge, ablehnend *Höhne*, Widerrufsrecht, S. 77; *Eidenmüller*, AcP 210 (2010), 67, 97 („klar überschießende Tendenz") u. 104. Offengelassen von *Luzak*, J Consum Policy 37 (2014), 91, 108 f., im Hinblick auf eine Widerrufsfiktion bei Fernabsatzverträgen.

1323 A.A. *Eidenmüller*, AcP 210 (2010), 67, 104.

1324 Siehe *Wedemann*, NJW 2014, 3419, 3422.

werden, sollte davon abhängen, dass der Verbraucher der jeweiligen Situation (außerhalb von Geschäftsräumen oder telefonisch stattfindende Geschäftsverhandlung), die konkret terminiert werden muss, frühestens 24, spätestens 72 Stunden zuvor ausdrücklich zugestimmt hat.[1325] Da auch bei jüngeren Verbrauchern im Einzelfall ein zusätzlicher Schutz angebracht sein kann und zur Vermeidung einer diskriminierenden Wirkung des Zustimmungserfordernisses für ältere Menschen, würde das Zustimmungserfordernis unabhängig vom Alter des Verbrauchers gelten.[1326] Ohnehin ließe sich keine sachgerechte Altersgrenze finden.[1327]

Das Zustimmungserfordernis hätte beispielsweise zur Folge, dass ein Telefon- und Internetanbieter einen Verbraucher zunächst kontaktieren und um Erlaubnis bitten müsste, ob er ihm am nächsten Tag zu einer bestimmten Uhrzeit ein Angebot über den Abschluss eines Telefon- und Internetvertrags unterbreiten darf. Jegliche Details und Varianten der angetragenen Vertragsschlüsse wären dabei nicht zu nennen. Wenn der Unternehmer mehrere Angebote unterbreiten will (z.B. bei einer Kaffeefahrt), müsste er dies offenlegen und die Angebotsinhalte mit einer zusammenfassenden, möglichst präzisen Beschreibung (z.B. Verkaufsangebote zu Nahrungsergänzungsmitteln und Hilfsmitteln, die gegen Gelenkschmerzen helfen sollen) dem Verbraucher mitteilen.[1328] Bezweckt ist insofern nur, dass sich der Verbraucher auf Geschäftsverhandlungen über eine bestimmte Art von Geschäften vorbereiten kann. Der Verbraucher müsste der vorgeschlagenen Geschäftsverhandlung ausdrücklich zustimmen. Die Zustimmung ist dabei eine einseitige empfangsbedürftige Willenserklärung. Wenn der Verbraucher der vorgeschlagenen Geschäftsverhandlung nicht ausdrücklich zustimmt, kann das konkret angedachte Geschäft während der vorgeschlagenen Geschäftsverhandlung nicht wirksam zustande kommen. Gleiches gilt freilich, wenn der Verbraucher überhaupt nicht um eine Zustimmung gebeten wurde. Das Zustimmungserfordernis wäre daher eine Wirksamkeitsvoraussetzung für

1325 So der Vorschlag von *Wedemann*, NJW 2014, 3419, 3422 f.

1326 Vgl. *Wedemann*, NJW 2014, 3419, 3423; siehe auch *Rademacher*, Rechtsschutz zugunsten älterer Verbraucher, S. 265 f.

1327 Vgl. ausführlich zu den Bedenken gegenüber einem speziellen Älterenschutz und insbesondere zu der Schwierigkeit, eine sachgerechte Altersgrenze für Hochaltrige festzulegen, an deren Erreichen Rechtsfolgen geknüpft werden können, bereits die dementsprechenden Ausführungen zu einer beschränkten Geschäftsfähigkeit für Hochbetagte auf S. 237 ff.

1328 Vgl. bezüglich Kaffeefahrten hierzu § 56a Abs. 1 S. 1 Hs. 2 GewO als insofern ordnungsrechtliches Gegenstück.

den entsprechenden Vertrag und insofern vergleichbar mit der sog. „Button-Lösung“ nach § 312j Abs. 3 u. 4 BGB.[1329] Das Zustimmungserfordernis würde ähnlich wie eine Formvorschrift wirken und dementsprechend von Gesetzes wegen zur Unwirksamkeit des Vertrags führen. Insoweit ist die hier diskutierte Zustimmung auch von der wettbewerbsrechtlichen Einwilligung in Telefonwerbung (§ 7 Abs. 2 Nr. 2 UWG) zu unterscheiden. Ein trotz der Unwirksamkeit stattfindender Leistungsaustausch wäre nach den §§ 812 ff. BGB rückabzuwickeln. Eine Zustimmung, die auf einer Täuschung beruht, könnte nach § 123 Abs. 1 BGB angefochten werden.

Eine Heilung der Unwirksamkeit, wie sie bei Formvorschriften bisweilen möglich ist (vgl. z.B. § 311b Abs. 1 S. 2 BGB), indem z.B. der Verbraucher die Zustimmung nachträglich erteilt, wäre allerdings nicht zuzulassen, da anderenfalls der Schutzzweck des Zustimmungserfordernisses (Vermeidung einer Überrumpelungssituation) konterkariert werden würde.[1330] Verträge wären auch unwirksam, wenn der Unternehmer sich bei einer *von ihm ausgehenden* außerhalb von Geschäftsräumen oder telefonisch stattfindenden Geschäftsverhandlung, für welche keine Zustimmung vorliegt, „bestätigen“ lassen würde, dass der Verbraucher den Unternehmer hinsichtlich des Abschlusses des Geschäfts kontaktiert hat. Nur wenn der Verbraucher den Unternehmer zwecks Abschluss eines bestimmten Geschäfts tatsächlich *vor* dem Besuch ausdrücklich um einen Besuch gebeten oder den Unternehmer *von sich aus* telefonisch kontaktiert hat, könnte während dieser Situationen ein wirksamer Vertrag geschlossen werden, der eine entgeltliche Leistung des Unternehmers beinhaltet. In diesen Fällen bedarf es des Schutzes des Verbrauchers durch das Zustimmungserfordernis nicht. Sollte der Verbraucher einen Vertrag, der bei einer außerhalb von Geschäftsräumen oder telefonisch stattfindenden Geschäftsverhandlung geschlossen wird, für welche keine Zustimmung vorliegt, wirksam werden

---

1329 Nach § 312j Abs. 3 u. 4 BGB kommt ein Verbrauchervertrag im elektronischen Geschäftsverkehr, der eine entgeltliche Leistung des Unternehmers zum Gegenstand hat (Abs. 2), nur zustande, wenn der Unternehmer die Bestellsituation so gestaltet hat, dass der Verbraucher mit seiner Bestellung ausdrücklich bestätigt, dass er sich zu einer Zahlung verpflichtet; erfolgt die Bestellung über eine Schaltfläche, muss diese Schaltfläche gut lesbar mit nichts anderem als den Wörtern „zahlungspflichtig bestellen“ oder mit einer entsprechenden eindeutigen Formulierung beschriftet sein. Ausführlich zu dieser sog. „Button-Lösung“ z.B. MüKoBGB/*Wendehorst* BGB § 312j Rn. 21 ff.

1330 Vgl. hierzu auch MüKoBGB/*Wendehorst* BGB § 312j Rn. 35 (bezüglich der sog. „Button-Lösung“).

lassen wollen, bedürfte es dafür einer *neuen* Geschäftssituation. Der Verbraucher müsste den Unternehmer nach Beendigung der Geschäftsverhandlung (d.h. nach z.B. Verlassen der Wohnung, Auflegen des Telefons) von sich aus kontaktieren und ein Angebot auf Abschluss des Vertrags abgegeben und insofern eine neue Geschäftssituation schaffen. Hierdurch würde sichergestellt werden, dass der Verbraucher ohne direkte Beeinflussung des Unternehmers nochmal über das Geschäft nachdenken kann.

Durch das Zustimmungserfordernis würden unerwünschte Situationen für die älteren Verbraucher vermieden werden, da es das rechtzeitige Verlassen der Wohnung vor einem Besuch des Unternehmers oder das Nichtabheben des Telefons im Falle des Anrufs des Unternehmers ermöglicht.[1331] Womöglich bitten die Kontaktierten auch Dritte (Angehörige, Nachbarn) um Unterstützung bei dem geplanten Gespräch. Wenn der (ältere) Verbraucher am Tag vor der Teilnahme an einer Kaffeefahrt über die dort beabsichtigten Verkaufshandlungen ausdrücklich hingewiesen und um die diesbezügliche Zustimmung gebeten wird, nimmt der (ältere) Verbraucher möglicherweise nicht mehr an der Kaffeefahrt teil. Es würde verhindert werden, dass einige der typischen Situationen entstehen, in denen die Täuschungsanfälligkeit, die Geschäftsunerfahrenheit, das verringerte Informationsniveau oder die verringerte Widerstandskraft einiger älterer Menschen besonders leicht ausgenutzt werden kann.[1332] Wenn der Unternehmer den Verbraucher nicht kontaktiert und um Zustimmung zur Geschäftsverhandlung bittet oder die verweigerte Zustimmung missachtet, würde es zwar weiterhin zur Überrumpelungssituation kommen; dabei geschlossene Verträge wären allerdings unwirksam.

Anders als bei einer Einführung der soeben diskutierten Widerrufsfiktion, würde ein Verbraucherschutzbaustein geschaffen werden, der in einem früheren Stadium der Entwicklung einer Geschäftsbeziehung ansetzt und einem nicht hinreichend überlegten Geschäftsabschluss entgegensteuert.[1333] Wartefristen als Mittel des Verbraucherrechts sind im deutschen Recht nicht unbekannt (siehe § 17 Abs. 2a Nr. 2 BeurkG); innovativ wäre indes, die Nichteinhaltung der Frist durch die Unwirksamkeit des betreffenden Vertrags zu sanktionieren.[1334]

1331 Ebenso *Wedemann*, NJW 2014, 3419, 3423.

1332 Siehe ausführlich zu den Ursachen der erhöhten Gefahr für ältere Menschen, bei außerhalb von Geschäftsräumen geschlossenen Verträgen oder bei Fernabsatzverträgen ein wirtschaftlich nachteiliges Geschäft zu tätigen, S. 130 ff.

1333 Vgl. *Wedemann*, NJW 2014, 3419, 3422.

1334 *Wedemann*, NJW 2014, 3419, 3423.

Im Wettbewerbsrecht besteht für Telefonwerbung ein gesetzliches Einwilligungserfordernis (siehe § 7 Abs. 2 Nr. 2 UWG); für Haustürwerbung wird ein Einwilligungserfordernis in der Literatur zumindest diskutiert.[1335] Ein dementsprechender Verstoß bewirkt allerdings grundsätzlich nicht die Unwirksamkeit des infolge dieses Wettbewerbsverstoßes zustande gekommenen sog. Folgegeschäfts.[1336]

2. *Umsetzungs- und Ausgestaltungsprobleme*

a) *Eingriff in die Vertragsfreiheit des Verbrauchers, Art. 2 Abs. 1 GG*

Dadurch, dass diejenigen Verbraucher, die von dem Zustimmungserfordernis im konkreten Fall betroffen wären, bestimmte Verträge nicht so abschließen könnten, wie sie es mitunter wünschten, nämlich bereits beim „ersten Kontakt" mit dem Unternehmer, d.h. ohne Einholung der rechtzeitigen Zustimmung zur Geschäftsverhandlung, würden sie in ihrer durch Art. 2 Abs. 1 GG gewährleisteten Vertragsfreiheit beeinträchtigt. Das Zustimmungserfordernis würde jedoch dem Verhältnismäßigkeitsgrundsatz entsprechen, so dass die Beeinträchtigung der Vertragsfreiheit der Betroffenen gerechtfertigt wäre.

aa) *Legitimer Zweck, Geeignetheit und Erforderlichkeit*

Das Zustimmungserfordernis soll bezwecken, dass (ältere) Verbraucher seltener in Situationen geraten, in denen sie aufgrund einer Überrumpelung unüberlegt (wirtschaftlich nachteilige) Verträge abschließen. Zwar könnten sich unseriöse Unternehmer nicht an das Zustimmungserfordernis halten.[1337] In der Literatur wird befürchtet, dass das Zustimmungserfordernis nicht ohne Weiteres von den Verbrauchern verinnerlicht werden könnte, da es sich um eine komplizierte Detailregelung handeln würde.[1338] Hierdurch würde sich die Durchsetzung

1335 Siehe zu dieser Diskussion Köhler/Bornkamm/Feddersen/*Köhler* UWG § 7 Rn. 45 ff., insbesondere Rn. 45 u. 51.

1336 Vgl. Köhler/Bornkamm/Feddersen/*Köhler* UWG § 7 Rn. 50 (Haustürwerbung); *Rademacher*, Rechtsschutz zugunsten älterer Verbraucher, S. 128 ff. (Telefonwerbung). Siehe hierzu auch bereits S. 195 f.; auch im Übrigen überzeugt die Schutzqualität des UWG im vorliegenden Zusammenhang nicht, siehe S. 194 ff.

1337 Insofern kritisch hinsichtlich der Einführung eines Zustimmungserfordernisses bei Verträgen, die im Rahmen eines Werbetelefonats geschlossen werden, *Rademacher*, Rechtsschutz zugunsten älterer Verbraucher, S. 267.

1338 So wohl *Rademacher*, Rechtsschutz zugunsten älterer Verbraucher, S. 267 f., im Zusammenhang mit der Einführung eines Zustimmungserfordernisses bei Verträgen, die im Rahmen eines Werbetelefonats geschlossen werden.

gegenüber unseriösen Unternehmern erschweren.[1339] Der Regelungsinhalt ist jedoch einfach und nicht übermäßig detailliert: Im Rahmen einer *unerwarteten* Kontaktierung durch einen Unternehmer, z.B. an der eigenen Haustür oder per Telefonanruf, kann kein wirksamer Vertrag geschlossen werden. Einige Verbraucher würden daher Kenntnis über das Zustimmungserfordernis haben und infolgedessen nicht auf insofern unberechtigte Zahlungsaufforderungen eingehen. Eine Missachtung des Zustimmungserfordernisses würde sich daher für unseriöse Unternehmer nicht zwangsläufig lohnen. Unternehmer, die außerhalb von Geschäftsräumen oder mittels telefonischer Kontaktaufnahme Produkte vertreiben, sind ohnehin nicht per se unseriös und insofern gewillt, Rechtsverstöße zu begehen. Es würde daher durchaus Unternehmer geben, die sich an das Zustimmungserfordernis halten. Durch die Einholung der rechtzeitigen Zustimmung zur Geschäftsverhandlung würden Überrumpelungssituationen auch vermieden werden. Das Zustimmungserfordernis wäre daher zur Erreichung des bezweckten legitimen Ziels, Situationen, in denen (ältere) Verbraucher aufgrund einer Überrumpelung unüberlegt (wirtschaftlich nachteilige) Verträge abschließen, zu reduzieren, geeignet.[1340]

Es ist nicht ersichtlich, dass derartige Situationen mit einem anderen, gleich wirksamen, aber die Vertragsfreiheit der Betroffenen nicht oder zumindest weniger fühlbar einschränkenden Mittel verhindert werden könnten. Eine Steigerung des Abschreckungseffekts von den im UWG geregelten Maßnahmen, die gegen einen Unternehmer für den Fall, dass er telefonische Werbung gegenüber einem Verbraucher ohne dessen vorherige ausdrückliche Einwilligung betreibt, ergriffen werden können (siehe dazu § 7 Abs. 1 S. 1 u. Abs. 2 Nr. 2 i.V.m. §§ 8, 9, 10 u. 20 Abs. 1 Nr. 1 u. Abs. 2 UWG), wodurch Unternehmer zur Beachtung des Einwilligungserfordernisses angehalten werden könnten, wäre nicht gleich wirksam.[1341] Denn selbst wenn Unternehmer fortan nur noch nach vorheriger

1339 So ist wohl *Rademacher*, Rechtsschutz zugunsten älterer Verbraucher, S. 268, im Zusammenhang mit der Einführung eines Zustimmungserfordernisses bei Verträgen, die im Rahmen eines Werbetelefonats geschlossen werden, zu verstehen.

1340 A.A. wohl *Rademacher*, Rechtsschutz zugunsten älterer Verbraucher, S. 267, die die Praxistauglichkeit der Einführung eines Zustimmungserfordernisses bei Verträgen, die im Rahmen eines Werbetelefonats geschlossen werden, bezweifelt.

1341 Siehe dazu, dass sich viele Unternehmen in der Vergangenheit nicht an das Einwilligungserfordernis gehalten haben, S. 197; siehe dazu, dass der Abschreckungseffekt der Sanktionsvorschriften des UWG gleichwohl erhöht werden sollte, um unlautere Geschäftspraktiken gegenüber (älteren) Verbrauchern wirksamer zu bekämpfen, S. 353.

Einwilligung i.S.d. § 7 Abs. 2 Nr. 2 UWG (ältere) Verbraucher kontaktieren würden, könnten damit Überrumpelungssituation nicht vermieden werden.[1342] Diese Einwilligung ist nämlich unbefristet,[1343] so dass eine Vorbereitung auf die konkrete Situation nicht ermöglicht werden würde.[1344] Auch dementsprechende Verbesserungen wären nicht gleich wirksam, da außerhalb von Geschäftsräumen abgeschlossene Verträge von dem Einwilligungserfordernis nicht erfasst sind. Im Übrigen würde das Zustimmungserfordernis schon deshalb einen besseren Schutz bieten, da es bei einer Missachtung, anders als ein UWG-Verstoß, die Unwirksamkeit des Vertrags zur Folge hätte.

bb) Angemessenheit (Verhältnismäßigkeit im engeren Sinne)

Das Zustimmungserfordernis würde die Betroffenen nicht übermäßig belasten und wäre daher auch verhältnismäßig im engeren Sinne. Die Grenze der Zumutbarkeit würde gewahrt werden. Es würde den Betroffenen nämlich nicht vorgeschrieben werden, was sie zum Vertragsgegenstand machen dürfen und was nicht oder gar mit wem sie zu kontrahieren haben und mit wem nicht, so dass der Kernbereich der Vertragsfreiheit nicht tangiert wäre.[1345] Mit der Vertragsfreiheit gut verträglich sind ohnehin diejenigen Anforderungen an den Geschäftsverkehr, die über Formgebote und präventive Inhaltskontrolle den Willensprozess klären, bevor der Vertrag geschlossen wird.[1346] Formvorschriften greifen in die Vertragsfreiheit weit weniger ein als etwa eine richterliche Wirksamkeitskontrolle aus Gründen materieller Gerechtigkeit.[1347] Ferner sind Übervorteilung im Massenverkehr, das Ausnutzen der Vertragsfreiheit zur Schaffung von unentrinnbaren Ungleichgewichtslagen, Informationsgefälle und Missbrauchserfahrungen – mithin die bei außerhalb von Geschäftsräumen oder bei telefonisch geschlossenen Verträgen häufig bestehenden Gefahren für die Verbraucher – gute Gründe, die Ausübung von Freiheiten im Vertragsrecht an strengere Formgebote zu binden.[1348] Außerdem schützen Formvorschriften dadurch, dass sie

---

1342 Vgl. *Wedemann*, NJW 2014, 3419, 3423.

1343 Vgl. BGH GRUR 2018, 545, 548.

1344 Ebenso *Wedemann*, NJW 2014, 3419, 3423; insoweit kritisch zur gegenwärtigen Rechtslage wohl auch *Rademacher*, Rechtsschutz zugunsten älterer Verbraucher, S. 264.

1345 Siehe zum Kernbereich der Vertragsfreiheit *Di Fabio*, DNotZ 2006, 342, 349.

1346 Vgl. *Di Fabio*, DNotZ 2006, 342, 347.

1347 *Hagen*, DNotZ 2010, 644, 647; ähnlich *Di Fabio*, DNotZ 2006, 342, 350.

1348 Vgl. *Di Fabio*, DNotZ 2006, 342, 350.

Schutz vor Übereilung bieten, die Vertragsfreiheit vor sich selbst.[1349] Die gesetzliche Regelung zum Zustimmungserfordernis wäre eine „Formvorschrift im weiteren Sinne“, da sie die Wirksamkeit eines Vertragsschlusses von der *formalen* Voraussetzung der vorherigen Zustimmung des Verbrauchers zur baldigen Aufnahme von Geschäftsverhandlungen abhängig machen würde.

Im Gegenzug für die geringe Beeinträchtigung ihrer Vertragsfreiheit würden die (älteren) Verbraucher ein effektives Verbraucherschutzinstrument erhalten. Für diejenigen Verbraucher, die einen zusätzlichen Schutz nicht benötigen, würden die mit dem Zustimmungserfordernis verbundenen Restriktionen keine allzu schwerwiegende Einschränkung darstellen.[1350] Die in der Literatur geäußerten Bedenken an der Nichtigkeitsfolge wegen der fehlenden Wahlmöglichkeit hinsichtlich der Gültigkeit des Vertrags überzeugen nicht, da die Betroffenen, sofern sie das Geschäft tatsächlich abschließen wollten, den Unternehmer diesbezüglich jederzeit von sich aus kontaktieren könnten; in der unangekündigten Geschäftsverhandlung könnten sie um dementsprechende Kontaktdaten bitten.[1351]

b) Eingriff in die „Unternehmerfreiheit“, Art. 12 Abs. 1, Art. 14 Abs. 1 u. Art. 2 Abs. 1 GG

Das Zustimmungserfordernis würde in die Vertragsfreiheit (Art. 2 Abs. 1 GG), welche zur „unternehmerischen Freiheit“ gehört, eingreifen. Dieser Eingriff wäre aber auch aus Sicht der Unternehmer verhältnismäßig und damit gerechtfertigt. Insofern gilt weitestgehend das bereits zum Eingriff in die Vertragsfreiheit des Verbrauchers Festgestellte entsprechend. Den Unternehmern würde auch keine übermäßige Belastung durch das Erfordernis der vorherigen Kontaktaufnahme auferlegt werden. Mit den heutzutage zur Verfügung stehenden Kommunikationsmöglichkeiten wäre es ohne nennenswerten zeitlichen und finanziellen Aufwand möglich, die Verbraucher um einen baldigen Termin für ein Geschäftsgespräch zu bitten.[1352] Insbesondere die Unternehmer, die ihre

---

1349 Vgl. *Hagen*, DNotZ 2010, 644, 647.

1350 *Wedemann*, NJW 2014, 3419, 3423.

1351 Siehe zu derartigen Bedenken *Rademacher*, Rechtsschutz zugunsten älterer Verbraucher, S. 267 f., hinsichtlich der Einführung eines Zustimmungserfordernisses bei Verträgen, die im Rahmen eines Werbetelefonats geschlossen werden.

1352 A.A. wohl *Rademacher*, Rechtsschutz zugunsten älterer Verbraucher, S. 267, die die Einführung eines Zustimmungserfordernisses bei Verträgen, die im Rahmen eines Werbetelefonats geschlossen werden, u.a. aufgrund des anwachsenden bürokratischen Aufwands für Unternehmer, welcher zu höheren Verbraucherkosten führen würde, ablehnt.

Produkte im Telefonvertrieb vertreiben, würden offensichtlich bereits über die notwendigen Einrichtungen und personellen Ressourcen verfügen. Nicht zuletzt gibt es gesetzliche Widerrufsrechte, die aus Gründen des Verbraucherschutzes Auswirkungen auf die Wirksamkeit eines Vertrags zwischen einem Unternehmer und einem Verbraucher haben, obgleich darin ein Eingriff in die Vertragsfreiheit des Unternehmers liegt.[1353] Ein Widerrufsrecht belastet den Unternehmer sogar mehr, da er die „Unwirksamkeit des Vertrags" (die Vertragsrückabwicklung), anders als im Rahmen des Zustimmungserfordernisses, nicht beeinflussen kann.

Es ist auch nicht ersichtlich, dass das Zustimmungserfordernis in verfassungswidriger Weise in Art. 12 Abs. 1 GG oder in Art. 14 Abs. 1 GG eingreifen würde.[1354] Eine bestimmte Geschäftstätigkeit würde nicht verboten werden. Umsatzeinbußen sind im vorliegenden Zusammenhang unbeachtlich. Die Unternehmer, deren Geschäftsmodell auf dem Ausnutzen eines Überrumpelungseffekts aufbauen, sind nach hier vertretener Ansicht ohnehin nicht schutzwürdig. Auch ist das Mehr an Verbraucherschutz durch das Zustimmungserfordernis zu berücksichtigen. Es ist daher unerheblich, dass sich das Zustimmungserfordernis beträchtlich auf die wirtschaftliche Existenz unseriös agierender Unternehmer auswirken könnte. Unseriöse Unternehmer könnten im Übrigen fortan seriös agieren und insofern weiterhin im Direktvertrieb tätig werden. Seriöse Unternehmer würden in ihrer Geschäftstätigkeit nicht wesentlich beeinträchtigt werden. Verbraucher würden durchaus der seitens eines seriösen Unternehmens angetragenen Geschäftsverhandlung zustimmen, so dass ein wirksamer Vertragsschluss möglich wäre. Verbraucher können auch ohne Ausnutzen einer Überrumpelungssituation und in redlicher Weise zu einem Vertragsschluss bewegt werden. Bei fehlender Zustimmung bestünde die Möglichkeit, dass die Verbraucher im Anschluss an ein gleichwohl stattfindendes Gespräch den Unternehmer von sich aus zwecks Abschluss des Vertrags kontaktieren. Eine vollständige Einstellung des Direktvertriebs wäre daher nicht zu erwarten.

1353 Auch der Fortbestand eines rechtswirksam abgeschlossenen privatrechtlichen Vertrags wird durch Art. 2 Abs. 1 GG grundrechtlich geschützt, so dass ein Widerrufsrecht, durch dessen Ausübung der Fortbestand eines Vertrags beendigt werden kann, in die Vertragsfreiheit des Widerrufsgegners eingreift, vgl. bereits S. 331.

1354 Vgl. insofern auch die Erwägungen zu einem Verstoß gegen die „Unternehmerfreiheit" infolge einer Einführung der Widerrufsfiktion auf S. 333 f.

c) *Beeinträchtigung des Geschäftsverkehrs*

Durch das Zustimmungserfordernis würde der rechtsgeschäftliche Verkehr zwar beeinträchtigt werden. Ein spontaner Vertragsschluss bei einer außerhalb von Geschäftsräumen oder im Rahmen eines Werbeanrufs telefonisch stattfindenden Geschäftsverhandlung wäre nämlich nicht mehr möglich. Es müsste zunächst um Zustimmung zur Aufnahme von baldigen Geschäftsverhandlungen gebeten werden und anschließend müssten mindestens 24 Stunden gewartet werden, bis das Geschäft wirksam abgeschlossen werden könnte; es käme zu einer zeitlichen Verzögerung des Vertragsschlusses. Die zeitliche Verzögerung wäre jedoch unwesentlich. Außerdem wäre die Einholung der Zustimmung nicht mit besonderen Mühen verbunden und das Zustimmungserfordernis wäre auf bestimmte Arten von Geschäften beschränkt. Bei telefonisch geschlossenen Verträgen dauert der gesamte Geschäftsprozess überdies ohnehin meist mehrere Tage, da es in der Regel nicht zur sofortigen Vertragserfüllung (Leistungsaustausch) kommt. Für die Betroffenen würde sich die „Wartefrist" in diesen Fällen daher in einen mehrtägigen Geschäftsprozess eingliedern, wodurch sie nicht wesentlich auffallen würde. Nicht zuletzt könnte der Verbraucher den Unternehmer jederzeit von sich aus kontaktieren, wodurch die Wartefrist entbehrlich und ein wirksamer Vertragsschluss möglich werden würde. Im Übrigen wäre eine Beeinträchtigung des Geschäftsverkehrs auch nicht wegen einer inakzeptablen Unsicherheit hinsichtlich der Wirksamkeit des Vertrags zu befürchten, da die Unternehmer durch sorgfältige Dokumentation der Einholung der Zustimmung Wirksamkeitszweifeln hinreichend vorbeugen könnten.[1355]

d) *Unvereinbarkeit mit der Rechtssystematik des Vertragsrechts*

Das Nichteinholen der Zustimmung des Verbrauchers zu einer außerhalb von Geschäftsräumen oder im Rahmen eines Werbeanrufs telefonisch stattfindenden Geschäftsverhandlung, um diesen zu überrumpeln und ihn dadurch in eine Situation eingeschränkter Entscheidungsfreiheit zu bringen, hätte kraft Gesetzes die Unwirksamkeit des daraus resultierenden Vertrags zur Folge. Hiergegen lassen sich systematische Bedenken äußern.[1356] Denn eine Willenserklärung ist, wie die Vorschriften über die Anfechtung und über das Widerrufsrecht des

1355 Vgl. *Wedemann*, NJW 2014, 3419, 3423.

1356 Siehe zu vergleichbaren systematischen Bedenken gegen die Bestätigungslösung im Sinne der oben auf S. 329 f. aufgezeigten Gesetzesentwürfe *Rademacher*, Rechtsschutz zugunsten älterer Verbraucher, S. 256; *Starke*, VuR 2018, 211, 214; *Ohly*, GRUR-Prax 2011, 366 f.; *Köhler*, NJW 2009, 2567, 2570.

Verbrauchers zeigen, selbst dann wirksam, wenn sie von einem Willensmangel beeinflusst oder in einer Situation eingeschränkter Entscheidungsfreiheit abgegeben wurde.[1357] Selbst wenn der Vertrag auf einem Betrug oder einer Drohung beruht, ist er deswegen nicht automatisch unwirksam.[1358] Das Zustimmungserfordernis würde dazu in Widerspruch stehen, da eine fehlende Zustimmung unmittelbar, d.h. ohne Ausübung des Anfechtungs- oder Widerrufsrechts, zur Unwirksamkeit des Vertrags führen würde. Der Widerspruch wird umso deutlicher, als eine fehlende Zustimmung auch dann zur Unwirksamkeit des Vertrags führen würde, wenn die Entscheidungsfreiheit des Verbrauchers nicht eingeschränkt wurde, weil sich der Unternehmer bei der Geschäftsverhandlung redlich und sehr verbraucherfreundlich verhalten hat.

Diese systematischen Bedenken vermögen zwar grundsätzlich zu überzeugen. Wie *Wedemann* allerdings zutreffend hervorhebt, verlangt die Verbesserung des Schutzes alter Menschen „neue Ideen, die sich nicht an bestehende Konzepte klammern, sondern offen für die Erschließung neuer Pfade sind".[1359] Dem ist umso mehr zuzustimmen, als sich herausgestellt hat, dass der Schutz älterer Menschen im Geschäftsverkehr durch § 123 Abs. 1 BGB sowie durch die verbraucherrechtlichen Widerrufsrechte derzeit nicht ausreichend ist und die Zahl schutzbedürftiger älterer Menschen weiter zunehmen wird. Außerdem wäre es nach hier vertretener Ansicht nicht nachvollziehbar, der Gesetzessystematik einen höheren Stellenwert beizumessen als dem Schutz des Einzelnen vor Übervorteilung im Geschäftsverkehr; zumal nicht nur einzelne, sondern viele Menschen dieses Schutzes bedürfen. Im Übrigen bestehen auch sonstige („echte") Formvorschriften, deren Missachtung die Unwirksamkeit des Geschäfts zur Folge hat, obgleich z.B. eine Anfechtung nicht ausgeübt wurde oder die Betroffenen im konkreten Fall keines Schutzes bedürfen.

e) Verstoß gegen EU-Recht

Nach Art. 8 Abs. 6 S. 1 RL 2011/83/EU kann für Fernabsatzverträge, die telefonisch geschlossen werden, die vollständige Wirksamkeit des Vertrags davon

1357 Vgl. *Ohly*, GRUR-Prax 2011, 366.

1358 *Ohly*, GRUR-Prax 2011, 366; vgl. auch *Rademacher*, Rechtsschutz zugunsten älterer Verbraucher, S. 256; *Starke*, VuR 2018, 211, 214; *Köhler*, NJW 2009, 2567, 2570.

1359 Siehe *Wedemann*, NJW 2014, 3419, 3423. In diese Richtung wohl auch *Rademacher*, Rechtsschutz zugunsten älterer Verbraucher, S. 243 f., die davon spricht, dass die Frage altersspezifischer Modifikationen „unter neuen Vorzeichen" zu behandeln sei, wenn es um die gezielte Stärkung der Rechtsposition älterer Menschen geht.

abhängig gemacht werden, dass der Unternehmer dem Verbraucher das Angebot bestätigt hat und der Verbraucher das Angebot unterzeichnet oder sein schriftliches Einverständnis dem Unternehmer übermittelt hat. Wenn der europäische Gesetzgeber in der Verbraucherrechterichtlinie nur bei Fernabsatzverträgen, die telefonisch geschlossen werden, hervorhebt, dass eine bestimmte Wirksamkeitsvoraussetzung festgelegt werden darf, bringt er damit seinen Willen zum Ausdruck, dass weder andere Wirksamkeitsvoraussetzungen für diese Verträge[1360] noch die aufgeführte oder andere Wirksamkeitsvoraussetzungen bei einer anderen Vertragsart, auf die die Richtlinie ebenfalls Anwendung findet, mit Ausnahme der von der Richtlinie verpflichtend vorgegebenen Wirksamkeitsvoraussetzungen, vorgeschrieben werden dürfen. Anderenfalls wäre die Hervorhebung sinnlos, da sie dann nur das betonen würde, was ohnehin gelten würde.[1361] Die Erstreckung dieses Umkehrschlusses auf außerhalb von Geschäftsräumen geschlossene Verträge lässt sich damit begründen, dass der europäische Gesetzgeber aufgrund der einheitlichen und bisweilen parallelen Ausgestaltung der Regelungen für außerhalb von Geschäftsräumen geschlossene Verträge und Fernabsatzverträge (vgl. Art. 6–16 RL 2011/83/EU) von der hiesigen Auslegungsmöglichkeit hätte ausgehen können. Es ist daher zu vermuten, dass der europäische Gesetzgeber für außerhalb von Geschäftsräumen geschlossene Verträge eine Öffnungsklausel für spezielle Wirksamkeitsvoraussetzungen bei diesen Verträgen vorgesehen hätte, wenn er solche tatsächlich erlauben wollen würde.

Nur die hiesige Auslegung des Art. 8 Abs. 6 S. 1 RL 2011/83/EU würde auch dem Harmonisierungsgedanken der Richtlinie entsprechen. Die Verbraucher und Unternehmer sollen sich auf einen einheitlichen Rechtsrahmen stützen können, der auf eindeutig definierten Rechtskonzepten basiert und bestimmte Aspekte von Verträgen zwischen Unternehmen und Verbrauchern unionsweit regelt; durch die vollständige Harmonisierung soll die Rechtssicherheit gesteigert werden (siehe Erwägungsgrund 7 der RL 2011/83/EU). Auch das bessere Funktionieren des Binnenmarktes ist bezweckt (siehe Art. 1 u. Erwägungsgrund 4–7 der RL 2011/83/EU). Beides wäre nicht gewährleistet, wenn jeder Mitgliedstaat unterschiedliche, von der Richtlinie abweichende Wirksamkeitsvoraussetzungen für außerhalb von Geschäftsräumen geschlossene Verträge und Fernabsatzverträge aufstellen könnte, die über die ohnehin schon bestehenden nationalen

---

1360 Ähnlich *Unger*, ZEuP 2012, 270, 287.

1361 Vgl. auch *Unger*, ZEuP 2012, 270, 287 (bezogen auf telefonisch geschlossene Verträge).

Unterschiede hinsichtlich des Zustandekommens eines Vertrags im Allgemeinen noch hinausgehen. Solange es – wie bisher – an einer ausdrücklichen Vorgabe des EU-Gesetzgebers zur Einführung des Zustimmungserfordernisses fehlt, ist die Regelung in Art. 8 Abs. 6 S. 1 RL 2011/83/EU dementsprechend so zu verstehen, dass die Wirksamkeit von außerhalb von Geschäftsräumen geschlossenen Verträgen und von Fernabsatzverträgen nicht von der vorherigen Zustimmung des Verbrauchers zu einer außerhalb von Geschäftsräumen oder im Rahmen eines Werbeanrufs telefonisch stattfindenden Geschäftsverhandlung abhängig gemacht werden darf.

Das Zustimmungserfordernis würde von dieser Vorgabe abweichen und damit gegen EU-Recht verstoßen. Denn den Mitgliedstaaten der EU ist es verboten, sofern die Verbraucherrechterichtlinie nichts anderes bestimmt, von den Bestimmungen dieser Richtlinie abweichende innerstaatliche Rechtsvorschriften aufrechtzuerhalten oder einzuführen (vgl. Art. 4 RL 2011/83/EU). Dies gilt auch, obgleich es durch das Zustimmungserfordernis zu einem Mehr an Verbraucherschutz kommen würde. Anders als das lange Zeit geltende Minimalstandardprinzip,[1362] erlaubt das Vollharmonisierungsprinzip der Verbraucherrechterichtlinie nämlich strengere Verbraucherschutzvorgaben nur, wenn dies die Richtlinie, woran es hier insoweit fehlt (vgl. *argumentum e contrario* Art. 8 Abs. 6 S. 1 RL 2011/83/EU), ausdrücklich zulässt (vgl. Art. 4 Hs. 2 RL 2011/83/EU).

An dem EU-Rechtsverstoß würde auch Art. 3 Abs. 5 RL 2011/83/EU nichts ändern, nach dem die Verbraucherrechterichtlinie das allgemeine innerstaatliche Vertragsrecht, wie die Bestimmungen über die Wirksamkeit, das Zustandekommen oder die Wirkungen eines Vertrags, soweit Aspekte des allgemeinen Vertragsrechts in dieser Richtlinie nicht geregelt werden, unberührt lässt. Das Zustimmungserfordernis wird nämlich in der Richtlinie über Art. 8 Abs. 6 S. 1 RL 2011/83/EU gewissermaßen „mitgeregelt“ (siehe soeben). Jedenfalls aber würde das Zustimmungserfordernis, auch wenn es sich dabei um eine Voraussetzung für einen wirksamen Vertragsschluss handelt, kein allgemeines Vertragsrecht i.S.v. Art. 3 Abs. 5 RL 2011/83/EU darstellen. Das Zustimmungserfordernis wäre nämlich eine *zusätzliche* Voraussetzung für die Wirksamkeit lediglich ganz *bestimmter Verträge*. Mit allgemeinem innerstaatlichem Vertragsrecht dürften aber nur Regelungen gemeint sein, die nicht auf eine bestimmte Vertragsart beschränkt sind.[1363] In Erwägungsgrund 14 der RL 2011/83/EU

1362 Siehe zur Umstellung vom Minimalstandard- auf das Vollharmonisierungsprinzip *Tonner*, VuR 2013, 443.

1363 Anders wohl *Unger*, ZEuP 2012, 270, 287.

werden dementsprechend z.B. Regelungen für den Fall einer fehlenden Einigung oder zur Sittenwidrigkeit genannt, nicht aber die Zustimmung zu einer außerhalb von Geschäftsräumen oder telefonisch stattfindenden Geschäftsverhandlung als Wirksamkeitsvoraussetzung eines daraus resultierenden Vertrags. Der europäische Gesetzgeber wird daher wohl eher an Regelungen wie die §§ 145 ff. BGB gedacht haben, also an Regelungen, die die *grundsätzlichen* Voraussetzungen eines Vertragsschlusses (z.B. zwei korrespondierende Willenserklärungen) festlegen. Ein anderes Verständnis würde im Übrigen wiederum dem Harmonisierungsgedanken zuwiderlaufen, da ansonsten die nationalen Gesetzgeber mit der Begründung, dass es sich um allgemeines Vertragsrecht handelt, spezielle Wirksamkeitsvoraussetzungen für ganz bestimmte Verbraucherverträge schaffen könnten und dadurch zu einem unterschiedlichen Verbraucherschutzniveau beitragen würden.

3. *Ergebnis*

Die vorherige Zustimmung des Verbrauchers zu einer außerhalb von Geschäftsräumen oder im Rahmen eines Werbeanrufs telefonisch stattfindenden Geschäftsverhandlung als Wirksamkeitsvoraussetzung der aus dieser Verhandlung resultierenden Verträge zu verlangen, würde zum Schutz von (älteren) Verbrauchern beitragen. Das Zustimmungserfordernis wäre verfassungsgemäß und würde den Geschäftsverkehr auch nicht wesentlich beeinträchtigen. Den systematischen Bedenken am Zustimmungserfordernis ist das Bedürfnis nach effektivem Verbraucherschutz, wofür innovative Lösungen erforderlich sind, entgegenzuhalten. Das Zustimmungserfordernis würde für jeden Verbraucher unabhängig von seinem Alter gelten; auch faktisch wären ältere Menschen vermutlich nicht derart überwiegend betroffen, dass ein etwaiger Hilfsbedarf bei älteren Menschen impliziert werden würde. Eine Diskriminierung älterer Menschen wäre wohl nicht zu befürchten.

Allein der Verstoß des Zustimmungserfordernisses gegen die Verbraucherrechterichtlinie steht einer wirksamen Einführung entgegen. Da das Zustimmungserfordernis nach hier vertretener Ansicht ohne wesentliche negative Nebenwirkungen zu einer Verbesserung des Verbraucherschutzes beitragen würde, sollte der europäische Gesetzgeber eine dementsprechende Überarbeitung der Verbraucherrechterichtlinie in Betracht ziehen.[1364] Der europäische

---

1364 Die Etablierung einer zwingenden Wartefrist (für telefonisch geschlossene Verträge) hingegen ablehnend *Rademacher*, Rechtsschutz zugunsten älterer Verbraucher, S. 267.

Gesetzgeber würde damit den mit der Einführung individueller Rechtsschutzmaßnahmen gegen unlautere Geschäftspraktiken (vgl. Art. 11a RL 2005/29/EG, eingeführt mit Wirkung vom 7. Januar 2020) eingeschlagenen Weg, von langjährigen Grundsätzen allmählich abzuweichen, fortsetzen.

III. Reformierung des § 10 UWG[1365]

Ein wichtiger Ansatz zum Schutz älterer Menschen vor Übervorteilung im rechtsgeschäftlichen Verkehr liegt in der Reduzierung unlauterer Geschäftspraktiken. Hierzu könnte eine „verbraucherfreundliche" Überarbeitung des § 10 UWG beitragen. Durch eine dementsprechende Überarbeitung würde die Verurteilung eines unlauter handelnden Unternehmers – und zwar auch bei nur geringen Schäden auf Seiten der (älteren) Verbraucher – wahrscheinlicher werden.[1366] Dies würde einen Abschreckungseffekt bewirken mit der Folge, dass unlautere Geschäftspraktiken abnehmen.[1367]

1. Abkehr vom Vorsatzerfordernis

Es könnte das Vorsatzerfordernis des § 10 Abs. 1 UWG gestrichen und auch die Sanktionierung eines grob fahrlässigen Verstoßes ermöglicht werden.[1368] Zielrichtung von § 10 UWG ist es, die Wettbewerbsvorteile, die sich ein Unternehmer durch eine wettbewerbswidrige Handlung verschafft hat, zu neutralisieren.[1369]

1365 Eine ausführliche Auseinandersetzung mit den Möglichkeiten und Grenzen einer Nachbesserung des § 10 UWG findet sich z.B. bei *Herzberg*, Gewinnabschöpfung, S. 547 ff.; *van Raay*, Gewinnabschöpfung, S. 527 ff.

1366 Vgl. auch *Henning-Bodewig*, GRUR 2015, 731, 737.

1367 Vgl. auch *Gofferjé*, Vertragsschluss und Vertragsbindung bei Verbraucherverträgen, S. 238; *Henning-Bodewig*, GRUR 2015, 731, 737.

1368 Auch fordern eine Ausweitung des § 10 Abs. 1 UWG auf grob fahrlässige Verstöße *Rademacher*, Rechtsschutz zugunsten älterer Verbraucher, S. 190; *Kohte*, VuR 2018, 321, 322; *Meller-Hannich*, NJW-Beil 2018, 29, 30; *Gofferjé*, Vertragsschluss und Vertragsbindung bei Verbraucherverträgen, S. 239 u. 303; *Hörmann*, VuR 2016, 81, 82; *Alexander*, WRP 2012, 1190, 1195 u. 1197; *van Raay*, Gewinnabschöpfung, S. 567, 618, 620, 639 f. u. 650; *Gärtner*, GRUR Int 2008, 817, 818; *ders.*, Gewinnabschöpfungsanspruch, S. 99 ff., 108, 160, 179 u. 184 f.; *Dittschar*, Gewinnabschöpfung, S. 67, 262 u. 278, siehe dort auch S. 274. *Gsell/Rübbeck*, ZfPW 2018, 409, 429, erachten eine niedrigschwellige Verbandsklage auf Gewinnabschöpfung als rechtspolitisch unbedingt wünschenswert, womit wohl auch der Verzicht auf das Vorsatzerfordernis gemeint sein dürfte.

1369 MüKoUWG/*Micklitz/Namyslowska* UWG § 10 Rn. 45; siehe auch *Rademacher*, Rechtsschutz zugunsten älterer Verbraucher, S. 188 f.

Ob der unlauter agierende Unternehmer fahrlässig oder vorsätzlich gehandelt hat, ist für das Bestehen des erlangten Wettbewerbsvorteils unerheblich.[1370] Ferner ähnelt der Anspruch aus § 10 Abs. 1 UWG systematisch betrachtet einem Anspruch aus ungerechtfertigter Bereicherung.[1371] Auch dort kommt es für die Herausgabepflicht grundsätzlich nicht darauf an, ob der Bereicherte Kenntnis von der Unrechtmäßigkeit (Mangel des rechtlichen Grundes) der Bereicherung hat. Entscheidend ist, dass sich das Vorliegen von grober Fahrlässigkeit einfacher nachweisen lässt als ein vorsätzliches Handeln des Unternehmers.[1372]

Verfassungsrechtliche Bedenken wären mit der Einbeziehung von grob fahrlässigen Verstößen in den Anwendungsbereich des § 10 Abs. 1 UWG nicht verbunden. Denn der Gewinnabschöpfungsanspruch greift nicht in eine schützenswerte Rechtsposition des Anspruchsschuldners ein; dem Unternehmer wird gerade nichts genommen, was er rechtmäßig erlangt hat.[1373] Der Entzug einer nicht schützenswerten Rechtsposition im Falle eines grob fahrlässigen Handelns, d.h. wenn die im Verkehr erforderliche Sorgfalt in ungewöhnlich hohem Maß verletzt wurde und dasjenige unbeachtet geblieben ist, was im gegebenen Fall jedem hätte einleuchten müssen,[1374] würde jedenfalls keinen unverhältnismäßigen Eingriff in ein verfassungsrechtlich geschütztes Recht des unlauter handelnden Unternehmers darstellen.[1375] Anders wäre dies bei der Einbeziehung von (einfach) fahrlässigen Verstößen[1376] oder bei der Einführung einer sogar

1370 MüKoUWG/*Micklitz/Namyslowska* UWG § 10 Rn. 80; siehe auch *Fehlemann*, Die Verfolgung von Streuschädigungen, S. 229 f.

1371 Vgl. OLG Stuttgart VuR 2007, 70, 72.

1372 Vgl. *Rademacher*, Rechtsschutz zugunsten älterer Verbraucher, S. 191; *van Raay*, Gewinnabschöpfung, S. 567; *Gärtner*, Gewinnabschöpfungsanspruch, S. 103.

1373 Vgl. MüKoUWG/*Micklitz/Namyslowska* UWG § 10 Rn. 45; *Herzberg*, Gewinnabschöpfung, S. 513, 549 u. 553; *Dittschar*, Gewinnabschöpfung, S. 263.

1374 Siehe BGH NJW 2009, 681, 684; 1994, 2093, 2094.

1375 Auch *Dittschar*, Gewinnabschöpfung, S. 67; *Köhler*, GRUR 2003, 265 f., gehen (wohl) bei der Erstreckung des Gewinnabschöpfungsanspruchs auf grob fahrlässig begangene UWG-Verstöße davon aus, dass der Grundsatz der Verhältnismäßigkeit gewahrt wäre.

1376 Eine Ausweitung des § 10 Abs. 1 UWG auf (einfach) fahrlässige Verstöße fordert *Herzberg*, Gewinnabschöpfung, S. 548 f., 557 ff., 561, 567 u. 635, siehe dort auch z.B. S. 552, die insofern diesbezüglich auch keine verfassungsrechtlichen Bedenken hegt (vgl. dort S. 550); *Fehlemann*, Die Verfolgung von Streuschädigungen, S. 231, 237, 239, 241 u. 243.

verschuldensunabhängigen Haftung[1377], weshalb dementsprechende Vorschläge nach hier vertretener Ansicht nicht überzeugen.[1378] Es wäre nämlich unverhältnismäßig, wenn Unternehmern, die ohnehin schon mit immer strengeren Verhaltens- und Informationspflichten belastet werden, noch zusätzliche, unkalkulierbare Zahlungs- und Prozessrisiken aufgebürdet werden würden.[1379]

Anders als die Einführung einer Beweislastumkehr,[1380] würde sich die hier vorgeschlagene Lösung auch besser in das UWG-Haftungsregime der §§ 9 u. 10 UWG einfügen, da in § 9 UWG gerade keine Beweislastumkehr geregelt ist.[1381] Negative Auswirkungen für die Gesellschaft wären nicht zu erwarten: der Geschäftsverkehr würde mangels Auswirkungen einer Einbeziehung von grob fahrlässigen Verstößen in den Anwendungsbereich des § 10 Abs. 1 UWG auf den Bestand eines Vertrags nicht beeinträchtigt werden, ältere Menschen würden nicht diskriminiert werden und der Gesellschaft würden keine zusätzlichen Kosten entstehen. Die Änderung des § 10 Abs. 1 UWG würde auch nicht gegen EU-Recht verstoßen; vielmehr haben die Mitgliedstaaten verhältnismäßige und abschreckende Sanktionen zu bestimmen, die bei UWG-Verstößen zu verhängen sind (vgl. Art. 13 Abs. 1 RL 2005/29/EG).

1377 Dies fordernd *Sieme*, Gewinnabschöpfungsanspruch, S. 247 f., 250 u. 263. Auch *Fezer* forderte zeitweise eine verschuldensunabhängige Gewinnabschöpfung (siehe *Fezer*, Zweckgebundene Verwendung von Unrechtserlösen, S. 48 u. 56), spricht sich mittlerweile aber dafür aus, das Vorsatzerfordernis durch die „Verschuldensform der (groben) Fahrlässigkeit" zu ersetzen (siehe Fezer/Büscher/Obergfell/*Fezer*, Dritter Teil – Einleitung Rn. 523 (Fn. 391).

1378 Siehe auch *van Raay*, Gewinnabschöpfung, S. 544 u. 615; *Köhler*, GRUR 2003, 265. Mit Zweifeln an der Verhältnismäßigkeit einer verschuldensunabhängigen Gewinnabschöpfung auch *Herzberg*, Gewinnabschöpfung, S. 549.

1379 Vgl. *Rademacher*, Rechtsschutz zugunsten älterer Verbraucher, S. 190; *Dittschar*, Gewinnabschöpfung, S. 66; *Köhler*, GRUR 2003, 265. Kritisch zum Argument „unkalkulierbarer Zahlungs- und Prozessrisiken" *Fehlemann*, Die Verfolgung von Streuschädigungen, S. 230.

1380 Dies fordernd *Gärtner*, Gewinnabschöpfungsanspruch, S. 106 ff., 160, 180 u. 185. Einer hilfsweisen bzw. zusätzlichen Einführung einer Beweislastumkehr zugeneigt *Rademacher*, Rechtsschutz zugunsten älterer Verbraucher, S. 191 f. Als Alternative für eine verschuldensunabhängige Gewinnabschöpfung eine auch (einfache) Fahrlässigkeit einbeziehende Beweislastumkehr erwägend *Fezer*, Zweckgebundene Verwendung von Unrechtserlösen, S. 48 u. 56 f.

1381 Vgl. auch *Herzberg*, Gewinnabschöpfung, S. 551. Dies gilt gleichermaßen für eine nur hilfsweise oder zusätzliche Einführung einer Beweislastumkehr.

2. Herausgabe des Gewinns an ein zweckgebundenes Sondervermögen des Bundes

Der nach § 10 Abs. 1 UWG eingezogene Unrechtsgewinn könnte (zumindest teilweise) zweckgebunden dem Verbraucherschutz zur Verfügung gestellt werden.[1382] Hierdurch würde für die Verbände ein Anreiz zur Prozessführung geschaffen werden.[1383] Es entspricht auch dem herrschenden Gerechtigkeitsempfinden, wenn zugunsten des Verbraucherschutzes die Gelder verwendet würden, die Unternehmen in unlauterer Weise durch Verstoß gegen Verbraucherschutzrecht erwirtschaftet haben. Würde der eingezogene Betrag zur Finanzierung von auf § 10 UWG gestützten Klagen verwendet werden, hätten die klagenden Verbände bei umstrittenen Fallgestaltungen und schwieriger rechtlicher Bewertung außerdem genügend Ressourcen für kostspielige Gerichtsverfahren.[1384] Durch den Verzicht auf die Abschöpfung an den Bundeshaushalt würde sich der Gewinnabschöpfungsanspruch überdies besser in das privatrechtliche Sanktionssystem des Lauterkeitsrechts einfügen.[1385]

1382 Den nach § 10 Abs. 1 UWG eingezogenen Unrechtsgewinn (zumindest teilweise) zweckgebunden dem Verbraucherschutz zur Verfügung zu stellen, fordern ebenfalls *Meller-Hannich*, NJW-Beil 2018, 29, 30; *Henning-Bodewig*, GRUR 2015, 731, 737; *Fezer*, Zweckgebundene Verwendung von Unrechtserlösen, S. 17, 51 f., 56 u. 58; *van Raay*, Gewinnabschöpfung, S. 636 f., 639 f. u. 652. Siehe auch *Kohte*, VuR 2018, 321, 322; *Podszun/Busch/Henning-Bodewig*, Behördliche Durchsetzung des Verbraucherrechts, S. 306; *Hörmann*, VuR 2016, 81, 82; *Alexander*, WRP 2012, 1190, 1197; *Fehlemann*, Die Verfolgung von Streuschädigungen, S. 238; *Gärtner*, GRUR Int 2008, 817, 819; *ders.*, Gewinnabschöpfungsanspruch, S. 158 f., 161, 182 u. 184 f.; *Dittschar*, Gewinnabschöpfung, S. 264 f. u. 278. Zugeneigt wohl auch *Rademacher*, Rechtsschutz zugunsten älterer Verbraucher, S. 194 u. 197. *Herzberg*, Gewinnabschöpfung, S. 571 u. 636, fordert eine anteilige Beteiligung des klagenden Verbands am abgeschöpften Betrag mit der Maßgabe, diesen anteiligen Betrag für satzungsmäßige Zwecke zu verwenden; siehe dazu dort auch z.B. S. 575. Ablehnend hingegen wohl *Sieme*, Gewinnabschöpfungsanspruch, S. 262.

1383 Ebenso *Meller-Hannich*, NJW-Beil 2018, 29, 30; siehe auch *Rademacher*, Rechtsschutz zugunsten älterer Verbraucher, S. 197; vgl. auch *Dittschar*, Gewinnabschöpfung, S. 62 f. u. 264 f.

1384 Vgl. *Henning-Bodewig*, GRUR 2015, 731, 737. Siehe dazu, dass Verfahren im Rahmen der Gewinnabschöpfung kostspielig sein können, auch *Rademacher*, Rechtsschutz zugunsten älterer Verbraucher, S. 190 u. 193.

1385 Vgl. auch *Herzberg*, Gewinnabschöpfung, S. 572; *Alexander*, WRP 2012, 1190, 1196.

Wie von *Fezer* vorgeschlagen, sollte daher ein zweckgebundenes Sondervermögen[1386] des Bundes in Form eines nichtrechtsfähigen Fondsvermögens errichtet werden, in welches der nach § 10 Abs. 1 UWG abgeschöpfte Gewinn einfließt.[1387] Der abgeschöpfte Betrag sollte dabei nicht zunächst an den klagenden Verband gehen, damit dieser davon die ihm entstandenen Kosten abziehen kann.[1388] Denn hierdurch würden unerwünschte Mehraufwendungen der Verbände entstehen.[1389] Das Fondsvermögen sollte zur ständigen finanziellen Ausstattung bestimmter Verbraucherschutzorganisationen verwendet werden; den Verbraucherschutzorganisationen sollten aus dem Sondervermögen Finanzmittel zur Erfüllung ihrer satzungsgemäßen Aufgaben zur Verfügung gestellt werden.[1390] Außerdem könnten aus dem Sondervermögen Kredite für die Erhebung von Gewinnabschöpfungsklagen gewährt werden.[1391] Die Kredite könnten allein unter der Bedingung vergeben werden, dass ein Obsiegen nicht abwegig ist.[1392]

1386 Sondervermögen sind rechtlich unselbstständige abgesonderte Teile des Bundes- oder Landesvermögens, die der Erfüllung bestimmter Aufgaben dienen und deswegen getrennt vom sonstigen Bundes- oder Landesvermögen verwaltet werden, siehe *von Lewinski/Burbat*, HaushGrG, HGrG § 18 Rn. 9.

1387 Siehe *Fezer*, Zweckgebundene Verwendung von Unrechtserlösen, S. 51 ff., siehe dort auch S. 17 u. 56; diesem Vorschlag von *Fezer* zugeneigt *Rademacher*, Rechtsschutz zugunsten älterer Verbraucher, S. 197 f. Die Errichtung eines Fonds, in welchen die aus den nach § 10 UWG erzielten Beträge fließen, fordern auch *Fehlemann*, Die Verfolgung von Streuschädigungen, S. 237 ff. u. 241 ff.; *Dittschar*, Gewinnabschöpfung, S. 264, siehe dort auch S. 274 u. 278. Ablehnend *Herzberg*, Gewinnabschöpfung, S. 579 (Fn. 2057), vgl. dort auch S. 578 f. zur dementsprechenden Kritik; gegen die Einrichtung eines Fonds auch *Sieme*, Gewinnabschöpfungsanspruch, S. 261.

1388 Dies fordern hingegen *Fehlemann*, Die Verfolgung von Streuschädigungen, S. 237 ff., 241 u. 243; *Dittschar*, Gewinnabschöpfung, S. 266, 274 u. 278. Kritisch zu einem „Vorab-Selbstabzug“ *Herzberg*, Gewinnabschöpfung, S. 573 f.

1389 Vgl. *Fezer*, Zweckgebundene Verwendung von Unrechtserlösen, S. 50.

1390 So der Vorschlag von *Fezer*, Zweckgebundene Verwendung von Unrechtserlösen, S. 52 f., siehe dort auch S. 17 u. 56.

1391 Einen öffentlichen Sonderfonds als Finanzierungsmöglichkeit von Kollektivklagen vorschlagend Europäischer Verbraucherverband, Stellungnahme Kollektiver Rechtsschutz, S. 20 f. Auch *Dittschar*, Gewinnabschöpfung, S. 265 u. 278, fordert ausdrücklich die Verwendung der abgeschöpften Gewinne zur Finanzierung weiterer Abschöpfungsklagen. Grundsätzlich gegen projektbezogene Zuwendungen hingegen *Fezer*, Zweckgebundene Verwendung von Unrechtserlösen, S. 52 f.

1392 Vgl. auch *Dittschar*, Gewinnabschöpfung, S. 265 f. Vgl. hierzu auch Europäischer Verbraucherverband, Stellungnahme Kollektiver Rechtsschutz, S. 21 (zu einer vergleichbaren Finanzierungsmöglichkeit von Kollektivklagen in Quebec).

Die jeweilige Verbraucherschutzorganisation müsste den Kredit nur im Falle des Obsiegens und nur bis zur Höhe des ausgezahlten Betrags zurückzahlen.[1393] Gerade wenn das Prozesskostenrisiko entfällt, würde ein Anreiz zur Prozessführung geschaffen werden.[1394] Durch das Mehr an erfolgreichen Gewinnabschöpfungsklagen würde sich der Fonds teilweise selbst finanzieren.[1395] Im Übrigen könnten auch Teile der Bußgelder, die im Falle von Verbraucherrechtsverstößen verhängt werden (z.B. nach § 20 UWG), in das Sondervermögen fließen.[1396]

Die Errichtung und soeben beschriebene Verwendung eines Sondervermögens des Bundes ist im Verhältnis zur in der Literatur bisweilen vertretenen Ansicht, Prozessfinanzierungsmodelle bei Gewinnabschöpfungsklagen, bei denen der Prozessfinanzierer einen Teil des abgeschöpften Gewinns erhält, – entgegen der Ansicht des BGH[1397] –

1393 Im Ergebnis ähnlich *Fehlemann*, Die Verfolgung von Streuschädigungen, S. 238 f., der eine nachträgliche Kostenübernahme durch den Fonds im Falle einer gerichtlichen Niederlage befürwortet. Bei aussichtsreichen Verfahren fordert auch *Sieme*, Gewinnabschöpfungsanspruch, S. 262 ff., jedoch unter Beibehaltung der Abführung an den Bundeshaushalt, die Übernahme des Prozesskostenrisikos mittels der abgeschöpften Gewinne. Vgl. hierzu auch Europäischer Verbraucherverband, Stellungnahme Kollektiver Rechtsschutz, S. 21 (zu einer vergleichbaren Finanzierungsmöglichkeit von Kollektivklagen in Quebec).

1394 Vgl. auch *Rademacher*, Rechtsschutz zugunsten älterer Verbraucher, S. 196.

1395 Ähnlich *Dittschar*, Gewinnabschöpfung, S. 265.

1396 So für die von europäischen Institutionen verhängten Bußgelder und einen europäischen Fonds, der dazu verwendet werden könnte, die Kosten für grenzüberschreitende Klagen oder Klagen mit europäischer Dimension abzudecken, Europäischer Verbraucherverband, Stellungnahme Kollektiver Rechtsschutz, S. 21. Ähnlich führen *Podszun/Busch/Henning-Bodewig*, EuCML 2019, 75, 81, die Möglichkeit auf, Bußgelder zu verwenden, um die Einhaltung von Vorschriften oder die Forschung im Bereich des Verbraucherschutzes zu fördern; siehe auch *dies.*, Behördliche Durchsetzung des Verbraucherrechts, S. 306 („Förderung verbraucherrechtlicher Zwecke"). Siehe zur Abführung von Anteilen der Bußgelder bei Kartellrechtsverstößen an ein Sondervermögen „Verbraucherschutz" *Fezer*, Zweckgebundene Verwendung von Unrechtserlösen, S. 54 f., siehe dort auch S. 57.

1397 Der BGH hat in zwei aktuellen Fällen entschieden, dass eine Gewinnabschöpfungsklage eines Verbraucherverbands, die von einem gewerblichen Prozessfinanzierer finanziert wird, dem im Fall des Obsiegens eine Vergütung in Form eines Anteils am abgeschöpften Gewinn zugesagt wird, dem Verbot unzulässiger Rechtsausübung aus § 242 BGB widerspricht und unzulässig ist, siehe BGH NJW 2019, 2691; 2018, 3581. Dem BGH uneingeschränkt zustimmend *Köhler*, WRP 2019, 139, 145.

zuzulassen,[1398] vorzugswürdig. Das Prozesskostenrisiko würde bei der Gewährung eines Kredits aus dem Sondervermögen, der nur im Falle des Obsiegens zurückzuzahlen wäre, ebenso entfallen.[1399] Es würde ebenfalls zu mehr Gewinnabschöpfungsklagen kommen, ohne dass die Gefahr von allzu spekulativen Verfahren entstünde.[1400] Im Übrigen könnten die Verbraucherschutzorganisationen einen Beitrag zur Höhe ihrer finanziellen Ausstattung leisten, die sie allgemein zur Verbraucherarbeit verwenden können. Außerdem würde der abgeschöpfte Gewinn vollständig dem Verbraucherschutz zugutekommen.[1401] Die hiervon ausgehende Anreizwirkung dürfte ungleich höher sein, als wenn der abgeschöpfte Gewinn weiterhin an den Bundeshaushalt abzugeben wäre.[1402] Zudem wäre der Gewinnabschöpfungsanspruch im Rahmen der hier vorgeschlagenen Lösung nicht an sachfremde Motive in Form der beabsichtigten Einnahmeerzielung des Finanzierers durch dessen Beteiligung am Gewinn geknüpft.[1403] Zwar würden auch die Verbraucherschutzorganisationen die Gewinnabschöpfungsklage zwecks Erzielung von finanziellen Zuwendungen aus dem Sondervermögen erheben und insofern mit dem Motiv der Einnahmeerzielung handeln; diese Möglichkeit soll gerade den Anreiz zur Klageerhebung geben. Allerdings würde

---

1398 Dies fordern *Rademacher*, Rechtsschutz zugunsten älterer Verbraucher, S. 195 u. 197; wohl auch *Halfmeier*, WuB 2019, 28, 30. Zugeneigt auch *Herbold*, VuR 2019, 273, 274; *Stadler*, JZ 2019, 203, 205 f.; *Wolf/Flegler*, NJW 2018, 3586.

1399 Vgl. insofern zur Prozessfinanzierung durch Dritte nur *Rademacher*, Rechtsschutz zugunsten älterer Verbraucher, S. 197.

1400 Vgl. insofern zur Prozessfinanzierung durch Dritte nur *Rademacher*, Rechtsschutz zugunsten älterer Verbraucher, S. 195 u. 197.

1401 Hierin liegt im Übrigen auch ein entscheidender Vorteil gegenüber der von *Herzberg*, Gewinnabschöpfung, S. 571, vorgeschlagenen bloß quotalen unmittelbaren Beteiligung der klagenden Verbände.

1402 Vgl. auch *Rademacher*, Rechtsschutz zugunsten älterer Verbraucher, S. 197.

1403 Siehe hierzu die berechtigte Kritik des BGH NJW 2019, 2691, 2693 f.; 2018, 3581, 3584 f., dass es rechtsmissbräuchlich ist, wenn der Gewinnabschöpfungsanspruch aus dem (nach Ansicht des Gesetzgebers) als sachfremd anzusehenden Motiv des Prozessfinanzierers, Einnahmen aus dem abgeschöpften Gewinn zu erzielen, geltend gemacht wird; dieser Kritik ebenfalls zustimmend *Köhler*, WRP 2019, 139, 140. Nach *Stadler*, JZ 2019, 203, 205, ist die Gewinnerzielungsabsicht des Prozessfinanzierers hingegen nicht sachfremd; ebenso wohl *Scherer*, VuR 2020, 83, 86. Das sachfremde Motiv des Finanzierers als unerheblich betrachtend Schleswig-Holsteinisches Oberlandesgericht, Urteil vom 14. Februar 2019 – 2 U 4/18 –, juris; *Rademacher*, Rechtsschutz zugunsten älterer Verbraucher, S. 196 f., siehe dort auch S. 195 (Fn. 792); *Herbold*, VuR 2019, 273, 274.

diese Einnahmeerzielung nicht der Erwirtschaftung eines Gewinns auf Seiten eines Unternehmens (Kommerzialisierung der Gewinnabschöpfungsklage)[1404] dienen, sondern ausschließlich der Finanzierung von Verbraucherarbeit und ist daher nach hier vertretener Ansicht nicht als sachfremd zu bewerten.[1405]

Verfassungsrechtliche Bedenken, den abgeschöpften Gewinn zweckgebunden dem Verbraucherschutz zur Verfügung zu stellen, bestehen nicht.[1406] Dies liegt nicht zuletzt daran, dass die Unternehmer vor einer missbräuchlichen Geltendmachung der Ansprüche auf Gewinnabschöpfung infolge der gesteigerten Anreizwirkung durch die §§ 226, 242 BGB ausreichend geschützt wären.[1407] Im Übrigen wäre die Kreditvergabe an die Bedingung geknüpft, dass ein Obsiegen nicht abwegig ist. Auch im Hinblick auf die Errichtung eines Sondervermögens des Bundes bestehen keine verfassungsrechtlichen Bedenken. Das Grundgesetz eröffnet ausdrücklich die Möglichkeit, ein Sondervermögen des Bundes zu errichten (vgl. Art. 110 Abs. 1 S. 1 GG). Eine Grundrechtsverletzung wäre mit der Verwaltung der abgeschöpften Gewinne in einem zweckgebundenen Sondervermögen des Bundes auch nicht verbunden. Durch die Errichtung eines zweckgebundenen Sondervermögens wäre außerdem sichergestellt, dass der abgeschöpfte Gewinn tatsächlich nur für den festgelegten Zweck (finanzielle Förderung bestimmter Verbraucherschutzorganisationen) verwendet werden darf.[1408] Bei einer unmittelbaren Herausgabe des abgeschöpften Gewinns an die

---

1404 Vgl. hierzu BGH NJW 2019, 2691, 2693.

1405 So ist wohl auch BGH NJW 2019, 2691, 2694, zu verstehen, wenn ausdrücklich ausgeführt wird, dass die Einnahmerzielung *Dritter* der Intention des Gesetzgebers widerspricht und rechtsmissbräuchlich ist; siehe insofern auch BGH NJW 2018, 3581, 3585. Anders wohl Schleswig-Holsteinisches Oberlandesgericht, Urteil vom 14. Februar 2019 – 2 U 4/18 –, juris, wenn es betont, dass mit der Ausgestaltung des § 10 UWG lediglich zur Vermeidung unnötiger Prozesse ein finanzieller Anreiz für die klagebefugten Verbände zur Führung von Gewinnabschöpfungsklagen in der Form vermieden werden sollte, dass *sie* aus den abgeschöpften Gewinnen eigene Einnahmen generieren (siehe dort Rn. 92); ebenso wohl *Herbold*, VuR 2019, 273, 274; *Stadler*, JZ 2019, 203, 204 f.; siehe insofern auch BT-Drucks. 15/1487, S. 25.

1406 Vgl. insoweit die Erwägungen zur fehlenden schützenswerten Rechtsposition der unlauter handelnden Unternehmer im Zusammenhang mit der Erstreckung des § 10 Abs. 1 UWG auf grob fahrlässige Verstöße auf S. 354.

1407 Von einem ausreichenden Missbrauchsschutz, u.a. wegen der §§ 226, 242 BGB, geht (auch) *Alexander*, WRP 2012, 1190, 1196 f., aus.

1408 Ähnlich *Fezer*, Zweckgebundene Verwendung von Unrechtserlösen, S. 51.

klagende Verbraucherschutzorganisation,[1409] die zwar eine größere Anreizwirkung zeitigen dürfte,[1410] bestünde nämlich eine Kontrolle über die zweckentsprechende Verwendung nur über das Rechtsregime der Klageberechtigung.[1411] Ein nichtrechtsfähiges Sondervermögen im Sinne eines Fonds, das von der öffentlichen Hand verwaltet wird, stellt ferner eine rechtssichere und kostengünstige Organisationsvariante dar.[1412] Die Errichtung eines Sondervermögens des Bundes würde daher auch nicht den Staatshaushalt übermäßig belasten, zumal der abgeschöpfte Gewinn – neben dem primären Zweck der Finanzierung der Verbraucherarbeit – auch zur Deckung der Kosten der Verwaltung des Sondervermögens verwendet werden könnte. Umstände, die einer Umsetzung des hiesigen Vorschlags entgegenstehen würden, sind nicht ersichtlich.

3. Ergebnis

In § 10 Abs. 1 UWG sollte auf das Vorsatzerfordernis verzichtet werden. Außerdem sollte der herauszugebende Gewinn in ein Sondervermögen des Bundes fließen, welches zur finanziellen Förderung der Verbraucherschutzorganisationen sowie zur Gewährung von Krediten für die Erhebung von Gewinnabschöpfungsklagen verwendet wird.

IV. Ergebnis zu den Reformvorschlägen im Bereich des Verbraucherschutzrechts

§ 10 UWG sollte entsprechend dem nachfolgenden Formulierungsvorschlag reformiert werden.[1413]

1409 Dies vorschlagend *Herzberg*, Gewinnabschöpfung, S. 571 ff., siehe dort auch z.B. S. 575; *Alexander*, WRP 2012, 1190, 1197.

1410 Vgl. *Herzberg*, Gewinnabschöpfung, S. 579.

1411 Vgl. auch *Fezer*, Zweckgebundene Verwendung von Unrechtserlösen, S. 51. Den Aspekt des Missbrauchsschutzes im Vergleich zur höheren Anreizwirkung einer unmittelbaren Herausgabe an die klagenden Verbände hingegen weniger gewichtend *Herzberg*, Gewinnabschöpfung, S. 579 (Fn. 2057), siehe dort auch S. 574.

1412 Vgl. *Fezer*, Zweckgebundene Verwendung von Unrechtserlösen, S. 52. A.A. wohl *Herzberg*, Gewinnabschöpfung, S. 579 („erheblichen und kostenträchtigen Verwaltungsaufwand"), siehe dort aber auch Fn. 2057.

1413 Darüber hinaus kann freilich nahezu jede weitere Maßnahme zur Verbesserung des Verbraucherschutzes auch zu einer Verbesserung des Schutzes älterer Menschen vor Übervorteilung im Geschäftsverkehr beitragen. Nach hier vertretener Ansicht handelt es sich bei den genannten Möglichkeiten zur Verbesserung des Verbraucherschutzes um solche, die insbesondere und sehr effektiv zum Schutz älterer Menschen

1. *Formulierungsvorschlag*

§ 10 UWG-E Gewinnabschöpfung

(1) Wer vorsätzlich oder grob fahrlässig eine nach § 3 oder § 7 unzulässige geschäftliche Handlung vornimmt und hierdurch zu Lasten einer Vielzahl von Abnehmern einen Gewinn erzielt, kann von den gemäß § 8 Absatz 3 Nummer 2 bis 4 zur Geltendmachung eines Unterlassungsanspruchs Berechtigten auf Herausgabe dieses Gewinns an das Sondervermögen des Bundes nach Absatz 1a in Anspruch genommen werden.

(1a) Die Bundesregierung errichtet ein zweckgebundenes Sondervermögen zur Verwaltung und zweckentsprechenden Verwendung des nach Absatz 1 herauszugebenden Gewinns. Das Sondervermögen ist zweckgebunden zur Finanzierung der Verbraucherarbeit der Verbraucherschutzorganisationen zu verwenden. Das Bundesministerium der Justiz und für Verbraucherschutz hat durch Rechtsverordnung, die nicht der Zustimmung des Bundesrates bedarf, die näheren Bestimmungen zur Verwaltung und zweckentsprechenden Verwendung des Sondervermögens festzulegen. In der Rechtsverordnung sind insbesondere die Anforderungen, die eine förderungsberechtigte Verbraucherschutzorganisation zu erfüllen hat, und die Maßstäbe der Verteilung des Sondervermögens festzulegen.

(2) Auf den Gewinn sind die Leistungen anzurechnen, die der Schuldner auf Grund der Zuwiderhandlung an Dritte oder an den Staat erbracht hat. Soweit der Schuldner solche Leistungen erst nach Erfüllung des Anspruchs nach Absatz 1 erbracht hat, erstattet die zuständige Stelle des Bundes dem Schuldner den abgeführten Gewinn aus dem Sondervermögen nach Absatz 1a in Höhe der nachgewiesenen Zahlungen zurück.

(3) Beanspruchen mehrere Gläubiger den Gewinn, so gelten die §§ 428 bis 430 des Bürgerlichen Gesetzbuchs entsprechend.

(4) Die Gläubiger haben der zuständigen Stelle des Bundes über die Geltendmachung von Ansprüchen nach Absatz 1 Auskunft zu erteilen. Sie können von der zuständigen Stelle des Bundes Erstattung der für die Geltendmachung des Anspruchs erforderlichen Aufwendungen aus dem Sondervermögen nach Absatz 1a verlangen, soweit sie vom Schuldner keinen Ausgleich erlangen können. Der Erstattungsanspruch ist auf die Höhe des an das Sondervermögen nach Absatz 1a abgeführten Gewinns beschränkt.

(5) Zuständige Stelle im Sinn der Absätze 2 und 4 ist das Bundesamt für Justiz.

Vorstehender Vorschlag ist an die Formulierungsvorschläge von *Fezer* zur Änderung des § 10 UWG und zur Errichtung eines zweckgebundenen Sondervermögens des Bundes, in welches der nach § 10 Abs. 1 UWG abzuschöpfende Gewinn

---

beitragen können und zudem nicht auf Spezialfälle, wie z.B. unerlaubte Telefonwerbung und den daraus resultierenden Verträgen (ausführlich zu diesbezüglichen Verbesserungsmöglichkeiten im vorliegenden Kontext *Rademacher*, Rechtsschutz zugunsten älterer Verbraucher, S. 181 ff.), beschränkt sind. Um eine unbegrenzte Ausdehnung der Untersuchung zu vermeiden, war diese Eingrenzung erforderlich.

einfließen soll, angelehnt.[1414] Der hiesige Vorschlag ist aber aus Gründen der Verhältnismäßigkeit nicht verschuldensunabhängig ausgestaltet.[1415] Auch wird bezüglich des Erlasses einer Rechtsverordnung zur Festlegung von Bestimmungen über die Verwaltung und Verwendung des Sondervermögens aus Gründen der Rechtsklarheit kein Ermessen gewährt.[1416] Mit der Normierung einer Schätzungsbefugnis nach § 287 ZPO bezüglich des abzuschöpfenden Betrags[1417] wäre angesichts des insoweit regelmäßig ausgeübten Ermessens der Gerichte und der in der Literatur unumstrittenen Anwendbarkeit des § 287 ZPO auch für die Gewinnabschöpfung kein Effektivitätsgewinn zu erwarten.[1418] Die von *Fezer* überdies vorgeschlagene Erweiterung des Tatbestands durch die Ersetzung der Voraussetzung „zu Lasten einer Vielzahl von Abnehmern einen Gewinn erzielt" durch die Voraussetzung „einen rechtswidrigen Erlös erlangt"[1419] ist im vorliegenden Zusammenhang von geringerer Bedeutung. Mit dem vorliegen den Vorschlag sollen die Probleme, die in der Praxis bestehen und ursächlich für die geringe Anzahl der erhobenen und erfolgreich beendeten Gewinnabschöpfungsklagen sind, beseitigt werden. Die Vorschrift soll an praktischer Effektivität gewinnen, um Unternehmer erfolgreich vor der Vornahme unlauterer Handlungen gegenüber (älteren) Verbrauchern abzuschrecken. Insofern ging es nur um die Verbesserung der „echten Stolpersteine" der Vorschrift in der Praxis: dem Vorsatzerfordernis und dem geringen finanziellen Anreiz zur

1414 Siehe zu diesen Vorschlägen *Fezer*, Zweckgebundene Verwendung von Unrechtserlösen, S. 57 f., siehe dort S. 52, 56 u. 57 zur Begründung der Formulierungsvorschläge.

1415 Siehe insofern aber *Fezer*, Zweckgebundene Verwendung von Unrechtserlösen, S. 56 f., der mittlerweile allerdings von einem verschuldensunabhängigen Gewinnabschöpfungsanspruch Abstand genommen hat (siehe bereits Fn. 1377).

1416 Siehe insofern aber *Fezer*, Zweckgebundene Verwendung von Unrechtserlösen, S. 58. Siehe hierzu auch noch sogleich S. 367.

1417 Siehe *Fezer*, Zweckgebundene Verwendung von Unrechtserlösen, S. 56 f. Dies wird im Übrigen auch von anderen immer wieder gefordert, siehe statt aller etwa *Dittschar*, Gewinnabschöpfung, S. 264 u. 274.

1418 *van Raay*, Gewinnabschöpfung, S. 595; zustimmend *Rademacher*, Rechtsschutz zugunsten älterer Verbraucher, S. 193 (Fn. 776), die sich aber wohl dennoch für die Normierung der Schätzungsbefugnis ausspricht (siehe dort S. 192 f.).

1419 Siehe *Fezer*, Zweckgebundene Verwendung von Unrechtserlösen, S. 56 ff. Änderungen im Zusammenhang mit dem Tatbestandsmerkmal „Gewinn" werden auch von anderen immer wieder gefordert, siehe statt aller etwa *Dittschar*, Gewinnabschöpfung, S. 262 ff., 274 u. 278.

Klageerhebung.[1420] Allein durch eine dementsprechende Verbesserung der Vorschrift wäre nämlich bereits mit einer deutlichen Erhöhung der Anzahl erhobener und erfolgreich beendeter Gewinnabschöpfungsklagen und damit mit der Erhöhung des Abschreckungseffekts des § 10 UWG zu rechnen. Deshalb, aber insbesondere auch, da es bereits eine Vielzahl von umfänglichen allgemeinen Untersuchungen zu der Regelung des § 10 UWG gibt,[1421] war eine über die Verbesserung der „echten Stolpersteine" hinausgehende Auseinandersetzung mit der Vorschrift nicht angestrebt.[1422]

2. *Erläuterung des Formulierungsvorschlags*

a) *Zur Änderung des § 10 Abs. 1 UWG*

In § 10 Abs. 1 UWG werden hinter dem Wort „vorsätzlich" die Wörter „oder grob fahrlässig" eingeführt. Hierdurch wird die Sanktionierung eines grob fahrlässigen Verstoßes ermöglicht. Nach hier vertretener Ansicht sollte nämlich von dem strengen Vorsatzerfordernis eines Gewinnabschöpfungsanspruchs nach § 10 Abs. 1 UWG abgesehen werden. Der Begriff der groben Fahrlässigkeit ist nach den in der Rechtsprechung entwickelten Grundsätzen zu bestimmen. Grobe Fahrlässigkeit liegt danach vor, wenn die im Verkehr erforderliche Sorgfalt in ungewöhnlich hohem Maße verletzt wurde, wenn ganz naheliegende Überlegungen nicht angestellt oder beiseite geschoben wurden und dasjenige unbeachtet geblieben ist, was im gegebenen Fall sich jedem aufgedrängt hätte.[1423] Nach hiesiger Auffassung sollte außerdem der abgeschöpfte Gewinn dem Verbraucherschutz zugutekommen. Daher enthält § 10 Abs. 1 UWG-E die Formulierung „Herausgabe dieses Gewinns an das Sondervermögen des Bundes

---

1420 Siehe zu dieser treffenden Formulierung *Herzberg*, Gewinnabschöpfung, S. 372, vgl. dort auch auf S. 307 u. 512 (auch Fn. 1865). Siehe insofern auch die hiesigen Ausführungen auf S. 199 f.

1421 Siehe hierzu *Herzberg*, Gewinnabschöpfung, S. 52, mit einer diesbezüglichen Auflistung (siehe dort Fn. 73).

1422 Vorliegend findet sich daher auch keine Auseinandersetzung mit den vielfältigen Überlegungen aus der Literatur zu einer *weitergehenden* Reformierung der Vorschrift und auch nicht mit den diesbezüglichen Reformvorschlägen (siehe zu solchen z.B. *Herzberg*, Gewinnabschöpfung, S. 589 f.; *Dittschar*, Gewinnabschöpfung, S. 274 f.). Die hiesigen Ausführungen sind insofern – nunmehr vor dem Hintergrund, ältere Menschen vor unlauteren Geschäftspraktiken zu schützen – mehr als ein erneuter „Fingerzeig" zu verstehen, die Regelung des § 10 UWG endlich einer Anpassung hin zu einer effektiven Abschreckungsnorm zu unterziehen.

1423 Siehe BGH NJW 1994, 2093, 2094.

nach Absatz 1a“ anstelle von „Herausgabe dieses Gewinns an den Bundeshaushalt“.[1424] In § 10 Abs. 1a UWG-E ist die ausschließlich verbraucherschutzbezogene Verwendung des Sondervermögens geregelt.

b) Zur Einführung des § 10 Abs. 1a UWG-E

aa) § 10 Abs. 1a S. 1 u. 2 UWG-E

§ 10 Abs. 1a S. 1 UWG-E verpflichtet die Bundesregierung als „Spitze der Exekutive“ ein zweckgebundenes Sondervermögen zur Verwaltung und zweckentsprechenden Verwendung des nach Abs. 1 herauszugebenden Gewinns zu errichten.[1425] § 10 Abs. 1a S. 1 UWG-E stellt damit die für die Errichtung eines Sondervermögens des Bundes notwendige gesetzliche Grundlage dar.[1426] Ein zweckgebundenes Sondervermögen ist eine geeignete Möglichkeit zur Verwaltung des abgeschöpften Gewinns. Die Zweckbindung stellt sicher, dass der abgeschöpfte Gewinn nicht willkürlich verwendet werden kann. In § 10 Abs. 1a S. 2 UWG-E wird dementsprechend festgelegt, dass das Sondervermögen nur zur Finanzierung der Verbraucherarbeit der Verbraucherschutzorganisationen verwendet werden darf, damit der nach § 10 Abs. 1 UWG-E herauszugebende Gewinn allein dem Verbraucherschutz zugutekommt.[1427]

bb) § 10 Abs. 1a S. 3 u. 4 UWG-E

§ 10 Abs. 1a S. 3 UWG-E verpflichtet das BMJV zum Erlass einer Rechtsverordnung über die näheren Bestimmungen zur Verwaltung und zweckentsprechenden Verwendung des Sondervermögens und dient damit als notwendige gesetzliche Ermächtigungsgrundlage für den Erlass einer Rechtsverordnung (vgl. Art. 80 Abs. 1 S. 1 GG).[1428] Das Instrument der Rechtsverordnung ermöglicht,

---

1424 Vgl. auch *Fezer*, Zweckgebundene Verwendung von Unrechtserlösen, S. 56.

1425 Siehe zur Stellung der Bundesregierung BVerfG NJW 1959, 1723, 1724.

1426 Siehe dazu, dass Sondervermögen in der Regel nur durch oder auf Grund eines Gesetzes errichtet werden können, *von Lewinski/Burbat*, HaushGrG, HGrG § 18 Rn. 10. Vgl. auch *Fezer*, Zweckgebundene Verwendung von Unrechtserlösen, S. 58.

1427 Ebenfalls eine gesetzliche Bestimmung der Zweckbindung des Sondervermögens vorsehend *Fezer*, Zweckgebundene Verwendung von Unrechtserlösen, S. 52 u. 58.

1428 Vgl. auch *Fezer*, Zweckgebundene Verwendung von Unrechtserlösen, S. 57; siehe dort S. 52 zur Wahl eines untergesetzlichen Regelungsregimes in Form einer Rechtsverordnung zur Regelung der Verwaltung des Sondervermögens. Ein Gesetz zur Regelung eines Fonds, in welchen die nach § 10 UWG abzuschöpfenden Gewinne einfließen sollten, befürworten hingegen *Fehlemann*, Die Verfolgung von

dass der spezifische Sachverstand des BMJV im Bereich des Verbraucherschutzes, z.B. bei der Bestimmung der Vorgaben über die Voraussetzungen der förderungsberechtigten Verbraucherschutzorganisationen (vgl. § 10 Abs. 1a S. 4 UWG-E), genutzt werden kann.[1429]

§ 10 Abs. 1a S. 3 UWG-E verstößt nicht gegen das Demokratie- (Art. 20 Abs. 1 u. 2 GG) und Rechtsstaatsprinzip (Art. 20 Abs. 3 GG).[1430] Bestimmungen zur Verwaltung und zweckentsprechenden Verwendung eines Sondervermögens des Bundes, in welches die nach § 10 Abs. 1 UWG-E abgeschöpften Gewinne einfließen und anschließend an bestimmte Verbraucherschutzorganisationen zum Zwecke ihrer finanziellen Förderung weitergeleitet sowie zur Gewährung von Krediten für die Erhebung einer Gewinnabschöpfungsklage verwendet werden sollen, gehören nämlich zu dem Sachbereich, der mittels Rechtsverordnung geregelt werden kann. Nur Angelegenheiten von besonderer Wichtigkeit, z.B. sehr intensive Grundrechtseingriffe oder die Harmonisierung miteinander kollidierender Grundrechte, müssen zwingend durch ein Parlamentsgesetz geregelt werden.[1431] Regelungen zur Organisation und Verwendung eines Sondervermögens des Bundes sind aber keine wesentlichen Fragen. Vor allem würde ein etwaiger Grundrechtseingriff (allenfalls) durch die Abschöpfung des Gewinns nach § 10 Abs. 1 UWG-E erfolgen, nicht aber durch eine Bestimmung über die Verwendung des abgeschöpften Gewinns.

§ 10 Abs. 1a S. 3 UWG-E, insbesondere i.V.m. § 10 Abs. 1a S. 2 u. 4 UWG-E, entspricht auch den Vorgaben des Art. 80 Abs. 1 S. 2 GG, wonach Inhalt, Zweck und Ausmaß der erteilten Ermächtigung im Gesetz hinreichend[1432] bestimmt sein müssen.[1433] In § 10 Abs. 1a S. 2 UWG-E ist nämlich der Zweck hinreichend deutlich beschrieben, indem es heißt, dass das Sondervermögen zweckgebunden zur Finanzierung der Verbraucherarbeit der Verbraucherschutzorganisationen zu verwenden ist und die Ermächtigung zur Rechtsverordnung damit

---

Streuschädigungen, S. 239, 241 u. 243; *Dittschar*, Gewinnabschöpfung, S. 274 u. 278, siehe dort aber auch S. 266.

1429 Siehe zur Nutzung des spezifischen Sachverstands der Exekutive als Zweck einer Ermächtigung zum Erlass einer Rechtsverordnung BeckOK GG/*Uhle* GG Art. 80 Einleitung.

1430 Siehe zum Demokratie- und Rechtsstaatsprinzip im Zusammenhang mit einer Rechtsverordnung z.B. BVerfG NVwZ 2018, 1703, 1710 f.

1431 Sachs/*Mann* GG Art. 80 Rn. 22.

1432 So BVerfG NJW 1959, 475.

1433 Ausführlich zum Bestimmtheitserfordernis des Art. 80 Abs. 1 S. 2 GG BVerfG NVwZ 2018, 1703, 1711 ff.

verbraucherschutzrechtliche Absichten verfolgt. Die Ermächtigung zum Erlass der Rechtsverordnung wird auf Bestimmungen zur Verwaltung und zweckentsprechenden Verwendung eines von der Bundesregierung zu errichtenden Sondervermögens begrenzt, in welches die nach § 10 Abs. 1 UWG-E abgeschöpften Gewinne einfließen sollen, so dass auch Inhalt und Ausmaß der erteilten Ermächtigung im Gesetz festgelegt sind. In § 10 Abs. 1a S. 4 UWG-E finden sich außerdem konkretere Sachfragen (Förderungsberechtigung[1434] und Verteilungsmaßstäbe), die in der Rechtsverordnung zwingend geregelt werden müssen. Diese Hervorhebung hat zwar nur deklaratorische Bedeutung, da diese Sachfragen ohnehin im Rahmen der Verwaltung und Verwendung des Sondervermögens getroffen werden müssten. Der vorgeschlagene § 10 Abs. 1a S. 4 UWG-E dient dadurch aber zusätzlich der Rechtsklarheit und trägt somit zur Bestimmtheit der Norm bei. Dem BMJV wird auch kein Ermessen eingeräumt, so dass das Ministerium nach Inkrafttreten der Regelung von der Ermächtigung Gebrauch machen muss und damit voraussehbar ist, in welchen Fällen von der Ermächtigung Gebrauch gemacht werden wird.[1435]

Da in der Ermächtigungsnorm als Ermächtigungsadressat nicht der jeweilige Bundesminister, sondern das jeweilige Bundesministerium zu nennen ist, verpflichtet § 10 Abs. 1a S. 3 UWG-E das BMJV zum Erlass der Rechtsverordnung.[1436] Das BMJV ist als die für den Verbraucherschutz verantwortliche oberste Bundesbehörde fachlich am besten zum Erlass der Rechtsverordnung nach § 10 Abs. 1a S. 3 UWG-E geeignet.[1437] In der Ermächtigungsnorm soll außerdem angegeben werden, ob die Verordnung der Zustimmung des Bundesrates bedarf oder nicht, damit deutlich wird, wie beim Erlass der Verordnung zu verfahren ist.[1438] In § 10 Abs. 1a S. 3 UWG-E wird daher hervorgehoben, dass es für den Erlass der Rechtsverordnung nicht der Zustimmung des Bundesrates

1434 Ebenfalls die Voraussetzungen der Förderungsberechtigung als zwingend regelungsbedürftig ansehend *Fezer*, Zweckgebundene Verwendung von Unrechtserlösen, S. 52, der dies in seinem Änderungsvorschlag allerdings nicht aufnimmt (vgl. dort S. 57 f.).

1435 Siehe zu diesem Erfordernis BVerfG NJW 1951, 877, 879. Ein dementsprechendes Ermessen will hingegen wohl *Fezer*, Zweckgebundene Verwendung von Unrechtserlösen, S. 58, gewähren.

1436 Vgl. BMJ, HdB Rechtsförmlichkeit, Rn. 383.

1437 Ebenfalls das für den Verbraucherschutz zuständige Ministerium als zuständiges Fachministerium für den Erlass der Rechtsverordnung betrachtend *Fezer*, Zweckgebundene Verwendung von Unrechtserlösen, S. 52, siehe dort auch S. 58.

1438 Vgl. BMJ, HdB Rechtsförmlichkeit, Rn. 405, siehe dort auch Rn. 410.

bedarf, da ein Fall des Art. 80 Abs. 2 GG nicht vorliegt; bei dem UWG handelt es sich insbesondere nicht um ein zustimmungsbedürftiges Bundesgesetz.

c) Sonstiges

§ 10 Abs. 2 S. 1, Abs. 3, Abs. 4 S. 1 u. Abs. 5 UWG sollten unverändert bleiben und entsprechen daher § 10 Abs. 2 S. 1, Abs. 3, Abs. 4 S. 1 u. Abs. 5 UWG-E. § 10 Abs. 2 S. 2 UWG wird nach dem Wort „Gewinn" um die Wörter „aus dem Sondervermögen nach Absatz 1a" ergänzt. Damit wird bezweckt, dass der nach § 10 Abs. 2 S. 2 UWG(-E) zu erstattende Betrag aus dem Vermögen stammt, in welches der Betrag zuvor aufgenommen wurde. Ähnliches gilt für § 10 Abs. 4 S. 2 UWG, so dass dieser nach dem Wort „Aufwendungen" um die Wörter „aus dem Sondervermögen nach Absatz 1a" ergänzt wird. § 10 Abs. 4 S. 3 UWG wird derart angepasst, dass der Erstattungsanspruch nicht mehr auf die Höhe des an den Bundeshaushalt abgeführten Gewinns beschränkt ist, sondern auf die Höhe des an das Sondervermögen des Bundes abgeführten Gewinns.

D. Ergänzung von § 241 BGB

I. Pflicht zum Hinweis auf die Möglichkeit und Üblichkeit der vorherigen Beratung

1. Inhalt, Zweck und Hintergrund

§ 241 BGB könnte dahin ergänzt werden, dass die Pflicht zum Hinweis auf die Möglichkeit und Üblichkeit der vorherigen Beratung mit Dritten bei wirtschaftlich nicht ganz unbedeutenden Geschäften und erkennbarer Hilfsbedürftigkeit des anderen Teils eingeführt wird.[1439] Es würde das Bewusstsein älterer

1439 In der Literatur wird die Einführung ähnlicher Hinweispflichten vorgeschlagen. So fordert *Wedemann*, NJW 2014, 3419, 3421 f., dass das Widerrufsrecht des § 312g Abs. 1 BGB mit einer Pflicht des Unternehmers flankiert werden sollte, Menschen ab einem bestimmten Alter (z.B. 65 oder 67 Jahre) darauf hinzuweisen, dass eine Beratung mit Dritten regelmäßig empfehlenswert ist. Diese von *Wedemann* vorgeschlagene Hinweispflicht wird von *Rademacher*, Rechtsschutz zugunsten älterer Verbraucher, S. 283 f., aufgegriffen und um die Kontaktdaten einer seriösen Beratungsstelle (z.B. Verbraucherzentrale), die auf der Widerrufsbelehrung ansprechend präsentiert sein sollten (siehe dort S. 287), ergänzt bzw. auf Letzteres reduziert (so dort wohl auf S. 287); sie spricht sich außerdem gegen eine altersabhängige Ausgestaltung aus (siehe dort S. 284 u. 287). *Roth*, AcP 208 (2008), 451, 477 ff., fordert die Pflicht zum Hinweis auf die Üblichkeit der Hinzuziehung unabhängigen Rats bei

Menschen erhöht werden, dass die Beratung mit Dritten hilfreich sein kann.[1440] Ihnen würde deutlich werden, dass die Inanspruchnahme einer derartigen Unterstützung kein ehrenrühriges Eingestehen individueller Schwäche bedeutet.[1441] Die Tendenz, sich mit Dritten über die Sachgerechtigkeit eines Geschäfts auszutauschen, würde zunehmen.[1442] Der zu erbringende Hinweis würde insofern einen sog. *Nudge* darstellen. Die beratenden Dritten werden die Sachgerechtigkeit des Geschäfts in der Regel überprüfen können, da sie z.B. (noch) keine rechtsgeschäftsrelevanten Einschränkungen aufweisen. Es ist zu erwarten, dass einige der Handelnden dem etwaigen Rat der Dritten, von dem Geschäft Abstand zu nehmen, befolgen würden. Ältere Menschen schätzen einen unabhängigen Rat nämlich besonders wert.[1443] Die Anzahl wirtschaftlich ungünstiger Geschäfte älterer Menschen infolge rechtsgeschäftsrelevanter Einschränkungen würde abnehmen. Die Hinweispflicht würde insoweit ähnlich wie das Rechtsinstitut des „Betreuers ohne Rechtsmacht" wirken.

Die Hinweispflicht würde den Schutz, der durch die Einführung der relativen Geschäfts(un)fähigkeit erreicht werden würde, vervollständigen. Die Beratung mit Dritten ist nämlich insbesondere für die Menschen hilfreich, die noch über die für das geplante Geschäft erforderlichen intellektuellen Fähigkeiten verfügen und daher als geschäftsfähig im Sinne der Lehre von der relativen Geschäfts(un)fähigkeit gelten würden, aber bereits (leichte) Verständnisschwierigkeiten aufweisen. In Einzelfällen könnte die Beratung mit Dritten auch erst dazu führen, dass die Betroffenen das Geschäft ausreichend verstehen; ihre intellektuellen Fähigkeiten in Verbindung mit der Unterstützung könnten nunmehr doch noch für das Geschäft ausreichen, so dass sie insoweit geschäftsfähig wären. Die

wirtschaftlich absolut herausragenden Geschäften von Menschen, die mindestens 85 Jahre alt sind oder erkennbare Anzeichen individuellen Altersabbaus aufweisen, und hält den Hinweis generell für geboten, wenn sich dem Vertragspartner der Eindruck aufdrängen muss, dass es an einem hinreichenden Verständnis für das avisierte Rechtsgeschäft fehlt; siehe dort auch S. 480 f. u. 488 f. *Lurger*, in: WiR, Alter und Recht, S. 87, 103, spricht sich für Vorschriften aus, die sicherstellen, dass Verbraucher mit verstärktem Schutzbedürfnis interessengerecht von z.B. Dritten beraten werden; es könnte die Beiziehung einer Vertrauensperson oder eines nächsten Angehörigen bei der Entscheidungsfindung vorgeschrieben werden.

1440 Vgl. *Wedemann*, NJW 2014, 3419, 3421.

1441 Vgl. *Wedemann*, NJW 2014, 3419, 3421.

1442 Vgl. *Wedemann*, NJW 2014, 3419, 3421.

1443 Siehe *Felser*, Konsum im Alter, S. 121 (unter Verweis auf die Stellungnahmen der von ihm befragten Experten).

Hinweispflicht würde dementsprechend einen Beitrag zur Förderung der längstmöglichen Autonomie eines (älteren) Menschen leisten.

Bei einem Verstoß gegen die Hinweispflicht käme eine Haftung des Hinweispflichtigen aus §§ 280 Abs. 1, 311 Abs. 2 BGB wegen vorvertraglicher Schutzpflichtverletzung in Betracht. Der Hinweisberechtigte könnte unter dem Gesichtspunkt des Verschuldens bei Vertragsverhandlungen (hier: schuldhafter Verstoß gegen die Hinweispflicht) die Rückgängigmachung des Vertrags verlangen (vgl. § 249 Abs. 1 BGB). Dafür müsste ihm ein Vermögensschaden entstanden sein.[1444] Der Vermögensschaden würde nicht automatisch mit der Eingehung des Vertrags eintreten, sondern würde voraussetzen, dass der Vertragsschluss für den Hinweisberechtigten unter Berücksichtigung der für die Schadensfeststellung allgemein anerkannten Grundsätze wirtschaftlich nachteilig ist.[1445] Bei objektiver Werthaltigkeit von Leistung und Gegenleistung hätte dies zur Folge, dass die Verkehrsanschauung bei Berücksichtigung der obwaltenden Umstände den Vertragsschluss als unvernünftig, den konkreten Vermögensinteressen nicht angemessen und damit als nachteilig ansehen müsste.[1446] Weiterhin dürfte der Hinweisberechtigte das Geschäft nicht getätigt haben, wäre er auf die Möglichkeit und Üblichkeit der vorherigen Beratung mit Dritten hingewiesen worden. Es sollte eine Vermutung dafür sprechen, dass der Hinweisberechtigte Rücksprache mit einem Dritten gehalten und sich entsprechend dessen objektiven Rat verhalten hätte. Wenn das Geschäft wirtschaftlich nachteilig wäre, sollte daher angenommen werden, dass der Hinweisberechtigte das Geschäft nicht getätigt hätte. Dem Hinweispflichtigen würde dann der Nachweis obliegen, dass der Hinweisberechtigte das Geschäft auch bei korrekter Hinweiserteilung vorgenommen hätte. Dies würde der Rechtsprechung zum Schadensersatz wegen Verletzung einer Aufklärungspflicht entsprechen (vgl. „Vermutung aufklärungsrichtigen Verhaltens“).[1447] Wie der Aufklärungspflichtige, hätte nämlich auch der Hinweispflichtige wenig zu befürchten, wenn er sich bei Verletzung seiner Hinweispflicht darauf zurückziehen könnte, dass kaum zu beweisen sei, was der andere Teil auf den Hinweis hin getan hätte.[1448] Die Beweislastumkehr würde

---

1444 Vgl. BGH NJOZ 2007, 2044; BGH NJW 1998, 302.

1445 Vgl. BGH NJW 1998, 302.

1446 Siehe BGH NJW 1998, 302, 304.

1447 Siehe insofern z.B. BGH NJW 2012, 2427; 1973, 1688.

1448 Siehe insofern zur Kausalitätsvermutung bei Verletzung einer Aufklärungspflicht BGH NJW 2012, 2427, 2430; 1973, 1688, 1689.

insofern der Verwirklichung des Schutzzwecks der Hinweispflicht dienen.[1449] Die Beweislast für die fehlende Hinweiserteilung sollte sich ebenfalls an der Rechtsprechung zum Schadensersatz wegen Verletzung einer Aufklärungspflicht orientieren und dementsprechend bei demjenigen liegen, der die Pflichtverletzung behauptet, wobei die mit dem Nachweis einer negativen Tatsache verbundenen Schwierigkeiten dadurch auszugleichen wären, dass die andere Partei die fehlende Hinweiserteilung substanziiert bestreiten und darlegen müsste, wie im Einzelnen der Hinweis erteilt worden sein soll.[1450] Den Beweis der erkennbaren Hilfsbedürftigkeit sollte nach allgemeinen Grundsätzen derjenige erbringen müssen, der die Verletzung der Hinweispflicht behauptet. Im Übrigen sollten die Vorgaben und Grundsätze zu einem Schadensersatzanspruch aus §§ 280 Abs. 1, 311 Abs. 2 BGB gelten.

Entgegen dem Vorschlag von *Roth* sollte die Hinweispflicht nicht auf wirtschaftlich absolut herausragende Geschäfte wie Grundstücksverkäufe oder Ehe- und Gesellschaftsverträge beschränkt werden.[1451] Zum einen würde nämlich z.B. bei Grundstücksverkäufen ohnehin der Notar beratend aktiv werden (vgl. § 311b Abs. 1 S. 1 BGB i.V.m. § 17 BeurkG).[1452] Zum anderen sind ältere Menschen auf die Wirtschaftlichkeit der von ihnen getätigten Geschäfte besonders angewiesen, da es infolge des altersbedingten Verlustes der Erwerbstätigkeit oftmals an der Möglichkeit fehlt, eine erlittene Vermögenseinbuße auszugleichen.[1453] Viele ältere Menschen sind (außerdem) armutsgefährdet. Auch wirtschaftlich nachteilige Geschäfte, die wertmäßig weit unterhalb von Grundstücksverkäufen liegen, wie der Kauf von technischen Hilfsmitteln zur Alltagsbewältigung mit einem Wert in Höhe von mehr als 1.000 Euro (z.B. Elektromobile oder Treppenlifte), können einige ältere Menschen finanziell erheblich belasten. Nach hier vertretener Ansicht sollte daher darauf abgestellt werden, ob es sich um ein wirtschaftlich nicht ganz unbedeutendes Geschäft handelt. Ein solches sollte bei Geschäftswerten in Höhe von über 1.000 Euro angenommen werden. Hierdurch würden die

1449 Siehe insofern zur Kausalitätsvermutung bei Verletzung einer Aufklärungspflicht BGH NJW 2012, 2427, 2430; 1973, 1688, 1689.

1450 Siehe zur Beweislast hinsichtlich der Verletzung einer Aufklärungspflicht BGH NJW 2006, 1429, 1430.

1451 Siehe zu diesem Vorschlag *Roth*, AcP 208 (2008), 451, 478 f., siehe dort auch S. 480 f. u. 488.

1452 Siehe dazu, dass der Notar in besonderen Fällen auch verpflichtet sein kann, über die wirtschaftlichen Gefahren des Vorgehens zu belehren, BGH, Urteil vom 26. November 1953 – III ZR 98/52 –, juris.

1453 Siehe hierzu und zum Folgenden bereits S. 135.

gegenläufigen Interessen zu einem angemessenen Ausgleich gebracht werden. Den Geschäftspartnern der erkennbar Hilfsbedürftigen würden nicht bei jedem Geschäft zusätzliche Pflichten auferlegt werden. Der Rechtsverkehr würde nicht übermäßig belastet werden.[1454] In den relevanten Fällen würde das Schutzinstrument gleichwohl greifen. Für Großteile der Bevölkerung ist es bei Geschäftswerten in Höhe von über 1.000 Euro auch üblich, Rücksprache mit Dritten zu halten.

Die Hinweispflicht sollte nicht – wie in der Literatur für ähnliche Hinweispflichten teilweise vorgeschlagen wird – an das Vorliegen eines bestimmten hohen Alters geknüpft werden.[1455] Vorzugswürdig ist die Verwendung eines auslegungsbedürftigen Begriffs, um einerseits allein den tatsächlich Schutzbedürftigen und andererseits aber gerade jedem Schutzbedürftigen die Schutzwirkung der Hinweispflicht zuteilwerden zu lassen.[1456] Ohnehin ließe sich keine sachgerechte und damit verfassungsmäßige Altersgrenze finden.[1457] Es sollte daher darauf abgestellt werden, ob der Geschäftswillige in Bezug auf das abzuschließende Geschäft erkennbar hilfsbedürftig ist. Von einem in Bezug auf das abzuschließende Geschäft erkennbar Hilfsbedürftigen ist auszugehen, wenn sich dem Geschäftspartner der Eindruck aufdrängen muss, dass es an einem hinreichenden Verständnis für das avisierte Rechtsgeschäft fehlt.[1458] Diesbezüglicher Anhaltspunkt kann das Vorliegen erkennbarer Anzeichen individuellen Altersabbaus (z.B. Pflegebedürftigkeit) sein.[1459] Ein Anzeichen für ein fehlendes

1454 Ausführlicher hierzu noch auf S. 377 f.

1455 Siehe zu solchen Vorschlägen in der Literatur Fn. 1439.

1456 Vgl. zum Schutzübermaß/-untermaß infolge einer festen Altersgrenze S. 242 f.

1457 In diese Richtung wohl auch *Rademacher*, Rechtsschutz zugunsten älterer Verbraucher, S. 284 f. (für die von ihr erwogene Modifizierung der von *Wedemann*, NJW 2014, 3419, 3421 f., vorgeschlagenen Hinweispflicht (siehe dazu Fn. 1439)). A.A. *Wedemann*, NJW 2014, 3419, 3422 (im Hinblick auf die von ihr vorgeschlagene Hinweispflicht). Vgl. ausführlich zu den Bedenken gegenüber einem speziellen Älterenschutz und insbesondere zu der Schwierigkeit, eine sachgerechte Altersgrenze für Hochaltrige festzulegen, an deren Erreichen Rechtsfolgen geknüpft werden können, bereits die dementsprechenden Ausführungen zu einer beschränkten Geschäftsfähigkeit für Hochbetagte auf S. 237 ff.

1458 In diesen Fällen hält *Roth*, AcP 208 (2008), 451, 479, die Erteilung eines Hinweises auf die Üblichkeit der Hinzuziehung unabhängigen Rates bei wirtschaftlich absolut herausragenden Geschäften für geboten.

1459 Beim Vorliegen erkennbarer Anzeichen individuellen Altersabbaus (z.B. Pflegebedürftigkeit) die Pflicht zur Erteilung des Hinweises auf die Üblichkeit der

Verständnis des Rechtsgeschäfts kann auch das wiederholende Stellen inhaltsgleicher Fragen sein. Von Hilfsbedürftigkeit sollte aber nicht nur in diesen Fällen ausgegangen werden, in denen der Betroffene unter Umständen bereits relativ geschäftsunfähig ist. Ausreichend sollte sein, wenn sich dem Geschäftspartner der Eindruck aufdrängen muss, dass er den Betroffenen leicht übervorteilen könnte, da dieser z.B. besonders leichtgläubig ist oder es diesem an allgemeiner Geschäftserfahrung fehlt. Auch offensichtliche Unkenntnis im Hinblick auf den Vertragsgegenstand oder ihm zustehende Rechte sollten die Hinweispflicht auslösen. Es sollten die Fälle erfasst werden, in denen die Betroffenen noch über die für das geplante Geschäft erforderlichen intellektuellen Fähigkeiten verfügen und daher geschäftsfähig im Sinne der Lehre von der relativen Geschäfts(un)-fähigkeit wären, aber bereits rechtsgeschäftsrelevante Einschränkungen aufweisen, so dass eine Unterstützung seitens Dritter hilfreich sein könnte.

Die vorgeschlagene Hinweispflicht sollte möglichst nur bei tatsächlicher Schutzbedürftigkeit gelten, d.h. nur gegenüber tatsächlich schutzbedürftigen Menschen. Sie sollte aber auch in möglichst vielen Situationen gelten, in denen der Geschäftspartner schutzbedürftig ist, was auch z.B. im stationären Handel oder bei Geschäften zwischen Privaten der Fall sein kann. Die Hinweispflicht sollte daher weder per se noch ausschließlich für Unternehmer in den Fällen bestehen, in denen dem Verbraucher ein Widerrufsrecht nach § 312g Abs. 1 BGB zusteht.[1460] Die Hinweispflicht wäre folglich auch nicht mit der Pflicht zur Übermittlung von Kontaktdaten einer seriösen Beratungsstelle zu verbinden.[1461] Dies wäre zwar sinnvoll, da nicht allen schutzbedürftigen Menschen in ihrem näheren Umfeld Personen zur Verfügung stehen, mit denen sie sich austauschen könnten.[1462] Allerdings gibt es gegenwärtig keine hierfür in Betracht kommende Beratungsstelle. Ein Hinweis auf das Serviceangebot der Verbraucherzentralen wäre nicht zielführend.[1463] Die vorgeschlagene Hinweispflicht wäre nicht auf

---

Hinzuziehung unabhängigen Rates bei wirtschaftlich absolut herausragenden Geschäften fordernd *Roth*, AcP 208 (2008), 451, 479, siehe dort auch S. 480 f. u. 488 f.

1460 Vgl. insofern aber *Rademacher*, Rechtsschutz zugunsten älterer Verbraucher, S. 283 f. u. 287; *Wedemann*, NJW 2014, 3419, 3421 f.

1461 Dies für die von *Wedemann*, NJW 2014, 3419, 3421 f., vorgeschlagene Hinweispflicht (siehe dazu Fn. 1439) anregend *Rademacher*, Rechtsschutz zugunsten älterer Verbraucher, S. 284.

1462 Vgl. auch *Rademacher*, Rechtsschutz zugunsten älterer Verbraucher, S. 284.

1463 Dies für die von *Wedemann*, NJW 2014, 3419, 3421 f., vorgeschlagene Hinweispflicht (siehe dazu Fn. 1439) anregend *Rademacher*, Rechtsschutz zugunsten älterer Verbraucher, S. 284. Die Informationspflichten bei Verbraucherverträgen allein um

Geschäfte zwischen einem Unternehmer und einem Verbraucher beschränkt. Seniorenberatungen würden ebenfalls nicht als Beratungsstelle in Betracht kommen, da die Adressaten des Hinweises nicht nur ältere Menschen wären.

Abschließend bleibt anzumerken, dass – wie bereits festgestellt wurde – ältere Menschen häufig Probleme bei der Rechtsdurchsetzung haben. Wegen eines Verstoßes gegen die Hinweispflicht würde daher womöglich nur selten Klage erhoben werden, weshalb einige Hinweispflichtige von der Hinweiserteilung absehen könnten, da sie keine diesbezüglichen Konsequenzen zu befürchten hätten. Die Schutzqualität der Hinweispflicht wäre damit freilich nicht optimal. Das heißt allerdings nicht, dass die Hinweispflicht gar keinen Beitrag zum Schutz älterer Menschen vor Übervorteilung im rechtsgeschäftlichen Verkehr leisten würde. Denn nur weil die Wahrscheinlichkeit, für eine Rechtsverletzung zur Verantwortung gezogen zu werden, nicht hoch ist, bedeutet das nicht, dass sich jeder Hinweispflichtige unredlich verhalten und den Hinweis nicht erteilen würde. Außerdem würde allein die gesetzliche Regelung der Hinweispflicht wohl schon ein Stück weit den angestrebten *Nudge* bewirken. Zugleich dürften die am Rechtsverkehr Teilnehmenden in gewisser Hinsicht für das Schutzbedürfnis einiger Menschen sensibilisiert werden, was zu einem Mehr an diesbezüglicher Rücksichtnahme führen könnte.

2. Umsetzungs- und Ausgestaltungsprobleme

a) Eingriff in die Vertragsfreiheit, Art. 2 Abs. 1 GG

Art. 2 Abs. 1 GG gewährleistet dem Einzelnen das Recht, Verträge grundsätzlich so abzuschließen, wie er es wünscht. Wird dem Einzelnen im Rahmen von Geschäftsverhandlungen eine Pflicht auferlegt, kann er den Vertrag nicht so, wie er es unter Umständen wünscht, nämlich ohne Erfüllung der Pflicht, abschließen. Die Pflicht kann sogar in unmittelbarem Zusammenhang mit dem Fortbestand des angestrebten Vertrags stehen, welcher ebenfalls von Art. 2 Abs. 1 GG geschützt wird. Folge einer Pflichtverletzung kann nämlich die Rückabwicklung des Vertrags sein. Durch die Hinweispflicht würde der Geschäftspartner eines

---

die Kontaktdaten einer Verbraucherzentrale, d.h. ohne die hier diskutierte Hinweispflicht, zu ergänzen (vgl. hierzu *Rademacher*, Rechtsschutz zugunsten älterer Verbraucher, S. 287), erscheint allerdings durchaus sinnvoll; die Pflicht zur Übermittlung der Kontaktdaten einer Verbraucherzentrale wäre insofern eine weitere Maßnahme im Verbraucherschutzrecht, die zu einer Verbesserung des Schutzes älterer Menschen vor Übervorteilung im Geschäftsverkehr beitragen könnte (vgl. insoweit Fn. 1413).

in Bezug auf das abzuschließende Geschäft erkennbar Hilfsbedürftigen daher in seiner Vertragsfreiheit beeinträchtigt werden. Die Hinweispflicht würde aber dem Verhältnismäßigkeitsgrundsatz genügen, so dass die Beeinträchtigung der Vertragsfreiheit gerechtfertigt wäre.

Die Hinweispflicht soll sicherstellen, dass (ältere) Menschen, die das avisierte Rechtsgeschäft nicht hinreichend verstehen, aber noch relativ geschäftsfähig sind, nicht übereilt das Geschäft abschließen, sondern sich vorher mit Dritten über die Sachgerechtigkeit des Geschäfts austauschen. In Einzelfällen soll zugleich ermöglicht werden, dass relativ Geschäftsunfähige durch die ausführliche Beratung mit Dritten oder durch die Erläuterung des Geschäfts durch Dritte relativ geschäftsfähig werden (Autonomieförderung). Die Hinweispflicht würde damit ein legitimes Ziel verfolgen. Angesichts des geringen Aufwands, der insbesondere mit der Rücksprache mit Familienangehörigen verbunden ist, würde eine beträchtliche Zahl der betroffenen (älteren) Menschen infolge des Hinweises tatsächlich zusätzlichen Rat suchen, so dass die Hinweispflicht insoweit auch geeignet im Sinne des Verhältnismäßigkeitsgrundsatzes wäre.[1464] Dass im Einzelfall eine ausführliche Beratung und/oder Erläuterung zum Vorliegen eines hinreichenden Verständnisses und damit zur Geschäftsfähigkeit im Hinblick auf das avisierte Rechtsgeschäft führen kann, ist auch nicht ausgeschlossen. Die Hinweispflicht würde auch nicht gänzlich missachtet werden. Es ist nicht ersichtlich, dass das genannte Ziel mit einem anderen, gleich wirksamen, aber die Vertragsfreiheit der Betroffenen nicht oder zumindest weniger fühlbar einschränkenden Mittel erreicht werden könnte. Durch das vorgestellte Zustimmungserfordernis würde zwar eine Phase geschaffen werden, in der die Möglichkeit besteht, dass sich mit Dritten über die Sachgerechtigkeit des alsbald zu verhandelnden Geschäfts ausgetauscht wird. Unabhängig davon, dass mit dem Zustimmungserfordernis die Beratungswilligkeit der Betroffenen nicht erhöht werden würde, da es nicht den Hinweis auf die Üblichkeit der Beratung mit Dritten verlangen würde und somit nicht gleich wirksam wäre, wäre das Zustimmungserfordernis europarechtswidrig und würde die Vertragsfreiheit stärker einschränken. Außerdem stünde der Geschäftsinhalt nur in Grundzügen fest.

Durch die Hinweispflicht würde der Geschäftspartner eines in Bezug auf das abzuschließende Geschäft erkennbar Hilfsbedürftigen auch nicht übermäßig belastet werden, so dass die Hinweispflicht verhältnismäßig im engeren Sinn wäre. Die Grenze der Zumutbarkeit würde gewahrt werden. Den Betroffenen würde weder der Vertragsgegenstand noch der Vertragspartner vorgeschrieben

---

1464 Vgl. *Wedemann*, NJW 2014, 3419, 3421 f.

werden, so dass der Kernbereich der Vertragsfreiheit nicht tangiert werden würde. Der Hinweis auf die Möglichkeit und Üblichkeit der vorherigen Beratung mit Dritten könnte auch ohne Schwierigkeiten erbracht werden.[1465] Dies gilt insbesondere bei einer Vielzahl von Verbraucherverträgen, bei denen der Unternehmer dem Verbraucher ohnehin bestimmte Informationen zukommen lassen muss, welche ohne besonderen Aufwand um den genannten Hinweis ergänzt werden könnten. Gerade auch bei Geschäften im Bereich der Vermögensanlage, die einen nicht unerheblichen Anteil der von der Hinweispflicht umfassten Geschäfte ausmachen würden, bestehen vielfältige (Informations-)Pflichten der Anlageberater und -vermittler, die ebenfalls leicht um den genannten Hinweis ergänzt werden könnten.[1466] Bei einer Ergänzung schriftlicher Informationen um den genannten Hinweis wäre die Erfüllung der Hinweispflicht außerdem regelmäßig rechtssicher dokumentiert.[1467] Aufgrund der nur geringen Belastung der Geschäftspartner, ist es auch unschädlich, dass nicht jeder Schutzbedürftige auf die Möglichkeit und Üblichkeit der Beratung mit Dritten hingewiesen werden würde, da ältere Menschen mit rechtsgeschäftsrelevanten Einschränkungen bisweilen in der Lage sind, ihre kognitiven Schwächen zu verbergen, so dass es an der Erkennbarkeit der Hilfsbedürftigkeit fehlen könnte.[1468] Gleiches gilt für den Umstand, dass nicht alle Adressaten des Hinweises die Möglichkeit hätten, sich z.B. mit Angehörigen über die Sachgerechtigkeit des Geschäfts auszutauschen; zumal es bei fehlenden Kontakten im persönlichen Umfeld Möglichkeiten gibt, anderweitig Unterstützung zu bekommen.

b) Diskriminierung älterer Menschen

Ältere Menschen wären von der Hinweispflicht zwar nicht ausdrücklich betroffen. Es ginge jedoch überwiegend um den Schutz älterer Menschen mit

---

1465 Ähnlich *Wedemann*, NJW 2014, 3419, 3422 (zu dem von ihr vorgeschlagenen Hinweis).

1466 Siehe zu den allgemeinen Pflichten eines Anlageberaters bzw. Anlagevermittlers *Edelmann*, in: Assmann/Schütze/Buck-Heeb, KapAnlR-HdB, § 3 Rn. 15 ff. Siehe zum Anlegerschutzrecht (u.a. in Form von Informationspflichten) im Zusammenhang mit älteren Menschen *Wedemann*, ZBB 2014, 54, 61 ff.

1467 Siehe zur Empfehlung, die Erteilung des Hinweises zu dokumentieren, *Roth*, AcP 208 (2008), 451, 478 u. 481.

1468 Das Abstellen auf die Erkennbarkeit von Schwächen als Normvoraussetzung im Zusammenhang mit älteren Menschen problematisiert auch *Wedemann*, ZBB 2014, 54, 60 (bezüglich der Erkennbarkeit eines eingeschränkten Urteilsvermögens im Rahmen von § 138 BGB).

rechtsgeschäftsrelevanten Einschränkungen. Hochbetagte würden den Großteil der Personen ausmachen, die auf die Möglichkeit und Üblichkeit der Beratung mit Dritten hingewiesen werden müssten, wodurch impliziert werden könnte, dass ältere Menschen nicht mehr fähig sind, selbstständig sachgerecht am Rechtsverkehr teilzunehmen. Tatsächlich wäre dies allerdings nicht zu befürchten, da die Etablierung eines Hinweises auf die Sinnhaftigkeit zusätzlicher Beratung, die Fähigkeit älterer Menschen zur sachgerechten Entscheidung nicht negieren würde, sondern diese Fähigkeit vielmehr anerkennen und lediglich der Entscheidungsfindung besondere Unterstützung zukommen lassen würde.[1469] Eine Implikation der Hilfsbedürftigkeit älterer Menschen bei wirtschaftlich nicht ganz unbedeutenden Geschäften infolge der Hinweispflicht würde nach hier vertretener Ansicht ohnehin nur eine leicht diskriminierende Wirkung entfalten.[1470] Das liegt nicht zuletzt daran, dass die Hinweispflicht keine Pauschalisierung durch das Abstellen auf ein bestimmtes Alter enthalten würde. Die Belastung der Geschäftspartner wäre durch die Hinweispflicht auch nicht erheblich, so dass allein deshalb schon keine Vermeidung von Geschäften mit (älteren) Menschen, die hilfsbedürftig erscheinen, zu befürchten wäre. Da die Hinweispflicht jedenfalls zum Schutz älterer Menschen vor wirtschaftlich nachteiligen Geschäften infolge rechtsgeschäftsrelevanter Einschränkungen beitragen würde, wäre die von ihr möglicherweise ausgehende leicht diskriminierende Wirkung hinzunehmen.[1471]

c) Beeinträchtigung des Geschäftsverkehrs

Der Geschäftsverkehr würde nicht wesentlich beeinträchtigt werden. Die Rücksprache mit Dritten würde zwar zu einer Verzögerung des Geschäftsabschlusses führen. Die Anzahl der Fälle, bei denen die Hinweispflicht bestehen würde, wäre indes gering. Erkennbar hilfsbedürftige Person tätigen in der Regel nur selten Geschäfte, durch welche sie zur Erbringung einer Leistung mit einem Wert in Höhe von über 1.000 Euro verpflichtet werden. Die Verzögerung würde auch nicht übermäßig lange andauern, da eine Rücksprache mit Dritten über die Sachgerechtigkeit eines angestrebten Geschäfts für gewöhnlich zeitnah zu der Aufnahme der Geschäftsverhandlung erfolgt. Ohnehin ist nicht ersichtlich, dass der Geschäftsverkehr bereits durch verzögerte Geschäftsabschlüsse infolge der

---

1469 Vgl. *Wedemann*, NJW 2014, 3419, 3422.

1470 Vgl. ausführlich hierzu S. 246 ff.

1471 Im Ergebnis ebenso *Wedemann*, NJW 2014, 3419, 3422 (zu der von ihr vorgeschlagenen Hinweispflicht).

Rücksprache mit Dritten beeinträchtigt wurde. Die Beratung mit Dritten bei Geschäften, durch die jemand zur Erbringung einer Leistung mit einem Wert in Höhe von über 1.000 Euro verpflichtet wird, ist nämlich – wie der Hinweis gerade zum Ausdruck bringen soll – für einen Großteil der am Geschäftsleben teilnehmenden (jüngeren) Menschen üblich. Außerdem wäre eine Verzögerung keine zwingende Folge der Hinweiserteilung, da der Hinweisempfänger sich nicht mit Dritten beraten müsste und das Geschäft sofort tätigen könnte. Auch das Abstellen auf das Vorliegen einer „erkennbaren Hilfsbedürftigkeit" würde, trotz der Auslegungsbedürftigkeit dieses Begriffs und der damit einhergehenden Rechtsunsicherheit, nicht zu einer Beeinträchtigung des Geschäftsverkehrs führen. In Zweifelsfällen könnte der Hinweis nämlich vorsichtshalber erteilt werden.[1472] Die Erteilung des Hinweises, obwohl dieser nicht erforderlich gewesen wäre, wäre mit keinen wesentlichen negativen Auswirkungen verbunden. Nach hier vertretener Ansicht ist der Schutz der Schwächeren im Verhältnis zur Rechtssicherheit ohnehin vorrangig.

3. Ergebnis

Es sollte die Pflicht zum Hinweis auf die Möglichkeit und Üblichkeit der vorherigen Beratung mit Dritten bei wirtschaftlich nicht ganz unbedeutenden Geschäften und erkennbarer Hilfsbedürftigkeit des anderen Teils eingeführt werden. Ein Geschäft ist wirtschaftlich nicht ganz unbedeutend, wenn durch dieses der Hilfsbedürftige zur Erbringung einer Leistung mit einem Wert in Höhe von über 1.000 Euro verpflichtet wird.

II. Ergebnis zur Ergänzung von § 241 BGB

Die vorgeschlagene Hinweispflicht sollte entsprechend dem folgenden Formulierungsvorschlag gesetzlich festgeschrieben werden.

1. Formulierungsvorschlag

§ 241 Abs. 3 BGB-E

Besteht ein Schuldverhältnis nach § 311 Abs. 2, ist bei erkennbarer Hilfsbedürftigkeit des einen Teils hinsichtlich des beabsichtigten Vertrags der andere Teil verpflichtet, deutlich auf die Möglichkeit und Üblichkeit der vorherigen Beratung mit Dritten hinzuweisen, wenn die vom Hilfsbedürftigen nach dem beabsichtigten Vertrag zu erbringende Leistung einen Wert in Höhe von 1000 Euro übersteigt. Erkennbar hilfsbedürftig

1472 Vgl. auch *Wedemann*, NJW 2014, 3419, 3422.

sind insbesondere Personen, die deutliche Anzeichen einer Überforderung, einer Unerfahrenheit oder von Schwierigkeiten beim Verstehen von Informationen zeigen.

2. *Erläuterung des Formulierungsvorschlags*

Die Hinweispflicht sollte als neuer Abs. 3 in § 241 BGB gesetzlich normiert werden.[1473] § 241 BGB bildet die Eingangsvorschrift des 2. Buches des BGB (Recht der Schuldverhältnisse) und den Anknüpfungspunkt für die Einteilung der Schuldnerpflichten.[1474] § 241 BGB bestimmt allgemein, welche Wirkungen ein Schuldverhältnis hat.[1475] Die Hinweispflicht als besondere vorvertragliche Schutzpflicht würde sich daher in einem dritten Absatz des § 241 BGB gut in die Gesetzessystematik einfügen.

Durch das Abstellen auf das Bestehen eines Schuldverhältnisses nach § 311 Abs. 2 BGB wird der Zeitpunkt des Entstehens der Hinweispflicht vorgegeben. Um dem Rechtsanwender die Einstufung einer Person als hilfsbedürftig zu erleichtern, enthält § 241 Abs. 3 S. 2 BGB-E eine nicht abschließende (vgl. „insbesondere") Aufzählung von rechtsgeschäftsrelevanten Einschränkungen, bei deren offensichtlichem Vorliegen von einer erkennbaren Hilfsbedürftigkeit auszugehen ist. Eine Überforderung, eine Unerfahrenheit oder Schwierigkeiten beim Verstehen von Informationen, die jeweils ein Ausmaß erreichen, das eine Unterstützung durch Dritte sinnvoll erscheinen lässt, werden in Geschäftsverhandlungen in der Regel sichtbar. Anzeichen einer Überforderung liegen vor, wenn der Betroffene z.B. den Umfang und die Bedeutung des Geschäfts nicht erfassen kann und dies durch unzutreffende Schlussfolgerungen zum Ausdruck bringt. Von Unerfahrenheit einer Person kann ausgegangen werden, wenn der Betroffene z.B. zu erkennen gibt, dass er über die Gepflogenheiten des Geschäftsverkehrs keine Kenntnis hat. Mit Schwierigkeiten beim Verstehen von Informationen sind Schwierigkeiten bei der Informationsaufnahme und -verarbeitung gemeint, welche sich z.B. im mehrmaligen Nachfragen manifestieren können. Um eine Diskriminierung älterer Menschen weitestgehend zu vermeiden, wird hingegen das Vorliegen eines hochaltrigen Erscheinungsbildes nicht

---

1473 *Roth*, AcP 208 (2008), 451, 477, scheint hingegen die von ihm vorgeschlagene Hinweispflicht (siehe hierzu Fn. 1439) unmittelbar aus der Pflicht zur Rücksichtnahme nach § 241 Abs. 2 BGB und aus entsprechenden Gepflogenheiten im Rechtsverkehr ableiten zu wollen.

1474 Siehe zum Anknüpfungspunkt für die Einteilung der Schuldnerpflichten Staudinger/*Olzen* BGB § 241 Rn. 1.

1475 Schulze HK-BGB/*Schulze* BGB § 241 Rn. 1.

als Regelbeispiel genannt, obgleich dies die Anwendung der Norm in der Praxis deutlich erleichtern würde.

Mit der Beschränkung auf Fälle *erkennbarer* Hilfsbedürftigkeit wird sichergestellt, dass der Geschäftspartner keine besonderen medizinisch-psychologischen Kenntnisse benötigt, um zu wissen, ob er zur Hinweiserteilung verpflichtet ist. Es wird sichergestellt, dass der Geschäftspartner sich nicht wegen einer Pflichtverletzung ersatzpflichtig macht, obwohl er seine Pflicht nicht erkennen konnte. Die Begrenzung auf den beabsichtigten Vertrag soll hervorheben, dass allein entscheidend ist, ob der Betroffene im Hinblick auf das avisierte Rechtsgeschäft hilfsbedürftig ist, um so dem anderen Teil eine Einschätzung über die Hilfsbedürftigkeit zu ermöglichen. Der andere Teil erlebt den Betroffenen nämlich in aller Regel nur während der Verhandlungen hinsichtlich des beabsichtigten Vertrags; er kann daher nur schwer beurteilen, ob der Betroffene allgemein, d.h. auch bezüglich anderer Verträge, hilfsbedürftig ist. Ferner wird dadurch verdeutlicht, dass das Ausmaß einer generellen Hilfsbedürftigkeit noch nicht erreicht sein muss.

Durch das Wort „deutlich" soll zum Ausdruck gebracht werden, dass der Hinweis so zu erbringen ist, dass er von den Betroffenen auch tatsächlich zur Kenntnis genommen wird. Es soll verhindert werden, dass der Hinweis nur ganz beiläufig, wie etwa durch Nennung im „Kleingedruckten", erbracht und dadurch nicht wahrgenommen wird.[1476] Durch das Abstellen auf den Wert, der von dem Hilfsbedürftigen nach dem beabsichtigten Vertrag zu erbringenden Leistung, wird bezweckt, dass die Hinweispflicht nicht bei für ihn lediglich rechtlich vorteilhaften Geschäften (Fehlen einer eigenen Leistungsverpflichtung) gelten würde, da der Hilfsbedürftige in diesen Fällen nicht schutzbedürftig wäre. Die Festlegung eines konkreten Wertes der Leistungspflicht des Hilfsbedürftigen dient der Rechtssicherheit.

E. Ergebnis zu den Möglichkeiten zur Verbesserung des Schutzes älterer Menschen vor Übervorteilung im rechtsgeschäftlichen Verkehr

Es lassen sich einige Möglichkeiten finden, die der Gesetzgeber ergreifen könnte, um für einen besseren Schutz älterer Menschen mit rechtsgeschäftsrelevanten Einschränkungen vor Übervorteilung im rechtsgeschäftlichen Verkehr zu

1476 Siehe zur altersgerechten Erfüllung bestehender Informationspflichten im Allgemeinen *Roth*, AcP 208 (2008), 451, 476 f.

sorgen. Nach hier vertretener Ansicht empfiehlt sich die Einführung der relativen Geschäfts(un)fähigkeit mit weitem Verständnis des erforderlichen Schwächezustands. Zugleich sollte von dem strikten Nichtigkeitsdogma des § 105 Abs. 1 BGB Abstand genommen werden. Relativ Geschäftsunfähigen sollte die Teilnahme am Rechtsverkehr entsprechend der Regelungsinhalte der §§ 107 ff. BGB ermöglicht werden. Um auch älteren Menschen, die zwar bereits leichte geistige Beeinträchtigungen aufweisen und insofern mitunter bereits Hilfe im Rechtsverkehr benötigen, aber noch nicht betreuungsbedürftig i.S.d. § 1896 Abs. 1 S. 1 BGB sind, Unterstützung und dadurch Schutz bieten zu können, sollte das Rechtsinstitut des „Betreuers ohne Rechtsmacht" (Begleitbetreuung) geschaffen werden. Dem „Betreuer ohne Rechtsmacht" sollte dabei keine Vertretungsmacht zukommen. Andere Maßnahmen im Bereich des Geschäftsunfähigkeits- und Betreuungsrecht, wie z.B. eine beschränkte Geschäftsfähigkeit für Hochbetagte, haben sich hingegen zum Teil als verfassungswidrig oder wenig hilfreich herausgestellt. Insbesondere das Anknüpfen an ein bestimmtes hohes Lebensalter hat sich als ungeeignet und vor allem auch als unzulässig erwiesen.

Im Bereich des Verbraucherschutzrechts könnte die Einführung einer vorherigen Zustimmung des Verbrauchers zu einer außerhalb von Geschäftsräumen oder im Rahmen eines Werbeanrufs telefonisch stattfindenden Geschäftsverhandlung als Wirksamkeitsvoraussetzung der aus dieser Verhandlung resultierenden Verträge zu einem besseren Schutz älterer Menschen mit rechtsgeschäftsrelevanten Einschränkungen vor Übervorteilung im Geschäftsverkehr beitragen. Ein derartiges Zustimmungserfordernis ist allerdings unvereinbar mit der Verbraucherrechterichtlinie. Umsetzbar ist hingegen eine Reformierung des § 10 UWG. Es ist zu vermuten, dass durch einen Verzicht auf das Vorsatzerfordernis in § 10 Abs. 1 UWG und durch eine Änderung des tatsächlichen Anspruchsgläubigers derart, dass der herauszugebende Gewinn fortan in ein Sondervermögen des Bundes fließen würde, welches zur finanziellen Förderung der Verbraucherschutzorganisationen sowie zur Gewährung von Krediten für die Erhebung von Gewinnabschöpfungsklagen zu verwenden wäre, häufiger Gewinnabschöpfungsklagen (erfolgreich) geltend gemacht werden würden. Hierdurch könnten Unternehmer abgeschreckt werden, unlautere Geschäftspraktiken anzuwenden.[1477] Eine

1477 Als nicht-legislative Maßnahme wäre in diesem Zusammenhang wichtig, dass zugleich sichergestellt wird, dass ältere Menschen über unlautere Geschäftspraktiken und über die in solchen Fällen in Betracht kommende Möglichkeit der Gewinnabschöpfungsklage informiert werden, damit sie angeregt werden, sich in solchen Fällen an die Verbraucherschutzorganisationen zu wenden. Denn nur wenn die

Widerrufsfiktion bei unterbliebener Bekundung des Willens zur Fortsetzung eines außerhalb von Geschäftsräumen oder telefonisch geschlossenen Vertrags als weitere Verbraucherschutzmaßnahme, die sich insbesondere auch zum Schutz älterer Menschen mit rechtsgeschäftsrelevanten Einschränkungen eignen könnte, wäre insbesondere mit Problemen in der Praxis verbunden und überzeugt daher schon nicht als Verbesserungsmöglichkeit. Als allgemeine vertragsrechtliche Schutzvorschrift empfiehlt sich die Regelung einer Pflicht zum Hinweis auf die Möglichkeit und Üblichkeit der vorherigen Beratung mit Dritten bei wirtschaftlich nicht ganz unbedeutenden Geschäften und erkennbarer Hilfsbedürftigkeit des anderen Teils.

---

klagebefugten Organisationen Kenntnis über die klagebegründenden Sachverhalte haben, wird es zu einer kollektiv-rechtlichen Verfolgung von Rechtsverstößen und dadurch zu einer ausreichenden Abschreckungswirkung der UWG-Vorschriften kommen können.

7. *Kapitel* Schluss

A. Fazit

Es hat sich herausgestellt, dass einige ältere Menschen bestimmte „alterstypische" rechtsgeschäftsrelevante Einschränkungen aufweisen, die zu einer gesteigerten Anfälligkeit für wirtschaftlich nachteilige Geschäfte führen. Die Betroffenen befinden sich unter Umständen in einem geistigen Stadium zwischen Geschäftsfähigkeit und Geschäftsunfähigkeit. Durch die derzeit bestehenden Schutzvorschriften wird der diesbezügliche Schutzbedarf dieser Menschen nicht zufriedenstellend berücksichtigt. Häufig sind die strengen Voraussetzungen der Schutznormen (noch) nicht erfüllt. Das ist zum Teil darauf zurückzuführen, dass seit dem Inkrafttreten des BGB die Vorschriften des Allgemeinen Teils des BGB, d.h. u.a. die Regelungen über die Geschäftsfähigkeit, sowohl redaktionell als auch dem Verständnis nach größtenteils unverändert geblieben sind. Dass der Gesetzgeber bei einer damaligen durchschnittlichen Lebenserwartung von unter 50 Jahren die negativen Auswirkungen eines kognitiven Altersabbaus sowie sonstiger „alterstypischer" Einschränkungen auf die Teilnahme am Geschäftsverkehr noch nicht als bedeutendes Problem sehen konnte, ist nachvollziehbar; denn wesentliche rechtsgeschäftsrelevante Einschränkungen im Alter treten überwiegend erst in einem höheren Lebensalter auf. Ein weiterer Grund für die bisher unzureichende Berücksichtigung der Schutzbelange älterer Menschen im Geschäftsverkehr liegt in der nach wie vor geringen Auseinandersetzung mit der Thematik „Recht und hohes Lebensalter". Wenn sich die Politik, die Gesellschaft und insbesondere die Rechtswissenschaft nur stiefmütterlich mit dieser Thematik beschäftigt, verwundert es nicht, dass auch die Schutzbelange älterer Menschen im Geschäftsverkehr noch nicht hinreichend rechtlich berücksichtigt wurden. Die Ausgangshypothese, dass ältere Menschen mit „alterstypischen" rechtsgeschäftsrelevanten Einschränkungen nicht ausreichend vor Übervorteilung im Geschäftsverkehr geschützt werden, hat sich bestätigt.

Aus diesem Missstand darf allerdings nicht vorschnell gefolgert werden, dass zwingend Vorschriften zu schaffen sind, die sich ausdrücklich und ausschließlich an ältere Menschen als Schutzsubjekte richten. Dies hat die vorliegende Arbeit – anders als der Titel vermuten lässt und entgegen der ursprünglichen Idee für dieses Thema – deutlich gezeigt. Bereits die Definition des Begriffs der älteren Menschen bereitet Schwierigkeiten.[1478] Welche Altersgrenze oder welcher

1478 Ebenso *Wedemann*, NJW 2014, 3419, 3423; *dies.*, ZBB 2014, 54, 55; siehe auch

Ansatzpunkt zur Bestimmung dieser Personengruppe zu wählen ist, hängt sehr von der Sichtweise jedes Einzelnen ab und lässt sich kaum wissenschaftlich korrekt bestimmen. Insbesondere im Hinblick auf geistige Beeinträchtigungen im Alter hat sich gezeigt, dass das hohe Lebensalter wegen der interindividuellen Variabilität der kognitiven Leistungsfähigkeit im Alter kein tauglicher Anknüpfungspunkt für Schutzvorschriften sein kann.[1479] Das entstehende Schutzübermaß bzw. -untermaß spricht schon aus tatsächlichen Gründen gegen die Eignung einer sich ausschließlich an einem hohen Lebensalter orientierenden Regelung als Schutzvorschrift.[1480] Der allgemeine Gleichheitssatz bereitet aus rechtlicher Sicht Schwierigkeiten.[1481] Aus Sicht der älteren Menschen ist die Gefahr einer diskriminierenden Wirkung zu berücksichtigen.[1482] Eine derartige Vorschrift stünde zudem in Widerspruch zur gesellschaftlichen Realität. Das Alter verliert nämlich im gesellschaftlichen Bereich komplexer Gesellschaften als soziales Strukturierungsmerkmal an Bedeutung. Nicht zuletzt benötigen auch jüngere Menschen mit rechtsgeschäftsrelevanten Einschränkungen ein Mehr an Schutz im Rechtsverkehr. Daher ist das Fehlen einer ausdrücklich und ausschließlich dem Schutz älterer Menschen vor wirtschaftlich nachteiligen Geschäften dienenden Vorschrift mehr als verständlich.[1483] Nach anfänglicher Überprüfung altersbezogener Reformideen (beschränkte Geschäftsfähigkeit für Hochbetagte, freiwillige Beschränkung der Geschäftsfähigkeit für Hochbetagte) wurden im weiteren Verlauf der Bearbeitung daher auch nur noch solche Reformideen betrachtet, die nicht ausdrücklich und ausschließlich auf ein hohes Lebensalter abstellen, aber gleichwohl zum Schutz von älteren Menschen geeignet erschienen.

Rademacher, Rechtsschutz zugunsten älterer Verbraucher, S. 27 f.

1479 Siehe auch *Rademacher*, Rechtsschutz zugunsten älterer Verbraucher, S. 347. A.A. *Wedemann*, AcP 214 (2014), 664, 682 f.; *dies.*, NJW 2014, 3419, 3422; *dies*, ZBB 2014, 54, 56 ff. u. 67 f.

1480 A.A. *Wedemann*, ZBB 2014, 54, 56 (bezüglich Anlegerschutz).

1481 Vgl. auch *Rademacher*, Rechtsschutz zugunsten älterer Verbraucher, S. 226 f.

1482 Vgl. auch *Rademacher*, Rechtsschutz zugunsten älterer Verbraucher, S. 347; *Wedemann*, AcP 214 (2014), 664, 683; *dies.*, NJW 2014, 3419, 3422 f.; *dies.*, ZBB 2014, 54, 59 f. u. 67 f. Siehe auch bereits oben Fn. 918.

1483 Einen speziellen Älterenschutz im Privatrecht ebenfalls ablehnend *Rademacher*, Rechtsschutz zugunsten älterer Verbraucher, S. 343, siehe dort auch S. 333 f. u. 347; siehe im Übrigen dort S. 347 zu einer ähnlichen Zusammenfassung hinsichtlich eines speziellen Älterenschutzes.

Die Bedenken hinsichtlich einer sich ausdrücklich und ausschließlich an einem hohen Lebensalter orientierenden Schutzvorschrift dürfen jedoch nicht dazu führen, dass der Schutzbedarf älterer Menschen vor Übervorteilung im Geschäftsverkehr weiterhin nicht berücksichtigt wird. Denn es bestehen durchaus Möglichkeiten, den Schutzbelangen älterer Menschen im Geschäftsverkehr mittels Vorschriften, die nicht ausdrücklich und ausschließlich auf ein hohes Lebensalter abstellen, hinreichend nachzukommen.[1484] Zudem sollte die Auseinandersetzung mit der Thematik „Recht und hohes Lebensalter", insbesondere auch von Seiten der Rechtswissenschaft, weiter vorangetrieben werden.[1485] Das gilt nicht nur im Zusammenhang mit der Teilnahme am Rechtsverkehr. Auch in anderen Bereichen, wie z.B. in der Altenpflege, sind die Interessen älterer Menschen oft gefährdet. Die Tatsache, dass *einige* ältere Menschen besonders vulnerabel sind und insofern auf gesetzgeberische Maßnahmen zu ihrem Schutz angewiesen sind, darf nicht unbeachtet bleiben. Das *Elder Law* muss endlich vollständig in Deutschland „ankommen".

B. Zusammenfassung in Thesen

1. *Elder Law* bedeutet das „Recht der Älteren" und umfasst alle Rechtsnormen sowie die sich aus diesen ergebenden oder aufgrund dieser erworbenen Befugnisse, die einen besonderen Bezug zu älteren Menschen aufweisen. Hierzu zählen z.B. die Regelungen über Rentenleistungen im Bereich der Rente wegen des Alters. Eine rechtliche Auseinandersetzung mit den Interessen älterer Menschen findet insbesondere in den USA, aber auch in anderen Rechtsordnungen des *Common Law*, vereinzelt sogar in zwischenstaatlichen Zusammenschlüssen, wie z.B. den Vereinten Nationen, statt. Im kontinentaleuropäischen *Civil Law* lassen sich ebenfalls Gesetzesentwicklungen im Kontext von „Alter und Recht" erkennen.

2. Die Thematik „Recht und hohes Lebensalter" steht in Deutschland (bisher) nur vereinzelt im Fokus der Rechtswissenschaft und der Gesetzgebung. Es gibt nur eine geringe Anzahl an Vorschriften, die ausdrücklich oder zumindest typischerweise ältere Menschen betreffen. Das Grundgesetz enthält keinen Artikel,

---

1484 Schutzvorschriften für ältere Menschen fordert wohl auch *Wedemann*, NJW 2014, 3419, 3424, die allerdings die Normierung von altersbezogenen Regelungen nicht ausschließt. *Rademacher*, Rechtsschutz zugunsten älterer Verbraucher, S. 334 u. 346 f., spricht sich hingegen primär für die Schaffung von altersunabhängigen tatsächlichen Unterstützungsmöglichkeiten aus.

1485 Ähnlich *Rademacher*, Rechtsschutz zugunsten älterer Verbraucher, S. 343.

der sich ausdrücklich mit der rechtlichen Stellung älterer Menschen befasst. Einige Grundrechte (z.B. Art. 1 Abs. 1 GG im Hinblick auf ein selbstbestimmtes Leben und Sterben) sind für ältere Menschen allerdings von besonderer Bedeutung. Mit § 105a BGB und dem Betreuungsrecht (§§ 1896 ff. BGB) finden sich nur wenige Normen mit typischem Bezug zu älteren Menschen, die im Rahmen von üblichen Vertragsschlüssen von Bedeutung sein können.

3. Nicht jeder ältere Mensch unterliegt einem Abbau geistiger Leistungsfähigkeit mit zunehmendem Alter. Bei einigen älteren Menschen lassen sich gleichwohl Einschränkungen feststellen, die sich regelmäßig nachteilig auf deren Fähigkeit, sachgemäße Geschäfte zu tätigen, auswirken. Zu diesen Einschränkungen zählen nicht nur geistige Beeinträchtigungen, sondern auch z.B. ein Informationsdefizit oder eine Geschäftsunerfahrenheit. „Alterstypische" Einschränkungen zeigen sich bisweilen auch im Bereich der Rechtsdurchsetzung. Es besteht – im Vergleich zum Durchschnittsmenschen – die erhöhte Gefahr, ein wirtschaftlich nachteiliges Geschäft abzuschließen oder zumindest nicht wieder rückgängig zu machen. Nicht selten handelt es sich um Verträge, die außerhalb von Geschäftsräumen oder im Fernabsatz abgeschlossen werden, und bei denen die betroffenen älteren Menschen Sachen oder Dienstleistungen erwerben, deren Wert in einem nachteiligen Verhältnis zu dem der erbrachten Gegenleistung steht.

4. Rechtsgeschäftsrelevante Einschränkungen im Alter erfüllen regelmäßig nicht die Voraussetzungen des § 104 Nr. 2 BGB, sondern beschreiben vielmehr ein Stadium geistiger Fähigkeiten zwischen Geschäftsfähigkeit und Geschäftsunfähigkeit. Dies liegt mitunter an der restriktiven Anwendung des § 104 Nr. 2 BGB seitens der Rechtsprechung. In Fällen einer fortgeschrittenen Demenz kann aber durchaus Geschäftsunfähigkeit vorliegen. Die Rigidität der Nichtigkeitsfolge des § 105 Abs. 1 BGB ist problematisch und sollte überdacht werden.

5. Die Voraussetzungen des § 1896 Abs. 1 S. 1 BGB für eine Betreuerbestellung sind streng. Rechtsgeschäftsrelevante Einschränkungen im Alter führen nicht zwangsläufig zur Betreuungsbedürftigkeit i.S.d. § 1896 Abs. 1 S. 1 BGB. Es gibt aber auch Fälle, in denen einem Betreuungsbedürftigen i.S.d. § 1896 Abs. 1 S. 1 BGB kein rechtlicher Betreuer zur Seite steht, da eine rechtliche Betreuung schlicht (noch) nicht angeregt wurde. Im Übrigen können die fehlende Kenntnis des Betreuers von der rechtsgeschäftlichen Betätigung des Betreuten, die Doppelzuständigkeit von Betreuer und Betreutem sowie die Gefahr von Vermögensverlusten durch eine „missbräuchliche Betreuung" die Schutzqualität der §§ 1896 ff. BGB mindern. Fortschritte sind allerdings durch die beschlossene Reform des Vormundschafts- und Betreuungsrechts zu erwarten. Die Schutzqualität einer Vorsorgevollmacht überzeugt nicht.

6. Die §§ 134, 138 BGB sowie die §§ 119 ff. BGB bewirken noch keinen ausreichenden Schutz älterer Menschen mit rechtsgeschäftsrelevanten Einschränkungen vor Übervorteilung im Geschäftsverkehr. Als Verbotsgesetze kommen allenfalls Strafgesetze in Betracht, so dass der Anwendungsbereich des § 134 BGB sehr begrenzt ist. § 138 BGB kann zwar in einigen Fällen einschlägig sein, namentlich bei Kaffeefahrten oder bei sonstigen außerhalb von Geschäftsräumen geschlossenen Verträgen. Häufig wird die hohe Schwelle des § 138 BGB indes nicht erreicht sein. Bei wirtschaftlich nachteiligen Geschäften älterer Menschen fehlt es nicht selten an einem Anfechtungsgrund. Beispielsweise kommt § 123 BGB nicht in Betracht, wenn es an einem unredlichen Verhalten des Geschäftspartners fehlt.

7. Von den §§ 312 ff. BGB wird eine Vielzahl von Situationen erfasst, bei denen es nicht selten zu wirtschaftlich nachteiligen Geschäften älterer Menschen infolge rechtsgeschäftsrelevanter Einschränkungen kommt. Dies gilt insbesondere für Kaffeefahrten und Haustürgeschäfte. Informationspflichten sind in Anbetracht von Schwierigkeiten bei der Informationsaufnahme und -verarbeitung als eine typische geistige Einschränkung, die im fortgeschrittenen Alter auftreten kann, sowie aufgrund der häufig diskutierten Gefahr des *information overload* zum Schutz älterer Menschen allerdings weniger geeignet. Auch das Widerrufsrecht nach § 312g Abs. 1 BGB eignet sich zum Schutz älterer Menschen vor wirtschaftlich nachteiligen Geschäften infolge rechtsgeschäftsrelevanter Einschränkungen nur bedingt. Verschiedene, meist innere Umstände führen dazu, dass ältere Menschen ein bestehendes Widerrufsrecht mitunter nicht ausüben.

8. Das UWG könnte seiner Konzeption nach (Verbot unlauterer Geschäftspraktiken) grundsätzlich in besonderem Maße zum Schutz älterer Menschen vor Übervorteilung im Geschäftsverkehr beitragen. Viele der nach dem UWG verbotenen Handlungen können gegenüber älteren Menschen mit rechtsgeschäftsrelevanten Einschränkungen besonders erfolgsversprechend eingesetzt werden. Allerdings verhindert allein die Unzulässigkeit einer geschäftlichen Handlung nicht das wirksame Zustandekommen des auf der unlauteren Geschäftspraktik beruhenden Vertrags. Das UWG enthält derzeit auch kein Vertragsauflösungsrecht. Insbesondere aber entfalten die Rechtsfolgen/Sanktionen eines UWG-Verstoßes nur eine geringe Abschreckungswirkung, so dass unlautere Geschäftspraktiken weiterhin vielfach angewandt werden. Hier hat sich gerade im Rahmen der Gewinnabschöpfungsklage nach § 10 UWG Verbesserungspotenzial gezeigt.

9. Nebenpflichten nach § 241 Abs. 2 BGB, insbesondere Aufklärungspflichten, können zwar grundsätzlich ältere Menschen vor wirtschaftlich nachteiligen Geschäften infolge rechtsgeschäftsrelevanter Einschränkungen bewahren. In

einer Vielzahl von Fällen können wirtschaftlich nachteilige Geschäfte mittels Nebenpflichten jedoch nicht verhindert werden. Vor allem Aufklärungspflichten sind bei bestimmten rechtsgeschäftsrelevanten Einschränkungen nur wenig hilfreich.

10. Die §§ 241a, 305 ff. u. 661a BGB sind inhaltlich auf zum Teil eng begrenzte Anwendungsbereiche beschränkt und tragen insbesondere deshalb nicht zu einem ausreichenden Schutz älterer Menschen mit rechtsgeschäftsrelevanten Einschränkungen vor Übervorteilung im Geschäftsverkehr bei. Ob die zukünftigen gewerberechtlichen Vorgaben für die Veranstaltung von Kaffeefahrten (§ 56a GewO k.F.) zu einem ausreichenden Schutz vor wirtschaftlich nachteiligen Geschäften auf Kaffeefahrten führen werden, ist angesichts der bisherigen Erfahrungen mit unseriösen Kaffeefahrtenbetreibern und der nach wie vor geringen Bußgeldhöhe für entsprechende Rechtsverstöße zu bezweifeln.

11. Mit der „Omnibusrichtlinie" und der „Verbandsklagerichtlinie", die im Rahmen des „*New Deal for Consumers*" vom europäischen Gesetzgeber erlassen wurden und zum Teil noch in deutsches Recht umzusetzen sind, wird der Verbraucherschutz in Deutschland verbessert. Damit geht auch ein besserer Schutz älterer Menschen im Geschäftsverkehr einher. Ein umfangreicher Schutz älterer Menschen mit rechtsgeschäftsrelevanten Einschränkungen vor Übervorteilung im Geschäftsverkehr ist damit allerdings nicht verbunden. Es kann bereits an der Verbraucher-Unternehmer-Situation fehlen. Auch werden wohl nur große Unternehmen, die eine Vielzahl von Verbrauchern in gleicher Weise schädigen würden (vgl. den Fall „Dieselgate"), von den kommenden Bußgeldvorschriften und (kollektiven) Rechtsschutzmöglichkeiten – wenn überhaupt – abgeschreckt werden. Gerade bei den besonders gefahrenträchtigen Kaffeefahrten oder Haustürvertreterbesuchen ist insofern nicht mit einem Mehr an Schutz zu rechnen.

12. Ältere Menschen mit rechtsgeschäftsrelevanten Einschränkungen werden durch die derzeit bestehenden potenziellen Schutzvorschriften nur unzureichend vor Übervorteilung im rechtsgeschäftlichen Verkehr geschützt.

13. Die Einführung einer beschränkten Geschäftsfähigkeit entsprechend der §§ 107 ff. BGB für Hochbetagte als neues Schutzinstrument ist nicht möglich. Es lässt sich kein Alter feststellen, welches hinreichend sicher mit einem kognitiven Leistungsabbau, der eine beschränkte Geschäftsfähigkeit zu rechtfertigen vermag, korreliert. Der pauschale und damit medizinisch-psychiatrisch nicht gerechtfertigte Entzug der vollen Geschäftsfähigkeit würde einen verfassungswidrigen Eingriff in das Selbstbestimmungsrecht der Betroffenen darstellen. Auch würde gegen den Allgemeinen Gleichheitssatz verfassungswidrig verstoßen werden. Im Übrigen würde eine beschränkte Geschäftsfähigkeit für Hochbetagte in ihrer Schutzqualität nicht überzeugen, insbesondere ein Schutzübermaß

und -untermaß zur Folge haben, diskriminierend wirken sowie den Geschäftsverkehr stören. Außerdem würde es Schwierigkeiten bereiten, dem Bedarf an gesetzlichen Vertretern nachzukommen. Der hohe Bedarf an gesetzlichen Vertretern würde zudem zu einer erheblichen finanziellen Belastung des Staatshaushalts führen.

14. Älteren Menschen ist auch nicht die Möglichkeit zu eröffnen, sich in ihrer Geschäftsfähigkeit rechtsverbindlich selbst zu beschränken, um den Status eines beschränkt Geschäftsfähigen entsprechend der §§ 107 ff. BGB zu erhalten. Wegen der festen Altersgrenze und der Heterogenität älterer Menschen würde die Möglichkeit der Selbstbeschränkung für Hochbetagte in verfassungswidriger Weise gegen den Allgemeinen Gleichheitssatz verstoßen. Die Selbstbeschränkung würde überdies zu einem unzulässigen Grundrechtsverzicht führen. Im Übrigen ist bereits der Nutzen eines solchen Rechtsinstruments fraglich. Derjenige, der um seine Anfälligkeit für Übervorteilungen weiß und sich schützen möchte, d.h. derjenige, der eine Selbstbeschränkung vornehmen würde, unterlässt eine geschäftliche Betätigung in der Regel ohnehin schon. Tut er dies nicht, weil er sich seine rechtsgeschäftsrelevanten Einschränkungen nicht eingestehen will und sich der Gefahr dementsprechend nicht bewusst ist, wird er kaum eine Selbstbeschränkung erklären; kann er die Gefahr nicht erkennen, stellt sich bereits die Frage nach einer Geschäftsunfähigkeit oder nach der Anordnung eines Einwilligungsvorbehalts. Auch bei der verfassungsrechtlich wohl zulässigen Ermöglichung einer altersunabhängigen und sachbereichsbezogenen freiwilligen Beschränkung der Geschäftsfähigkeit steht der Nutzen eines solchen Rechtsinstruments dementsprechend in Frage.

15. Entgegen der überwiegenden Meinung sollte die relative Geschäfts(un)-fähigkeit im deutschen Recht anerkannt werden. Dabei sollte der erforderliche Schwächezustand nicht auf schwerwiegende Störungen der Geistestätigkeit begrenzt, sondern auf nicht ganz unerhebliche Störungen der Geistestätigkeit erweitert werden. Bei einem relativen Verständnis der Geschäfts(un)fähigkeit wäre das Recht in der Lage, flexibel auf die Lebenswirklichkeit zu reagieren und dem schleichenden bzw. schubweisen Verlauf einer Krankheit (z.B. Demenz) oder der individuellen Ausprägung einer geistigen Beeinträchtigung angemessen Rechnung zu tragen. Es würde nicht zu einer übermäßigen Beeinträchtigung des Geschäftsverkehrs kommen. Bei der gesetzlichen Normierung könnte sich an dem schweizerischen Gesetzestext in Art. 16 ZGB orientiert werden. Die Relativität der Geschäfts(un)fähigkeit wäre allerdings gesetzlich klarzustellen. § 105a BGB wäre bei einer Einführung der relativen Geschäfts(un)fähigkeit mangels (sachgerechten) Anwendungsbereichs zu streichen. § 1896 Abs. 1 S. 1 BGB wäre an das weite Verständnis des für eine relative Geschäftsunfähigkeit

erforderlichen Schwächezustands anzupassen. Als Unterfall der Geschäfts(un)fähigkeit sollte die Testier(un)fähigkeit bei einer Einführung der relativen Geschäfts(un)fähigkeit ebenfalls relativ verstanden und der Anwendungsbereich auf Fälle nicht ganz unerheblicher Störungen der Geistestätigkeit ausgeweitet werden. Obgleich der Wortlaut des § 2229 Abs. 4 BGB einer Auslegung im relativen Sinne zugänglich ist, sollte zur Vereinheitlichung des Gesetzes und zur Klarstellung des geltenden relativen Verständnisses der Testier(un)fähigkeit der Gesetzeswortlaut entsprechend der Änderung der §§ 104 ff. BGB angepasst werden. Auch § 221 Abs. 5 u. 6 SGB IX wäre an die Relativität der Geschäfts(un)fähigkeit anzupassen. Zudem sollte die entsprechende Anwendung des § 109 BGB in Fällen des § 221 SGB IX ausgeschlossen werden.

16. Die Regelungsinhalte der §§ 107 ff. BGB sollten weitestgehend auf nicht wegen ihres Alters Geschäftsunfähige erstreckt werden, da die strikte Nichtigkeitsfolge zum Schutz von Geschäftsunfähigen nicht erforderlich ist. Die Abkehr von der strikten Nichtigkeitsfolge des § 105 Abs. 1 BGB würde die Einführung der relativen Geschäfts(un)fähigkeit mit weitem Verständnis des erforderlichen Schwächezustands ermöglichen, da u.a. hierdurch der Eingriff in das Selbstbestimmungsrecht verhältnismäßig wäre. Eine entsprechende Anwendung der §§ 110, 112 u. 113 BGB wäre bei einer Einführung der relativen Geschäfts(un)fähigkeit nicht erforderlich. §§ 131, 165, 179 u. 2347 BGB sowie § 4 Abs. 2 S. 1, 2 u. 3 WBVG wären bei einer Abkehr von der strikten Nichtigkeitsfolge des § 105 Abs. 1 BGB dementsprechend anzupassen. Zudem wäre in § 4 Abs. 2 WBVG der Ausschluss des § 109 BGB zu normieren.

17. Es sollte das Rechtsinstitut des „Betreuers ohne Rechtsmacht" eingeführt werden. Im Falle geringerer Hilfebedürftigkeit, d.h. wenn der Betroffene infolge einer nicht ganz unerheblichen Störung der Geistestätigkeit für die Erledigung seiner Angelegenheiten lediglich einer begleitenden Unterstützung bedarf, sollte ihm mit seiner Zustimmung ein Begleitbetreuer zur Seite gestellt werden, der nur als Begleiter, Berater und Ansprechpartner tätig wird und über keine Vertretungsmacht verfügt. Es sollen die Fälle erfasst werden, in denen zwar noch keine Betreuungsbedürftigkeit i.S.d. § 1896 Abs. 1 S. 1 BGB vorliegt, der Betroffene aber gleichwohl bereits besonders gefährdet ist, im Rechtsverkehr übervorteilt zu werden. Für die Begleitbetreuung sollten weitestgehend die Regelungen zur rechtlichen Betreuung i.S.d. §§ 1896 ff. BGB entsprechend gelten.

18. Die Einführung einer Widerrufsfiktion bei außerhalb von Geschäftsräumen oder telefonisch geschlossenen Verträgen derart, dass von Gesetzes wegen die Rechtsfolgen eines wirksam erklärten Widerrufs (Rückgewährschuldverhältnis) eintreten, wenn der Verbraucher nicht innerhalb einer bestimmten Frist (entsprechende Anwendung der §§ 355 ff. BGB) dem Unternehmer ausdrücklich

mitteilt, dass der Vertrag nicht als widerrufen gilt und damit weiterhin bestehen soll („Bestätigung" des Vertrags), empfiehlt sich nicht. Der tatsächlich zu erreichende Mehrwert einer Widerrufsfiktion ist bereits fraglich. Der Geschäftsverkehr würde beeinträchtigt werden. Viele Vertragsrückabwicklungen wären ungewollt. Im Übrigen würde die Widerrufsfiktion gegen die Verbraucherrechterichtlinie verstoßen.

19. Die vorherige Zustimmung des Verbrauchers zu einer außerhalb von Geschäftsräumen oder im Rahmen eines Werbeanrufs telefonisch stattfindenden Geschäftsverhandlung als Wirksamkeitsvoraussetzung der aus dieser Verhandlung resultierenden Verträge würde zum Schutz von (älteren) Verbrauchern beitragen. Den systematischen Bedenken am Zustimmungserfordernis ist das Bedürfnis nach effektivem Verbraucherschutz, wofür innovative Lösungen erforderlich sind, entgegenzuhalten. Das Zustimmungserfordernis würde allerdings gegen die Verbraucherrechterichtlinie verstoßen. Da das Zustimmungserfordernis ohne wesentliche negative Nebenwirkungen zu einer Verbesserung des Verbraucherschutzes beitragen würde, sollte der europäische Gesetzgeber eine dementsprechende Überarbeitung der Verbraucherrechterichtlinie in Betracht ziehen.

20. Ein wichtiger Ansatz zum Schutz älterer Menschen vor Übervorteilung liegt in der Reduzierung unlauterer Geschäftspraktiken. In § 10 Abs. 1 UWG sollte daher das Verschuldenserfordernis auf grobe Fahrlässigkeit ausgedehnt werden. Eine darüber hinausgehende Erweiterung des Verschuldenserfordernisses wäre hingegen unverhältnismäßig. Außerdem sollte der herauszugebende Gewinn in ein Sondervermögen des Bundes fließen, welches zur finanziellen Förderung der Verbraucherschutzorganisationen verwendet wird. Aus dem Sondervermögen sollten auch Kredite für die Erhebung von Gewinnabschöpfungsklagen gewährt werden, die nur im Falle des Obsiegens zurückzuzahlen wären. Hierdurch würde den Verbraucherschutzorganisationen ein Anreiz zur Klageerhebung sowie eine sichere Finanzierungsmöglichkeit geboten werden. Durch eine dementsprechende Überarbeitung würde die Verurteilung eines unlauter handelnden Unternehmers – und zwar auch bei nur geringen Schäden auf Seiten der (älteren) Verbraucher – wahrscheinlicher werden. Dies würde einen Abschreckungseffekt bewirken mit der Folge, dass unlautere Geschäftspraktiken abnehmen.

21. Schließlich sollte eine Pflicht zum Hinweis auf die Möglichkeit und Üblichkeit der vorherigen Beratung mit Dritten bei wirtschaftlich nicht ganz unbedeutenden Geschäften und erkennbarer Hilfsbedürftigkeit des anderen Teils eingeführt werden. § 241 BGB wäre entsprechend zu ergänzen. Älteren Menschen würde verdeutlicht werden, dass ein Sich-Unterstützen-Lassen kein

ehrenrühriges Eingestehen individueller Schwäche bedeutet. Durch die vorherige Besprechung des Geschäfts mit einem Dritten erhöht sich die Wahrscheinlichkeit einer sachgerechten Entscheidung; wirtschaftlich nachteilige Geschäfte könnten vermieden werden. Anders als bisweilen vorgeschlagen, sollte die Hinweispflicht nicht auf wirtschaftlich absolut herausragende Geschäfte und/oder auf Geschäfte von älteren Menschen beschränkt werden, um eine möglichst weitgehende und zugleich einzelfallgerechte Anwendung zu gewährleisten.

C. Regelungsvorschläge

I. Relative Geschäfts(un)fähigkeit und Abkehr vom Nichtigkeitsdogma des § 105 Abs. 1 BGB

§ 104 BGB-E Geschäftsunfähigkeit

(1) Geschäftsunfähig ist:

1. wer nicht das siebente Lebensjahr vollendet hat,
2. wer nicht urteilsfähig ist.

(2) Urteilsunfähig ist, wer infolge einer nicht ganz unerheblichen Störung der Geistestätigkeit zu einem vernunftgemäßen Handeln nicht fähig ist. Die Urteilsunfähigkeit kann dauerhafter oder vorübergehender Natur sein.

(3) Die Geschäftsunfähigkeit wegen Urteilsunfähigkeit ist auf das Rechtsgeschäft und auf den Zeitpunkt begrenzt, für das und an dem es an der Fähigkeit zu einem vernunftgemäßen Handeln fehlt.

§ 105 BGB-E Wirkung der Geschäftsunfähigkeit

(1) Die Willenserklärung eines Geschäftsunfähigen im Sinne von § 104 Abs. 1 Nr. 1 ist nichtig.

(2) Ein Geschäftsunfähiger im Sinne von § 104 Abs. 1 Nr. 2 bedarf zu einer Willenserklärung, durch die er nicht lediglich einen rechtlichen Vorteil erlangt, der Einwilligung seines gesetzlichen Vertreters. Die Vertretung eines volljährigen Geschäftsunfähigen im Sinne von § 104 Abs. 1 Nr. 2 kann auch durch eine Person, die der Betroffene mit der Wahrnehmung seiner Angelegenheiten bevollmächtigt hat, erfolgen. Die §§ 108, 109 und 111 BGB gelten entsprechend.

§ 105a BGB-E (weggefallen)

II. „Betreuer ohne Rechtsmacht"

§ 1908l BGB-E Begleitbetreuer

(1) Braucht ein Volljähriger auf Grund einer nicht ganz unerheblichen Störung der Geistestätigkeit für die Erledigung seiner Angelegenheiten begleitende Unterstützung, bestellt das Betreuungsgericht insoweit auf seinen Antrag und mit seiner Zustimmung für ihn einen Begleitbetreuer, es sei denn die begleitende Unterstützung kann durch andere Hilfen ebenso gut wie durch einen Begleitbetreuer besorgt werden.

(2) Der Begleitbetreuer wird beratend und unterstützend tätig; er kann den Betreuten gerichtlich und außergerichtlich nicht vertreten. Die Begleitbetreuung ist jederzeit auf Antrag des Betreuten ganz oder teilweise aufzuheben. § 1896 Abs. 1 Satz 2, §§ 1897, 1898, 1899 Abs. 1, 3 u. 4, § 1900 Abs. 1 bis 4, § 1901 Abs. 2, Abs. 3 Sätze 1 u. 2, Abs. 5, §§ 1908a, 1908b, 1908c, 1908d Abs. 1, Abs. 2 Satz 2, § 1908g Abs. 1, § 1908i Abs. 1 Satz 1 gelten entsprechend.

III. Gewinnabschöpfung nach § 10 UWG

§ 10 UWG-E Gewinnabschöpfung

(1) Wer vorsätzlich oder grob fahrlässig eine nach § 3 oder § 7 unzulässige geschäftliche Handlung vornimmt und hierdurch zu Lasten einer Vielzahl von Abnehmern einen Gewinn erzielt, kann von den gemäß § 8 Absatz 3 Nummer 2 bis 4 zur Geltendmachung eines Unterlassungsanspruchs Berechtigten auf Herausgabe dieses Gewinns an das Sondervermögen des Bundes nach Absatz 1a in Anspruch genommen werden.

(1a) Die Bundesregierung errichtet ein zweckgebundenes Sondervermögen zur Verwaltung und zweckentsprechenden Verwendung des nach Absatz 1 herauszugebenden Gewinns. Das Sondervermögen ist zweckgebunden zur Finanzierung der Verbraucherarbeit der Verbraucherschutzorganisationen zu verwenden. Das Bundesministerium der Justiz und für Verbraucherschutz hat durch Rechtsverordnung, die nicht der Zustimmung des Bundesrates bedarf, die näheren Bestimmungen zur Verwaltung und zweckentsprechenden Verwendung des Sondervermögens festzulegen. In der Rechtsverordnung sind insbesondere die Anforderungen, die eine förderungsberechtigte Verbraucherschutzorganisation zu erfüllen hat, und die Maßstäbe der Verteilung des Sondervermögens festzulegen.

(2) Auf den Gewinn sind die Leistungen anzurechnen, die der Schuldner auf Grund der Zuwiderhandlung an Dritte oder an den Staat erbracht hat. Soweit der Schuldner solche Leistungen erst nach Erfüllung des Anspruchs nach Absatz 1 erbracht hat, erstattet die zuständige Stelle des Bundes dem Schuldner den abgeführten Gewinn aus dem Sondervermögen nach Absatz 1a in Höhe der nachgewiesenen Zahlungen zurück.

(3) Beanspruchen mehrere Gläubiger den Gewinn, so gelten die §§ 428 bis 430 des Bürgerlichen Gesetzbuchs entsprechend.

(4) Die Gläubiger haben der zuständigen Stelle des Bundes über die Geltendmachung von Ansprüchen nach Absatz 1 Auskunft zu erteilen. Sie können von der zuständigen Stelle des Bundes Erstattung der für die Geltendmachung des Anspruchs erforderlichen Aufwendungen aus dem Sondervermögen nach Absatz 1a verlangen, soweit sie vom Schuldner keinen Ausgleich erlangen können. Der Erstattungsanspruch ist auf die Höhe des an das Sondervermögen nach Absatz 1a abgeführten Gewinns beschränkt.

(5) Zuständige Stelle im Sinn der Absätze 2 und 4 ist das Bundesamt für Justiz.

IV. Pflicht zum Hinweis auf die Möglichkeit und Üblichkeit der vorherigen Beratung

§ 241 Abs. 3 BGB-E

Besteht ein Schuldverhältnis nach § 311 Abs. 2, ist bei erkennbarer Hilfsbedürftigkeit des einen Teils hinsichtlich des beabsichtigten Vertrags der andere Teil verpflichtet, deutlich auf die Möglichkeit und Üblichkeit der vorherigen Beratung mit Dritten hinzuweisen, wenn die vom Hilfsbedürftigen nach dem beabsichtigten Vertrag zu erbringende Leistung einen Wert in Höhe von 1000 Euro übersteigt. Erkennbar hilfsbedürftig sind insbesondere Personen, die deutliche Anzeichen einer Überforderung, einer Unerfahrenheit oder von Schwierigkeiten beim Verstehen von Informationen zeigen.

www.ingramcontent.com/pod-product-compliance
Ingram Content Group UK Ltd.
Pitfield, Milton Keynes, MK11 3LW, UK
UKHW021925290926
8980IPUK00016B/1461

9 783631 890172